O BOM LIVRO

CONCEBIDO, SELECIONADO, REDIGIDO,
MONTADO, ELABORADO E EM PARTE
ESCRITO POR

A. C. GRAYLING

O BOM LIVRO

UMA BÍBLIA LAICA

Tradução
Denise Bottmann

OBJETIVA

Copyright © A. C. Grayling 2011

Todos os direitos desta edição reservados à
EDITORA OBJETIVA LTDA.
Rua Cosme Velho, 103
Rio de Janeiro – RJ – Cep: 22241-090
Tel.: (21) 2199-7824 – Fax: (21) 2199-7825
www.objetiva.com.br

TÍTULO ORIGINAL
The Good Book

CAPA
Adaptação de Bárbara Estrada sobre design original de David Mann.

REVISÃO
Ana Kronemberger
Cristiane Pacanowski
Lilia Zanetti

EDITORAÇÃO ELETRÔNICA
Abreu's System Ltda.

CIP-BRASIL. CATALOGAÇÃO NA PUBLICAÇÃO
SINDICATO NACIONAL DOS EDITORES DE LIVROS, RJ

G82b
    Grayling, A. C.
       O bom livro: uma bíblia laica / A. C. Grayling; tradução Denise Bottmann. – [1. ed.] – Rio de Janeiro: Objetiva, 2014.

       Tradução de: *The good book*
       669p.   ISBN 978-85-390-0530-7

       1. Humanismo. 2. Bíblia. 3. Religião. I. Título.

13-05864   CDD: 144
                                   CDU: 165.742

EPÍSTOLA AO LEITOR

Prezado leitor:

Talvez se considere vão oferecer à humanidade uma obra como esta na esperança de que seja útil, pois é muito grande a diversidade de princípios, ideias e preferências entre as pessoas, bem como a rigidez de nossas noções e nossa relutância em mudar. Mas, na verdade, seria ainda mais vão oferecer uma obra por qualquer outra razão. Que a sinceridade das intenções seja, então, a principal recomendação deste livro. Nenhuma obra desta ou de qualquer outra espécie pode agradar a todos, qualquer que seja seu propósito; mas esta pelo menos traz satisfação a quem a fez, porque visava sinceramente à verdade e à utilidade e procedeu seguindo os caminhos dos sábios. Ao longo de toda a sua história, a coletividade humana teve mestres pensadores cujas grandes obras são monumentos para a posteridade; já é aspiração suficiente ser um guia para percorrê-las e delas extrair recursos para promover o bom e o verdadeiro.

Assim, todos os que lerem este livro, se o fizerem com cuidado, poderão ganhar alguma coisa. Não é um elogio ao próprio livro, mas aos leitores atentos, pois o valor que se encontrar nele provirá de seus intelectos. Se houver alguém que não aprenda nada com este livro, será não por causa dos defeitos da obra, e sim pela excelência do leitor. Se os leitores julgarem com sinceridade, nenhum deles poderá se sentir ofendido ou prejudicado pelo que aqui se submete à sua avaliação. E todos os que acorrerem famintos a esses celeiros das safras colhidas por seus semelhantes e antepassados aqui encontrarão alimento.

Toda arte e investigação e, analogamente, toda ação e busca de um objetivo visa a algum bem; portanto, o bem supremo foi corretamente descrito como aquele a que visam todas as coisas. Se no que fazemos há um objetivo que desejamos por si mesmo, e tudo o mais desejamos por causa dele, esse objetivo deve constituir nosso maior e mais alto bem. Buscar o conhecimento desse bem não pode deixar de exercer grande influência na vida. Quando os arqueiros escolhem um alvo, o provável é que realmente assestem sua mira nele; não faremos o mesmo tendo como nosso alvo descobrir e agir segundo o que é certo? Determinar o que é o bem e quais os melhores caminhos para conhecê-lo é o mais importante de todos os nossos empenhos e é verdadeiramente a arte-mestra de viver.

Aqui em tuas mãos está uma tentativa dessas, que consiste em destilados da sabedoria e experiência da humanidade, com o propósito de que a reflexão sobre eles possa ser de proveito e reconforto. Já se observou que quem pesca num rio pode ali encontrar algo que lhe seja útil, mas quem leva suas redes ao oceano pode capturar peixes maiores e de maiores profundidades. Nas páginas que se seguem, esses grandes peixes nos são trazidos por pescadores de sabedoria, que retornaram das tempestades e das bonanças de suas viagens, vindos de costas próximas ou distantes.

Quem se elevar acima das preocupações do cotidiano, na esperança de encontrar e seguir a verdade, aqui a descobrirá. Todo momento na busca da verdade traz recompensa às fainas do explorador, ao procurá-la na grande companhia daqueles que trilharam os caminhos da vida antes de nós. Estas são dádivas que eles nos legaram; deram generosamente o melhor de si, e suas dádivas foram aqui irrestritamente aceitas. Já se escreveram outros livros semelhantes; textos de muitas mãos, antigos ou não, tomados, montados, recortados, intercalados, complementados e modificados, tendo em vista uma finalidade conhecida. Aqui o procedimento foi o mesmo, mas com finalidade diversa: não se pede que se aceitem crenças ou se obedeçam a mandamentos, não se impõem obrigações nem se ameaçam punições; o fito é ajudar e guiar, sugerir, instruir, advertir e consolar; acima de tudo, erguer a luz da mente e do coração humano diante das sombras da vida.

Pois vivemos em ações, não em anos; nos pensamentos, não na respiração; e devemos contar nosso tempo pelo palpitar do coração quando amamos e ajudamos, aprendemos e lutamos, e com nossos talentos realizamos o que possa aumentar as reservas de bem do mundo.

Lançar luz sobre a ignorância e a falsidade é um serviço ao entendimento humano; mas serviço ainda maior é mostrar o caminho até um terreno mais elevado de onde se descortina uma vista mais clara da vida. Assim, certamente muitos leitores encontrarão proveito nas páginas a seguir, se lerem com a atenção que elas merecem. Como poderia ser de outra maneira? Todos os tempos são propícios ao aumento da sabedoria e não se perde tempo algum quando se está na espécie de companhia aqui presente.

Pois este é um bom livro e também um livro dos bons, de palavras saídas de penas poderosas, de pensamentos expressos por cultores do certo e do verdadeiro. É um texto de todos os tempos para todos os tempos, tendo como aspiração e meta o bem da humanidade e do mundo.

SUMÁRIO

Epístola ao leitor	5
Gênesis	9
Sabedoria	22
Parábolas	42
Concórdia	72
Lamentações	90
Consolações	111
Sábios	149
Cânticos	164
Histórias	203
Provérbios	405
O legislador	444
Atos	496
Epístolas	626
O bem	660

GÊNESIS

Capítulo 1

1. No jardim há uma árvore. Na primavera ela dá flores; no outono, frutos.
2. Seu fruto é o conhecimento, ensinando o bom jardineiro a entender o mundo.
3. Assim ele aprende como a árvore passa da semente ao rebento, do rebento à maturidade, pronta para gerar mais vida;
4. E da maturidade à velhice e ao sono, de onde ela retorna aos elementos das coisas.
5. Os elementos por sua vez alimentam novos nascimentos; tal é o método da natureza e seu paralelo com o curso da espécie humana.
6. Foi da queda do fruto de uma árvore assim que nasceu uma nova inspiração para examinar a natureza das coisas,
7. Quando Newton se sentou em seu jardim e viu o que ninguém vira antes: que uma maçã atrai a terra e a terra atrai a maçá,
8. Por uma força mútua da natureza que mantém todas as coisas, dos planetas às estrelas, unidas entre si.
9. Assim todas as coisas se unem numa coisa só: o universo da natureza, onde existem muitos mundos; os orbes de luz numa imensidão de tempo e espaço,
10. E entre eles seus satélites, num dos quais há uma parte da natureza que reflete a natureza em si mesma,
11. E pode meditar sobre sua beleza e seu significado, e pode procurar entendê-la: é a espécie humana.
12. Todas as outras coisas, em seus ciclos e ritmos, existem em si e por si;
13. Mas na espécie humana há também a experiência, que é o que cria o bem e seu contrário,
14. E nos quais a espécie humana procura apreender o sentido das coisas.

Capítulo 2

1. Os primeiros que começaram a desvendar os segredos e desígnios da natureza, opondo-se valorosamente à ignorância inicial da humanidade, merecem nosso louvor;

2. Pois passaram a tentar medir o que antes era imensurável, a discernir suas leis e a conquistar o próprio tempo pelo entendimento.

3. Foram necessários novos olhos para ver o que jazia oculto na ignorância, nova linguagem para expressar o desconhecido,

4. Nova esperança de que o mundo se revelaria à indagação e à investigação.

5. Procuraram descobrir as fontes primordiais do mundo, perguntando como a natureza gera e alimenta sua fartura,

6. E para onde, em seu curso, vão as coisas quando findam, se se transformam ou se deixam de existir.

7. Os primeiros investigadores deram aos elementos da natureza o nome de átomos, matéria, sementes, corpos primordiais, e entenderam que são coevos com o mundo;

8. Viram que nada vem do nada, e que a descoberta dos elementos revela como as coisas da natureza existem e se desenvolvem.

9. O medo domina as pessoas quando pouco entendem e precisam de lendas e contos simplórios que consolem e expliquem;

10. Mas as lendas e a ignorância que lhes dá origem são morada de limitações e trevas.

11. O conhecimento é liberdade, liberdade frente à ignorância e seu filho, o medo; o conhecimento é luz e libertação;

12. O conhecimento de que o mundo contém a si mesmo, suas origens e o intelecto do homem,

13. De onde provém mais conhecimento e a esperança de ainda mais conhecimento.

14. Ousa saber: tal é o lema do esclarecimento.

Capítulo 3

1. Todas as coisas têm sua origem em espécies anteriores:

2. Os ancestrais da maioria das criaturas vieram do mar, alguns habitantes do mar evoluíram de antepassados que habitavam terra firme;

3. Os pássaros descendem de criaturas que antes não voavam e corriam pelo chão;

4. Os rebanhos domésticos, as manadas e todas as criaturas selvagens da natureza, que pastam em terras cultas e incultas, provêm de espécies anteriores.

5. Tampouco os frutos conservam sempre as formas antigas, mas desenvolvem novas formas ao

longo do tempo e do curso mutável da natureza.

6. Pode isso resultar de uma anarquia nas coisas, surgindo arbitrariamente do nada? Não:

7. Pois a natureza tem ordem e opera com medida; todas as coisas surgem dos elementos em suas gerações,

8. Cada espécie existe por sua própria natureza, que se forma a partir dos corpos primordiais que são sua fonte, e declina gradualmente ao longo dos ritmos da vida.

9. Nos campos, na primavera vemos vicejar a rosa, no calor estival, o trigo,

10. As uvas que sazonam amadurecidas pelo outono, porque as sementes das coisas em sua estação própria seguem juntas

11. E, chegado o devido tempo, novas formas e nascimentos se revelam e em segurança a terra prenhe entrega sua progênie às margens de luz.

12. Mas, se viessem do nada, sem ordem e sem lei natural, apareceriam de repente, imprevistas, em meses estranhos, sem genitor;

13. E nem cresceriam de sementes vivas, como se a vida fosse o resultado aleatório do vazio ou do caos;

14. E então o recém-nascido se faria homem de súbito e da relva brotaria uma árvore toda copada;

15. Mas, por natureza, cada coisa cresce ordenadamente a partir de sua semente, e durante o crescimento conserva sua espécie.

Capítulo 4

1. Daí vem a prova de que a fartura da natureza tem origens próprias em todas as suas formas.

2. A terra fecunda, sem suas estações de chuva e sol, não produziria o que nos alegra,

3. E tudo o que vive, se fosse privado de alimento, não sobreviveria nem propagaria sua espécie.

4. Vemos que todas as coisas têm elementos em comum, como vemos letras comuns a muitas palavras.

5. Por que não faria a natureza homens de porte tal que vadeassem os mares ou com as mãos removessem montanhas

6. Ou em grande número de dias vencessem o tempo, senão porque todas as coisas obedecem à proporção?

7. Vemos como os campos lavrados superam os incultos, retribuindo o trabalho de nossas mãos com suas mais abundantes searas;

8. Veríamos, sem nossa faina, sem o sulco reto e o pomar cuidado, formas de geração espontânea mais belas do que as nossas? Sim;

9. Porque a natureza é também lavradora, cujo arado revolve o

solo fértil e amanha a terra,
estimulando a vida a nascer;

10. Nada vem do nada; todas as coisas
têm suas origens nas leis da
natureza e, por seus decretos,
alcançam as margens de luz.

Capítulo 5

1. Quando as coisas fenecem e
decaem, retornam aos corpos
primordiais; nada se desfaz em
nada.

2. Pois se o tempo, que em seu curso
desgasta todos os trabalhos do
mundo, destruísse inteiramente as
coisas, como as gerações da
natureza se recomporiam, espécie
por espécie?

3. Como as nascentes da montanha
e os rios que correm no interior
distante poderiam encher os
oceanos?

4. E o que alimenta as estrelas? O
tempo e as eras consumiriam
todas as coisas, se as leis da
natureza não estabelecessem
inexoravelmente que nada volta
ao nada.

5. Olha, as chuvas que caem do céu
mergulham na terra; então brota o
grão luzidio

6. E entre as árvores verdejam os
ramos e eles mesmos se carregam
de frutos.

7. Dessas dádivas da natureza
alimentam-se a humanidade e
todas as criaturas; assim cidades
alegres vicejam de crianças e as

matas ressoam com o canto das
aves;

8. As vacas, gordas e sonolentas,
deitam nos pastos enquanto lhes
escorre o leite, e aos carneiros
cresce a lã nas encostas férteis;

9. A natureza oferece suas riquezas; a
terra bondosa entrega seus
tesouros; então o que é dado
retorna à sua fonte para preparar
novas riquezas;

10. Nada perece inteiramente, e nada
nasce senão pela morte de outra
coisa,

11. Pois a morte não é senão a origem
da vida, como a vida é a
compensação da morte.

Capítulo 6

1. E agora, como a natureza ensina
que as coisas não podem nascer
do nada,

2. Nem, nascidas, podem tornar-se
nada, não duvides dessa verdade
se nossos olhos não conseguem
enxergar as partes minúsculas das
coisas.

3. Pois observa aqueles corpos que,
embora conhecidos e sentidos, são
invisíveis:

4. Os ventos fustigam invisíveis
nosso rosto e nosso corpo,
inundam os barcos no mar
quando as ondas se enfurecem e
rasgam as nuvens,

5. Ou, redemoinhando desenfreados,
juncam as planícies de galhos
quebrados ou varrem o topo das

montanhas com rajadas, dilacerando as florestas.

6. Os ventos são invisíveis, e no entanto varrem o mar, as terras, as nuvens no céu, agitando e turbilhonando a toda força e velocidade;

7. Invisíveis, e no entanto poderosos como a enchente do rio que derruba casas e árvores ao longo de seu curso enfurecido,

8. De modo que nem mesmo uma ponte sólida pode resistir ao impacto quando as torrentes se avolumam: a correnteza turbulenta,

9. Com a força de cem chuvas, bate nos pilares, quebra-se destruidora e arrasta em suas ondas construções e pedras pesadas,

10. Arremessando ao longe tudo o que lhe resiste. Mesmo então as rajadas do furacão, como uma enchente poderosa que tudo arrebata,

11. Ou, às vezes, em seu vórtice rodopiante agarrando e arrastando objetos desamparados em redemoinhos pelo mundo abaixo:

12. E no entanto esses ventos invisíveis são reais, rivalizando em obras e maneiras com rios poderosos cujas águas podemos ver.

Capítulo 7

1. Considera também: conhecemos os perfumes variados das coisas, e no entanto nunca vemos o aroma que toca nossas narinas;

2. Com olhos não vemos o calor nem o frio, e no entanto os sentimos; não vemos as vozes dos homens, e no entanto as ouvimos: tudo é corpóreo,

3. Todas as coisas são matéria ou da matéria surgem; o real é o material, visível e invisível igualmente.

4. A roupa, pendurada perto da rebentação na praia, fica úmida; a mesma roupa, estendida ao sol, logo seca;

5. Ninguém viu como a umidade se infiltrou, nem como foi retirada pelo calor. Assim sabemos que a umidade está dispersa em partes demasiado minúsculas à visão.

6. Um anel no dedo se afina na parte interna com o passar dos anos;

7. As gotas de chuva pingando dos beirais de nosso telhado escavam a pedra;

8. A relha curva do arado, embora de ferro, se gasta insidiosamente entre os sulcos dos campos.

9. Vemos as pedras da estrada desgastadas por muitos pés, e as estátuas de bronze nos portões mostram a mão direita adelgaçada pelo toque dos viandantes.

10. Vemos que ela diminui ao desgaste, mas quais são as minúsculas partes que somem, a natureza, enciumada da visão, veda a nosso olhar.

11. Por fim, o que os dias e a natureza acrescentam aos poucos, obrigando as coisas a crescer na devida proporção,

12. Nenhum olhar a nu, por mais penetrante, enxerga. Tampouco vemos o que o tempo rouba, quando as coisas fenecem com a idade e a decadência,

13. Ou quando os mares salinos consomem as saliências dos penhascos. Assim, por corpos e forças invisíveis, opera a natureza;

14. Assim estão os elementos e sementes da natureza muito além do olhar comum,

15. Precisando do olhar do intelecto, os olhos da ciência e os olhos da razão, para penetrar e entender;

16. E por fim dos instrumentos que o engenho do homem concebeu, para ver e registrar as partes minúsculas das coisas

17. E os elementos últimos da natureza, com os quais se constrói sua infinita variedade.

Capítulo 8

1. Os corpos são uniões dos átomos primordiais. E estes nenhum poder é capaz de extinguir; vivem por seus próprios poderes e duram.

2. É difícil pensar que exista algo sólido; pois como som os relâmpagos atravessam paredes,

3. O ferro se liquefaz ao fogo, as pedras ardem com exalações violentas no centro do vulcão e explodem em pedaços;

4. O ouro sólido se derrete no calor; o bronze frio se funde, vencido pela chama;

5. O calor e o frio intenso se infiltram pela prata, pois amiúde sentimos um ou outro na taça em nossa mão, ao se verter um líquido dentro dela;

6. Parece impossível encontrar algo realmente sólido, a não ser a fundação de elementos do mundo.

7. Mas, se a natureza fizesse com que as coisas se dissolvessem para sempre, não se reintegrassem ou não se renovassem no ser,

8. Todos os corpos que existiram outrora estariam agora reduzidos apenas às partes últimas, nada retornaria nem se reconstruiria a partir deles.

9. Pois cada coisa se deteriora mais rápido do que se faz; por mais longa que seja a infinidade de dias e de todo o tempo que se passou,

10. Jamais bastaria para preencher outra vez o mundo, por mais tempo que restasse.

11. E no entanto vemos as coisas se renovarem, em suas estações e segundo sua espécie: se renovarem ou serem novas, de acordo com as leis e necessidades da natureza;

12. Vemos como as coisas duram, grandes rochas de basalto e estratos de ferro sólido,

mostrando os alicerces da estrutura da natureza.

13. As entidades e forças subjacentes a tudo são poderosas em sua simplicidade primeva, reunindo e ligando todos os objetos.

14. Com isso, elas mostram sua força, unindo-se entre si por vínculos que nossos sentidos não percebem;

15. Uma vinculação que existe dentro de todas as partes, nos mínimos da natureza, cada coisa em si sendo parte de uma outra,

16. De onde outras partes e outras similares em ordem se encontram reunidas em falange: a plenitude da matéria.

17. Em tudo o que tem partes, suas partes têm elos, conexões e movimentos, pelos quais as coisas vêm a ser, perseveram, declinam e se renovam.

18. O que é menor do que os átomos forma os átomos; os átomos, as moléculas; e estas no mundo animado e inanimado formam as variedades sólidas, líquidas e gasosas que, em seus sistemas e relações, são natureza,

19. Assim formando tudo, desde os animálculos à hoste de estrelas que com esplendor embeleza a noite, vasta no tempo e no espaço.

Capítulo 9

1. O mundo e a vida no mundo se desenvolvem em gerações, uma a partir da outra, no tempo de imensas vastidões.

2. De cada sol terras explodiram, e dos primeiros planetas outros eclodiram;

3. Então o mar naquele coevo nascimento, onda após onda, cobriu a terra em movimento;

4. Nas cavernas primevas, pela cálida luz do sol nutrida, sob as ondas nasceu a organicidade da vida.

5. Primeiro, brota o calor das trocas químicas e dá à matéria suas asas elípticas;

6. Rompe-se a massa com forte repulsão, funde-se em sólidos ou em gás se inflama após a explosão.

7. A seguir a atração, estando o ar ou a terra assentados, separa da luz os átomos pesados,

8. Partes próximas num rápido enlace se unem, avolumam-se em esferas, em linhas se reúnem.

9. Então os fios da matéria finos aguilhões espicaçam, cordas se prendem a cordas, teias a teias se entrelaçam,

10. E a rápida contração, com chama etérea, instila vida na armação pelos átomos tecida.

11. Por geração bioquímica espontânea, em seguida, aparecem as primeiras partículas de terra animada de vida;

12. Do ventre da natureza vem a planta ou o inseto ao ar, que brota ou, com pulmões microscópicos, se põe a respirar.

13. Na terra, no mar, no éter, em cima, embaixo, em torno, no tear da natureza a trama sutil da vida ganha contorno.

14. Numa linha viva estendem-se os pontos entre si ligados, que ao toque da luz aproximam seus extremos encurvados.

15. Anéis a anéis se unem, e no bocal de longos tubos prendem-se os nutrientes em forma de globos ou cubos,

16. Premidos por novas apetências, nem tudo repelem; escolhem, absorvem, retêm, digerem, secretam, expelem.

17. Em cones ramados a teia viva se expande, crescem órgãos e se desenvolve fecunda glande;

18. Artérias conduzem o sangue nascente e longas veias devolvem a rubra torrente;

19. Folhas, pulmões e guelras respiram o éter vital, na verde superfície da terra ou no oceano abissal.

20. Assim águas e ventos, pelas forças primordiais contidos, em conchas ou lenhos são convertidos;

21. Alastram-se leitos de argila, calcário e areia em vastos planos, forma-se a terra a partir dos represados oceanos.

Capítulo 10

1. Então as sinapses dos nervos formam longa corrente e novas sensações despertam o cérebro incipiente;

2. A cada novo sentido dardeja uma aguda emoção, ruboriza-se a face, avoluma-se e palpita o coração.

3. Rápidas volições, nascidas do prazer e da dor, comandam os gostos e guiam o olhar escrutador;

4. Assim com a nascitura luz da razão o homem é guiado, e com fino equilíbrio distingue o certo e o errado.

5. Por fim, aparecem múltiplas associações, ideias se juntam, sentimentos se prendem a emoções;

6. De onde logo fluem em longas cadeias alegrias imaginadas e voluntárias desgraças sem peias.

7. A vida orgânica sob as ondas sem fim se formou e nas grutas peroladas do oceano se alimentou;

8. Primeiro formas minúsculas, invisíveis ao microscópio, nadam pelo mar ou a lodosa margem se põem a escalar;

9. Após gerações sucessivas, adquirem novos poderes e formas maiores assumem em seus seres,

10. De onde provêm as incontáveis formas vegetais, e pés, asas, nadadeiras dos reinos animais.

11. Assim surgiu nosso mundo e vida, um reino da natureza nascido e pela natureza conduzido:

12. É a evolução, ao longo de vastas eras, seu instrumento natural, desde que a vida primeiro nasceu até a vida complexa ao final.

Capítulo 11

1. Em todas as espécies, a natureza opera para se renovar, tal como para se alimentar e se preservar do perigo,

2. Cada qual por sua espécie e para sua espécie, na grande obra de continuidade que é a evolução.

3. Na espécie humana, a obra de renovação reside na obra da afeição, o vínculo recíproco formado pelo desejo;

4. Entre os objetos que a natureza em todas as partes oferece ao desejo, poucos são dignos de atenção, poucos tornam as pessoas mais felizes,

5. Do que o gozo da companhia de outro que pensa e sente como nós,

6. Tem as mesmas ideias, experimenta as mesmas sensações, os mesmos êxtases,

7. Estende seus braços sensíveis e afetuosos aos nossos,

8. E a cujos abraços e carícias segue-se a existência de um novo ser que se assemelha a seus genitores,

9. Que em seus primeiros movimentos de vida procura por eles para se aninhar,

10. Que por eles será criado e amado, cujo nascimento feliz já fortalece os laços que unem seus pais.

11. Se existe alguém capaz de se ofender com o elogio feito à mais nobre e universal das paixões,

12. evoquemos a natureza diante dele e deixemos que fale.

12. Pois a natureza dirá: "Por que te ruborizas ao ouvir o elogio do prazer, se não te ruborizas ao ceder a suas tentações sob o manto da noite?

13. "Ignoras seu propósito e o que deves a ele?"

14. "Crês que tua mãe arriscaria sua vida para te dar a tua, se não houvesse um encanto inexprimível no amplexo de seu esposo?

15. "Cala-te, infeliz, e pensa que foi o prazer que te tirou do nada e te deu vida.

16. "A propagação dos seres é o maior objetivo da natureza. Ela solicita imperiosamente os dois sexos, tão logo tenham recebido seu quinhão de força e beleza.

17. "Uma inquietude vaga e melancólica os avisa do momento; em seu estado mesclam-se dor e prazer.

18. "É então que ouvem seus sentidos e prestam atenção a si mesmos.

19. "Mas, se o indivíduo se apresenta a outro da mesma espécie e do outro sexo,

20. "Suspende-se o sentimento de qualquer outra necessidade: o coração palpita, os membros estremecem;

21. "Imagens voluptuosas vagueiam pela mente; uma torrente de sensações corre pelos nervos, excita-os

22. "E vai se render ao assédio de uma nova sensação que se revela e atormenta o corpo.

23. "A vista se turva, nasce o delírio; a razão, escrava do instinto, limita-se a servi-lo e a natureza é satisfeita.

24. "Era assim que as coisas se passavam no início do mundo,

25. "E é assim que ainda se passam entre as sedas da alcova luxuosa, tal como nas sombras da caverna dos selvagens."

26. O grande mandamento da natureza é que, em centenas de milhares de formas e maneiras, os semens fluam em abundância e superabundância,

27. Que em sua estação flutuem no mar e no ar miríades de vidas possíveis; que homens e animais na estação se acasalem com seus pares, obedientes ao desejo;

28. A primavera vê os recém-nascidos virem à luz ou piarem no ninho pedindo alimento; e ao seio da mãe o infante se amamenta,

29. Prova de que nenhuma lei ou loucura humana pode alterar o rio da vida, que sempre há de avançar poderosamente,

30. Procurando todos os caminhos para o futuro, sem aceitar obstáculos nem impedimentos.

31. Pois seu único monarca é a natureza, seu único guia é a mão da natureza, seu único fim é o cumprimento dos grandes imperativos da natureza.

Capítulo 12

1. Vagueio, entregue a reflexivo pensamento, por bosques nunca dantes por ninguém trilhados.

2. Apraz-me ir às fontes jamais conspurcadas e beber suas fundas águas frescas,

3. Colher novas flores e as folhas do loureiro e do verde mirto,

4. Fazendo para minha fronte uma guirlanda oriunda de regiões onde as indagações jamais coroaram uma cabeça de homem.

5. Pois, como ensino sobre coisas poderosas e tento desprender a mente humana dos laços da ignorância cegante;

6. Como apresento temas tão amplos, sobre as coisas maiores e as menores, sobre as origens e o fim, do extenso império da natureza,

7. Escolho uma vereda sem espinhos e componho uma canção luminosa, a tudo perpassando com encanto,

8. Como o médico, precisando dar à criança a amarga losna, antes umedece a borda da taça com suco e mel,

9. Para que, desatenta, sinta-se deliciada nos lábios enquanto toma um gole de remédio,

10. Assim eu também exponho em suaves versos que adoçam com mel a borda da verdade.

11. Se assim fosse possível ensinar ao mundo, as multidões cessariam

a discórdia trazida pela ignorância,

12. Finalmente conhecendo a verdade e a natureza das coisas.

Capítulo 13

1. Para as coisas naturais, não admitamos causas além das verdadeiras e suficientes para explicar o que vemos.

2. Pois observa-se que a natureza não faz nada em vão, e mais vão é onde menos serve.

3. À natureza apraz a simplicidade, e ela não precisa da pompa das causas supérfluas.

4. Atribuamos sempre os mesmos efeitos às mesmas causas, como a respiração num homem e num animal,

5. Como as formações geológicas das montanhas na Europa e na América,

6. Como o calor de nosso fogo para cozer e o calor do sol,

7. Como o reflexo da luz na terra e pelos planetas.

8. Pois as mesmas leis se aplicam em toda parte, e os fenômenos da natureza são os mesmos, quer aqui ou numa galáxia distante.

9. As qualidades dos corpos que não admitem aumento nem redução de graus

10. E que se sabem pertencentes a todos os corpos ao alcance de nossas investigações

11. Devem ser consideradas qualidades universais dos corpos em toda parte.

12. Pois, visto que as qualidades dos corpos só nos são conhecidas por experiência, devemos tomar por universais todas as que concordam universalmente com a experiência.

13. Não devemos ignorar a prova das experiências em favor de sonhos e ficções de nossa própria invenção;

14. Nem devemos nos afastar da analogia da natureza, que é simples e sempre consoante consigo mesma.

15. Conhecemos a extensão dos corpos apenas por meio de nossos sentidos, e nossos sentidos não alcançam todas as partes dos corpos;

16. Mas, porque percebemos a extensão em tudo o que podemos sentir, então a atribuímos universalmente ao que não podemos sentir diretamente.

17. Esta é a ordem e disciplina da ciência.

18. Devemos tomar as proposições reunidas por indução geral com base nos fenômenos como acurada ou praticamente verdadeiras, a despeito de qualquer hipótese contrária que se possa imaginar,

19. Até o momento em que ocorram outros fenômenos pelos quais elas possam ser refutadas ou acrescidas de maior acurácia.

20. Esta regra devemos seguir, para que ao argumento indutivo não se escape com hipóteses.

Capítulo 14

1. Estou convencido de que o intelecto humano cria suas próprias dificuldades, por não usar os métodos verdadeiros, sóbrios e judiciosos de investigação a nosso dispor,
2. De onde vem a múltipla ignorância das coisas que causa inumeráveis danos no mundo.
3. Tentemos, portanto, ver se o comércio entre a mente humana e a natureza das coisas,
4. Um comércio mais precioso do que qualquer outra coisa na terra, pois é nada menos do que a busca da verdade,
5. Pode ser aperfeiçoado; ou, se não, elevado a uma condição melhor do que a que agora apresenta.
6. Não podemos pretender que os erros que têm prevalecido até o momento, e que prevalecerão para sempre se se deixar a investigação sem instrução e sem correção, venham a se corrigir sozinhos;
7. Porque as primeiras noções das coisas, que nossas mentes na infância ou sem educação tão pronta e passivamente absorvem,
8. São falsas, confusas e abstraídas demasiado às pressas dos fatos; tampouco as noções secundárias e subsequentes que formamos a

partir delas são menos arbitrárias e inconstantes.

9. Segue-se que o edifício inteiro da razão humana empregado na investigação da natureza está mal construído, como uma grande estrutura à qual faltam os fundamentos.
10. Pois, enquanto as pessoas se ocupam em admirar e aplaudir os falsos poderes da mente, passam ao largo e desconsideram seus verdadeiros poderes,
11. Os quais, se recebessem os auxílios adequados e se contentassem em se deter sobre a natureza ao invés de pretender em vão dominá-la, estariam a seu alcance.
12. Tal é o caminho para a verdade e o avanço do entendimento.

Capítulo 15

1. Restava apenas um curso, na aurora da verdadeira ciência:
2. Tentar recolocar o todo num plano melhor e começar uma reconstrução do conhecimento humano sobre fundamentos adequados.
3. E isso, embora no projeto e na realização possa parecer uma coisa infinita e além dos poderes do homem,
4. Quando se tratou de proceder, revelou-se firme e sóbrio, muito mais do que já se fizera antes.
5. Pois a partir daí têm se dado grandes avanços; ao passo que as

especulações anteriores, não científicas e fantasiosas,

6. Produziram apenas agitação perpétua girando em círculos, terminando onde se iniciara.

7. E embora os primeiros incentivadores da investigação soubessem quão solitário no princípio seria o empreendimento

8. De encorajar a ciência onde havia somente ignorância derivada dos sonhos da infância da humanidade,

9. E quão difícil seria ter algum reconhecimento, mesmo assim estavam decididos a não abandonar a tentativa,

10. Nem ser impedidos de tentar tomar o grande caminho da verdade, aberto à investigação humana.

11. Pois é melhor ter um início que possa levar a alguma coisa

12. Do que se empenhar numa luta e busca perpétuas seguindo cursos que não levam a lugar algum.

13. E certamente os dois modos de contemplação são muito semelhantes àqueles dois modos de ação, tão celebrados, no seguinte:

14. Um, árduo e difícil no começo, finalmente conduz a campo aberto,

15. Ao passo que o outro, parecendo à primeira vista fácil e desimpedido, leva a lugares intransitáveis e escarpados.

16. Além disso, como as pessoas não sabiam quanto tempo se passaria antes que essas coisas ocorressem a outros,

17. A julgar sobretudo pelo fato de que não haviam encontrado ninguém que, até então, aplicasse o pensamento ao mesmo,

18. Resolveram prontamente expor tudo o que eram capazes. Isso não por ambição, mas por solicitude para com o conhecimento verdadeiro;

19. Pois quem sabe restasse um esboço e projeto do que se poderia realizar em prol da humanidade.

20. Muitas outras ambições do peito humano parecem humildes em comparação a tal trabalho,

21. Sendo a tarefa tão grandiosa que pode se satisfazer com seu próprio mérito, não precisando de nenhuma outra recompensa;

22. Pois é nada menos do que procurar entender o mundo e a espécie humana dentro dele:

23. É nada menos do que a ciência, o maior empenho, a maior realização e a maior promessa:

24. Desde que dela a humanidade faça um uso sensato.

SABEDORIA

Capítulo 1

1. Emprega teus ouvidos em ouvir o que é dito e teu coração em entender o que significa.
2. Guarda no escrínio de tua mente o que é sábio, como chave para teu coração.
3. Resistirá a sabedoria daquele cujas obras ultrapassam sua sabedoria.
4. Mas não resistirá a sabedoria daquele cuja sabedoria ultrapassa suas obras.
5. Poderoso é aquele que vence a si mesmo;
6. Rico é aquele que se satisfaz com o que tem;
7. Honrado é aquele que honra os outros;
8. Mas sábio é aquele que aprende com todos os homens.
9. O sábio não fala diante do mais sábio.
10. O sábio não interrompe, mas abre os portões dos olhos e ouvidos para aprender.
11. O sábio não se apressa a falar nem a responder.
12. O sábio pergunta o que é pertinente e fala com precisão.
13. O sábio fala primeiro das primeiras coisas, e por último das últimas.
14. O sábio diz do que não ouviu: "Não ouvi";
15. E do que não viu: "Não vi."
16. O sábio reconhece a verdade.
17. O sábio raro se zanga e logo se acalma.
18. O sábio estuda para praticar, não só ensinar.
19. O sábio sabe: a recompensa vem de acordo com a diligência.
20. O sábio sabe dizer pouco, fazer muito e olhar o mundo com semblante alegre.
21. A pergunta a se fazer ao final de cada dia é: "Quanto tardarás para ser sábio?"

Capítulo 2

1. Que em tua casa se reúnam os sábios. Senta-te a seus pés e abebera-te ávido de suas palavras.

2. O silêncio é a proteção da sabedoria e a atenção é sua porta de entrada.

3. Aqueles que dizem tudo saber e mais não querem aprender não são sábios;

4. Mas aqueles que desejam aprender mais, mesmo que nada saibam, são sábios.

5. Os melhores disseram: muito aprendi com meu mestre, mais com meus colegas e muito mais com meus alunos.

6. O sábio julga a todos com balança favorável a eles.

7. O sábio vê os outros com olhar liberal, não lhes inveja o bem nem lhes deseja o mal.

8. O sábio cumpre com igual presteza as pequenas e as grandes obrigações.

9. O sábio prefere ser o último dos melhores do que o primeiro dos piores:

10. Como dizem, melhor ser cauda de leão do que cabeça de chacal.

11. O sábio sabe que o curso certo é aquele que um homem julga louvável,

12. Entre todos os que os homens de bom juízo julgam louvável.

13. A esperança é a armadura do sábio; a bondade, sua arma; a coragem, sua montaria;

14. E o destino de todas as suas jornadas é o entendimento.

15. A pergunta a se fazer ao final de cada dia é: "Quanto tardarás para ser sábio?"

Capítulo 3

1. Uma vida humana não chega a mil meses. O sábio é aquele que multiplica seus meses pelo empenho, vivendo muitas vidas no decurso de uma só.

2. Pois sobre nós sempre pende a sentença, mas com adiamento indeterminado: temos um prazo e, depois, desocupamos nosso lugar.

3. Alguns passam esse prazo na indiferença, alguns, em grandes paixões, os mais sábios, em arte e canções.

4. O sábio vê que nossa grande chance consiste em ampliar esse prazo, introduzindo o máximo possível no tempo dado.

5. A paixão pode oferecer uma sensação acelerada de vida, pode proporcionar o êxtase e a dor amorosa:

6. Diz o sábio, certifica-te apenas que ela renda o fruto de uma consciência verdadeira e ampliada.

7. É esta sabedoria, acima de tudo, que a paixão poética, o desejo de beleza, o amor à arte,

8. O desejo de conhecimento por ele mesmo e pelo bem da humanidade, possuem.

9. Arder sempre com esta robusta chama qual pedra preciosa, manter este êxtase, é o sucesso na vida.

10. O sábio diz que nosso defeito é criar hábitos: pois o hábito é a

marca de um mundo estereotipado,

11. E é apenas a imprecisão dos olhos que faz duas coisas parecerem iguais.

12. E o sábio diz: enquanto tudo se dissolve sob nossos pés, agarremos a requintada paixão,

13. Usemos o conhecimento que liberta o coração ao elevar o horizonte

14. Ou ao avivar os sentidos com cores, perfumes, a obra da mão do artista, o rosto de um amigo;

15. Não reconhecer a cada momento alguma atitude apaixonada no próximo e no esplendor de suas dádivas alguma trágica separação

16. É, no breve dia de gelo e sol da vida, dormir antes do anoitecer.

17. Com este sentido do esplendor da experiência, de sua terrível brevidade,

18. Somando tudo o que somos num só esforço profundo de ver, amar, realizar, entender, teremos tempo bastante para viver.

19. Provemos sempre curiosos novas ideias e busquemos novas impressões, nunca cedendo a uma fácil ortodoxia.

20. A filosofia pode nos ajudar a colher o que, não fora ela, poderia passar despercebido, pois a filosofia é o microscópio do pensamento;

21. Mas a teoria que exige o sacrifício de alguma parte dessa experiência, em favor de algum interesse que não podemos entender, não tem nenhum direito sobre nós.

22. É à vida que cabe o primeiro e o último direito, e é a luz clara e o ar fresco, trazidos à vida pela sabedoria, que o atendem,

23. Pois amar e lutar, procurar conhecer, dar atenção e aprender com o que de melhor se tem pensado, dito e feito no mundo, é sabedoria:

24. E sabedoria é vida.

25. A pergunta a se fazer ao final de cada dia é: "Quanto tardarás para ser sábio?"

Capítulo 4

1. Quem ou o que é o melhor conselheiro que nos aconselhe a ser sábios? Nada menos do que a própria vida.

2. O começo da sabedoria é a pergunta, o fim da sabedoria é a aceitação;

3. Mas entre um e outro não basta ser sábio apenas com a sabedoria de seu tempo, pois a sabedoria é de todos os tempos.

4. Ser sábio é saber quando agir e quando parar.

5. Ser sábio é saber quando falar e quando calar.

6. Ser sábio é saber que a amizade e a paz não vêm do nada, não se sustentam sozinhas, requerem sabedoria para nascer e prosseguir.

7. O ganho de conhecimento é acumulação; a aquisição de sabedoria é simplificação.

8. A sabedoria é o reconhecimento das consequências, o respeito pela causalidade e o emprego da antevisão.

9. A sabedoria consiste em colocar o passado a serviço do futuro e dar ouvidos às vozes de outrora.

10. Erudição pode-se ter sem sabedoria, e sabedoria, sem erudição; mas nada pode vencer a soma de ambas.

11. Ninguém se tornou sábio sem ter algumas vezes falhado;

12. Ninguém se tornou sábio sem saber como rever uma opinião.

13. O sábio muda de opinião quando assim exigem os fatos e a experiência. O tolo não ouve ou não dá atenção.

14. Mas o sábio sabe que mesmo um tolo pode falar a verdade.

15. A sabedoria pertence a todos e é possível em qualquer lugar: ninguém deixará de tê-la se não aceitar apenas a experiência como mestra.

16. Felizes aqueles que encontram alguém sábio: este revela tesouros ao reprovar e guiar.

17. Ele ensinará que, tal como uma rocha não se abala ao vento, assim o sábio se mantém constante na censura e no louvor.

18. Tal como um lago profundo é pacífico em todas as estações, assim é o sábio ao refletir sobre o bom ensinamento.

19. A pergunta a se fazer ao final de cada dia é: "Quanto tardarás para ser sábio?"

Capítulo 5

1. Ao lhe falarem de alguém que amealhara imensa fortuna, o sábio perguntou se também amealhara tempo para gastá-la.

2. Ao lhe falarem de alguém que concebera um grande amor por outra pessoa, o sábio disse: "Melhor amar do que desejar."

3. Ao lhe falarem de alguém que tinha filhos, o sábio disse: "Que trate os filhos como cozeria um pequeno peixe."

4. O sábio não espera estar sempre saudável ou nunca sofrer dor ou dificuldade. Em verdade ele se prepara.

5. O sábio não espera dominar nada valioso sem esforço. Pelo contrário, ele faz o esforço.

6. O sábio não espera nunca ter adversários ou nunca encontrar discordância. Pelo contrário, contempla de antemão a melhor maneira de tornar úteis as dificuldades.

7. Com um inimigo, uma dificuldade, uma doença ou um fracasso, o sábio aprende muito e assim se torna mais sábio.

8. O sábio conhece o valor da amizade e que é sábio ser amigo de si mesmo.

9. Pois quem prejudicaria um amigo, em vez de procurar o melhor para ele, em conselhos e ações?

10. Como amigo de si mesmo, pode a sabedoria permitir que se faça menos?

11. A pergunta a se fazer ao final de cada dia é: "Quanto tardarás para ser sábio?"

Capítulo 6

1. A meditação do sábio é uma meditação sobre a vida, não sobre a morte.

2. O sábio vê a necessidade das coisas e assim se liberta da aflição:

3. Pois a dor que vem da perda é mitigada quando se percebe sua inevitabilidade;

4. E assim ninguém se apieda de um recém-nascido por não saber falar ou andar, porque este é o natural para seu estado.

5. Assim, o reconhecimento das necessidades é uma libertação, e o sábio é aquele que distingue entre necessidade e contingência.

6. A emoção é ruim se impede a mente de pensar. Uma emoção que abre a mente à contemplação de vários aspectos das coisas ao mesmo tempo é melhor do que uma emoção que fixa o pensamento numa obsessão.

7. Quando se monta um sistema de boa conduta e preceitos práticos, melhor se suporta a adversidade e se resiste ao mal.

8. Assim o sábio lembra o que é de verdadeiro proveito para ele, o bem que deriva da amizade e o fato de que os homens agem por necessidade de sua natureza.

9. Assim o sábio modera a raiva e o ressentimento entendendo as causas das ações alheias;

10. Assim o sábio reflete sobre o valor da coragem e o bem que se pode encontrar mesmo nas coisas negativas.

11. O sábio se pergunta o que realmente busca na riqueza ou na posição social, no amor ou na honra, na vitória ou no afastamento da vida;

12. Pois apenas ideias claras e distintas destas coisas protegem contra falsos objetos de ambição.

13. Aquele que governa suas emoções e seus apetites pelo amor à liberdade luta com todas as forças para obter conhecimento das virtudes e de suas causas;

14. Não desejará se deter nas falhas dos homens nem censurar seus semelhantes, mas, observando e praticando os preceitos com diligência, guiará suas ações pelos mandamentos da razão.

15. O sábio sabe que o bem e o mal podem ser absolutos e podem ser relativos:

16. Absolutos, quando a exigência é procurar o bem e agir de acordo com ele;

17. Relativos, quando se reconhece que a mesma coisa pode ser boa, má ou indiferente de acordo com as circunstâncias,

18. Assim como a música é boa para quem está melancólico, má para quem está de luto, indiferente para o surdo.

19. O sábio chama de boas as coisas que promovem a atividade da vida e trazem benefício;

20. O sábio chama de más as coisas quando tolhem a atividade e trazem malefício, discórdia e dor.

21. Mas o sábio reconhece também que a percepção errônea das coisas e a inadequação das ideias podem dar aparência de mal a coisas que têm em si o bem ou que são inevitáveis e devem ser suportadas;

22. Pois o mérito de suportar os males inevitáveis da vida é em si um bem, e mesmo dos males faz surgir a bondade ao se opor a eles ou ao lhes resistir com coragem.

23. A mente tem poder sobre as emoções e pode ser livre. Por isso se evidencia como é poderoso o sábio e quanto ele supera o ignorante, que é movido por apetites e medos.

24. Pois o ignorante é distraído por causas externas que nunca obtêm a verdadeira aquiescência de sua mente, e assim ele vive incônscio de si e das coisas.

25. Ao passo que o sábio é menos perturbado porque tem mais consciência de si e das coisas, entende as necessidades e é capaz de verdadeira aquiescência da mente.

26. A pergunta a se fazer ao final de cada dia é: "Quanto tardarás para ser sábio?"

Capítulo 7

1. Algumas coisas estão em nosso controle, outras não. As coisas que podemos controlar são a opinião, a busca, o desejo, a aversão e, numa palavra, tudo o que é ação nossa.

2. As coisas que estão muito menos em nosso controle são o corpo, a propriedade, a reputação, o comando, numa palavra, tudo o que não é ação nossa.

3. O que podemos controlar é por natureza livre, irrefreado, desimpedido; mas o que não está em nosso controle é fraco, servil, limitado e pertence aos outros.

4. Lembra, então, que, se erroneamente supuseres que coisas que são servis por natureza são também livres e que é teu o que pertence a outrem, estarás tolhido.

5. Lamentarás, ficarás perturbado, verás defeito nas pessoas ao redor e nas ferramentas que usas.

6. Mas, se corretamente supuseres que são tuas aquelas coisas verdadeiramente tuas e o que pertence a outrem não é teu,

28 SABEDORIA

então ninguém será capaz de te obrigar ou te tolher.

7. E não verás defeito em ninguém e não acusarás ninguém. Até onde é possível num mundo de conflitos, não farás nada contra tua vontade, ninguém te ferirá, não terás inimigos, não serás prejudicado.

8. Almejando grandes coisas, portanto, lembra-te de que não te deves permitir desvios, por menores que sejam, para a obtenção de coisas menores.

9. Pelo contrário, abandona inteiramente o que é mau e adia o que é duvidoso. Mas, se queres ter essas grandes coisas e desejas também poder e riqueza, considera:

10. Como pode alguém ganhar estes com honra e paz, se almeja também aquelas?

11. Apenas aquelas garantem felicidade e liberdade, enquanto estes são sempre incertos.

12. Trabalha, pois, para poderes dizer a toda aparência de dificuldade: "Não passas de aparência, e não és absolutamente a coisa que aparentas ser."

13. Examina as aparências pelas regras da razão, primeira e principalmente por esta: se se refere às coisas que estão em nosso controle ou às coisas que não estão;

14. E, se se referem a algo que não está em nosso controle, está

preparado para dizer que elas nada são para ti.

15. A pergunta a se fazer ao final de cada dia é: "Quanto tardarás para ser sábio?"

Capítulo 8

1. Diz-se que aprender a filosofar é aprender a morrer.

2. O sábio morre menos do que o insensato; o sábio morre menos vezes do que o insensato; pois o insensato morre em sua imaginação e medo a cada vez que pensa na morte.

3. Mas o mal de nossa morte não é a morte em si; o medo da morte é que é o mal. Estar livre do medo da própria morte, isto sim é ser livre.

4. A morte de outrem é o verdadeiro pesar da morte; e os remédios para o pesar são o amor, a coragem e o tempo.

5. Aprender a filosofar é aprender a suportar a inevitabilidade da perda. Desejamos a vida e temos aversão à morte: esta é a raiz de temer a morte.

6. Lembra que seguir o desejo te promete obter o que desejas, enquanto a aversão te promete evitar aquilo a que és adverso.

7. Mas aquele que não consegue obter o que deseja, sente-se desapontado, e aquele que sofre aquilo a que tem aversão sente-se desgraçado.

8. Se tens aversão à doença, à morte ou à pobreza, te sentirás desgraçado: pois a morte há de vir, e a doença e a pobreza podem vir também.

9. Remove, pois, a aversão a todas as coisas que não estão em nosso controle e transfere-a para coisas contrárias à natureza daquilo que está em nosso controle.

10. Presta atenção ao desejo: pois, se desejas alguma das coisas que não estão sob teu controle, irás necessariamente te desapontar;

11. E daquelas que estão, e que seria louvável desejar, não as desejes apenas, mas vai em busca.

12. Usa apenas as ações apropriadas de buscar e evitar; e mesmo elas usa-as com leveza, com delicadeza e reserva.

13. A pergunta a se fazer ao final de cada dia é: "Quanto tardarás para ser sábio?"

Capítulo 9

1. Quanto às coisas que te dão prazer, são úteis ou que amas profundamente,

2. Lembra de dizer a ti mesmo qual é a natureza geral delas, a começar pelas coisas mais insignificantes.

3. Se, por exemplo, gostas de certo cálice, lembra-te de que é apenas um cálice. Então, se ele se quebrar, não ficarás perturbado.

4. Se beijas teu filho ou tua mulher, dize que beijas o que é humano e prepara-te para suportar a dor que é o preço de amar, se vieres a perdê-los.

5. Quando iniciares alguma ação, lembra-te de que natureza é a ação:

6. As pessoas são perturbadas não pelas coisas, mas pelos princípios e pelas noções que formam a respeito das coisas.

7. A morte, por exemplo, não é terrível, do contrário assim teria aparecido a Sócrates. O terror consiste antes em nossa crença de que a morte é terrível.

8. Quando, pois, estamos tolhidos, perturbados ou pesarosos, jamais atribuamos a causa a outrem, e sim a nós mesmos, isto é, a nossos próprios princípios.

9. Uma pessoa não instruída colocará a culpa de sua má condição nos outros.

10. Alguém que está começando a se instruir colocará a culpa em si mesmo.

11. Alguém que está plenamente instruído não colocará a culpa nos outros nem em si mesmo se for algo fora de seu controle,

12. Mas dirá: está na natureza das coisas.

13. A pergunta a se fazer ao final de cada dia é: "Quanto tardarás para ser sábio?"

Capítulo 10

1. Não te orgulhes de nenhuma excelência que não seja tua. Se um

cavalo se orgulhasse e dissesse: "Sou belo", seria tolerável.

2. Mas quando te orgulhas e dizes: "Tenho um belo cavalo", sabe que te orgulhas de algo que pertence não a ti, mas ao cavalo.

3. O que, então, é teu? Apenas tua reação às aparências das coisas.

4. Assim, quando reages às coisas como aparecem em verdadeira concordância com sua natureza, sentirás orgulho com razão; pois te orgulharás por algo bom que é teu.

5. Considera quando, numa viagem, teu navio está ancorado; se vais à praia pegar água fresca, podes te entreter no caminho colhendo um marisco.

6. Mas tua atenção também deve estar no navio, esperando o capitão te chamar a bordo;

7. Pois, quando ele o fizer, deves abandonar imediatamente todas essas coisas, do contrário perderás o navio ao zarpar.

8. Assim é com a vida. O que encontras enquanto passeias na praia, por assim dizer, é ótimo.

9. Mas, se a necessidade chama, deves correr para o navio deixando essas coisas e não dando atenção a nenhuma delas.

10. Pois há um tempo certo para todas as coisas, inclusive um tempo certo para se afligir e se preparar para morrer.

11. A pergunta a se fazer ao final de cada dia é: "Quanto tardarás para ser sábio?"

Capítulo 11

1. Não peças que as coisas ocorram como desejas, mas deseja que elas ocorram como ocorrem, e seguirás bem.

2. A doença é um estorvo ao corpo, mas não à tua capacidade de escolha, a menos que assim o escolhas. A coxeadura estorva a perna, mas não tua capacidade de escolher.

3. Dize isso a ti mesmo em relação a tudo o que acontece, então verás tais estorvos como obstáculos a alguma outra coisa, mas não a ti mesmo.

4. A cada acidente, pergunta-te quais são tuas capacidades para dar um uso adequado a ele.

5. Se vês uma pessoa atraente, descobrirás que o autocontrole é a capacidade que tens contra teu desejo.

6. Se sentes dor, encontrarás a fortitude. Se ouves palavras desagradáveis, encontrarás a paciência. E assim habituado, as aparências das coisas não te arrastarão junto com elas.

7. Nunca digas a propósito de coisa alguma "Perdi", e sim "Devolvi". Pois as coisas vêm, mesmo quando trabalhamos por elas, como uma

dádiva; e no final todas as coisas são devolvidas.

8. Contenta-te que te considerem pouco convencional em relação às coisas exteriores.

9. Não desejes que pensem que sabes alguma coisa; e mesmo que aparentes ser importante aos outros, desconfia de ti mesmo.

10. Se não queres que teus desejos sejam frustrados, isso está em teu próprio controle. Exercita, pois, o que está em teu controle.

11. É senhor de todos os outros aquele que é capaz de dar ou retirar aquilo que se deseja ter ou evitar.

12. Quem quer ser livre, portanto, que não deseje demais coisa alguma que dependa dos outros.

13. Conduze-te na vida como numa festa. Estão servindo algum acepipe? Estende a mão e pega tua parte com moderação.

14. Passou por ti? Não o detenha.

15. Ainda não veio? Não leves teu desejo a ele, mas espera que ele venha a ti.

16. Age assim com os filhos, com o cônjuge, com cargos públicos, com riquezas, e serás um digno conviva no banquete da vida.

17. E se sequer te servires de tudo o que está diante de ti, mas fores de bom grado capaz de recusar, então não serás apenas um comensal nos banquetes da vida, e sim um de seus príncipes.

18. A pergunta a se fazer ao final de cada dia é: "Quanto tardarás para ser sábio?"

Capítulo 12

1. Ao veres alguém entregue ao pranto porque o ser amado morreu, partiu ou enfrenta problemas em seus afazeres, cuida que a aparência não te engane.

2. E sim discerne em tua mente e estejas preparado para dizer: "Não é o acidente que aflige esta pessoa, porque não aflige outra pessoa; é o juízo que ela tem a respeito."

3. São nossas atitudes em relação às coisas que lhes dão valor, seja positivo, negativo ou indiferente. Fortalece tua mente para atitudes corretas, e viverás com fortitude e justa medida.

4. És ator num drama cujo autor és tu, mas também o são os assuntos além de teu controle.

5. Assim dize a ti mesmo: "Aconteça o que acontecer, está em meu controle saber aproveitá-lo, quando menos para aprender a suportar o infortúnio."

6. Serás invencível se entrares apenas em combates que possas vencer.

7. Assim, quando vires alguém coberto de honras, poder, alta estima ou qualquer outra razão, acautela-te em não te deixares levar pela aparência e declará-lo feliz;

8. Pois, se a essência do bem consiste em nossas escolhas, não haverá espaço para a inveja ou a emulação.

9. Porém, de tua parte, não queiras ser general, senador ou cônsul, mas sim: deseja ser livre;

10. E a única maneira de ser completamente livre é manter a atitude correta diante das coisas que não estão em teu controle.

11. Lembra que o insulto vem não daquele que emprega palavras ruins ou desfere um soco, mas do princípio que representa tais coisas como insultuosas.

12. Quando, portanto, alguém te provocar, certifica-te de que é tua própria opinião que te provoca.

13. Tenta, portanto, em primeiro lugar, não te deixares levar pela aparência. Pois se ganhares tempo e postergares, mais facilmente terás comando sobre ti mesmo.

14. A pergunta a se fazer ao final de cada dia é: "Quanto tardarás para ser sábio?"

Capítulo 13

1. Que a morte, a doença, a derrota, a perda e qualquer outra coisa de aparência terrível sejam contempladas abertamente, para ser vistas pelo que são;

2. E em especial a morte, que não é senão um sono sem sonhos e um descanso da luta;

3. E deixarás de alimentar pensamentos torpes; e tampouco cobiçarás coisa alguma com demasiada avidez, pois um dia tudo ficará para trás.

4. Se tens um desejo sincero de alcançar a sabedoria, prepara-te desde o começo para ser motivo de risos da multidão,

5. Para ouvi-la dizer: "Ele não cobiça o que cobiçamos, nem busca o que procuramos e perseguimos, mas se põe de parte."

6. Não te importes com esta rejeição, mas mantém-te constante àquelas coisas que te parecem melhores.

7. Pois, se aderes a teus princípios, aqueles mesmos que te ridicularizavam de início irão te admirar depois.

8. Mas, se fores vencido por eles, incorrerás em duplo ridículo.

9. Se voltas tua atenção a coisas externas, como querer agradar a alguém, fiques certo de que obstruirás teu projeto de vida.

10. Contenta-te, pois, com tudo o que é dedicado a uma vida sábia, e isso te bastará.

11. A pergunta a se fazer ao final de cada dia é: "Quanto tardarás para ser sábio?"

Capítulo 14

1. Não permitas que considerações tais te aflijam: "Em toda parte serei um ninguém." É o sentido

da vida ter poder ou ser admitido ao mais alto nível?

2. E como serás ninguém em toda parte, se fores alguém naquelas coisas que estão sob teu controle, que é onde mais importas?

3. "Mas meus amigos ficarão desassistidos." O que queres dizer com desassistidos? Quem te disse que isso está entre as coisas em teu controle e não é assunto alheio? Quem pode dar a outrem coisas que não tem?

4. "Bem, mas se eu as tiver, meus amigos também poderão ter uma parte." Se posso tê-las preservando ao mesmo tempo minha honra e a lealdade de minha mente, mostra-me o caminho e irei tê-las e de bom grado partilharei;

5. Mas, se exiges que eu perca o que é propriamente bom para que outrem possa ganhar o que não é bom, declino.

6. Ademais, o que preferes, uma soma de dinheiro ou um amigo leal? Ajuda-me, então, a ganhar este caráter, em vez de me exigires que eu faça aquelas coisas pelas quais posso perdê-lo.

7. "Bem, mas meu país, no que depende de mim, ficará desassistido." Aqui também, a que assistência te referes?

8. Se posso servir meu país com honra e lealdade de espírito, deixa-me servi-lo ao máximo;

9. E sobretudo fornecendo-lhe outro cidadão de honra e lealdade, que é de maior utilidade a ele.

10. "Que lugar, então, dize-me, ocuparei no estado?" Qualquer um que possas ocupar preservando tua lealdade e honra.

11. Mas se, desejando ser útil a ele, vens a perdê-las, que utilidade podes ter para teu país se te tornas desleal e despido de vergonha?

12. A pergunta a se fazer ao final de cada dia é: "Quanto tardarás para ser sábio?"

Capítulo 15

1. Alguém foi alçado acima de ti numa reunião, recebeu maiores elogios ou foi admitido aos conselhos dos dirigentes para os quais não és convidado?

2. Se tais coisas são boas, alegra-te que outro as tenha; se são más, não lamentes não as ter.

3. Lembra que, sem usar os mesmos meios que outros usam, não podes adquirir coisas que não estão em teu controle, e tampouco podes esperar que te julguem digno de igual parte delas.

4. Pois como aquele que não frequenta a casa de uma pessoa importante e não a serve obsequioso pode ter parte igual a quem o faz?

5. És injusto, então, e insaciável, se não queres pagar o preço pelo

34 SABEDORIA

qual são vendidas tais coisas e desejas tê-las de graça.

6. Quanto custa uma alface? Cinquenta centavos, digamos. Se outro paga cinquenta centavos e leva a alface, e tu, sem pagares, não tens a alface, não imagines que ele ganhou qualquer vantagem em relação a ti.

7. Pois, assim como ele tem a alface, tens os cinquenta centavos que não gastaste. Da mesma forma, no caso, não foste convidado à festa de tal pessoa porque não lhe pagaste o preço pelo qual é vendida a ceia.

8. Ela é vendida por louvores; ela é vendida por atenções. Paga-lhe então o valor, se for para vantagem tua.

9. Mas se, ao mesmo tempo, não queres pagar um e queres receber outro, és um insaciável e obstinado.

10. Então nada tens em vez da ceia? Sim, na verdade tens: tua honra e independência.

11. A atitude certa se aprende com as pequenas coisas. Por exemplo, quando o filho de nosso próximo quebra uma chávena ou algo assim, dizemos: "Estas coisas acontecem."

12. Certifica-te, então, que, quando tua chávena se quebrar da mesma maneira, isso te afetará da mesma forma quando a chávena de outrem se quebra.

13. Aplica isso de maneira semelhante a coisas maiores, vendo a doença e a morte, e o pesar dos outros, como o que acontecerá porque assim deve acontecer.

14. A pergunta a se fazer ao final de cada dia é: "Quanto tardarás para ser sábio?"

Capítulo 16

1. Assim como não se monta uma marca para errar o alvo, da mesma forma não existe no mundo a natureza do mal.

2. Se alguém desse teu corpo a qualquer estranho que encontrasse pelo caminho, irias te zangar.

3. Por que, então, não sentes vergonha em entregar tua mente para ser confundida e mistificada por alguém que procura te persuadir em seu proveito próprio?

4. Em todo assunto, considera o que precede e o que sucede, e então inicia.

5. Do contrário, começarás com entusiasmo; mas, não tendo pensado nas consequências, quando algumas delas surgirem, desistirás vergonhosamente.

6. "Quero ganhar nos Jogos Olímpicos." Mas considera o que precede e o que sucede, e então, se for para teu proveito, empenha-te na questão;

7. Deves conformar-te a regras, submeter-te a uma dieta, abster-te

de guloseimas; exercitar o corpo, queiras ou não, em horas estabelecidas, no frio e no calor; não podes tomar água gelada nem sequer um ocasional copo de vinho.

8. Numa palavra, deves te entregar a teu mestre, como a um médico. E então, no combate, podes ser atirado dentro de uma vala, deslocar o braço, torcer o tornozelo, engolir poeira, ser massacrado e, ao final, não conquistar a vitória.

9. Depois de avaliar tudo isso, se tua inclinação ainda persistir, então faze, e com a tua vontade e capacidade, e pelo bem que resultará, mesmo que não venças.

10. Do contrário, irás te comportar como os meninos que brincam de lutadores ou de gladiadores, às vezes tocam a trombeta da vitória e às vezes encenam uma tragédia que viram e admiraram.

11. Assim, tu também serás ora um lutador, ora um gladiador, ora um filósofo, então um orador; mas, a menos que te apliques com toda a tua vontade, não serás coisa alguma.

12. Como um macaco, imitarás tudo o que vês, e certamente as coisas te agradarão, uma após a outra, mas perderão a graça tão logo se tornem familiares.

13. Pois, se não te dedicares às coisas com reflexão prévia e resolução de dar o melhor de ti, mas, pelo contrário, se agires apenas com fria inclinação e mero estouvamento, serás apenas um menino brincando e um imitador em tudo o que fizeres.

14. Portanto, avalia primeiro qual é o objeto e a que se adéqua tua própria natureza.

15. Se queres ser um lutador, avalia teus ombros, tuas costas, tuas coxas; pois pessoas diferentes são feitas para diferentes coisas.

16. Pensas que podes encenar o bobo e ser um filósofo? Deves observar, deves trabalhar, deves tirar o melhor de certas disposições,

17. Deves tomar as honras e as lisonjas do mundo pelo que realmente valem.

18. Depois de avaliares todas essas coisas em torno, aproxima-te, se quiseres; se, apartando-te delas, tens mente para adquirires a liberdade e a força de espírito.

19. Se não tens, não te aproximes; não sejas, como as crianças, agora filósofo, então taverneiro, depois orador e a seguir funcionário público.

20. Deves cultivar ou tua própria faculdade de juízo ou tuas aparências, e aplica-te a coisas ou internas ou externas a ti; isto é, sê sábio ou deixa-te guiar por outros e cumpre a vontade deles.

21. A pergunta a se fazer ao final de cada dia é: "Quanto tardarás para ser sábio?"

Capítulo 17

1. Prescreve um caráter e forma de conduta para ti mesmo, que possas manter sozinho e na companhia dos outros.

2. Ouve e fala o que for necessário, lembra que poucas palavras são melhores do que muitas.

3. Entrega-te ao discurso quando a ocasião o exigir, mas não sobre temas vulgares e infrutíferos, e principalmente não sobre indivíduos, seja para acusá-los, louvá-los ou fazer comparações.

4. Se tiveres capacidade com tua própria conversa, conduz a de tua companhia para temas adequados; se estiveres entre estranhos, mantém-te em silêncio na maior parte do tempo.

5. Não permitas que teu riso seja excessivo, nem frequente, nem largado.

6. Evita totalmente fazer qualquer juramento, se for possível; se não for, jura apenas o mínimo que puderes.

7. Evita entretenimentos vulgares; mas, se a ocasião te chamar a eles, mantém-te alerta para que não deslizes imperceptivelmente para maneiras vulgares.

8. Pois saibas que, por robusto que seja o indivíduo, ainda assim, se seu companheiro estiver infectado, seu interlocutor será infectado também.

9. Não sejas implicante e recriminador aos que utilizam liberdades, nem te vanglories amiúde de não as usar: as pessoas são variadas e merecem compreensão.

10. Se te contarem que tal indivíduo fala mal de ti, não te justifiques pelo que foi dito de ti, mas responde: "Ele não conhece meus outros defeitos, do contrário não teria mencionado apenas estes."

11. Abstém-te de declamações, motejos e emoções violentas. Quando fores conversar com alguém, em especial com pessoas em posição superior, representa-te mentalmente como se comportariam Sócrates ou Zenão em tal caso.

12. Quando te dirigires a um indivíduo no poder, representa-te mentalmente que não o encontrarás em casa; que não serás recebido; que as portas não se abrirão a ti; que ele não dará atenção à tua petição.

13. Se, a despeito de tudo isso, é teu dever ir, aceita o que acontecer e jamais digas: "Nem valia tanto."

14. Pois, se foste com uma razão que era correta, o desdém do poderoso não a fará errada.

15. Em rodas de conversa, evita menção frequente e excessiva a tuas próprias ações e riscos.

16. Pois, por agradável que te possa ser mencionar os riscos que

corrente, não é tão agradável aos outros ouvir tuas aventuras.

17. Se a aparência de qualquer promessa de prazer te atrai, guarda-te contra a precipitação; deixa que o assunto aguarde até teres tempo e dá a ti mesmo algum vagar.

18. Então reflete sobre dois instantes: aquele em que gozarás o prazer e aquele em que podes te arrepender e te recriminar depois de tê-lo gozado;

19. E, em oposição a eles, prefigura diante de ti como ficarás contente e te congratularás se te abstiveres.

20. E mesmo que te apareça como uma satisfação oportuna, acautela--te para que sua força de atração aliciante e agradável não venha a te subjugar;

21. Mas contrapõe a isso quão melhor é ter a consciência de conquistar uma vitória sobre aquilo que te extravia.

22. A pergunta a se fazer ao final de cada dia é: "Quanto tardarás para ser sábio?"

Capítulo 18

1. Quando fazes alguma coisa a partir do juízo claro de que ela deve ser feita, nunca te demores para fazê-la, mesmo que o mundo faça suposições erradas sobre ela.

2. À mesa com outros, escolher o maior pedaço é adequado ao apetite do corpo, mas

incongruente com a natureza social da ocasião.

3. À mesa com outrem, portanto, lembra não só o valor para o corpo daquelas coisas que estão postas diante de ti,

4. Mas também o valor da conduta que deve ser observada para com a pessoa que oferece o entretenimento.

5. Se adotares uma atitude acima de tuas forças, com isso farás má figura e terás abandonado aquela que poderias ter mantido.

6. Quando andas, cuidas para não pisares num prego ou não torceres o pé; da mesma forma, cuida para não ferires a faculdade de juízo de tua mente.

7. O corpo é, para todos, a medida das posses adequadas a ele, tal como o pé é a medida para o sapato.

8. Assim, se te detiveres nele, manterás a medida; mas, se fores além, serás necessariamente impelido adiante, como descendo por um penhasco;

9. Tal como um calçado, se vais além de sua adequação ao pé, primeiro torna-se dourado, depois púrpura, e então cravejado de joias.

10. Pois para aquilo que excede a devida medida não há limites.

11. Embora seja bom dar atenção a nossos exercícios, a comer e a beber dentro das proporções e a desempenhar as funções animais,

12. Isso deve ser feito na devida medida, pois a maior parte de nossa atenção deve se concentrar no cuidado do entendimento.

13. Quando alguém te fere ou fala mal de ti, lembra que ele age ou fala na suposição de estar certo e em seu direito.

14. Ora, não é possível que ele deva seguir o que aparece como certo a ti, e sim o que aparece como certo a ele.

15. Portanto, se ele julga a partir de uma aparência errada, é ele o indivíduo lesado, visto que é ele o indivíduo enganado.

16. Pois, se alguém supõe falsa uma proposição verdadeira, não é a proposição que é lesada, e sim aquele que está enganado a respeito dela.

17. Assim, partindo de tais princípios, enfrentarás com fortitude uma pessoa que te trata com vitupérios, pois dirás a cada ocasião: "Foi assim que lhe pareceu."

18. Tudo tem dois lados, aquele pelo qual se pode conduzir a coisa e aquele pelo qual não se pode.

19. Se teu irmão age injustamente, não tomes a ação pelo lado da injustiça dele, pois por este lado não pode ser conduzida;

20. E sim pelo lado oposto, o de que ele é teu irmão, foi criado junto contigo, e por este lado tomarás a questão, tal como deve ser conduzida.

21. A pergunta a se fazer ao final de cada dia é: "Quanto tardarás para ser sábio?"

Capítulo 19

1. Quando tiveres chegado a atender às necessidades de teu corpo sem grandes custos, não te vanglories disso;

2. Nem, se bebes apenas água, digas a cada ocasião: "Bebo apenas água."

3. Mas antes considera como os pobres são mais parcimoniosos e pacientes com a privação do que os remediados ou os ricos.

4. Mas se, em algum momento, quiseres te habituar pelo exercício ao trabalho pesado e a duras provações, faze-o por ti e não pelo mundo.

5. Ao contrário do que pensam os tolos, não há ligação entre tais raciocínios:

6. "Sou mais rico do que ti, portanto sou melhor"; "sou mais eloquente do que ti, portanto sou melhor".

7. A verdadeira ligação é esta: "Sou mais rico do que ti, portanto minha propriedade é maior do que a tua"; "sou mais eloquente do que ti, portanto meu estilo é melhor do que o teu".

8. Mas um ser humano, afinal, não é propriedade nem estilo.

9. Alguém se lava em muito pouco tempo? Não digas que se lava mal, e sim que se lava em pouco tempo.

10. Alguém bebe vinho em grande quantidade? Não digas que bebe mal, e sim que bebe em grande quantidade.

11. Pois, a menos que entendas plenamente o princípio a partir do qual alguém age, como saberás se age mal?

12. Assim não correrás o risco de aceitar qualquer aparência, mas apenas aquelas que compreendes inteiramente.

13. Nunca te digas sábio, nem fales muito sobre a sabedoria entre os incultos, mas age em conformidade com ela.

14. Assim, à mesa com outros, não digas como as pessoas devem comer, mas come como tu deves comer.

15. Se ocorrer alguma conversa sobre coisas cultas entre incultos, mantém silêncio a maior parte do tempo.

16. Pois há um grande perigo de vomitares imediatamente o que não digeriste.

17. E se alguém te disser que não sabes nada e não te zangares com o que ele diz, podes ter certeza de que começaste a ser sábio.

18. Pois os carneiros não regurgitam o capim para mostrar aos pastores o quanto comeram; mas, digerindo internamente o alimento, externamente produzem lã e leite.

19. Assim, portanto, não exibas conhecimentos aos incultos, mas as ações produzidas por eles depois de ter sido digeridos.

20. A pergunta a se fazer ao final de cada dia é: "Quanto tardarás para ser sábio?"

Capítulo 20

1. O tópico primeiro e mais necessário na busca da sabedoria é o uso de prescrições morais, como "Não devemos mentir";

2. O segundo é o de demonstrações, como "Qual é a origem de nossa obrigação de não mentir?";

3. O terceiro dá força e expressão aos outros dois, como "Qual é a base lógica desta demonstração?".

4. Pois o que é demonstração? O que é consequência? O que é contradição? O que é verdade? O que é falsidade?

5. O terceiro tópico, portanto, é necessário por causa do segundo, e o segundo por causa do primeiro.

6. Mas o mais necessário, e aquele pelo qual devemos agir, é o primeiro.

7. No entanto, agimos exatamente ao contrário: dedicamos todo nosso tempo ao terceiro tópico, empregamos todo nosso empenho nele e esquecemos inteiramente o primeiro.

8. Portanto, ao mesmo tempo em que mentimos, já estejamos preparados para mostrar como está demonstrado que mentir não é certo;

40   SABEDORIA

9. E vivamos pelo que ensinam a razão e o certo, sem delongas.

10. A pergunta a se fazer ao final de cada dia é: "Quanto tardarás para ser sábio?"

Capítulo 21

1. A característica do insensato é nunca esperar benefício ou dano de si mesmo, e sim do exterior.

2. A condição e característica do sábio é esperar todo dano e benefício de si mesmo.

3. As marcas do sábio são: nunca censura ninguém, elogia o que se deve, não culpa ninguém, não acusa ninguém, não diz nada referente a si mesmo como sendo alguém ou sabendo qualquer coisa;

4. Quando, em qualquer circunstância, está tolhido ou limitado, culpa apenas a si mesmo; se é elogiado, toma o elogio com modéstia e moderação; se é censurado, não se defende.

5. Mas segue com a cautela de um doente ou ferido, cuidando para não mover nada que esteja na posição certa, empenhado em tornar certo o que está errado.

6. Quando alguém se mostra plenamente confiante em sua capacidade de entender e interpretar os ensinamentos dos sábios, dize:

7. "A menos que os sábios ensinassem obscuramente, esta pessoa não teria nenhuma razão para sua vaidade.

8. "Mas o que eu desejo? Entender e seguir a natureza. Então pergunto: quem a interpreta? E encontrando este alguém, recorro a seu ensinamento.

9. "Se não entendo seus escritos, procuro alguém que os explique." Até aqui não há nada de que eu possa me vangloriar.

10. E quando encontro um mestre, o que resta é utilizar suas instruções. Esta é a única coisa de valor.

11. Mas, se admiro meramente o ensinamento e mais nada, no que me diferencio de um gramático, em vez de ser filósofo?

12. Enrubesço quando não posso mostrar ações compatíveis e consonantes com os ensinamentos dos bons.

13. A pergunta a se fazer ao final de cada dia é: "Quanto tardarás para ser sábio?"

Capítulo 22

1. Quaisquer que sejam as regras morais que propuseste a ti mesmo depois de cuidadosa reflexão, atém-te a elas como se fossem leis.

2. Não te preocupes com o que dizem de ti, pois, afinal, não te diz respeito, a menos que te seja de proveito aprender com isso.

3. Assim, por quanto protelarás até te pensares digno dos mais altos

aprimoramentos e seguires as distinções da razão?

4. Assim, que outro mestre esperas para lhe atribuíres a delonga em reformar a ti mesmo? Não és mais uma criança, és um adulto.

5. Se, portanto, fores negligente e indolente, e sempre acumulares um adiamento depois do outro, um propósito depois do outro, e delongas dia após dia, para atenderes a ti mesmo,

6. Insensivelmente continuarás sem capacidade e, vivendo e morrendo, perseverarás como um dos insensatos.

7. Agora, portanto, considera-te digno de viver como adulto. Toma o que for melhor como tua lei.

8. E se se apresentar diante de ti qualquer instância de dor ou prazer, de glória ou desgraça, lembra que agora é o combate, agora é a luta, e não pode ser afastada.

9. E, embora ainda não sejas um Sócrates, deves viver como alguém que deseja se tornar um Sócrates, o qual disse: "A vida mais digna de ser vivida é a vida examinada e escolhida."

10. A pergunta a se fazer ao final de cada dia é: "Quanto tardarás para ser sábio?"

11. E a grande lição que nos ensina o final de cada dia é que a sabedoria e a felicidade por ela trazida devem ser reconquistadas diariamente.

PARÁBOLAS

Capítulo 1

1. Um rei muito rico chamado Plúsio plantara uma floresta para sua recreação e lançou um decreto proibindo a entrada de qualquer pessoa.

2. Um dia, durante uma caçada, ele passou por uma choça que um mendigo chamado Penicro havia construído ali, transgredindo o decreto.

3. Furioso, Plúsio ordenou que Penicro fosse enforcado e sua choça, destruída; mas Penicro disse: "Se me enforcardes antes de ouvirdes minha sabedoria, lamentareis para sempre."

4. "O que te faz pensar que és sábio?", indagou Plúsio, e Penicro respondeu: "Porque construí minha morada na floresta de Plúsio,

5. "E assim vim a conhecê-lo, coisa que eu queria, por ter conselho a lhe oferecer."

6. Achando graça no atrevimento de tal resposta, Plúsio ordenou que montassem Penicro num burrico e o conduzissem à cidade, junto com eles; e no caminho indagou.

7. "Dize-me a diferença entre um homem bom e um homem mau", disse Plúsio.

8. Penicro respondeu: "Um homem mau discutiu com um homem bom, dizendo: 'Para cada insulto que ouvir de ti, devolverei dez.'

9. "O homem bom replicou: 'Para cada dez insultos que ouvir de ti, não devolverei nenhum.'

10. "Esta é a diferença entre um homem mau e um homem bom; e entre um tolo e um sábio."

11. Impressionado com essa resposta, Plúsio perguntou: "É verdade que todas as coisas, tanto no homem quanto na natureza, crescem com o tempo?"

12. E Penicro respondeu: "Há uma coisa que não cresce; é a dor."

13. Plúsio disse: "Dizem-nos para ter cuidado em escolher quem

enviamos como mensageiro. Por quê?"

14. Penicro respondeu: "Porque o caráter do enviado mostra o caráter de quem o enviou."

15. Plúsio perguntou: "Cada animal tem sua cor, suas manchas ou listras, para se ocultar na floresta. Qual é o melhor método para o homem se ocultar?" Penicro respondeu: "A fala."

16. Plúsio perguntou: "Qual é o pior homem dentre todos?" Penicro respondeu: "O que se tem na conta de bom."

17. Plúsio perguntou: "Não seria agradável se o reinado de um rei durasse para sempre?" Penicro respondeu: "Se tal tivesse sido o destino de vosso pai, onde estaríeis agora?"

18. Plúsio disse: "Os igualitaristas dizem que não há diferença entre nobres e plebeus. É verdade?"

19. E Penicro respondeu: "Era uma vez um nobre que falava desdenhosamente com um estudioso pobre, o qual respondia com cortesia.

20. "Tendo isso continuado por algum tempo, o estudioso finalmente observou: 'Parece que vossa nobre linhagem termina convosco, ao passo que a minha pode estar começando comigo.'

21. "E também: um homem de berço falava ofensivamente com um sábio sem berço. 'Dizeis que

minha linhagem é uma mácula em mim', disse o sábio, 'mas vós sois uma mácula na vossa'."

22. E Penicro disse: "A morte é o pavor do rico e a esperança do pobre. Uma anedota nos mostra uma verdade mais profunda sobre a diferença entre nobre e plebeu, entre rico e pobre:

23. "Certa vez, um semelhante a Plúsio e um semelhante a Penicro estavam viajando juntos por uma estrada e foram atacados por ladrões.

24. " 'Ai de mim', disse o que parecia Plúsio, 'se eles me reconhecerem'. 'Ai de mim', disse o que parecia Penicro, 'se não me reconhecerem'.

25. "E também: o herdeiro de um homem de posses dilapidou sua fortuna, e um sábio pobre o viu comendo pão e azeitona.

26. "Disse ao herdeiro empobrecido: 'Tivesses pensado que esta poderia ser tua comida, não seria tua comida.'

27. "Tais são as diferenças. Como homem e homem, mulher e mulher, não há – nem deve haver – nenhuma diferença entre duas pessoas quaisquer aos olhos de um rei ou de um juiz, pois não há nenhuma diferença entre elas na natureza."

28. Plúsio perguntou: "Por que morremos?" E Penicro respondeu: "Porque vivemos."

29. Plúsio perguntou a Penicro sobre amigos e inimigos, e Penicro respondeu: "Melhor um inimigo sábio do que um amigo tolo."
30. Plúsio perguntou: "Existe alguma circunstância em que seja certo dizer uma mentira?" E Penicro respondeu: "É admissível mentir em três casos: na guerra, na reconciliação de dois homens e para acalmar a própria esposa.
31. "E de modo mais geral, bem se diz que é prejudicial dizer uma verdade inoportuna."
32. Plúsio disse: "Não és um mendigo, és um sábio." E Penicro respondeu: "De fato; pois vós estais sendo o mendigo, a pedir sabedoria a mim.
33. "Na vida, a razão é o piloto, a lei é a luz pela qual ela se guia, a sabedoria é saber que a lei vem da natureza; e a razão é a dádiva da natureza ao homem.
34. "O homem não tem garras para lutar, nem pelagem para enfrentar o inverno, mas, se quiser, pode comandar os seres de garras e pelagem."
35. Plúsio disse: "Pelo que me ensinaste hoje, dize-me o que queres como recompensa."
36. Ao que Penicro replicou: "Dizem que, quando o imperador Alexandre ofereceu recompensas a Diógenes o filósofo, que estava em sua barrica, este aceitou dizendo: 'Sim, podeis me recompensar parando de me fazer sombra.'
37. "Mas eu, de fato, aceitarei uma recompensa vossa: permiti que eu erga uma choça em vossa floresta e lá more em paz."
38. E Plúsio, que no mesmo dia condenara Penicro à forca por ter construído uma choça em sua floresta, deu-lhe permissão de morar lá para todo o sempre.
39. Tal é a recompensa da sabedoria.

Capítulo 2

1. Um homem chamado Cáricles, estudioso que vivia antigamente na cidade dos cinco portões e das dez torres, contou um sonho que teve certa vez,
2. No qual ele era despertado de sua sesta da tarde por um estranho que carregava um cesto de alimentos,
3. Contendo um pão redondo de casca crocante, queijo branco de leite de cabra, cachos de uva doce e um frasco de vinho rubro como rubi.
4. O estranho o convidou dizendo: "Vem comer meu pão e queijo, e beber o vinho de cor rubi comigo, como se fôssemos filhos da mesma mãe."
5. E o estranho carregava uma lâmpada acesa, embora fosse dia e o sol lançasse seus raios em todos os cantos da casa.

6. Cáricles apontou o cesto e perguntou ao desconhecido: "O que são essas coisas, e por que estás me oferecendo?"

7. O estranho respondeu: "São meu vinho, meu pão e queijo e minhas uvas doces; vem, come comigo, bebe comigo, e seremos como filhos da mesma mãe."

8. Mas Cáricles disse: "Antes de comer, preciso lavar o rosto e as mãos, porque o sono ainda me pesa muito neste calor da tarde."

9. "Lava-te se quiseres", disse o estranho, "então vem comer meu pão e as uvas comigo, e beber o vinho cor de rubi".

10. Então Cáricles se lavou e se sentou com o estranho e começou a comer;

11. E comeu do pão, do queijo e das uvas, mas o vinho ele recusou.

12. "Por que não provarás de meu vinho?", perguntou o estranho. "É de meu próprio vinhedo, e esmaguei as uvas com meus próprios pés."

13. "Não posso beber de teu vinho", disse Cáricles, "nem de outro qualquer. Cega os olhos, rouba sabedoria à mente e força ao corpo, revela os segredos de amigos e desperta discórdia entre irmãos".

14. A isso o estranho sorriu. "Por que blasfemas contra o vinho", perguntou, "e crês nessas falsidades sobre ele?

15. "O vinho traz alegria; expulsa a tristeza, fortalece os sentimentos, torna os corações generosos, prolonga o prazer, retarda a velhice, traz brilho ao rosto e vivacidade aos sentidos.

16. "Vinho é vida e tem em si a doçura do melhor da vida; remove dos olhos os véus das preocupações cotidianas, para que se possam ver as promessas da vida".

17. "Bem", disse Cáricles, "talvez estejas certo; quando acabar de comer e tomar um pouco de água, experimentarei um pouco de teu vinho".

18. Assim, depois de comer e tomar um pouco de água, Cáricles aceitou um cálice do estranho onde cintilava o vinho cor de rubi, que orlava a borda com suas pequenas bolhas.

19. Mas ele não levou o cálice aos lábios; segurou-o na mão como se fosse beber e perguntou ao estranho: "De onde és?"

20. O estranho disse: "Venho de uma terra distante, de colinas férteis e aprazíveis. Seu conhecimento e sabedoria é maior do que em teu país, e assim são suas leis.

21. "Vem comigo à minha terra e te mostrarei os arredores felizes e te ensinarei seu saber, pois aqui teus conhecidos e vizinhos não apreciam o valor nem conhecem a sabedoria.

22. "Meu país é como um jardim aprazível, com um povo amável, mais sábio do que todos os outros povos.

23. "És um estudioso, e aprenderias muito com o que posso te mostrar; caberia a ti trazer esta sabedoria de volta, para ensiná-la a teus companheiros."

24. Mas Cáricles disse, ainda segurando o cálice na mão, sem beber: "Não posso te acompanhar; aqui meus vizinhos são bons e me carregam nas asas de seu amor; quando eu morrer, suavizarão minha morte e me sepultarão com canções.

25. "Receio-te, realmente receio-te; és um desconhecido, e vieste sem ser convidado; temo confiar em ti.

26. "Se isso te parecer pouco amistoso, perdoa-me; mas explica-se pelo conto da raposa e do leopardo. Conheces? Então vou narrá-lo a ti."

27. E Cáricles contou a seguinte história.

Capítulo 3

1. Era uma vez uma raposa que morava perto de um leopardo, numa terra de tanta abundância que o leopardo sempre tinha o suficiente para alimentar a si, à leoparda sua esposa e aos filhos; e assim a raposa se sentia segura.

2. Mas, embora a raposa e o leopardo fossem bons vizinhos e amigos, ela sabia que, se viesse a escassez e cessasse a fartura, bem poderia acabar como presa do leopardo; pois a fome põe fim à amizade e a necessidade traz grandes mudanças.

3. Então a raposa aconselhava a si mesma: "Os sábios ensinam que, se alguém vier te atacar, ataca-o antes." E decidiu remover o leopardo, levando-o às trilhas da morte para se livrar dele.

4. No dia seguinte, a raposa foi ao leopardo e disse: "Vi um lugar de jardins e lírios, onde os veados se recreiam na inocência, incônscios de qualquer perigo;

5. "Cervos e corças e também gamos; belos e nédios com carnes fornidas e pelagens reluzentes; presa fácil e bom alimento para alguém como tu."

6. O leopardo se encantou com o quadro e acompanhou a raposa ao lugar que ela descrevera, sorrindo de prelibação. A raposa disse a si mesma: "Ah, quantos sorrisos terminam em lágrimas!"

7. Ao ver aquele paraíso, o leopardo disse à raposa: "Tenho de ir contar à minha mulher e trazê-la aqui; como ela vai ficar feliz em saber disso!"

8. Mas a raposa ficou desacorçoada com a ideia, pois sabia que a mulher do leopardo tinha muita sabedoria e iria suspeitar do

propósito que estava por trás de tudo o que planejara.

9. Assim, ela disse ao leopardo: "Não confies no julgamento de tua esposa em relação a isso. Depois de construir o lar, as esposas não gostam de deixá-lo, mesmo que existam lugares melhores para morar,

10. "Pois se apegam pela emoção, e não pela razão, ao local onde criaram os filhos. Ouve o que ela diz, mas faz o contrário."

11. E de fato, quando o leopardo contou à esposa, ela não quis se mudar para o jardim dos lírios com todos os seus inocentes rebanhos de antílopes, quando menos porque fora a raposa a mostrar o jardim a seu marido.

12. "Cuidado com a raposa", disse ela ao marido. "Existem duas criaturas nas quais não se pode confiar, porque são ardilosas: a serpente e a raposa. Não sabes que a raposa enganou o leão e o matou com astúcia?"

13. "Como uma raposa ousaria fazer uma coisa dessas", perguntou o leopardo, "e mataria um leão, que é tão mais poderoso do que ela?"

14. Então a esposa do leopardo lhe contou a seguinte história.

Capítulo 4

1. O leão amava a raposa, mas a raposa desconfiava do leão, pois receava que, caso a fome chegasse

à região, o leão não hesitaria em devorá-la.

2. Assim, um dia a raposa foi até o leão, queixando-se de uma terrível dor de cabeça, e lhe pediu ajuda;

3. Quando o leão perguntou o que podia fazer para ajudá-la, a raposa disse: "Existe um supremo remédio que os médicos receitam, e sei qual é."

4. "Então diz-me qual é", falou o leão, "pois não gosto de ver-te sofrer; e se puderes me ensinar a ministrar o remédio, peço-te que o faças".

5. A raposa respondeu: "O tratamento consiste em prender os pés e as mãos do paciente, e amarrá-los com muita força para que não consiga se mover por algum tempo. Aqui está uma corda; por favor, faz-me o que te disse."

6. "Então farei, minha amiga", exclamou o leão, "para te aliviar esta dor". E amarrou a raposa, a qual, depois de alguns instantes, disse: "Ah! A dor sumiu! Curaste-me!"

7. O leão a soltou e ficou feliz em vê-la melhor; e os dois continuaram amigos por algum tempo.

8. Mas então o leão caiu vítima de dor de cabeça, e sofria terrivelmente; foi até a raposa para lhe pedir ajuda.

9. "Lembras que te amarrei e curei tua dor de cabeça?", perguntou o

48 PARÁBOLAS

leão afagando a cabeça. "Peço-te que faças o mesmo comigo, pois agora sofro como sofreste naquela época."

10. Assim, a raposa pegou cordas e amarrou com força as patas do leão; quando este estava bem preso, a raposa foi buscar umas pedras grandes e atirou na cabeça do leão até matá-lo; e com este ardil traiçoeiro, terminou com a vida do leão.

11. "Peço-te", disse a leoparda, "que penses nisso e te acauteles da astúcia da raposa; pois deves te indagar: 'Por que ela me mostrou um lugar tão excelente, do qual ela mesma, em vez de mim, poderia tirar proveito?'"

12. O leopardo não quis seguir o conselho da esposa, mas, ao mesmo tempo, suas palavras lhe tinham despertado a dúvida. Disse à raposa que sua esposa não quis acompanhá-lo e que ele mesmo sentia apreensão;

13. Ao que a raposa respondeu: "Se te guias nisso por tua esposa, teu destino será igual ao do ourives. Conheces essa história?"

14. E contou ao leopardo a seguinte história.

Capítulo 5

1. Era uma vez, antigamente, disse a raposa, um ourives muito habilidoso, que fazia lindos engastes para pedras preciosas,

2. Mas trabalhava muito devagar, de maneira que, apesar de sua grande fama, sua riqueza era pequena.

3. Um dia, sua mulher lhe disse: "Não enriquecemos, embora sejas tão bom em teu ofício.

4. "Mas tenho um plano; e, se quiseres me ouvir, nós nos tornaremos os moradores mais ricos desta cidade."

5. Então, o ourives pousou suas ferramentas para ouvir a mulher, que falou o seguinte:

6. "Nosso rei e senhor tem uma nova esposa, muito jovem e linda, e é louco por ela. Faze uma imagem de prata da rainha e eu levarei ao palácio como presente ao rei.

7. "Ganharemos uma recompensa muito maior do que o valor da prata, e tua fama atrairá gente de longe, que pagará o dobro pelo que fazes."

8. Mas a mulher do ourives não levara em conta os ciúmes do rei, que não suportava a ideia de que outro se detivesse na beleza da esposa e fizesse uma imagem sua;

9. De forma que, quando a mulher do ourives apresentou a estatueta de prata no palácio, ele foi tomado de raiva e mandou que prendessem o artífice;

10. E quando este foi levado à sua presença, o rei ordenou que lhe decepassem a mão direita, para não poder mais trabalhar em seu ofício.

11. Desde aquele dia o ourives não parou de chorar, até que ele e sua mulher finalmente morreram de fome.

12. "Este conto", disse a raposa, "nos ensina a nunca dar ouvidos ao conselho das esposas em matéria de sobrevivência".

13. O leopardo estremeceu ao ouvir aquela fábula, mas a raposa, sentindo que ganhava vantagem, continuou a repisar o assunto. E perguntou:

14. "Sabes o que o grande Sócrates disse quando lhe perguntaram por que se casara com uma mulher tão miúda e baixinha? 'Para ter a menor dose possível de mal', respondeu ele.

15. "Sabes o que ele disse ao ver uma mulher enforcada numa árvore? 'Oxalá todas as árvores dessem tal fruto'.

16. "Sabes o que ele respondeu quando lhe disseram: 'Seu inimigo morreu'? Disse: 'Preferia que tivesse se casado'."

17. Com tais intrigas e falsos relatos, a raposa indispôs o leopardo contra a esposa.

18. E, enraivecido, o leopardo ordenou a ela que trouxesse os filhotes ao paraíso dos cervos nédios e das campinas verdejantes; e lá se instalaram à beira d'água.

19. A raposa se despediu deles, com a alegria que lhe ia por dentro saindo pela cauda.

20. Passaram-se sete dias, e na noite avançada do oitavo dia, numa das enchentes periódicas naquele local, as águas se avolumaram e engolfaram toda a família do leopardo que dormia ali.

21. Mesmo enquanto se debatia nas águas da inundação, o leopardo se lamentava: "Ai de mim por não ter ouvido minha mulher", e ele e toda a sua família morreram antes do tempo.

Capítulo 6

1. Depois de ouvir Cáricles contar essas histórias, o estranho disse: "Dividi contigo meu pão, meu queijo e meu vinho cor de rubi, que eu mesmo plantei em meu vinhedo;

2. "Por estes sinais de amizade, podes ver que não sou nenhuma raposa querendo prejudicá-lo. Entendo tua relutância;

3. "Mas, se quiseres aprender algo de novo e aproveitar a oportunidade, deves ter coragem e correr o risco."

4. Assim, relutante, mas persuadido pelas palavras do estranho, Cáricles concordou em acompanhá-lo, e lá se foram montados em dois jumentos.

5. O estranho disse a Cáricles: "Carrega-me ou te carrego eu." Cáricles respondeu: "O que queres dizer? Estamos montados num jumento. Por que um de nós

haveria de carregar o outro? Explica-me tuas palavras."

6. O estranho replicou: "A explicação está na história da filha do camponês e o sábio." E contou a história a Cáricles, como segue.

7. Era uma vez um rei com um grande harém de esposas e concubinas. Uma noite, ele sonhou que via um macaco entre suas mulheres e despertou com um sobressalto.

8. Ficou muito perturbado e pensou: "Este é um rei estrangeiro que virá conquistar meu reino e tomará meu harém como butim."

9. O rei chamou um de seus sábios e lhe pediu que descobrisse o que significava aquele sonho pressago.

10. O sábio montou numa mula e foi para o campo, onde encontrou algum tempo depois um camponês idoso, também numa mula, seguindo na mesma direção.

11. Ele disse ao camponês: "Viajemos juntos", e o camponês concordou. E quando retomaram o percurso, o sábio disse: "Carrega-me ou te carrego eu."

12. "Mas nossas mulas nos carregam", retorquiu o camponês espantado. "O que queres dizer?"

13. "És um lavrador da terra e comes terra", disse o sábio. "E há neve nas montanhas."

14. Como era pleno verão, o camponês se riu a isso e começou a achar que o sábio era louco.

15. Passaram por um trigal, e o trigo crescia de ambos os lados. "Um cavalo caolho passou por aqui", disse o sábio, "levando azeite de um lado e vinagre do outro".

16. Viram um campo fértil e abundante de cereal, e o camponês elogiou; o sábio respondeu: "Sim, elogia-se um campo desses até que o cereal seja todo comido."

17. Avançaram mais um pouco e viram uma torre imponente. "A torre está bem fortificada", disse o camponês. "Sim", comentou o sábio, "fortificada por fora, se não estiver arruinada por dentro".

18. Continuando a viagem, passaram por um funeral. "Não sei dizer se o homem no caixão está vivo ou morto", falou o sábio.

19. O camponês agora tinha certeza de que o sábio devia ser louco, para dizer coisas tão incompreensíveis.

20. Chegaram à aldeia onde o camponês vivia, e ele convidou o sábio a pernoitar na casa dele e de sua família.

Capítulo 7

1. Na calada da noite, o camponês contou à esposa e à filha as tolices que o sábio dissera.

2. "Não", retorquiu a filha, "não eram tolices; não entendeste o sentido profundo delas".

3. "'Carrega-me ou te carrego eu' significa que aquele que entretém o percurso com histórias, provérbios, charadas e cantigas tornará leve a viagem para o companheiro.

4. "O lavrador da terra come alimento nascido da terra. A neve na montanha são as cãs em tua cabeça, meu pai; devias ter respondido: 'O tempo foi a causa.'

5. "Ele sabia que um cavalo caolho passara por ali, porque o trigo estava comido apenas num dos lados do caminho.

6. "E sabia o que o cavalo transportava, pois o vinagre ressecara a poeira onde pingou, mas o azeite não.

7. "O cereal do campo por onde passaste já teria sido consumido se o dono fosse pobre. A torre imponente não estaria bem fortificada se houvesse cisões ou discussões entre seus ocupantes.

8. "E quanto ao funeral: o morto estaria vivo se tivesse filhos; mas estaria realmente morto se não tivesse deixado nenhuma descendência."

9. A isso o camponês e sua mulher se admiraram e entenderam; ao contrário do que pensavam, o sábio não estava dormindo e, sem que soubessem, ouviu as palavras da filha.

10. Na manhã seguinte, a filha pediu ao pai que desse ao sábio o alimento que ela havia preparado.

11. Deu ao pai trinta ovos, um prato de leite e um pão inteiro, e disse que comesse e bebesse até se saciar, e então levasse o restante ao sábio.

12. "Quando lhe deres o restante", disse ela, "pergunta-lhe com quantos dias está o mês; pergunta-lhe se a lua é nova e se o sol está em seu zênite".

13. O camponês comeu dois ovos, um pedaço de pão e sorveu um pouco do leite, então levou o restante e deu ao sábio.

14. Quando voltou à filha, riu e disse: "Sem dúvida, o homem é um tolo; pois estamos no meio do mês e é lua cheia;

15. "Mas, quando lhe dei o resto do alimento, ele disse: 'O sol não está a pino e a lua não está cheia, porque o mês está com dois dias.'"

16. "Agora sei com toda a certeza que o homem é sábio", disse a filha, e foi até ele e falou: "Estás buscando algo: conta-me o que é e te responderei."

17. Então o sábio lhe contou o sonho do rei e a filha respondeu: "Sei a resposta. Mas deves me levar até o rei em pessoa, para que eu possa contar a ele."

18. Quando o sábio e a filha do camponês se apresentaram diante do rei, ela disse: "Revistai vosso harém; encontrareis entre as mulheres um homem disfarçado como uma delas,

19. "Pois é o amante de uma das mulheres e se oculta ali para ficar com ela."

20. Os guardas do rei procuraram e descobriram que era verdade; e levaram os transgressores à presença do rei. Ele disse à filha do camponês:

21. "Antes de castigá-los, quero saber o que posso te presentear para expressar meus agradecimentos: pede o que quiseres e, se me aprouver, serás atendida."

22. A filha do camponês disse: "Peço duas coisas. Primeiro, estes dois transgrediram por amor. Peço-vos que deixeis ambos partirem, pois como pode o amor ser um crime que mereça punição como outros crimes?"

23. O rei lhe atendeu o pedido, poupando a vida dos transgressores, mas expulsou o casal do reino para sempre.

24. Então a filha do camponês fez um gesto na direção do sábio e disse: "Como segundo pedido, gostaria de ter este homem como marido, se ele me aceitar,

25. "Porque a sabedoria é a fonte de todas as coisas boas e é digna de amor em si; e este homem é sábio."

26. Ora, como o sábio ouvira a filha do camponês interpretar todas as suas frases, amava-a desde aquele momento;

27. E assim disse ao rei: "E eu me casaria com ela pela mesma razão;

pois ela é sábia e digna de amor em si."

28. Então a filha do camponês e o sábio se casaram, e juntos criaram muitos filhos sábios, e deram conselhos ao rei sempre que lhes pedia.

Capítulo 8

1. Cáricles apreciou essa história e agradeceu ao estranho por tê-la contado; e começou a pensar que, afinal, o estranho era bom, por honrar a sabedoria com uma história assim.

2. "Tu me transportaste com uma história instrutiva", disse ele, "e tornou leve a viagem". Anoitecia, e eles estavam se aproximando de uma cidade, na esperança de encontrar uma estalagem.

3. Quando Cáricles reconheceu a cidade onde entravam, chorou e disse: "Aqui neste lugar morava um querido amigo meu;

4. "Ele morreu alguns anos atrás, mas não tantos que meus olhos não se encham de lágrimas quando penso nele.

5. "Chamava-se Adasnes. Era juiz, e um bom homem. Contarei a ti um episódio que ilustra sua inteligência." E Cáricles contou a seguinte história.

6. Certa vez, um homem foi até Adasnes, com extrema preocupação. Sua filha única estava noiva, e o rapaz fora com o

O BOM LIVRO 53

pai visitar a casa da jovem na véspera do casamento, para ver o enxoval e os presentes que tinham sido preparados e já estavam ali.

7. Acompanhava-os um músico das vizinhanças, que ficou tocando harpa enquanto apreciavam as preciosidades preparadas para as bodas.

8. E vieram também outros convidados e visitantes, que queriam cumprimentar o casal de noivos e lhes desejar que tudo corresse bem no dia seguinte.

9. A alegre reunião se prolongou até a meia-noite, e então os convivas foram embora, deixando a noiva e a família, que foram dormir.

10. Quando a noiva e os familiares se levantaram na manhã seguinte, viram que o enxoval e todos os presentes tinham sido roubados.

11. A noiva e a família entraram em desespero, pois tinham gastado até o último centavo de suas posses no enxoval e nos presentes.

12. Ao ouvir o relato, o juiz Adasnes foi com o pai da noiva até a casa para inspecionar a cena do roubo.

13. Viu que os muros do terreno onde ficava a casa eram altos demais para serem escalados.

14. Viu que havia apenas uma via de acesso possível, uma fenda no muro onde havia uma laranjeira, coberta por uma trepadeira espinhosa que protegia a fenda como se fosse uma cerca.

15. Adasnes convocou o noivo, os vizinhos, os criados das casas vizinhas e todos os que tinham comparecido à festa da noite anterior;

16. Reuniu todos os homens que estiveram na celebração e mandou que enrolassem as mangas da camisa até o cotovelo e a barra das calças até o joelho.

17. Quando todos fizeram o solicitado, Adasnes apontou para o músico e seu criado. "Prendei estes homens", disse, "pois são eles os ladrões".

18. Nos braços e nas pernas do músico e de seu criado havia arranhões causados pelos espinhos da trepadeira, cada qual um anúncio de culpa aos olhos do juiz.

19. Vendo que fora descoberto, o criado do músico caiu de joelhos e confessou o crime que ele e seu patrão haviam cometido.

20. Adasnes disse: "Crime maior comete quem induz o outro ao crime. Cabe um abrandamento da pena àquele que confessa espontaneamente e se arrepende."

21. Revistaram a casa do músico e encontraram todos os objetos roubados, que foram devolvidos a salvo para a noiva, em tempo para o casamento.

22. Adasnes exilou o criado do músico, mas enviou o músico para a prisão, sem sua harpa, para que

PARÁBOLAS

não pudesse enfeitiçar os guardas com a música para soltá-lo.

23. "Tal era a sabedoria de meu amigo Adasnes, o juiz", disse Cáricles, e enxugou uma lágrima dos olhos.

Capítulo 9

1. "Conta-me mais sobre a sabedoria do juiz", pediu o estranho, "pois as histórias de sabedoria, junto com as histórias de bondade e coragem, estão entre nossos melhores guias na vida".

2. "Então contarei como Adasnes julgou o caso do colar e do nobre", respondeu Cáricles e narrou o seguinte.

3. Era uma vez um penhorista nesta cidade, homem de honestidade comprovada, a quem foi confiada guarda de um belo colar muito valioso,

4. Cujo dono lhe pediu que o vendesse por quinhentas moedas de ouro. Um nobre que ocupava um alto cargo junto ao rei foi à casa de penhores,

5. Viu o colar, sentiu admiração e cobiça e ofereceu trezentas moedas de ouro por ele.

6. O penhorista lhe disse que o dono pedia quinhentas moedas de ouro pelo colar e não aceitaria menos.

7. "Acompanha-me à minha casa", disse o nobre. "Traze o colar para mostrar à minha esposa e pensarei no preço."

8. O penhorista foi com ele e ficou esperando junto ao portão enquanto o nobre entrava.

9. Lá esperou até o anoitecer, e depois até horas avançadas da noite; mas ninguém veio até ele nem atendeu a campainha.

10. Depois de passar a noite insone e preocupado, ele voltou à mansão do nobre e tocou a campainha.

11. Desta vez, foi recebido. "Compra o colar pelo preço pedido", disse ao nobre, "ou me devolve o colar".

12. "Que colar?", perguntou o nobre fingindo surpresa diante das pessoas que ali estavam no saguão de entrada. "Não sei de nenhum colar. Estás tentando me ludibriar, retira-te imediatamente daqui."

13. Então o penhorista foi a Adasnes, o juiz, e lhe expôs o caso. Adasnes mandou chamar o nobre e, quando este chegou, disse-lhe que tirasse um dos sapatos e aguardasse em outro aposento.

14. Adasnes entregou o sapato ao criado do nobre, que aguardava lá fora, e disse: "Leva à esposa de teu senhor e dize-lhe: Meu senhor pede o colar que vos trouxe ontem, para que possa mostrar sua beleza a seus amigos."

15. O criado foi e a esposa do nobre, vendo o sapato e assim crendo que o recado vinha do marido, entregou o colar ao servo.

16. Desta forma provou-se o roubo, o colar foi devolvido ao penhorista

honesto e o nobre foi punido por seu crime.

Capítulo 10

1. "Digno juiz", disse o estranho, "que traz a verdade à luz. Isso ocorre por compreender a natureza dos homens".

2. "De fato", respondeu Cáricles, "e nada o mostra melhor do que a história contando como o juiz Adasnes lidou com um certo criado e o filho de um homem de posses. A história é a seguinte".

3. Havia um mercador riquíssimo nesta cidade, que tinha apenas um filho. Certo dia, o filho disse ao pai: "Pai, manda-me numa viagem para que eu possa aprender a comerciar, possa conhecer terras estrangeiras, conversar com homens de sabedoria e ganhar experiência própria."

4. Satisfeito com este pedido, o pai comprou um navio de grande porte, carregou-o com artigos de qualidade e enviou o filho para o estrangeiro, com companheiros leais e conselhos sensatos.

5. Quanto a si, permaneceu em casa com seu criado de confiança, que ocupava o segundo lugar em seus afetos, depois do filho.

6. Alguns anos depois que o filho partira para o estrangeiro, enviando apenas raras mensagens contando de suas andanças, o mercador sofreu um ataque do coração e morreu antes de deixar instruções sobre a partilha de seus bens.

7. O criado, que agora se passava por filho do mercador, tomou posse de tudo e, a partir de então, viveu como homem de grandes posses.

8. Transcorridos dez anos, o verdadeiro filho voltou, com o navio carregado com riquezas muitas vezes superiores ao que o pai lhe dera à partida.

9. Mas, antes que o navio enfrentasse o cabo traiçoeiro adiante da embocadura do porto, desencadeou-se uma tempestade súbita,

10. Que arrastou o navio para as rochas, onde soçobrou e tudo se perdeu, todos os bens e todas as vidas, exceto a do próprio filho,

11. O qual conseguiu chegar à margem, tendo apenas a roupa encharcada e esfarrapada com que conseguira se salvar.

12. Foi até a casa paterna e entrou; mas o criado o expulsou com rudeza, negando sua identidade e chamando-o de mendigo e impostor;

13. Embora o criado, na verdade, soubesse quem ele era, não tinha a menor intenção de dividir a riqueza do velho mercador com ninguém e estava decidido a se dizer filho dele.

14. O verdadeiro filho foi a Adasnes, o juiz, para lhe expor o caso. Adasnes disse: "Traze o herdeiro do mercador à minha presença, aquele que também afirma ser seu filho", e o criado foi intimado.

15. Então disse Adasnes: "Vai ao túmulo do mercador, desenterra seus ossos e traze aqui para serem queimados, como castigo póstumo por não deixar testamento e permitir que seus bens sejam causa de discórdia."

16. Obedecendo, o criado se levantou imediatamente para ir ao túmulo, e lá desenterrar os ossos para serem queimados;

17. Mas o filho também se levantou imediatamente e pediu a Adasnes: "Deixa que este criado fique com tudo; não quero perturbar os ossos de meu pai nem que ele seja punido até na morte."

18. "Isto prova que és o verdadeiro filho", disse Adasnes, o juiz. "Tudo te será devolvido e toma este homem como teu escravo."

Capítulo 11

1. Depois da longa jornada e desses contos, Cáricles e o estranho estavam cansados e dormiram; mas foram despertados logo cedo pelo bulício da cidade e decidiram prosseguir a viagem antes que o dia esquentasse muito.

2. Quando percorriam a rua principal montados em seus jumentos, o estranho disse: "Podes me perguntar qualquer coisa, pois sei metade de todos os conhecimentos."

3. "A metade de todos os conhecimentos? Não acredito nisso", disse Cáricles numa risada. "Quem pode saber metade de todos os conhecimentos?"

4. "Mas eu sei", insistiu o estranho; "sei metade de todos os conhecimentos do mundo. Testa-me".

5. Então Cáricles perguntou ao estranho o que ele sabia de medicina, e o estranho disse: "Nada."

6. E Cáricles lhe perguntou o que ele sabia de matemática, e o estranho disse: "Nada."

7. E Cáricles lhe perguntou o que ele sabia de astronomia, e o estranho disse: "Nada."

8. E Cáricles lhe perguntou o que ele sabia de filosofia, e o estranho disse: "Nada."

9. E Cáricles lhe perguntou o que ele sabia de história, e o estranho disse: "Nada."

10. E Cáricles lhe perguntou o que ele sabia de literatura, e o estranho disse: "Nada."

11. E Cáricles lhe perguntou o que ele sabia disso e daquilo, e todas as vezes o estranho dizia: "Nada."

12. Por fim, Cáricles disse: "Como podes pretender saber a metade de todos os conhecimentos, que é

algo que nem o homem mais sábio do mundo pretenderia?

13. "Pois está claro que, quando te pergunto sobre qualquer assunto que estudamos nas escolas, não sabes absolutamente nada."

14. Ao que respondeu o estranho: "Exatamente; pois diz Aristóteles: 'Aquele que diz 'Não sei' já alcançou a metade de todos os conhecimentos.'"

Capítulo 12

1. "De todo modo", disse o estranho, "considera as perguntas que fizeste para testar meu conhecimento e as respostas que qualquer homem poderia dar.

2. "Poderia responder que sabe medicina, porque pode dizer que, se um homem está enterrado, antes esteve doente ou sofreu um acidente;

3. "Que sabe astronomia, pois pode dizer que é dia quando brilha o sol e é noite quando vê as estrelas;

4. "Que sabe aritmética, porque pode pedir um segundo caneco de cerveja após o primeiro;

5. "Que sabe geometria, porque pode dizer se sua barriga cresceu depois de comer;

6. "Que sabe música, pois pode dizer a diferença entre o latido de um cão e o zurro de um jumento.

7. "O que valem meras palavras, se o verdadeiro significado delas não

acarreta nenhuma diferença para o que faz um homem?

8. "Em minha terra, para a qual estou te levando, embora tenhas receado me acompanhar, cada pedra tem uma história a contar sobre os tempos passados, e as rosas florescem em todos os jardins.

9. "A cidade fica numa colina, em cujas encostas crescem os vinhedos, e tem vista para um vale, onde os terrenos cultivados verdejam de hortaliças e corre um rio de águas límpidas.

10. "Nos muros de nossa cidade, tão prazenteira e numa terra tão fecunda, inscrevemos os ensinamentos de nossos sábios.

11. "Nos muros junto aos grandes portões colocamos os ensinamentos de Tíbon, que escreveu ao filho:

12. "'Cultiva teu jardim de flores e ervas junto ao rio, mas que tuas prateleiras de livros também sejam jardins e áreas de lazer;

13. "'Toma o fruto que lá cresce, colhe a mirra e as ervas aromáticas. Se teu coração se fatigar, do jardim das plantas passa a teu jardim dos livros.

14. "'De um canteiro a outro, de uma cena a outra, e revigora-te,

15. "'Pois como não rejuvenescerá o coração quando há palavras de saber para ensiná-lo e versos de poesia para deleitá-lo,

16. "'E comédias para lhe trazer o riso, e histórias de amor para lhe despertar o anelo, e livros de sofrimentos para desafogar as lágrimas das coisas que jazem aguardando dentro de todos nós?

17. "'A suprema alegria é quando colhes uma flor deste jardim dos livros e levas ao jardim que plantaste junto ao rio,

18. "'Para lê-lo ao entardecer do verão, enquanto a música do arroio flui serena em teu redor.

19. "'Então o desejo do bem se renovará em ti, e teu coração rico será de múltiplos deleites.'

20. "Isto foi o que escreveu nosso sábio Tíbon a seu filho; e as palavras estão gravadas nos muros para que todos possam aprendê--las de cor."

21. Cáricles se sentiu impressionado e, por fim, olhou adiante e viu a terra natal do estranho, a qual, de início, tanto relutara em visitar.

Capítulo 13

1. Cáricles disse: "Agora anseio em visitar tua cidade na colina e seus jardins e ler as sábias palavras inscritas em seus muros.

2. "No princípio, eu estava inquieto em acompanhar a ti, um estranho; mas contas-me coisas boas; e inspira-me a ideia dos jardins de flores e de livros."

3. O estranho disse: "Na Atenas antiga, os filósofos expunham suas melhores ideias andando em seus pomares; a natureza nos dá sobriedade e instrução.

4. "Quando erguemos os olhos ao firmamento noturno, sentimos vertigem com sua imensidão e a enorme distância das estrelas;

5. "E quando baixamos os olhos às escarpas da montanha e ao abismo no fundo, quase caímos;

6. "E quando a lua tudo tinge de branco e prata no silêncio da noite, quando todos os outros dormem e apenas nós estamos despertos, atentos, tristes,

7. "Então ouvimos a voz do pensamento e vemo-nos diante de nós mesmos, da brevidade da vida, da falta de tudo o que outrora tivemos e perdemos;

8. "Porém, se continuamos pacientes a ouvir, vemo-nos também diante da esperança.

9. "Pois então aprendemos, se corajosos formos, o poder da mente, que é a coisa suprema no homem; e como, mesmo sendo o homem pequeno diante da natureza, sua mente pode abarcar toda a natureza,

10. "Refletindo sobre ela, cantando-a na melodia, examinando-a na ciência, celebrando-a na poesia.

11. "Por isso penso que todos os sábios encontraram coragem e modéstia no contato da mente com a natureza, e essas duas coisas são mães da esperança.

12. "Existe prova de que estavam certos em sua esperança? Ora, considera: passaram-se muitos séculos desde que os primeiros sábios palmilharam seus bosques, e suas palavras e seus pensamentos estão aqui conosco e falamos deles;

13. "A natureza venceu seus corpos e seus corpos se dissolveram mais uma vez nos elementos, mas o fruto de suas mentes ainda está conosco.

14. "Agrada-me pensar nos filósofos passeando em seus bosques. Que equívoco impedir que a criança fique se mexendo (e assim o chamam) ao ler um livro, pois o corpo precisa estar ativo enquanto a mente aprende.

15. "Melhor seria ensinar as crianças andando por uma campina. Vês os estudiosos balançando o corpo enquanto recitam seus textos; a mente faz parte da dança; que o corpo esteja ativo quando a mente está ativa também.

16. "É bom estar no reino de uma biblioteca, andando com os grandes homens do passado em pensamento, mas é bom levar ao ar livre os pensamentos assim adquiridos.

17. "Pois, se é verdade que a literatura é a crítica da vida, também é verdade que a vida é a crítica do saber.

18. "Outra frase escrita nos muros de nossa cidade é esta: que a porta de tua biblioteca fique aberta à biblioteca do mundo, e vice-versa."

Capítulo 14

1. Cáricles ouviu tais palavras com grande interesse, pois, sendo ele mesmo um estudioso, o que mais lhe agradava era falar de tais coisas. E disse:

2. "Falas como se conhecesses o texto que diz que os livros nos ensinam sem varas nem palmatórias, ao contrário das lições ministradas por professores impacientes;

3. "Sem insultos nem raiva, sem afagos nem dinheiro. Os livros não estão adormecidos quando nos aproximamos,

4. "Nem nos afastam quando perguntamos, não nos censuram quando erramos, nem riem à nossa ignorância.

5. "Nunca ninguém passa vergonha ao recorrer a um livro. Podemos enrubescer ao admitir ignorância a um semelhante, mas jamais a um dicionário.

6. "Os livros são os potes dourados de maná, que sacia nossa fome.

7. "Existe a história do homem que passava fome e pedia comida no portão da cidade; um homem bondoso lhe deu um rolo de palavras, e ele comeu: tinha sabor de mel.

8. "Por isso o sábio podia dizer: 'Come o livro e te restaurarás.'

9. "E podia acrescentar: 'Faze tua estante não com madeira de acácia, folheada a ouro, com portas de vidro biselado e fechadura de metal;

10. "E sim de madeira simples, aberta a todos os que queiram retirar um volume e ler."

11. O estranho respondeu: "Esses pensamentos me recordam uma história. Havia um casal em nossa cidade; como tinham se casado muito jovens, eram pobres, ambos ainda estudavam e não haviam começado a trabalhar.

12. "Iam juntos às bancas de livros na feira, todos os finais de semana, e folheavam os livros velhos e rasgados, vendidos a baixo preço,

13. "E às vezes até tinham dinheiro para comprar algum, mas geralmente não conseguiam resistir a comprar, mesmo que isso significasse passar o dia em jejum;

14. "Mas não sentiam fome, porque tinham o livro e se debruçavam juntos sobre ele, alternando-se na leitura em voz alta.

15. "Conforme progrediam na carreira e tinham mais posses, era mais fácil comprar livros; compravam volumes novos, vários de uma vez só;

16. "E muitos dos livros novos que compravam nem eram lidos e eram postos em prateleiras altas, fora de alcance.

17. "E então passaram a comprar livros antigos, belos e raros, que fechavam numa estante com porta de vidro e nunca tocavam neles, tão delicado era o folheado a ouro, tão frágil era o papel antigo, recendendo a história e especiarias.

18. "Mas um dia a esposa encontrou um daqueles livros de segunda mão, surrados e baratos, que tinham comprado com tanto entusiasmo nos dias de juventude, e juntos haviam lido com tanto prazer;

19. "E ela chorou ao pensar o que se passara e se perdera."

Capítulo 15

1. Cáricles disse: "Assim nos recordas que a leitura é de maior proveito quando, além do livro, tens alguém com quem conversar sobre ele.

2. "Se for o autor do livro, bom; se for teu mestre, melhor; se for um amigo, é o melhor de tudo.

3. "O mestre sabe que se saiu bem quando o discípulo não tem mais necessidade dele. Mas a conversa entre amigos nunca se esgota.

4. "Existe um ditado: se queres estudar, encontra um colega de estudos.

5. "São palavras sábias. A amizade que se cria sobre um livro é duradoura e um grande conforto."

6. O estranho disse: "Prefiro ler um bom livro a conhecer o autor. O melhor do autor está, ou deveria estar, no livro; em pessoa, ele pode nos desapontar e, com isso, estragar o livro.

7. "Alguém disse certa vez: 'Respeita o livro ou estarás desrespeitando seu autor';

8. "Mas é melhor respeitar, não o autor, e sim o melhor de sua mente de onde proveio seu livro.

9. "Desta maneira, respeitamos uma imortalidade, não uma vida; as vidas pesam na terra, mas um bom livro é a destilação de algo excelente, capturado e armazenado para um uso que ultrapassa o cotidiano e o passageiro."

10. Com estas conversas e reflexões, o segundo dia da jornada transcorreu com a mesma leveza que transcorrera o primeiro, e Cáricles e o estranho chegaram a outra cidade e procuraram uma estalagem.

Capítulo 16

1. Como tinha passado dois dias na sela, Cáricles sentia o corpo doído e comentou com o estranho, enquanto se preparavam para descansar, por que afinal as pessoas viajavam.

2. O estranho respondeu: "Alguns viajam porque precisam, alguns porque querem.

3. "Alguns sentem um destino, que na verdade é curiosidade e inquietação, e por iniciativa própria fazem viagens longas e extenuantes.

4. "Alguns gostam de viver no mundo inteiro, e geralmente o mundo inteiro reage recusando-lhes oferecer algum lugar onde possam se sentir em casa.

5. "E assim continuam a vagar; o pombo silvestre tem um ninho, a raposa tem sua toca, mas o lar do vagamundo é ao mesmo tempo todo e nenhum lugar.

6. "Os sábios de todas as culturas têm suas ideias sobre a viagem. Bem se diz que nada conhece de sua terra aquele que conhece apenas sua terra, o que significa que viajar é aprender;

7. "Mas há quem viaje e não aprenda nada. Bem se diz que no extremo de nossas jornadas o que encontramos somos nós mesmos;

8. "Mas há quem abandone a si mesmo e se esqueça de si o suficiente para errar por terras estrangeiras, pois crê que nenhum lugar importa.

9. "O sábio diz: 'Não viajes com um tolo.' Assim, mais vale que o tolo fique em casa, pois viajar lhe aumentará a tolice.

10. "Quando o sábio viaja, ele anota os costumes, as gentes, as maneiras de fazer as coisas.

11. "Da mesma forma, receber um viajante em nossa terra é uma oportunidade de ouvir coisas novas e aprender sobre lugares distantes.

12. "O viajante ideal é aquele que tem por bagagem apenas seus pensamentos, ávido em aprender, pronto em falar do que viu,

13. "Mas jamais falando com exagero ou falsidade, mantendo o devido respeito por todas as diferenças e coisas estranhas que encontrou;

14. "Sabendo que ele mesmo é um estranho para o estranho, e que parece diferente aos que são diferentes dele.

15. "Tal viajante se sente em casa longe de casa. Vê com olhos mais claros do que o restante da humanidade as ruínas que foram causadas pelo homem,

16. "E as obras pelas quais ele merece elogios. Ao atravessar as montanhas em suas viagens, ele pode ver a aurora da paz que se aproxima, porque enxerga mais longo do que os outros.

17. "O bom viajante aproxima o tempo da paz. Constrói pontes sobre os oceanos, diminui as distâncias entre as nações,

18. "Mostra aos homens que existem muitas maneiras de viver e amar. Ensina-lhes a tolerância.

19. "Humaniza-os sendo um irmão para eles, ainda que seja um estranho em seu meio."

Capítulo 17

1. Quando saíam para o terceiro dia de sua jornada, o estranho perguntou: "Transportas-me, ou te transporto eu?"

2. Cáricles respondeu: 'Transporto-te eu, com outra história de um animal astucioso;

3. "Desta vez não a raposa, e sim o macaco, cujos ardis nos ensinam mais sobre os homens do que podem os homens nos ensinar sobre os macacos." A história era a seguinte.

4. Um crocodilo e um macaco eram amigos, e o macaco morava numa árvore não distante do rio onde o crocodilo vivia com sua mulher.

5. O macaco comia nozes que colhia do alto das árvores, e todos os dias dava algumas para o crocodilo, que gostava imensamente delas.

6. Um dia, o crocodilo levou para casa algumas nozes para dar à esposa, que as achou excelentes.

7. E perguntou: "Quem te deu?", e assim ele lhe falou do macaco.

8. Ela disse: "Se o macaco se alimenta com essas nozes tão deliciosas, o coração dele deve ser a própria delícia, pois é ali que fica reunida a essência dessas nozes.

9. "Traze-me o macaco aqui, para que eu o dilacere e coma seu coração; um jantar desses me daria mais prazer do que qualquer outra coisa que experimentei na vida."

O BOM LIVRO 63

10. O crocodilo se recusou a levar seu amigo macaco para a esposa, e por isso, um dia, quando ele estava em outra parte do rio, sua mulher chamou a hiena e lhe explicou o desejo que tinha, dizendo:

11. "Se pegares o macaco que é amigo de meu marido e me trouxeres vivo, eu te darei qualquer coisa que pedires como recompensa."

12. Então a hiena foi e se pôs à espera do macaco, e depois de vários dias de paciência conseguiu agarrá-lo entre suas mandíbulas potentes.

13. De início, o macaco pensou que ia ser devorado pela hiena, mas, ao perceber que a hiena o levava a algum lugar, perguntou: "Aonde me levas?"

14. Numa voz abafada, a hiena respondeu: "A mulher do crocodilo te quer, pois deseja comer teu coração, que ela pensa ser uma delícia por causa das nozes que comes."

15. A isso, o macaco começou a rir, para a irritação da hiena; ela perguntou ao macaco: "Por que estás rindo? Estás a ponto de ter teu coração devorado pela mulher do crocodilo; o que há de engraçado nisso?"

16. O macaco respondeu: "A mulher do crocodilo terá uma grande decepção, e ao mesmo tempo ficará muito zangada contigo;

17. "Pois esqueceste de verificar se eu estava com meu coração quando me agarraste."

18. A isso, a hiena se deteve aturdida. "O que queres dizer?", perguntou. "Não estás com teu coração?"

19. "Não", respondeu o macaco. "Nós macacos sempre deixamos nosso coração em casa, pois do contrário sentiríamos medo demais para ficar saltando entre as árvores, a uma distância tão grande do chão. Não sabias disso?"

20. "Bem", disse a hiena desconsolada, "o que faço agora? Tens razão: ela ficará zangada, e talvez coma a mim, em vez de comer a ti".

21. "Não gostaria que te acontecesse tal coisa", disse gentilmente o macaco. "Se esperares aqui, vou correndo até minha casa, pego meu coração e assim estarei com ele quando chegarmos à esposa do crocodilo."

22. "É muita bondade de tua parte", disse a hiena profundamente grata, e abriu os maxilares para soltar o macaco.

23. O macaco saltou para as árvores, rindo de novo e cada vez mais alto, e se despediu da hiena.

24. "Há muitas morais nesta história", disse Cáricles, "mas a que sempre me vem à mente é que o político que pede teu voto é como o macaco que promete entregar seu coração;

25. "Depois de ganhar teu voto e ocupar seu cargo, é como o macaco que te enganou e saltou para o topo da árvore;

26. "Mas a única diferença é que descobres que ele não tem nenhum coração."

Capítulo 18

1. Com tais histórias entretiveram-se Cáricles e o estranho durante a jornada daquele dia. Atravessaram campos de anêmonas, ciclamens, narcisos e íris,

2. Entre um suave capim que lhes batia pelos joelhos, e à sombra de bosques densamente povoados de carvalhos e terebintos;

3. Seguiam viagem margeando os córregos e suas conversas se mesclavam ao som das águas correndo pelos seixos polidos, lisos e redondos.

4. No momento em que as sombras se alongavam para o oriente e os estorninhos começavam a se reunir nos ramos mais altos dos cedros, Cáricles, assombrado, notou uma coisa:

5. Tinham saído de um bosque na encosta de uma colina, que dava para sua própria terra natal, lá onde, três dias antes, tivera a visita do estranho.

6. Sofreou o jumento e se virou boquiaberto para o estranho em busca de uma explicação, para entender como, a despeito das aparências em contrário, haviam percorrido um grande círculo e chegaram de onde tinham partido.

7. E no mesmo instante despertou do sonho, mas antes ouvindo a voz do estranho que dizia:

8. "Esta é a terra de que te falei quando disse: 'Vem comigo à minha terra e te mostrarei os arredores felizes e te ensinarei seu saber',

9. "Pois aqui teus conhecidos e vizinhos não apreciam o valor nem conhecem a sabedoria.

10. "Meu país é como um jardim aprazível, com um povo amável, mais sábio do que todos os outros povos.

11. "És um estudioso, e aprenderias muito com o que posso te mostrar; caberia a ti trazer esta sabedoria de volta, para ensiná-la a teus companheiros.

12. "E agora viste minha terra; ela existe em nossa conversa; e ela existe aqui, no que poderia ser tua terra no melhor de si;

13. "Pois todas as terras são minha terra se se empenharem em sê-lo;

14. "E se mais homens sonharem como sonhaste hoje."

15. A isso, Cáricles despertou por completo e se maravilhou grandemente com seu sonho, que era tão nítido em sua mente como se ainda o sonhasse.

Capítulo 19

1. Um dia, estava o rei da Cidade das Pedras passeando em sua montaria quando viu um velho

plantando uma figueira num jardim.

2. O rei parou para lhe perguntar por que se dava a tanto trabalho para plantar uma árvore cujos frutos, segundo todas as probabilidades, ele não iria comer, por causa da sua idade.

3. Respondeu o velho: "Rei, se eu não viver o suficiente para provar os figos desta árvore, meus filhos e os filhos deles certamente provarão."

4. O rei perguntou: "Que idade tens?", ao que o outro respondeu: "Faltam algumas semanas para completar noventa e um anos."

5. Disse o rei: "Se viveres o suficiente para comer do fruto desta árvore, avisa-me."

6. Passaram-se alguns anos e o rei tinha esquecido o episódio, quando um pajem lhe disse certo dia que um velho queria lhe presentear um cesto de figos.

7. Tais palavras reavivaram a memória do rei e disse que trouxessem o velho à sua presença.

8. Era, sem dúvida, o ancião da figueira, que trouxera os frutos mais seletos da árvore.

9. O rei aceitou o presente com palavras afáveis e fez o velho se sentar a seu lado enquanto provava os figos,

10. E ordenou que seus criados lhe pusessem um fino manto e lhe

dessem uma moeda de ouro por cada figo no cesto.

11. Quando o velho partiu, o filho do rei perguntou: "Pai, por que conferiste tal honra àquele velho?"

12. E o rei respondeu: "A natureza o agraciou com dupla honra: preservando-o até idade avançada e proporcionando-lhe fartura de frutos. Irei honrá-lo menos?"

13. De volta à sua aldeia, o velho relatou a história da bondade e generosidade do rei. Um vizinho invejoso resolveu superá-lo, enchendo um cesto bem grande com figos e outros frutos, que levou ao rei.

14. À porta do palácio, ele explicou que soubera da prodigalidade do rei para com o ancião e queria receber a mesma recompensa proporcional, pois trazia um cesto ainda mais repleto de frutos.

15. Quando o rei soube disso, ordenou que arremessassem no ganancioso seus próprios frutos e o expulsassem do terreno do palácio.

Capítulo 20

1. Um dia, o rei da Cidade das Pedras ouviu dois mendigos pedindo esmolas na rua. Um exclamava: "Tende piedade de alguém menos afortunado que ti!"

2. E o outro exclamava: "Dai uma esmola para trazer boa sorte ao rei e a seu reino!"

3. Satisfeito com a atenção do segundo mendigo a seus interesses, o rei disse a seus criados que levassem à rua uma galinha assada e recheada de moedas de ouro e dessem ao segundo mendigo.

4. Ora, o segundo mendigo não precisava de comida, pois tinha muito alimento em casa e estava interessado principalmente no dinheiro.

5. Mas o primeiro mendigo estava realmente faminto. O segundo mendigo lhe disse: "Não quero esta galinha; podes ficar com ela em troca das moedas que recebeste hoje."

6. O primeiro mendigo respondeu: "Não há aqui muitas moedas, e nem de longe chegam ao preço de uma galinha assada."

7. Mas o segundo replicou: "Podes ficar com ela assim mesmo." Então fizeram a troca e o segundo mendigo foi para casa.

8. O primeiro mendigo, sem dúvida, saiu ganhando muito mais, ao saciar a fome e encontrar as moedas dentro da galinha.

9. No dia seguinte, aconteceu a mesma coisa; e de novo o primeiro mendigo viu que saía ganhando muito mais,

10. Embora tentasse dizer ao segundo mendigo o erro que cometia ao vender tão barato o presente do rei.

11. Pois o segundo mendigo não queria ouvir alguém que julgava um tolo por entregar todas as esmolas que recebera em troca de uma simples galinha.

12. Como resultado desta boa sorte, o primeiro mendigo ficou com dinheiro suficiente para abrir uma lojinha na esquina da rua.

13. Mas o segundo mendigo veio outra vez, exclamando: "Dai uma esmola para trazer boa sorte ao rei e a seu reino!"

14. Quando o rei ouviu o mendigo assim esmolar pela terceira vez, ficou impaciente. "Dei àquele mendigo o suficiente para iniciar um pequeno negócio próprio", disse. "Por que continua a esmolar diante das janelas de meu palácio?"

15. Então mandou seus criados trazerem o mendigo para interrogá-lo. "Depois de tudo o que te dei, por que ainda esmolas na rua diante de minhas janelas?", indagou o rei. "És tão ganancioso que não te satisfazes com o que recebeste?"

16. E o segundo mendigo disse: "Mas a única coisa que recebi foram as galinhas que me destes, as quais, não precisando eu de comida, vendi por alguns centavos ao outro mendigo que esmolava comigo na rua."

17. A isso admirou-se o rei e disse: "Quem ganhou foi aquele que nos

pedia para pensarmos nos menos afortunados;

18. "Quem tentou apenas me lisonjear não entendeu sua boa sorte.

19. "Assim, fez-se justiça na maneira como os assuntos se desenrolaram."

Capítulo 21

1. Uma vez, o rei da Cidade das Pedras debatia com seu camareiro se havia mais bondade entre os ricos ou entre os pobres.

2. O camareiro sustentava que apenas os abastados mostram bondade e caridade, pois apenas eles podem se dar a tal luxo.

3. O rei, sem se persuadir, chamou um escriba para anotar os argumentos que ele e o camareiro haviam exposto e que guardasse o documento numa caixa.

4. Depois que o camareiro saiu, o rei pediu ao escriba que o acompanhasse disfarçado para percorrer o reino e ver com seus próprios olhos quem estava certo, ele ou o camareiro.

5. Caminharam longo tempo na escuridão até enxergarem uma luz distante, que descobriram provir da cabana de um humilde cabreiro. Chegando lá, bateram à porta e foram acolhidos pelo pastor e por sua família, que lhes ofereceram pão e frutas.

6. O rei disfarçado disse: "Somos viandantes e fizemos o voto de comer apenas rins em nossa viagem."

7. Prontamente o cabreiro saiu, abateu os únicos quatro bodes que tinha e retirou seus rins, para ter algo a oferecer aos hóspedes.

8. O rei disfarçado disse: "Nosso voto também nos impede de comer antes da meia-noite; por isso, precisamos seguir nossa jornada."

9. Assim, o pastor foi lhes iluminar o caminho até a estrada com a única lanterna que tinha em sua cabana, deixando por algum tempo a esposa e as filhas na escuridão.

10. O rei e o escriba então foram até a mansão do camareiro, que enriquecera a serviço do rei;

11. E viram o camareiro se entretendo luxuosamente, com muitos convivas, vinho e alimentos em fartura em grandes mesas no salão.

12. O rei e o escriba bateram à porta e pediram um pouco de comida e algo para beber.

13. Ao ouvir isso, o camareiro foi até a porta onde estavam os dois e disse: "Fora daqui, mendigos! Se não sairdes já de minha propriedade, vou mandar espancar-vos e açoitar-vos. Como ousais incomodar vossos superiores!"

14. No dia seguinte, o rei mandou seus cortesãos irem buscar o cabreiro e sua família e convocarem o camareiro.

15. Mandou o escriba trazer e ler a transcrição de sua conversa com o camareiro; a seguir, ele e o escriba narraram os acontecimentos da noite anterior.

16. Disse o rei ao camareiro: "Tu, que tens muito, não estavas preparado para dar coisa alguma a quem pouco pediu. O cabreiro tinha muito pouco, mas deu tudo a quem pediu.

17. "Isso confirma o que sustentei em nossa conversa: quem possui pouco geralmente tende a ser bondoso, pois sabe o que significa a falta e entende que a bondade voltará no devido tempo.

18. "Mas quem tem muito torna-se egoísta e insensível, e não quer nenhum contato com aquele que não é seu igual em posição e posses.

19. "Assim, refutaste pessoalmente teu próprio argumento e agora aprenderás não só o que é a verdade, mas também no que ela consiste."

20. E o rei ordenou que o pastor e sua família fossem alojados no palácio do camareiro, e o camareiro na cabana do pastor, e recomendou a moral desta história a todos os que a ouviram.

Capítulo 22

1. Num dia bonito e ensolarado, Filólogo viu seu amigo Toxófilo passeando numa campina enquanto lia atentamente um livro; foi até ele e disse:

2. "Estudas demais, Toxófilo." Ao que o outro respondeu: "Estudo sem esforço, pois o tema me agrada e me instrui, o que é puro deleite."

3. Disse Filólogo: "Nós médicos dizemos que não faz bem à vista ler com muito sol, nem é saudável para a digestão ler logo depois de comer."

4. "Nunca sigo a medicina ao comer e ao estudar", respondeu Toxófilo, "pois, se o fizesse, tenho certeza de que haveria menos prazer num e menos proveito noutro. Mas que novidade te traz aqui?"

5. "Nenhuma", replicou Filólogo, "foi apenas que, passeando, vi vários amigos nossos indo ao campo praticar arco e flecha, mas não estavas com eles.

6. "Por isso te procurei e te encontrei lendo atentamente; e pensei em vir conversar contigo, para que teu livro não te leve embora.

7. "Pois, por teu andar oscilante e olhar concentrado, percebi que era o livro que te conduzia, e não tu a ele."

8. "Tens razão", disse Toxófilo. "Pois de fato meus pensamentos

caminhavam mais rápido do que meus pés.

9. "Estou lendo um tratado sobre a mente, que diz que as mentes de asas bem desenvolvidas voam alto, ao passo que as de asas caídas ou na muda sempre descem para coisas baixas."

10. Disse Filólogo: "Lembro bem a passagem; está maravilhosamente expressa. E agora vejo que não admira que teus pés te faltem, pois as asas desenvolvidas de teu pensamento batiam tão velozes."

11. "Com efeito. Mas talvez agora seja melhor eu ir ao arco e flecha", disse Toxófilo, "pois trouxeste-me à mente outro dever;

12. "É um belo dia para exercícios e, para a saúde da mente, é tão necessário mesclar estudos e passatempos quanto, para a saúde do corpo, a alimentação e o repouso.

13. "O próprio Aristóteles diz que, embora seja coisa meiga e pueril estar sempre brincando, a brincadeira pode ser usada também em prol de assuntos sérios;

14. "E tal como o descanso é o antídoto do trabalho, da mesma forma a brincadeira é o alívio do estudo e dos negócios."

15. "E ouvi dizer", replicou Filólogo, "que o estudo é como a agricultura, em que aramos a terra e semeamos para colher depois;

16. "Pois eu mesmo li um bom agricultor afirmar em seu livro que descansar dos estudos algumas horas por dia e alguns meses por ano contribui tanto para o aumento do saber quanto deixar a terra descansar por uma estação."

17. Assim persuadido, Toxófilo foi se reunir aos amigos para atirar nos alvos flechas com plumas tão desenvolvidas quanto as asas dos pensamentos de Platão; e assim o descanso e a recreação restauraram o vigor de sua mente.

Capítulo 23

1. Uma noite, quando os netos da velha pediram uma história, ela lhes perguntou:

2. "Conheceis a história das irmãs que caçavam cervos nas nuvens e apanharam o vento numa rede?" Menearam a cabeça em negativa.

3. Assim, ela apontou para o espaço sob uma árvore que servia como escola da aldeia e disse:

4. "Quando eu era criança, não havia nenhuma escola aqui, e nunca houvera antes.

5. "Um dia, alguns de nossos homens trouxeram um estrangeiro à aldeia.

6. "Tinham-no encontrado ferido no solo da floresta, pois caíra de uma árvore onde tentava apanhar borboletas.

7. "Meu tio era nosso curandeiro e cuidou de seus ossos e lhe devolveu a saúde.

8. "Quando se recuperou, ele passou muitas horas conversando com meu tio sobre sua terra de origem. E a irmã mais nova de minha mãe ficou sentada no outro aposento, ouvindo.

9. "Naquele país, disse o estrangeiro, não só os meninos, mas também as meninas vão à escola, aprendem a ler livros e assim vêm a conhecer muitas coisas.

10. "E com isso fazem muitas coisas, e alguns percorrem o mundo para aprender ainda mais, como ele mesmo fizera.

11. "A irmã de minha mãe pôs-se a refletir. Quando o estrangeiro estava para partir, ela falou à família:

12. "'Quero ir ao país deste homem para aprender a ler, se ele me levar.'

13. "A família respondeu que seria mais fácil caçar cervos entre as nuvens e apanhar o vento numa rede do que sair da aldeia, ir para longe e aprender a ler.

14. "Mas o estrangeiro disse que havia cidades nas planícies distantes de nosso próprio país onde ela poderia fazer exatamente aquilo.

15. "Oh, quantas brigas e discussões houve a respeito! Mas a irmã mais nova de minha mãe estava

decidida, e por fim a família concordou.

16. "Assim, quando o estrangeiro foi embora, acompanhado por alguns de nossos homens para lhe mostrar a saída da floresta, ela foi junto,

17. "E a segunda irmã mais velha foi enviada para cuidar dela.

18. "Toda a aldeia se entristeceu com a partida, e alguns criticaram que nossa família tivesse autorizado,

19. "Quando menos porque muitos duvidavam da ideia, e ninguém pensava que iria revê-las.

20. "Mas elas voltaram vários anos depois, para grande alegria de todos; e traziam muitas histórias maravilhosas sobre o que tinham visto e feito.

21. "Além disso, sabiam ler e liam-nos coisas maravilhosas nos livros que trouxeram;

22. "E o povo da aldeia passava os livros de mão em mão,

23. "Fitando com assombro as marcas que os cobriam de uma ponta a outra, indagando que mistérios conteriam.

24. "E as irmãs disseram que abririam uma escola na aldeia e ensinariam a ler todos os que quisessem, especialmente as crianças.

25. "Mas o chefe disse que seria mais fácil plantarem trigo no cimo das árvores e construírem cabanas feitas de água,

26. "Pois onde conseguiriam o necessário para erguer e equipar

uma escola tal como elas tinham visto em suas viagens?

27. "Então a irmã mais nova de minha mãe abriu um dos livros numa determinada página

28. "E leu para o chefe e toda a aldeia uma passagem de uma história, que dizia o seguinte:

29. "'Uma jovem se levantou da cadeira no meio da sala lotada, onde todos discutiam como se faria tal coisa,

30. "'E se dirigiu aos homens na plataforma, dizendo:

31. "'Quando se propõe um plano, os homens sempre perguntam: Onde arranjaremos os recursos?,

32. "'Mas as mulheres perguntam: O que já temos disponível?',

33. E imediatamente a aldeia inteira viu que dispunha de uma escola em qualquer espaço sob uma árvore, pedras para sentar

34. "Duas professoras nas irmãs de minha mãe e livros nas mãos que elas haviam trazido.

35. "Ora", concluiu a velha, apontando novamente para o caminho que levava à árvore, "podeis ver o que o ensino delas já fez:

36. "O espaço sob aquela árvore se tornou uma escola e nela entra o mundo inteiro por meio das páginas dos livros,

37. "E o passado e o futuro se juntam ao nosso redor quando ali sentamos com nossos professores.

38. "Assim foi que as irmãs caçaram cervos nas nuvens e apanharam o vento com uma rede;

39. "Plantaram trigo no cimo das árvores e construíram cabanas de água, mais sólidas do que cabanas de madeira."

CONCÓRDIA

Capítulo 1

1. Fânio disse a Lélio: "Como mencionaste a palavra amizade e estamos num momento de lazer,

2. "Tu nos faria uma grande gentileza, Lélio, se nos dissesses o que entendes por ela, pois és famoso por tuas amizades,

3. "E já falaste com muita eloquência sobre sua importância para nós e para a possibilidade de uma boa vida."

4. Lélio respondeu: "Certamente eu não faria nenhuma objeção se sentisse confiança em mim mesmo, Fânio,

5. "Pois o tema da amizade é nobre e de fato estamos em lazer;

6. "Mas quem sou eu para falar disso? Que habilidade tenho? O que propões é tarefa para filósofos;

7. "Para um discurso montado sobre a amizade e uma análise de seu significado, deves procurar por eles."

8. A isso Fânio disse: "Mas tens muita experiência prática em amizade, e teus amigos te têm na conta do melhor dos amigos;

9. "Sem dúvida, é esta a melhor qualificação para falar de uma relação tão importante;

10. "E há ainda, Lélio, o fato de que tua grande amizade com Cipião é quase lendária, e todos nós desejamos aprender com este exemplo."

11. "Bem", respondeu Lélio, "o que posso fazer é recomendar-vos que considereis a amizade como a coisa suprema no mundo,

12. "Pois não existe nada que se adéque tão bem à natureza humana ou que seja tão precisamente aquilo que desejamos e necessitamos, na prosperidade e na adversidade.

13. "Mas devo desde o início estabelecer o seguinte princípio: amizade verdadeira só pode existir entre boas pessoas.

14. "Porém não friso demais este ponto, como aqueles que dão a

suas definições uma exatidão detalhista.

15. "Não há qualquer utilidade prática nisso: devemos nos preocupar com os fatos da vida cotidiana tal como os temos, e não com perfeições ideais e imaginárias.

16. "Entendamos por 'boas pessoas' aquelas cujas ações e vidas não deixam dúvidas sobre sua honra, seu senso de justiça e sua generosidade, tanto da mão quanto do coração;

17. "Que têm a coragem de seguir seus princípios e estão livres da ganância, da intemperança e da violência.

18. "Tais pessoas são geralmente consideradas 'boas', e então concordemos em chamá-las assim,

19. "Em virtude de tomarem, ao máximo de suas capacidades, a natureza e o sentimento de irmandade com o próximo como os verdadeiros guias para uma vida honrosa e bem vivida."

Capítulo 2

1. "Ora, parece-me clara a seguinte verdade: a natureza nos fez de tal maneira que um determinado laço une a todos nós, mas este laço se torna mais forte com a proximidade.

2. "Assim é que preferimos nossos concidadãos aos estrangeiros, nossos parentes e conhecidos aos estranhos;

3. "Pois, no caso deles, a própria natureza fez existir uma espécie de amizade, embora lhe faltem alguns dos elementos de permanência.

4. "É nisso que a amizade excele o simples conhecimento, pois, se podes eliminar a afeição de um conhecimento,

5. "Não podes eliminá-la da amizade. Sem afeição, a relação de conhecimento continua a existir no nome; a amizade, não.

6. "Podes entender melhor a amizade observando que os laços meramente sociais que unem as pessoas são indefinidos,

7. "Ao passo que a amizade é um laço concentrado na afeição, que é o vínculo que se partilha profundamente apenas com poucas pessoas.

8. "E agora podemos tentar definir a amizade como: prazer na companhia do outro, concordância em muitas coisas, estima e boa vontade mútuas.

9. "À exceção da sabedoria, estou inclinado a pensar que não é possível encontrar nada melhor na experiência humana.

10. "Existem indivíduos que conferem este louro à riqueza ou à saúde, ao poder ou ao cargo;

11. "Muitos atribuem o nome de melhor coisa da vida aos prazeres sensuais.

12. "Mas todas essas coisas podemos dizer que são frágeis e incertas, e

dependem menos de nossa prudência do que do capricho da fortuna.

13. "E existem aqueles que encontram o 'supremo bem' na virtude. E esta é uma nobre doutrina.

14. "Mas a própria virtude de que falam origina e preserva a amizade, e sem ela a amizade não pode existir."

Capítulo 3

1. "Repito: consideremos boas as pessoas assim tidas usualmente; boas no verdadeiro sentido da vida cotidiana;

2. "E não precisamos nos incomodar com figuras ideais que não se encontram em lugar algum.

3. "Entre pessoas assim, Fânio, as vantagens da amizade são quase mais do que eu consiga dizer.

4. "Para começar, como pode ser digna de viver a vida privada do repouso que se encontra na companhia e na boa vontade de um amigo?

5. "O que pode ser mais agradável do que ter alguém a quem possas dizer qualquer coisa, com a mesma confiança absoluta como falas a ti mesmo?

6. "Não perde a prosperidade metade de seu valor se não tens com quem partilhar tua alegria?

7. "Por outro lado, difícil seria sofrer infortúnios se não houvesse ninguém que os sentisse ainda

mais agudamente do que tu próprio.

8. "Em suma, outros objetos de ambição servem a fins particulares:

9. "A riqueza para o uso, o poder para granjear homenagens, o cargo para a reputação,

10. "O prazer para o gozo, a saúde para a ausência de dor e o uso pleno das funções corporais.

11. "Mas a amizade é a única que abrange todas as vantagens. Vira-te para onde quiseres, ela estará a teu alcance;

12. "Está por toda parte, e no entanto nunca está fora do lugar, nunca é mal acolhida. Nem o próprio fogo e a própria água têm valor mais universal.

13. "Estou falando não da forma usual ou alterada da amizade, Fânio, ainda que mesmo ela seja fonte de prazer e benefício,

14. "E sim da amizade completa e verdadeira que fortalece a prosperidade e alivia o peso da adversidade, por dividi-la e compartilhá-la.

15. "E grandes e numerosas como são as dádivas da amizade, certamente esta é a suprema: ela nos oferece alegres esperanças para o futuro, apoia nossa fraqueza, expulsa o desespero.

16. "Diante de um verdadeiro amigo, vemos como que um segundo eu. Assim, onde está o amigo de um

homem, ali também está ele; se seu amigo é rico, ele não é pobre;

17. "Embora fraco, a força do amigo é sua também; na vida do amigo ele goza uma segunda vida após findar a sua.

18. "Esta última é talvez a dádiva mais difícil de entender. Mas tal é a decorrência do respeito, da lembrança amorosa e da dor dos amigos que nos seguem ao túmulo.

19. "Enquanto removem o ferrão da morte, acrescentam glória à vida dos sobreviventes.

20. "E de fato: se eliminas da natureza o laço de afeição, será o fim do lar e da cidade, e nem mesmo restará o cultivo do solo.

Capítulo 4

1. "Quem não enxerga a virtude da amizade por ela mesma, Fânio, pode aprendê-la observando os efeitos das rixas e discórdias.

2. "Terá alguma vez existido uma família tão bem estabelecida, um Estado tão solidamente constituído que estivesse imune à destruição decorrente de animosidades e facções?

3. "Isso pode ensinar a imensa vantagem da amizade; uma verdade que todos entendem pela experiência.

4. "Pois, quando se patenteia qualquer exemplo de amizade leal ao se enfrentar ou partilhar um

perigo, todos o aplaudem vivamente.

5. "Pode-se ver como é natural este sentimento, quando homens que não teriam a coragem de ajudar um amigo demonstram pessoalmente como julgam correto fazê-lo quando outro o faz.

6. "E muitas vezes, pensando sobre a amizade, eu me pergunto: é a fraqueza e a falta de meios que levam a desejar a amizade?

7. "É seu objetivo uma troca de serviços, de forma que cada qual possa dar aquilo que lhe sobra e receber aquilo que lhe falta?

8. "Ou não será verdade que, embora o mútuo auxílio seja uma vantagem naturalmente intrínseca à amizade,

9. "Sua causa original é muito diferente, anterior no tempo, nobre no caráter, brotando mais diretamente da própria natureza humana?

10. "O termo latino para a amizade, *amicitia*, deriva do termo *amor*, e a afeição é o primeiro movente para se criarem laços.

11. "Quanto às vantagens materiais, ocorre amiúde que sejam obtidas por pessoas que apenas fingem amizade, que tratam os outros com respeito apenas por interesse próprio.

12. "Mas a amizade, por sua natureza, não admite fingimentos nem

13. "Portanto, Fânio, digo que a amizade brota antes de um impulso natural do que de um desejo de receber auxílio:

14. "Antes de uma inclinação do coração, somada a um sentimento de afeto, do que do cálculo das vantagens materiais.

15. "A força deste sentimento, podes notar nos animais. Eles manifestam por algum tempo tanto amor pela prole e são tão amados por suas crias que mostram claramente o vínculo de afeição.

16. "Mas é ainda mais evidente no caso da humanidade: primeiro, na afeição entre pais e filhos, uma afeição que apenas uma chocante crueldade pode desfazer;

17. "A seguir, quando a paixão do amor alcança força mútua, ao encontrarmos alguém com cujo caráter e natureza estamos em plena sintonia,

18. "Porque pensamos perceber neste alguém a luz daquilo que apreciamos ou admiramos, respeitamos ou prezamos.

19. "Pois nada inspira tanto amor, nada granjeia tanta afeição quanto o acorde em resposta daquilo que vemos ser bom.

20. "Ora, em certo sentido, pode-se dizer que sentimos afeição mesmo por pessoas que nunca vimos,

graças à sua reputação de honestidade e virtude.

21. "Se a atração da probidade é tão grande que podemos amá-la não só em quem nunca vimos,

22. "Mas mesmo num inimigo que respeitamos, não há de nos surpreender que as afeições despertem quando encontram a bondade naqueles com os quais é possível a intimidade."

Capítulo 5

1. "Não nego que a afeição se fortaleça à presença de benefícios, Fânio, bem como à percepção de um desejo de prestar serviço,

2. "Mas, quando estes se somam ao impulso original do coração, brota um grande calor dos sentimentos,

3. "E se alguém pensar que isso deriva de um sentimento de fraqueza, baseado numa necessidade de auxílio ou segurança,

4. "Só posso dizer que quem pensa assim atribui à amizade uma origem muito baixa e uma linhagem ignóbil.

5. "Pois, fosse este o caso, a inclinação de um homem à amizade seria exatamente proporcional à sua baixa opinião sobre seus próprios recursos. Ao passo que a verdade é justamente o inverso.

6. "Pois, quando é maior a confiança de um homem em si mesmo, quando está tão fortalecido pela

virtude e pela sabedoria a ponto de não precisar de nada e sentir que depende apenas de si mesmo,

7. "É então que se faz mais evidente que procura e mantém amizades.

8. "Cipião, por exemplo, quis algo de mim? Por nada neste mundo! E tampouco eu dele.

9. "O que gerou nossa amizade foi, em meu caso, a admiração por sua virtude; no caso dele, talvez a opinião que tinha sobre meu caráter.

10. "Uma maior intimidade se somou ao calor de nossas afeições. Mas, embora decorressem muitas grandes vantagens, não foram elas a fonte de nossa afeição.

11. "Pois, assim como não somos benemerentes e liberais com vistas a ganhar gratidão e não consideramos a bondade um investimento, mas seguimos uma inclinação natural à liberalidade,

12. "Da mesma forma considerávamos digno buscar a amizade não por algum ganho ulterior, mas na convicção de que aquilo que ela tinha a dar, do começo ao fim, estava incluído no próprio sentimento.

13. "Depois que se encontra um amigo, o objetivo é estar em pé de igualdade quanto à afeição e estar mais inclinado a prestar um bom serviço do que pedir algo em troca."

Capítulo 6

1. "Cipião e eu conversávamos muito sobre a amizade. Ele costumava dizer que a coisa mais difícil no mundo era manter uma amizade inalterada até o final da vida:

2. "Muitas coisas podiam interferir, como, por exemplo, conflitos de interesses, diferenças de opinião política,

3. "Mudanças frequentes de caráter, fosse por algum infortúnio ou pelo avançar dos anos.

4. "Ele costumava ilustrar esses fatos com a analogia da infância, visto que, muitas vezes, as afeições mais calorosas entre crianças são deixadas de lado junto com os brinquedos;

5. "E mesmo que conseguissem manter as amizades até a adolescência, por vezes eram rompidas por alguma rivalidade amorosa,

6. "Ou por alguma outra vantagem que quisessem obter com reivindicações mutuamente incompatíveis.

7. "Mesmo que a amizade se prolongasse além dessa fase, ainda assim seria frequente receber um abalo, caso os dois concorressem ao mesmo cargo.

8. "Pois, ainda que o golpe mais fatal para a amizade fosse, na maioria dos casos, o desejo pelo dinheiro,

9. "Entre os melhores homens era a rivalidade pelo cargo e reputação,

10. "A qual amiúde levava à mais violenta inimizade entre os mais íntimos amigos.

11. "Ademais, profundos e justificáveis rompimentos surgiam por causa de uma solicitação imoral de um amigo a outro amigo, para lhe aliciar a disposição de auxiliá-lo em algum malfeito.

12. "A recusa, embora plenamente correta, é repudiada pelo solicitante como uma violação das leis da amizade.

13. "Ora, aqueles que não têm escrúpulos sobre os pedidos que fazem aos amigos admitem, com isso, que estão dispostos a não ter nenhum escrúpulo quanto ao que farão por scus amigos;

14. "E são as recriminações de tais pessoas que geralmente não só esfriam as amizades, como também dão origem a inimizades duradouras.

15. "'De fato', costumava Catão dizer, 'essas fatalidades pendem em tal quantidades sobre a amizade que é necessário não só sabedoria, mas também sorte em escapar a elas'.

16. "Portanto, Fânio, com tais premissas, examinemos, se quiseres, a seguinte pergunta: até que ponto o sentimento pessoal deve fazer parte da amizade?

17. "Penso que a alegação de ter agido em prol dos interesses de um amigo não é uma justificativa válida para uma ação errada.

18. "Pois, tendo-se que a crença na virtude de uma pessoa é a causa originária da amizade, dificilmente a amizade poderá persistir se a virtude for abandonada.

19. "Mas, se tomarmos que é certo conceder a nossos amigos qualquer coisa que quiserem e pedir-lhes qualquer coisa que quisermos;

20. "É preciso supor uma sabedoria perfeita de ambos os lados, para que não se siga nenhum malfeito.

21. "Mas não podemos supor essa sabedoria perfeita; pois estamos falando apenas de amigos tais como usualmente se encontram,

22. "Quer os conheçamos pessoalmente ou tenhamos ouvido falar sobre eles, ou seja, pessoas da vida cotidiana.

23. "Portanto, podemos estabelecer a seguinte regra de amizade: não pedir nem consentir que se faça o que é errado.

24. "Pois a alegação 'em nome da amizade' é desonrosa e não deve ser aceita."

Capítulo 7

1. "Então, que fique estabelecida como a primeira lei da amizade que devemos pedir aos amigos e fazer pelos amigos apenas o que é bom.

2. "Mas não aguardemos ser solicitados: que haja sempre uma pronta disposição e nenhuma hesitação.

3. "Tenhamos a coragem de dar conselhos com franqueza. Na amizade, que predomine a influência dos amigos que dão bons conselhos.

4. "Ofereço-te essas regras, Fânio, porque creio serem notáveis as opiniões que alguns mantêm, os quais dizem que devemos evitar amizades íntimas, pelo receio de que uma só pessoa tenha de suportar as ansiedades de muitas.

5. "Cada qual, dizem eles, já tem mais do que o suficiente para se preocupar; seria uma pena ter de se envolver com as preocupações dos outros.

6. "O curso mais sábio é dar rédeas largas à amizade ao máximo possível; então poderás puxá-las ou soltá-las de acordo com tua vontade.

7. "Pois a primeira condição de uma vida feliz, dizem eles, é estar livre de preocupações, o que não é possível se a pessoa precisa se preocupar não só consigo, mas também com os outros.

8. "Outra opinião é ainda menos generosa: a amizade deve ser buscada apenas pelo proveito que traz, e não por motivos de sentimento e afeição;

9. "E, portanto, quanto menos poder e menos meios de subsistência tem um homem, maior sua avidez em ganhar amizades.

10. "Que filosofia ignóbil! Examinemos essas duas doutrinas.

11. "Qual é o valor de estar 'livre de preocupações'? Pode parecer uma coisa tentadora à primeira vista, mas muitas vezes, na prática, precisa ser posta de lado.

12. "Pois não há nenhum afazer e nenhum curso de ação exigido por nossa honra que possamos evitar sistematicamente pelo mero desejo de escapar à ansiedade.

13. "Não, se quisermos evitar a ansiedade, devemos evitar a própria virtude, a qual envolve necessariamente alguns pensamentos ansiosos ao abominar qualidades que se opõem a ela,

14. "Tal como, por exemplo, opõem-se a gentileza ao mau humor, o autocontrole à licenciosidade, a coragem à covardia.

15. "Assim, podes notar que é o justo quem mais sente dor com a injustiça,

16. "É o corajoso quem mais sente dor com ações covardes,

17. "É o temperante quem mais sente dor com a depravação.

18. "Assim, é característico de uma mente corretamente ordenada que

se apraza com o bom e se aflija com o inverso."

Capítulo 8

1. "Assim, vendo que o sábio não está isento de confrangimento, por que haveríamos de banir a amizade de nossas vidas, por receio de que nos envolva em certa quantidade de aflições?

2. "Se retiras a emoção, qual a diferença que resta, não digo entre um homem e um animal, mas entre um homem e uma pedra ou um pedaço de madeira?

3. "Por isso digo mais uma vez, a indicação clara de virtude, à qual uma mente de tal caráter é naturalmente atraída, é o início da amizade.

4. "Neste caso, o surgimento da afeição é uma necessidade.

5. "Pois o que pode ser mais irracional do que ter prazer com objetos incapazes de reação,

6. "Como cargos, fama, construções esplêndidas e ornamento pessoal,

7. "E pouco ou nenhum prazer ter com um ser sensível dotado de virtude, o qual tem a faculdade de amar e retribuir o amor?

8. "Pois nada dá mais prazer do que uma retribuição da afeição e o mútuo intercâmbio de sentimentos afáveis e bons préstimos.

9. "E se acrescentarmos, como podemos com justeza fazer, que

nada atrai tão poderosamente uma coisa a si mesma quanto a semelhança atrai a amizade,

10. "Reconhecer-se-á imediatamente que os bons amam os bons e se ligam a eles como se estivessem unidos pelo sangue e pela natureza.

11. "Pois nada pode ansiar mais por algo que é semelhante a si do que a natureza.

12. "Assim, meu caro Fânio, podemos tomar como fato estabelecido que há entre os bons, como por necessidade, um sentimento bondoso, o qual é a verdadeira fonte da amizade.

13. "Ademais, os que creem na teoria do 'interesse' me parecem destruir o elo de maior atração na cadeia da amizade.

14. "Pois o que dá prazer não é tanto o que se obtém de uma amizade, e sim o calor do sentimento do amigo.

15. "E só apreciamos o serviço de um amigo se tiver sido inspirado pela afeição.

16. "E assim, longe de ser verdade que a falta de recursos é um motivo para buscar amizades, geralmente são os dotados de recursos suficientes

17. "E sobretudo os dotados de virtude (que é o melhor sustento de um homem; assim, os virtuosos são os que menos necessitam dos

outros) que são os mais generosos e benemerentes.

18. "De fato, sou inclinado a pensar que os amigos deveriam às vezes precisar de alguma coisa.

19. "Por exemplo, que campo de ação teriam minhas afeições se Cipião nunca tivesse precisado de meu conselho ou colaboração em casa ou no exterior?

20. "Não é a amizade, portanto, que se segue à vantagem material, e sim a vantagem material que se segue à amizade."

Capítulo 9

1. "Quem escolheria uma vida de máxima riqueza e fartura sob a condição de não amar nem ser amado por nenhuma criatura?

2. "Tal é o tipo de vida que levam os tiranos. Não podem contar com nenhuma fidelidade, nenhuma afeição, nenhuma confiança na boa vontade de ninguém.

3. "Para eles, tudo é suspeita e ansiedade; para eles, não existe possibilidade de amizade.

4. "Quem pode amar aquele que se teme, ou por quem sabe ser temido?

5. "No entanto, tais homens muitas vezes recebem mostras de amizade, mas são mostras em tempo de bonança.

6. "Se vêm a cair, o que ocorre com frequência, logo entenderão como são privados de amigos.

7. "No caso de homens com recursos excepcionalmente grandes, amiúde ocorre que suas próprias riquezas impeçam amizades genuínas.

8. "Pois não só a fortuna é cega, como geralmente traz cegueira aos que gozam de seus favores.

9. "Ora, pode existir algo mais tolo do que os homens que têm todas as oportunidades propiciadas pela riqueza e asseguram tudo o que o dinheiro pode comprar: cavalos, criados, baixelas caras;

10. "Mas não asseguram amigos, que são, se assim posso dizer, os móveis mais valiosos e belos da vida?

11. "E, no entanto, quando os ricos adquirem aqueles primeiros, não sabem quem irá desfrutá-los, nem para quem estão se dando a tanto trabalho;

12. "Pois tais coisas acabarão pertencendo aos mais fortes: ao passo que todo homem tem uma posse estável e inalienável em suas amizades.

13. "Cipião costumava dizer que nunca ninguém disse nada mais contrário à essência da amizade do que o seguinte: 'Ama teu amigo com a consciência de que algum dia poderás odiá-lo.'

14. "Pois como pode um homem ser amigo de outro, se considera possível que ele possa ser seu inimigo?

15. "Ora, daí se seguirá que deve querer e desejar que seu amigo cometa o maior número de erros possível, para que tenha maior número de pretextos contra ele;

16. "E, inversamente, que deva se irritar e invejar as ações corretas ou a boa sorte de seus amigos.

17. "Esta máxima, portanto, seja de quem for, é a negação absoluta da amizade.

18. "A verdadeira regra é tomar tal cuidado na seleção de nossos amigos para nunca iniciar uma amizade com alguém que possamos vir a odiar.

19. "Cipião costumava deplorar que não existe nada em que as pessoas se empenhem menos do que a amizade;

20. "Que todos sabiam dizer exatamente quantas cabras ou ovelhas possuíam, mas não quantos amigos tinham;

21. "E, embora se empenhassem em obter aquelas, eram descuidados ao selecionar seus amigos e não dedicavam nenhum pensamento ao modo como poderiam julgar se eram adequados a uma amizade."

Capítulo 10

1. "As qualidades que devemos procurar ao escolher os amigos são a firmeza, a estabilidade e a constância.

2. "Onde iremos procurá-las em pessoas que colocam a amizade abaixo do cargo, de promoções militares ou civis e do poder político,

3. "E que, quando a escolha reside entre essas coisas de um lado e as reivindicações da amizade de outro, dão grande preferência às primeiras?

4. "Não está na natureza humana ser indiferente ao poder; se o preço que os homens precisam pagar por ele é o sacrifício da amizade,

5. "Pensam que sua traição será eclipsada pela magnitude da recompensa.

6. "Por isso é tão difícil encontrar a verdadeira amizade entre os políticos e os que disputam cargos.

7. "Onde podes encontrar o homem que prefere a promoção do amigo à sua própria?

8. "E pensa como é penoso e intolerável para a maioria dos homens compartilhar o fracasso político. Dificilmente encontrarás alguém que se disponha a isso.

9. "E embora seja verdade que é na hora da necessidade que se revela o amigo efetivo, as duas maneiras como as pessoas, em sua maioria, mostram sua deslealdade e inconstância são as seguintes:

10. "Desdenhando os amigos quando elas estão bem ou abandonando-os nas dificuldades.

11. "Assim, aquele que mostra uma amizade sólida, inabalável e

invariável nessas duas contingências

12. "Deve ser tido como integrante da categoria mais rara do mundo, sendo quase sobre-humano."

Capítulo 11

1. "Qual é a qualidade que se deve procurar como promessa de estabilidade e permanência na amizade? A lealdade.

2. "Devemos também procurar a simplicidade, uma disposição sociável e uma natureza solidária, tocada pelo que nos toca.

3. "Nunca podes confiar num caráter que seja complicado e tortuoso.

4. "E tampouco pode ser digno de confiança e sólido aquele que não é solidário por natureza e não é tocado por aquilo que afeta os outros.

5. "Existem dois traços característicos que uma boa pessoa sempre mostrará no tratamento que dá aos amigos:

6. "Primeiro, ela será sempre despida de fingimento ou simulação de sentimentos;

7. "Pois a demonstração explícita mesmo do desapreço é mais apropriada a um caráter inocente do que um ocultamento deliberado dos sentimentos.

8. "Segundo, deve haver alguma amenidade nas palavras e nas maneiras, pois estas acrescentam muito sabor à amizade.

9. "Um temperamento taciturno e uma constante gravidade podem causar grande impressão; mas a amizade deve ser menos inflexível,

10. "Mais indulgente e graciosa, mais inclinada a todas as espécies de boa camaradagem e boa disposição natural.

11. "Mas aqui surge uma questão de certa dificuldade. Existe alguma ocasião em que, supondo ambos dignos de amizade, devamos preferir um novo amigo ao velho amigo, assim como preferimos um cavalo jovem a um cavalo erado?

12. "A resposta é clara. Não deve existir saciedade na amizade, como existe em outras coisas. A mais antiga é mais doce, como o vinho que envelhece bem.

13. "E é verdadeiro o provérbio que diz: 'Tens de comer um saco de sal junto com o outro até se tornarem plenos amigos'."

Capítulo 12

1. "Já falei o suficiente, Fânio, para mostrar que, na amizade, assim como os dotados de qualquer superioridade devem se pôr em pé de igualdade com os menos afortunados,

2. "Da mesma forma estes últimos não devem se aborrecer ao ser superados em gênio, fortuna ou posição.

3. "Aqueles que estão sempre mencionando seus serviços aos amigos são um incômodo. Cabe ao favorecido lembrar-se deles; quem os prestou nunca deveria mencioná-los.

4. "Assim, no caso de amigos, os superiores, assim como devem descer, também devem, em certo sentido, erguer os que estão abaixo.

5. "A medida de teus benefícios deveria ser, em primeiro lugar, teu próprio poder de conceder;

6. "E, em segundo lugar, a capacidade de prestá-los àqueles a quem concedes afeição e auxílio.

7. "Pois, por maior que possa ser teu prestígio pessoal, não podes alçar todos os teus amigos à condição mais elevada.

8. "Como regra geral, para nos decidirmos sobre as amizades, devemos aguardar até que o caráter e a idade dos homens tenham atingindo a plena maturidade.

9. "Não devemos, por exemplo, considerar sólidos amigos todos aqueles que, em nosso entusiasmo juvenil na caça ou no futebol, apreciávamos por partilharem os mesmos gostos.

10. "Pois a diferença de caráter leva à diferença de objetivos, e o resultado de tal diversidade é o afastamento entre amigos.

11. "Outra boa regra na amizade é a seguinte: não deixes que uma afeição excessiva tolha os interesses mais altos de teus amigos. Isso ocorre com frequência.

12. "Nosso primeiro objetivo deve ser evitar um rompimento; o segundo, assegurar que, caso ocorra, nossa amizade pareça ter chegado ao fim de modo natural e não conflituoso.

13. "A seguir, devemos cuidar para que a amizade não se converta em hostilidade, da qual brotam rixas pessoais, palavras ofensivas e recriminações iradas.

14. "Por 'digno de amizade' eu entendo a amizade daqueles que trazem em si as qualidades que atraem a afeição.

15. "Tais pessoas são raras; de fato, todas as coisas excelentes são raras; e nada no mundo é tão difícil de encontrar quanto uma coisa inteiramente perfeita em sua espécie.

16. "Mas as pessoas, em sua maioria, não só não reconhecem nada de bom em nossa vida a menos que seja proveitoso,

17. "Como também veem os amigos como gado, importando-se mais com aqueles que lhes trarão mais lucro.

18. "Assim, nunca possuem aquela amizade de maior beleza e espontaneidade que existe apenas

por si mesma, sem outras intenções."

Capítulo 13

1. "Também não conseguem aprender a natureza e a força da amizade a partir de seus próprios sentimentos.

2. "Pois cada um ama a si mesmo, não por qualquer recompensa que tal amor possa trazer, mas porque cada qual é caro a si mesmo, sem levar em conta qualquer outro aspecto.

3. "Mas, a menos que se transfira tal sentimento a outrem, nunca se entenderá a verdadeira amizade; pois um verdadeiro amigo, como diz Aristóteles, é uma espécie de segundo eu.

4. "Muitos, desarrazoadamente, querem ter um amigo assim, enquanto eles mesmos não são capazes de sê-lo, e esperam dos amigos o que eles mesmos não dão.

5. "O justo curso é, primeiro, seres bom, e então procurares outro de caráter semelhante.

6. "É apenas entre ambos que se pode assegurar a estabilidade na amizade sobre a qual estamos falando;

7. "Isto é, quando aqueles que estão unidos pela afeição aprendem, em primeiro lugar, a dominar aquelas paixões que escravizam os outros,

8. "E, em segundo lugar, a ter prazer na conduta justa e equitativa, a carregar seus mútuos fardos,

9. "Nunca pedir um ao outro qualquer coisa que seja incongruente com a virtude e a retidão, e não só a servir e se amar mutuamente, mas também respeitar um ao outro.

10. "Eu digo 'respeitar', Fânio; pois, se findar o respeito, a amizade perde sua joia mais preciosa.

11. "E isso mostra o erro daqueles que imaginam que a amizade concede um privilégio à licenciosidade e ao mau comportamento.

12. "A amizade é a serva da virtude, não sua parceira na culpa:

13. "Para que a virtude, a qual é impotente para alcançar os objetos mais elevados quando está sozinha, possa consegui-lo na parceria com outrem.

14. "Deve-se considerar que os que gozam ou algum dia gozaram de tal parceria asseguraram a mais excelente e auspiciosa combinação para atingir o supremo bem da natureza."

Capítulo 14

1. "A amizade é a parceria que combina a retidão moral e a mútua dádiva da paz de espírito,

2. "E tudo o que os homens consideram desejável, pois com isso a vida é feliz, mas sem isso não pode sê-lo.

3. "Sendo este nosso melhor e mais elevado objeto, devemos, caso o queiramos, devotar-nos à virtude;

4. "Pois, sem virtude, não podemos obter amizade nem coisa alguma que seja digna.

5. "Com efeito, se se negligenciar a virtude, aqueles que imaginam ter amigos descobrirão seu erro tão logo algum desastre obrigue a testar sua suposta amizade.

6. "Portanto, devo repetir, Fânio: atende a teu julgamento antes de comprometer tuas afeições: não ames primeiro e julgues depois.

7. "Sofremos com a negligência em muitos de nossos empreendimentos: em nenhum, mais do que na escolha e no cultivo das amizades.

8. "Todos pensam da mesma maneira sobre a amizade, sejam os que se dedicam à política ou os que se deleitam na ciência e na filosofia,

9. "Os que cuidam apenas de seus assuntos privados e se importam somente com seus próprios negócios

10. "Ou, por fim, os que se entregam de corpo e alma à sensualidade;

11. "Todos eles pensam, digo eu, que a vida sem amizades não é vida – isso se quiserem que alguma parcela sua tenha nobreza.

12. "Pois a amizade, de uma maneira ou outra, penetra na vida de todos nós e não permite que nada

escape inteiramente à sua influência.

13. "Ainda que um homem seja tão insociável a ponto de evitar a companhia da humanidade, mesmo assim, quando sofre, não consegue se abster de procurar alguém a quem possa se lamentar.

14. "Veríamos isso com a máxima clareza se fosse possível sermos transferidos para um local de absoluta solidão, providos de toda a fartura, exceto companhia.

15. "Quem conseguiria suportar tal vida? Quem não perderia o gosto por todos os prazeres em sua solidão?

16. "Se um homem pudesse subir ao céu e ter uma visão clara da ordem natural do universal e da beleza das estrelas,

17. "Mesmo tal espetáculo maravilhoso pouco prazer lhe daria, embora não se pudesse conceber nada mais prazenteiro se ele tivesse alguém a quem contar o que vira."

Capítulo 15

1. "A amizade é variada e complexa, e por vezes acontece que surjam motivos de suspeita e ofensa,

2. "Os quais um sábio às vezes evitará, às vezes eliminará e às vezes tratará com indulgência.

3. "Surge um grande motivo possível de ofensa quando os interesses de

teu amigo e tua sinceridade pessoal entram em conflito.

4. "Por exemplo, muitas vezes ocorre que os amigos precisem de advertências e até de censuras.

5. "Quando elas são feitas de maneira afável, devem ser aceitas e não levadas a mal.

6. "Mas, infelizmente, também é verdade que a transigência nos traz amigos, enquanto falar às claras nos traz inimigos.

7. "Falar às claras é causa de problemas, se o resultado for o ressentimento, o qual é um veneno para a amizade;

8. "Mas a transigência é realmente causa de muitos mais problemas, pois, ao favorecer as faltas de um amigo, permite-se que ele se afunde em problemas.

9. "Mas o mais responsável por isso é aquele que se ressente com a franqueza às claras e permite que a lisonja o instigue a prosseguir em seu próprio detrimento.

10. "Assim, é necessário do começo ao fim que haja ponderação e cuidado neste aspecto. Se advertimos, que seja sem azedume;

11. "Se censuramos, que seja sem nenhuma palavra de insulto. Em matéria de transigência, mesmo que seja necessário o máximo de cortesia,

12. "Aquela espécie vil que auxilia um homem no vício deveria ser inaceitável para nós, pois é indigna de um homem livre de nascimento, para não dizer de um amigo.

13. "Se os ouvidos de um homem estão fechados a palavras francas a tal ponto que ele não suporta ouvir a verdade de um amigo, podemos desesperar dele.

14. "Há quem deva mais a inimigos ferrenhos do que a amigos aparentemente agradáveis: aqueles muitas vezes falam a verdade, estes nunca.

15. "É um estranho paradoxo que as pessoas em nada se envergonhem por ter cometido uma falta, mas muito se zanguem ao ser reprovadas por ela.

16. "Pois, pelo contrário, deveriam ficar mortificadas com o crime e contentes com a correção.

17. "Se é verdade que dar e receber conselho – dá-lo com liberdade e sem aspereza, recebê-lo com paciência e sem irritação – é especialmente apropriado à amizade,

18. "Não é menos verdade que não pode existir nada que subverta mais a amizade do que a lisonja, a adulação e a transigência vil.

19. "Uso o maior número de termos possível para rotular este vício de pessoas levianas e indignas de confiança, cujo único objeto é agradar sem consideração pela verdade.

20. "Em tudo a simulação é má, pois ela nega nosso poder de discernir a verdade.

21. "Mas a nada ela é tão hostil quanto à amizade; pois destrói aquela franqueza sem a qual a amizade é uma palavra vazia.

22. "Pois, se a essência da amizade reside na proximidade de duas mentes, como pode existir a amizade se as duas mentes estão, na verdade, afastadas?

23. "Fânio, se tomarmos razoável cuidado, é tão fácil distinguir entre um amigo genuíno e um amigo especioso

24. "Quanto distinguir entre o que é enganador e artificial e o que é sincero e genuíno.

25. "São menos os dotados de virtude do que os que desejam ser tomados como tal. São estes que têm prazer na lisonja.

26. "Quando são lisonjeados, tomam como prova da verdade de seus louvores a si mesmos.

27. "Portanto, não existe qualquer amizade propriamente dita quando um não ouve a verdade e o outro está disposto a mentir."

Capítulo 16

1. "E assim eu repito: é a virtude, a virtude, que cria e preserva a amizade.

2. "Dela dependem a harmonia de interesses, a permanência, a fidelidade.

3. "Quando a virtude mostra a luz de seu semblante e reconhece a mesma luz em outrem,

4. "Gravita em sua direção e acolhe o que o outro tem a mostrar;

5. "E disso brota uma chama que podes chamar de amor ou de amizade. As duas palavras têm a mesma raiz;

6. "E o amor é apenas o apegar-se a alguém que amas sem o aguilhão da necessidade ou qualquer objetivo de vantagem,

7. "Embora a vantagem floresça espontaneamente na amizade, por menos que a tenhas buscado.

8. "É com este calor do sentimento, Fânio, que prezei meus amigos. Pois era a virtude deles que eu amava, e nem mesmo a morte extinguiu este sentimento.

9. "Declaro que, entre todas as dádivas que a fortuna ou a natureza me concedeu, não conheço nenhuma que se compare à amizade.

10. "Nela encontro solidariedade nos assuntos públicos, aconselhamento nos assuntos privados; nela encontro também um meio de passar meu tempo livre com um prazer legítimo.

11. "Para que falar da avidez com que eu e meus amigos sempre buscávamos aprender algo novo,

12. "Passando nossas horas de lazer na busca do conhecimento, longe dos olhos do mundo?

13. "Se a recordação e a lembrança dessas coisas tivessem perecido com meus amigos, talvez eu não conseguisse suportar o pesar por aqueles que estiveram tão intimamente unidos a mim na vida e na afeição.

14. "Mas essas coisas não pereceram; pelo contrário, são alimentadas e fortalecidas pela reflexão e pela memória.

15. "É o que tenho a dizer sobre a amizade. Um conselho ao partir; entendei isso:

16. "Buscar o bem é a primeira exigência que devemos fazer a nós mesmos;

17. "Mas depois do bem, e apenas do bem, a mais suprema de todas as coisas é a amizade."

LAMENTAÇÕES

Capítulo 1

1. Quando eu estava sem consolo e sofria; quando a dor da vida me estava presente e me pesavam as aflições comuns ao homem, lamentei e disse:

2. Nascemos para sofrer e morrer, e os dias de nossos risos são poucos na terra.

3. Toda alegria que antevemos tem seu preço na perda que há de se seguir, pois nada sobrevive à sua hora e a primeira a fanar é a estação das amenidades.

4. Amar é casar com o sofrimento, visto que um dos dois há de partir antes, e as afeições diminuem e desaparecem.

5. Amar o que é feito de natureza é amar o que muda e passa; e no entanto devemos amar, e assim devemos sofrer.

6. Da mesma forma lutar é fracassar; mesmo o sabor da vitória se rança na boca e o sucesso é fugaz;

7. E no entanto devemos lutar, pois o que é o homem se não luta; e assim devemos sofrer.

8. Fazer e possuir algo de valor é oferecer reféns aos ladrões dos tempos, que nada nos devem em troca, a não ser a promessa de nos roubar também.

9. Ao longo do caminho estão as possibilidades de acidentes, desastres e doenças;

10. Ao final do caminho estão as certezas da velhice e da morte; desde nosso primeiro passo estamos cercados.

11. O que é a vida do homem e da mulher, senão trabalho e aborrecimentos e um futuro sempre incerto?

12. Qual é a verdade que acompanha a vida, senão que devemos suportar se não atingirmos nenhum fim antes do fim?

13. Pela esperança vivemos, e graças aos consolos: o melhor deles, a conversa de um amigo, o pior um jarro de bebida; mas apenas o

consolo último da morte alivia tudo.

14. O que é a esperança, senão a ilusão de um bem possível? Pois a esperança prolonga os tormentos, embora se ofereça como seu único lenitivo.

15. Ninguém deveria ser doente ou prisioneiro, destituído ou despojado, não amado ou fracassado, vítima ou bode expiatório, solitário ou temeroso:

16. E, no entanto, quão raro é aquele que não tenha sido uma ou mais dessas coisas em algum momento, passando, como deve passar a humanidade, entre os marcos dos meses e anos?

17. É vão reconfortar os aflitos, pois a aflição deve cumprir sua dose;

18. Como as cinzas das rosas, ou as sombras das rosas, que são só o que resta depois de florescerem as pétalas, e se espalham atrás pelo caminho.

Capítulo 2

1. Tudo o que parece novo não é senão o que o passado esqueceu.

2. Todas as coisas foram lançadas aos mares do tempo; algumas submergem e depois são devolvidas à tona como novidade;

3. Afundam-se e perdem-se para sempre algumas que foram para o bem da humanidade, e algumas cuja perda é para o benefício da humanidade.

4. Assim é que a inveja e a malícia, a crueldade e a rapina de homem a homem sempre parecem atuais, mas são desde sempre a moeda de troca entre eles.

5. Seitas e facções, divisões e brigas, separações inclementes entre irmão e irmão aparecem como problemas de hoje: mas são mais antigas do que a amizade.

6. O que perturba nosso sono, senão as dores da amargura pelo que aconteceu ontem e o medo de que o amanhã trará o mesmo?

7. É o peso no coração que desprende um travo ácido, tingindo tudo o que bebemos para nossa sede ardente.

8. Nada começa nem termina sem isso: que a vida se inicia na dor de outrem e se finda na nossa.

9. Nada é compreendido por seu valor, até ser roubado, deixando-nos pobres e o mundo um deserto agreste.

10. O breve, confuso, trabalhoso período de existência entre dois nadas, repleto de inquietações e provações, é um conto traçado na água, uma história escrita no pó.

11. É um tema absurdo, repleto de sofrimento, um tema vazio, deformado de dor.

12. Um tema sombrio, repleto de falsidade, sob um céu causticante e amargo.

13. Por que viver? Por que continuar a viver? O que pode o amanhã

prometer tão fielmente que o ontem já não tenha nos ferido com ele?

14. E dizem os que respondem: a esperança enganosa, que nos faz continuar pelo corredor cada vez mais estreito do futuro sem janelas, como se conduzisse a um jardim.

Capítulo 3

1. Segui o esquife até aquela cova oblonga na terra, ouvi cair sobre ele a chuva leve, senti as lágrimas me sufocando a garganta e ardendo em meus olhos,

2. Mesmo no frio e no cinzento do dia fúnebre, senti as lágrimas me correrem pelas faces.

3. Por quê? Por quê? Há espaços ocos no mundo onde ela estava e onde as palavras não ditas de amor e bondade ainda esperam ser pronunciadas, mas ao vazio do passado irrecuperável.

4. Agora a raiva e os silêncios, os mal-entendidos e as oportunidades perdidas aumentam tanto que toldam as estações mais longas de felicidade e as corroem;

5. No final, não houve tempo para desfazer os erros deixados e com um beijo derradeiro perdoar e erigir as melhores partes de nosso amor como seu monumento.

6. A endecha de todos os amores devorados pelo tempo insaciável é

"Eu quero, eu quero", mas esta inevitabilidade nenhuma diferença traz para o que fazemos antes:

7. É como se disséssemos, em nossa insensatez e nossa ignorância ou esquecimento: "Temos a eternidade, portanto ficarei com raiva."

8. Mas não existe nenhuma eternidade a não ser a da dor enquanto dura, nenhuma certeza a não ser que a dor virá, nenhuma escapatória a não ser da própria vida e do que ela nos pede para suportar.

9. Agora segui o esquife a covas oblongas na terra mais de uma vez, conforme os anos se acumulam e os viandantes cansados tombam um a um.

10. Vejo que a morte rapace não respeita idade nem condição, embora prefira escolher os bem-amados, para punir a bondade dos vivos.

11. Pois estes, continuando a viver, sozinhos ou destituídos, com o espinho da memória, o abismo do luto, a injusta exigência de reconstruir seus mundos das ruínas do sofrimento, são eles as principais vítimas da morte.

12. À noite, nos períodos parados do dia, ao despertar, ao deitar para um sono inquieto na semivigília, o morcego negro da dor fecha

suas asas sobre nós e asfixia nosso alento;

13. Quão insuportável, quão inextinguível pelo silêncio ou pela voz é o peso dessa asfixia; quão ilimitado é então o horizonte do sofrimento, em seu pior período.

14. Viver é aguardar a dor ou ser causa de dor, é presenciá-la ou provocá-la, é ser por ela transformado ou dela morrer.

Capítulo 4

1. Minha flor da idade é uma geada mesquinha, meu banquete de festa é uma travessa de dor;

2. Minha lavoura é campo de erva daninha, minha riqueza não passa de sonhado esplendor;

3. Meu dia se foi e o sol não brilhou; vivo estou, mas minha vida acabou.

4. Minha primavera, sem brotar, já passou; o fruto morreu, ainda com verdes folhagens;

5. Embora jovem, a juventude para trás ficou; vi o mundo, que não viu minha passagem.

6. Meu fio foi cortado nem sequer se fiou; vivo estou, mas minha vida acabou.

7. Procurei a morte, cavidade obscura; busquei a vida, mera sombra finda;

8. Palmilhei o solo, minha sepultura; e agora eu morro, embora novo ainda.

9. O cálice está cheio, mas o meu se esvaziou; vivo estou, mas minha vida acabou.

Capítulo 5

1. Despeita-se a natureza por vivermos tão breve tempo? A vida passa depressa e termina quando mal acabamos de aprender a vivê-la.

2. Talvez o sábio possa converter um tempo de vida em muitos, mas a maioria converte um tempo de vida em menos;

3. Pois tanto se desperdiça, e ademais se desperdiça no trivial e passageiro, no momentâneo e vazio.

4. Um é possuído por uma avareza que é insaciável; outro, por uma laboriosa devoção a tarefas que são inúteis;

5. Um fica entorpecido pelo vinho; outro, paralisado pela preguiça;

6. Um é esgotado pela ambição que sempre depende da decisão de outros;

7. Outro, movido pela ganância do comerciante, afana-se cansativamente por terras e mares na esperança do ganho;

8. Alguns são atormentados pela paixão pela guerra e se dedicam a infligir perigos ou a preservar a própria segurança;

9. Alguns são consumidos pela servidão estando aos préstimos ingratos dos grandes;

10. Muitos se mantêm ocupados em buscar a fortuna de outros homens ou em lamentar sua própria fortuna;

11. Muitos também, sem seguir nenhuma meta definida, volúveis, inconstantes e insatisfeitos, são levados por seus caprichos a planos que nunca são novos;

12. Alguns não têm nenhum princípio definido que lhes dirija o curso, mas os acontecimentos os levam inadvertidamente enquanto se espreguiçam e bocejam.

13. Assim, tudo isso ocorre seguramente de modo que não podemos duvidar do que diz o poeta: "É pequena a parte da vida que realmente vivemos."

14. Pois todo o resto da existência não é vida, é mero tempo, tempo desperdiçado.

15. Os vícios nos assediam e nos cercam por todos os lados, e não nos permitem que nos reergamos e alcemos nossos olhos para discernir a verdade;

16. Pelo contrário, mantêm-nos oprimidos depois de nos vencer e ficamos acorrentados ao desejo de ganho, reputação, posição e indulgência.

17. Jamais é permitido a suas vítimas retornarem a seu verdadeiro ser; se chegam a tentar se soltar,

18. Como as águas do mar profundo que continuam a se erguer mesmo depois do temporal, são arremessadas de um lado a outro e não há repouso do tumulto.

Capítulo 6

1. Pensas que falo apenas das desgraças cujos males são reconhecidos? Olha aqueles cuja prosperidade atrai os homens em bandos para contemplá-la; são sufocados por suas aclamações.

2. A quantos a riqueza é um fardo! A quantos a eloquência e o esforço diário de mostrar seus poderes consistem apenas em sofrimento!

3. E quantos são pálidos devido aos prazeres constantes! A quantos o aglomerado de admiradores e suplicantes a cercá-los não lhes deixa qualquer liberdade!

4. Em suma, percorre a lista de cidadãos, dos mais humildes aos mais altos – este quer um advogado, aquele responde ao chamado,

5. Aquele outro está em julgamento, aquele outro ainda o defende e mais um profere a sentença;

6. Ninguém apresenta seu pleito a si mesmo; cada qual se desgasta por outrem.

7. Indaga sobre indivíduos famosos cujos nomes são conhecidos em toda parte, e verás que estas são as marcas que os distinguem:

8. Um cultiva o outro, este outro cultiva mais outro; ninguém é senhor de si.

9. E então alguns mostram a mais insensata indignação – reclamam da insolência de seus superiores, pois estavam ocupados demais para atendê-los quando pediram uma audiência!

10. Mas pode alguém ter o atrevimento de reclamar do orgulho alheio, quando ele mesmo não tem tempo para atender a si mesmo?

11. Insensatez e mais insensatez, tudo é insensatez; a busca incessante, incansável de pouco ou nada, até que a noite os engolfe e seu lugar não mais os conheça.

Capítulo 7

1. Embora todos os sábios da história tenham se concentrado neste tema, jamais conseguiram expressar adequadamente seu assombro diante da insensatez humana.

2. Não admitimos que ninguém se aproprie de nossos bens, corremos às leis e às armas se houver a mais leve divergência sobre os limites de nossa propriedade.

3. E no entanto permitimos que outros invadam nossa vida; de fato, nós mesmos damos entrada aos que acabarão por possuí-la.

4. Não se encontra ninguém disposto a distribuir seu dinheiro, e todavia a quantos cada um de nós distribui sua vida!

5. Ao guardar suas fortunas, os indivíduos geralmente são sovinas, e todavia, quando se trata de desperdiçar tempo, única coisa em que é certo ser avaro, mostram-se extremamente pródigos.

6. Gostaria de chegar a algum dos mais velhos, homem ou mulher, e dizer: "Vejo que alcançaste o limite extremo da vida humana, avanças inflexível para o fim de teus anos;

7. "Acerca-te, lembra tua vida e faz uma avaliação. Calcula quanto tempo dedicaste a agiotas, a visitas, a amantes, a patronos, a clientes;

8. "Quanto tempo dedicaste a discussões com tua mulher, quanto tempo a se afobar com obrigações sociais.

9. "Soma as doenças causadas por tuas próprias ações; soma também o tempo que ficou ocioso e sem uso;

10. "Verás que tiveste menos anos a teu crédito do que pensas.

11. "Recua na memória e avalia, quando tinhas um plano estabelecido, quão poucos dias se passaram como pretendias,

12. "Quão poucos em que estiveste a teu próprio dispor, quão poucos em que tua face trouxe sua expressão natural, quão poucos em que tua mente esteve tranquila.

13. "Avalia quão pouco realmente realizaste em tão longa vida,

14. "Avalia quanto te foi roubado de vida quando não estavas ciente do que perdias,

15. "Quanto foi empregado em sofrimento inútil, em alegria tola, em desejo cobiçoso,

16. "Nos atrativos da sociedade; vê quão pouco de ti mesmo restou para ti;

17. "E então perceberás que estás morrendo antes de tua estação!

18. "Qual a razão disso? Vives como se estivesses destinado a viver para sempre; nenhuma reflexão sobre tua fragilidade jamais penetra em teu pensamento, a quanto tempo já se passou não prestas qualquer atenção.

19. "Esbanjas o tempo como se bebesses de reservas abundantes e repletas,

20. "Embora, enquanto isso, o dia que concedes a algo ou a alguém talvez seja teu último.

21. "Tens todos os medos dos mortais e todos os desejos como se não fosses mortal.

22. "Ouvirás muitos homens a dizer: 'Aos cinquenta anos, vou me recolher ao lazer; aos sessenta, vou me afastar dos deveres públicos'.

23. "E que garantia tens, dize-me, de que tua vida durará mais tempo? Quem permitirá que teu curso seja exatamente como o planejas?

24. "Não te envergonhas de reservar para ti apenas um resto de vida, de separar para a sabedoria apenas o tempo que não pode ser dedicado aos negócios?

25. "Quão tarde é começar a viver no momento em que devemos deixar de viver!

26. "Que tolo esquecimento da mortalidade é adiar planos sadios para o quinquagésimo e o sexagésimo ano, e pretender começar a vida num ponto que muitos sequer atingem!"

Capítulo 8

1. Ai! É vão existir: toda existência é vã.

2. O vão se expressa em todas as maneiras como as coisas existem;

3. Na natureza infinita do tempo e do espaço, em contraste com a natureza finita dos indivíduos;

4. No momento presente sempre passageiro; na dependência e relatividade de todas as coisas;

5. No devir contínuo sem jamais ser; no desejar constante e jamais se satisfazer;

6. Na longa batalha que forma a história da vida, onde todo esforço é tolhido por dificuldades.

7. O tempo é aquilo em que todas as coisas passam; é apenas a forma em que descobrimos que todo esforço é vão;

8. É o agente pelo qual tudo em nossas mãos a todo momento se transforma em nada.

9. O que foi não existe mais; existe tanto quanto o que nunca foi.

10. Por isso uma coisa de grande importância agora passada é inferior a alguma coisa de pouca importância agora presente, porque apenas esta parece real.

11. Um homem se vê, para seu grande assombro, existindo de súbito, depois de milhões de anos de inexistência;

12. Vive por algum tempo, e então retorna um período igualmente longo em que ele não existe mais.

13. O coração se rebela contra isso e sofre a esse pensamento.

14. De cada acontecimento na vida, podemos dizer apenas por um momento que ele é; para todo o depois, que foi.

15. Toda noite estamos um dia mais pobres. Enlouquece-nos ver quão rapidamente diminui nosso breve prazo de tempo.

16. Isso pode nos levar a crer que a maior sabedoria é fazer do gozo do presente o objetivo supremo da vida,

17. Pois é ele a única realidade, todo o resto sendo meramente um jogo do pensamento.

18. No entanto, tal curso pode ser dito também a maior insensatez:

19. Pois aquilo que no momento a seguir não existe mais e se desvanece totalmente, como um sonho, nunca poderá ser digno de séria consideração.

20. Todo o fundamento sobre o qual se sustenta nossa vida é o presente sempre fugaz.

21. Portanto, está na própria natureza de nossa existência que ela tome a forma de movimento constante

22. E não ofereça nenhuma possibilidade de alcançarmos jamais o repouso pelo qual estamos sempre lutando.

23. Somos como aqueles correndo pelo declive de um morro, que não conseguem se sustentar nas próprias pernas a menos que continuem correndo e, se pararem, cairão inevitavelmente;

24. Ou, ainda, como uma vara apoiada na ponta de um dedo; ou como um planeta, que cairia em seu sol no momento em que deixasse de seguir sua rota.

25. O movimento sem descanso é a marca da existência.

26. Num mundo onde tudo é instável e nada pode durar, sempre impelido no torvelinho veloz da mudança,

27. Onde um homem, se quiser se manter de pé, precisa estar sempre avançando e se movendo, como um acrobata na corda;

28. Em tal mundo, a felicidade é inconcebível.

Capítulo 9

1. As cenas de nossa vida são como figuras num mosaico grosseiro:

olhadas de perto, não geram nenhum efeito.

2. Não há nada de belo a se encontrar nelas, a menos que se tome alguma distância.

3. Assim, ganhar alguma coisa que muito desejamos é descobrir apenas quão vã e vazia ela é;

4. E ainda que sempre vivamos na expectativa de coisas melhores,

5. Ao mesmo tempo temos frequentes arrependimentos e ansiamos em ter de volta o passado.

6. Olhamos o presente como algo a ser suportado enquanto dura.

7. Por isso muitos, se olharem para trás ao final da vida, descobrirão que, durante todo aquele tempo, não estavam vivendo e sim apenas esperando para viver;

8. Ficarão surpresos ao descobrir que a própria coisa que desconsideraram e deixaram que passasse sem fruí-la era a vida que estavam aguardando.

9. De quantos não se pode dizer que foram enganados pela esperança, até o momento em que dançaram nos braços da morte!

10. Assim, que criatura tão insaciável é o ser humano! Toda satisfação obtida planta as sementes de algum novo desejo,

11. De forma que não há fim para os desejos de cada vontade individual.

12. E por quê? Porque nenhuma coisa isolada pode jamais dar satisfação, mas apenas o todo, que é sem fim.

13. A vida se apresenta como uma tarefa – a tarefa de sobreviver, de manter a vida e um equilíbrio precário.

14. Assim, a vida é um fardo, e então vem a segunda tarefa, que é afastar o desespero,

15. O qual, como ave de rapina, paira sobre nós, pronto a atacar onde veja uma vida livre da necessidade.

16. A primeira tarefa é ganhar alguma coisa; a segunda, banir o sentimento de que foi ganha; do contrário, é um fardo.

17. Sem dúvida, a vida humana é um erro. O homem é um composto de demandas e necessidades que são difíceis de satisfazer,

18. E mesmo quando são satisfeitas, o que ele obtém é apenas um estado de ausência de dor, onde não lhe resta nada, a não ser o risco de tédio.

19. Isso é prova de que a existência não tem nenhum valor em si; pois o que é o tédio, senão o sentimento do vazio da vida?

20. Se a vida – o anseio pelo qual é a própria essência de nosso ser – tivesse valor intrínseco, não existiria o tédio;

21. A existência nos satisfaria em si mesma, e não desejaríamos nem precisaríamos de nada.

22. Mas, tal como é, não temos prazer na existência a não ser quando estamos lutando por alguma coisa;

23. E então a distância e as dificuldades a superar fazem com que nossa meta pareça capaz de nos satisfazer: uma ilusão que se desvanece quando a alcançamos.

24. Quando não estamos lutando ou ocupados pelo pensamento, quando nos detemos sobre a própria existência,

25. Fica-nos clara sua natureza vã e sem valor; e é a essência da nulidade.

26. Se deixamos de contemplar o mundo como um todo,

27. As gerações de seres humanos que vivem sua breve hora de um arremedo de existência e então são varridos em rápida sucessão;

28. Se deixamos essa contemplação e observamos a vida em seus pequenos detalhes, quão ridícula ela parece!

29. É como uma gota d'água sob o microscópio, uma única gota fervilhando de pequenas coisas; ou um pedacinho de queijo cheio de ácaros invisíveis a olho nu.

30. Como rimos enquanto eles se azafamam tão ansiosamente e lutam entre si por um espaço tão minúsculo!

31. E seja ali ou no pequeno prazo de vida humana, essa tremenda atividade é meramente cômica.

32. É apenas ao microscópio que nossa vida parece tão grande. É um ponto indivisível, traçado em linha e ampliado pelas lentes potentes do tempo e do espaço.

Capítulo 10

1. A menos que o sofrimento seja o objetivo da vida, nossa existência deve falhar totalmente em sua meta.

2. É absurdo considerar que a dor que abunda em todas as partes do mundo, e que se origina de demandas e necessidades inseparáveis da própria vida, não sirva a nenhum propósito.

3. Cada infortúnio isolado, tomado em si, parece algo excepcional; mas o infortúnio em geral é a regra.

4. Descobrimos que o prazer é bem menos prazenteiro do que esperávamos, e descobrimos que a dor é muito mais dolorosa.

5. Somos como cordeiros num campo, brincando sob os olhos do carniceiro, que escolhe primeiro um, depois outro, para o abate.

6. Assim é que, em nossos dias bons, estamos todos na inconsciência do mal que já pode estar reservado para nós – doença, pobreza, mutilação, perda da visão ou da razão.

7. Uma não pequena parcela do tormento da existência consiste em que o tempo nos pressiona

continuamente, nunca nos deixando tomar fôlego,

8. Mas sempre nos perseguindo, qual capataz com um chicote.

9. Se em algum momento o tempo detém sua mão, é apenas quando estamos entregues à infelicidade.

10. Mas o infortúnio tem suas utilidades; pois, assim como nossa estrutura física explodiria se se removesse a pressão da atmosfera,

11. Da mesma forma, se os indivíduos fossem aliviados de todas as necessidades e adversidades, se tudo o que empreendessem tivesse êxito, eles enlouqueceriam.

12. É necessário um tanto de dor e dificuldade para todos em todos os momentos: um navio sem lastro fica instável e não singrará firme os mares.

13. O trabalho, as preocupações, a faina e os problemas constituem o quinhão de quase todos os homens durante toda a vida.

14. Mas se todos os desejos fossem realizados tão logo surgem, como os homens iriam ocupar a vida? O que fariam com o tempo que então oprimiria?

15. Na juventude, quando contemplamos nossa vida vindoura, somos como crianças num teatro antes que se erga a cortina,

16. Aguardando ansiosas pelo início da peça. É uma sorte não sabermos o que irá acontecer.

17. Se pudéssemos prever, há momentos em que as crianças poderiam parecer prisioneiros inocentes,

18. Condenados não à morte, mas à vida, e mesmo assim inconscientes do que significa tal sentença.

19. E no entanto todos desejam alcançar a velhice; um estado da vida do qual se pode dizer: "É ruim hoje e será pior amanhã, e assim por diante até o pior de tudo."

20. Se dois homens que eram amigos na juventude se reencontrarem na velhice, o principal sentimento que terão, ao se verem, será de decepção com a vida como um todo,

21. Pois seus pensamentos voltarão àquele tempo anterior quando a vida parecia tão promissora,

22. Estendendo-se diante deles à luz rósea do alvorecer, apenas para terminar em tantos fracassos e sofrimentos.

23. Esse sentimento será tão predominante que não considerarão necessário falar dele;

24. Mas será adotado em silêncio por ambos os lados e formará a base de todos os assuntos sobre os quais conversarão.

25. Aquele que vive para ver duas ou três gerações é como o homem que passa algum tempo na tenda do mágico numa feira e assiste à encenação duas ou três vezes seguidas.

26. Os truques se prestavam a ser vistos apenas uma vez; e, quando cessam de ser novidade, deixam de enganar; o efeito desaparece.

27. A vida é como uma tarefa a ser cumprida. É uma bela coisa dizer "Ele morreu"; significa que cumpriu sua tarefa.

28. Se os filhos fossem trazidos ao mundo apenas por uma ação da pura razão, a espécie humana ainda existiria?

29. Não deveria um homem ter compaixão suficiente pela próxima geração para lhe poupar o fardo da existência?

30. Dir-me-eis que a filosofia não é reconfortante porque fala a verdade e as pessoas preferem ilusões.

31. Ide aos ilusionistas, então, e deixai os filósofos em paz! De qualquer modo, não nos peçais para adaptarmos nossas doutrinas a vossas esperanças.

32. Isto é o que vos farão aqueles vigaristas da ilusão. Pedi-lhes qualquer doutrina que quiserdes, e tereis.

Capítulo 11

1. Todo estado de bem-estar, todo sentimento de satisfação é negativo;

2. Consiste meramente na ausência de dor, que é o elemento positivo da existência.

3. Segue-se que a felicidade de qualquer vida deve ser medida não pelas alegrias e prazeres,

4. E sim pelo grau em que tem se mantido livre do sofrimento.

5. Se este é o ponto de vista verdadeiro, os animais inferiores parecem gozar de um destino mais feliz do que o homem.

6. Por mais variadas que sejam as formas assumidas pela felicidade e pela desgraça humanas,

7. Levando um homem a buscar uma e evitar a outra, a base de tudo isso é o prazer ou a dor física.

8. A principal fonte de toda paixão é o pensamento no que está ausente ou reside no futuro; são estes que exercem influência tão poderosa em tudo o que fazemos.

9. Esta é a origem de nossas preocupações, esperanças e temores – emoções desconhecidas aos animais.

10. Em seus poderes de reflexão, memória e antevisão, o homem possui um instrumento para condensar e armazenar seus prazeres e sofrimentos;

11. Mas o animal não possui nada desse gênero; quando tem dor, é como se sofresse pela primeira vez,

12. Ainda que a mesma coisa já lhe tenha ocorrido previamente inúmeras vezes.

13. Ele não tem o poder de sintetizar seus sentimentos. Daí sua

102 LAMENTAÇÕES

despreocupação e placidez: como são invejáveis!

14. Mas no homem opera a reflexão, com todas as emoções a que ela dá origem;

15. E desenvolve sua suscetibilidade à felicidade e à desgraça em tão alto grau

16. Que, num momento, ele se deleita, no outro está no abismo do desespero suicida.

17. Para ampliar seus prazeres, o homem aumenta a quantidade e a premência de suas necessidades,

18. As quais, em seu estado original, não eram muito mais difíceis de satisfazer do que as do animal.

19. Daí o luxo em todas as suas formas: alimento rico, tabaco e ópio, álcool, roupas finas, mil outras coisas que considera necessárias para a existência.

20. E, além e acima de tudo, há uma fonte ainda maior de prazer e dor:

21. A ambição e o sentimento de honra e vergonha; e, com eles, a ansiedade quanto à opinião dos outros sobre si.

22. É verdade que, além das fontes de prazer que compartilha com os animais, o homem tem também os prazeres da mente.

23. Estes variam das realizações intelectuais mais triviais até as mais elevadas; mas, pelo lado da dor, a elas contrapõe-se a angústia,

24. Angústia que apenas o intelecto e a razão podem conhecer, ao

refletirem sobre o sofrimento das coisas.

25. A angústia é uma forma de sofrimento desconhecida aos animais em seu estado natural.

Capítulo 12

1. A multidão de pobres desgraçados cuja única meta na vida é encher seus cofres,

2. Mas nunca a cabeça oferece um singular exemplo de sofrimento infligido a si mesmo.

3. Sua riqueza se torna um castigo por ser um fim em si mesmo e um substituto da vida.

4. Azafamam-se, viajando incansavelmente. Tão logo chegam a algum lugar, já procuram saber, ansiosos, quais são os divertimentos que o local oferece, como mendigos perguntando onde podem ganhar uma esmola!

5. Mas tudo isso apenas aumenta o grau de sofrimento na vida humana, totalmente desproporcional a seus prazeres;

6. E o homem faz piores as dores da vida porque a morte lhe é algo real.

7. O animal foge instintivamente da morte sem saber o que ela é,

8. E, portanto, sem jamais contemplá-la como faz o homem, que sempre tem tal perspectiva diante de si.

9. O animal é mais contente com a mera existência do que um

homem; a planta também; e os seres humanos encontram satisfação na vida na exata proporção em que são estúpidos e obtusos.

10. Assim, a vida do animal tem em si muito menos sofrimento, mas também menos alegria, em comparação a uma vida humana;

11. E, embora se possa remontar a causa disso à ausência dos tormentos da preocupação e da ansiedade no animal, é também porque a ilusão da esperança lhe é desconhecida.

12. Há, pois, um aspecto em que os animais mostram maior sabedoria do que os seres humanos: o gozo calmo e plácido do momento presente.

13. Isso contribui para o prazer que temos com nossos animais de estimação. São a personificação do momento presente e nos fazem sentir o valor de cada hora livre de problemas,

14. Fato que nós, com nossos pensamentos e preocupações, sempre ignoramos.

15. Mas os seres humanos, essas criaturas egoístas e insensíveis, abusam dessa qualidade dos animais,

16. E tratam-na de modo tal que não reconhecem nos animais absolutamente nada além da mera e simples vida.

17. O pássaro que pode percorrer metade do mundo, trancafiam-no numa gaiola, para morrer morte lenta, ansiando e clamando pela liberdade;

18. Pois numa gaiola ele canta não de prazer, e sim de desespero.

19. E quando vejo como os seres humanos abusam de seus cães, seus mais leais amigos; como prendem esses animais inteligentes com corrente,

20. Sinto aguda compaixão pelos animais e indignação contra seus donos.

21. Mas mesmo os animais sofrem na natureza, por doença ou acidente e com os ataques dos animais predadores.

22. Vemo-nos obrigados a perguntar: Por que existe todo esse tormento, toda essa agonia entre os animais e entre a espécie humana?

23. Ai de nós: a verdade é que sofremos e carregamos o fardo da existência, e não existe outro remédio a não ser a ilusão.

24. A convicção de que melhor seria se o mundo e a humanidade não existissem

25. É daquelas que nos alimentam de indulgência mútua.

26. Deste ponto de vista, podemos considerar que o tratamento adequado entre nós é: "meu irmão sofredor, meu companheiro de desgraças".

LAMENTAÇÕES

27. Pode soar estranho, mas está de acordo com os fatos; coloca os outros a uma luz correta;

28. E nos lembra qual é, afinal, a coisa mais necessária na vida:

29. Tolerância, paciência, consideração e amor ao próximo, de que todos precisam e que, portanto, devemos a nossos semelhantes.

Capítulo 13

1. Esposa! Sim, escrevo-te com menos frequência do que deveria, porque, embora esteja sempre infeliz,

2. Quando te escrevo ou leio uma carta tua, derramo tantas lágrimas que não consigo suportar.

3. Oh, se eu tivesse me prendido menos à vida! Ao menos, nunca teria conhecido o verdadeiro sofrimento ou não o sentiria tanto.

4. Mas, se tenho alguma esperança de vir a recuperar alguma posição, não estive totalmente errado nisso:

5. Se essas desgraças forem permanentes, desejo apenas, minha querida, ver-te o mais cedo possível e morrer em teus braços,

6. Pois o bem que nos empenhamos em fazer não foi reconhecido e não ganhou qualquer recompensa.

7. Faz treze dias que estou em Brundisium, na casa de Lênio, homem excelente, que desprezou o risco à sua própria segurança para me manter a salvo,

8. E não foi induzido pelas penas de uma lei profundamente iníqua a me recusar os direitos e os bons serviços da hospitalidade e da amizade.

9. Possa ter eu a oportunidade de lhe retribuir algum dia! Gratidão sempre terei.

10. Que queda! Que calamidade? O que posso dizer? Peço-te que venhas – uma mulher de saúde frágil e coração partido? Abstenho-me de te pedir? Ficarei sem ti, então?

11. Penso que o melhor curso é este: se houver alguma esperança de minha restauração, fica para fomentá-la e levar a coisa em frente;

12. Mas se, como temo, não houver esperança, peço-te que venhas a mim por qualquer meio que possas.

13. Saibas que, tendo a ti, não me julgarei totalmente perdido. Mas o que acontecerá com nossa amada filha Túlia?

14. Precisas atender a isso: não consigo pensar em nada. Mas certamente, aconteça o que acontecer, devemos fazer de tudo para promover a felicidade e a reputação da pobre menina.

15. E também: o que fará meu filho? Possa ele, ao menos, ficar sempre em meu colo e em meus braços.

16. Não consigo escrever mais. Um acesso de pranto me impede. Não sei como ficaste; se te restou a posse de alguma coisa ou se foste, como receio, inteiramente saqueada.

17. A teu conselho para que eu mantenha a coragem e não abandone a esperança de recuperar minha posição, digo que bem gostaria que houvesse alguma base para tal esperança.

18. Agora, ai!, quando receberei uma carta tua? Quem ma trará? Eu teria aguardado por ela em Brundisium, mas os marinheiros não permitiram, pois não quiseram perder um vento favorável.

19. Quanto ao mais, encara o assunto da maneira mais digna que puderes, minha querida Terência.

20. Nossa vida acabou: tivemos nosso dia: não é culpa nossa que tenha arruinado a nós, salvo à nossa virtude.

21. Não dei nenhum passo falso, exceto não perdendo a vida ao perder minhas honras.

22. Mas, como nossos filhos me pediram que continuasse a viver, suportemos tudo o mais, por intolerável que seja.

23. E no entanto eu, que encorajo a ti, não consigo encorajar a mim mesmo.

24. Toma o máximo cuidado com tua saúde e crê que estou mais afetado

por tua aflição do que pela minha própria.

25. Minha querida Terência, a mais fiel e melhor das esposas, e minha querida filha, e aquela última esperança de minha estirpe, jovem Cícero, adeus!

Capítulo 14

1. Irmão! Meu irmão! Realmente temeste que a raiva me teria induzido a não te escrever? Ou mesmo que eu não quisesse te ver?

2. Eu, enraivecido de ti! É-me possível sentir raiva de ti? Ora, seria de se pensar que foste tu que me reduziste a essa baixeza!

3. Foram teus inimigos, tua impopularidade que me arruinaram desgraçadamente, e não eu que desventuradamente te arruinei!

4. O fato é que meu consulado tão louvado me privou de ti, de filhos, de terra, de fortuna; de ti, espero que nada será tirado, a não ser eu mesmo.

5. De ti, não conheci nada que não fosse honroso e gratificante; de mim, tens pesar por minha queda e receio por ti mesmo, e pena, lamento, deserção.

6. Eu, não querer te ver? A verdade é que eu é que não queria ser visto por ti.

7. Pois não verias teu irmão – não o irmão que deixaste, não o irmão que conheceste,

8. Não aquele com quem partilhaste lágrimas na despedida, quando ele te acompanhou em tua partida para a província:

9. Nem sequer um traço ou vaga imagem dele, e sim o que posso chamar de aparência de um cadáver vivo.

10. E, oh!, mais quisera que me visses ou ouvisses falar de mim como cadáver!

11. Oh, que tivesse eu deixado que sobrevivesses a mim, não apenas à minha vida, mas à minha posição não decaída!

12. Mas invoco todos como testemunhas de que o único argumento que me fez recuar da morte foi terem todos declarado que tua vida, em alguma medida, dependia da minha,

13. Assunto no qual cometi um erro e agi de maneira censurável. Pois, se eu tivesse tirado minha vida, minha morte daria provas claras de minha fidelidade e amor por ti.

14. Mas, deste modo, permiti que ficasses privado de meu auxílio e, estando eu ainda vivo, que precises da ajuda de outros;

15. E que minha voz, entre todas, faltasse quando havia perigos ameaçando minha família, voz que tantas vezes fora usada com êxito na defesa de estranhos.

16. Quanto à ausência de cartas minhas, deve-se a um entorpecimento de minhas faculdades e um dilúvio aparentemente interminável de lágrimas e sofrimentos.

17. Quantas lágrimas supões que estas próprias palavras têm me custado?

18. Tantas quantas sei que te custarão ao lê-las! Poderei algum dia me abster de pensar em ti ou sequer de pensar em ti sem lágrimas?

19. Pois, quando sinto tua falta, é apenas a falta de um irmão que sinto?

20. Não, é quase de um irmão gêmeo no encanto de sua companhia, de um filho em sua consideração por meus desejos, de um pai na sabedoria de seus conselhos!

21. Que prazer jamais tive sem ti, ou tiveste tu sem mim? E como devo estar eu, quando ao mesmo tempo sinto a falta de uma filha?

22. Que afetuosa! Que modesta! Que inteligente! A imagem expressa de meu rosto, de minha fala, de meu próprio coração! Ou ainda de um filho, o mais belo menino de todos, a própria alegria de meu coração?

23. Monstro cruel e desumano que sou, afastei-o de meus braços mais instruído sobre o mundo do que eu desejaria: pois o pobre menino começou a entender o que estava se passando.

24. Assim também teu próprio filho, imagem tua, a quem meu menino amava como companheiro e começava a respeitar como um irmão mais velho!

25. Preciso mencionar ainda que não permiti à minha infeliz esposa – o mais firme dos esteios – que me acompanhasse,

26. Para que houvesse alguém a preservar os destroços da calamidade que caíra sobre nós dois e a proteger nossos filhos?

27. Apavoravam-me os lamentos que se renovariam ao nos reencontrarmos: eu não suportaria tua partida

28. E receava a mesma coisa que mencionas em tua carta – que não conseguirias partir.

29. Por tais razões, a suprema dor de não te ver – e nada mais doloroso ou mais desgraçado, creio eu, poderia acontecer aos mais unidos e afetuosos dos irmãos –

30. Era uma desventura menor do que seria um encontro seguido por tal separação.

Capítulo 15

1. Ora, se conseguires, embora eu, a quem sempre consideraste homem de coragem, não o consiga, ergue-te e recompõe tuas energias em vista de algum desafio que devas enfrentar.

2. Espero, se minha esperança tiver alguma base, que teu caráter imaculado e o amor de teus concidadãos, e mesmo o remorso pelo tratamento dado a mim, possam se revelar uma proteção para ti.

3. Mas, se se revelar que não corres perigo pessoal, sem dúvida farás tudo o que julgas que pode ser feito por mim.

4. A este respeito, de fato, muitos me escrevem longamente e declaram ter esperanças;

5. Mas pessoalmente não vejo que esperança há, visto que meus inimigos tem a máxima influência,

6. Enquanto alguns de meus amigos desertaram e outros até me traíram.

7. Continuarei a viver enquanto precisares de mim, em vista de qualquer perigo que possas vir a enfrentar:

8. Mais do que isso, não consigo avançar nesse tipo de vida. Pois não há sabedoria nem filosofia com força suficiente para arcar com tal peso de dor.

9. Sei que houve um momento mais honroso e mais proveitoso para morrer; e esta não é a única de minhas várias omissões;

10. As quais, se eu fosse lamentar, iriam apenas aumentar teu sofrimento e ressaltar minha própria estupidez.

11. Mas uma coisa não sou obrigado a fazer, e de fato é impossível:

12. Continuar numa vida tão desgraçada e tão desonrada por mais tempo do que exigem tuas necessidades ou alguma esperança bem fundamentada.

13. Pois eu, que era até data recente supremamente abençoado com irmão, filhos, esposa, riquezas e na própria natureza dessas riquezas,

14. Enquanto em posição, influência, reputação e popularidade não era inferior a ninguém, por maiores que fossem suas distinções –

15. Não posso, repito, continuar por mais tempo lamentando a mim e aos que me são caros numa vida de tanta humilhação como é esta, e num estado de ruína tão completa.

16. Vejo e sinto, para minha infelicidade, o ato censurável de que fui culpado ao dissipar sem finalidade alguma o dinheiro que recebi do tesouro em teu nome;

17. Espero além das esperanças que nossos inimigos possam ficar satisfeitos com essas nossas desgraças infindáveis, entre as quais, afinal, não há nenhum descrédito por qualquer erro cometido;

18. O sofrimento é o começo e o fim, o sofrimento por ser o castigo extremamente severo quando nossa conduta foi totalmente irrepreensível.

19. Quanto à minha filha, ao teu e ao meu pequeno filho, por que haveria de recomendá-los a ti, meu querido irmão?

20. Antes dói-me que sua condição de órfãos venha a te trazer menos sofrimento do que a mim.

21. Mas, enquanto não fores condenado, não ficarão sem pai.

22. Quanto ao resto, minhas esperanças de restauração e o privilégio de morrer em minha terra natal, minhas lágrimas não me permitirão escrever!

23. A Terência também eu te peço que a protejas, e escreve-me notícias sobre todos os assuntos.

24. Sê corajoso como requer a natureza do caso e me empenharei em sê-lo também.

Capítulo 16

1. Sim, de fato, meu caro Sérvio, gostaria que tivesses estado a meu lado na época de minha terrível perda.

2. De quanto auxílio teria sido tua presença para mim, tanto pelo consolo que me darias quanto por compartilhares em quase igual medida de meu sofrimento,

3. Sei porque, depois de ler tua carta, veio-me um grande sentimento de reconforto.

4. Pois não só o que escreveste era deliberado para acalmar um sofredor, mas, ao me ofereceres consolação, não manifestaste nenhuma mágoa de teu próprio coração.

5. E no entanto, afinal, teu filho Sérvio, com toda a gentileza que tal momento admitia, deixou claro a que ponto ele pessoalmente me apreciava,

6. E também como julgava que te seria agradável sua afeição por mim. Muitas vezes, seus bons serviços me têm sido mais agradáveis, mas nem por isso mais aceitáveis.

7. Voltando a mim, não são apenas tuas palavras e teu companheirismo em meu sofrimento que me consolam; é teu caráter também.

8. Pois penso ser uma desgraça que eu não suporte minha perda como tu – homem de tanta sabedoria – pensas que ela deve ser suportada.

9. Mas por vezes sou tomado de surpresa e praticamente não ofereço nenhuma resistência à minha dor,

10. Porque faltam-me aquelas consolações que não faltaram em desventuras semelhantes àqueles cujos exemplos tenho diante dos olhos.

11. Depois de perder as honras que eu havia conquistado com os maiores esforços possíveis, restara-me apenas aquele único alívio que agora me foi arrancado.

12. Minhas tristes reflexões não foram interrompidas pelos afazeres de meus amigos, nem pela administração dos assuntos públicos:

13. Não havia nada que me importasse no fórum; não podia suportar a visão do senado;

14. Pensava – como era de fato – que havia perdido todos os frutos tanto de meu trabalho quanto da fortuna.

15. Mas, enquanto pensava que partilhava essas perdas contigo e alguns outros, e enquanto estava dominando meus sentimentos e me obrigando a suportá-los com paciência,

16. Eu tinha um refúgio, um regaço onde podia encontrar repouso, alguém em cujas conversas e doçura eu podia deixar de lado todas as ansiedades e pesares.

17. Mas agora, depois desse golpe tão esmagador, as feridas que pareciam cicatrizadas se abrem mais uma vez.

18. Pois agora, quando saio de casa oprimido de dor, não há república que me ofereça refúgio e consolo com sua boa fortuna,

19. Como houve outrora um lar que me recebia ao voltar entristecido pelo estado dos assuntos públicos.

20. Por isso ausento-me do lar e do fórum, porque o lar não pode mais consolar o sofrimento que me causam os assuntos públicos, nem os assuntos públicos podem consolar o que sofro no lar.

21. Anseio ainda mais por tua vinda e desejo-te ver o mais breve possível.

22. Nenhum pensamento pode me dar maior consolo do que uma renovação de nossa amizade e de nossas conversas.

23. Em nossa tristeza e dor, precisamos de nossos amigos, e não consigo imaginar como suportar a vida sem eles.

24. Onde estaríamos se não existisse o amor? Infelizes, extremamente infelizes, os que ficam abandonados em seus tempos de dificuldades,

25. Os que lamentam e sentem o cansaço e o fardo do mundo em seus sofrimentos.

CONSOLAÇÕES

Capítulo 1: Da dor: Lélio sobre a morte de Cipião

1. Como suportar a perda dos que amamos? Existe sabedoria que nos possa poupar da maior dor e dar forças para suportar o que todos nós devemos, num inevitável dia, aprender a suportar?

2. Considera o que disse Lélio quando lhe indagaram sobre a morte de seu amigo Cipião, com quem passara toda a sua vida no trabalho, na guerra, na política e na afeição.

3. Disse um amigo a Lélio: "És tido como sábio não só por teu caráter e habilidade natural, mas também por tua erudição.

4. "Neste sentido, nunca ouvimos ninguém dito sábio, a não ser aquele único homem em Atenas, Sócrates, que desejava conhecer o bem.

5. "Tua sabedoria consiste em que te consideras autônomo e vês as contingências da vida como incapazes de afetar tua virtude.

6. "Como, então, reages à morte de teu querido amigo Cipião? Pois tal dor é um teste de caráter e uma marca da natureza da amizade.

7. "Pois não vieste à nossa reunião regular em nossa academia e indagou-se: como passa Lélio à morte de Cipião?

8. "O que um homem reputado por sua sabedoria pensa e sente nesta dura ocasião?

9. "Vejo que suportas tua dor de maneira ponderada, embora tenhas perdido aquele que era, a um só tempo, teu mais caro amigo e homem de ilustre caráter;

10. "Assim, evidentemente, não podes senão estar afetado; nada mais seria natural num homem de tua nobreza;

11. Mas mesmo assim penso que a causa de tua ausência em nossa academia foi a doença, não a melancolia; não penso que o pesar tenha te derrotado."

12. A isso Lélio replicou: "Obrigado, amigo! O que dizes é correto; não

teria o direito, se estivesse com saúde, de recuar dos deveres, nem mesmo por infortúnio pessoal;

13. "Pois não penso que possa acontecer qualquer coisa que leve um homem de princípios a interromper um dever.

14. "Quanto à honrosa designação de sabedoria que dás a mim, não a pleiteio: sem dúvida, dizes isso por afeição;

15. "Mas se houve alguém verdadeiramente sábio, do que porém duvido, muito certamente foi o grande Catão.

16. "Pondo de lado todo o mais, vê como ele suportou a morte do filho! Não esqueci aqueles que perderam os filhos quando eram meras crianças; mas Catão perdeu o seu já adulto, com reputação assegurada.

17. "Não te apresses, portanto, em julgar superior a Catão nem mesmo Sócrates, pois lembra que a reputação daquele se funda em ações, a deste, em palavras.

18. "Mas, se eu alegasse não estar afetado pelo pesar por Cipião, estaria mentindo, pois estou, e da seguinte maneira:

19. "Afetado pela perda de um amigo como penso que jamais haverá outro, assim como posso dizer sem receio que jamais houve antes.

20. "Mas não preciso de medicamentos. Posso encontrar meu próprio consolo, e consiste principalmente em estar livre das noções errôneas que geralmente causam dor à morte dos amigos.

21. "Sobre Cipião tenho certeza de que não recaiu mal nenhum. Minha é a calamidade, se calamidade há; e ficar prostrado pela aflição com os próprios infortúnios mostra não que amas teu amigo, e sim que amas a ti mesmo.

22. "Quanto a ele, quem pode dizer que não está tudo bem? Agora ele descansa para sempre; e isso após realizações na vida que qualquer homem desejaria.

23. "Ele realizou grandes coisas com sua dedicação inabalável ao trabalho que lhe foi pedido pelo mundo e por nossa comunidade.

24. "Qual a necessidade de mencionar a cortesia de suas maneiras, a devoção àqueles a quem amava, a integridade de sua conduta para com todos?

25. "Tudo isso é sabido. O que um homem assim poderia ganhar com o acréscimo de alguns anos?

26. "Embora a idade não precise ser um fardo, inevitavelmente diminui em alguma medida o vigor e a disposição;

27. "E com tão pouco a acrescentar, nada se perde quando muito resta do que já se ganhou.

28. "De maneira que, como disse antes, está tudo bem com ele;

agora descansa, depois de muitas realizações."

Capítulo 2

1. "Não é o que se passa comigo, pois, como ingressei na vida antes dele, teria sido mais justo para mim também deixá-la antes dele.

2. "Mas é tão grande o prazer que sinto em relembrar nossa amizade que considero minha vida feliz por tê-la passado com Cipião.

3. "Estive junto com ele nos assuntos públicos e privados; com ele vivi aqui e servi no exterior;

4. "Entre nós havia harmonia de gostos, de interesses e sentimentos, o que é o verdadeiro segredo da amizade.

5. "Assim, não é tanto na reputação de sabedoria que mencionaste antes, sobretudo quando é infundada, que mais encontro a felicidade,

6. "E sim na segurança de que a memória de nossa amizade será duradoura.

7. "O que causa preocupação é o fato de que, nos anais de toda a história, existem apenas três ou quatro pares de amigos;

8. "E é para estar entre eles que alimento a esperança de que a amizade entre Cipião e Lélio seja conhecida pela posteridade.

9. "Assim, embora eu pranteie Cipião, encontro força e reconforto naquilo que era nossa amizade, e ele e nossa amizade sobrevivem a esta mera mudança;

10. "Percorremos a terra juntos, aprendemos e partilhamos muitas coisas juntos; nada disso pode ser eliminado.

11. "Penso que ele me desejaria, caso pudesse agora desejar, que eu não permitisse que a falta que sinto dele me fizesse falhar em meus deveres comigo mesmo, com os outros e com sua memória.

12. "Detenho-me com prazer no bem do passado, reúno coragem para suportar sua ausência e volto-me para outros que se entristecem igualmente, para confortá-los em suas aflições;

13. "Pois há conforto em compartilhar e em saber que outros entendem como nos sentimos.

14. "Nada pode substituir Cipião, assim como nada pode substituir a quem amamos. Não deixamos de sentir pesar, mas aprendemos a viver com ele;

15. "Estas são nossas consolações, se enfrentamos com coragem as inevitabilidades da vida,

16. "Suportando com nobreza, aceitando as condolências sinceras de nossos amigos em vida,

17. "Sempre incentivando a nós mesmos a ter a coragem para continuar a viver, como gostariam que vivêssemos aqueles que nos amavam.

18. "Neste conhecimento de nosso dever em relação a nós mesmos e aos mortos, encontramos a força para cumprir tal dever, e nesse cumprimento reside nossa consolação."

Capítulo 3: Da dor: a Apolônio

1. Já outrora, Apolônio, senti por ti, em teu sofrimento e transtorno, quando soube do prematuro passamento de teu filho, que era tão caro a todos nós.

2. Naqueles dias, logo após o momento de sua morte, teria sido inapropriado visitar-te e instar contigo que suportasses teu sofrimento,

3. Pois estavas prostrado pela calamidade inesperada, e eu não deixaria de partilhar teu sentimento e me somaria ao pranto em teu redor.

4. Agora, transcorrido desde aquela calamidade o tempo que alivia todas as coisas, e tua atual condição exige o auxílio de teus amigos,

5. Envio-te algumas palavras de conforto, para mitigar o pesar e a dor de tuas lamentações.

6. Embora existam muitas emoções que afetam a mente, o pesar, por sua natureza, é a mais cruel de todas.

7. A dor que se sente à morte de um ser que nos é tão caro é uma grande causa a despertar o pesar, e sobre isso não temos controle.

8. Mas pensa no que dizemos sobre a atitude correta diante da prosperidade e da boa fortuna:

9. Aconselhamos a nós mesmos a tratá-las racionalmente e a manter uma atitude de compostura diante delas;

10. Dar-lhes as devidas proporções e entender que fazem parte das possibilidades da vida, que vão e vêm e nunca são certas.

11. Se é assim que devemos encarar o bem que pode nos visitar, é assim também que devemos encarar o sofrimento que a vida traz.

12. Pois uma proteção racional, quando vem o sofrimento mental, consiste em nos dotar de uma nobre paciência para suportá-lo.

13. Assim como as plantas estão em certa época na estação de frutificação e em outra época numa estação de não frutificação,

14. E os animais estão em certa época em fase fértil e em outra época em fase infértil,

15. E sobre o mar e as montanhas há bonança e tempestade,

16. Assim também na vida ocorrem muitas circunstâncias diversas, que trazem suas mudanças e inversões na fortuna dos homens;

17. Isso todos sabem. Mas tentar encontrar constância no que é inconstante é um traço de pessoas

que não raciocinam corretamente sobre as circunstâncias da vida.

18. Por que conduzo teus pensamentos para essa direção? É para te lembrar de que o infortúnio não é novidade para a espécie humana,

19. E que todos nós tivemos a mesma experiência do infortúnio e partilhamos contigo; e queremos te lembrar de que, embora nunca esqueçamos, as feridas se cicatrizam.

20. Vem, então, e toma assento comigo no jardim; permitamos que nossos sofrimentos agora adormeçam serenamente em nosso regaço, a despeito de nossas afeições;

21. Jamais se realiza coisa alguma cedendo demais à dor e à lamentação pesarosa.

22. Ora é tempo de coragem e resistência, ora é tempo de voltarmos nossos pensamentos aos entes vivos que também nos são caros,

23. E não nos afastarmos deles, mas ajudá-los com nossa própria paciência e força a suportar o que deve ser suportado, para que eles também o suportem.

Capítulo 4: Da dor: a um amigo

1. Dói-me saber que morreu aquele a quem amavas, mas não te lamentarei mais do que o adequado.

2. Que não devas prantear, eu não ousaria insistir; e no entanto sei que é a melhor maneira; pois ele está em paz, a salvo de qualquer outro dano,

3. E tu e seus outros amigos acalentarão as melhores lembranças dele e dele falarão, assim mantendo-o ainda como parte da vida.

4. Mas existirá homem tão dotado dessa solidez de espírito ideal, a menos que já tenha se alçado muito acima do alcance do acaso, que não pranteie?

5. Mesmo o mais estoico seria aguilhoado por um acontecimento como este, ainda que, para ele, fosse apenas uma aguilhoada.

6. Nós, porém, podemos ser perdoados por nossas lágrimas, ao menos se nossas lágrimas não forem excessivas.

7. Podemos chorar, mas não devemos nos entregar a gritos de dor. Pensas que este conselho é severo?

8. Bem: basta examinar a razão das lamentações e do pranto. É porque pranteamos a nós mesmos, bem como àquele que nos deixou; ficamos tristes pela perda que sofremos.

9. Mas o que teu amigo te diria, se pudesse? Que acolhe o amor que assim mostras por ele, mas que não deseja que sofras demais nem por demasiado tempo.

10. Dirá: Que não esteja distante o tempo em que dispensarás o apaziguamento de todo pesar, o aplacamento mesmo da mais amarga dor.

11. Quando deixares de observar a ti mesmo, o quadro do sofrimento que tens contemplado se desvanecerá;

12. No momento, estás atento a teu próprio sofrimento e isso o prolonga.

13. Façamos com que a recordação daqueles que amamos e perdemos se torne uma lembrança agradável para nós.

14. Nenhum homem volta com prazer a qualquer assunto sobre o qual não consegue refletir sem dor.

15. Assim é que os nomes daqueles que perdemos também voltam a nós com uma pontada lancinante;

16. Mas, quando lembramos as melhores e mais caras coisas sobre eles e aquilo que, com suas vidas, acrescentaram a nossas vidas, podemos até mesmo dizer: "A rememoração dos amigos perdidos é um bem;

17. "Honra-os e consola-nos, conserva-os conosco em nosso coração."

18. Pensar em amigos que estão vivos e passam bem é como desfrutar de uma refeição de bolos e mel; a recordação de amigos que se foram oferece um prazer que não é isento de uma ponta de amargor.

19. E no entanto, para mim, pensar em meus amigos mortos é uma consolação. Pois tive-os como amigos que algum dia iria perder; perdi-os, mas é como se ainda os conservasse.

20. Age, pois, como convém à tua própria serenidade de espírito e deixa de interpretar erroneamente os acasos da vida e da morte.

21. A morte leva, mas a vida dá. Gozemos avidamente a companhia de nossos amigos, porque não sabemos por quanto tempo teremos tal privilégio.

22. Pensemos quantas vezes saímos em viagens distantes, quantas vezes deixamos de vê-los ainda que estejamos na mesma cidade;

23. Assim entenderemos que perdemos tempo em demasia quando eles ainda estavam vivos.

24. Mas irás tolerar homens que pouca atenção dão aos amigos e, depois, pranteiam-nos da maneira mais desprezível e não amam ninguém senão após a morte?

25. Se temos outros amigos, certamente merecemos penar a suas mãos e pensar mal deles, se tão pouca consideração têm que nem nos consolam pela perda de um amigo.

26. Enterraste alguém a quem amavas; volta-te para os outros que amas e preza-os ainda mais; agora é a

hora que os vivos se reconfortam mutuamente.

27. A dor de um homem finda pelo mero passar do tempo, mesmo que não seja por vontade dele.

28. Mas a cura mais vergonhosa do sofrimento, no caso de um homem sensato, é se cansar de sofrer.

29. Preferiria eu que deixasses a dor por escolha a que a dor te abandonasse; e que deixasses o pesar o mais cedo possível,

30. E honrasses os mortos com a rememoração afetuosa que é positiva e incentiva tua vida, ao invés de tolhê-la: exatamente como eles gostariam.

31. Quem te escreve essas palavras sou eu, aquele mesmo que pranteou tão excessivamente seu caro amigo,

32. De forma que, a despeito de meus desejos, devo ser incluído entre os exemplos de homens que foram subjugados pela dor.

33. Hoje, porém, deploro este meu gesto e entendo que a razão pela qual tanto lamentei foi que jamais imaginei ser possível que a morte dele precedesse a minha.

34. O único pensamento que me ocorreu foi que ele era o mais jovem, e muito mais jovem – como se a natureza se ativesse à ordem de nossas idades!

35. Portanto, pensemos continuamente sobre nossa

própria mortalidade, tal como pensamos na de todos os seres que amamos.

36. Nos dias de outrora, eu deveria ter dito: "Meu amigo é mais jovem do que eu; mas o que importa isso? Morreria naturalmente depois de mim, mas pode me preceder."

37. Foi somente porque não o fiz que, quando a fortuna me desferiu o súbito golpe, eu estava despreparado.

38. Agora é tempo de refletires, não só que todas as coisas são mortais, mas também que a mortalidade delas não está sujeita a nenhuma lei fixa.

39. O que pode acontecer a qualquer momento pode acontecer agora.

40. Reflitamos, pois, que logo alcançaremos a meta que, para nossa dor, este querido amigo alcançou.

Capítulo 5: A Márcia

1. Se eu não soubesse, Márcia, que estás tão distante da fraqueza de espírito quanto de todos os outros vícios,

2. Não ousaria atacar teu pesar – o pesar que todos nós tendemos a alimentar e ruminar;

3. Nem esperaria poder te consolar com a filosofia nesta provação.

4. Mas tua força de espírito já foi tão testada e tua coragem, após perda tão trágica, submetida a tal prova,

5. Que isso me dá confiança para tentar. A forma como te conduziste em relação a teu pai é de conhecimento geral;

6. Pois amaste a ele como amas a teus filhos, salvo por não teres desejado que ele sobrevivesse a ti.

7. E nem mesmo disso tenho certeza, pois a grande afeição se arrisca por vezes a romper a lei natural.

8. Dissuadiste teu pai de tirar a própria vida ao máximo que pudeste;

9. Depois, evidenciou-se que, cercado por seus inimigos enviados por Sejano, não lhe restava outra saída para escapar à servidão,

10. De modo que, embora não tenhas apoiado seu plano, reconheceste a derrota, contiveste tuas lágrimas em público e abafaste teus soluços;

11. Mas, a despeito de tua face composta, não os ocultaste – e isso numa época em que o grau supremo do filial seria simplesmente não renegar o filial!

12. Quando, porém, a mudança dos tempos te deu uma oportunidade, recuperaste em benefício dos homens aquele gênio de teu pai que o conduzira a seu fim,

13. E dessa maneira salvaste-o da única morte real, que é o esquecimento;

14. E os livros que aquele valoroso herói escrevera com seu próprio sangue, tu devolveste a seu lugar entre os monumentos da nação.

15. Prestaste um grande serviço aos estudos, pois uma boa parte de seus escritos havia sido queimada;

16. Prestaste um grande serviço à posteridade, pois a história chegara até ela como um registro incólume cuja honestidade custou caro a seu autor;

17. E prestaste um grande serviço ao próprio homem, cuja memória agora vive e sempre viverá enquanto valer a pena conhecer os fatos da história romana,

18. Enquanto houver alguém que queira saber o que é se manter indômito quando todas as nucas se curvam e são obrigadas a carregar o jugo de um tirano;

19. O que é ser livre no pensamento, na intenção e no gesto.

20. Em verdade, uma grande perda sofreria o mundo, se não tivesses resgatado este homem que teve de sofrer por duas das mais nobres coisas: a eloquência e a liberdade.

21. Mas agora seus livros são lidos, e assim ele vive e está nas mãos e corações dos homens; não teme, pois, a passagem dos anos;

22. Mas de seus inimigos, e mesmo de seus crimes, que é a única coisa pela qual mereciam ser lembrados, logo nada mais se ouvirá.

Capítulo 6

1. Vê! Trouxe-te à memória antigas desventuras e, para que possas saber que mesmo essa profunda ferida certamente se fechará, mostrei-te a cicatriz de uma velha ferida não menos grave.

2. E assim permite que outros gentilmente te tratem e ofereçam palavras suaves. Decidi combater teu pesar e teus olhos gastos e cansados de chorar;

3. Que serão tolhidos por medidas que, se for possível, bem receberás;

4. Se não, mesmo contra tua vontade, ainda que acolhas e abraces o sofrimento que manténs vivo no lugar de quem perdeste.

5. Do contrário, que fim terá teu pesar? Tentaram-se todos os meios em vão:

6. As consolações de teus amigos, as palavras de persuasão de grandes homens que eram de tuas relações, esgotaram-se;

7. Os livros, pelos quais teu amor foi uma dádiva de teu pai, agora não oferecem qualquer conforto e mal servem para uma breve distração, em vão acenando seus apelos a teus olhos desatentos.

8. Mesmo o tempo, o grande curandeiro da natureza, que cura mesmo nossos mais dolorosos sofrimentos, em teu caso perdeu seu poder.

9. Três anos inteiros se passaram desde então, e no entanto a intensidade primeira de teu sofrimento em nada se abateu.

10. Teu pesar se renova e se fortalece a cada dia – delongando-se, ele estabeleceu seu direito de permanecer e agora atingiu o ponto em que reluta chegar a um fim.

11. Assim como todos os vícios criam fundas raízes, a menos que sejam esmagados quando brotam, da mesma forma tal estado de tristeza e infelicidade,

12. Com toda a tortura que inflige a si mesmo, finalmente alimenta-se de sua própria amargura e o pesar de um espírito infeliz se transforma em mórbido prazer.

13. E assim eu gostaria de te ter apresentado a cura nos primeiros estágios de teu sofrimento;

14. Enquanto ainda era recente, poderia ter-se usado um remédio mais brando para sofrear sua violência; mas, contra males inveterados, a luta demanda maior veemência.

15. O mesmo é igualmente verdadeiro em relação às feridas – é fácil curá-las enquanto ainda estão frescas e sangrando,

16. Mas, depois que se inflamam e se tornam uma grave chaga, precisam ser cauterizadas e, abertas até o fundo, devem se submeter a dedos esquadrinhadores.

17. Assim, dificilmente estarei à altura de enfrentar um pesar tão empedernido com brandura e gentileza; ele deve ser questionado.

Capítulo 7

1. Bem sei que todos os que desejam admoestar geralmente começam com preceitos e terminam com exemplos.
2. Mas, por vezes, é desejável alterar essa prática, pois é preciso tratar pessoas diferentes de diferentes maneiras.
3. Algumas são guiadas pela razão; a outras deve-se apresentar nomes famosos e uma autoridade que não lhes deixa o espírito livre, ofuscadas por suas célebres proezas.
4. Exporei diante de teus olhos apenas dois exemplos, os maiores de teu sexo e de teu século:
5. Primeiro, o de uma mulher que se permitiu devastar pela dor; o outro, o de uma mulher que, tendo sofrido uma desventura similar e uma perda ainda maior,
6. Mesmo assim não permitiu que seus males a dominassem por muito tempo, mas logo reconduziu o espírito a seu estado habitual.
7. São Otávia e Lívia, uma irmã e a outra esposa do imperador Augusto.
8. Ambas haviam perdido os filhos, jovens com a sólida esperança de se tornarem imperadores.
9. Otávia perdeu Marcelo, pelo qual começara a se inclinar seu tio e sogro Augusto, ao qual este começara a transferir o fardo do império;
10. Um jovem de espírito aguçado, de elevada capacidade, ao mesmo tempo destacando-se por uma frugalidade e um autocontrole que, para alguém com sua idade e sua riqueza, despertavam a mais alta admiração;
11. Paciente sob as dificuldades, avesso a prazeres, pronto a arcar com qualquer coisa que o tio quisesse lhe pôr sobre os ombros.
12. Bem escolhera Augusto uma fundação que não soçobraria sob peso algum.
13. Pelo resto de seus anos, Otávia não pôs freios a suas lágrimas e suspiros e fechou os ouvidos a todas as palavras que ofereciam sãos conselhos;
14. Com todo o espírito fixado e concentrado numa única coisa, não se permitia sequer descansar.
15. Assim permaneceu durante toda a sua vida, tal como esteve no funeral; não digo carecendo de coragem para se recompor,
16. Mas recusando-se a ser reerguida, considerando poupar uma única lágrima como uma segunda perda.

17. Não quis ter sequer uma imagem do querido filho, ouvir sequer uma menção a seu nome.

18. Odiava todas as mães e se inflamou sobretudo contra Lívia,

19. Pois parecia que a felicidade outrora reservada a ela passara ao filho da outra mulher.

20. Sempre acompanhada pelo negror e pela solidão, não concedendo nenhum pensamento sequer ao irmão,

21. Ela desdenhou os poemas escritos para glorificar a memória de Marcelo e todas as demais honras literárias, e cerrou os ouvidos a todas as formas de consolação.

22. Retirando-se de seus deveres costumeiros e odiando até mesmo a boa fortuna com que a protegia a grandeza de seu irmão, enterrou-se no isolamento.

23. Cercada por filhos e netos, não abandonava os trajes de luto e, menosprezando todos os entes mais próximos, considerava-se totalmente abandonada, embora ainda estivessem vivos.

Capítulo 8

1. Reflete agora sobre Lívia. Ela perdeu o filho Druso, que teria sido um grande imperador e já se mostrara grande líder.

2. Pois avançara a fundo na Germânia e havia hasteado os estandartes romanos numa região onde mal se sabia da existência dos romanos.

3. Morrera em campanha e seus próprios inimigos lhe haviam prestado honra e reverência junto ao leito de morte, mantendo a paz conosco.

4. Sua morte recebeu a dor irrestrita de seus concidadãos, das províncias e de toda a Itália,

5. E por toda ela multidões acorreram de povoados e colônias, acompanhando o cortejo fúnebre ao longo de todo o caminho até a cidade, a tal ponto que mais parecia o cortejo de um triunfo.

6. À mãe não fora permitido receber o último beijo do filho, nem lhe beber as palavras amorosas dos lábios moribundos.

7. Na longa jornada que acompanhou os restos de seu amado Druso, seu coração era dilacerado pelas incontáveis piras que ardiam por toda a Itália,

8. Pois em cada uma parecia-lhe perder o filho novamente; mas, tão logo o depusera na tumba, com o filho depôs o sofrimento

9. E se lamentou até onde lhe permitia o respeito para com os demais familiares, vendo que estavam vivos.

10. Por fim, nunca deixou de proclamar o nome de seu querido Druso.

11. Mandou pintar sua imagem em todas as partes, em locais públicos

e privados, e seu maior prazer era falar sobre ele e ouvir o que os outros diziam; vivia com a memória dele.

12. Mas ninguém pode acalentar e se prender a uma memória que tenha se tornado uma aflição para si. Lívia venceu o pesar mantendo Druso vivo em seu coração.

13. Escolhe, pois, qual destes dois exemplos seguirás.

14. Se preferires o exemplo de Otávia, irás te afastar dos vivos;

15. Desviarás a vista dos filhos alheios e de teus próprios filhos, mesmo daquele que pranteias;

16. As mães te verão como infeliz exemplo; renunciarás a prazeres honrosos e admissíveis como inconvenientes à tua desgraça;

17. Odiando a luz do dia, nela te arrastarás e tua mais profunda ofensa será tua idade, pois os anos não te apressam a vida e não te trarão o mais breve fim;

18. Mostrarás que não estás disposta a viver e és incapaz de morrer.

19. Se, por outro lado, seguires o exemplo de Lívia, assim mostrando uma disposição mais branda e mais controlada, não te demorarás no sofrimento nem te consumirás de angústia.

20. Pois que loucura – que monstruosidade! – é se punir pelo infortúnio e somar novos males aos males presentes!

21. Aquela contenção e correção de caráter que mantiveste durante toda a vida, deves mostrá-las também neste assunto;

22. Pois existe moderação mesmo no lamento de dor.

23. E quanto àquele que perdeste, tão merecedor de que a menção a seu nome sempre te trouxesse alegria,

24. Ocupará um lugar mais adequado se se apresentar à mãe como o mesmo filho alegre e contente que costumava ser em vida.

25. Não orientarei teu espírito a preceitos mais rigorosos, recomendando seja que carregues um destino humano de modo desumano, seja que seques teus olhos de mãe no mesmo dia do sepultamento.

26. Mas irei contigo à presença de um árbitro e esta será a pendência em questão: se a dor deve ser profunda ou interminável.

Capítulo 9

1. Não duvido que o exemplo de Lívia, tua amiga íntima, seja bom para ti; ela te convoca a segui-lo.

2. Durante a paixão inicial da dor, quando os sofredores são mais fervorosos e menos submissos, ela aceitou a presença do filósofo Areu, amigo de seu marido,

3. E mais tarde admitiu que recebera grande auxílio daquela fonte – mais do que do povo romano, ao

qual não queria entristecer com sua própria tristeza;

4. Mais do que de Augusto, que cambaleava à perda de um de seus principais esteios e não estava em condições de se vergar ainda mais sob o peso da dor de seus entes queridos;

5. Mais do que de seu filho Tibério, cuja devoção naquele prematuro funeral, que trouxera pranto às nações,

6. Impediu que ela sentisse ter sofrido qualquer perda, a não ser no número de filhos.

7. Foi assim que Areu se acercou dela, foi assim que ele se dirigiu a alguém que se aferrava com tenacidade à própria opinião:

8. "Até o momento, Lívia, tens te empenhado para que ninguém encontre coisa alguma em ti que possa criticar; não só em grandes assuntos, mas também nas menores ninharias,

9. "Tens-te mantido em guarda para não fazer nada que pudesses desejar que a opinião pública, o mais implacável dos juízes, desculpasse.

10. "E nada, penso eu, é mais admirável do que a regra de que os ocupantes de altas posições concedam perdão a muitas coisas e não precisem pedir perdão por coisa alguma.

11. "E assim, nesta questão também, deves manter tua prática de não

fazer nada que possas desejar desfazer ou fazer de outra maneira.

12. "Peço-te também: não te feches nem te faças inacessível aos amigos.

13. "Pois certamente hás de saber que nenhum deles sabe como se conduzir – se devem ou não falar de Druso em tua presença,

14. "Não querendo destratar um jovem tão insigne com o esquecimento, nem te ferir com menções a ele.

15. "Quando saímos de tua presença e reunimo-nos entre nós, louvamos suas ações e palavras com toda a veneração que ele merecia;

16. "Em tua presença, faz-se um profundo silêncio sobre ele. E assim perdes um imenso prazer em não ouvir os louvores a teu filho,

17. "Os quais não duvido que muito te alegraria, se tivesses oportunidade, que se prolongassem por todos os tempos, mesmo ao preço de tua vida.

18. "Aceita, portanto, a conversação sobre teu filho; encoraja-a, até, e abre teus ouvidos a seu nome e memória;

19. E não o tomes como um peso, como fazem algumas que, em calamidade semelhante, consideram ouvir palavras de conforto uma desventura adicional.

20. "No momento, inclinas-te totalmente para o outro extremo e, esquecendo os aspectos melhores de tua fortuna, fitas somente seu pior lado.

21. "Não pensas nos tempos felizes que passaste com teu filho, nem em suas afetuosas carícias infantis, nem no progresso de seus estudos;

22. "Teu pensamento se demora naquela última aparição da fortuna e, como se ela mesma já não fosse horrível o bastante, ainda lhe somas todo o horror que consegues.

23. "Não ambiciones, peço-te eu, aquela desarrazoadíssima distinção – a de seres considerada a mais infeliz das mulheres!

24. "Reflete também que não é grande coisa mostrar coragem em meio à prosperidade, quando a vida desliza num curso tranquilo;

25. "Tampouco um mar sereno e um vento propício mostram a habilidade do piloto; é necessário que se encontre alguma dificuldade que lhe ponha à prova a destreza.

26. "Da mesma maneira, não cedas; pelo contrário, firma teus pés e, apenas de início transtornada pelo golpe, sustenta todo o peso que possa recair sobre ti.

27. "Nada enfrenta melhor os acasos e mudanças da vida do que uma firme resolução."

28. Depois disso conduziu-a ao filho ainda vivo, conduziu-a aos filhos do filho que perdera.

29. Foi tua perturbação, Márcia, ali tratada; foi a teu lado que Areu se sentou; troca os papéis: foi a ti que ele procurou confortar.

Capítulo 10

1. Mas supõe, Márcia, que te foi tirado mais do que qualquer mãe jamais perdeu – não pretendo te mitigar a dor nem atenuar tua calamidade.

2. Se lágrimas podem trazer de volta o passado, que venham as lágrimas;

3. Que cada dia se passe em dor, que cada noite seja insone e se consuma de sofrimento;

4. Que chovam golpes no peito em sangue, que nem o rosto seja poupado às investidas;

5. Se a dor ajudar, que venha em todas as formas de crueldade contra nós mesmos.

6. Mas se nenhum lamento pode redespertar os mortos, se nenhuma aflição pode alterar o que é imutável e estabelecido para todo o sempre,

7. Se a morte retém tudo o que já levou, então que cesse a inútil dor.

8. Guiemos nosso próprio barco e não permitamos que este poder nos faça perder o curso!

9. Deplorável timoneiro é aquele que permite às ondas lhe

arrancarem o leme das mãos, que deixa as velas à mercê dos ventos, que abandona o barco à tempestade;

10. Mas merece louvor, mesmo no naufrágio, aquele que o mar vence ainda agarrado ao timão, firme e inflexível.

11. "Mas", dizes, "a natureza nos faz prantear nossos entes queridos". Quem o nega, desde que se tempere a dor?

12. Pois não só a perda dos que nos são mais caros, mas uma simples separação, desperta um sofrimento inevitável e traz um aperto ao mais robusto coração.

13. Todavia, a falsa opinião acrescenta à nossa dor algo além do que prescreve a natureza.

14. Observa quão apaixonado e, no entanto, quão breve é o sofrimento dos animais irracionais. O mugido das vacas se ouve apenas por um ou dois dias,

15. E não mais prolongado é aquele galope frenético e desesperado das éguas;

16. Os animais selvagens, depois de seguir os rastros dos filhotes roubados, depois de vaguear pelas florestas e retornar inúmeras vezes a suas tocas saqueadas,

17. Em curto prazo de tempo vencem a angústia;

18. Os pássaros, fazendo grande alarido, se alvoroçam ao redor do ninho vazio, mas num instante

acalmam-se e retomam o voo habitual;

19. E nenhuma criatura lamenta sua prole por muito tempo, a não ser a espécie humana.

20. O homem alimenta sua dor, e a medida de sua aflição não é o que ele sente, mas o que deseja sentir;

21. Ademais, para poderes ver que não é pela natureza que somos esmagados pelo sofrimento,

22. Observa em primeiro lugar que a pobreza, a dor e a ambição são sentidas de maneiras diferentes por diferentes pessoas, conforme sua predisposição mental,

23. E uma falsa presunção, que desperta medo a coisas que não são de se temer, debilita e mina a resistência de um homem.

24. Em segundo lugar, nota que tudo o que provém da natureza não diminui pela continuidade.

25. Mas a dor se apaga com o passar do tempo. Por mais obstinada que seja, aumentando a cada dia e jorrando a despeito das tentativas de aplacá-la,

26. Ainda assim o agente mais poderoso para acalmar sua intensidade é o tempo; o tempo irá minorá-la.

Capítulo 11

1. Ainda agora resta contigo, Márcia, um imenso sofrimento; já parece ter se empedernido – não mais o sofrimento apaixonado que era de

início, mas ainda persistente e obstinado;

2. Todavia, mesmo este, aos poucos, o tempo removerá. Sempre que te dedicares a outra coisa, teu espírito se aliviará.

3. No momento, observas a ti mesma; mas há uma grande diferença entre te entregares e te controlares na lamentação.

4. Quão melhor condiria com a distinção de teu caráter não só antever, mas preparar um termo à tua dor,

5. Sem aguardar aquele dia distante em que, mesmo contra tua vontade, tua aflição cessará. Renuncia a ela por tua própria vontade!

6. "Por que então", perguntas, "todos nós tanto persistimos em lamentar o que era nosso, se não é esta a vontade da natureza?"

7. Porque nunca prevemos qualquer mal antes que aconteça, mas, imaginando que estamos isentos dele e seguimos um caminho menos exposto,

8. Não aceitamos aprender com as vicissitudes alheias que tal é o quinhão de todos. Tantos funerais passam à nossa porta, mas nunca pensamos na morte!

9. Tantas mortes são prematuras, mas tecemos planos para nossos filhos de colo – que usarão a toga, servirão no exército, herdarão os bens paternos!

10. Tantos homens ricos são atingidos por súbita pobreza diante de nossos olhos, mas nunca nos ocorre que nossa própria riqueza também se apoia numa base igualmente cediça!

11. Necessariamente, portanto, ficamos mais propensos a cair; somos atingidos, por assim dizer, com a guarda baixa; os golpes há muito previstos recaem com menos violência.

12. E desejas que te digam estares exposta a golpes de toda espécie e que as setas que atingiram outros fremem ao redor de ti!

13. Como se estivesses atacando os muros de uma cidade ou investindo, apenas semiarmada, contra alguma alta posição ocupada pelo inimigo,

14. Conta que serás ferida e podes ter certeza de que os projéteis que rodopiam sobre tua cabeça, as pedras, as flechas e os dardos, todos eles visavam à tua pessoa.

15. Sempre que alguém cair ao lado ou atrás de ti, exclama: "Vida, não me enganarás, não me encontrarás distraída e despreparada!

16. "Sei o que planejas; é verdade que atingiste outrem, mas visavas a mim."

17. Quem dentre nós algum dia contemplou seus bens pensando que iria morrer?

18. Quem dentre nós algum dia se arriscou a pensar no exílio, na escassez, na dor?

19. Quem, instado a refletir sobre tais coisas, não rejeitaria a ideia como demasiado incômoda?

20. Dizes: "Não pensei que aconteceria." Pensas que existe algo que não acontecerá, quando sabes que é possível que aconteça, pois vês que já aconteceu a tantos?

21. Tudo o que pode recair sobre um homem pode recair sobre todos.

22. Aquele perdeu os filhos; podes também perder os teus.

23. Aquele foi condenado à morte; tua inocência também corre perigo.

24. Tal é a ilusão que nos engana e nos debilita, ao sofrermos infortúnios que jamais previmos que poderiam advir a nós também.

Capítulo 12

1. Aos males presentes rouba-lhes o poder quem percebeu sua chegada de antemão.

2. Todas essas coisas fortuitas, Márcia, que cintilam a nosso redor – filhos, honras, riquezas, salões espaçosos e vestíbulos repletos de uma multidão de clientes sem ingresso,

3. Um nome famoso, uma esposa bela ou de alto nascimento, e todas as coisas que dependem do acaso volúvel e incerto são ornamentos não nossos e sim emprestados;

4. Nenhum deles nos pertence diretamente. As propriedades que adornam o palco da vida são alheias e devem retornar a seus donos;

5. Algumas serão devolvidas no primeiro dia, outras no segundo, e apenas algumas ficarão até o final.

6. Assim, não temos qualquer razão de nos orgulhar como se estivéssemos cercados de coisas que nos pertencem; recebemo-las meramente como um empréstimo temporário.

7. De nossa parte, devemos manter sempre prontas as dádivas que foram concedidas por um tempo indeterminado e, quando solicitados, devemos devolvê-las sem queixas.

8. E assim devemos amar todos os nossos entes queridos, tanto os que, por condição de nascimento, esperamos que sobrevivam a nós quanto aqueles que têm como mais justa esperança finarem-se antes de nós,

9. Mas sempre com o pensamento de que não há nenhuma promessa de que possamos conservá-los para sempre;

10. Não, nenhuma promessa sequer de que possamos conservá-los por muito tempo.

11. E isso deve ser amiúde lembrado ao coração; ele precisa lembrar que os objetos amados certamente

partirão, ou melhor, já estão de partida.

12. Toma o que oferece a vida, lembrando que não há promessa de que dure.

13. Agarra os prazeres que te dão os filhos, deixa que teus filhos encontrem prazer em ti, e sem tardança extrai a alegria até o fim;

14. Nenhuma promessa te foi feita sequer para esta noite – não, dei um prazo longo demais! Nenhuma promessa foi feita sequer para esta hora.

15. Apressemo-nos, o inimigo vem em nosso encalço. Logo todos esses companheiros se dispersarão, logo o grito de batalha se erguerá, logo os laços de camaradagem se romperão.

16. Nada escapa à pilhagem do tempo; os homens, pobres coitados, mal se apercebem, entre a desordem e o tumulto do tempo, que vivem!

Capítulo 13

1. Se lamentas a morte de teu filho, cabe a culpa ao tempo em que ele nasceu;

2. Pois sua morte foi proclamada em seu nascimento; nesta condição foi ele gerado, e tal promessa o aguardava desde o ventre.

3. Ingressamos no reino do acaso e da mudança, cujo poder é impiedoso e invencível.

4. Devemos esperar coisas merecidas e imerecidas. Conheceremos a bondade e a crueldade do acaso;

5. Alguns arderão em fogo, aplicado quiçá para punir, quiçá para curar;

6. Alguns serão agrilhoados, em poder ora de um inimigo, ora de um conterrâneo;

7. Alguns serão atirados nus aos caprichos do mar e, quando findar a luta com as ondas, não serão lançados à praia, mas serão engolidos por algum monstro;

8. Outros serão consumidos por doenças diversas, ficando por muito tempo suspensos entre a vida e a morte.

9. O tempo e o acaso são caprichosos. Qual a necessidade de prantear as diversas partes da vida, uma a uma? Todo o seu conjunto pede lágrimas.

10. Novas doenças virão antes que tenhas superado as anteriores. Observemos, portanto, a moderação: contra nossos muitos sofrimentos deve o poder da mente humana se dispor em linha de combate.

11. Mais uma vez: por que este esquecimento do que é o quinhão individual e geral? Mortal nasceste, a mortais deste nascimento.

12. Tu que és um corpo vacilante e perecível, tantas vezes acometido pelos agentes da doença,

13. Terás esperado que de tão frágil matéria fizeste nascer algo imperecível?

14. Teu filho morreu; terminou seu curso e alcançou aquela meta que todos os que consideras mais afortunados do que ele se apressam, mesmo agora, em alcançar.

15. Rumo a ela, a diferentes velocidades, move-se todo esse aglomerado que agora se alterca no fórum, frequenta os teatros, faz suas compras no mercado;

16. Tanto os que amas e reverencias quanto os que desprezas, todos eles se igualarão como um montículo de cinzas.

17. Aceita isso: volta agora teu pensamento a Lívia, que venceu a dor pelo amor e pela recordação; lembra os vivos, que ainda precisam de ti;

18. Aceita a mortalidade nossa e de nossos entes amados, e vê que dar a vida é preparar para perdê-la, amar é preparar para prantear;

19. Ainda assim, ama, dá vida, tem coragem e honra, pois este é nosso quinhão humano e devemos torná-lo o melhor que nos permitam nossas capacidades.

Capítulo 14: Da velhice

1. Para onde olho, vejo sinais de que avanço em anos. Visitei a herdade onde cresci e protestei contra o dinheiro que o intendente gastara no edifício depauperado.

2. Ele afirmou que as falhas não se deviam à sua negligência pessoal: "Estou fazendo tudo o que é possível", disse, "mas a casa é velha".

3. E é esta a casa que vi ser construída quando eu era criança! O que me reserva o futuro, se pedras que têm minha idade já estão desmoronando?

4. Fiquei transtornado e aproveitei a primeira oportunidade para manifestar meu aborrecimento na presença do intendente. "Está claro", bradei, "que esses plátanos estão descuidados; não têm folhas.

5. "Seus galhos estão tão retorcidos e atrofiados, os troncos tão ásperos e desleixados! Isso não aconteceria se alguém afofasse a terra junto ao pé e regasse."

6. O intendente protestou outra vez que estava fazendo todo o possível e nunca diminuía seus cuidados. "Mas", disse, "essas árvores são velhas".

7. Ora, eu mesmo plantei aquelas árvores, vi brotarem as primeiras folhas. Devo à herdade que minha velhice se evidenciasse para onde quer que olhasse.

8. E a ela devo também o fato de ter percebido que devemos acalentar e amar a velhice, pois é repleta de prazer se soubermos como usá-la.

9. Assim como a herdade era serena e madura, com árvores crescidas e

a pátina do uso e da familiaridade dando-lhe suavidade, assim também um ser humano alcança um patamar de beleza quando o tempo cumpriu seu trabalho.

10. Mais gratos são os frutos quando chegam quase ao fim; a juventude é mais encantadora ao final; a conversa tranquila após o jantar, quando as velas aos poucos se extinguem, é a melhor.

11. Cada prazer reserva suas melhores coisas para o final. A vida é mais prazenteira quando está descendo a vertente, mas ainda não chegou ao declínio abrupto.

12. E pessoalmente acredito que mesmo o período que fica, por assim dizer, na beira do telhado possui prazeres que lhe são próprios.

13. Ou, ainda, o próprio fato de não querermos prazeres toma o lugar dos prazeres. Como é reconfortante ter esgotado os desejos e tê-los eliminado!

14. "Mas", dizes, "é desagradável estar encarando a morte!" A morte, porém, deveria ser encarada igualmente pelos jovens e pelos velhos. Não somos convocados de acordo com a data de nosso nascimento.

15. Ademais, ninguém é tão velho que lhe seja impróprio esperar mais um dia de existência. E um só dia, pensa nisso, é uma etapa na viagem da vida.

16. Nosso prazo de vida se divide em partes: consiste em círculos grandes abarcando círculos menores. Um círculo abrange e cerca os demais; vai desde o nascimento até o último dia da existência.

17. O círculo seguinte delimita o período de nossa juventude. O terceiro contém toda a infância em sua circunferência.

18. Ademais, há o ano, numa classe em si; ele encerra todas as divisões do tempo que, multiplicando-as, dão o total da vida.

19. O mês é rodeado por um anel mais estreito. O menor círculo de todos é o dia; mas mesmo o dia tem começo e fim, tem o nascer e o pôr do sol.

20. Um dia é igual a todos os dias: logo, deve-se considerar cada dia como se encerrasse a série, como se circundasse e completasse nossa existência.

21. Mas, se acrescentarmos outro dia, devemos recebê-lo com o coração alegre.

22. Os mais felizes e mais seguros no domínio de si mesmos são aqueles que podem aguardar o amanhã sem apreensões.

23. Quando alguém diz: "Estou vivendo!", recebe cada nova manhã como um bônus. É errado viver sob coação; mas nenhum homem é coagido a viver sob coação,

24. Menos ainda sob aquela que o enche de apreensões se hoje ou amanhã será seu último dia. Que receba bem todos os dias igualmente.

25. Todas as verdades são propriedade nossa; o que um indivíduo sábio disse passa a ser propriedade de todos os sábios.

Capítulo 15

1. Como viver quando vivemos faz muito, os anos nos pesam na fronte e curvam nosso corpo às necessidades da idade e ao fim de nossa juventude?

2. Sei como teu espírito é equânime e bem ordenado, meu amigo, e como é rico em cultura e bom senso.

3. E no entanto tenho a impressão de que às vezes te agitas em teu coração às mesmas circunstâncias em que me agito eu.

4. Por isso decidi perguntar tua opinião sobre alguns pensamentos a respeito do fardo da idade avançada, comum a nós dois.

5. Tenho plena consciência de que suportarás a velhice, como fazes com tudo, com serenidade filosófica.

6. Assim, tão logo decidi meditar sobre o destino comum a todos a quem a idade avança,

7. Ocorreste-me como a pessoa mais capacitada para comentar meus pensamentos e me ajudar a aperfeiçoá-los.

8. Para mim, de fato, pensar neste assunto tem sido tão proveitoso que não só eliminou tudo o que há de desagradável na velhice, que agora estou vivendo por completo, mas também veio até a torná-la prazerosa e luxuriante.

9. Portanto, a filosofia nunca poderá ser enaltecida como merece, considerando que seu fiel discípulo é capaz de passar todos os períodos da vida com fortitude e proveito, por seguir e aplicar suas lições.

10. Quem não tem recursos dentro de si para assegurar uma vida boa e feliz considera todas as idades como um fardo.

11. Mas aquele que procura a felicidade dentro de si nunca é capaz de considerar ruim qualquer coisa que é inevitável por natureza.

12. Nesta categoria, antes de qualquer outra coisa, vem a velhice, que todos desejam alcançar e da qual todos reclamam quando a alcançam. Tal é a incoerência e a falta de razão da insensatez!

13. Dizem que a idade está se chegando mais rápido do que esperavam. Em primeiro lugar, quem os obrigou a se prender a uma ilusão?

14. Pois em que aspecto a velhice chegou mais rápido do que a maturidade em relação à infância?

15. De que maneira a velhice lhes seria menos desagradável se, em vez de oitenta anos, estivessem com oitocentos?

16. Toda sabedoria começa, em primeiro lugar, seguindo a natureza, o melhor dos guias.

17. Se a natureza escreve a narrativa de nossa vida como uma peça, não será menos cuidadosa no último ato, como se fosse um poeta indolente.

18. Pois o último ato é inevitável, assim como para as bagas de uma árvore e para os frutos da terra, na plenitude do tempo, vem um período de maturidade e, por fim, a queda.

19. Um sábio não se queixará disso. Rebelar-se contra a natureza é insensatez, enquanto seguir seu curso traz todos os benefícios de fazer o que é sábio.

Capítulo 16

1. É característica de alguns, quando envelhecem, que percam os prazeres dos sentidos, sem os quais não consideram que a vida seja vida;

2. Em segundo lugar, que sejam esquecidos por aqueles que costumavam lhes dar atenção.

3. Tais homens colocam a culpa na coisa errada. Pois, se tais coisas ocorressem por causa da velhice, esses mesmos infortúnios teriam sido sentidos por todos os outros de idade avançada.

4. Todavia, há muitos que jamais pronunciaram qualquer queixa contra a velhice, pois ficaram contentes por ter se libertado do cativeiro da paixão e não foram de maneira nenhuma abandonados pelos amigos.

5. O fato é que a culpa por tais queixas deve ser atribuída ao caráter, e não a uma determinada época da vida.

6. Pois os velhos que são razoáveis, não são ranzinzas nem intratáveis, consideram a idade bastante tolerável, ao passo que a insensatez e a rabugice causam desconforto em qualquer época da vida.

7. Alguns poderiam responder que o que torna a velhice tolerável são as riquezas e as altas posições, e que tal boa fortuna cabe apenas a poucos. Há alguma razão nisso, mas de maneira nenhuma esgota a questão.

8. Pois o próprio filósofo poderia considerar difícil suportar a velhice na mais funda pobreza, e o insensato poderia considerá-la um fardo, mesmo sendo milionário.

9. Podes ter certeza de que as armas mais adequadas à velhice são a cultura e a prática ativa das virtudes.

10. Pois, se elas foram mantidas em todos os períodos – e se a pessoa

teve longa e profícua existência –, a colheita resultante é maravilhosa.

11. Não só porque nunca nos faltam, mesmo em nossos últimos dias, embora isso em si seja de suprema importância,

12. Mas também porque a consciência de uma vida bem vivida e a recordação de muitas ações virtuosas são extremamente prazerosas.

13. Uma vida serena, pura e cultivada, que produz uma velhice calma e amena, é a que nos dizem ter sido a de Platão, que morreu à sua escrivaninha aos oitenta e um anos;

14. Ou a de Isócrates, que diz ter escrito o livro chamado *O Panegírico* aos noventa e quatro anos, e viveu ainda por mais um lustro,

15. Enquanto seu mestre Górgias de Leontini viveu cento e sete anos sem jamais reduzir sua diligência ou abandonar o trabalho.

16. Quando alguém perguntou a Górgias por que aceitava continuar a viver por tanto tempo, ele respondeu: "Não encontro nenhum defeito na velhice."

17. Foi uma nobre resposta e digna de um estudioso. Mas os tolos atribuem suas próprias fraquezas e a culpa à velhice, ao invés de atribuí-las a si mesmos.

Capítulo 17

1. Há quatro razões para considerar a velhice infeliz: primeiro, que ela nos afasta de ocupações ativas;

2. Segundo, que debilita o corpo; terceiro, que nos priva de praticamente todos os prazeres físicos;

3. Quarto, que é o próximo passo para a morte. Examinemos cada uma delas em separado.

4. De que ocupação ativa nos afasta a velhice? Referes-te àquelas desempenhadas pela juventude e pela força física?

5. Então não existem ocupações dos velhos que são conduzidas pelo intelecto, mesmo quando o corpo está fraco?

6. Os grandes assuntos da vida são empreendidos não pela força física nem pela atividade ou lepidez do corpo, e sim pela ponderação, pelo caráter, pela expressão da opinião.

7. E destes a velhice não só não está privada, mas, como regra geral, dispõe deles em maior grau.

8. Os que dizem que a velhice não tem qualquer participação nos assuntos públicos parecem aqueles homens que dizem que um timoneiro não faz nada ao conduzir um navio,

9. Porque, enquanto alguns da tripulação sobem nos mastros, outros correm pelos passadiços, outros bombeiam a água da

embarcação, ele se mantém calmamente na popa segurando o leme.

10. Não faz o que fazem os jovens; apesar disso, faz algo muito mais importante e melhor.

11. Pois a impetuosidade é o traço da juventude; a prudência, da velhice.

Capítulo 18

1. Mas dizem que a memória diminui. Para alguns, sim; mas podemos tentar conservá-la com a prática e o uso.

2. Os velhos podem conservar bastante bem o intelecto, se mantiverem a mente ativa e ocupada.

3. E não é o caso apcnas com homens de altas posições e grandes cargos; aplica-se igualmente à vida privada e a atividades pacíficas.

4. Sófocles compôs tragédias até a velhice muito avançada; suspeito de desatender ao cuidado de sua propriedade por causa da devoção à sua arte,

5. Os filhos o conduziram ao tribunal, para obter uma decisão judicial que o privasse da administração de sua propriedade por incapacidade mental.

6. A isso, consta que o velho poeta leu aos juízes a peça que acabava de compor – *Édipo em Colona* – e foi absolvido pelo júri.

7. Teria então a velhice obrigado este homem a silenciar em sua arte própria? Ou Homero, Hesíodo, Simônides ou Isócrates e Górgias, que mencionei antes,

8. Ou os fundadores de escolas filosóficas, Pitágoras, Demócrito, Platão, Xenócrates ou, mais tarde, Zenão e Cleanto ou Diógenes o Estoico?

9. Não será antes que, em todos estes casos, a dedicação ativa ao estudo só cessou ao findar a vida?

10. E tampouco é o caso de lamentar a perda da força física da juventude, tal como, quando jovens, lamentaríamos não ter a força de um touro ou de um elefante.

11. Devemos usar o que temos, e o que quer que possamos estar fazendo, que façamos com toda a nossa capacidade.

12. O que pode haver de mais fraco do que a exclamação de Milo de Cróton? Na velhice, este famoso lutador estava assistindo ao treino de alguns atletas,

13. E dizem que olhou seus braços e exclamou com lágrimas nos olhos: "Oh! Estes agora não valem mais nada."

14. A isso pode-se dizer: "Em teu caso, sim, Milo, pois em momento algum ficaste famoso por tua mente ou teu verdadeiro ser, mas apenas por teu peito e teus bíceps."

15. Não devemos reconhecer na velhice a força de ensinar aos jovens, de treiná-los e equipá-los para todos os deveres da vida? E poderia haver ocupação mais nobre?

16. E tampouco devemos pensar que qualquer mestre das belas-artes estaria senão feliz, por mais que suas forças físicas possam ter decaído e se debilitado.

17. E ademais esse mesmo declínio das forças físicas é gerado com mais frequência pelos vícios da juventude do que pela velhice;

18. Pois uma juventude dissoluta e desregrada lega à velhice um corpo em estado depauperado.

19. Ciro de Xenofonte, por exemplo, no discurso que fez em seu leito de morte em idade muito avançada,

20. Diz que nunca percebeu que sua velhice fosse mais fraca do que fora sua juventude.

Capítulo 19

1. Relembrar e falar de si mesmo é usual entre os velhos, mas é algo geralmente admitido nessa época da vida.

2. Vemos em Homero a frequência com que o velho Nestor falava de suas próprias qualidades. Já vivia a terceira geração,

3. E não tinha qualquer motivo para temer que, falando a verdade sobre si mesmo, pudesse parecer demasiado vaidoso ou loquaz.

4. Pois, como diz Homero: "De seus lábios saía um discurso mais doce do que o mel", e para tal leve alento ele não precisava de nenhuma força física.

5. E no entanto, afinal, o famoso comandante dos gregos em momento algum deseja ter dez homens como aquele colosso de força que é Ájax, e sim como Nestor:

6. Se pudesse contar com um único Nestor, não sente qualquer dúvida de que Troia logo cairia.

7. Não seria preferível ser velho por um pouco menos de tempo do que ser velho antes do tempo?

8. Assim, que se tenha simplesmente uma administração adequada da força e que cada homem se esforce na proporção de suas capacidades.

9. Alguém assim certamente não terá nenhuma grande queixa pela perda de suas forças.

10. Em Olímpia, consta que o famoso lutador Milo entrou na arena carregando um boi vivo nos ombros. O que preferirias que te fosse concedido: a força física de um Milo ou a força intelectual de um Pitágoras?

11. Em suma, goza a dádiva da força física quando a possuis; finda ela, não a queiras de volta, a menos que pensemos que os jovens

haveriam de querer de volta a
infância.

12. O curso da vida tem seus limites,
e a natureza só admite que seja
percorrido num único sentido, e
apenas uma vez; para cada parte
de nossa vida, há algo que lhe é
especialmente adequado,

13. De forma que a dependência das
crianças, o júbilo da juventude, a
sobriedade dos anos mais maduros
e a sabedoria madura da velhice,
todos eles possuem uma certa
vantagem natural, que deve ser
assegurada em sua estação própria.

14. A atividade e a temperança podem
preservar a saúde na velhice. A
força física pode diminuir; mas
não se exige aos velhos que
tenham força física.

15. Por lei e pelos costumes, os idosos
estão isentos de obrigações com as
quais não é possível arcar sem
força física.

16. Mas, dirão alguns, muitos velhos
são tão fracos que não conseguem
cumprir nenhuma obrigação de
qualquer tipo ou espécie na vida.

17. Esta não é uma fraqueza que se
estabeleça como própria da
velhice: a seu lado está uma saúde
precária.

18. Como devemos resistir à velhice e
compensar suas deficiências?
Esforçando-nos; devemos
combatê-la como faríamos com
uma doença.

19. Devemos cuidar de nossa saúde,
fazer exercícios moderados, ter
uma alimentação suficiente para
manter, mas não sobrecarregar,
nossas forças.

20. E não é apenas o corpo que deve
ser assistido; o intelecto e a razão,
muito mais.

21. Pois são como lâmpadas: se não as
alimentares com óleo, também se
apagam por velhice.

22. Aqui também, o corpo é capaz de
engordar por excesso de comida
ou de exercício;

23. Mas o intelecto se torna mais ágil
ao se exercitar.

24. Pois os que Cecílio chama de
"velhos caducos de comédia" são
os crédulos, os esquecidos e os
desleixados.

25. São defeitos que não pertencem à
velhice como tal, e sim a uma
velhice mole, embotada e apática.

Capítulo 20

1. Podemos evocar as palavras de
Catão na velhice, quando lhe
perguntaram sobre a idade.

2. "Assim como admiro um jovem
que tem algo de velho em si, da
mesma forma admiro um velho
que tem algo de jovem em si",
respondeu ele.

3. O homem que visa a isso pode se
tornar velho no corpo, mas jamais
envelhecerá no espírito.

4. E Catão prosseguiu: "Agora estou
empenhado em compor o sétimo

livro de minhas 'Origens', pois reúno registros da Antiguidade.

5. "Os discursos feitos em todos os casos célebres em que atuei, agora estou preparando para publicação.

6. "Estou escrevendo ensaios sobre o direito. Além disso, estou estudando o grego com afinco e, à maneira dos pitagóricos – para manter minha memória funcionando bem –, repito à noite tudo o que eu disse, ouvi ou fiz durante cada dia.

7. "Estes são os exercícios do intelecto, estes são os campos de treinamento da mente: enquanto neles labuto e transpiro, não sinto muito a perda da força física.

8. "Compareço no tribunal por meus amigos; frequentemente vou ao Senado e apresento moções de minha própria responsabilidade, preparadas após longa e profunda reflexão. O que as sustenta são minhas forças intelectuais, não físicas.

9. "E se não tivesse força suficiente para fazer tais coisas, ainda assim gozaria de meu ócio imaginando as mesmas atividades que agora fosse incapaz de empreender.

10. "E o que me torna capaz disso é minha vida passada. Pois um homem que está sempre vivendo em meio a esses estudos e labores não percebe quando a velhice se aproxima dele.

11. "Assim, em graus lentos e imperceptíveis, a vida segue para seu fim."

12. A terceira acusação contra a velhice é que ela reduz a capacidade de se entregar com prazer aos apetites, como bebidas e banquetes.

13. Mas qual é o sentido dessa queixa? É mostrar que, se fôssemos incapazes de desprezar a embriaguez ou o excesso de prazeres com o auxílio da razão,

14. Deveríamos ficar muito gratos à velhice por nos privar de uma inclinação pelo que é pernicioso fazer.

15. Pois os prazeres excessivos tolhem o pensamento, são inimigos da razão e cegam os olhos da mente.

16. Embora a velhice tenha de se abster de banquetes extravagantes, ainda é capaz de usufruir festejos moderados.

17. Foi uma boa ideia de nossos ancestrais considerar a presença de convidados a uma mesa de jantar uma comunidade de entretenimento, que chamavam de "convívio", significando "viver juntos".

18. E existem muitos prazeres além dos prazeres do banquete e da taverna. Já falamos do estudo;

19. Pensa também no campo e no jardim; lembra a história da visita de Lisandro a Ciro, o grande rei persa:

20. Quando Lisandro levou a Ciro presentes de seus aliados, o rei o tratou com cortesia, familiaridade e gentileza, e entre outras coisas levou-o para ver um parque cuidadosamente tratado perto do palácio.

21. Lisandro expressou admiração pelas árvores e sua disposição, pelo cultivo cuidadoso do solo, sem ervas daninhas,

22. Pelos perfumes delicados das flores lá plantadas, e perguntou quem planejara e plantara o jardim.

23. "Fui eu", respondeu Ciro; "muitas das árvores foram postas na terra por minhas próprias mãos".

24. Então Lisandro, olhando o manto púrpura do rei, o esplendor de sua pessoa, seus adornos à maneira persa com ouro e muitas joias, disse:

25. "As pessoas estão totalmente certas, Ciro, em dizer-te feliz, visto que as vantagens da alta fortuna se somaram a uma excelência como a tua."

Capítulo 21

1. O anterior se aplica a uma velhice que foi alicerçada sobre fundações lançadas pela juventude. Infeliz a velhice que precisa se defender pela fala.

2. As cãs e as rugas não podem por si sós reivindicar qualquer influência; possuir influência nos dias finais da vida é a recompensa da conduta honrada nos dias anteriores.

3. Dizem que Esparta era o lar mais digno para a velhice, pois em nenhum outro lugar rendia-se mais respeito aos anos, em nenhum outro lugar tinha-se a velhice em maior honra.

4. De fato, conta a história que, quando um homem avançado em anos entrou no teatro em Atenas, ninguém lhe cedeu lugar naquela grande assembleia de seus conterrâneos;

5. Mas, quando ele se aproximou dos espartanos, os quais tinham lugar reservado como embaixadores, todos se ergueram como um só homem em sinal de respeito por ele e cederam assento ao veterano.

6. Saudados por muitos aplausos por todo o público, um deles comentou: "Os atenienses sabem que é o certo, mas não o fazem."

7. Mas, dirão, os velhos são ranzinzas, irritadiços, mal- -humorados e desagradáveis. Mas estas são falhas de caráter, não da época de vida.

8. E, afinal, a irritação e os outros defeitos mencionados admitem certa desculpa – não completa, é fato, mas aceitável:

9. Pois os idosos se julgam, até certo ponto justificadamente,

esquecidos, desdenhados, escarnecidos.

10. Além disso, com a fraqueza física, todo atrito é fonte de dor. Mas todos esses defeitos são atenuados pelo bom caráter e pela boa educação.

11. Resta a quarta razão, que, mais do que qualquer outra coisa, parece atormentar algumas pessoas mais idosas

12. E aos mais jovens torna desagradável a aproximação da velhice: a saber, a proximidade crescente da morte.

13. Mas que pobre caduco há de ser quem não aprendeu durante uma vida tão longa que a morte não é coisa a se temer?

14. A morte não é diferente de não nascer. É sono sem sonhos, é repouso, fim de todos os males e paixões.

15. É imunidade ao erro, à calúnia, à falsidade e ao despeito. Quem, capaz de pensar com clareza e sem receio, não a acolheria bem?

16. E, em todo caso, a morte é comum a todas as épocas da vida e, em muitos casos, aproxima-se mais da infância e da juventude, com seus acidentes e doenças próprias.

17. Que espécie de acusação contra a velhice é a proximidade da morte, se ela é partilhada pela juventude?

18. Sim, dirás; mas um jovem espera viver muito; um velho não o pode esperar.

19. Bem, o jovem é tolo em esperá-lo. Pois o que pode ser mais tolo do que tomar o incerto por certo, o falso por verdadeiro?

20. "Um velho não tem nada sequer a esperar." Ah, mas é precisamente aí que ele está em melhor posição do que o jovem, visto que este espera o que aquele obteve:

21. Um quer viver muito tempo; o outro vive há muito tempo.

22. E no entanto! o que é "muito tempo" na vida de um homem? Sem dúvida, o limite máximo: esperemos uma idade como a do rei dos tartessos, que reinou por oitenta anos e viveu cento e vinte anos.

23. Quando há um "final", nada parece muito tempo, pois, quando esse final chega, todo o passado já se foi – permanece apenas aquilo que conquistaste pela virtude e pelas ações corretas.

24. Horas, dias, meses, anos se vão, o passado jamais volta e o futuro não se conhece.

25. Qualquer que seja o tempo concedido a cada um de nós, é com ele que devemos nos contentar.

26. Um ator, para ganhar aprovação, não precisa encenar a peça inteira; basta que agrade ao público nos atos em que aparece.

27. Tampouco um sábio precisa continuar até o aplauso final. Pois basta um breve período de vida para viver bem e honradamente.

28. Mas, se tua vida avança, não tens mais direito a resmungar do que o agricultor em reclamar por ter passado o encanto da primavera e ter chegado o verão e, depois, o outono.

29. A palavra "primavera" sugere juventude e aponta para a safra que virá: as outras estações são adequadas à colheita e à armazenagem.

30. E a safra da velhice é a memória e o rico depósito de realizações feitas nos anos anteriores.

31. Aqui também, tudo o que condiz com a natureza há de ser considerado bom. O que pode ser mais condizente com a natureza do que, por fim, a morte dos velhos?

32. Coisa que, na verdade, também recai sobre os jovens, embora a natureza se rebele e lute contra isso.

33. Assim como as maçãs, quando verdes, são arrancadas à árvore, mas, quando doces e maduras, caem sozinhas, da mesma forma é a violência que tira a vida aos jovens, é a maturidade que tira a vida aos velhos.

34. Essa maturidade é tão agradável aos que são sábios na velhice que, conforme se aproximam da morte,

35. É como se enxergassem terra firme e finalmente se aproximassem do porto após uma longa viagem.

36. Aqui também, não há uma fronteira estabelecida para a velhice, e fazes bom e correto uso dela enquanto fores capaz de atender ao chamado do dever e desconsiderares a morte.

37. Disso decorre que a velhice é ainda mais confiante e corajosa do que a juventude.

Capítulo 22

1. O melhor final de vida é aquele em que, sem prejuízo do intelecto e dos sentidos, a própria natureza desfaz a obra que fez.

2. Tal como o construtor de um navio ou de uma casa pode desmontá-los com mais facilidade do que qualquer outro, assim a natureza, que juntou os elementos da armação humana, também pode melhor desprendê-los.

3. Além disso, sempre é difícil soltar uma coisa recém-colada; quando velha, é fácil.

4. Pode haver alguma sensação de estar morrendo, e isso apenas por breve tempo, especialmente no caso de um velho: após a morte, a sensação desaparece totalmente.

5. Mas desconsiderar a morte é uma lição que deve ser estudada desde nossa juventude; pois, a menos que se a aprenda, ninguém terá serenidade de espírito.

6. Pois morrer certamente morreremos, e nem sabemos se pode ser hoje mesmo.

7. Como verdade geral, é o cansaço de toda e qualquer atividade que cria o cansaço da vida.

8. Existem certas atividades adequadas à infância: os jovens sentem falta delas?

9. Há outras apropriadas para o início da idade adulta: aquele período assentado da vida que se chama de "meia-idade" pede por elas?

10. Há outras ainda adequadas a essa idade, mas não pretendidas pela velhice.

11. Há algumas, finalmente, que pertencem à velhice.

12. Portanto, assim como as atividades das idades anteriores têm seu próprio tempo para desaparecer, da mesma forma o têm as da velhice.

13. E quando isso ocorre, a saciedade da vida traz o tempo maduro para a morte.

14. Quando a armação natural do homem se divide em seus elementos com a morte, vê-se claramente para onde todos os outros elementos vão:

15. Pois todos retornam ao lugar de onde vieram.

16. Quanto à personalidade e à inteligência sustidas pela armação viva, e que desaparecem quando ela retorna à natureza entre as

árvores e as estrelas de onde provêm todas as coisas naturais,

17. Basta dizer que nada é tão semelhante à morte quanto o sono.

18. Não lamentes ter vivido, mas, em vida, vive de maneira que te permita pensar que não nasceste em vão.

19. E não lamentes que devas morrer: o que todos os que são sábios devem desejar é que a vida finde em seu tempo certo.

20. Pois a natureza põe um limite aos vivos como a tudo o mais,

21. E somos filhos e filhas da natureza, e portanto o sono natural é, para nós, a bondade final da natureza.

Capítulo 23: Da pobreza

1. Há quem tema a pobreza ainda mais do que a morte,

2. Embora bem se diga que a pobreza, quando está em conformidade com a lei da natureza, é grande riqueza.

3. O mínimo que nos ordena a lei da natureza é evitar a fome, a sede e o frio.

4. A fim de banir a fome e a sede, não é necessário se colocar às portas dos abastados,

5. Nem se submeter à carranca severa ou à bondade humilhante;

6. Tampouco é necessário percorrer os mares ou ir para o campo de batalha; as necessidades da

natureza são fáceis de satisfazer por qualquer pessoa de hábito e espírito moderados.

7. São as coisas supérfluas pelas quais se esfalfam os homens, as coisas supérfluas que consomem nossos dias,

8. Que nos obrigam a labutar por recompensas incertas, que nos fazem arriscar nossa felicidade.

9. Há uma nobre ambição que não visa a supérfluos,

10. Há uma nobre ambição que não visa a emular os que pensamos ser mais ricos e, portanto, mais felizes do que nós.

11. É a ambição de fazer algo genuinamente digno,

12. De fomentar as capacidades que temos pela alegria de exercê-las ao máximo e oferecer seus frutos a nossos semelhantes.

13. Assim o músico, o pintor, o poeta e o político, o cientista e o pesquisador

14. Trabalham com prazer porque trabalham no que devem e no que amam;

15. Para eles, o cansaço ao final do dia é suave

16. E, tenham ou não a aclamação dos outros, eles mesmos sabem se se saíram bem.

17. Trabalhar o que temos, fazer e agir, realizar o que está dentro de nós,

18. Cuidar do jardim de nossas capacidades é tornar a vida uma boa coisa a ser vivida.

19. E se a colheita beneficiar a outros, somando-se ao depósito do bem,

20. A justificativa para nosso tempo na terra está completa.

Capítulo 24: Sobre a consolação da sabedoria diante da morte

1. Apressa-te a ser sábio, pois então poderás desfrutar por mais tempo os prazeres de uma mente aprimorada que está em paz consigo mesma.

2. Lembras a alegria que sentiste quando deixaste as roupas da infância, puseste os trajes de adulto e ocupaste teu lugar entre os adultos;

3. Agora, tendo deixado de lado o espírito da juventude e estando inscrito entre os maduros, podes esperar uma alegria ainda maior.

4. Pois não é a infância que permanece conosco, e sim algo pior: a infantilidade.

5. E essa condição é tanto mais grave porque possuímos a autoridade da idade adulta, mas ainda temos algumas das tolices da juventude e mesmo das tolices da infância.

6. Bebês de colo temem ninharias, crianças temem sombras, muitos adultos temem ambas.

7. Mas a única coisa que precisas fazer é avançar; assim entenderás que algumas coisas não precisam ser temidas, precisamente porque nos inspiram grande medo.

8. Nenhum mal é tão grande que seja o último. A morte vem; seria algo a temer, se permanecesse contigo.

9. Mas a morte ou não vem, ou vem e imediatamente passa para o nada.

10. Dizes: "É difícil fazer com que a mente desdenhe a morte." Mas não vês as ínfimas razões que às vezes impelem as pessoas a desdenhar a vida?

11. Um se enforca porque foi rejeitado pela amante; outro se atira do alto de casa para escapar à desgraça das dívidas;

12. Um terceiro, para não ser preso depois de fugir, corta as veias com uma lâmina.

13. Não concordas que a virtude pode ser tão eficaz quanto o excesso de medo?

14. Ninguém terá uma vida pacífica se pensar demais em prolongá-la ou se acreditar que é uma grande bênção ganhar mais dinheiro ou obter um cargo mais alto.

15. Repete a ti mesmo esse pensamento todos os dias, para que possas partir contente da vida;

16. Pois muitos se prendem e se agarram à vida, tal como aqueles arrastados por uma torrente impetuosa se prendem e se agarram a espinheiros e pedras agudas.

17. Muitos se debatem desgraçadamente entre o medo da morte e as dificuldades da vida; não querem viver, mas não sabem como morrer.

18. Por isso, torna a vida como um todo agradável para ti, banindo qualquer preocupação com a morte;

19. Ela virá e, na medida em que o processo de morrer é fácil em si, não guarda mais terror do que um sono sem sonhos.

20. Nenhuma coisa boa traz felicidade a seu possuidor, a menos que seu espírito esteja reconciliado com a possibilidade da perda;

21. Nada, porém, se perde com menos incômodo do que aquilo que, depois de perdido, não fará falta.

22. Portanto, encoraja e robustece teu espírito contra os reveses que afligem mesmo os mais poderosos e os mais bem-sucedidos,

23. Pois o acaso e a doença podem levar num instante tudo o que foi construído durante muitos anos.

24. Assim declaro-te: é senhor de sua vida aquele que desdenha a própria. Sê, portanto, o senhor de tua vida, por não temer perdê-la.

25. Desde o dia em que nascemos, somos conduzidos ao dia em que morreremos: neste ínterim, sejamos corajosos e façamos boas coisas.

Capítulo 25

1. Escreves para me contar que estás ansioso quanto ao desfecho de

uma ação judicial, com a qual estás sendo ameaçado por um oponente enraivecido;

2. E me pedes que te aconselhe a pintares para ti mesmo um desfecho mais feliz e a descansares entre as seduções da esperança.

3. De fato, por que seria necessário chamar os problemas, que devem ser enfrentados tão logo chegam,

4. Ou antecipar os problemas e arruinar o presente com o medo pelo futuro?

5. É tolice ficar infeliz agora porque podes ficar infeliz em algum momento futuro.

6. Pensa quão mais zeloso é um homem de coragem que enfrenta o perigo do que um homem cruel que o inflige.

7. Dirás: "Oh, poupa-me qualquer sermão 'Sobre o desprezo pela morte' e coisas do gênero; logo estarás repetindo a história de Catão."

8. Mas por que não deveria eu repetir a história de Catão, como esteve a ler Platão naquela última noite gloriosa, com uma espada junto ao travesseiro?

9. Ele havia providenciado esses dois requisitos para seus momentos finais: o primeiro, que tivesse a disposição de morrer; o segundo, que tivesse os meios para isso.

10. Então pôs seus assuntos em ordem, até onde era possível pôr em ordem o que estava arruinado e próximo do fim,

11. E considerou que deveria cuidar para que ninguém tivesse o poder de matar Catão ou que a boa fortuna o salvasse.

12. Puxando a espada, que mantivera intocada por qualquer derramamento de sangue até o último dia, exclamou: "Tenho lutado, até agora, pela liberdade de meu país e não por minha liberdade pessoal;

13. "Combati tão encarniçadamente não para ser livre, mas para viver entre os livres.

14. "Agora, como os assuntos da humanidade estão além de qualquer esperança, que Catão se retire para a segurança." Assim dizendo, infligiu um ferimento mortal no próprio corpo.

15. Lembro-te isso com a finalidade de te encorajar a enfrentar qualquer coisa que possa acontecer,

16. Sabendo como enfrentar o que é tido como a coisa mais terrível que pode acontecer: a qual os tolos pensam ser a morte.

17. Com isso quero dizer que a morte é tão pouco temível que, por meio de seus bons ofícios, não há nada a se temer.

18. Portanto, quando ameaçam problemas, ouve com despreocupação. Enfrenta-os com

o melhor de tua vida ou lhes põe fim transpondo a vida.

19. Lembra-te de despir as coisas de todas as confusões e perturbações e de ver o fundo de cada uma delas;

20. Então compreenderás que elas não contêm nada de temível, exceto o próprio temor.

21. Devemos tirar a máscara não só dos homens, mas também das coisas, e devolver a cada objeto seu próprio aspecto.

22. Não afogues teu espírito em pequenas ansiedades; se o fizeres, teu espírito se entorpecerá, restando-lhe pouquíssima energia quando chegar o momento de se erguer e fazer seu trabalho com bravura.

23. Dize a ti mesmo que nossos mesquinhos corpos são frágeis e mortais; podem ser atingidos pela dor de outras fontes além do mal ou do poder dos mais fortes.

24. Mesmo nossos prazeres se tornam tormentos: banquetes trazem indigestão, a orgia nos esgota, o excesso de prazer nos adoece.

25. Dize: "Posso ficar pobre; então serei um entre muitos. Posso ser exilado, então me considerarei nascido no lugar para onde for enviado.

26. "Podem me agrilhoar. E daí? Sou livre de grilhões quando não estou preso?"

27. Morrer é remover esses grilhões, pois é deixar de correr o risco de doença e morte.

28. Lembro um dia quando comentavas o famoso ditado de que muitos não morrem de súbito, mas avançam gradualmente até a morte, morrendo um pouco a cada dia.

29. E isso, para muitos, é verdade: a cada dia, é-nos tirado um pouco de nossa vida; mesmo quando estamos crescendo, nossa vida está minguando.

30. Perdemos nossa infância e, depois, nossa juventude. Incluindo mesmo o dia de ontem, todo o tempo passado é tempo perdido;

31. Este próprio dia que agora vivemos se divide entre nós e a morte.

32. Não é a última gota que esvazia a clepsidra, mas todas as que correram antes;

33. Da mesma forma, a hora final quando deixamos de existir não traz por si só a morte; ela apenas completa o processo mortal.

34. Alcançamos a morte naquele momento, mas avançamos em sua direção por longo tempo. Epicuro repreende os que desejam a morte, tanto quanto os que se esquivam a ela:

35. "É absurdo", diz ele, "correres para a morte por estares cansado da vida, quando é tua maneira de

viver que te faz correr para a morte".

36. E diz também: "O que há de mais absurdo do que procurar a morte, se é pelo medo à morte que roubaste a paz de tua vida?"

37. E podes acrescentar: "As pessoas são tão irrefletidas, não, tão loucas que algumas, por medo à morte, obrigam-se a morrer."

38. Qualquer dessas ideias que ponderes, fortalecerás teu espírito para enfrentar tanto a vida quanto a morte.

39. E lembra: nada tem fim; todas as coisas estão ligadas num círculo; fogem e são perseguidas;

40. A noite segue no encalço do dia, o dia no encalço da noite; o verão vem a dar no outono, o inverno se apressa após o outono e se atenua em primavera.

41. Assim toda a natureza passa apenas para retornar, o que foi antes voltando em forma diversa ou renovada,

42. E assim o que era um ser humano poderá com o tempo estar nas árvores e nas nuvens, sempre diferente.

Capítulo 26: A consolação do fim

1. Algum tempo atrás eu te dizia que a velhice estava à vista. Agora receio que deixei a velhice para trás.

2. Pois alguma outra palavra agora se aplicaria a meus anos ou, de qualquer modo, a meu corpo; podes-me classificar entre aqueles que estão se aproximando do fim.

3. Apesar disso, agradeço a mim mesmo, tendo-te por testemunha; pois sinto que a idade não causou nenhum dano à minha mente, embora lhe sinta os efeitos em minha constituição.

4. Apenas meus vícios e seus esteios externos atingiram a senilidade; minha mente continua forte e se alegra por depender pouco do corpo.

5. Ela depôs a maior parte de sua carga. Está alerta; discute comigo sobre o tema da velhice; declara que a velhice é a época de seu florescimento.

6. Tomarei sua palavra como verdade e que ela aproveite ao máximo as vantagens que possui.

7. Minha mente me convida a fazer algumas reflexões e a considerar até que ponto essa paz de espírito e moderação de caráter devo à sabedoria e até que ponto devo a meu tempo de vida;

8. Ela me convida a distinguir cuidadosamente entre o que não posso fazer e o que não quero fazer.

9. Pois por que alguém haveria de lamentar ou tomar como desvantagem, se as capacidades que devem chegar a um fim vêm a falhar?

10. "Mas", dizes, "é a maior desvantagem possível estar exausto e morrer, ou melhor, falando literalmente, se dissolver!"

11. "Pois não somos golpeados e derrubados de súbito; somos consumidos, e cada dia reduz nossas capacidades em certa medida."

12. Mas existe fim melhor a tudo isso do que deslizar para o porto adequado, quando a natureza desprende as amarras?

13. Não que haja algo doloroso num golpe e numa súbita partida da existência; é apenas porque esta outra maneira de partir é fácil, uma retirada gradual.

14. Assim, penso comigo mesmo: "A encenação que montamos até agora, em palavras ou atos, não vale nada.

15. "Tudo isso não passa de uma consideração trivial e vem envolvido em muito charlatanismo. Deixarei a outros que determinem o progresso que fiz.

16. "Assim, com coração não abatido, estou me preparando para o dia em que, deixando de lado todos os artifícios do palco e a maquilagem do ator, devo enfrentar o julgamento sobre mim mesmo,

17. "Se estou meramente declamando sentimentos de bravura ou se realmente os tenho.

18. "Põe de lado a opinião do mundo; é sempre oscilante e sempre toma os dois partidos.

19. "Põe de lado os estudos que vens fazendo durante toda a vida; a morte proferirá o julgamento final em teu caso.

20. "Eis o que quero dizer: teus debates e comentários eruditos, tuas máximas compiladas a partir dos ensinamentos dos sábios, tua conversa cultivada,

21. "Nada disso oferece prova alguma da real força de tua mente. Mesmo o mais timorato dos homens pode proferir um discurso audaz.

22. "O que fizeste no passado só ficará manifesto quando soltares teu último alento.

23. "Aceito os termos; não recuo da decisão." É o que digo a mim mesmo, mas gostaria que pensasses que disse a ti também.

24. És mais jovem; mas o que importa? Não existe uma contagem fixa de nossos anos. Não sabes onde te aguarda o fim; apresta-te a ele em todas as partes.

25. É uma coisa maravilhosa aprender plenamente como morrer. Podes julgar supérfluo aprender um texto que só pode ser usado uma única vez;

26. Mas é exatamente por isso que devemos pensar sobre alguma coisa.

27. Quando nunca podemos provar se realmente sabemos uma coisa,

devemos estar sempre a aprendê-
-la.

28. "Pensa sobre a morte." Ao dizê-lo, convidamo-nos a pensar sobre a liberdade.

29. Quem aprendeu a morrer desaprendeu a escravidão;

30. Está além de qualquer poder exterior ou, em todo caso, ele próprio o é. Que terrores pode qualquer experiência da vida lhe despertar?

31. Esta é a consolação final: dormiremos à noite e estaremos livres para sempre.

SÁBIOS

Capítulo 1

1. Disse o mestre: aprender e pôr constantemente em prática o que se aprendeu é um grande prazer, não?
2. Ver amigos vindos de longe é uma felicidade, não?
3. Não se perturbar quando não se é apreciado por outrem é nobre, não?
4. A cada dia, examino a mim mesmo nestes três aspectos:
5. Se sou leal para com aqueles que represento;
6. Se sou fiel em relação a meus amigos;
7. Se pratico o que ensino.
8. Ao conduzir um estado de mil carruagens, respeita o cargo e sê digno de confiança.
9. Usa os recursos sabiamente, ama o povo, faze o que é oportuno.
10. Em casa, que os jovens se comportem com cortesia; no mundo, que se comportem com amor fraterno.
11. Que os jovens sejam prudentes e dignos de confiança, amando o povo e se mantendo próximos dos benevolentes.
12. Sem constância e firmeza, a pessoa não consegue angariar respeito e seu saber não será sólido.
13. Se ela defende a lealdade e a fidedignidade, sempre terá amigos que são seus iguais.
14. Como aprende o mestre? Sendo gentil, afável, cortês, modesto e paciente. Tal investigação é diferente de todas as outras.
15. O que é uma boa pessoa? Alguém que não procura a saciedade ao comer, é rápido nos procedimentos, prudente no discurso, correto na ação.
16. Disse o mestre: "Como osso cortado, como chifre polido, como jade entalhado, como pedra amolada."
17. Não nos revela isso que "pobre, mas feliz" é melhor do que "pobre, mas não servil",
18. E "rico, mas benevolente" é melhor do que "rico, mas humilde"?

19. Não te preocupes se outros não te apreciam. Preocupa-te se não aprecias os outros.

20. Aos quinze anos, eu aspirava ao saber.

21. Aos trinta, estabeleci minha posição.

22. Aos quarenta, não tinha ilusões.

23. Aos cinquenta, conhecia meu destino.

24. Aos sessenta, reconhecia a verdade quando surgia.

25. Aos setenta, posso seguir os desejos de meu coração sem erro.

Capítulo 2

1. Queres conhecer um homem? Examina seus motivos, observa seu curso, nota se está à vontade. Como pode um homem se esconder?

2. Explorar o velho e deduzir o novo é o que faz um mestre.

3. A mente mais nobre abrange tudo e não é parcial. A mente inferior é parcial e não abrange tudo.

4. Aprender sem pensar é labutar em vão.

5. Pensar sem aprender é desolação.

6. Quando erras, não temas te corrigir. Não tenhas colegas de estudo que não sejam avançados como és.

7. O que é o conhecimento? É reconhecer que o que se sabe se sabe, e o que não se sabe não se sabe.

8. O que é a riqueza? Ouve atentamente e avalia: quanto ao mais, fala com prudência.

9. Observa atentamente e avalia: quanto ao mais, age com prudência.

10. Assim não haverá acusação nem remorso: isso é riqueza.

11. Preside com dignidade e haverá respeito, preside com compaixão e haverá lealdade.

12. Eleva os bons e ensina os incapazes, e haverá encorajamento.

13. Saber o que é certo e não o fazer é não ter coragem.

Capítulo 3

1. Disse o mestre: "Se uma pessoa não tem benevolência, do que adianta qualquer manifestação externa para ocultar o fato?

2. "No arco e flecha, o critério não é atravessar o alvo e sim atingir o centro. Sempre foi este o caminho.

3. "O não benevolente não consegue resistir por muito tempo à adversidade. O benevolente fica à vontade com benevolência. O sábio se beneficia com a benevolência.

4. "Ouvir de manhã que a benevolência prevalece é ser capaz de morrer sem pesar à noite.

5. "O bom assenta seu coração na benevolência, os outros assentam o coração nas posses.

6. "Os bons assentam seu coração na lei, os outros assentam o coração no privilégio.

7. "Os bons agem antes de falar e depois falam de acordo com suas ações.

8. "Quando vemos um homem de valor, deveríamos pensar em nos equiparar a ele.

9. "Quando vemos um homem sem valor, deveríamos nos voltar para nosso interior e examinar a nós mesmos.

10. "Em relação aos idosos, dá-lhes descanso; em relação aos amigos, dá-lhes sinceridade; em relação aos jovens, trata-os com ternura."

11. Disse o mestre: "Admirável deveras é a virtude de um homem que tem apenas uma tigela de arroz, apenas uma cuia de líquido e vive numa rua estreita e pobre, mas não permite que sua alegria seja afetada."

12. Disse o mestre: "Com arroz bruto para comer, água para beber e meu braço como travesseiro, ainda tenho alegria no meio dessas coisas.

13. "Riquezas e honras adquiridas sem virtude são para mim uma nuvem passageira.

14. "Aqueles que sabem a verdade não são iguais àqueles que amam a verdade,

15. "E aqueles que amam a verdade não são iguais àqueles que se deleitam com a verdade.

16. "O homem de virtude toma como primeiro afazer superar a dificuldade e tem o sucesso apenas como consideração secundária.

17. "Os sábios encontram prazer na água, os virtuosos encontram prazer nas colinas.

18. "Os sábios são ativos, os virtuosos são tranquilos. Os sábios são alegres, os virtuosos são longevos.

19. "O homem de virtude, procurando se estabelecer, procura estabelecer os outros;

20. "Desejando se expandir, procura expandir os outros."

21. Disse o mestre: "Quando caminho com outros dois, eles podem ser meus professores.

22. "Selecionarei suas boas qualidades e as seguirei, suas más qualidades e as evitarei.

23. "Não ter e fingir ter, ser vazio e fingir ter conteúdo, ser retraído e fingir desenvoltura: com tais características, é difícil ter constância.

24. "É a virtude algo remoto? Desejo ser virtuoso e, vê!, a virtude está logo aqui."

25. Disse o mestre: "Nas letras sou talvez igual a outros homens, mas o caráter do homem superior, exercendo em sua conduta o que professa, é o que ainda não alcancei."

26. Disse o mestre: "O sábio e o homem de virtude perfeita; como ousaria me equiparar a eles?

27. "Pode-se dizer de mim que simplesmente tento me tornar um deles, sem cessar, e tento ensinar aos outros, sem cansar."
28. Quando um país é bem governado, a pobreza e a condição humilde são coisas de se envergonhar.
29. Quando um país é mal governado, a riqueza e a honra são coisas de se envergonhar.
30. O comandante das forças de um grande Estado pode ser removido, mas a vontade mesmo do homem comum não lhe pode ser tirada, se ele não o permitir.
31. Os sábios estão livres da perplexidade, os virtuosos, da ansiedade e os ousados, do medo.
32. Perguntaram ao mestre sobre a morte. Disse o mestre: "Se não sabes sobre a vida, como podes saber sobre a morte?"

Capítulo 4

1. Disse o mestre: "Governar a si mesmo é o caminho para o bem. Assim, é o próprio homem que encontra o caminho para o bem, ou são outros que o encontram para ele?
2. "Aperfeiçoar infatigavelmente as qualidades positivas e vencer as más qualidades é o caminho para o bem."
3. Indagado sobre a relação entre as boas e as más qualidades, disse o mestre: "É semelhante à que existe entre o vento e o capim. O capim deve se dobrar quando o vento o percorre com seu sopro."
4. Disse o mestre: "Pensam que a distinção consiste em ser ouvido por toda a terra. Mas isso não é distinção, é notoriedade.
5. "O indivíduo de distinção é sólido e constante, e ama o que é certo.
6. "Ele examina as palavras das pessoas e lhes observa o semblante."
7. Indagado como exaltar a virtude, corrigir o mal e desfazer as ilusões, disse o mestre: "Tomar como primeira tarefa fazer o que há para ser feito e tratar o sucesso como consideração secundária, é assim que se exalta a virtude.
8. "Atacar tuas próprias más qualidades e não tardar a fazê-lo enquanto atacas as más qualidades alheias, é assim que se corrige o mal."
9. Indagado sobre a benevolência, disse o mestre: "É amar toda a humanidade."
10. Indagado sobre o conhecimento, disse ele: "É conhecer a humanidade."
11. Indagado sobre a amizade, disse ele: "Adverte lealmente e habilmente orienta teu amigo."
12. Indagado qual seria seu primeiro passo ao ocupar um cargo, disse o mestre: "Retificar nomes.
13. "Se os nomes não são corretos, a linguagem não está em

consonância com a verdade das coisas e nada do que se fizer poderá ter sucesso."

14. Disse o mestre: "Não desejes coisas feitas depressa; não busques pequenas vantagens.

15. "Querer ter coisas feitas depressa impede que sejam feitas com esmero.

16. "Buscar pequenas vantagens impede que se realizem grandes tarefas."

Capítulo 5

1. Disse o mestre: "O homem superior é fácil de atender e difícil de agradar.

2. "Se tentares agradar-lhe de maneiras que não concordam com o certo, ele não se agradará.

3. "Ao empregar os homens, ele os utiliza de acordo com suas capacidades."

4. Disse o mestre: "O homem inferior é difícil de atender e fácil de agradar.

5. "Se tentares agradar-lhe de maneiras que não concordam com o certo, ele pode se agradar.

6. "Mas, ao empregar os homens, ele quer que todos sejam iguais em tudo.

7. "Os firmes, os constantes, os simples, os modestos: estes estão perto da virtude.

8. "A ostentação, o ressentimento, a cobiça, a ignorância: estas são as marcas da inferioridade."

9. Disse o mestre: "É difícil não lamentar quando se é pobre, mas é fácil não se orgulhar quando se é rico.

10. "Quem é o homem bom? Aquele que, tentado pelo ganho, pensa na virtude;

11. "Aquele que, diante do perigo, reúne sua coragem;

12. "E nunca esquece uma velha promessa, por mais longínqua que esteja.

13. "Bons tempos são aqueles em que as pessoas aprendem com vistas a seu aperfeiçoamento.

14. "Maus tempos são aqueles em que as pessoas aprendem com vistas à aprovação dos outros."

15. Disse o mestre: "O homem superior é modesto em sua fala, mas excele em suas ações."

16. Disse o mestre: "O caminho do homem superior é triplo, mas não me equiparo a ele:

17. "Virtuoso, está livre de ansiedades; sábio, está livre de perplexidades; corajoso, está livre do medo."

18. Disse o mestre: "Não me preocuparei que não me conheçam; preocupar-me-ei com minha falta de habilidade."

19. Perguntaram ao mestre: "O que dizes do princípio de retribuir a injúria com bondade?"

20. Respondeu o mestre: "Com que, então, retribuirás a bondade?"

21. "Retribui a injúria com justiça e a bondade com bondade."

Capítulo 6

1. Um dia, o mestre estava tocando tambor junto a um rio, quando passou um homem com um cesto de palha.

2. O homem disse: "É pleno o coração deste que assim toca o tambor!"

3. Disse o mestre: "Águas fundas, deve-se atravessá-las vestido;

4. "Águas rasas, pode-se atravessá-las erguendo a roupa.

5. "Aquele que exige mais de si do que dos outros evitará ser objeto de ressentimento.

6. "Quando a pessoa não tem o hábito de dizer: 'O que penso disso? O que farei neste caso?', de fato há pouca esperança para ela.

7. "Quando várias pessoas passam um dia inteiro juntas sem que a conversa recaia sobre as questões do bem, é um grande problema."

8. Disse o mestre: "Fazer o melhor de si com humildade e sinceridade: isso é ser um homem superior.

9. "O homem superior se aflige com sua falta de habilidade. Não se aflige em ser desconhecido.

10. "O que procura o homem superior está em si mesmo. O que procura o homem inferior está nos outros.

11. "O homem superior não toma partido. Ele procura captar todas as coisas com justiça.

12. "Ao homem superior desagrada não ter boa reputação após sua morte.

13. "O homem superior não valoriza os outros apenas por suas palavras,

14. "Nem rejeita as boas palavras por causa da reputação de quem as profere, mesmo que seja má.

15. "Não se pode conhecer o homem superior em pequenos assuntos; ele se prova nas grandes coisas.

16. "Não se pode confiar grandes coisas ao homem inferior; suas falhas serão vistas em pequenos assuntos."

17. Disse o mestre: "Em meus contatos com os outros, a quem repreenderei o mal, a quem louvarei o bem, além do justo?

18. "Se por vezes presto alto louvor, deve haver razões para isso em meu exame daquele indivíduo."

19. Disse o mestre: "Falsas palavras destroem a virtude. A falta de paciência em pequenas coisas destrói grandes coisas.

20. "Quando a multidão odeia um homem, é necessário examinar o caso.

21. "Quando a multidão ama um homem, é necessário examinar o caso.

22. "Pois a multidão pode odiar o que deve ser amado, e amar o que deve ser odiado."

Capítulo 7

1. O que é ter defeitos? É ter defeitos e não os corrigir.

2. Disse o mestre: "A correção para o homem é mais importante do que o fogo ou a água.

3. "Tenho visto homens morrerem por andar no fogo ou na água, mas nunca vi um homem morrer por andar no caminho da retidão.

4. "Há três amizades que são proveitosas. São as amizades com os retos, com os sinceros e com os de grande observação.

5. "Há três amizades que são perniciosas. São as amizades com os que têm ares enganosos, os que são de brandura insinuante e os de palavra fácil.

6. "Há três espécies de fruição que são proveitosas. São entregar-se aos estudos, falar da bondade dos outros e possuir amigos dignos.

7. "Há três espécies de fruição que são perniciosas. São os prazeres extravagantes, a indolência a esmo e o banquetear-se.

8. "Três erros são cometidos por quem está diante de um homem de virtude e posição.

9. "Um é falar fora de hora; isso é precipitação.

10. "Outro é manter o silêncio quando é hora de falar; isso é dissimulação.

11. "Outro é falar sem fitar o interlocutor nos olhos; isso é prevaricação.

12. "Há três coisas que o indivíduo superior evita.

13. "Na juventude, evita o excesso. No vigor da maturidade, evita a animosidade. Na velhice, evita a cobiça.

14. "Há três coisas que o homem superior reverencia. Reverencia o comando da razão. Reverencia os grandes homens. Reverencia a sabedoria dos sábios.

15. "O indivíduo inferior reverencia apenas o que tem o poder de prejudicar sua vantagem, seja bom ou mau.

16. "Na juventude, ele se entrega ao excesso, na maturidade é animoso, na velhice, cobiçoso.

17. "Fala fora de hora, dissimula sua intenção, não fita ninguém nos olhos.

18. "É indolente e indulgente, e sua má escolha de amigos o confirma no caminho do vício e da inferioridade."

Capítulo 8

1. Disse o mestre: "A maioria das pessoas não suporta ver os sofrimentos alheios; este é o bem em nossa natureza.

2. "Se alguém vê uma criança prestes a cair num poço, sente alarme e aflição,

3. "Não para ganhar o apreço dos pais da criança, nem para buscar o elogio de seus vizinhos,

4. "Nem por medo da reputação de não se comover com tal coisa.

5. "Nisso podemos perceber que a comiseração é essencial ao homem, que os sentimentos de vergonha e desgosto são essenciais ao homem,

6. "Que os sentimentos de modéstia e amabilidade são essenciais ao homem, e que o sentimento de aprovação e desaprovação é essencial ao homem.

7. "O sentimento de comiseração é o princípio da benevolência.

8. "O sentimento de vergonha e desgosto é o princípio da retidão.

9. "O sentimento de modéstia e amabilidade é o princípio do decoro.

10. "O sentimento de aprovação e desaprovação é o princípio do conhecimento.

11. "Os homens têm esses quatro princípios, tal como têm quatro membros.

12. "Quando os homens deliberadamente não vivem de acordo com esses quatro princípios, roubam a si mesmos; furtam de si o melhor de sua natureza.

13. "Como todos os homens têm esses quatro princípios em si mesmos, que lhes deem pleno desenvolvimento e consumação,

14. "E o resultado será como um fogo que começa a arder ou uma fonte que começa a correr.

15. "Tenham os princípios seu desenvolvimento completo e bastarão para amar e proteger a todos.

16. "Seja-lhes negado o desenvolvimento e não bastarão sequer para que um homem honre seus pais."

17. Disse o mestre: "Todas as coisas já estão completas dentro de nós. Não existe maior deleite do que ter consciência da sinceridade quando examinamos a nós mesmos.

18. "Não faça um homem aquilo que seu senso de retidão lhe diz para não fazer, não deseje o que seu senso de retidão lhe diz para não desejar: o que ele tem a fazer é apenas agir assim.

19. "A benevolência é o estado natural de nossa mente, e a retidão é nosso caminho.

20. "Quão lamentável é descuidar do caminho e não o seguir; perder essa benevolência e não saber como reencontrá-la!

21. "Quando os homens perdem seus cães ou carneiros, sabem procurá-los; mas, se perdem sua virtude, não sabem ou não se importam em reencontrá-las.

22. "O grande fim da sabedoria não é senão procurar conhecer a si mesmo e conservar o entendimento do que é correto."

Capítulo 9

1. Disse o mestre: "Antigamente, as árvores da montanha eram belas.

2. "Mas, situadas nas fronteiras de um grande Estado, foram derrubadas a machado.

3. "Poderiam ainda conservar a beleza? Todavia, graças aos poderes da vida,

4. "Dia e noite, com a influência restauradora da chuva e do orvalho,

5. "Seus cepos criaram brotos e rebentos que vieram à luz.

6. "Mas então chegaram reses e cabras e mordiscaram os rebentos suculentos, arrancando-os.

7. "É a tais coisas que se deve a aparência desnuda da montanha que, pensam as pessoas ao vê-la, nunca teve belas árvores.

8. "Mas o que veem é a natureza da montanha?

9. "Assim também ocorre com o que pertence propriamente ao homem: dir-se-á que alguma mente carecia originalmente da possibilidade de retidão e benevolência?

10. "Um homem perde sua bondade tal como as árvores são derrubadas pelo machado.

11. "Quando seus princípios são abatidos dia após dia, pode a mente conservar sua beleza?

12. "Mas há um desenvolvimento de sua vida dia e noite,

13. "E no ar sereno do alvorecer, logo entre a noite e o dia, a mente sente algo daqueles desejos e repulsas que são próprios da humanidade;

14. "Mas o sentimento não é forte e é tolhido e destruído pelo que sucede durante o dia.

15. "Repetindo-se constantemente essa destruição, a influência restauradora dos tempos serenos não é suficiente para preservar a bondade própria da mente.

16. "E quando ela se revela insuficiente, a natureza do homem deixa de se diferenciar tanto da dos animais irracionais.

17. "Ao ver isso, as pessoas pensam que a mente nunca teve o poder da bondade natural.

18. "Mas essa condição representa os sentimentos próprios da humanidade?

19. "Se ela recebe a nutrição adequada, não há nada que não cresça.

20. "Se ela perde a nutrição adequada, não há nada que não feneça.

21. "Assim é com a mente e os sentimentos dos homens e seus princípios de benevolência e retidão."

Capítulo 10

1. Disse o mestre: "Em anos bons, os filhos do povo são sobretudo bons, ao passo que, em anos ruins, na maioria entregam-se ao mal.

2. "Assim diferem não por qualquer diferença nos poderes concedidos

158   SÁBIOS

pela natureza. O abandono ao mal se deve às circunstâncias.

3. "Considera o que ocorre à cevada. Depois de semeada e coberta, se o solo e a época da semeadura foram os mesmos, ela cresce rapidamente em toda parte;

4. "Completado seu ciclo, está madura.

5. "Se há desigualdades nos diversos campos de cevada, elas se devem à diferença do solo,

6. "À nutrição desigual da chuva e do orvalho, à diferença no trato que lhes deram os agricultores.

7. "Assim todas as coisas iguais em espécie são semelhantes entre si.

8. "Por que haveríamos de duvidar disso em relação ao homem, como se ele fosse a única exceção a esta regra?

9. "Os sábios e nós somos da mesma espécie, se permitirmos que a sabedoria floresça dentro de nós.

10. "Mesmo que um homem faça sandálias de cânhamo sem saber o tamanho dos pés dos clientes, ainda assim sei que ele não as fará no formato de cestas.

11. "Tal como os pés dos homens são mais ou menos do mesmo tamanho, não como as patas de um camundongo ou de um elefante,

12. "Assim também são os prazeres da boca no doce e no salgado, e dos ouvidos nas harmonias da música;

13. "Assim também a maioria aprecia o tempo ameno do outono e a beleza das jovens trazendo água do poço.

14. "O que a maioria aprova no comportamento dos vizinhos e amigos?

15. "Digo que são os quatro princípios de nossa natureza e a direção dada pela retidão.

16. "Os sábios sabiam, antes de meu nascimento, o que minha mente e a mente da maioria dos outros homens aprovam, de forma que podemos viver em harmonia.

17. "Portanto, os princípios de nossa natureza e as determinações de retidão são agradáveis à minha mente,

18. "Assim como doces e iguarias são agradáveis a meu paladar."

Capítulo 11

1. Disse o mestre: "Se um homem ama os outros, mas ninguém aparenta lhe retribuir o afeto, volte-se ele para dentro de si e examine sua benevolência.

2. "Se tem o encargo de governar outros e seu governo não tem êxito, volte-se ele para dentro de si e examine sua sabedoria.

3. "Se trata os outros com polidez e não lhe retribuem a polidez, volte-se ele para dentro de si e examine seu sentimento de respeito.

4. "Quando não alcançamos o que desejamos pelo que fazemos, voltemo-nos para dentro de nós e examinemo-nos em todos os pontos."

5. Perguntaram ao mestre: "Todos são igualmente homens, mas alguns são grandes homens e outros são pequenos homens. Como isso acontece?"

6. Ele respondeu: "Aqueles que seguem aquela parte de si mesmos que é grande são grandes homens; aqueles que seguem aquela parte que é pequena são pequenos homens."

7. Então perguntaram ao mestre: "Todos são igualmente homens, mas alguns seguem aquela parte de si mesmos que é grande e outros seguem aquela parte que é pequena. Como isso acontece?"

8. Respondeu o mestre: "Os sentidos de ver e ouvir não pensam e são obscurecidos por coisas externas.

9. "Quando uma coisa entra em contato com outra, evidentemente uma afasta a outra.

10. "À mente cabe o encargo de pensar. Ao pensar, ela obtém a visão correta das coisas; ao deixar de pensar, não o consegue.

11. "Esses – os sentidos e a mente – são nossos melhores bens. Que o homem se firme primeiro na supremacia da parte mais nobre de sua constituição,

12. "E a parte inferior não conseguirá tirá-la dele. É simplesmente isso que faz o grande homem."

Capítulo 12

1. Perguntaram ao mestre: "Como dizes que a vontade lidera e as paixões naturais são subordinadas,

2. "Como podemos manter a firmeza da vontade sem praticar violência contra nossas paixões naturais?

3. Respondeu o mestre: "Quando apenas a vontade é ativa, ela move as paixões. Quando apenas as paixões são ativas, elas movem a vontade.

4. "As paixões naturais são grandes e extremamente fortes. Se alimentadas com retidão, são companheiras e auxiliares da retidão e da razão.

5. "As paixões naturais são dirigidas pela soma de ações corretas; isso não se obtém com atos fortuitos de retidão.

6. "Deve haver uma prática constante da retidão. Mas não sejamos como o agricultor que lamentava a altura de seu trigo e tentou espichar as hastes;

7. "De volta a casa, disse: 'Hoje estou cansado. Fiquei ajudando o trigo a crescer mais.'

8. "Seu filho foi correndo olhar o campo e viu o trigo murcho e quebrado.

160 SÁBIOS

9. "Poucos são os homens no mundo que não lidam com suas paixões como se estivessem ajudando o trigo a crescer mais.

10. "O que fazem não só não é de nenhum benefício para as paixões, como ainda as fere.

11. "Outros cometem o erro contrário e consideram que as paixões não são de nenhum proveito e as abandonam; não tiram as ervas daninhas do trigo.

12. "Devemos aprender que as paixões dirigidas pela razão podem ser parte de nosso melhor ser e devemos lhes permitir o que lhes cabe, mas em proporção com a retidão e a benevolência."

Capítulo 13

1. Disse o mestre: "O que diferencia o homem superior dos outros é o que ele preserva em seu coração: a saber, a benevolência e um senso de retidão.

2. "O homem benevolente ama os outros. O homem de retidão mostra respeito pelos outros.

3. "Quem ama os outros é amado por eles com maior frequência do que quem os odeia.

4. "Quem respeita os outros é respeitado por eles com maior frequência do que quem os desrespeita.

5. "Considera: eis um homem que trata outro de maneira cruel e desarrazoada.

6. "O homem superior, num caso assim, dirá: 'Deve-me estar faltando benevolência; deve-me estar faltando decoro: do contrário, como isso iria acontecer?'

7. "Ele examina a si mesmo e é especialmente benevolente. Passa a considerar a si mesmo e tem especial observância do decoro.

8. "Supõe que, ainda assim, o outro mantém a mesma crueldade e desarrazoado.

9. "O homem superior irá se censurar mais uma vez: 'Devo estar falhando em fazer o máximo que posso.'

10. "Raramente houve alguém de total sinceridade que não tenha conseguido tocar os outros.

11. "Raramente houve alguém carente de sinceridade que tenha conseguido tocar os outros.

12. "O grande homem é aquele que não perde o coração de criança, o bom coração original com que todos os homens nascem."

13. Disse um discípulo: "Teus princípios são elevados e admiráveis, mas aprendê-los é comparável a escalar as nuvens – algo que não se consegue fazer.

14. "Por que não adaptar teus ensinamentos para que aqueles que desejam segui-los possam considerá-los alcançáveis e assim se empenhem diariamente?"

15. Disse o mestre: "Um grande artífice não altera ou abandona sua régua por causa de um trabalhador obtuso.

16. "Um hábil instrutor de arco e flecha não muda sua regra de estirar o arco por causa de um arqueiro inepto.

17. "O homem superior estira o arco, mas não desfere a flecha. Esta é sua posição exatamente no meio do caminho correto.

18. "Aqueles que são capazes de segui-lo, segui-lo-ão."

Capítulo 14

1. Disse o mestre: "O homem superior dá atenção cuidadosa a nove coisas.

2. "Quanto ao uso de seus olhos, ele deseja ver com nitidez.

3. "Quanto ao uso de seus ouvidos, ele deseja ouvir com clareza.

4. "Quanto à sua atitude para com os outros, ele anseia que seja benigna.

5. "Quanto a seu ânimo principal, ele deseja ser calmo.

6. "Quanto à sua fala, ele anseia que seja sincera.

7. "Quanto à sua conduta nos negócios, ele anseia que seja escrupulosa.

8. "Quanto a suas dúvidas, ele anseia em perguntar aos outros.

9. "Quanto ao que o irrita, ele tem o cuidado em considerar as dificuldades que podem decorrer de expressar irritação, e reflete num melhor curso de reação.

10. "Quanto à oferta de ganhos materiais, ele pensa em primeiro lugar na honestidade."

11. Disse o mestre: "Contemplar o bem e buscá-lo como se não fosse possível alcançá-lo;

12. "Contemplar o mal e evitá-lo como se evita colocar a mão em água fervente,

13. "Foi o que vi nos melhores, e aprovei."

14. Disse o mestre: "Por natureza, as pessoas são muito parecidas. Pela prática, elas vêm a se separar largamente.

15. "Apenas os mais sábios da classe mais alta e os mais tolos da classe mais baixa não podem ter seus caminhos alterados ou desviados."

16. Perguntaram ao mestre o que constitui a virtude perfeita.

17. Disse ele: "Generosidade, sinceridade, seriedade e bondade: juntas, elas constituem a virtude perfeita.

18. "Dizem: 'Se algo é realmente sólido, não poderá ser adelgaçado. Se algo é realmente branco, não escurecerá ao ser mergulhado na tintura.'"

Capítulo 15

1. Disse o mestre: "Há seis toldamentos. O primeiro é amar a benevolência sem amar a

sabedoria: isso leva à simplicidade tola.

2. "O segundo é amar o conhecimento sem amar a sabedoria: isso leva ao estouvamento.

3. "O terceiro é amar a sinceridade sem amar a sabedoria: isso leva à desconsideração das consequências.

4. "O quarto é amar a franqueza sem amar a sabedoria: isso leva à insolência.

5. "O quinto é amar a ousadia sem amar a sabedoria: isso leva à animosidade.

6. "O sexto é amar a firmeza sem amar a sabedoria: isso leva à extravagância."

Capítulo 16

1. O mestre instou com os alunos que estudassem poesia. Disse ele: "Pois ela estimula a mente, instiga a autocontemplação,

2. "Encoraja o convívio social, destila a experiência de mentes refinadas e ensina sobre o mundo."

3. Disse ele: "Não ler poesia é ficar com o rosto voltado para a parede.

4. "Aquele que, dia após dia, não esquece o que ainda tem a aprender,

5. "Mês após mês, não esquece o que ainda tem a alcançar, pode-se considerar que ama a sabedoria."

Capítulo 17

1. Disse o mestre: "O homem superior aprende para alcançar o pináculo de seus princípios.

2. "O funcionário, tendo cumprido seus deveres, deve se aplicar aos estudos;

3. "O erudito, tendo concluído seus estudos, deve se aplicar ao cargo de funcionário.

4. "Os defeitos dos grandes são como eclipses do sol e da lua.

5. "Todos os veem; quando ocorrem, todos fitam e se apercebem deles."

6. Diziam os alunos do mestre: "Ele é como uma casa de paredes imponentes.

7. "Se não se encontra a porta de entrada, os tesouros em seu interior ficam ocultos à vista.

8. "Para ser admitido, é preciso ser convidado. Depois de convidado, um aluno pode contemplar os tesouros e levar todos os que conseguir pegar."

9. Pois disse o mestre a todos eles: "O que há para estudardes na casa de um mestre, a não ser vos tornardes mestres de vós mesmos

10. "E construirdes uma casa vossa, à qual possam vir outros coletar os tesouros que fizestes?

11. "Pois o único mestre verdadeiro é cada um de nós, e a única vida verdadeira é a vida regida por vosso mestre.

12. "Estais aqui entre as paredes de minha casa, mas apenas como um

local de partida para vossa própria tarefa,

13. "Que é construir vossa própria casa para vossa própria vida, e lá viverdes com independência, honra, justiça, força e sabedoria.

14. "Tal é o ensinamento de todos os sábios dignos do nome: que só se deve ser aluno para deixar de ser aluno;

15. "Que se deve estudar para aprender, e que se deve aprender para viver.

16. "Pois na breve estação da vida a primeira responsabilidade é viver e enriquecer a vida em si e nos outros,

17. "Para que a história final das coisas possa ser uma história do bem."

CÂNTICOS

1

Não se compara a lua ao brilho de tua
    face,
Nem a rosa à tua beleza;
A morada de meu desejo é o arco de
    tua sobrancelha;
Rei algum possui tal recanto.

O que farão os suspiros de meu
    coração
Se, como sopro num espelho, toldam
    tua face?
Temo o narciso: que teus olhos
    impiedosos
Pousem sem pudor apenas sobre ti.

Traz-me um grande jarro de vinho;
Não posso falar por quem não cruzou
    esta soleira,
Por quem não tingiu suas mangas no
    sangue do coração
E não sofreu essa invasão do amor.

2

Densos crescem os verdes juncos,
Sobre eles congela-se o orvalho:

Em algum lugar dessas águas está meu
    amor –
Subi o rio a procurá-lo,
Mas longa e árdua era a trilha.
Desci o rio a procurá-lo,
E ali a meio estava ele:
Ele mesmo!

Cerrados crescem os verdes juncos,
O branco orvalho ainda úmido.
Junto à água está meu amor –
Corrente acima procurei,
Mas longa e árdua era a trilha,
Corrente abaixo procurei,
E num banco ali a meio
Eis que o vi:
Ele mesmo!

3

Ouve chamar o cervo,
A mordiscar a negra artemísia dos
    campos.
Uma feliz visita vem me ver:
Tocarei minha cítara, meu harmônio
    soprarei
E o cesto de presentes e oferendas
    levarei.

É aquele que me ama
E me ensinará a trilha da terra.

Ouve chamar o cervo,
A mordiscar a branca artemísia dos
    campos.
Eis uma feliz visita cujo nome é
    brilho:
É ele um modelo para as gentes.
Aceita o bom vinho e o páo:
Brindemos e agrademos ao conviva,
Com música alegremos seu coração.

Ouve chamar o cervo,
A mordiscar o alho selvagem dos
    campos.
Trago bom vinho e pão
A agradar ao conviva que tanta sorte
    traz;
Toco minha cítara, meu harmônio
    sopro
E com música deleito seu coração.

4

Colhemos a samambaia de rebento
    ainda macio:
Oh, voltar, voltar!
Triste está nosso coração, nosso triste
    coração queima:
Nenhuma notícia de casa.

Que esplendor é este?
A flor da cerejeira:
A pluma na quadriga do chefe,
A quadriga já arreada
Com seus fogosos corcéis.
Queremos voltar, voltar,

Mas a campanha prossegue,
E nenhuma notícia de casa.

Jungimos a dupla parelha,
Aprestamos as pontas ebúrneas do
    arco,
Freme a corda robusta:
O inimigo é forte e veloz;
Como ousaríamos tardar?

Outrora, ao início,
Os salgueiros abriam sombra.
Agora prosseguimos
E voam os flocos de neve.
Longa a marcha, sede e fome:
Nosso coração pesa de dor:
Ninguém ouve clamarmos:
"Voltar, voltar!
Arde de tristeza o coração."
E nenhuma notícia de casa.

5

Desperto, corro à janela,
Esperando os primeiros brotos da
    primavera;
Já se iniciaram, porém, as chuvas de
    outono.

Quando passaram os anos
Que nem notei?
Quando a primavera se fez outono
Que chove à minha janela,
Quando despertei na espera
Dos primeiros brotos da primavera?

6

Uma taça de vinho sob a árvore em
    flor;

Bebo só, sem amigo perto.
Ergo a taça acenando ao luar,
Com ele e minha sombra seremos três.
Ai, não bebe vinho o luar;
Inerte, abate-se minha sombra ao lado.
Mas com o luar amigo e a sombra
     escrava
Há que festejar enquanto a noite dura.
Ouvindo-me cantar, freme a lua seu
     clarão;
Na dança ondulo, enreda-se e rompe-
     -se minha sombra.
Sóbrios, nós três comungamos a
     alegria;
Agora ébrios, separamo-nos.
Possamos comungar muitas festas da
     meia-noite
E nos reunir por fim nas nubladas
     águas do céu.

7

Meu amigo está no alto dos Montes
     Orientais,
Amando a beleza dos vales e das
     encostas verdejantes.
No verão deita-se nos bosques vazios,
Ainda adormecido quando o sol os
     aquece.
Um vento do pinheiral lhe empoeira a
     capa e as mangas;
Um regato de seixos lhe lava o coração
     e os pensamentos.
Invejo a ti que, longe da luta e da fala,
Tens como travesseiro as nuvens azuis.

Aqui esfriam os campos; a chuva
     esparsa cessou;
Alvoroçam-se as cores da natureza por
     tudo.

Incontáveis saltam os peixes no lago
     azul;
Pendem os ramos verdes de tordos
     canoros.
As flores do campo têm veludo nas
     faces;
E o capim dos montes alcança a
     cintura.
Entre a mata de bambus os últimos
     fiapos de nuvem,
Soprados pelo vento, aos poucos
     desaparecem.

8

Não me peças para cantar.
Cabe a melhores tempos; alaúde
E voz não se afinam
E tampouco se afinam
Com minha sorte destoante.
A música é filha da alegria, não da
     dor;
Demasiada esta dor para o canto e o
     sorriso do olhar.
O ríspido grito do corvo, o uivo do
     lobo,
O guincho noturno da coruja,
O silvo do vento ou o rangido do
     gelo:
É a única música para ela,
Ou melhor: silêncio;
Não música, silêncio,
Não corda melodiosa, solidão.

9

Sabes onde o limoeiro se abre em flor,
A laranja cintila seu ouro entre o
     verdor,

Recai a brisa vinda do céu azul
profundo,
O mirto e o loureiro se erguem ao
mundo?
Sabes aquela de paredes brancas, a
mansão
De chaminé enegrecida e lareira no
salão?
Lá é que eu queria que conhecesses,
Lá é onde contigo agora eu iria.

10

Ao fim da primavera
A flor da pereira se arredonda em
fruto;
Abrem-se os ovos da andorinha.
Diante das mudanças de estação,
Que consolo traz a filosofia?
Ensina-me a olhar o voo dos dias e
meses
Sem lamentar a juventude que se vai;
Se é um sonho o mundo fugaz,
Que importa ser jovem ou velho?
Desde que meu amigo me deixou,
porém,
E vive exilado numa cidade distante,
Um só desejo não consigo abandonar:
Que vez por outra nos reencontremos.

11

Em águas paradas como espelho
polido,
No rio profundo nadam trutas e
timalos.
Ocioso venho com minha vara de
bambu
E deixo meu anzol no baixio da
correnteza.

Sopra uma brisa suave nos apetrechos,
Balançando de leve os três metros de
linha.
Enquanto meu corpo se senta à espera
do peixe,
Meu coração vagueia pela terra do
nada.
Outrora um homem encanecido
Aqui também pescou neste rio;
Pescador de homens, não de peixes,
Aos setenta anos pescou um rei.
Já eu lanço meu anzol na água
Sem pensar em peixes ou homens.
Inábil para capturar um ou outro,
Colho só a luz líquida do outono;
Cansando, a pescaria também cessa
E volto para uma taça de vinho em casa.

12

Pobre é minha casa; deixaram-me os
que amo;
Doente está meu corpo; vedado
está-me festejar.
Não há rosto algum diante de meus
olhos,
Deitado sozinho em minha cabana.
Minha lâmpada quebrada arde com
fraca chama;
Minhas cortinas rasgadas, tortas, não
se fecham.
Na soleira da porta, no parapeito da
janela
Ouço cair a neve recente.
Envelheço e durmo menos;
Acordo à meia-noite, sento-me na
cama.
Não conhecesse a arte de sentar e
esquecer,

Como suportaria tal solidão?
Duro, rígido, meu corpo se prende à
    terra;
Desimpedido, o espírito se rende à
    mudança.
Assim tem sido por longos anos,
Por vinte mil noites!

13

Abraço o travesseiro, não digo uma
    palavra;
Em meu quarto vazio não se agita um
    som sequer.
Quem sabe que, o dia todo na cama,
Não estou doente e sequer
    adormecido?

De jade agora são as faces róseas
Que, tempos atrás, tive na infância;
Agora às minhas têmporas se prende a
    geada do inverno.
Não te admires que meu corpo
    sucumba ao declínio;
Meus membros são velhos, e mais
    velho é meu coração.

14

Lavadas pela chuva, poeira e tisna se
    depõem;
Margeando o rio, é plano o leito da
    estrada.
Alçou-se a lua sobre os restos da noite;
O passo dos viandantes se aviva ao
    frio matinal.
No silêncio sussurro uma canção;
O escuro alimenta ideias sombrias.
Sobre os lótus paira uma brisa úmida;

Por entre o arrozal canta a água que se
    escoa.
Ao som de nossos sinos um cão
    espanta o sono;
À vista de nossas tochas desperta a ave
    no poleiro.
A aurora cintila entre a neblina das
    árvores –
Ainda três léguas até despontar o dia.

15

Nascia o sol, e eu ainda na cama;
Um papa-figo madrugador cantava no
    beiral.
Pensava nas árvores do parque régio
    ao amanhecer,
Onde os pássaros primaveris
    saudavam o rei,
Quando eu servia em seu séquito.

Lápis na mão, a trabalhar no escritório
    do palácio,
No auge da primavera, durante uma
    pausa,
De manhã e ao fim da tarde, era esta a
    voz que ouvia?
Agora em meu exílio canta o papa-
    -figo outra vez
Na pesada imobilidade dessa vila
    remota:
O canto do pássaro nunca pode
    mudar;
A diferença está no coração de quem
    ouve.
Se ao menos pudesse esquecer onde
    estou,
Exilado no fim do mundo,

O canto do papa-figo soaria igual
Ao canto que enchia o jardim real.

16

Sonhei que voltara à cidade,
Revi o rosto dos amigos.
No sonho, sob o céu de abril,
Pela mão levaram-me a passear entre a
    brisa primaveril.
Juntos fomos à aldeia da
    tranquilidade,
Detivemos os cavalos ao portão de
    amigos;
Vendo-nos chegar, iluminaram-se de
    sorrisos.
Apontaram as flores no pátio
    ocidental
E abriram garrafas de vinho no
    pavilhão.
Disseram que continuávamos iguais,
Lamentaram que a alegria logo passa,
Que efêmero é o encontro entre
    amigos
E pronto partem, mal tendo tempo
    para saudar.
Despertei e lhes estendi a mão:
Não havia nada ali.

17

Aqui, nas gargantas do rio, homens
    não faltam.
Gente que cruzamos, não gente que
    nos importa.
À minha porta chegam visitas:
Gente que recebemos, não gente que
    conhecemos.
Olho para cima, pela treliça, há
    nuvens e árvores;

Olho para baixo, o tampo da mesa, há
    tinteiros e depoimentos.
Como, durmo, levanto, trabalho,
    sento no jardim à espera da brisa;
Mas em tudo, o dia todo, há apenas
    um vazio.
Além dos muros da cidade vive um
    ermitão, e com ele fico à vontade,
Pois pode beber um garrafão de vinho
    e recitar
Longos versos enquanto o sol se põe
Descendo entre os ramos entrelaçados
    do inverno.

Alguma tarde, depois de voltarem os
    copistas ao lar,
Na estação quando é seca a trilha
    beirando o rio,
Peço-te, pega teu cajado de bambu
E vem até minha porta onde ficam as
    ameixeiras.

18

Calor e frio, anoitecer e amanhecer se
    somaram;
Eis que tantos anos faz que aqui
    cheguei.
Pelas portas cerradas ouço só o rufo
    matinal e vespertino.
Aqui do alto das janelas vejo chegarem
    e partirem os navios,
Em vão tenta-me o canto dos
    estorninhos
A passear entre as árvores floridas;
Em vão os verdes juncos me chamam
    ao lago.
Uma, uma coisa só nunca me cansa:

Ouvir a água correndo pelas pedras,
Espumando por entre as rochas
Nas sombras do bosque escuro.

19

Os papéis em minha mesa são poucos
    e simples;
Minha casa junto ao fosso é ociosa e
    tranquila.
No outono a chuva tomba as cerejas
    dos galhos;
Ao sino do anoitecer, as aves voltam
    ao bosque.
Tremula a débil luz do sol no pórtico
    do sul,
Onde indolente reclino-me no sofá.

20

O coração dos homens ama o ouro e a
    prata;
A boca dos homens deseja vinho e
    carne.
Não o velho do rio;
Ele bebe de sua cuia e nada mais pede.
Ao sul do rio, corta capim e lenha;
Ao norte do rio, tem um teto e quatro
    paredes.
Todo ano semeia um acre de terra,
Na primavera conduz dois bezerros
    fulvos.
Nessas coisas encontra repouso;
Nada mais quer, nada mais lhe
    importa.
Encontrei-o por acaso junto ao rio;
Levou-me à sua casa, deu-me chá.
Perguntou meu cargo, meu soldo;
    duvidando,

Muito riu e riu alto, dizendo:
"Altos funcionários não dormem num
    palheiro."

21

Como aquela única taça de vinho que
    cedo tomamos
Fez tão alegre meu coração?
Há uma alegria que vem apenas de
    dentro
E quem a vê jamais entenderá.
Tenho dois irmãos
E muito me doía que ambos
    estivessem longe;
Esta primavera, retornando pelas
    gargantas altas do rio,
Cheguei são e salvo até eles, a dez mil
    léguas.
Libertei-me enfim das ideias que me
    doíam,
Como se uma espada cortasse a corda
    em meu pescoço.
O corpo fica leve quando o coração
    despede a preocupação;
Sinto-me então voar, de pura alegria,
Ao céu e às nuvens pintadas de sol.

22

Amigo, bebe tua taça de vinho,
Senta-te aqui e ouve o que digo.
Não suspires pelo lar que está distante,
Não te importes se o êxito parece
    distante.
Espera apenas que enquanto durar a
    vida
Não sejamos, tu e eu, obrigados a nos
    separar.

23

Há silêncio no cume dos montes.
Em todas as copas há paz;
Mal passa um sopro de vento.
As aves estão mudas e imóveis.
Nada se mexe, sequer uma folha seca
Se agita no solo,
Sequer uma penugem macia do cardo
Esvoaça.
Apenas aguarda: logo
Também descansarás.

24

Além do salão, descendo os degraus,
Os pinheiros crescem em fila irregular,
Sem ordem, alguns altos, alguns
    baixos,
Os mais altos a cinquenta metros, os
    mais baixos a três metros,
Parecem silvestres: ninguém sabe
    quem plantou.
Encostam nas paredes de minha casa
    de telhas azuis,
E têm fundas raízes no terreiro de
    areia branca.
Toda noite visitam-nos o vento e o
    luar,
Chuva ou sol, não guardam poeira.
Nos vendavais de outono, sussurram
    discreta melodia,
Ao sol do verão, oferecem sombra
    fresca.
No auge da primavera, a bela chuva
    do serão
Orna as folhas com pingentes
    perolados.
No fim do ano, a estação das nevascas

Carrega os ramos de um jade luzente.
Quando souberam que comprei esta
    casa,
As gentes se riram de mim, disseram-
    -me louco
Ao trazer toda minha família por uns
    poucos pinheiros.
E ainda corro para o trabalho, o cinto
    afivelado
E as sandálias cobertas de pó;
E de vez em quando meu coração me
    censura
Por não ser o mestre de meus próprios
    pinheiros,
Que ensinam suas lições a cada
    estação do ano.

25

Por longa estrada cavalgamos e ainda
    longe estava a estalagem;
Meus olhos se embaçaram e dormitei.
Na mão direita pendia o chicote,
Na esquerda afrouxaram-se as rédeas.
De súbito acordei e me virei ao
    cavalariço:
Disse-me que adormeci por dez
    passos;
Corpo e espírito haviam trocado de
    lugar;
Veloz e lento haviam se invertido.
Pois naqueles poucos passos em que
    oscilei na sela
Meu sonho se estendera por uma
    infinidade de tempo.
Grande verdade diz o sábio:
Mil anos não passam de um instante
    de sono.

26

Brilha a primeira luz do sol nas vigas
de casa,
O primeiro bater das portas se
abrindo
Ressoa como tambor rufando no
pátio.
O cão está enrodilhado no degrau de
pedra
Pois o solo ainda está úmido de
orvalho.
No parapeito de minha janela chilram
as aves
Para anunciar que o tempo está
bonito.
Pesa-me ainda a cabeça
Com os vapores do vinho de ontem à
noite;
Minha cabeça ainda está pesada;
Tirando outra vez as roupas de inverno,
Meu corpo se sente leve e livre.

27

Procurei o ermitão entre os pinheiros
da montanha
E junto ao córrego que ali nasce.
Perguntei a um menino pescando na
margem;
Disse-me: "Meu mestre foi procurar
ervas,
Está na montanha, certamente,
Mas não o verás por causa das
nuvens."

28

Nas matas e nas águas, a quem
pertencem essas casas

De altos portões e amplas campinas?
De seus frontões azuis pendem peixes
dourados,
Por suas colunas vermelhas correm
linhas entalhadas.
Seus arvoredos primaveris, quentes
pela neblina ali abafada,
Seus pátios outonais frios de luar;
Ao tronco do pinheiro prendem-se
contas ambarinas,
Do salgueiro vertem gotas de rubro
rubi.
Quem são os senhores dessas
herdades?
São funcionários de Estado,
conselheiros, cortesãos;
E toda a vida passam sem saber o que
possuem,
Conhecem seus bens só pelo mapa
dos intendentes.

29

O vento de oeste mal começa a soprar
E já voam do ramo as primeiras
folhas.
Secam as trilhas que percorre com
calçados de verão
Ao primeiro toque do frio visto meu
casaco estofado.
Por entre as valas rasas ressumam e
seguem as águas,
Por entre vimeiros esparsos cintila
uma luz oblíqua.
Ao cair da noite, por uma vereda de
musgo verde,
O pequeno jardineiro guia os gansos
de volta ao lar.

30

Pus termo a obrigações e vínculos. Nenhuma mudança
Perturba minha paz de espírito ou afeta meu repouso.
Há dez anos meu corpo e meu espírito
Descansam na serenidade do ermitão.
E ainda mais, nestes últimos anos que restam,
De pouco precisarei:
Um manto para me aquecer no inverno,
Uma refeição para atravessar o dia.
Minha casa é pequena; não faz mal,
Não se dorme em dois quartos ao mesmo tempo!
Tenho poucos cavalos; não faz mal,
Não se anda em dois coches ao mesmo tempo!
Poucos são afortunados como eu, em todo o mundo;
Mesmo um tolo é sábio nos assuntos alheios;
Nos próprios assuntos, mesmo um sábio erra.
Ter pouco e não querer mais
É ser rico, sábio e livre.

31

Envelhecemos juntos, tu e eu;
Indaguemos: como é a velhice?
Os olhos opacos se fecham antes do anoitecer,
A cabeça indolente ainda ao meio-dia está sem pentear;
Às vezes, apoiados num bastão, arrastamo-nos

Do pórtico ao sul até o portão do jardim,
Ou ficamos sentados o dia todo dentro de casa.
Não ousamos nos fitar na face polida do espelho,
Não conseguimos ler livros de letra miúda.
Mais e mais aumenta o amor pelos velhos amigos,
Menos e menos agrada o contato com jovens.
Só uma coisa, o prazer de falar à toa
E de evocar lembranças
Continua como sempre, ao nos encontrarmos.

32

Qual o melhor curso para mim agora,
Senão levar meus pertences à taverna
E lá me sentar feliz com uma taça de vinho.
Quero evitar a companhia de corações falsos,
Quero purificar meu coração
De todas as máculas da frivolidade;
Quero como única companhia
Um jarro de vinho e um livro.
Se erguer meu manto acima da poeira do mundo,
Muito me elevarei, independente,
Como a coroa do alto cipreste.
Quando vejo a face do atendente
E o vinho cintilando na taça,
Envergonham-me as coisas mundanas de que me gabava.
Meu corpo franzino não consegue arcar com essa dor,

174 CÂNTICOS

Agora que ela se foi: meu pobre
    coração não pode
Suportar o peso de sua ausência.
Vê-me como um ébrio na taverna,
Não perturbes meu coração pesaroso,
Pois, se me queixar, outros se
    vingarão;
O pó da ofensa recobre meu coração,
Mas não quero empanar seu claro
    espelho
Repleto com a imagem do amor.

33

Volta a brisa do amanhecer
E, com ela, o abibe
Voltando do deserto do sul;
Ouço outra vez o canto da pomba
Suave cantando as rosas;
A tulipa que entende os sussurros do
    lírio
Voltou
E o amigo a quem o poeta ofendeu
Perdoou-o e também está de volta,
Vindo à sua porta em passos suaves.

34

É-me forçoso desejar enquanto meu
    desejo não se saciar,
Enquanto minha boca não provar a
    rubra boca de meu amor
Ou enquanto desses lábios que seus
    lábios buscaram
Não fugir o alento. Outros podem
    encontrar igual amor;
À sua soleira eu me prostrei
Para que me cobrisse o pó quando a
    vida e o amor
Se mesclassem e juntos fluíssem.

35

Meu alento está pronto para me
    deixar; mas a dor em meu
    coração,
Palpitando sem cessar, se recusa
    deixá-lo partir.
Pois ela não me dará mais, nunca
    mais,
Com seus doces lábios, a paz pela qual
    anseia meu desejo;
Meu alento é um longo e profundo
    suspiro,
Pois a lembrança de sua boca rubra
    arde como fogo;
Quando se acercará essa boca e em
    sussurro dirá
O que este anelante coração deseja
    ouvir?

36

Quando eu me for, abre minha tumba
    para ver
O fumo que dele se evola envolvendo
    teus pés,
Pois mesmo ali meu coração estará
    ardendo por ti:
Mesmo de minha mortalha o fumo se
    evolará.
Ó amada, vem à campina que aguarda
    teus pés,
E que os espinhos em flores se abram,
E os frutos carreguem os ramos que só
    conhecem
O inverno perpétuo, desde que
    partiste.

37

Percorro os jardins em busca de
    pétalas

Macias e perfumadas como tua face;
O vento oeste refresca os prados,
Em todos os jardins o poeta busca teu
    rosto,
Pedindo-te que te mostres, que
    maravilhes o mundo
E todos os que nele habitam
Com teus encantos.

Cada anel de tua luxuriante cabeleira
É um anzol que prende meu coração.
Meu coração se rompe em mil feridas
    dessas farpas,
E de cada qual brota uma gota rubra,
    louvada
Por outros tristes amantes que
    entendem
Os anseios e os suspiros do poeta.

38

Tudo a meu redor brilha como a lua;
Tudo emana um perfume abençoado.
Bela é a vida; bela és tu,
Jovenzinha, qual um pensamento de
    paz:
Tua beleza é de todo o sempre.
Oh, odiemos a guerra e a destruição.
Quando andamos à beira do rio no
    entardecer,
Quando a água ondula e ouvimos o
    canto do barqueiro,
Lá onde tremulam as velas brancas, a
    distância,
Saberemos que verdadeiras são suas
    palavras:
Hoje, andando de mãos dadas junto
    ao rio,
Não existe o sofrimento,

Hoje há apenas o mundo perfumado,
Brilhando como tua beleza, como a lua.

39

As palavras de amor que dissemos
Depositaram-se em nossa história,
Em segredo aguardando outro tempo:
O dia em que cairão como sementes,
    a chuva no solo,
E crescerão verdes por todo o mundo.

40

Jamais virá outra aurora
Em que juntos despertaremos.
Sei disso, e aos poucos
Renuncio ao amor que quer mais
    dessas auroras.
Mas algo dentro de mim ri,
Ri, abana a cabeça,
À ideia de renunciar a este amor
Que quer mais dessas auroras.

41

Eras a manhã, eu uma vela na aurora.
Rendia meu coração a teu sorriso no
    despertar.
Os anéis de teus cabelos se
    desenhavam tal em meu peito
Que farão de minha tumba um leito
    de violetas.
Abri-te as portas de meu desejo
E cruzaste a soleira:
Sou escravo do que vi em ti
E, embora tua beleza se mostre a
    todos,
Teu olhar amoroso ninguém vê como
    eu.

Oh, amada, se como brisa passares por
  minha tumba,
Na estreita cova me erguerei e a
  mortalha rasgarei,
Despertado pela leveza de teus passos.

42

Tarde quente; jazia sonolento na
  cama, corpo espraiado
Para receber a brisa pela janela
  entreaberta.
Escassa era a luz em meu quarto
Como o anoitecer no verde-escuro da
  floresta
Ou o vago tremeluzir que antecede a
  aurora;
Luz como agrada à jovem tímida por
  modéstia.
Então ela surgiu numa camisola solta,
O cabelo em cascata pelo pescoço
  luminoso.
Embora de gaze, arranquei-lhe a
  camisola sem rasgar,
Enquanto ela fingia retê-la junto a si,
Mas cedeu sem esforço e ficou nua,
Nua diante de meus olhos: um corpo
  perfeito.
Que ombros, que braços vi e toquei!
Que seios de feitio tão próprio a
  minhas carícias!
Como o ventre se arredondava sob a
  cintura esguia,
Como se arredondavam as ancas, as
  coxas quentes!
Comprimi seu corpo nu junto ao meu
  e beijei:
Quem ignora o restante? Sonolentos
  de amor, repousamos:
Possa eu ter muitas tardes assim!

43

Anel, vai a ela, rodeia-lhe o belo dedo;
Que ela te receba com alegria no
  coração
E logo te conduza aonde beijei;
Cerca-lhe suavemente o dedo, feliz
  anel.
Invejando meu presente, queria eu
  tomar
Seu lugar
rodeando-a perto de mim;
Então, quando quisesse tocar seus
  seios
Ou me infiltrar em sua túnica,
  escorregaria do dedo,
Por mais justo e preso que ali
  estivesse,
E com maravilhosa arte cairia entre as
  pregas da roupa.
Ao fechar uma carta, seus lábios
  úmidos me tocariam
Antes de pressionar a cera lacrando
  seu segredo.
Estaria comigo ao entrar no banho,
Mas, creio, seu corpo nu me
  despertaria paixão.
Fútil desejo? Vai então, presentinho:
Mostra-lhe a lealdade e o desejo
Que levas contigo.

44

Evita indagar o que meditam os
  cantábrios ou os citas,
Apartados de nós pelo mar sempre
  desperto;
Não penses nas necessidades da vida,
  que de pouco necessita.
Juventude e beleza logo se vão,

A velhice recusa amores caprichosos.
A flor não conserva a mesma glória
E tampouco a lua mostra sempre a
    mesma face.
Por que te cansares a pensar?
Enquanto pudermos, deitemo-nos sob
    o pinheiro,
Numa sombra perfumada de rosas,
E esperemos enquanto as taças do
    ardente vinho de Falerno
Se resfriam nas águas correntes:
Chamemos a lasciva Lídia em sua
    casa,
Que logo venha com sua lira de
    marfim, os cabelos
Presos em gracioso coque
À maneira das donzelas de Esparta.

45

Que esbelto jovem, banhado em
    perfumes,
Te abraça entre muitas rosas, ó Pirra,
Num agradável caramanchão?
Para quem prendes teus cabelos
    dourados
Com singela elegância?
Ai! Quanto lamentará ele tua
    fidelidade,
Qual marinheiro num mar rebrilhante
Que então vê, surpreso,
A água se encrespando, sombria, ao
    vendaval!
Aquele que agora goza de tua
    presença,
Amoroso te julgando constante,
    sempre adorável,
Ignora o futuro traiçoeiro
Que o aguarda a tuas mãos.

Ó, pobre jovem, a quem, incauto ele,
Agora pareces tão fascinante!
Quanto a mim, pendurei as roupas
    gotejantes
Onde quase me afogava estando em
    teus braços.

46

Diz-me, Lídia, por que o robusto
    Síbaris
Evita o ensolarado campo de
    exercícios,
Por que não cavalga mais com os
    amigos,
Domando seu garanhão gaulês com
    freio de ferro?
Por que se esquiva à espuma amarela
    do Tibre,
Por que não unta os membros
Para a arena de combate,
Não mostra os braços contundidos
    pelo uso da arma,
Ele que outrora lançava o disco,
    desferia o dardo
Mais longe do que todos?
É obra do amor, Lídia,
Ou apenas de teus sortilégios?

47

É desejo da poesia que eu a celebre,
Seus olhos vivos e dardejantes, seu
    peito fiel ao mútuo amor;
Quem com graça entra na dança
Ou dá o braço às virgens do festival?
Quem trocaria um só anel de seus
    cabelos
Por todos os bens de Aquemenes

178   CÂNTICOS

Ou pela riqueza da fértil Frígia?
Sobretudo quando vira o pescoço para
    receber teus beijos ardentes,
Ou com gentil crueldade nega aquilo
Com que se extasiaria
Ainda mais do que o solicitante;
E às vezes arrebata ávida para si mesma?

48

O pássaro na gaiola não deve lealdade.
Onde dorme ela à noite, ninguém
    pode nos informar
E ninguém sabe, salvo a lua vigilante.

É baixo o muro que cerca meu jardim;
Raro se conferem os róis na cabana do
    administrador.
Fomos por vezes maldosos?
Quando se adensavam as sombras
    entre os pinheiros,
Ela partia, esgueirando-se oculta pelo
    silêncio.

O pássaro na gaiola não deve lealdade.
A flor agitada pelo vento não se agarra
    à árvore.

Onde dorme ela à noite, ninguém
    pode nos informar
E ninguém sabe, salvo a lua vigilante.

49

A trilha da montanha está coberta de
    folhas caídas,
Tantas, tantas.
Em busca de minha amada que se foi,
    não encontro a trilha,

Percorrendo a trilha sou como barco
    na água,
Sem deixar nenhum rastro.
Entre os ramos vejo o céu vespertino;
Quando fito as nuvens, vejo
Os fumos de sua pira funerária.
Nossa vida de outrora agora é sonho;
A casa que abandonamos
Se fez lar de borboletas e flores
    silvestres
E suas paredes estão forradas de hera.

50

Olha o hoje.
Lembras o ontem,
Antecipas o amanhã,
Hoje vives.

Vive bem o hoje.
O ontem é uma boa lembrança,
O amanhã, uma boa esperança.

Descuida do hoje.
O ontem é remorso,
O amanhã uma provação.

51

Calmas e límpidas, as primeiras
    semanas de maio,
Quando verdes são as árvores, os
    arbustos úmidos e macios;
Quando o vento rouba as sombras das
    folhas novas
E as aves se demoram nos últimos
    ramos a florir.
Ao entardecer, e quando o céu se fazia
    até mais límpido

E o sudoeste ainda se revestia de
    vermelho,
Ao terraço mais alto levamos nossa
    jarra de vinho;
Aguardávamos a lua e lentas se
    moviam nossas taças.
Logo, logo sua forma dourada se
    ergueu da floresta a leste,
Rápida, como se apenas esperasse
    nossa chegada.
Os raios de luar brilhavam por toda
    parte,
Nas torres e nos salões dançando de
    um lado e outro.
Até o romper do dia ficamos ao claro
    luar
Rindo, cantando, sem sombra de
    fadiga.
Na cidade, onde os homens disputam
    fama e vantagens,
Quantos conhecem noites assim?

52

À minha porta fechada cresce o capim
    de outono.
Como posso suavizar um coração
    rústico?
Plantei árvores, mais de cem mudas.
Quando vejo sua beleza, crescendo
    junto ao regato,
Sinto de novo como se morasse nos
    montes,
E muitas vezes, nos feriados públicos,
Caminho em torno do cercado até vir
    a noite.
Não digas que suas raízes ainda são
    fracas,

Não digas que suas sombras são
    pequenas;
Já sinto, em casa e no jardim, dia a dia,
Que é mais fresco o ar.
Mas amo acima de tudo, junto à
    janela,
Ouvir o murmúrio da brisa nos
    ramos.

53

A verde primavera recebe a terra
    despida;
Brilha o sol branco;
O vento primaveril convida brotos e
    flores
A se abrirem e florirem de novo.
Não vos oculteis, meus pensamentos,
    naquelas sombrias grutas onde
    espreita o inverno!
Voltai, pensamentos! Não vos
    extravieis!
Voltai:
Não vades a leste ou a oeste, a norte
    ou a sul!

Ó pensamentos, não vades a leste,
Pois no leste fortes águas inundam a
    outra margem da terra;
Arrojados em suas ondas, erguendo-se
    com suas marés,
Cavalgam os terrores inominados do
    oceano,
Baixas nuvens pesam, nevoeiros
    encobrem o mar
E passam bancos de gelo faiscante:
Ó pensamentos, não vades a leste,
Para onde perigosas ondas

Arremessam frágeis embarcações,
    inundando-as,
Levando seus homens para as
    profundezas!

Ó pensamentos, não vades a sul, onde
    a cada milha
A terra é consumida pelo fogo e
    serpentes venenosas
Deslizam entre as chamas;
Onde em trilhas precípices
    embrenhadas na mata
Espreitam tigres e leopardos,
    aguardam escorpiões
E o rei píton recua a gigantesca
    cabeça. Ó pensamentos, não
    vades a sul,
Onde a morosa tartaruga respira
    doenças
E os olhos das feras reluzem na
    sombra negra da floresta!

Ó pensamentos, não vades a oeste,
Onde areais desérticos se estendem
    sem fim,
Assolados por peludos bárbaros com
    cabeça de porco,
De olhos saltados que, num riso
    selvagem, agitam as armas
E atacam os viajantes perdidos na
    vastidão das dunas ardentes.
Ó pensamentos, não vades a oeste,
    onde aguardam perigos e sede!

Ó pensamentos, não vades a norte,
    aos picos gelados
Onde árvores e pastos não ousam
    crescer,

Onde corre um rio largo demais para
    cruzar, fundo demais para sondar,
E o céu é branco de neve.
Ó pensamentos, não vades a norte,
    onde ventos gelados cortam e
    matam.
Ó pensamentos, não busqueis os
    traiçoeiros vazios gelados do
    norte!

Ó pensamentos, voltai ao ócio e à paz.
No silêncio gozai dos prados de vosso
    lar,
Lá fazei vossa vontade, segui vossos
    desejos
Até esquecer a dor;
Que horas despreocupadas te tragam
    dias agradáveis
E longa vida a viver.
Ó pensamentos, voltai às indescritíveis
    alegrias!
Lá onde se amontoam as medas na
    época da colheita,
Lá onde se assam tortas de painço e
    milho na espiga,
E os convivas saboreiam tigelas de
    caldo fumegante
E apreciam a pungência das ervas
    temperadas
A que a habilidosa cozinheira acresce
    fatias de branca e doce carne,
Pombos, a garça amarela e a garça
    negra.
Voltai, ó pensamentos:
Provai outra vez os banquetes de
    vossa juventude, ricos e
    suculentos,

Com saladas de rabanete picado na
salmoura,
Com temperos fortes de abrótono.
Ó pensamentos, voltai a provar os
alimentos que amais!

As quatro bebidas fortes aquecem ao
fogo
Para descer suaves pela garganta.
Que vapores perfumados desprendem,
que fresco sabor!
A bebida não fermentada, de mistura
ao branco lêvedo,
Destila a essência da alegria e do
esquecimento.
Ó pensamentos, voltai e que vossos
anelos cessem!
As melodias das flautas estreitas
Alegram os convivas e cantam-se
velhas canções:
A voz cantando a balada se ergue
sozinha e evoca lembranças.
Ó pensamentos, voltai ao tronco cavo
da amoreira!
Lá dançam de oito em oito, os passos
Acompanhando a voz do poeta.
Músicos tocam os sinos e dão seus
repiques
Dando o compasso à harpa e à flauta.
Cantores rivais competem na melodia,
e não resta
Nota que voz humana possa cantar.
Ó pensamentos, voltai e ouvi sua
canção!

Entram então as mulheres de lábios
rubros e dentes faiscantes
Que hipnotizam o olhar;

Peritas em todas as artes, falam de
poesia
E dedilham o alaúde,
E a seu saber da história e das letras
Somam mãos macias e pulsos
delicados, com a graça da
primavera.
Ó pensamentos, voltai e que elas
mitiguem vossa desgraça!
Então entram outras moças de lábios
risonhos
E longos olhares sob os cílios
tremulantes,
De faces frescas e coradas;
Moças de meigo coração e longos
membros,
De beleza e inteligência par a par.
Faces rosadas e orelhas de borda suave,
Sobrancelhas que se alteiam como
traçadas a compasso,
Corações meigos e gestos adoráveis –
todas ali;
Cinturas finas e pescoços esguios
como a fivela de um broche.
Ó pensamentos, voltai àquelas de
ternura
Que espanta a raiva e a tristeza!
Por fim entram aquelas que tudo
fazem para agradar;
Sobrancelhas pintadas de negro e faces
empoadas de branco.
Espalham doces perfumes; as longas
mangas roçam
A face dos convivas por quem passam,
Pegam os casacos dos que não querem
ficar.
Ó pensamentos, voltai aos prazeres da
noite!

E ao primeiro raio da aurora já está
   posto
O alvo do disparo, lá onde, arco na
   mão
E flechas sob o braço, saúdam-se os
   arqueiros,
Cada qual querendo ceder o direito de
   precedência
De ser o primeiro;
Aqui há cortesia e há lazer;
Aqui há o exercício da destreza à luz
   da fresca manhã.
Ó pensamentos, voltai a esses prazeres
E aos serenos prados do lar!

Uma casa de verão com aposentos
   espaçosos
E alta parede de vigas pintadas de
   vermelho;
Um pequeno gabinete na ala sul
A que se chega por uma escada
   própria.
Ao redor da casa, um caminho
   coberto leva
Ao campo de treino dos cavalos.
E às vezes montados, às vezes a pé,
Explorais, ó pensamentos, o parque
   na primavera;
Vossos arreios cravejados cintilando ao
   sol
E o jugo revestido de ouro;
Ou entre orquídeas e árvores de
   sândalo
Vagueareis entre bosques sombreados.
Ó pensamentos, voltai e vivei para tais
   deleites!
Pavões povoarão vossos jardins;
   criareis

A roca, a fênix, a rubra ave dos
   bosques,
Cujo grito ao alvorecer chama as
   cegonhas do rio
A se unirem aos folguedos das garças e
   íbis;
Onde o cisne selvagem, o dia todo,
Persegue o lampejo do martim-
   -pescador
Faiscando entre os caniços.
Ó pensamentos, voltai para fitar o voo
   dos pássaros!
Quem encontrou tais deleites
Sentirá lhe afoguearem as faces
E o sangue a dançar pelo corpo.
Ficai comigo, ó pensamentos, e
   partilhai
O leque dos dias que trará a
   felicidade;
Vede sucederem-se no berço filhos e
   netos prósperos;
Ó pensamentos, voltai e trazei riqueza
À casa e à linhagem!

Os caminhos para o estrangeiro
   fervilham densos
De viajantes que partem para muito
   longe.
São de parecer avisado? Com seus
   conselhos, aliviarão
Os governantes o descontentamento
   dos humildes
E ajudarão os pobres desassistidos?
Haverá medidas para reparar
Os males sofridos por toda tribo
   humana?
Ó pensamentos, voltai e deixai o
   mundo injusto,

Voltai para onde se louvam os bons;
Voltai para onde se procuram os
    sábios!
Ó pensamentos, voltai, voltai! Não
    vades
A leste ou a sul, a norte ou a oeste!
Voltai aos serenos prados do lar,
Aos pavilhões de repouso e lá o
    descanso reste.

54
Pudesse eu encolher a superfície do
    mundo
E então te pudesse encontrar a meu
    lado!

Nos tempos de outrora, quem ia ao
    combate
Recebia de licença um em três anos.
Mas nesta guerra os soldados nunca
    retornam;
Combatem até a morte:
Tal é sua dispensa.
Pensei em ti, tão pouco soldadesco,
Tentando aprender a marchar e
    treinar,
A carregar uma arma, a disparar e
    matar.
Que um jovem como és,
Poeta, erudito, amante,
Jamais retornasse ao lar
Era como caírem os céus.

Quando soube que estavas voltando,
Duas vezes fui ao alto salão de tua
    morada.
Encontrei teu irmão consertando a
    baia de teu cavalo;

Encontrei tua mãe te costurando
    novas roupas.
Sinto algum medo; talvez não seja
    verdade;
Mas nunca me canso de olhar a
    estrada.
Todo dia vou ao portão da cidade
Com um frasco de vinho para matar
    tua sede.

Oh, pudesse eu encolher a superfície
    do mundo
E então te pudesse encontrar a meu
    lado!

55
Desperta, escansão, levanta! E traz a
Meus lábios sequiosos a taça que
    apreciam.
Pensei que fácil seria o amar,
Mas tropecei e caí.
Pedi à brisa que me trouxesse ao rosto
O perfume de almíscar de seus
    cabelos,
O perfume que dorme na noite de
    seus cabelos –
Mas nada veio, apenas o pranto.
Ouve o conselho do taverneiro: "Com
    vinho tinto
Tinge o tapete onde estás."
Ele sabe; ele sabe como é.
Onde estarei a descansar, ouvindo a
    noite inteira,
Além dos portões, oh coração de meu
    coração,
Os sinos da lamentação e do apelo:
"Recolhe teu fardo e parte!"

A maré sobe, a noite está nublada de
    medos,
Em meus ouvidos remoinham
    torvelinhos entre choques e
    rugidos;
Como minha voz se afogando chegará
    aos ouvidos deles,
Com seus barcos mais leves aportando
    à costa?
Busquei algo que fosse meu; os anos
    impiedosos
Não me trouxeram senão um nome
    desonrado.
Que manto cobrirá minha desgraça
Se cada língua trocista repete minha
    vergonha?
Oh, prende-te ao que disse o sábio:
"Se ao fim conquistas o desejo de tua
    vida,
"Põe de lado o mundo, deixa-o aos
    mortos;
"Outro consolo não há para o
    coração:
"Recolhe teu fardo e parte!"

56

Os pássaros do jardim cantavam à rosa
Que se abrira no claro alvorecer:
"Baixa tua cabeça! Neste jardim,
    muitas
Outras, belas como és, floriram e
    morreram!"
Entre risos, ela respondeu:
"Que nasci para fenecer, não me dói.
"Mas fazei mal humilhando com
    duras palavras
"O momento de minha plenitude."

O degrau da taverna será teu albergue,
As riquezas do amor vêm apenas aos
Suplicantes que vertem no pó da
    soleira
O vinho de rubro rubi que se escoa
Do cálice cravejado da vida; ou
Mil lágrimas correrão de teus cílios
Pela temeridade de negar que o amor
Se encontra na pétala caída da rosa.

Ontem à noite, quando dormia o
    jardim
Nos braços argênteos da lua,
Uma brisa passou por suas aleias
E ergueu a fronte púrpura do jacinto.
"Onde está a taça, o espelho do
    mundo?
"Onde está o amor, qual rosa desperta
Florindo no jardim onde suas iguais
Floriram e morreram, tantas, antes?"
A brisa não sabia, e suspirou: "Pena
Que a felicidade adormeça por tanto
    tempo."

O segredo do amor não reside nos
    lábios dos homens;
Seu local é secreto e recôndito. Ó
    amigo!
Vem onde se desata o riso fácil, onde
    o vinho
Orna o banquete: a paciência e a
    sabedoria se lançaram
A um mar de lágrimas, e logo
    dormiremos um sono sem fim.

57

Luz de meus olhos, seara de meu
    coração,

Minha, ao menos na memória
   imutável!
Quando te pareceu fácil partir,
   deixaste-nos
Jornada mais dura a enfrentar.
Oh, passante, ajuda-me a erguer meu
   fardo,
Que a piedade seja minha
   companheira de estrada!

Se ao menos a vida reentrasse pela
   porta vazia
E o corpo frio de novo respirasse e
   ardesse!
Vem! Toca meus olhos; a todos estou
   cega,
Exceto a teu rosto; abre o que cerra
   minha vista, veja eu
Pelo amor que nos uniu e por sua
   graça,
Teu rosto mais uma vez.

58

Perguntas por que moro na montanha
   verde;
Sorrio e não respondo, pois livre é
   meu coração.
Quando as folhas do pessegueiro pelas
   águas descem
A distantes plagas desconhecidas,
Quando o beija-flor some cintilante
   nos bosques
E a fumaça se espirala às nuvens,
Vou-me também e não me deixo
   encontrar:
Nem nas vilas da planície,
Nem na morada dos homens;

Vivo nas alturas com os ventos
De onde se veem as cinco direções,
Sozinho, sem cuidados.

59

Não tenho moedas no bolso, e uma
   jarra de vinho,
Para quem é pobre, é cara como um
   lote de terra.
Um prato de comida custa ainda
   mais; e daí?
Não posso comer, mesmo se tivesse
   tigela e colher.
Cruzaria o rio, mas o gelo deteve a
   balsa;
Subiria a montanha, mas a neve
   fechou a passagem;
Sentaria ao lago e pescaria, ocioso na
   tarde,
Mas súbito sonho em voar até o sol.
É duro viajar, duro, pois são tantas as
   curvas:
Por qual devo ir?
Um dia subirei no vento e singrarei
As grossas ondas com uma nuvem por
   vela,
E cruzarei o mar profundo a outras
   terras.

60

Na capital, chegando o ano ao fim,
A densa nevasca cobre o pátio do
   palácio
E entre os flocos, vindo a cavalo da
   corte,
Em finas vestes carmim passam
   duques e barões.

Podem gozar a beleza da neve, o vigor
   do vento;
Para os ricos, não significam fome ou
   frio.
Ao grandioso portão reúnem-se
   ginetes e coches,
Velas se acendem na torre e a música
   se derrama,
Convivas felizes se comprimem
Aquecidos pelo vinho, abrem as capas
   de pele,
Mostrando botões de prata e forros de
   seda.
O anfitrião é alto membro do
   Conselho Penal,
O convidado de honra é o Ministro
   da Justiça.
Anoitecia ao início do banquete e da
   música,
Agora passa da meia-noite e a festa
   continua.
Que lhes importa que agora à noite,
   no cárcere,
Os prisioneiros estejam morrendo de
   frio?

61

Ontem, os aldeões armaram uma
   tenda na grama,
Trouxeram leitões e bezerros para
   vender;
As mulheres dispuseram bolos e
   arranjos florais,
E vinda a noite acenderam uma
   fogueira
Para assar um porco no espeto,
Erguendo os canecos de cerveja,
   conversando calmos enquanto
   girava o espeto,

Eles mesmos girando entre boatos e
   velhas notícias.
À luz intensa do fogo, pronto o
   assado, comeram
E seus rostos reluziam.
E na sombra o violinista afinava o
   violino para a festa que viria.

62

O topo isolado deste monte sempre
   me foi caro.
Esta sebe também, traçando uma
   linha sob o céu.
Sentado, olhando, imagino à toa
O que há além do horizonte:
   vislumbro
Grandes silêncios, espaços sem fim,
Uma calma sobrenatural. Então não
   tenho medo.
Ouço o vento soprando nas árvores,
E é a voz daquela distância,
Evocando a ideia do tempo sem
   tempo,
As eras mortas e mudas do passado,
O presente ilimitado sempre a chegar
Ruidoso e tumultuado. Meus
   pensamentos
Soçobram naquelas imensidões;
E é doce nelas se afundar e se afogar.

63

Há muito se foram os dias de minha
   juventude,
Agora partem os dias de meu apogeu.
Com que triste pesar ando outra vez
Por esse lugar frio e deserto!
No meio do jardim paro sozinho,
O luar clareando as trilhas,

O vento frio e úmido congelando o
orvalho
Na alface do outono, retorcida a soltar
sementes.
Também definham as árvores do
pomar;
Restam apenas crisântemos,
Que acabam de se abrir sob o
trançado da cerca.
Trouxe vinho e taça, com planos de
beber;
Mas à sua vista minha mão se deteve.
Lembro como de alegre passava a
triste,
Depressa, quando era jovem;
Tivesse vinho, em qualquer estação:
Mesmo antes de prová-lo, ficava
contente o coração.
Mas agora que se aproxima a velhice,
os momentos alegres
Mais e mais raros se fazem. Receio
que, velho,
Nem mesmo a mais forte bebida me
confortará.
Por isso vos pergunto, crisântemos,
por que florem tão tarde:
Mesmo sabendo que não é por mim.
Mas,
Por vós avisado, esquecerei a velhice e
a dor por este momento
E a vós brindarei uma taça.

64

O que pode isso significar? Que nova
vida estranha!
O que tanto te perturba? Não te
reconheço,

Coração, agora surpreendido como
foste,
Velhos amores, velhas dores
esquecidas, eis nova turbulência:
Foste capturado pela bela juventude
cujos olhos,
Brilhando para ti, impedem-te de
fugir às pressas,
Embora exclames: "Deixa-me ir!
Deixa-me ir."
O fio que não pode ser desfeito é que
te traz de volta,
Todos os caminhos trazem de volta,
estás cativo: que mudança!
Quanto terás de envelhecer antes que
tal encanto
Não mais te prenda e te deixe livre?

65

Vem dançar comigo, ó bela, vem:
A dança coroa o dia de festa ao
anoitecer.
Se não é meu amor, ainda podes sê-lo,
E se fores, vem, dança comigo.
Sem ti, o que seria um dia de festa?
Se me amas, toda a vida é festa;
Sem ti, o que seria uma dança?
Vem dançar comigo;
Giremos na dança, em vertigem
afastemo-nos
A sussurrar nas matas do anoitecer:
Vem, amor, dança comigo,
Vem coroar a festa com dança e amor.

66

Vê como os altos montes se realçam
brancos de neve

E as árvores, lutando, mal conseguem
   sustentar a carga
Da nevasca que se deposita nos
   galhos. As águas do rio
Se congelam e mesmo o ar se estilhaça
   de frio.
Amontoa a lenha, aumenta a fogueira,
Traz o cântaro de dupla alça:
Entrega tudo a seus recursos,
O vento cortante feito faca
   combatendo os vagalhões do mar,
As árvores oscilando e cedendo sob o
   peso cintilante;
Não indagues do amanhã, conta o
   tempo como ganho,
Entrega teus pensamentos às alegrias
   da juventude:
As danças na praça, o riso de uma
   jovem
Oculta num canto secreto a denunciá-
   -la:
E um penhor furtado a seus dedos
   carinhosos,
Que fingem relutância, mas a teus
   dedos ateiam fogo
Com seu toque.

67

O homem apanhado em alto-mar
   quer calmaria.
Sente-se cheio de medo quando uma
   nuvem tolda a lua
E o brilho sereno das estrelas se perde
   de vista.
Por que ambição, quando a vida é tão
   curta?
Por que trocar a paz de espírito por
   tais riscos,

Nosso lar por outros sóis, nosso
   descanso por árdua luta?
A ansiedade escala o costado brônzeo
   dos navios,
Persegue a cavalaria, mais veloz do que
   o gamo
Ou o vento oeste que empurra as
   nuvens diante de si:
Todo herói tombou ao arremesso de
   sua lança fremente.
Semelha o relâmpago que fende o
   carvalho
E ateia violento fogo nas matas no
   estio do verão.
Não escapa quem deixa o lar rural
Onde medita o gado e pasta o
   rebanho tranquilo;
Quem se aquece no inverno com capa
   de lã,
Duas vezes tingida em tintura
   doméstica;
Quem come o pão que assou com o
   trigo que moeu,
Desdenhando a multidão invejosa.

68

O ouro ama atravessar muros e
   portões,
Desafia vigias e guardas armados,
O dinheiro derruba portões, destranca
   casas,
Desmorona trincheiras e fortificações.
Subornos afundam navios, ganham
   guerras, destronam poderosos.
Ao dinheiro se seguem incômodos e
   aflições,
A sede de riquezas aumenta ao se
   abeberar.

Porém mais negamo-nos, mais
    ganhamos.
Sem estorvos, procuro os campos de
    quem nada deseja;
Desertor, afasto-me de quem é rico
E me faz pobre em comparação: pois
    sou rico
Na ausência de necessidades,
Rico em já estar satisfeito.
Tenho um riacho de águas claras,
    alguns acres de mata,
Minha lavoura, vacas de leite e
    carneiros a balir;
Toda manhã encontro ovos na palha
    do ninho.
Aumento minhas rendas diminuindo
    meus desejos
E sou o imperador de meus
    domínios.

69

Amemos estar vivos;
Aos falatórios das velhas demos menos
    valor
Do que a um cântaro quebrado.
Que o sol nasça e se ponha e nasça
    outra vez;
Depois que seu breve calor nos deixar,
Ficaremos aninhados na terra
Durante uma noite sem fim. Então
    beija-me:
Dá-me mil beijos
E então mais mil beijos:
Depois de muitos milhares de beijos,
Estaremos além dos ciúmes
Daqueles que não sabem
Quantos beijos trocamos.

70

Ei-la! Ela ficará, ela prometeu!
Expulsa a tristeza; ganhei;
Ela não pôde resistir mais a meus
    rogos.
Que a alegria expulse a inveja:
Ela deixou de percorrer rotas
    estrangeiras,
Diz que o lar é melhor, trocando
Vastos reinos por esta cama estreita
    junto a mim.
Não a convenci com ouro ou pérolas
    indianas,
Mas com poesia.
Agora ando pelas estrelas; estou nas
    nuvens.
Ela ficará: ela, a preciosa, é minha!

71

Muitas vezes feriu-me tua
    inconstância,
Mas nunca esperei traição.
Como estava errado! E, quando
    pergunto,
Respondes devagar e evasiva.
Calma levas a escova aos cabelos
E te fitas indolente no espelho.
Então enfeitas os seios com joias
    orientais,
Como beldade preparando-se para
    novo amante.
Ai! É assim que termina?
Assim Calipso sentiu à partida do
    viajante ítaco,
Outrora chorando às ondas
    insensíveis,
Carpindo de cabelos soltos meses a
    fio,

Censurando o mar cruel que o levou:
Mesmo sem tornar a vê-lo outra vez,
Ainda lamentava a felicidade perdida.
Assim Dido pranteou, às mesmas
    ondas e ventos marinhos
Que para sempre tiraram-lhe o
    troiano,
Com lágrimas salgadas como o mar,
    cavando seus abismos.
Mas nem tais histórias te despertam
    piedade por mim ou detêm tuas
    mentiras.
Ó jovem sem consideração! Os rios
    voltarão às nascentes,
As estações inverterão seu curso, antes
    de cessar meu amor por ti.
Não deixes que agora estes olhos te
    pareçam indignos,
Eles que foram voluntariamente cegos
    a tuas perfídias.
Juraste que, se tivesses sido falsa,
Eles se fechariam para sempre a meus
    beijos.
Podes olhar a luz do sol sem
    estremecer,
Ciente de tuas falsidades?
Quem trouxe tal palidez a minhas
    faces
E as lágrimas a correr incontroláveis?
Se lamento o acontecido,
É para alertar os amantes
Como a beleza é traiçoeira.

72

Dáfnis por acaso sentara sob um
    azevinho sussurrante,
Por onde Córidon e Tírsis conduziam
    ao pasto,

Tírsis suas ovelhas, Córidon suas
    cabras túrgidas de leite;
Ambos na flor da idade, ambos
    árcades.
Por lá, enquanto eu cuidava dos novos
    brotos de meus mirtos,
Meu bode, o senhor do rebanho, se
    extraviara, e então vi Dáfnis.
Ao me ver, chamou: "Depressa! Vem,
    Melibeu, teu bode e as crias estão
    a salvo, e se tiveres uma folga,
Vem descansar a esta sombra comigo.
Teus bezerros por si virão se
    abeberar;
Aqui caniços ondulantes orlam as
    verdes margens do regato
E o velho carvalho enxameia de
    abelhas a zunir.
Vem e ouve Córidon e Tírsis a
    disputar
Quem tem o canto mais suave."
O que podia eu fazer? Meus cordeiros
    desmamados estavam abrigados
    em casa,
E o desafio – Córidon contra Tírsis –
    era grandioso:
Preferi a disputa entre ambos a meus
    trabalhos.
Assim a dupla em versos alternados
    competia:
Estes os de Córidon, aqueles os de
    Tírsis em resposta.

Córidon:
Ó fontes musgosas, relvas mais suaves
    do que o sono,
E o verde medronheiro que escassa
    sombra te estende,

Protegei meu rebanho do calor do
 meio-dia.
Agora aproxima-se o ressequir do verão,
Agora germinam os brotos no
 maleável sarmento.

Tírsis:
Comigo terás uma lareira e lenha
 resinosa;
Um bom fogo ardendo e postigos
 negros de fuligem.
Aqui pouco nos importam as rajadas
 geladas do inverno,
Como ao lobo o número de carneiros
Ou à correnteza impetuosa suas
 margens.

Córidon:
Aqui há zimbros e castanheiras
 emaranhadas,
Espalhados sob cada árvore seus frutos
 nativos;
Agora toda a natureza sorri; mas se o
 belo Aléxis deixasse esses montes,
Os rios se secariam.

Tírsis:
O campo está ressequido, a grama
 sedenta, morrendo ao ar infecto;
Relutam as vinhas em dar sombra às
 colinas;
Mas, à chegada de minha Fílis, toda a
 mata
Volta a ser verdejante
E a chuva desce em alegres bátegas.

Córidon:
Caro é o choupo ao pastor,

A vinha ao folgazão,
O mirto ao amante,
O loureiro ao poeta.
Fílis ama as avelãs; enquanto as amar
 Fílis,
Não as vencerá o mirto nem o louro
 do poeta.

Tírsis:
Belíssimo é o freixo nas matas, o
 pinheiro nos jardins,
O choupo junto aos rios, o abeto no
 alto dos montes;
Mas se amiúde vieres a mim, o freixo
 nas matas
E o pinheiro nos jardins se renderão a
 ti.

Isso eu recordo:
Como Tírsis lutou em vão contra a
 derrota;
Desde aquele dia, Córidon é nosso
 único Córidon.

73

Ele se atrasa: pela terceira vez
A mecha da lamparina cai e se
 extingue.
Quisera a chama em meu peito
 cedesse com a mecha
E não ardesse tão forte com insone
 desejo.
Ah, quantas vezes ele prometeu vir à
 noite,
Mas não hesita em romper meu
 coração
Tal como rompe a promessa.

74

A esbelta Melite, embora não mais
jovem,
Não perdeu as graças da juventude.
Tem as faces aindas róseas e os olhos
Não esqueceram o brilho
Nem a maneira de encantar.
Porém, não são poucas suas décadas.
Seus atrativos parecem nos ensinar
Que o tempo não pode vencer a
natureza.
Ai:
No fundo, não pode ser verdade.

75

Tive a adorável Juliana a noite inteira
a meu lado,
E a noite inteira ela se lamentou
tristemente:
Desde a hora em que a estrela
vespertina começou a subir,
Culpou-a por anunciar a aurora de
um outro dia.
Nada é como gostaríamos:
Os servos do amor exigem noites sem
fim.

76

Curioso em saber se a adorável Ereuto
me amava,
Testei seu coração com sutil falsidade.
Disse: "Vou viajar; mas por favor,
querida, continua
Fiel e sempre ciosa de meu amor."
A isso ela soltou um grande grito, deu
um salto
Bateu no peito com as mãos,

Desfez as tranças dos cabelos,
Implorando que eu não partisse.
Então, como se acatando relutante,
anuí.
Estou feliz em meu amor:
O que eu queria fazer, concedi como
favor.

77

Escapando às vistas apreensivas da
mãe,
A bela jovem me deu duas maçãs.
Creio que ateou fogo àquelas rubras
maçãs
Com a tocha do amor: pois esbraseio,
Esbraseio, esbraseio;
Ao invés de dois seios,
Minhas infelizes mãos acariciam duas
maçãs.

78

Melíssias nega que esteja apaixonada,
Mas seu corpo proclama o contrário.
Oscila no andar e ofega ao respirar;
Sob os olhos há covas arroxeadas.
Oh, amor! Ateia tuas chamas nesta
donzela rebelde
Até fazê-la gritar: "Estou em fogo!"

79

Eu, pescador, chegado à velhice
trêmula,
Oferto ao mar tudo o que tenho:
Minhas varas flexíveis, meu remo, o
barco e o leme,
Meus anzóis curvos e retos,
Minha rede e seus pesos de chumbo,

As boias que marcam o curso dos
    peixes,
Estes covos bem urdidos,
Esta pederneira para acender o fogo à
    noite,
Minha âncora, esteio de meu barco
    instável,
Agora coberta de algas:
E eu mesmo, que as ondas outrora
    não tragaram,
Mas possam agora me embalar no
    sono derradeiro.

80

Eu, pastor, em minha velhice
    vacilante,
Ponho de lado meu robusto cajado,
Mas ainda tenho minha flauta, e
    toco;
Pois me resta voz no corpo
    encarquilhado.
Mas nenhum pastor conte aos lobos
Que devastam a montanha
Como estou velho e fraco.

81

Onde encontrarás descanso?
Penso na curva do rio
Onde um velho de capa e chapéu de
    palha
Pesca sentado no barco solitário.
Agrada-nos ver
Salgueiros verdes, água mansa,
O sol a leste e a chuva a oeste,
Meando-se tempo claro e nublado,
Onde o rio faz a curva.
Lá podes encontrar descanso.

82

O temporal cessou. Agora os beirais
    gotejam
E as cigarras retomam aos poucos,
Uma aqui, outra ali.
Sentamos calados no caramanchão,
Enlaçando as mãos úmidas de
    lágrimas.
Não conseguimos falar, pensando na
    distância
A que deves ir: mil milhas,
E nunca mais voltar.
Para os amantes, sofrer uma partida
    forçada
É como o fim do outono e uma
    grande geada.
Onde despertarei amanhã, sabendo
Que só voltarei a dormir embriagado?
A brisa matinal, a lua pálida e vazia
Nos falam que todas as ternas palavras
De nosso amor já foram ditas.

83

À volta do pavilhão vermelho,
Pelos painéis e nos batentes da porta,
Corre a luz matinal como chuva de
    prata.
Ficamos alegres em nos encontrar,
Ficamos tristes em nos separar.
É sempre lua cheia à separação dos
    amantes:
A sombra negra tão marcada se divide
    em duas,
E elas se apartam no jardim noturno.
Não dormi, aguardando esperançoso
    teu retorno,
Sentado à porta enquanto a noite
    findava;

Agora a chuva de prata da luz matinal mostra
O jardim vazio, a presença de tua ausência.

84

Lembro os tempos heroicos:
Ele, nas suas bodas,
Usava leque e lenço carmim,
O manto de cor alegre flutuando ao vento,
Seu riso quando os oradores contavam
Como fizera em cinzas os navios inimigos na praia
E recolhera as armas dos mortos como troféus.
Podes rir também a minhas obsessões e memórias,
Mas lembro os tempos heroicos,
Antes que a montanha dos dias sepultasse as proezas.

85

O mundo inteiro escurece mais ao fim da noite.
A linha dos montes, as sebes e os bosques,
Os telhados e os fiapos de fumaça pelas chaminés,
Tudo escurece mais ao fim da noite.
É como a partida da juventude e do amor:
Vão-se as formas indistintas do passado morto,
Vão-se as ilusões e lembranças ainda intensas:
Todas essas coisas a que se inclinava nossa natureza,

Com as quais nossos corações aprendiam a aprender.
O que era vívido, insistente, permanente,
Fez-se passageiro e indistinto,
Escurecendo ainda mais ao fim da noite.

86

Quão bem lembro a primeira vez!
E disse: se isso é o amor, quão árduo carregá-lo!
Quão mal me conduziu e comandou,
A que duro solo, a que urzes e espinhos;
Quão repleto de mágoas e doloridos lamentos,
Quão inquieto, insone e triste.
Por que se mesclavam tais sofrimentos a tanta esperança,
Tão doce esperança e terno desejo?
Por trás das pálpebras cerradas, exaustas de vigília,
Ainda arde a viva imagem da amada.

87

Minha bela amada, que inspiraste tudo o que sou,
Dize: que inocência, que distância te formou?
Em que fresca sombra nasceste, a que murmurante regato
Criaste e praticaste tuas artes?
Vejo o beija-flor dardejante no jardim a teus cuidados,
O dourado pássaro de fogo e a águia de penas prateadas

Embalando em suas plumas a luz das
  tardes tranquilas,
Quando descansavas, a face na
  almofada musgosa
E a mão no livro de sonetos escritos
  para ti.
Ninguém é, jamais foi, como és;
Em nenhum vale onde o apicultor
  cuida de suas colmeias,
Em nenhuma planície onde o lavrador
  ara a terra,
Em nenhuma colina onde o pastor
  toca flauta,
Em nenhum pomar ou vinhedo onde
  obra o agricultor,
Jamais houve alguém semelhante a ti.
Minha bela amada: a felosa musical
Gorjeia quando despertas da sesta
E o sol da tarde retém seus raios que
  te beijam a fronte.

88

Sob o martelo do escultor,
Aumenta a figura e diminui o
  mármore.
É uma lição.
A arte vem quando nada resta a tirar:
O artista treme; na massa de pedra,
Uma figura esguia procura escapar,
Perdida antes de se encontrar:
Um golpe, e foi-se, estilhaçada, como
  um sonho
Esquecido.

89

Como pode a estátua durar mais do
  que o criador?

A pedra dura sobrevive mesmo ao
  duro coração.
Há uma imagem viva na pedra fria
E o cinzel a liberta, dá-lhe vida.
O criador se faz pó depois de curvado
  pelos anos;
A natureza é derrotada pela arte,
  mesmo tendo a natureza
  desferido na arte
Muitos golpes fortes e pesados.

90

O tempo e a morte não podem
  ameaçar nosso trabalho,
Se trabalhamos para derrotar a morte
  e o tempo.
Vi nas cores, no mármore, no tijolo.
Na tinta vi: a derrota da morte e do
  tempo.
Enquanto enxergarem os olhos, as
  obras durarão.
Não somos tolos lutando para subir
  acima
Do inevitável, para impor-lhe nossa
  marca.
Se nos atrasamos para uma nova
  tentativa
E podemos ficar apenas breve tempo,
Ainda assim, mesmo relutantes,
  partimos satisfeitos:
A promessa era, se tentássemos,
A tentativa seria o próprio triunfo.

91

Por um átimo, uma vela branca
  solitária mostra
Onde o brilho azul do mar toca o céu.

O que os marinheiros deixaram em
  seus lares
Tão distantes? O que procuram, em
  viagem tão longa?
Sinto, pois daqui não consigo ouvir,
O rangido dos mastros e o esvoaçar da
  lona.
Sinto, pois daqui não consigo tocar,
As cordas retesadas e o parapeito
  úmido de maresia.
Os vagalhões se erguem, o vento
  impaciente
Impele as ondas diante de si.
O que deseja o mar? Temporais:
Não deseja a carícia do sol,
Mas anseia pela ventania rude
E pela borrasca fustigante.
Onde estará então aquela vela branca
  solitária,
Distante onde o céu encontra o mar?

92

Na cerração faiscavam as pedras do
  caminho.
De súbito emergi da obscuridade
Para a noite clara, de estrelas
  cintilantes
E um pálido horizonte a norte, onde
  o sol não se põe.
Acima, um céu grave e maravilhoso;
Abaixo, uma terra sonolenta,
  banhada
Em fresca luz azul:
Era tudo o que buscava, tudo de que
  precisava.
Não lamento o passado,
Quero apenas descanso e liberdade;
Adormeceria ao pé de uma árvore

Para sempre, dispensando aurora ou
  dia:
E a tudo, sempre a girar, eu me uniria.

93

As nuvens vivem no exílio, como eu,
À deriva, como eu, vagueando ao
  comando do vento
Em longas faixas de vapor,
Brancas ou com contusões azuis no
  ventre prenhe de chuva
Aguardando se esvaziar, de cabeça
  erguida ou formatos estranhos
Que divertem as crianças: assim como
  eu.
Nas vastidões ermas do céu, que o
  vento percorre,
Golpeia ou empurra, sem que resistam
  as exiladas errantes,
Meus pensamentos flutuam como
  elas, sob o comando das
  divagações.
As nuvens não têm lar, apenas
  desterro:
Assim como eu.

94

É difícil morrer, mas é bom morrer:
Não pedirei a piedade de ninguém
E ninguém se apiedará de mim.
Não ganhei glória com minha lira,
Não trouxe lustro ao nome de família;
Estou tão distante de meus parentes
Como no dia em que nasci.
Todos os laços foram rompidos, todas
  as mágoas esquecidas.
Não há a quem pedir perdão,
Pois não há perdão a dar.

95

Aqui na estepe há uma tumba
  esquecida.
Agora não é um monumento a
  ninguém,
Apenas a uma afeição de outrora,
Que ergueu e empilhou pedras,
Muitas pedras, para não dar pasto a
  lobos
Nem a abutres. Na estepe gelada, o
  vento
Canta uma canção eterna, que não é
  balada nem lamento;
a canção da estepe, que canta aos que
  vivem e morrem
com o imenso horizonte diante de si
e o ar puro que afasta o uivo do lobo
ao extremo do mundo.
O único a visitar as pedras é o vento
  da estepe,
Com canção que não é balada nem
  lamento.

96

Bem-vinda, solidão: companheira dos
  bons e sábios,
A cujo olhar penetrante os tolos
  fogem e os patifes se ocultam.
Apraz-me andar contigo e ouvir tuas
  palavras sussurradas,
Tua inocência e verdade, que derrete
Até os mais duros corações.
Usas mil formas agradáveis;
Tens o hálito balsâmico do anoitecer,
Quando a paisagem se dissolve em
  sombras,
Tens o recesso secreto do ermitão,
Onde jamais existe causa de enganos,

Nem mesmo de si mesmo.
Bem-vinda; és aquela que nos acolherá
  a todos,
Naquela noite derradeira em que
  veremos, sozinhos,
Dissolverem-se em sombras as
  paisagens de nossa vida.

97

Cai a tarde; tudo parece se afastar;
No alto, brilha a estrela vespertina,
Graciosa lanterna. E então ergue-se o
  sereno,
As árvores, as cercas,
A chaminé da casa distante se borram
  e se dissolvem.
Agora, no céu a leste, vejo a lua,
O brilho e clarão da lua ocre,
E na obscuridade despontam os ramos
  do salgueiro,
Prateados e esguios.
O luar estremece no jogo das sombras
  movediças
E seu frescor acalma o coração inquieto.

98

A noite abraça as matas,
Desses montes o dia desceu para o
  oeste.
As flores dormem e as estrelas refletem
  a paz no lago.
Deixa-me aqui, onde as sombras dos
  abetos me recobrem;
Deixa a brisa noturna respirar a meu
  redor como o respiro dos sonos,
Pois aqui, no topo escuro do monte,
  está a dor:

Mais além, o campo de batalha onde, tempos atrás,

Depuseram os ossos talhados e quebrados de homens

Que morreram antes de viver, longe do lar.

Sentarei aqui nas sombras e os relembrarei.

99

Quando vem a noite e o mundo se aquieta

E o coração também,

Quando tua mão pousa cansada no joelho

E podes ouvir o pêndulo do relógio na parede,

Que não se fez ouvir o dia todo,

Quando o pó pousa nos cantos e lá fora voa o noitibó,

Pensas no clarão do sol poente

Olhando uma última vez pela janela,

No som das crianças indo para casa, risonhas,

Para jantar e dormir,

Pensas talvez que o dia, afinal, foi alegre

E amanhã poderá ser ainda mais.

100

Muito contente ficaria se permitido fosse

Usar a experiência do passado,

Usar a sabedoria colhida entre as tolices do passado,

Agora reconhecidas;

Tentar a vida outra vez, na esperança

De menos erros numa segunda prova.

Mas disse meu coração: Poderias mesmo?

Perdoarás o tempo desperdiçado,

A moral transgredida, o talento mal-empregado,

Os juízos malfeitos, as caridades negadas,

A oportunidade perdida?

É danosa ocorrência ao homem

Não examinar as fontes da verdade proveitosa

E andar pelo mundo com os olhos cerrados,

O espírito fechado, os ouvidos tampados,

O coração vedado contra o bem maior.

E só se pode andar assim na trilha batida.

101

Enviaram-me um presente de Anam:

Uma cacatua vermelha,

Cor da flor do pessegueiro,

Falando a língua dos homens.

Fizeram-lhe o que sempre fazem

Aos cultos e eloquentes:

Numa gaiola de sólidas barras

Encerraram-na.

102

Puseram meu leito atrás da tela lisa.

Trouxeram a estufa perto da cortina azul.

Às vezes meus netos me leem seus livros:

Os criados aquecem minha sopa no
    braseiro lá fora.
De rápido punho respondo aos gentis
    bilhetes dos amigos.
Apalpo o bolso para as moedas que
    pagarão o médico.
Concluídas todas essas ninharias,
Deito-me no travesseiro e durmo com
    o rosto para o sul.

103

Até os quarenta, distraem-nos os
    desejos dos cinco sentidos;
Depois dos setenta, mil achaques nos
    perseguem.
Mas, aos cinquenta e sessenta, livres
    estamos de todos os males.
Calmo e sereno, o coração goza de
    descanso.
Deixei para trás amor e cobiça,
Deixei para trás ganho e fama;
Não estou decrépito nem senil:
Resta-me força nos membros
Para ir ao rio e andar nas colinas;
Meu coração ainda ama ouvir a flauta
    e as cordas,
Meu estômago aprecia o banquete e o
    vinho novo.
Não te queixes dos sessenta:
É quando melhor obedecemos a nós
    mesmos.

104

Não prendas teus cabelos.
Deixa voarem livres.
Deixa que os violente o vento
Com sua luxúria:

Como novelo de fios dourados,
Desfeito, deixa-os livres.
Não enroles essa luz em fitas
Nem a nubles, como a noite;
Deixa a cor do sol neles
Dançar e se espraiar,
Como o dia.

105

Nos campos isolados entraram duas
    figuras,
Andando devagar, na mata gelada.
Lábios cerrados, olhos mortiços,
Ninguém ouve o que diziam.
Nos campos gelados duas sombras
    entraram,
Para lembrar ou negar o passado
    esquecido.
Lembrais nosso êxtase?, perguntaram;
Por que lembraríamos?, responderam;
Meu nome ainda bate em vosso
    coração?, perguntaram;
Nunca, responderam; e o sabor de
    nossos beijos, perguntaram,
Ainda o sentis?
Não, responderam; tudo se foi, beijos
    também;
Tudo esquecido, como taça quebrada
    e conteúdo derramado.
Assim na noite estéril vagueavam,
Pelos prados gelados,
Apenas a escuridão ouvindo suas
    palavras.

106

De novo me atraem interesses
    mundanos.

O mundo me seduz: meus
    pensamentos
Se fazem estreitos e cobiçosos.
Outrora, eu costumava te visitar,
Passando de manhã cedo,
Detinha meu cavalo a teu portão e
    batia;
Mandavas teus filhos me receberem
E corrias à porta para me saudar,
A túnica esvoaçando em teus quadris
    nus,
Rindo, a touca enviesada.
Tomávamos o desjejum no terraço
    varrido,
Com vista para os montes e a cabana
    oriental no alto,
O telhado visível acima das árvores.
Às vezes falávamos o dia todo,
Mas nunca de dinheiro ou serviço.
Desde que nos separamos, quanto
    tempo se passou?
Então as folhas estavam caindo; agora
    ouço
O canto das novas cigarras. E sou
Outra vez atraído por interesses
    mundanos;
O mundo me seduz novamente,
Embora nunca falássemos de serviço e
    dinheiro.

107

Que coisa grandiosa é uma taça de
    vinho!
Uma só taça nos faz contar a história
    de nossas vidas.
Junto aos salgueiros que se fitavam no
    lago,

Bebíamos e falávamos dos dias de
    escola que passamos juntos,
Assombrados com nosso
    estouvamento e nossa ignorância
    de então:
Éramos ambiciosos e nunca
    sentávamos serenos
A olhar a lua, a ouvir o canto do
    papa-figo,
A apreciar as formas das folhas e dos
    frutos do carvalho.
Agora ouço a água caindo no regato,
E se tivesse aqui comigo tua presença
    e uma taça de vinho,
Contaria de novo a história de minha
    vida e ouviria a tua.

108

Amo-te pelas belas ondas macias de
    teus cabelos
Que descem pelos ombros quando te
    despes?
Amo-te pelas flores em tuas faces, a
    rosa
E o botão perfumado do mais pálido
    rubor?
Amo-te por teus lábios de coral e os
    beijos que neles deponho,
Embora tais beijos possam amolecer
Os mais poderosos tiranos e da morte
    devolver à vida?
Amo-te por esses dentes perolados
Que guardam a melodia de tua voz
Ou pela coluna de marfim de teu
    pescoço, ou por teus seios
Belos e macios coroados por róseos
    mamilos?

Amo-te, ó, a mais bela dentre todas as
  belas?

109

Gozemos as exortações, ó amor,
Antes que o olho rápido e a afeição
  dardejante se esfriem,
Antes que as graças do rosto e das
  maneiras mudem ou cessem,
Antes que o cabelo dourado em neve
  se faça, ou a jovem beleza
  feneça:
Gozemos as exortações.
Antes que o tempo traga sua foice ou
  suas asas,
Agarremo-lo, colhamos o que há
  agora
E vivamos antes do inverno.

110

Tornaste-te um estranho à paz?
Estás aflito? Pega a jarra e uma taça;
Deixa o torvelinho da cidade, a poeira
  e o bulício,
Sobe aquelas trilhas sinuosas que se
  embrenham na mata
E que a luz do sol trace desenhos nas
  folhas a teu redor,
O coro das aves cante para ti,
O regato correndo entre as pedras te
  acalme.
Na brevidade da vida, pouco tempo
  há para tais inquietações.
Sobe às matas;
Ali aguardarás,
jarra e taça prontas, a paz sentada a
  teu lado.

111

Cada pétala que cai diminui a
  primavera.
Cada folha que cai apressa o final do
  ano.
Tendo estudado o mundo, pergunto
  ao homem:
Como pode ser tão surdo àquele
  rugido,
Àquele trovão do tempo a passar?

112

As borboletas se afundam entre as
  flores,
As libélulas pairam entre gotas d'água
Suspensas no jorro da fonte.
Ao olhá-las, vejo que não se
  preocupam com o que nos
  inquieta,
Que a vela de nossa vida tão débil
  bruxuleia no vendaval do tempo.
Temos tão pouca ocasião de nos
  conhecer, amada,
Que não devemos jamais nos afastar.

113

Ao nascer, choramos, e ao redor os
  outros sorriem.
Vivamos tal que, ao morrer,
Possamos sorrir e ao redor os outros
  chorem.
Não iludas, não induzas os estranhos a
  erro;
Age como irmão em tudo;
Então sorrirás no dia final,
Por ter vivido como devem os
  homens:

E serás pranteado como servidor do
    bem.

114

Meus anos fugidios se apressam em
    partir:
Logo jazerei com a terra sobre meu
    peito.
Para refletir sobre os prazeres efêmeros
    do homem,
Voltei àqueles queridos campos
Onde brincava na infância;
À margem do rio onde sentava e
    sonhava;
E tudo havia mudado.

Derrubados os choupos que me
    ofereciam sombra,
Não podia mais ouvir suas folhas
    farfalhando
Nem ver seus reflexos tremulando nas
    águas,
Nem repousar à sua sombra;
E o melro já não tinha ali seu retiro,
De onde oferecesse seu canto mavioso.
Muito tempo atrás fizeram-se fumaça,
Como fumaça fazem-se os anos.
Muito tempo atrás os anos fugidios
    apressaram sua partida
E, com ela, meus anos também.

HISTÓRIAS

Capítulo 1

1. Estes são os registros do historiador, oferecidos para preservar a memória dos acontecimentos que viveu a humanidade

2. E para apresentar a grande guerra entre Oriente e Ocidente, eixo em torno do qual girou a história,

3. E como o Ocidente se defendeu ao nascimento contra o ataque do Oriente,

4. Pois o Oriente, em seu poderio e influência e em sua indiferença à liberdade, teria, em caso de vitória, levado o mundo por outros caminhos.

5. Mas os corações livres dos fundadores do Ocidente, em menor número e com menos poderio,

6. Porém com resolução mais forte e maior gênio, preservaram a liberdade da civilização nascente.

7. A experiência é nosso primeiro guia; saímo-nos muito melhor quando evocamos exemplos de nossos ancestrais e suas ações,

8. Em particular aqueles que instruem e iluminam nosso caminho, conduzindo nossos passos na direção do entendimento;

9. Tampouco devemos esquecer nossos primórdios nem aqueles poucos a quem nós, que agora somos numerosos como as estrelas, tanto devemos.

Capítulo 2

1. Quando o Oriente era a Pérsia, e já começara a se tornar uma grande potência,

2. E o Ocidente era a Grécia, ainda uma criança em número e riqueza,

3. Eles mantinham entre si a relação que um centro mantém com suas margens.

4. Pois o mundo era a Ásia, e os pequenos Estados gregos, desde as ilhas do Egeu à ponta da Itália,

eram meras aldeias em sua costa remota.

5. Os orientais atribuem aos episódios de Troia a razão inicial de sua inimizade com os gregos,

6. Mas, na verdade, as raízes do conflito residem no crescimento do poderio oriental,

7. Quando Creso, filho de Aliates, lídio de nascimento, estendeu seu domínio por todas as nações a oeste do rio Hális.

8. Ele foi o primeiro rei bárbaro a manter negociações com os gregos, obrigando alguns a se tornarem tributários e fazendo alianças com outros.

9. Conquistou os gregos da Ásia e do Mediterrâneo oriental, os eólios, dórios e jônios, que até então eram livres.

10. A primeira cidade grega capturada por Creso foi Éfeso; a partir daí, ele tomou todas as cidades gregas daquela região

11. E chegou a planejar um ataque naval às ilhas, mas seus conselheiros o dissuadiram;

12. Pois os gregos eram senhores das ondas e Creso se arriscaria demais se os desafiasse no mar.

13. Quando Creso havia estendido seu domínio a todas as nações a oeste do Hális – lídios, frígios, mísios, mariandinos,

14. Calíbios, paflagônios, tínios e trácios bitínios,

15. Cários, jônios, dórios, eólios e panfílios – e seu poder estava no auge, recebeu a visita de Sólon, o ateniense.

16. Ora, Sólon era considerado o homem mais sábio de Atenas por seus concidadãos, que lhe haviam pedido que lhes criasse leis

17. Para dirimir divergências e divisões na cidade, assim ajudando os cidadãos a levar uma vida coletiva pacífica e próspera.

18. Sólon concordou, dizendo: "Faço-o desde que nenhuma de minhas leis seja alterada durante dez anos, para lhes dar tempo de surtir efeito."

19. Depois de realizar sua obra, ele saiu da cidade e partiu para o estrangeiro, para que seus concidadãos não lhe pleiteassem a revogação das leis,

20. E principalmente para ver novas coisas e ganhar mais conhecimento, pois era o que amava acima de tudo.

Capítulo 3

1. Depois de ir ao Egito e às regiões do Oriente Próximo, Sólon foi à corte de Creso em Sárdis.

2. Ele sabia que este rei era o mais rico e, até então, o mais afortunado de todos os governantes do mundo, e quis vê-lo no ápice de sua fortuna e seu império.

3. Creso, por sua vez, quis impressionar um homem tão renomado como era Sólon.

4. Hospedou-o em seu palácio em aposentos luxuosos e ordenou aos servos que lhe mostrassem os imensos tesouros do palácio.

5. Depois de ver tudo, Sólon foi convidado para um banquete esplêndido, sentado à direita de Creso;

6. Quando o jantar terminou e foi servido um vinho novo, o rei se dirigiu a Sólon da seguinte maneira:

7. "Sólon de Atenas, muito ouvimos falar de tua sabedoria e de tuas viagens por muitas terras, procurando o conhecimento de todas as coisas.

8. "Tenho a curiosidade de te perguntar: quem é o indivíduo mais feliz que encontraste na vida?"

9. E Creso esperava ouvir que era ele mesmo, pois era o mais rico e mais poderoso dos reis.

10. Mas Sólon respondeu com a verdade e não com a lisonja, dizendo: "O homem mais feliz que já encontrei é Telos de Atenas."

11. Surpreso e desapontado, Creso perguntou em que sentido Telos era o mais feliz.

12. Sólon respondeu: "Primeiro, porque em sua época Atenas era florescente;

13. "Segundo, porque teve filhos bons e belos, e viveu para vê-los ter seus próprios filhos;

14. "Terceiro, depois de uma vida de conforto e integridade, em posição favorável entre todos os que o conheciam,

15. "Teve uma morte corajosa e honrada, combatendo com seus conterrâneos na guerra entre Atenas e Elêusis.

16. "Recebeu um funeral público no local onde tombou e lhe prestaram as mais altas honras cívicas."

17. Assim Sólon alertou Creso com o exemplo de Telos.

18. Mas Creso, consigo mesmo, desconsiderou esse relato, julgando que Telos não passava de um bom cidadão que, embora merecedor de louvores,

19. Não podia se comparar à glória de um rei rico e universalmente admirado.

20. Assim, perguntou outra vez: "Depois de Telos, quem te parece o mais feliz?"

21. A isso Sólon respondeu: "Eu daria o segundo lugar a dois homens ao mesmo tempo, os irmãos Cleóbis e Bíton.

22. "Eram argivos, de moderada abastança, mas de enorme força física, ambos premiados nos Jogos por suas proezas.

23. "Aconteceu certa vez que se realizava uma festividade

importante, a que a mãe deles queria assistir, mas os bois que puxariam a carroça para levá-la até lá não voltaram do campo a tempo;

24. "Então os filhos se atrelaram à canga e puxaram a carroça de casa até o distante local da festa, levando a mãe.

25. "Grandes multidões viram a façanha; os homens louvaram a força atlética dos irmãos, as mulheres louvaram a mãe por ter filhos tão cumpridores;

26. "E a própria mãe os aplaudiu diante de todos os presentes e pediu que se erigisse um monumento a eles por sua afeição filial."

27. Creso, irritado, disse: "Tens na conta de nada toda a minha felicidade, pondo-me abaixo de homens comuns,

28. "E até de homens que não possuem muito mais do que meros músculos e o respeito filial que esperamos de todos?"

29. "Ó, Creso", respondeu Sólon, "perguntaste a mim sobre a condição humana, e sei que a vida dos homens é cheia de problemas e mudanças.

30. "Uma longa vida presencia muitas coisas que se preferiria não presenciar. Um homem não tem mil meses para viver, não, não tem sequer novecentos;

31. "E cada dia desses meses pode trazer acontecimentos diversos de qualquer outro dia, e todas as espécies de acasos.

32. "Vejo que és muito rico e governas muitas terras e povos, mas o que queres que eu te responda só poderei fazê-lo depois de saber de tua morte,

33. "Pois apenas então poderei julgar se tua vida foi feliz.

34. "Pois não podemos dizer de nenhum homem que ele foi feliz enquanto não morrer, quando virmos e entendermos todo o bem e todo o mal de sua vida.

35. "Então, não digas que o rico é feliz; dize-o afortunado; não o digas feliz enquanto não se tiver a soma total e o verdadeiro balanço de sua vida.

36. "Pois certamente o rico não está mais próximo da felicidade do que o pobre que tem tudo do que precisa.

37. "Na verdade, o rico tem mais preocupações e responsabilidades, e mais a perder, do que o pobre;

38. "E, portanto, mais razões para não dormir bem à noite. Podemos dizer feliz um homem assim?

39. "É necessário lembrarmos o fim da vida: pois não raro temos grandes razões para nos considerar felizes,

40. "E de súbito tudo nos é arrancado das mãos e recebemos um cálice amargo.

41. "Apenas quem reúne todas as vantagens de possuir o suficiente,

gozar de saúde e da afeição dos próximos,

42. "Realizar obras honrosas e usufruir dessas coisas até o dia de sua morte, é um homem que se pode dizer feliz.

43. "Se és assim, dar-te-ei tal título. Mas, do contrário, não digamos feliz nenhum homem antes de sua morte."

44. Tais foram as palavras que Sólon dirigiu a Creso, que o considerou um tolo rematado por não dar valor ao bem do presente, e sim aconselhar aos homens que sempre aguardassem e observassem o fim;

45. Desse modo, Sólon deixou a corte de Creso sem receber louvores nem liberalidades do rei, que o viu partir com grande indiferença.

Capítulo 4

1. Nessa época, Creso receava o poderio crescente dos persas sob Ciro,

2. E então resolveu atacar primeiro, a fim de impedir que a Pérsia se tornasse ainda mais poderosa e ameaçasse sua segurança.

3. Além disso, tinha planos em relação à terra da Capadócia, que desejava acrescentar a seu império;

4. Por fim, mas de igual importância, desejava vingar seu cunhado Astíages, filho de Ciáxares e rei dos medas,

5. Que fora derrotado por Ciro, o persa, seus homens submetidos ao crescente império persa e ele mesmo aprisionado por Ciro.

6. Creso, portanto, recorreu a Esparta para firmar uma aliança e encontrou boa vontade entre os espartanos, que no passado haviam recebido mostras de amizade de Creso.

7. Com este e outros incentivos mais tolos, Creso começou seus preparativos para a guerra.

8. Enquanto assim procedia, recebeu a visita de um lídio chamado Sandânis, famoso por sua sabedoria, que aconselhou o rei com as seguintes palavras:

9. "Ó Creso, estás prestes a guerrear contra homens que se vestem com peles de animais,

10. "Que são obrigados a comer não o que lhes agrada, mas o que conseguem arrancar ao solo inóspito e estéril de seu país;

11. "Que não conhecem vinho, mas apenas água; que não têm figos nem nada de bom para comer.

12. "Se os conquistares, que bem poderás obter deles, visto que eles mesmos nada têm de bom?

13. "Mas se, pelo contrário, eles te conquistarem, considera quantas coisas preciosas perderás;

14. "Pois, uma vez que tenham tomado gosto por nossas coisas agradáveis, irão se prender tanto a

elas que nunca conseguiremos afrouxar o domínio deles.

15. "Quanto a mim, dou graças que os persas nunca tenham pensado em nos invadir aqui na Lídia e temo pelos resultados de entrar em guerra contra um povo intrépido e em crescimento."

16. Creso ignorou o conselho e conduziu seu exército às margens do rio Hális, marcando a fronteira com a Capadócia.

17. Ali encontrou dificuldades para a travessia, pois não havia pontes naquela época, e as águas eram demasiado fundas para atravessar o vau.

18. O problema foi resolvido pelo filósofo Tales de Mileto, que estava com o exército.

19. Tales mandou que os engenheiros cavassem um segundo leito para o rio, assim dividindo as águas para correr por ambos os lados do acampamento, formando duas correntezas, ambas facilmente vadeáveis.

20. Depois de devastar a área dos sírios além do Hális, Creso teve de enfrentar o exército de Ciro no território de Pteria e travaram combate.

21. Ao cair da noite, nenhum dos exércitos estava em vantagem,

22. Mas, como era ele o invasor e precisava de reforços, pois as forças persas eram em número superior,

23. Creso decidiu voltar a Sárdis para reunir seus aliados, na perspectiva de retomar a luta na primavera seguinte.

24. Voltando a Sárdis com tais planos em mente, Creso dispensou as forças mercenárias e enviou mensageiros a seus aliados para convocá-los para a próxima primavera.

25. Jamais imaginou que Ciro não faria o mesmo.

26. Pois Ciro, sabendo que Creso iria dispensar seu exército e se dedicar aos preparativos para o ano seguinte,

27. Decidiu manter suas forças unidas e marchar sobre Sárdis. Marchou com tal rapidez que ele mesmo foi o arauto de sua chegada.

28. Apesar da extrema desvantagem, Creso não perdeu a coragem e seus lídios mantiveram a habilidade bélica, pois eram famosos em combater a cavalo com lanças compridas.

29. Assim, Creso liderou o restante de seu exército até a grande planície diante de Sárdis e dispôs sua afamada cavalaria de frente para o inimigo.

30. Vendo a cavalaria, Ciro adotou uma estratégia que lhe fora sugerida por Hárpago, um meda,

31. Que consistia em usar os camelos que carregavam as bagagens, montando-os com homens armados como cavalarianos. Estes

lideraram a carga, com a infantaria atrás e a cavalaria persa na retaguarda.

32. A razão dessa estratégia residia no fato de que os cavalos detestam camelos e se atemorizam à vista e ao cheiro deles.

33. Dessa forma Ciro anulou o efeito da cavalaria lídia, que, de outra maneira, seria tremendo; os cavalos lídios fugiram ao avanço dos camelos e Creso perdeu sua vantagem.

34. A coragem dos lídios não lhes faltou. Os cavalarianos desmontaram de seus cavalos assustados e enfrentaram os persas a pé.

35. O combate foi longo e sangrento, mas por fim a vitória coube a Ciro. Os lídios se retiraram para os muros de Sárdis e os persas montaram o cerco.

Capítulo 5

1. No décimo quarto dia do cerco, Ciro anunciou a seu exército que daria uma recompensa ao primeiro homem que galgasse as muralhas de Sárdis. Então tentou um assalto aos muros, mas sem êxito.

2. À retirada das tropas de Ciro, um mardo chamado Hiroíades decidiu ganhar entrada em Sárdis por um local desprotegido, porque o íngreme penhasco rochoso abaixo dos muros era tido como inexpugnável.

3. Pois Hiroíades vira antes um soldado lídio descer pelo rochedo para apanhar um elmo que deixara cair, depois voltando e transpondo o muro, o que lhe deu aquela ideia.

4. Seguido por um grupo numeroso de persas, Hiroíades escalou a rocha e transpôs o muro, surpreendendo a guarda;

5. Rapidamente venceram sua resistência e abriram os portões para o exército persa, que entrou e pilhou a cidade.

6. Durante o saque de Sárdis, ocorreu um acontecimento incomum envolvendo o próprio desafortunado Creso.

7. O filho mais novo de Creso era surdo-mudo e nenhuma tentativa de curá-lo tivera êxito.

8. Quando as tropas persas tomaram a cidade, Creso, tomado de dor e desespero, nada fez para se proteger e se expôs pessoalmente ao perigo.

9. Um soldado persa, sem saber que era ele o rei, avançou para matá-lo e Creso, oprimido por sua aflição, nada fez para evitar o golpe.

10. O filho mudo, em seu transe de medo pela vida do pai, de súbito adquiriu fala, exclamando: "Homem, não mates Creso!". A partir daí, ele conservou o poder da fala pelo resto da vida.

11. Creso foi levado à presença de Ciro, que o manteve em grilhões,

cercado por um grupo de lídios importantes igualmente agrilhoados,

12. Sobre uma pilha de bens que tinham sido saqueados da cidade, pretendendo atear fogo à pilha e assim dar fim a Creso e seus principais homens.

13. Ali de pé, Creso lembrou as palavras de Sólon: "Não digas feliz um homem enquanto não morrer",

14. Lamentou-se em voz alta e bradou o nome de Sólon, cuja sabedoria finalmente reconhecia.

15. Ouvindo-o pronunciar um nome, Ciro disse aos intérpretes que indagassem o significado a Creso e perguntassem quem estava invocando.

16. Creso respondeu: "Alguém a quem eu muito daria para que conversasse com todos os monarcas."

17. Instado por Ciro a se explicar, Creso lhe contou que Sólon fora visitá-lo em todo o seu régio esplendor

18. E pouco caso fizera disso; e que Sólon estava certo no que dizia, com palavras de sabedoria que todos deveriam ouvir.

19. Informado pelos intérpretes do que dizia Creso, Ciro se aplacou, pensando que Creso também era um homem,

20. Um semelhante que antes fora tão afortunado quanto ele; e que ele

mesmo poderia algum dia enfrentar o mesmo destino de ser conquistado e colocado numa pira para ser queimado vivo.

21. Tomado pelo pensamento de que tudo o que é humano é inseguro, Ciro mandou seus homens apagarem o fogo que já haviam ateado.

22. Mas parecia que o fogo ganhara muita força e os persas não conseguiram extingui-lo, de modo que o destino de Creso parecia selado.

23. Mas, naquele exato instante, começou a chover; entre o empenho dos soldados persas e a água da chuva, o fogo se extinguiu,

24. E Creso e os lídios ilustres que estavam com ele foram libertados, passando de cativos a convidados de Ciro.

25. Quando então se sentaram juntos à refeição, Ciro perguntou a Creso, outrora grande rei, por que havia atacado a Pérsia, assim trazendo a ruína sobre si mesmo;

26. Creso lhe disse que fora incentivado pelos gregos, que havia consultado sobre a melhor maneira de conter o poder crescente da Pérsia.

27. Assim foi plantada a semente da primeira discórdia entre Oriente e Ocidente, entre Pérsia e Grécia, que moldou o curso das civilizações ao longo do tempo.

Capítulo 6

1. Enquanto Ciro e Creso partilhavam a refeição naquela primeira vez, Creso fez um gesto na direção de sua desventurada antiga capital, a cidade de Sárdis, onde os soldados persas se entregavam ao saque e à pilhagem,

2. E perguntou a Ciro: "Ó rei, o que teus soldados estão fazendo?"

3. Ciro respondeu: "Estão saqueando as riquezas de tua cidade, claro!"

4. Ao que Creso replicou: "Não minha cidade, não minhas riquezas; é tua cidade e tuas riquezas que eles estão saqueando."

5. Surpreso com essa observação, Ciro disse a seus cortesãos que se retirassem e perguntou a Creso o que ele pensava que se devia fazer a respeito da pilhagem.

6. Creso disse: "Agora que sou teu cativo e teu escravo, cabe a mim fazer o que for possível para te servir, ó rei, e te mostrar tudo o que te possa ser proveitoso.

7. "Teus persas têm coração altivo, mas são pobres e muito menos civilizados do que o povo que acabam de conquistar.

8. "Se deixares que pilhem e adquiram grandes riquezas, posso te dizer o que te espera às mãos deles.

9. "O homem que obtiver mais, este podes ter certeza de que logo se rebelará contra ti, pois terá adquirido gosto pelas riquezas e pelo poder que elas conferem.

10. "Se fores sábio, colocarás teus guarda-costas como sentinelas em todas as portas da cidade, para tomar o butim aos saqueadores conforme saírem,

11. "Dizendo-lhes que cabe o dízimo à coroa para o bem coletivo de todos.

12. "Verão que isso é justo e de boa vontade disporão de uma parte do butim, e isso atestará a lealdade deles a ti."

13. Ciro se agradou extremamente desse conselho, tão excelente lhe pareceu. Teceu grandes louvores a Creso

14. E ordenou à sua guarda que procedesse de acordo. Voltando-se para Creso, disse: "Ó Creso, vejo que estás resolvido, nas palavras e nas ações, a te mostrar um príncipe virtuoso;

15. "O que posso fazer para te demonstrar minha gratidão e amizade por ti?"

16. A isso Creso respondeu: "Deixa-me enviar esses grilhões aos gregos que me aconselharam a travar guerra contra ti, para lhes mostrar no que resultou tal conselho."

17. Ciro concordou e Creso foi autorizado a enviar alguns de seus lídios à Grécia, com os grilhões que usara quando estava naquela que seria sua pira funerária,

18. Com a mensagem de que eram aqueles os primeiros frutos de tal conselho.

19. Assim foi que a Lídia ficou sob o jugo persa e os persas se tornaram senhores de toda a Ásia.

Capítulo 7

1. A jornada dos persas até essa conquista fora longa. Antes deles, os assírios detinham o império do norte da Ásia,

2. E isso por quinhentos e vinte anos antes que os medas dessem o exemplo da revolta,

3. Desvencilhando-se da servidão e se tornando um povo livre. Seu exemplo inspirou outras nações a fazer o mesmo.

4. Assim as nações da Ásia conheceram os benefícios da autonomia, mas apenas de início,

5. Pois novamente caíram sob o domínio da realeza, da seguinte maneira:

6. Um certo meda chamado Deoce, filho de Fraorte, homem de grande inteligência, concebeu o desejo de obter o poder soberano.

7. Viu que os medas moravam em povoados dispersos, sem uma autoridade central, e assim prevalecia a ausência de lei por todo o território.

8. Deoce, que já era homem de distinção em sua aldeia, dedicou--se com zelo à causa da justiça entre seus companheiros.

9. Seus companheiros notaram sua integridade e o escolheram para juiz.

10. Logo, os povoados próximos o convidaram também como juiz, pois ouviram falar de sua retidão.

11. Por fim, os medas não depositavam confiança em nenhum outro além dele.

12. Depois de algum tempo, Deoce anunciou que estava cansado de tantos apelos de todas as aldeias medas e quis se retirar do ofício.

13. Mas, ao fazê-lo, logo retornou a ilegalidade e o povo se sentiu mais incomodado do que antes, pois se acostumara à ordem.

14. Assim, seus notáveis se reuniram em assembleia e debateram o que fariam.

15. "Não podemos viver nessa região se as coisas continuarem como estão", disseram eles. "Vamos, portanto, escolher um rei para que a terra seja bem governada

16. "E possamos cuidar de nossos afazeres, sem ser obrigados a abandonar a região por causa da anarquia."

17. A assembleia concordou; e, quando começaram a discutir quem escolheriam, todos mencionaram o nome de Deoce.

18. Construíram-lhe um palácio, nomearam uma guarda para servi-lo e obedeceram à sua ordem de abandonar as aldeias e se reunir para construir uma grande cidade.

19. Assim nasceu Ecbatana, cujos muros são de grande solidez, erguendo-se em círculos concêntricos.

20. Os muros do primeiro círculo circundavam o tesouro e a cidadela do reino; os muros do círculo mais externo tinham praticamente a extensão dos muros de Atenas em seu período mais grandioso.

21. As ameias da muralha mais externa eram brancas; as do círculo seguinte, eram negras; do terceiro, escarlate; do quarto, azuis; do quinto, alaranjadas; todas essas cores eram pintadas a tinta.

22. Mas as ameias das duas muralhas mais internas eram respectivamente revestidas de prata e de ouro.

23. Além disso, Deoce instituiu protocolos cerimoniais, sendo o principal deles que os súditos nunca o encontrassem diretamente, comunicando-se apenas por meio de mensageiros.

24. Assim procedeu ponderando que seus pares, não sendo de nascimento inferior ao dele e tendo as mesmas ou maiores qualidades,

25. Poderiam, por observá-lo demais, vir a se arrepender de tê-lo escolhido como rei e se ressentir do domínio dele,

26. Ao passo que, se não o vissem, iriam julgá-lo um homem muito diferente de si mesmos e o reverenciariam.

Capítulo 8

1. Assim, Deoce uniu os medas numa nação e governou sobre eles com rigorosa justiça.

2. Ora, tais são as tribos em que consistiam: os busos, os paretacenos, os estrúcatos, os arizantos, os búdios e os magos.

3. Tendo reinado por cinquenta e três anos, Deoce foi sucedido por seu filho Fraorte.

4. Este príncipe, não satisfeito com um domínio que se restringia apenas à nação dos medas, começou por atacar os persas;

5. Marchando com um exército sobre o território deles, submeteu-os ao jugo meda, antes de qualquer outro povo.

6. Depois dessa vitória, sendo agora o chefe de duas nações, ambas poderosas, ele passou a conquistar a Ásia, submetendo província após província.

7. Por fim, entrou em guerra com os assírios, aos quais pertencia Nínive, e que antes tinham sido os senhores da Ásia.

8. Agora estavam sozinhos, pois seus aliados haviam se passado para o lado dos medas, mas sua situação interna continuava próspera como sempre.

9. À morte de Fraorte, seu filho Ciáxares subiu ao trono. Era ainda mais beligerante do que seus ancestrais, e foi o primeiro a impor organização a um exército asiático,

10. Dividindo as tropas em companhias e formando corpos distintos de lanceiros, arqueiros e cavalarianos, que, antes disso, formavam e se confundiam numa massa só.

11. Foi ele que combateu os lídios quando um eclipse solar transformou o dia em noite e que submeteu a seu domínio toda a Ásia a leste do Hális.

12. Este príncipe, reunindo todas as nações que reconheceram seu domínio, marchou contra Nínive, decidido a vingar seu pai.

13. Travou-se uma batalha, na qual os assírios foram derrotados, e Ciáxares já começara o cerco do local,

14. Quando uma horda numerosa de citas, comandados por seu rei Mádies, filho de Protóties, invadiu a Ásia perseguindo os cimérios que haviam expulsado da Europa, e entrou no território meda.

15. Os citas surpreenderam os medas ao tomar uma rota indireta para entrar na Média, marchando ao norte com o Cáucaso à direita;

16. Dali invadiram o território dos medas e o conquistaram numa única batalha. Dessa maneira, os citas se tornaram senhores da Ásia.

17. Depois disso, prosseguiram a marcha com a intenção de invadir o Egito. Mas, quando chegaram à Palestina, Psamético, o rei egípcio, foi ao encontro deles oferecendo-lhes presentes e os dissuadiu do ataque.

18. Assim eles voltaram, de modo geral sem praticar pilhagens nem devastações nas terras por onde passaram, exceto por alguns incidentes na cidade de Ascalão, na Síria.

19. Os citas mantiveram o domínio sobre a Ásia por vinte e oito anos, período em que sua insolência e opressão espalharam a ruína por todas as partes.

20. Pois, além dos tributos regulares, eles cobravam impostos arbitrários adicionais aos povos vizinhos e saqueavam tudo o que podiam.

21. Afinal, Ciáxares e os medas convidaram um grande número de citas para um banquete e os embriagaram com vinho,

22. Depois os massacraram e libertaram os medas do jugo cita.

23. Assim os medas recuperaram seu império e conquistaram Nínive e toda a Assíria, exceto a Babilônia.

Capítulo 9

1. Ciáxares reinou sobre os medas por quarenta anos e a ele sucedeu seu filho Astíages.

2. Este rei tinha uma filha, Mandane, que fez desposar um persa de boa família e de índole calma,

3. Pois não queria que nenhum meda lhe desposasse a filha e ambicionasse usurpar o trono.

4. Todos os persas consideravam os medas inferiores a eles, e Ciáxares pensou que, casando Mandane com um persa, estaria a salvo da ambição de usurpadores.

5. Ora, esse persa se chamava Cambises e levou Mandane para seu lar.

6. Mas Ciáxares era de temperamento nervoso e desconfiado, e logo começou a pensar que sua filha daria à luz toda uma progênie de filhos

7. Que, em virtude de seu sangue real, julgariam que os persas tinham direito ao trono e se tornariam perigosos.

8. Assim, mandou chamar Mandane de volta e, quando soube que estava grávida, ele decidiu eliminar a criança logo que nascesse.

9. Convocou um servidor leal e estimado, de nome Hárpago, e lhe deu as seguintes instruções:

10. "Hárpago, rogo-te que atentes bem à tarefa da qual vou te incumbir.

11. "Para o bem de teu rei, deves pegar a criança nascida de minha filha Mandane e levá-la para tua casa; lá, deves matá-la e enterrá-la."

12. Hárpago respondeu: "Ó rei, nunca te desatendi em coisa alguma e jamais o farei.

13. "Se é esta tua vontade, a mim cabe servir com diligência." Assim, ele se apoderou da criança, que estava envolvida em panos, e, lamentando seu duro destino, voltou apressado para casa.

14. Lá encontrou sua esposa e lhe contou o que Astíages lhe ordenara. E ela perguntou: "Farás isso?"

15. "Não", respondeu Hárpago, "não posso. Primeiro, esta criança é parente minha. Segundo, o rei está velho e, quando morrer, sua filha Mandane o sucederá;

16. "Se eu matar a criança, estarei em terrível perigo. Mas, se a criança continuar em vida, também estarei em perigo, diante do rei."

17. Disse a esposa: "Ai de nós, o que fazer?" E ele respondeu: "A criança deve morrer; mas não por minha mão ou pela mão de nossa família; deve ser morta por alguém que pertença ao círculo de Astíages."

18. Assim dizendo, ele enviou um mensageiro até um certo Mitrádates, pastor a serviço de Astíages, que cuidava dos rebanhos na segurança das montanhas longe da cidade,

19. Local adequado para abandonar a criança, sendo distante e cheio de animais selvagens. Essas montanhas ficam ao norte de Ecbatana, viradas para o Euxino, e são cobertas de florestas.

20. Quando Mitrádates chegou à casa de Hárpago, este o instruiu dizendo: "O rei manda que pegues este recém-nascido e o abandones na parte mais agreste das montanhas, para ser devorado pelas feras.

21. "Se não o fizeres, o rei te sujeitará à mais dolorosa das mortes." Mitrádates viu a criança entre os moradores assustados e lacrimosos da casa de Hárpago,

22. Enfaixada em panos dourados e tecidos de belas cores, gemendo e chorando de fome e falta de cuidados.

23. Tremendo àquela terrível ordem, Mitrádates pegou o recém-nascido e voltou para as montanhas,

24. Onde sua mulher Espaco, uma das escravas do rei, esperava dar um filho à luz a qualquer momento.

25. Comentando o fardo que lhes fora imposto por Hárpago, ficaram ainda mais inquietos e temerosos sobre o próprio destino,

26. E, com a ansiedade, Espaco entrou em trabalho de parto; sentindo-se assustada e angustiada, ela deu à luz um natimorto.

27. "Mulher", disse Mitrádates, "quando saí da casa de Hárpago com esta criança nos braços, um servo me acompanhou durante uma parte do caminho e me contou tudo:

28. "Este é o filho de Mandane, a filha do rei, e de Cambises, o persa, e o rei quer que seja eliminado pelo receio de que ele ou seu pai usurpem o trono."

29. Assim dizendo, Mitrádates desenfaixou o recém-nascido que vagia, e ele e a esposa viram que era belo e saudável.

30. Espaco prorrompeu em lágrimas e se agarrou aos joelhos do marido, implorando-lhe que não o expusesse de maneira nenhuma a uma morte tão cruel.

31. "Leva o corpo de nosso próprio filho, que nasceu morto, e deixa-o nas montanhas", suplicou a ele, "e criemos este recém-nascido como se fosse nosso.

32. "Quando mostrarmos o corpo de nosso filho morto, pensarão que é o outro,

33. "E assim não serás acusado de desobediência à vontade do rei. Nosso filho terá um enterro régio e esta bela criança viverá."

34. Assim Mitrádates e Espaco vestiram o próprio filho com as roupas reais douradas e Mitrádates o levou aos lugares mais agrestes;

35. Depois de três dias, pegou-o novamente, semidevorado pelos

animais, e o levou à cidade para mostrar a Hárpago.

36. Este ficou satisfeito e deu ordens para que o cadáver fosse enterrado com pompas reais.

Capítulo 10

1. Ora, ao menino que foi criado como filho do pastor deram o nome de Ciro.

2. Cresceu forte e nobre, e já aos dez anos mostrava grande comando e inteligência.

3. Incumbiu-se de seus companheiros de folguedos, que o escolheram como rei;

4. Organizou-os, dividiu-os em tropas e liderou-os em batalhas de brincadeira.

5. Um dos companheiros era filho de um distinto nobre meda, e este menino se recusou a obedecer às ordens infantis de Ciro,

6. Não só em razão de sua suposta baixa condição como filho de pastor, mas também porque era persa.

7. Zangado com a recusa do garoto meda em obedecer, Ciro tomou de um chicote e o castigou.

8. Ultrajado, o menino se queixou ao pai, que, como alto cortesão, foi reclamar ao rei Astíages.

9. O rei queria agradar ao nobre cortesão e mandou chamar o pastor e seu suposto filho Ciro, para responderem pelo comportamento deste último.

10. Quando chegaram ao palácio, Astíages disse a Ciro: "Tu, filho de um indivíduo tão humilde, ousaste tratar rudemente o filho de um nobre de minha corte?"

11. A isso Ciro respondeu: "Meu senhor, tratei-o apenas como ele mereceu.

12. "Fui escolhido como rei de brincadeira pelos meninos de nossa aldeia, porque me julgaram o melhor para isso. Ele mesmo estava entre os que me escolheram.

13. "Todos os outros cumpriram minha ordem; mas ele se recusou e fez pouco dos outros,

14. "Até que por fim teve sua devida recompensa. Se por causa disso mereço castigo, aqui estou eu, pronto para me submeter a ele."

15. Enquanto o menino falava, Astíages foi tomado por uma suspeita de quem era ele.

16. Pensou ver em sua fisionomia alguma semelhança consigo mesmo e percebeu nobreza na resposta dada;

17. Além disso, a idade dele parecia compatível com o tempo decorrido desde que seu neto fora abandonado.

18. Assombrado com tudo isso, Astíages perdeu a fala por alguns instantes. Por fim, recobrando-se com dificuldade

19. E querendo se livrar do nobre meda que fizera a queixa para poder interrogar o pastor a sós,

218 HISTÓRIAS

20. Disse ao meda: "Prometo-te acertar esta questão de maneira que tu e teu filho não tenhais nenhum motivo de queixa."

21. O cortesão saiu da sala de audiências do palácio e os serviçais do rei levaram Ciro a uma sala interna, deixando Astíages a sós com o pastor.

Capítulo 11

1. Então Astíages indagou sobre o menino e, de início, Mitrádates insistiu que ele e sua esposa Espaco eram seus pais verdadeiros.

2. Mas, quando Astíages ordenou que o torturassem para obter a verdade, Mitrádates cedeu aterrorizado e contou tudo a Astíages,

3. Terminando com lágrimas e implorando perdão pelo que havia feito.

4. Astíages pouco se incomodou com o pastor, mas se sentiu ultrajado com a deslealdade de Hárpago, que mandou chamar imediatamente.

5. Quando Hárpago chegou, o rei lhe perguntou: "Que morte deste ao filho de minha filha Mandane?"

6. Vendo o pastor na sala, Hárpago não tentou disfarçar.

7. "Senhor", disse ele, "quando entregaste a criança em minhas mãos, refleti comigo mesmo como iria executar teus desejos,

8. "E, embora seja inocente de qualquer deslealdade em relação a ti, evitei molhar as mãos em sangue que, na verdade, era teu.

9. "E foi assim que agi: mandei chamar este pastor e lhe entreguei o recém-nascido, dizendo-lhe que devia ser entregue à morte por ordens do rei.

10. "E nisso não menti, pois assim havias ordenado.

11. "Ademais, quando entreguei o recém-nascido a ele, recomendei que o abandonasse à morte em algum lugar nos ermos das montanhas e ameacei castigá-lo caso falhasse.

12. "Depois disso, quando ele cumpriu tudo o que eu determinara e a criança morreu, enviei alguns de meus eunucos mais leais,

13. "Que viram o corpo por mim e então mandei enterrar a criança. Esta é a pura verdade, senhor, e esta é a morte que teve o recém-nascido."

14. Assim Hárpago relatou toda a história de modo simples e direto; a isso, sem dar nenhum sinal da cólera que sentia, Astíages

15. Passou a lhe repetir tudo o que acabara de ouvir do pastor e concluiu dizendo:

16. "Assim o menino está vivo, e é bom que esteja. Pois o destino da criança foi um grande sofrimento para mim e as recriminações de

minha filha me atingiam o coração.

17. "Na verdade, saiu tudo bem. Vai para casa e manda vir teu filho, para ficar com o recém-chegado, que é meu neto.

18. E hoje à noite teremos um banquete onde serás o convidado de honra, junto com meu neto, para celebrar esses acontecimentos."

19. Hárpago, ouvindo isso, fez uma vênia e foi para casa contente por ver que sua desobediência tivera um resultado tão afortunado.

20. Chegando a casa, chamou seu filho único, um menino de treze anos, e lhe disse para ir ao palácio e fazer tudo o que Astíages mandasse.

21. Assim, com alegria no coração, foi à esposa e lhe contou o que havia acontecido.

22. Astíages, enquanto isso, pegou o filho de Hárpago, matou-o, esquartejou-o e assou alguns pedaços ao fogo e cozinhou outros;

23. Quando estavam devidamente preparados, deixou tudo pronto para ser usado.

24. Chegou a hora do festim, Hárpagos apareceu com os demais convidados e todos se sentaram para o banquete.

25. Astíages e os outros convidados foram servidos com pedaços de carne, mas na mesa de Hárpago não havia nada além da carne de seu filho,

26. Exceto os pés, as mãos e a cabeça, que ficaram num cesto tampado.

27. Quando Hárpago parecia ter comido até se saciar, Astíages lhe perguntou se o repasto lhe agradara.

28. À sua resposta de que lhe agradara imensamente, os incumbidos da tarefa lhe trouxeram o cesto, disseram que o abrisse e se servisse à vontade.

29. Hárpago destampou o cesto e viu dentro dele os restos de seu filho.

30. Àquela visão, porém, ele não perdeu o autocontrole. Quando Astíages lhe perguntou se sabia de que animal era a carne que estivera comendo,

31. Respondeu que sabia muito bem e que tudo o que o rei fazia lhe era agradável.

32. Depois dessa resposta, pegou os pedaços de carne que não tinham sido comidos e foi para casa, na intenção de enterrá-los.

33. Foi assim que Astíages puniu Hárpago.

34. Mas Hárpago ocultou em seu coração o desejo de se vingar de Astíages e aguardou que chegasse a hora.

Capítulo 12

1. Astíages, nesse ínterim, vendo que seu neto era um belo menino, mas

não querendo ter como herdeiro um persa,

2. Decidiu enviá-lo à filha Mandane e ao marido, seus pais verdadeiros, pensando que assim se livraria da responsabilidade por ele.

3. Na Pérsia, Ciro logo cresceu e, quando Hárpago julgou que estava pronto, enviou-lhe uma carta escondida no ventre de uma lebre,

4. Dizendo-lhe para se rebelar contra Astíages e tomar para si o império dos medas.

5. "Se Astíages nomear como general a mim ou outro meda nobre, não importa,

6. "Pois todos nós estamos prontos para a revolta contra seu domínio tirânico e para sua derrubada", escreveu Hárpago.

7. Ciro refletiu consigo mesmo qual seria a melhor maneira de inspirar nos persas o desejo de se revoltarem contra Astíages.

8. A ideia que concebeu foi a seguinte: tomou de um rolo de papel e convocou os persas para uma assembleia.

9. Exibindo o rolo, ele disse: "O rei Astíages me nomeou como vosso general.

10. "Ordeno que vades todos para casa e trazei vossa foice." Então dissolveu a assembleia.

11. Ora, a nação persa é formada por muitas tribos. As tribos que Ciro reuniu e persuadiu a se revoltarem contra os medas eram as principais, e todas as outras dependiam delas.

12. Eram os pasárgados, os maráfios e os maspianos, sendo os mais nobres os pasárgados.

13. Os aquemênidas, de onde derivam todos os reis da Pérsia, formam um de seus clãs.

14. As tribos persas restantes são os pantialeus, os derúsios, os germânios, que se dedicam à agricultura;

15. Os daoenses, os márdios, os dropianos e os sagárcios, que são nômades.

16. Quando, em obediência às ordens recebidas, os persas voltaram com suas foices,

17. Ciro os levou a uma área com cerca de vinte estádios em cada lado, coberta de espinheiros, e mandou que a limpassem antes do anoitecer.

18. Eles cumpriram a tarefa, e então Ciro lhes deu uma segunda ordem, a saber, que tomassem banho no dia seguinte e voltassem até ele.

19. Enquanto isso, reuniu todos os rebanhos de seu pai, de carneiros, cabras e bovinos,

20. Abateu-os e preparou a carne para oferecer um banquete a todo o exército persa.

21. Vinho e pães dos mais finos tipos também foram preparados para a ocasião.

22. No dia seguinte, quando os persas chegaram, ele lhes disse que se reclinassem na grama e se servissem à vontade.

23. Terminado o banquete, perguntou a eles: "O que preferistes, a atividade de hoje ou a de ontem?"

24. Eles responderam que "o contraste era realmente grande: o dia anterior trouxe apenas coisas trabalhosas, o dia de hoje só trouxe coisas agradáveis".

25. Ciro logo aproveitou a resposta e explicou suas intenções nas seguintes palavras:

26. "Homens da Pérsia, assim estão as coisas convosco. Se escolherdes ouvir minhas palavras, poderão gozar destes e de dez mil outros prazeres semelhantes.

27. "E nunca vos rebaixareis a qualquer labuta servil; mas, se não ouvirdes, preparai-vos para incontáveis labutas pesadas como as de ontem.

28. "Assim, segui minha ordem e estareis livres. Pois estou pronto para empreender vossa libertação;

29. "E bem sei que não sois inferior aos medas em coisa alguma, muito menos em coragem.

30. "Portanto, rebelai-vos contra Astíages sem demora."

Capítulo 13

1. Os persas, que desde longa data estavam descontentes com o jugo meda e agora encontravam um líder, ficaram muito satisfeitos.

2. Enquanto isso, informado das atividades de Ciro, Astíages mandou chamá-lo por meio de um mensageiro.

3. Ciro respondeu: "Diz a Astíages que estarei em sua presença antes do que ele deseja."

4. Ao receber essa mensagem, Astíages prontamente armou todos os seus súditos e,

5. Como se tivesse perdido a razão, nomeou Hárpago como seu general, esquecendo a que ponto o injuriara.

6. Assim, encontrando-se os dois exércitos, apenas alguns medas lutaram; outros desertaram abertamente para os persas, ao passo que a maioria simulou medo e fugiu.

7. Astíages, ao saber da vergonhosa fuga e debandada de seu exército, prorrompeu em ameaças contra Ciro

8. E armou diretamente todos os medas, jovens e velhos, que haviam restado na cidade;

9. Liderando-os contra os persas, travou uma batalha da qual saiu totalmente derrotado, seu exército dizimado e ele próprio capturado.

10. Então Hárpago, vendo-o prisioneiro, aproximou-se e, exultante, escarneceu dele.

11. Entre outros comentários cortantes, ele mencionou o

banquete em que lhe fora servida a carne de seu filho

12. E perguntou como lhe parecia agora ser escravo, em vez de rei.

13. Astíages o fitou e devolveu a pergunta, indagando por que ele tomava a si as realizações de Ciro.

14. Hárpago respondeu: "Porque foi minha carta que o levou à revolta e assim cabe-me o crédito pelo feito."

15. Então Astíages declarou que, neste caso, ele era o mais tolo e o mais injusto dos homens:

16. O mais tolo pois, quando pôde tomar a coroa para si, dera-a a outro;

17. O mais injusto pois, por causa daquele banquete, trouxera a escravidão a seu próprio povo, os medas.

18. Isso porque, supondo que deveria investir outrem com o poder real, ao invés de tomá-lo para si, ainda assim a justiça exigia que fosse um meda, e não um persa, a receber tal dignidade.

19. Agora, porém, os medas, que não tinham desempenhado nenhum papel na injustiça de que ele reclamava, estavam transformados em escravos, ao invés de senhores,

20. E escravos, ainda por cima, daqueles que até pouco tempo atrás tinham sido seus súditos.

21. Assim, após um reinado de trinta e cinco anos, Astíages perdeu a coroa, e os medas, em decorrência de sua crueldade, foram submetidos ao domínio dos persas.

22. O império dos medas sobre as partes da Ásia além do Hális se prolongara por cento e vinte e oito anos, salvo o período em que os citas dominaram.

23. Ciro manteve Astíages em sua corte pelo resto da vida, sem lhe fazer nenhum mal, pois era seu avô.

24. Tais foram as circunstâncias do nascimento e da criação de Ciro, e tais foram os passos que o levaram ao trono.

25. Apenas mais tarde ele foi atacado por Creso e o derrubou, conforme narrado numa passagem anterior desta história.

26. Com a derrubada de Creso, Ciro se tornou senhor de toda a Ásia.

Capítulo 14

1. Depois que a Lídia foi conquistada pelos persas, os gregos jônios e eólios enviaram embaixadores a Ciro em Sárdis, pedindo para ser seus tributários como haviam sido de Creso.

2. Ciro ouviu atentamente as propostas e lhes respondeu com uma fábula.

3. "Havia um flautista que, certo dia, estava andando à beira-mar e viu alguns peixes;

4. "Então começou a tocar para eles, imaginando que viriam à terra firme.

5. "Mas, vendo que era uma vã esperança, pegou uma rede e, apanhando um grande número deles, arrastou para a praia.

6. "Os peixes, então, começaram a saltar e a dançar, mas o flautista disse: 'Agora parai com a dança, pois não dançastes quando toquei para vós.'"

7. Ciro deu essa resposta porque, quando pedira aos jônios e aos eólios que se revoltassem contra Creso, eles se negaram.

8. Mas agora, terminada sua empreitada, ofereciam lealdade. Foi por raiva, portanto, que assim respondeu.

9. Os jônios, ao ouvi-lo, começaram a fortificar suas vilas e fizeram reuniões no Panjônio,

10. Às quais compareceram todos, exceto os milésios, com quem Ciro havia firmado um tratado à parte, concedendo-lhes os termos que tinham antes com Creso.

11. Os outros jônios decidiram por unanimidade enviar embaixadores a Esparta para pedir auxílio.

12. Ora, os gregos jônios da Ásia, que se reúnem no Panjônio, têm suas cidades numa região com o mais belo clima e ar do mundo:

13. Pois nenhuma outra região é tão agradável quanto a Jônia, nem a norte ou a sul, nem a leste ou a oeste.

14. Pois em outras terras o clima é frio e úmido demais, ou o calor e a seca causam terrível opressão.

15. Nem todos os jônios falam a mesma língua, mas têm quatro dialetos diferentes.

16. Para o sul, a cidade principal é Mileto, e junto a ela ficam Mius e Priene; estas três ficam na Cária e têm o mesmo dialeto.

17. Suas cidades na Lídia são Éfeso, Colófão, Lêbedo, Teo, Clasomênae e Fócia. Os habitantes dessas cidades têm um dialeto próprio.

18. Há três outras cidades jônias, duas nas ilhas, a saber, Samos e Quios, e uma no continente, a saber, Eritres.

19. Quios e Eritres têm o mesmo dialeto, enquanto Samos tem uma língua própria.

20. Entre os jônios desse período, os miletos não corriam perigo de ataque, pois Ciro fizera aliança com eles.

21. Os ilhéus também não tinham nada a temer, visto que a Fenícia ainda era independente da Pérsia e os persas não eram um povo de marinheiros.

22. Os milésios tinham se separado da causa comum exclusivamente por causa da extrema fraqueza dos jônios;

23. Pois, sendo toda a raça helênica de pouca força na época, a mais fraca e menos estimada entre todas as suas tribos era, de longe, a jônia, que não possuía nenhum Estado

de qualquer importância, exceto Atenas.

24. Os atenienses e a maioria dos outros Estados jônios não gostavam do nome "Jônia", tanto é que nem o usavam.

25. Mas as doze cidades na Ásia sempre se orgulharam do nome; assim, deram ao centro cívico que haviam construído o nome de Panjônio.

26. Os jônios fundaram doze cidades na Ásia e se recusavam a aumentar esse número,

27. Porque tinham sido divididos em doze Estados quando moravam no Peloponeso, antes de ser expulsos pelos aqueus.

28. É incorreto afirmar que esses jônios são mais jônios do que os demais, visto que, na verdade, uma proporção não pequena deles era composta de abântios da Euboia, que não são jônios sequer no nome;

29. Além disso, miscigenaram-se com a emigração de mínios do Orcomeno, cadmeus, dríopios, fócios das várias cidades da Fócia, molossos, pelasgos árcades, dórios de Epidauro e muitas outras tribos distintas.

30. Mesmo os que vieram do Pritâneo de Atenas, que se consideram os jônios mais puros de todos, não trouxeram suas mulheres para a nova terra,

31. Mas se casaram com jovens cárias, depois de matar seus pais. Por isso essas mulheres criaram uma lei que se obrigaram a observar

32. E que transmitiram às filhas: "Ninguém jamais se sentará à mesa com o marido nem o chamará pelo nome";

33. Isso porque os invasores dizimaram seus pais, seus maridos e seus filhos e depois obrigaram--nas a se tornar suas mulheres. Foi em Mileto que se deram tais acontecimentos.

34. Os reis escolhidos também eram lícios, do sangue de Glauco, filho de Hipóloco, ou caucônios pílios do sangue de Codro, filho de Melanto; ou ainda de ambas as famílias.

35. Mas, como esses jônios prezavam seu nome mais do que qualquer outro, aceitemo-los como jônios de linhagem pura, embora sejam jônios, na verdade, todos os que têm origens em Atenas.

Capítulo 15

1. Originalmente, os eólios tinham doze cidades no continente, como os jônios, mas os jônios lhes tiraram Esmirna da seguinte maneira:

2. Alguns homens de Cólofão haviam participado de uma sedição e, sendo a parte mais fraca, foram desterrados.

3. Os esmirnenses receberam os fugitivos e estes, depois de algum tempo, aproveitaram uma ocasião quando os habitantes estavam celebrando uma festa fora dos muros, fecharam os portões e assim capturaram a cidade.

4. Os eólios dos outros Estados vieram em seu auxílio, e chegou--se a um acordo entre as partes:

5. Os jônios aceitaram abrir mão de todos os bens móveis e os eólios concordaram com a rendição da cidade.

6. Os esmirnenses expulsos foram distribuídos entre os outros Estados dos eólios e receberam cidadania em todos os lugares.

7. Entre as ilhas eólias, Lesbos contém cinco cidades. Arisba, a sexta, foi tomada pelos metimneus, do mesmo sangue, e os habitantes foram escravizados.

8. Tenedo contém apenas uma cidade e há outra nas Cem Ilhas.

9. Os eólios de Lesbos e Tenedo, como os ilhéus jônios, não tinham nada a temer da Pérsia nessa época.

10. Os outros eólios, em assembleia geral, decidiram seguir os jônios, em qualquer curso que tomassem.

11. Quando os representantes dos jônios e eólios, que tinham se dirigido a toda pressa a Esparta, lá chegaram, escolheram um deles, o fócio Pitermo, para ser o porta-voz.

12. A fim de atrair o maior público possível, ele pôs um manto púrpura e, assim vestido, ergueu--se para falar.

13. Num longo discurso, instou com os espartanos que viessem em auxílio dos jônios, mas eles não se persuadiram e votaram contra o envio de socorro.

14. Com isso, os representantes foram embora. Mas os lacedemônios, apesar da recusa,

15. Enviaram um pentecônter até a costa asiática, com alguns espartanos a bordo, com o fito de observar o que Ciro poderia fazer na Jônia.

16. Ao chegarem, esses espartanos enviaram o mais ilustre de sua companhia, um certo Lacrines, até Sárdis, com uma mensagem em nome dos lacedemônios para avisar a Ciro que não molestasse nenhuma cidade da Grécia.

17. Ao ouvir o arauto, Ciro perguntou a alguns gregos que estavam presentes: "Quem são esses lacedemônios, e quão numerosos são, para ousarem me enviar tal mensagem?"

18. Ao ouvir a resposta, ele se virou para Lacrines e disse: "Nunca tive medo de homens que têm uma praça estabelecida no meio de sua cidade, onde se reúnem para trapacear e mentir.

19. "Enquanto eu viver, os espartanos já terão problemas suficientes sem se preocupar com os jônios."

20. Com estas palavras, Ciro pretendia atingir todos os gregos, em razão das praças do mercado em suas cidades, onde compram e vendem,

21. Costume desconhecido aos persas, que não possuíam nenhuma praça pública em todo o país.

22. Depois da entrevista, Ciro partiu de Sárdis, deixando Tábalo, um persa, incumbido da cidade, mas nomeou Páctias, natural da Lídia, para recolher o tesouro pertencente a Creso e outros lídios.

23. De sua parte, Ciro se dirigiu a Ecbatana, levando Creso consigo, não considerando os jônios de importância suficiente para ser objeto de seu interesse imediato.

24. Tinha propósitos maiores em mente. Queria lutar pessoalmente contra a Babilônia, os bactrianos, os sácios e o Egito; portanto, decidiu atribuir a um de seus generais a tarefa de conquistar os jônios.

25. Tão logo Ciro partiu de Sárdis, porém, Páctias instigou a revolta de seus conterrâneos lídios contra Ciro e seu representante Tábalo.

26. Com os imensos tesouros à sua disposição, Páctias foi até o litoral e empregou os recursos contratando tropas mercenárias,

27. Ao mesmo tempo recrutando os moradores da costa para se juntarem a seu exército. Então marchou sobre Sárdis, onde sitiou Tábalo.

28. Quando Ciro, a caminho de Ecbatana, recebeu a notícia, disse a Creso: "Onde tudo isso vai parar? Parece que os lídios vão continuar a criar problemas para si mesmos e para outros.

29. "Talvez seja melhor vender todos eles como escravos. Até agora, foi como se eu tivesse matado o pai, mas poupado o filho.

30. "Tu, que foste mais do que um pai para teu povo, eu derrotei, e àquele povo confiei sua cidade. Hei de me surpreender com sua rebelião?"

31. Alarmado à ideia de que Ciro destruísse Sárdis, Creso respondeu: "Ó rei, tuas palavras são sensatas;

32. "Mas, rogo-te, não dês vazão à tua cólera nem destruas uma cidade antiga, inocente dos problemas passados e presentes.

33. "Eu causei os anteriores, e agora pago por eles em minha própria pessoa. Páctias causou os outros; que o castigo recaia sobre ele.

34. "Concede teu perdão aos lídios e assegura-te que nunca mais te perturbem, proíbe-lhes que portem qualquer arma de guerra,

35. "Ordena que usem túnicas sob os mantos e andem com coturnos nos pés,

36. "Que criem os filhos para tocar instrumentos musicais e cuidar do comércio,

37. "E assim logo verás que se tornam mulheres ao invés de homens, e não haverá mais o temor de que se revoltem."

38. Creso julgava que este seria um destino melhor para os lídios do que serem vendidos como escravos, e por isso deu tal conselho a Ciro, numa tentativa desesperada de salvar seu povo.

39. O conselho agradou a Ciro, que consentiu. Assim, ele convocou um meda chamado Mazares e o incumbiu de emitir as ordens aos lídios em conformidade com o conselho de Creso.

40. Além disso, ordenou-lhe que vendesse como escravos todos os que haviam aderido aos lídios no ataque a Sárdis e,

41. Acima de tudo, que trouxesse Páctias ao voltar. Dadas tais ordens, Ciro prosseguiu em sua viagem de volta à Pérsia.

Capítulo 16

1. Páctias, quando chegou a notícia de que se aproximava o exército persa, fugiu aterrorizado para Cime.

2. O general meda Mazares, que marchara sobre Sárdis com um destacamento do exército de Ciro, ao ver à sua chegada que Páctias e seus soldados tinham fugido, entrou imediatamente na cidade.

3. Em primeiro lugar, obrigou os lídios a obedecerem às ordens de seu senhor e a mudar (como fizeram desde então) todo o seu modo de vida.

4. A seguir, enviou mensageiros a Cime, determinando que Páctias lhe fosse entregue.

5. Embora alguns gregos tentassem esconder Páctias, por fim foi denunciado aos persas pelos cidadãos de Quios,

6. Que, como recompensa, receberam uma extensão de terra na Mísia, em frente a Lesbos.

7. Enquanto isso, e depois que os quios lhe entregaram Páctias, Mazares se lançou à guerra contra os participantes no ataque a Tábalo,

8. E em primeiro lugar tomou Priene e vendeu os habitantes como escravos, e depois disso tomou toda a planície do Meandro e o território de Magnésia,

9. Entregando ambos à pilhagem dos soldados. Então adoeceu de súbito e morreu.

10. À sua morte, Hárpago, o meda que servira e depois traíra o rei Astíages, ajudando Ciro a ascender ao trono, foi enviado ao litoral para assumir o comando.

11. Ele entrou na Jônia e tomou as cidades usando de uma tática engenhosa:

12. Obrigando o inimigo a se esconder atrás de suas defesas, ele ergueu taludes de terra contra os

muros e assim capturou as cidades. A Fócia foi a primeira a ser tomada.

13. Ora, os fócios eram os primeiros gregos a ter feito longas viagens marítimas e foram eles que familiarizaram os gregos com o Adriático e a Tirrênia, com a Ibéria e a cidade de Tartesso.

14. A embarcação que usavam em suas viagens não era a nau mercante de formas arredondadas, e sim o pentecônter alongado.

15. À chegada dos fócios em Tartesso, o rei de lá, Argantônio, tomou apreço por eles. Este monarca reinou sobre os tartessianos durante oitenta anos.

16. Tinha os fócios em tanta estima que, de início, rogou-lhes que deixassem a Jônia e se assentassem em qualquer parte do país que lhes agradasse.

17. Quando viu que não conseguiria persuadi-los a isso, e vindo a saber que a Média estava crescendo em poderio,

18. Deu-lhes fundos para construírem uma muralha em torno dela, e certamente deve ter sido generoso,

19. Pois os muros da cidade tinham muitos estádios de extensão, feitos em grandes blocos de pedra habilidosamente montados.

20. Hárpago, tendo avançado contra os fócios, montou o cerco. Ao invés de atacar, inicialmente propôs um acordo.

21. "Eu me contentaria", disse ele, "se os fócios concordassem em derrubar uma de suas fortificações e dedicar uma residência ao rei".

22. Os fócios, contrariados à ideia de se tornarem escravos, pediram a Hárpago o prazo de um dia para pensar na proposta e que o cerco fosse levantado durante esse dia.

23. Hárpago replicou que entendia muito bem o que estavam pretendendo, mas, mesmo assim, concedeu o solicitado.

24. Com isso, as tropas persas se retiraram e os fócios imediatamente aproveitaram a ocasião para pôr seus pentecônteres ao mar, embarcando suas famílias e bens domésticos,

25. Deixando apenas as pinturas e obras de pedra ou bronze, difíceis de transportar, e partiram para Quios. Os persas, ao voltar, tomaram posse de uma cidade vazia.

26. Chegados a Quios, os fócios fizeram a proposta de comprar as ilhas chamadas Onussas,

27. Mas os quios não aceitaram, temendo que os fócios estabelecessem ali um centro comercial e excluíssem os mercadores quios do comércio naqueles mares.

28. Assim os fócios, agora que Angantônio de Tartesso tinha morrido, resolveram navegar até

Cirno (Córsega), onde, vinte anos antes, haviam fundado uma colônia chamada Alalia.

29. Mas, antes de seguirem para lá, voltaram à Fócia e, tomando de surpresa os soldados da guarnição persa que Hárpago lá deixara, mataram todos eles.

30. Depois disso, largaram um grande bloco de ferro no mar e juraram que não voltariam à Fócia enquanto o bloco não reaflorasse à superfície.

31. Mas, enquanto se preparavam para a viagem até Cirno, mais da metade deles foi tomada de tal tristeza e vontade de ver mais uma vez sua cidade e seus lares, que decidiram não partir e voltaram à Fócia.

32. Os demais fócios, que mantiveram sua decisão, prosseguiram na viagem sem interrupções;

33. Quando chegaram a Cirno, estabeleceram-se com os colonos anteriores em Alalia.

34. Durante cinco anos, perturbaram os vizinhos saqueando e pilhando por todo lado, até que os cartagineses e os tirrenos se aliaram contra eles e enviaram, cada qual, uma frota de sessenta naus para atacá-los.

35. Os fócios equiparam todas as suas embarcações, num total de sessenta, e enfrentaram o inimigo no mar da Sardenha.

36. Na batalha que se seguiu, os fócios saíram vitoriosos, mas foi uma vitória vazia;

37. Perderam quarenta embarcações e as vinte restantes ficaram imprestáveis pelos danos sofridos.

38. Os fócios, com isso, voltaram a Alalia e, embarcando mulheres e crianças, além da quantidade de bens e posses que as embarcações podiam suportar, partiram para Régio.

39. Os cartagineses e os tirrenos, que haviam capturado muitos fócios entre a tripulação das quarenta naus destruídas, desembarcaram os cativos na costa e lapidaram todos eles até a morte.

40. Depois disso, o povo de Agila, que ficara horrorizado com tal massacre, instituiu o costume de homenagear os fócios mortos com magníficos ritos fúnebres e solenes jogos de ginástica e hipismo.

41. Tal foi, então, o destino que recaiu sobre os prisioneiros fócios. Os outros fócios, que haviam fugido para Régio, fundaram algum tempo depois a cidade chamada Vela, no território da Enótria. Foi este o sucedido com os homens da cidade da Fócia na Jônia.

Capítulo 17

1. Os de Teos fizeram e sofreram quase o mesmo; pois eles também, quando Hárpago ergueu o talude

contra seus muros, embarcaram e zarparam para a Trácia e lá fundaram a cidade de Abdera.

2. Era o mesmo local que Timésio de Clazomena tentara colonizar previamente, mas sem sucesso, pois foi expulso pelos trácios.

3. Ainda hoje os teoenses de Abdera o consideram um herói.

4. Entre todos os jônios, apenas esses dois Estados preferiram abandonar a terra natal a se submeter à escravidão.

5. Os outros resistiram a Hárpago com a mesma bravura com que aqueles saíram de seu país e realizaram muitas façanhas, todos lutando em defesa própria.

6. Mas foram derrotados, um após o outro; as cidades foram tomadas, os habitantes submetidos, permanecendo em suas respectivas regiões e obedecendo às ordens dos novos senhores.

7. Assim foi a Jônia continental reduzida mais uma vez à servidão; quando os jônios das ilhas viram subjugados seus irmãos do continente, também se renderam a Ciro, temendo destino semelhante.

8. Foi na época em que os jônios estavam nesse transe, mas ainda assim, em meio a tudo, mantinham suas reuniões, como antigamente, no Panjônio,

9. Que Bias de Priene, presente na festividade, apresentou um plano da mais alta sabedoria que, se tivesse sido adotado, teria permitido que os jônios se tornassem o povo mais feliz e mais próspero entre os gregos.

10. Ele os exortou "a se unir num só corpo, zarpar para a Sardenha e lá fundar uma cidade panjônica; assim escapariam à escravidão e teriam grande fortuna,

11. "Sendo senhores da maior ilha do mundo, exercendo domínio mesmo além de suas fronteiras; ao passo que, se permanecessem na Jônia, ele não via nenhuma perspectiva de recuperarem algum dia a liberdade."

12. Tal foi o conselho que Bias deu aos jônios em suas aflições. Antes de começarem seus infortúnios, Tales, um homem de Mileto e de origens fenícias, havia recomendado um plano diferente. Aconselhara-os a criar uma única sede de governo, e indicou Teos como o local mais adequado, "pois", disse ele, "era o centro da Jônia".

13. "Suas outras cidades ainda poderiam continuar a ter suas próprias leis, como se fossem Estados independentes." Este também era um bom conselho.

14. A queda da Jônia foi precursora da vitória de Hárpago sobre todos os povos independentes restantes nas partes ao sul da Ásia, entre eles os cários, os caunianos e os lícios.

O BOM LIVRO   231

15. Entre essas nações, os cários se submeteram a Hárpago sem realizar nenhuma façanha brilhante. Tampouco os gregos que moravam na Cária se conduziram com maior bravura.

16. Acima de Halicarnasso e mais afastados da costa, estavam os pedásios. Somente eles, entre todos os moradores da Cária, resistiram por algum tempo a Hárpago e lhe causaram muitos problemas,

17. Mantendo-se numa montanha chamada Lida, que haviam fortificado; mas, com o tempo, eles também foram obrigados a se submeter.

18. Quando Hárpago, depois de tais sucessos, entrou com suas forças na planície xantiana, os lícios de Xanto saíram a combatê-lo:

19. Embora fossem poucos contra uma grande legião, travaram batalha e realizaram muitas façanhas gloriosas.

20. Por fim derrotados e obrigados a se refugiar atrás de seus muros, reuniram na cidadela esposas e filhos, todos os seus tesouros e escravos;

21. Feito isso, atearam fogo à construção e ela se fez em cinzas, com tudo o que havia dentro.

22. Depois disso, fizeram um juramento de fraternidade e, avançando contra o inimigo, morreram de espada na mão, e nenhum escapou.

23. Tais eram os augúrios do futuro: que os melhores dentre os gregos prefeririam morrer em liberdade a viver na servidão, e os persas deveriam ter prestado atenção nisso.

Capítulo 18

1. Enquanto as partes meridionais da Ásia eram subjugadas por Hárpago, o próprio Ciro submetia as partes acima, conquistando todas as nações e não permitindo que nenhuma delas escapasse.

2. Depois de impor seu controle ao resto do continente, ele voltou sua atenção para os assírios e travou guerra contra eles.

3. A Assíria possuía um vasto número de cidades grandes, sendo a Babilônia a mais forte e a mais renomada na época, que fora transformada em sede do governo após a queda de Nínive.

4. A cidade ficava numa ampla planície e formava um quadrado perfeito, com cento e vinte estádios de cada lado, de maneira que o perímetro somava quatrocentos e oitenta estádios.

5. Embora fosse este seu tamanho, em magnificência não havia outra cidade que sequer se aproximasse.

6. Era cercada, em primeiro lugar, por um fosso largo e fundo, cheio de água,

7. Além do qual se erguia um muro com cinquenta côvados reais de largura e duzentos de altura.

8. O muro fora erguido com o material retirado da vala, convertido diretamente em tijolos, em fornos ao lado da escavação.

9. O cimento do muro era betume quente, com uma camada de juncos trançados a cada trinta carreiras de tijolos.

10. No alto, ao longo da muralha, eles ergueram construções de um só aposento, uma de frente para a outra,

11. Deixando entre elas espaço suficiente para a manobra de uma quadriga. No perímetro da muralha havia cem portões, todos de bronze, bem como seus lintéis e suas colunas.

12. A cidade era dividida ao meio pelo rio que passa no centro: o Eufrates, um curso d'água rápido, fundo, largo, que nasce na Armênia e desemboca no mar da Eritreia.

13. O muro da cidade descia pelos dois lados até a ponta do rio: dali, partindo dos cantos do muro, estendia-se uma proteção de tijolos queimados ao longo das duas margens do rio.

14. As casas, em sua maioria, tinham de três a quatro andares; todas as ruas corriam em linha reta, não só as paralelas ao rio, mas também as transversais que levavam até suas margens.

15. No final dessas transversais que chegavam até o rio, havia portões baixos na proteção orlando o rio, os quais, como os grandes portões no muro externo, também eram de bronze e se abriam para a água.

16. O muro externo era a principal defesa da cidade. Mas havia um segundo muro, interno, de menor espessura que o primeiro, porém de resistência praticamente igual.

17. O palácio dos reis era cercado por um muro muito sólido de grandes dimensões, com portões de bronze maciço.

18. No meio da área cercada, havia uma torre de pedra maciça, com um estádio de comprimento e de largura, sobre a qual se erguia uma segunda torre, sobre esta uma terceira e assim sucessivamente, até a oitava.

19. Chegava-se ao alto pelo lado de fora, por um caminho que circundava todas as torres. A meio da subida havia assentos, para que as pessoas pudessem descansar durante o caminho até o topo.

20. Muitos soberanos reinaram na Babilônia e contribuíram para a construção de seus muros e o adorno de suas belezas.

21. Entre eles havia duas mulheres. A primeira delas, Semíramis, ocupou o trono cinco gerações antes da posterior.

22. Ergueu aterros na planície junto à Babilônia para controlar o rio, que até então costumava subir e inundar toda a região adjacente.

23. A segunda rainha, cujo nome era Nitócris, mais sábia do que a predecessora, legou não só grandes obras de construção que deram destaque à cidade, mas também uma hábil defesa contra a interferência dos medas.

24. Observando o grande poderio e as iniciativas incansáveis dos medas, que haviam tomado tantas cidades, entre elas Nínive,

25. E esperando ser atacada por sua vez, Nitócris dedicou o máximo empenho a aumentar as defesas de seu império.

26. Em primeiro lugar, onde o rio Eufrates, que atravessa a cidade, antes corria em linha reta até a Babilônia,

27. Ela mandou fazer escavações a alguma distância na parte superior do rio, deixando-o tão sinuoso que ele aparece três vezes à vista, olhando-o da mesma aldeia da Assíria, chamada Ardericeia;

28. E até hoje quem vem da costa mediterrânea para a Babilônia, chegando ao Eufrates para descê-lo de barco, toca três vezes em três dias diferentes neste mesmo lugar.

29. Nitócris também fez um aterro ao longo das margens do rio,

30. E escavou uma bacia para um lago, bastante acima da Babilônia, próximo ao rio, sendo a terra cavada até a profundidade em que se encontrasse água,

31. E era de tal largura que o perímetro completo somava quatrocentos e vinte estádios.

32. Terminada a escavação, Nitócris mandou trazer pedras e com elas cercou toda a margem do reservatório.

33. Essas duas coisas, as curvas do rio e a escavação do lago, foram feitas para diminuir a velocidade da correnteza, devido à quantidade de curvas,

34. Para tornar a viagem tortuosa e, ao final dela, para ainda ser necessário fazer um longo contorno passando pelo lago.

35. Todas essas obras foram feitas naquele lado da Babilônia onde ficam as passagens e onde as estradas para a Média eram as mais diretas;

36. O objetivo da rainha era impedir que os medas tivessem contato com os babilônios e, dessa forma, mantê-los na ignorância de suas atividades.

Capítulo 19

1. Ciro empreendeu sua expedição contra o filho dessa princesa, que

trazia o mesmo nome do pai, Labineto, e era rei dos assírios.

2. Ciro introduziu o costume pelo qual os reis persas, quando partem em guerra, são sempre abastecidos com provisões cuidadosamente preparadas em casa e com gado próprio.

3. Também leva-se água do rio Coaspe, que corre em Susa, que é a única água que os reis da Pérsia tomam.

4. Em todas as suas viagens, o rei é acompanhado por várias carroças de quatro rodas, puxadas por mulas,

5. Onde segue a água do Coaspe, já fervida e pronta para uso, armazenada em jarros de prata.

6. A caminho da Babilônia, Ciro chegou às margens do Gindes, um rio que, nascendo nas montanhas matienenses, atravessa o território dos dárdanos e deságua no rio Tigre.

7. O Tigre, depois de receber o Gindes, prossegue pela cidade de Ópis e desemboca no mar da Eritreia.

8. Quando Ciro alcançou o Gindes, que só podia ser atravessado a barco, um dos valiosos cavalos brancos que acompanhavam a marcha, cheio de vigor e brio, entrou na água e tentou atravessar sozinho;

9. Mas foi arrebatado pela correnteza, que o arrastou e o afogou em suas profundezas.

10. Ciro, enfurecido, decidiu quebrantar a força do rio a tal ponto que, no futuro, mesmo uma criança o atravessasse facilmente, sem sequer molhar a túnica.

11. Para isso, ele adiou o ataque à Babilônia por algum tempo e, dividindo seu exército em duas partes, marcou com cordas os locais para cento e oitenta valas de cada lado do Gindes, saindo dele por todas as direções.

12. Pondo o exército a cavar, alguns num lado do rio, outros no outro lado, conseguiu atingir seu objetivo com o auxílio de muitas mãos, mas não sem perder o verão inteiro.

13. Tendo dessa forma executado sua vingança contra o Gindes, dispersando suas águas por trezentos e sessenta canais, Ciro retomou a marcha contra a Babilônia à primeira aproximação da nova primavera.

14. Os babilônios, acampados fora dos muros, aguardavam sua chegada. Foi travada uma batalha a pequena distância da cidade, com a derrota dos babilônios, os quais então se retiraram para suas defesas.

15. Ali se encerraram, sem dar grande importância ao cerco, pois, preparando-se contra esse ataque, haviam feito um estoque de

provisões suficiente para muitos anos;

16. Pois, quando viram Ciro a conquistar nação após nação, tinham certeza de que nunca se deteria e chegaria a vez deles.

17. Ciro se encontrava agora num estado de grande perplexidade, conforme o tempo passava e ele não conseguia nenhum avanço contra a cidade.

18. Mas então concebeu um plano. Dispôs uma parte de seu exército no ponto por onde o rio entra na cidade, e outra por onde ele sai,

19. Com ordens de avançar na cidade pelo leito do rio, logo que as águas baixassem o suficiente.

20. Então Ciro se retirou com a parte não armada de seu séquito e foi ao local onde Nitócris escavara a bacia para o lago, e fez exatamente o que ela fizera antes:

21. Desviou o Eufrates por um canal até a bacia, que então era um charco; em decorrência disso, o nível das águas do rio baixou tanto que o leito se tornou vadeável.

22. Quando isso ocorreu, os combatentes persas que tinham ficado no ponto por onde o rio entrava na cidade, vendo que a água agora batia apenas pela metade da coxa de um homem, vadearam o rio e entraram na Babilônia.

23. Se os babilônios soubessem o que Ciro estava a fazer ou percebessem o perigo que corriam, teriam destroçado totalmente os persas,

24. Pois fechariam todos os portões das ruas que davam para o rio e, galgando os muros de ambos os lados, prenderiam o inimigo na armadilha.

25. Mas, no caso, os persas os apanharam de surpresa e capturaram a cidade. Por causa do grande tamanho do lugar, os moradores das partes centrais só vieram a saber do que se passara muito depois da tomada das partes externas da cidade,

26. Mas, como estavam participando de uma festa, continuaram a dançar e a se divertir até ser tarde demais.

Capítulo 20

1. Tais foram, então, as circunstâncias da primeira tomada da Babilônia. Com seu território, era a satrapia mais rica e mais fértil do império persa.

2. Ela sozinha fornecia um terço de todas as provisões e suprimentos anuais do império, e todo o restante da Ásia fornecia dois terços.

3. Quando Tritantaicmes, filho de Artabazo, era o sátrapa da Babilônia em nome do rei persa, a cidade lhe entregava uma ártaba de prata por dia.

4. Também tinha em seu haras particular, além de cavalos de guerra, oitocentos garanhões e dezesseis mil éguas, vinte para cada garanhão.

5. Além disso, possuía uma quantidade tão grande de cães de caça indianos que quatro grandes povoados da planície estavam isentos de qualquer outro encargo, sob a condição de alimentá-los.

6. Chove muito pouco na Assíria, apenas o suficiente para a brota do trigo, e depois a planta se alimenta e as espigas se formam com a irrigação feita com as águas do rio.

7. Pois o rio, ao contrário do que ocorre no Egito, não tem enchentes que alaguem os campos de trigo, e a água é espalhada a mão ou com o auxílio de instrumentos.

8. Toda a Babilônia é, como o Egito, cortada por canais.

9. O mais largo deles, que corre na direção do sol de inverno e só pode ser cruzado de barco, sai do Eufrates para o Tigre, o rio a cujas margens outrora ficava a cidade de Nínive.

10. Entre todas as regiões, nenhuma é tão fértil em cereais. Não produz figos, azeitonas, uvas e nenhuma dessas culturas, mas em cereais é de uma fertilidade maravilhosa.

11. As lâminas do trigo e da cevada muitas vezes chegam a quatro dedos de largura. Quanto ao painço e ao gergelim, que alturas alcançam! A fertilidade da Babilônia deve parecer incrível a quem nunca visitou a região.

12. O único óleo que usam, é o de gergelim. Cresce uma grande quantidade de tamareiras por toda a planície, e seus frutos fornecem pão, vinho e mel.

13. As tamareiras são cultivadas como as figueiras; por exemplo, os babilônios amarram o fruto das tamareiras-macho aos ramos da fêmea carregada de tâmaras,

14. Para que o cínipe entre nas tâmaras, faça-as amadurecer e impeça que caiam no chão.

15. Quando Ciro conquistou os babilônios, teve vontade de impor seu domínio aos massagetas.

16. Ora, os massagetas são tidos como uma grande nação beligerante, que habita a leste do rio Araxes, do outro lado dos issedônios. Muitos os consideravam da raça cita.

17. Alguns dizem que o Araxes é maior do que o Íster (Danúbio). Tem quarenta desembocaduras, todas elas, exceto uma, desaparecendo em pântanos. A outra foz desemboca num curso claro e límpido no mar Cáspio.

18. Ora, o mar frequentado pelos gregos, o Mediterrâneo, o mar além das Colunas de Hércules, chamado Atlântico, e o mar da Eritreia, que recebe as águas do

Tigre e do Eufrates, são todos eles o mesmo mar.

19. Mas o Cáspio é outro mar independente, com comprimento de quinze dias de viagem numa embarcação a remo e com largura, na parte mais ampla, de oito dias de viagem.

20. Há muitas e variadas tribos que habitam em suas cercanias, a maioria delas vivendo de frutos silvestres.

21. Nessas florestas crescem certas árvores de folhas que os habitantes maceram e misturam com água, fazendo uma tinta com a qual pintam figuras de animais em suas roupas;

22. As figuras nunca desbotam e duram tanto que parecem tecidas no próprio pano.

23. A oeste, o mar Cáspio tem como fronteira o Cáucaso, a mais extensa e mais alta de todas as cordilheiras.

24. A leste estende-se uma vasta planície a perder de vista, ocupada por aqueles massagetas que Ciro agora pretendia submeter.

Capítulo 21

1. Nessa época, os massagetas eram governados por uma rainha chamada Tomíris, que subira ao trono após a morte do rei seu marido.

2. Ciro lhe enviou embaixadores com instruções de cortejá-la em seu nome, fingindo que desejava desposá-la.

3. Tomíris, porém, ciente de que Ciro cortejava era o reino, e não ela, proibiu a presença da embaixada.

4. Assim, vendo que não alcançaria seus desígnios com aquele ardil, Ciro marchou para o rio Araxes, mostrando abertamente suas intenções hostis.

5. Iniciou a construção de uma ponte e começou a erguer torres sobre as embarcações, para usá-las como passagem.

6. Enquanto Ciro estava ocupado em tais atividades, Tomíris lhe enviou um arauto, que disse: "Rei, interrompe esse empreendimento, pois não tens como saber se o que estás fazendo será vantajoso para ti.

7. "Contenta-te em governar teu reino em paz e resigna-te a nos ver reinar sobre as terras que nos compete governar.

8. "Porém, como sei que escolherás não ouvir este conselho, pois o que menos desejas é a paz e a tranquilidade,

9. "Então avança, se tens tanta vontade de enfrentar os massagetas com armas, e deixa teu labor inútil de construir uma ponte;

10. "Recuaremos da margem do rio a uma distância de três dias de

marcha e poderás atravessá-lo com teus soldados;

11. "Ou, se preferires nos combater de teu lado do rio, retira-te a igual distância e nós avançaremos."

12. Ao ouvir a mensagem, Ciro reuniu os chefes persas, para que o aconselhassem sobre o rumo de ação.

13. Todos foram favoráveis a deixar que Tomíris atravessasse o rio e combatesse em solo persa.

14. Mas Creso, o lídio, que estava presente à reunião, discordou desse conselho; então ergueu-se e disse:

15. "Ó rei! Prometi que me empenharei com todas as minhas capacidades em afastar de tua casa qualquer perigo que a ameace.

16. "Foram meus próprios sofrimentos, com sua crueldade, que me ensinaram perspicácia diante dos perigos.

17. "Meu juízo segue em direção contrária à de teus outros conselheiros. Se concordas em deixar que o inimigo entre em teu território, avalia o risco!

18. "Se perderes a batalha, perderás todo o teu reino. Pois, se vencerem, certamente os massagetas não retornarão a seus lares, mas avançarão contra os estados de teu império.

19. "Se venceres, ora, então ganharás muito menos do que se tivesses cruzado o rio, onde poderias dar prosseguimento à tua vitória.

20. "Espalha teu exército pelo outro lado do rio e poderás chegar ao centro do território.

21. "Meu conselho, portanto, é: atravessemos o rio, avancemos enquanto eles recuam e prevaleçamos com um estratagema.

22. "Eu soube que eles não conhecem as boas coisas dos persas e nunca provaram os prazeres da vida.

23. "Providenciemos um banquete para eles em nosso acampamento; que sejam abatidos muitos carneiros, que se sirvam muitas taças de vinho, que sejam preparados os mais variados pratos: então ali deixamos nossos soldados mais fracos e recuamos para o rio.

24. "A menos que muito me engane, ao ver tantas coisas boas ali oferecidas, eles esquecerão tudo o mais e se banquetearão. Assim restará a nós desempenhar nosso papel com bravura."

25. Ciro, preferindo o conselho dado por Creso, enviou a Tomíris a resposta de que ela recuasse e ele atravessaria o rio.

26. Ela assim procedeu; e Ciro, confiando Creso aos cuidados de seu filho e herdeiro Cambises, com a orientação expressa de que este prestasse a Creso todo o respeito e o tratasse bem caso a

expedição falhasse, então cruzou o rio.

27. Depois de avançar um dia de marcha, Ciro fez como aconselhara Creso; deixando a parte menos valorosa do exército no acampamento, retirou-se com seus bons soldados para os lados do rio.

28. Logo a seguir, um destacamento de massagetas, correspondendo a um terço de todo o exército, liderado por Espargapises, filho da rainha Tomíris, atacou e dizimou os soldados deixados por Ciro.

29. Então, vendo o banquete preparado, começaram a se regalar. Depois de terem comido, bebido e caído no sono, os persas comandados por Ciro retornaram, mataram muitos deles e fizeram um número ainda maior de prisioneiros, entre eles Espargapises.

30. Quando Tomíris soube do ocorrido, enviou um arauto a Ciro, dizendo: "Ciro sedento de sangue, não te orgulhes deste mísero sucesso:

31. "Foi com o sumo da uva que, ingerido, enlouquece e traz aos lábios palavras audaciosas; foi com este veneno que derrotaste meu filho, e não em combate justo e aberto.

32. "Agora ouve meu conselho. Devolve meu filho e vai-te embora

ileso. Recusa-te, e te darei sangue à saciedade."

33. Ciro ignorou o arauto. Quanto a Espargapises, recuperando a sobriedade e vendo a extensão de sua calamidade, ele pediu a Ciro que o libertasse dos grilhões; então, atendida a solicitação e removidos os grilhões, ele se matou.

34. Tomíris reuniu todas as forças de seu reino e entrou em combate. De todas as batalhas que os bárbaros travaram entre si, esta foi a mais acirrada.

35. Os massagetas venceram; a maior parte do exército persa foi destruída e o próprio Ciro foi morto, depois de reinar vinte e nove anos.

36. Por ordem da rainha, empreendeu-se uma busca entre a matança para localizar o corpo de Ciro; quando foi encontrado, ela pegou um odre e, enchendo-o de sangue humano, nele mergulhou a cabeça de Ciro, dizendo:

37. "Estou viva e te venci, mas me destruíste, pois tomaste meu filho com astúcia; mas cumpro minha ameaça e te sacio de sangue."

Capítulo 22

1. À morte de Ciro, Cambises, filho de sua união com Cassandane, filha de Farnaspes, herdou o reino e iniciou imediatamente uma campanha para tomar o Egito.

2. Cassandane morrera quando Ciro ainda era vivo, o qual celebrara um grandioso luto por ela e determinara que todos os súditos do império fizessem o mesmo.

3. Cambises, considerando os gregos jônios e eólios vassalos de seu pai, levou-os na expedição contra o Egito, junto com as outras nações sob seu domínio.

4. Sua guerra de conquista contra o Egito começou quando Amásis era o rei daquela terra antiga e próspera dos dois lados do Nilo.

5. Mas, quando Cambises chegou com seu exército ao Egito, Amásis morrera após um reinado de quarenta e quatro anos, tendo como sucessor seu filho Psamênito.

6. Na primeira batalha, Cambises derrotou os exércitos de Psamênito, cujos soldados fugiram do campo de batalha e se refugiaram atrás dos muros de Mênfis.

7. Cambises sitiou a cidade e, após dez dias, ela caiu; Psamênito foi aprisionado e levado ao acampamento de Cambises.

8. O rei persa resolveu testar a força de caráter de Psamênito, para ver o tipo de homem que era ele.

9. Colocou-o sentado no subúrbio da cidade conquistada, na companhia dos nobres capturados,

10. E o obrigou a olhar sua filha conduzida pela rua, em roupas de escrava, e com ela as filhas dos nobres egípcios, todas submetidas a maus-tratos.

11. Os nobres de Psamênito choraram ao ver suas filhas nessa dolorosa situação, carregando bilhas de água e empurradas pelos soldados entre o pó da rua; mas Psamênito não chorou.

12. A seguir, veio o filho de Psamênito entre dois mil jovens de sua idade, com cordas no pescoço e freios na boca, conduzidos como animais a um local de execução fora da cidade.

13. Enquanto os outros egípcios a seu redor choravam e rasgavam as vestes àquela visão, Psamênito não chorou, mantendo-se calado e imóvel.

14. Mas então deu-se que um homem idoso, antigo amigo de infância de Psamênito, apareceu à vista, mancando e esmolando entre as filas de espectadores.

15. Ao vê-lo, o rei egípcio rompeu em lágrimas e chamou o velho pelo nome.

16. Alguns guardas que vigiavam Psamênito foram até Cambises e contaram o que havia acontecido; Cambises ficou perplexo e enviou um mensageiro até Psamênito,

17. Para pedir explicações por que não chorara à desgraça e à tribulação da filha e do filho, mas

chorara tão copiosamente à vista do velho.

18. A isso Psamênito respondeu: "Ó conquistador, meus infortúnios pessoais e a perda de meus filhos são grandes demais para as lágrimas,

19. "Mas a desgraça de meu velho amigo as merecia. Quando um homem se torna mendigo na velhice, é de se chorar por ele."

20. Ao ouvir essa resposta, Cambises reconheceu que era justa e seus acompanhantes na tenda real choraram ao ouvir as palavras de Psamênito.

21. Assim ele foi igualmente tocado pela piedade e ordenou que o filho e a filha de Psamênito fossem poupados.

22. Infelizmente, era tarde demais para salvar o filho de Psamênito; fora o primeiro a ser esquartejado no local de execução e já estava morto.

23. Mas Psamênito foi conduzido à corte de Cambises e lá permaneceu, não mais como prisioneiro e sim como hóspede; pois sua justa piedade lhe valera a comutação da pena e a vida de sua filha.

24. Se isso dá provas do humanitarismo de Cambises, é contrabalançado pelo que fez a seguir:

25. De Mênfis foi para Sais, onde estava enterrado o rei Amásis, e ordenou a exumação do corpo embalsamado,

26. Pois Cambises guardava ressentimento contra Amásis, e tinha sido esta uma das razões para invadir o Egito.

27. Quando trouxeram o cadáver de Amásis, Cambises ordenou que seus serviçais açoitassem o corpo,

28. Perfurassem-no com aguilhões, arrancassem-lhe os cabelos e despejassem todas as agressões contra ele.

29. Mas, tendo sido embalsamado, o corpo resistia e não se dilacerava, fizessem o que fizessem;

30. Assim os serviçais se cansaram da lida e Cambises mandou que levassem o cadáver e o incinerassem.

31. Os egípcios entenderam essa medida como uma grande indignidade contra o finado rei. Foi também um dos primeiros sinais da loucura que estava se infiltrando em Cambises.

Capítulo 23

1. Tendo planos em relação à terra dos etíopes e desejando saber quais eram suas forças e disposições, Cambises enviou uma embaixada até lá,

2. Com presentes para o rei etíope, que incluíam um manto púrpura, um colar de corrente de ouro, braceletes, uma caixa de alabastro com mirra e um tonel de vinho de palma.

3. Os etíopes são tidos como os homens mais bonitos e mais altos do mundo. Em seus costumes, diferenciam-se muito do resto da humanidade, em especial na maneira como escolhem seus reis;

4. Encontram o mais alto de todos os cidadãos, com força igual à altura, e o nomeiam para governá-los.

5. Os embaixadores persas, lá chegando, entregaram os presentes ao rei e disseram:

6. "Cambises, rei dos persas, desejando ser teu amigo, enviou--nos para te entregar estes presentes, que são as coisas que mais agradam a ele pessoalmente."

7. A isso o etíope respondeu, sabendo que eles vinham como espiões: "O rei persa não vos enviou com estes presentes por desejar minha amizade,

8. "E tampouco é verdade o que dizeis sobre vossa presença, pois estais aqui para espionar meu reino.

9. "Vosso rei não é um homem justo, pois, se o fosse, não cobiçaria uma terra que não é sua, nem tentaria escravizar um povo que nunca lhe fez mal.

10. "Levai este arco a ele e dizei: 'Os etíopes aconselham o seguinte: quando os persas conseguirem vergar um arco de tal resistência com a facilidade de um etíope, venha Cambises com um exército.

11. "'Até lá, que se sinta grato por não terem os filhos da Etiópia em seu coração a cobiça por terras que não lhes pertencem.'"

12. Assim falando, ele afrouxou a corda do arco e o entregou aos mensageiros. Então, pegando o manto púrpura, perguntou-lhes o que era e como fora feito.

13. Eles responderam devidamente, discorrendo sobre a púrpura e a arte do tingimento; a isso, o rei comentou que "os homens eram enganosos e seus trajes também".

14. A seguir, pegou a corrente e os braceletes e indagou sobre as peças. Então os embaixadores explicaram que eram usadas como ornamentos.

15. O rei riu e, como lhe pareciam grilhões, disse que os etíopes tinham grilhões muito mais fortes.

16. Em terceiro lugar, perguntou sobre a mirra e, quando lhe contaram como era feita e usada para passar no corpo, comentou o mesmo que comentara sobre o manto.

17. Por fim chegou ao vinho e, ao saber como era feito, tomou um gole, que lhe agradou muito;

18. Então perguntou o que o rei persa gostava de comer e a que idade chegavam os persas de vida mais longa.

19. Disseram-lhe que o rei comia pão e descreveram a natureza do trigo;

acrescentaram que a idade mais avançada a que chegavam os persas era a de oitenta anos.

20. A isso, o rei etíope observou que não o surpreendia que morressem tão jovens, se se alimentavam de esterco;

21. De fato, acreditava que jamais chegariam aos oitenta anos, se não se revigorassem com o vinho, que admitiu ser superior a tudo o que os etíopes bebiam.

22. Depois de terem visto tudo, os espiões voltaram ao Egito e fizeram seu relatório a Cambises, que ficou furioso com as palavras do rei etíope.

23. Pôs-se imediatamente em marcha contra os etíopes, sem providenciar nenhuma provisão para o sustento de seu exército,

24. Nem refletir que estava prestes a travar uma guerra nos confins mais remotos da terra.

25. Como um louco insensato, tão logo tomou conhecimento do informe dos embaixadores, iniciou sua marcha,

26. Instruindo os gregos que faziam parte de seu exército a permanecer onde estavam e levando apenas suas forças terrestres.

27. Em Tebas, por onde passou a caminho da Etiópia, destacou do corpo principal cerca de cinquenta mil homens, que enviou contra os amônios, com ordens para aprisionar o povo e incendiar os locais cívicos.

28. Enquanto isso, ele prosseguiu com o restante do exército contra os etíopes.

29. Antes de se completar um quinto do percurso, todas as provisões do exército se acabaram; com isso, os homens começaram a comer os animais de carga e logo todos foram consumidos.

30. Se Cambises, a essa altura, vendo o que se passava, tivesse reconhecido seu erro e voltasse com seu exército, teria sido a coisa mais sábia a se fazer;

31. Mas não tomou tento e prosseguiu em sua marcha.

32. Enquanto a terra lhes dava alguma coisa, os soldados subsistiram comendo mato e ervas;

33. Mas, quando chegaram à areia nua, alguns cometeram uma ação horrenda: em grupos de dez, tiravam à sorte um homem, o qual era morto para servir de alimento aos demais.

34. Quando Cambises soube disso, alarmado com tal canibalismo, desistiu do ataque à Etiópia e, voltando por onde viera, chegou a Tebas, depois de perder uma grande quantidade de soldados.

Capítulo 24

1. Os homens enviados para atacar os amônios partiram de Tebas, levando guias,

2. E chegaram até a cidade chamada Oásis, habitada pelos sâmios, que dizem ser da tribo escriônia.

3. O lugar fica a sete dias de marcha de Tebas, passando pelo deserto. Sabe-se que até lá o exército chegou,

4. Mas, a partir dali, não se tem nenhuma notícia deles, exceto o que contam os amônios.

5. O que há de certo é que nunca chegaram ao território dos amônios e nunca voltaram ao Egito.

6. Os amônios dizem que os persas saíram de Oásis e estavam na metade do caminho pelo deserto, fazendo a refeição do meio-dia, quando veio do sul uma ventania mortal,

7. Levantando enormes turbilhões de areia, que sepultaram totalmente as tropas.

8. Na época em que Cambises chegou a Mênfis, os egípcios estavam celebrando uma festa, trajando suas roupas mais garridas e se entregando a banquetes e folguedos;

9. Quando Cambises viu aquilo, pensou que estavam comemorando sua derrota e mandou chamar as autoridades de Mênfis, perguntando

10. Por que os egípcios não fizeram nenhuma festa quando ele estava antes em Mênfis, e esperaram até aquele momento, quando voltara

depois de perder inúmeros soldados.

11. Quando os altos funcionários responderam que era uma das observâncias periódicas dos egípcios, ele não acreditou, respondeu que estavam mentindo e os condenou à morte.

12. A seguir, instruiu seus soldados a executar qualquer egípcio que estivesse festejando. Assim foi interrompida a festa em todas as terras do Egito.

13. E então Cambises, que mesmo antes não estava em seu juízo perfeito, foi instantaneamente, pelo que dizem os egípcios, acometido de loucura e se entregou a crimes piores.

14. Seu primeiro ultraje foi matar Esmérdis, seu irmão, a quem havia expulsado do Egito e mandado de volta para a Pérsia, por inveja,

15. Pois ele vergara o arco que os embaixadores tinham trazido da Etiópia, e que nenhum outro persa conseguira encurvar.

16. Após a partida de Esmérdis, Cambises começou a recear que o irmão conspiraria contra ele, na intenção de matá-lo e ocupar o trono.

17. Assim, Cambises enviou à Pérsia seu servo de confiança, Prexaspes, com instruções de assassinar Esmérdis.

18. Prexaspes foi a Susa e matou Esmérdis de acordo com as ordens. Alguns dizem que o eliminou quando caçavam juntos; outros, que o levou até o mar da Eritreia e lá o afogou.

19. Foi este o primeiro dos ultrajes de Cambises contra sua própria família. O segundo foi o assassinato de sua irmã, que o acompanhara ao Egito, e vivia com ele como sua esposa.

20. Ele a desposara da seguinte maneira. Até aquela época, não era costume dos persas desposar a própria irmã, mas Cambises se apaixonou por ela;

21. Então convocou os juízes da corte e lhes indagou "se havia alguma lei que permitisse um irmão desposar a irmã".

22. Quando Cambises fez sua pergunta, os juízes lhe deram uma resposta ao mesmo tempo verdadeira e segura:

23. Não encontraram nenhuma lei, disseram eles, permitindo que um irmão tomasse a irmã como esposa, mas encontraram uma lei dizendo que o rei persa podia fazer o que quisesse.

24. E assim não traíram a lei por medo de Cambises, nem se desgraçaram por defendê-la, mas apresentaram outra lei em favor do rei, que lhe permitia realizar sua vontade.

25. Com isso, Cambises se casou com o objeto de seu desejo e logo depois tomou outra irmã como esposa.

26. Foi esta segunda, a mais jovem, que o acompanhou ao Egito e lá sofreu a morte a suas mãos.

27. Sobre a maneira como ela morreu, consta que Cambises pusera um cãozinho a lutar com o filhote de uma leoa, enquanto a esposa observava.

28. Ora, o cão estava levando a pior, quando um filhote da mesma ninhada escapou da corrente e veio em auxílio do irmão; então, os dois cães juntos venceram o leãozinho.

29. A cena agradou imensamente a Cambises, mas sua irmã chorava. Cambises perguntou a razão das lágrimas,

30. Ao que ela respondeu que, vendo o cachorrinho ir prestar ajuda ao irmão, lembrara-se de Esmérdis, que não teve ninguém que o ajudasse. Por tais palavras, Cambises a condenou à morte.

Capítulo 25

1. Cambises se conduzia insanamente com outros além de sua família, inclusive Prexaspes, o homem que prezava acima de todos os demais,

2. Que levava suas mensagens e cujo filho ocupava o cargo de escansão

de Cambises – não pouca coisa entre os persas.

3. Cambises lhe perguntou: "Prexaspes, o que os persas dizem de mim?" Prexaspes respondeu: "Ó, senhor! Louvam-te muito em tudo, exceto numa coisa: dizem que és dado demais ao vinho."

4. A isso, enfurecido, Cambises replicou: "O quê? Dizem que bebo demais e por isso perco a cabeça! Então o que diziam antes sobre mim não era verdade."

5. Pois certa vez, quando os persas estavam com ele e Creso ali se encontrava, Cambises lhes perguntara o que achavam dele em comparação a seu pai Ciro.

6. Haviam-lhe respondido que ultrapassava o pai, pois era senhor de tudo o que ele governara e, além disso, fizera-se senhor do Egito e do mar.

7. Então Creso, que não gostou da comparação, disse a Cambises: "A meu juízo, filho de Ciro, não és igual a teu pai, pois ainda não deixaste um filho como ele deixou."

8. Cambises ficou encantado ao ouvir essa resposta e elogiou o juízo de Creso.

9. Lembrando tais respostas, Cambises falou com veemência a Prexaspes:

10. "Agora julga por ti mesmo, Prexaspes, se os persas dizem a verdade ou se não são eles os loucos ao falar dessa maneira.

11. "Olha teu filho ali no vestíbulo; se eu atirar e acertá-lo no coração, ficará claro que os persas não têm motivos para dizer o que dizem;

12. "Se eu errar, concederei que os persas estão certos e que estou fora de meu juízo."

13. Assim dizendo, ele retesou o arco ao máximo e atingiu o rapaz, que caiu imediatamente morto.

14. Cambises mandou que abrissem o corpo e examinassem a ferida; constatando que a flecha havia penetrado no coração, o rei se rejubilou e disse ao pai numa risada:

15. "Agora vês claramente, Prexaspes, que não sou eu o louco, e sim os persas. Pois dize-me: já viste alguém desferir uma flecha com melhor mira?"

16. Prexaspes, vendo que o rei estava fora de si e temendo por sua vida, ocultou a dor pelo filho e respondeu:

17. "Ó, meu senhor! Não creio que ninguém, em toda a história, fosse capaz de atirar com tanta destreza."

18. Por esse ultraje, Creso pensou que seria correto admoestar Cambises, o que fez da seguinte maneira:

19. "Rei, não te permitas dar inteira vazão à tua juventude nem ao calor de teu temperamento, mas controla-te.

20. "É bom olhar as consequências e a sabedoria consiste em ser previdente.

21. "Se fazes coisas como essas, teus persas acabarão se rebelando contra ti. É por desejo de teu pai que digo isso; ele me incumbiu estritamente de te aconselhar quando fosse necessário."

22. Ao advertir Cambises dessa maneira, a intenção de Creso era apenas amistosa. Mas Cambises lhe respondeu:

23. "Ousas me oferecer conselho? Governaste bem teus domínios quando eras rei e por vezes deste sábios conselhos a meu pai Ciro;

24. "Mas arruinaste a ti mesmo pela má condução de teus próprios assuntos, e por teus maus conselhos, que meu pai Ciro seguiu, trouxeste ruína a ele.

25. "Mas agora não escaparás ao castigo, pois há muito tempo procuro uma ocasião de investir contra ti."

26. Enquanto falava, Cambises ergueu seu arco para alvejar Creso, mas Creso saiu correndo e escapou.

27. Então Cambises mandou que seus serviçais o perseguissem e o capturassem, e então o matassem.

28. Mas os serviçais, que conheciam o gênio de seu senhor, julgaram melhor esconder Creso,

29. De maneira que, se Cambises se acalmasse e perguntasse por ele, poderiam trazê-lo e ganhar uma recompensa por lhe terem poupado a vida.

30. Se, por outro lado, Cambises não se acalmasse nem lamentasse a perda, então poderiam liquidá-lo.

31. Não muito tempo depois, Cambises de fato veio a lamentar a perda de Creso, e os serviçais, ao percebê-lo, avisaram-no que ele ainda estava vivo.

32. "Fico contente", disse Cambises, "que Creso esteja vivo, mas quanto a vós, que o salvastes, sereis todos executados". E foram mortos.

33. Cambises cometeu muitos outros ultrajes contra os persas e também contra os aliados, enquanto estava em Mênfis;

34. Entre outros, abriu os sepulcros antigos e examinou os corpos ali enterrados, e não tinha nenhum respeito pelos egípcios, maltratava-os à vontade.

35. Assim, com tantas provas, parece certo que Cambises estava louco; do contrário, não zombaria das tradições e leis dos egípcios,

36. Mas aprenderia com seu sucessor Dario, que deu um bom exemplo nesse aspecto.

37. Pois Dario, depois de tomar o reino, chamou alguns gregos que estavam ali por perto e perguntou

38. "Quanto teria de lhes pagar para comerem os corpos de seus pais ao morrer." Eles responderam que

nenhuma soma jamais os tentaria a proceder dessa maneira.

39. Então Dario mandou chamar alguns indianos, da raça dos chamados calácios,

40. Homens que comiam o cadáver dos pais para honrá-los, pois pensavam assim lhes continuar a vida,

41. E perguntou, enquanto os gregos se mantinham ali ao lado, "o que teria de lhes dar para incinerarem os corpos de seus pais".

42. Os indianos romperam em exclamações e lhe imploraram que não dissesse coisa tão terrível.

43. Assim Dario mostrou a variedade das tradições e opiniões humanas, aceitou-as e reinou de acordo com elas.

Capítulo 26

1. Enquanto Cambises estava no Egito, os gregos guerreavam entre si porque várias cidades se sentiam mutuamente atingidas por desfeitas e insultos.

2. Durante esses distúrbios, alguns sâmios banidos foram a Esparta em busca de auxílio e foram recebidos pelos magistrados, perante os quais fizeram um longo discurso, como é o costume dos suplicantes.

3. Os espartanos responderam que, ao final do discurso, já tinham esquecido a primeira metade e

nada podiam fazer com a segunda metade.

4. A isso, os sâmios pediram uma segunda audiência e, durante ela, mostraram simplesmente um saco vazio, dizendo: "No saco não há farinha."

5. Os espartanos responderam que os sâmios não precisavam dizer "No saco" e bastaria "não há farinha"; mesmo assim, decidiram auxiliar os sâmios.

6. Os sâmios eram alvo de um ataque conjunto dos vizinhos por erros, reais e imaginários, que haviam cometido em tempos anteriores.

7. Entre eles estavam os coríntios, que se sentiam ofendidos porque Samos os impedira de levar trezentos filhos de nobres corcireus, para serem eunucos, como presentes a um aliado.

8. Esse duro destino dos jovens corcireus era um castigo que Periandro impusera ao assassinato de seu filho nas mãos dos corcireus, que se deu da seguinte maneira.

9. Depois que Periandro mandara matar sua esposa Melissa, ocorreu que a essa desgraça sucedeu-se outra, de natureza diversa.

10. Sua esposa lhe havia dado dois filhos, um agora com dezessete anos e o outro com dezoito, quando o pai da mãe deles, seu avô Procles, tirano de Epidauro, convidou-os a visitar sua corte.

11. Eles foram e Procles os tratou com grande bondade, como seria natural, considerando-se que eram seus netos.

12. Quando chegou o momento da partida, Procles perguntou, durante a despedida: "Sabeis quem causou a morte de vossa mãe?"

13. O filho mais velho não deu atenção àquelas palavras, mas o mais jovem, que se chamava Lícofron, ficou amargamente perturbado ao saber que fora seu pai a lhe matar a mãe;

14. A tal ponto que, de volta a Corinto, não falava nem respondia ao pai. Assim, Periandro, enfurecendo-se com esse comportamento, acabou por expulsá-lo de casa.

15. Quando o filho mais novo foi embora, Periandro indagou ao mais velho o que o avô lhes havia dito.

16. Então o rapaz contou como Procles fora cordial e bondoso; mas, como não prestara atenção no que disse Procles durante a despedida, não mencionou o fato.

17. Periandro insistiu que não era possível que fosse só aquilo; o avô dos jovens devia lhes ter insinuado alguma coisa, e continuou a pressionar o filho, até que este lembrou o comentário da despedida e contou ao pai.

18. Periandro, depois de avaliar todo o assunto, não se sentiu disposto a

19. ceder e mandou um mensageiro a todos os que haviam aberto as portas a seu filho expulso e proibiu que lhe dessem abrigo.

19. Assim, quando um amigo o mandava embora, o rapaz procurava refúgio na casa de outro, mas era expulso de um local para outro por causa dos riscos que corriam,

20. Pois seu pai ameaçara todos os que o recebiam e ordenara que lhe fechassem as portas.

21. Todavia, logo que era obrigado a sair de uma casa, ele ia a outra e era recebido pelos moradores;

22. Pois seus conhecidos, embora alarmados com o perigo, ainda assim lhe davam abrigo, por ser filho de Periandro.

23. Por fim, Periandro mandou anunciar que qualquer um que recebesse ou sequer falasse com seu filho seria multado.

24. Com isso, ninguém mais quis receber ou sequer falar com Licofron, e mesmo ele não julgava correto fazer algo que era proibido; assim, foi morar nos pórticos públicos.

25. Passados quatro dias daquela maneira, Periandro, ao ver o mísero estado em que se encontrava o filho, sem se banhar nem se alimentar, sentiu compaixão por ele;

26. Deixando a raiva, aproximou-se e disse: "O que é melhor, filho meu, viver como vives agora ou receber

minha coroa e todas as boas coisas que possuo, à condição de te submeteres a teu pai?

27. "Pois, embora sejas meu único filho e herdeiro desta próspera Corinto, agora te reduziste à condição de mendigo, porque desafias aquele a quem menos te caberia desafiar.

28. "Se houve uma calamidade e me odeias por causa disso, reflete que também sinto muito e sou quem mais sofre, visto que a ação foi praticada por mim.

29. "Quanto a ti, agora que sabes quão melhor é ser objeto de inveja do que de piedade, e quão perigoso é se entregar à raiva contra os pais, volta comigo para casa."

30. Com tais palavras Periandro repreendeu o filho; mas o filho não deu qualquer resposta, exceto para lembrar ao pai que estava sujeito à multa por conversar com ele.

31. Assim Periandro entendeu que não havia remédio para o desafeto do jovem nem maneira de superá-lo;

32. Então preparou um barco e o despachou para longe de suas vistas, enviando-o à Córcira, que naquela época lhe pertencia.

Capítulo 27

1. Quanto a Procles, Periandro o considerava o verdadeiro responsável por todos os seus problemas atuais, e assim, tão logo seu filho partiu, entrou em guerra contra ele;

2. Não só se assenhoreou de Epidauro, mas também se apoderou de Procles e o reduziu ao cativeiro.

3. Com o passar do tempo e conforme envelhecia, Periandro viu que não estava mais à altura de conduzir seus assuntos.

4. Sabendo que seu primogênito era obtuso e retardado, mandou chamar Licofron na Córcira para vir ocupar o trono.

5. Licofron, porém, não se dignou a dizer uma palavra sequer ao portador da mensagem.

6. Mas Periandro queria que o filho viesse, de forma que lhe enviou outra mensagem, desta vez por intermédio de sua própria filha, irmã de Licofron, que, pensava ele, seria a pessoa mais capaz de persuadi-lo.

7. Quando chegou à Córcira, ela disse ao irmão: "Queres que o reino passe a mãos estranhas

8. "E que a riqueza de nosso pai se converta em presa, em vez de voltares para usufruí-la? Retorna comigo e deixa de punir a ti mesmo. É de escasso proveito tal obstinação.

9. "Por que tentar curar o mal com o mal? Lembra-te de que muitos colocam a misericórdia acima da

justiça. Muitos também, ao insistir nas pretensões maternas, têm confiscadas as fortunas paternas.

10. "O poder é uma coisa escorregadia, e tem muitos pretendentes; nosso pai está velho e afetado pelos anos. Não deixes que tua herança passe para outro."

11. Assim a irmã, a quem Periandro instruíra o que devia dizer, insistiu com todos os argumentos mais capazes de dobrar o irmão.

12. Mas ele respondeu que, enquanto soubesse que o pai continuava vivo, jamais voltaria a Corinto.

13. Quando a irmã relatou isso a Periandro, ele enviou uma terceira mensagem ao filho, dizendo que iria pessoalmente à Córcira e o deixaria ocupar seu trono em Corinto.

14. Licofron concordou com a proposta, e Periandro estava se preparando para a viagem quando os córciros, informados do fato e desejando mantê-lo a distância pelo ódio que sentiam por ele, mataram Licofron.

15. Foi por isso que Periandro se vingou dos córciros tomando seus filhos para ser eunucos.

Capítulo 28

1. Os sâmios enfureceram Periandro da seguinte maneira. Os homens que estavam encarregados dos jovens córciros pararam em Samos a caminho de Sárdis;

2. Os sâmios, ao saber o que aconteceria aos jovens, deram-lhes abrigo no templo da cidade,

3. E como os marinheiros coríntios foram proibidos de entrar no templo dos sâmios para recapturar os jovens, tentaram forçá-los a se render de fome, impedindo a entrada de qualquer pessoa no edifício, levando alimentos.

4. Então os sâmios inventaram uma festa em favor dos jovens, que desde aquela data passaram a celebrar até hoje, e é a seguinte:

5. Ao cair da noite, durante todo o tempo que os jovens passaram lá, grupos de rapazes e donzelas dançavam ao redor do edifício, levando bolos de mel e gergelim nas mãos,

6. Para que os jovens córciros pudessem surripiá-los e assim ter o suficiente para se alimentarem.

7. Isso prosseguiu por tanto tempo que, finalmente, os coríntios desistiram dos rapazes e foram embora, e então os sâmios os devolveram à Córcira.

8. Tais foram as sementes da discórdia entre Corinto e Samos; a partir daí, os dois povos se tornaram inimigos e os corintos guardaram ressentimento.

9. Por que nos determos sobre os assuntos dos sâmios? Porque

foram eles que fizeram três das maiores obras de toda a Grécia.

10. A primeira foi um túnel sob uma montanha com cento e cinquenta braças de altura, escavado inteiramente no sopé, com uma saída em cada extremo.

11. Tem sete estádios de comprimento, com oito pés de largura e de altura. Ao longo de todo o túnel, há uma segunda escavação, com vinte côvados de profundidade e três pés de largura, por onde a água é transportada para a cidade, por tubulações.

12. O arquiteto desse túnel foi Eupalino, filho de Naustrofo, um megárico.

13. A segunda grande obra foi um molhe no mar, que circunda todo o porto, com quase vinte braças de profundidade e mais de dois estádios de comprimento.

14. A terceira é o centro cívico, o maior de todos os que conhecemos, cujo arquiteto foi Roico, filho de Fileu, um sâmio.

15. Por causa dessas obras apraz-nos discorrer sobre os assuntos de Samos; as obras do engenho e da técnica são maiores do que as obras da guerra, e a perícia da humanidade é maior do que o exemplo da tirania.

Capítulo 29

1. Enquanto Cambises, filho de Ciro, ainda permanecia no Egito,

dois irmãos da tribo dos magos se revoltaram contra ele.

2. Um deles, Patizeites, fora deixado na Pérsia por Cambises, como administrador da casa; foi ele quem iniciou a revolta.

3. Ciente de que Esmérdis morrera e que sua morte fora ocultada, poucos persas sabendo do fato, enquanto a grande maioria acreditava que ainda estava vivo, Patizeites tramou um golpe ousado para tomar a coroa.

4. Por acaso, seu irmão era muito parecido com Esmérdis, e não só havia grande semelhança na aparência, como também se chamava Esmérdis.

5. Patizeites, depois de persuadir o irmão a participar do plano, colocou-o no trono e enviou arautos por toda a região,

6. Ao Egito e a outros lugares, proclamando às tropas que, a partir de então, deviam obedecer a Esmérdis, filho de Ciro, e não a Cambises.

7. Os arautos proclamaram o anúncio tal como lhes fora ordenado, bem como o arauto enviado ao Egito.

8. Quando o arauto chegou a Ecbatana na Síria, lá encontrando Cambises e seu exército, foi diretamente ao centro das hostes e, diante deles, proclamou o que ordenara o mago Patizeites.

9. Cambises, ao ouvi-lo, acreditando no que dizia o arauto e imaginando que fora traído,

10. Virou-se para Prexaspes e perguntou: "É assim, Prexaspes, que cumpriste a missão que te dei?"

11. "Ó, meu soberano", respondeu o outro, "é totalmente falsa a notícia de que teu irmão Esmérdis se revoltou contra ti,

12. "E não temas qualquer desavença, grande ou pequena, com aquele homem. Eu o matei com minhas próprias mãos, e com minhas próprias mãos eu o enterrei.

13. "Se os mortos pudessem deixar o túmulo, esperarias erguer-se o meda Astíages para te combater; mas, se o curso da natureza é o de sempre, nenhum mal poderá vir dali.

14. "Chama o arauto e indaga rigorosamente quem o encarregou de nos dar a ordem de obedecer ao rei Esmérdis."

15. Cambises aprovou as palavras de Prexaspes e o arauto foi levado à presença do rei.

16. Disse-lhe Prexaspes: "Homem, dizes que tua mensagem vem de Esmérdis, filho de Ciro. Agora responde com a verdade e poderás partir sem qualquer dano.

17. "Foi Esmérdis quem te deu pessoalmente as ordens ou as recebeste de um de seus cortesãos?"

18. O arauto respondeu: "Na verdade, não pus os olhos em Esmérdis, filho de Ciro, desde o dia em que o rei Cambises comandou os persas para entrar no Egito.

19. "O homem que me deu as ordens foi o mago que Cambises deixou encarregado da casa; mas ele disse que era Esmérdis, filho de Ciro, quem enviava a mensagem."

20. Então Cambises disse a Prexaspes: "Nada tenho a te censurar, Prexaspes, pois cumpriste o que determinei.

21. "Mas dize-me, qual dos persas pode ter tomado o nome de Esmérdis e se revoltado contra mim?"

22. Ele respondeu: "Penso, meu soberano, que entendi todo o caso. Os homens que se sublevaram são Patizeites, que ficou como administrador de tua casa, e seu irmão, chamado Esmérdis."

23. Ao ouvir isso, Cambises se sentiu arder de irritação com os problemas e montou às pressas em seu cavalo, pretendendo marchar imediatamente com seu exército contra os rebeldes em Susa.

24. Mas, ao fazê-lo, a presilha da bainha de sua espada se soltou e a ponta nua da lâmina lhe perfurou a coxa, ferindo-o gravemente.

25. Então, sentindo que a ferida era mortal, Cambises chamou à sua presença todos os principais persas

que estavam com o exército e se dirigiu a eles nos seguintes termos:

26. "Persas, agora devo contar o que me esforcei com o máximo cuidado em manter em segredo até este momento.

27. "Em minha loucura, enviei Prexaspes a Susa para matar meu irmão, pois temia que ele se rebelasse contra mim e tomasse a coroa.

28. "Quando esse grande crime se consumou, vivi sem receio, jamais imaginando que, após a morte de Esmérdis, precisaria temer a revolta de qualquer outro.

29. "Mas estava errado e matei desnecessariamente meu irmão, pois mesmo assim perdi minha coroa.

30. "Pois foram dois da tribo dos magos que se rebelaram contra mim e tomaram o poder real: Patizeites, que deixei em Susa para cuidar de minha casa, e seu irmão Esmérdis.

31. "Exorto-vos a todos, e especialmente aos aquemênidas, a não permitir toscamente que o reino volte aos medas.

32. "Recuperai o reino de uma ou outra maneira, à força ou por fraude; por fraude, se por fraude o tomaram; à força, se pela força foram auxiliados no empreendimento.

33. "Fazei o que digo, e possam vossas terras vos trazer frutos em abundância, vossas esposas gerar filhos, vossos rebanhos se multiplicar e a liberdade ser vosso permanente quinhão."

Capítulo 30

1. Mas os persas que ouviram suas palavras não acreditaram em nada do que Cambises falou sobre a usurpação dos magos;

2. Pelo contrário, acreditaram que ele falava por ódio ao irmão Esmérdis e inventara a história de sua morte para que toda a raça persa se erguesse em armas contra ele.

3. Assim, convenceram-se de que era Esmérdis, o filho de Ciro, que se rebelara e agora ocupava o trono.

4. Pois Prexaspes negou categoricamente que tivesse matado Esmérdis, visto que não lhe seria seguro admitir que um filho de Ciro havia recebido a morte de suas mãos.

5. Assim morreu Cambises e o mago agora reinava em segurança, passando-se por Esmérdis, filho de Ciro.

6. E dessa forma transcorreram os sete meses faltantes para completar o oitavo ano de Cambises.

7. No oitavo mês, porém, descobriu-se quem realmente era Esmérdis, o mago, da seguinte maneira:

8. Havia um homem chamado Otanes, filho de Farnaspes, que

em posição e riqueza estava entre os maiores persas;

9. Foi o primeiro a suspeitar que o mago não era Esmérdis filho de Ciro e a presumir quem era ele realmente.

10. Foi levado a desconfiar da verdade porque o rei nunca saía da cidadela e nunca chamava nenhum dos nobres persas à sua presença.

11. Assim, tão logo lhe nasceram as suspeitas, ele adotou as seguintes medidas:

12. Uma de suas filhas, que se chamava Fedima, fora casada com Cambises e, junto com as demais esposas de Cambises, foi tomada como esposa pelo usurpador Esmérdis.

13. Otanes lhe enviou uma mensagem perguntando "de quem era o leito que ela partilhava, de Esmérdis filho de Ciro ou de algum outro homem".

14. Em resposta, Fedima declarou que não sabia; nunca vira Esmérdis filho de Ciro e assim não podia dizer de quem era o leito que partilhava.

15. A isso, Otanes enviou uma segunda mensagem dizendo: "Se não conheces pessoalmente Esmérdis filho de Ciro, pergunta à rainha Atossa sobre o homem com quem partilhas o leito; ela não pode deixar de conhecer o próprio irmão."

16. A isso, a filha respondeu: "Não consigo falar com Atossa, nem com nenhuma das mulheres que vivem no palácio.

17. "Logo que este homem obteve o reino, ele nos afastou umas das outras e deu aposentos separados a cada uma de nós."

18. Isso deixou a questão ainda mais clara para Otanes. Ainda assim, ele enviou uma terceira mensagem à filha, dizendo:

19. "Filha, és de sangue nobre; não recuarás do risco que agora te peço que corras, mesmo que possa significar tua morte, caso sejas descoberta.

20. "Na próxima vez em que ele passar a noite contigo, espera até que caia num sono profundo e então apalpa suas orelhas. Se descobrires que não as tem, saberás que não é Esmérdis filho de Ciro, e sim Esmérdis o mago."

21. Ora, o mago Esmérdis tivera as orelhas decepadas quando Ciro era vivo, como castigo por um crime de não pequena gravidade.

22. Assim, a filha de Otanes, quando chegou sua vez e foi levada ao leito do mago (na Pérsia, as esposas dormiam com o homem por rodízio), aguardou que ele dormisse profundamente e apalpou suas orelhas.

23. Percebeu de imediato que ele não tinha nenhuma; e logo que

amanheceu o dia, ela mandou um recado avisando o pai.

24. Então Otanes foi a dois dos principais persas, Aspatines e Góbrias, nos quais podia confiar com segurança em tal assunto, e lhes contou tudo.

25. Ora, eles mesmos já tinham suas suspeitas sobre a questão. Quando Otanes lhes expôs suas razões, concordaram imediatamente com ele;

26. Combinaram que cada um dos três tomaria como companheiro de tarefa o persa em que depusesse maior confiança.

27. Otanes escolheu Intafernes, Góbrias escolheu Megabizo e Aspatines escolheu Hidarnes. Depois que passaram a seis, Dario, o filho de Histaspes, chegou a Susa, vindo da província governada por seu pai.

28. À sua vinda, os seis consideraram que seria bom incluí-lo em suas deliberações.

29. Depois de lhe expor o caso, Dario disse: "Pensei que apenas eu sabia que Esmérdis, o filho de Ciro, não estava vivo e que éramos governados pelo mago Esmérdis;

30. "Por causa disso voltei logo, para opor resistência ao mago. Mas, como parece que todos vós estais a par do assunto, e não apenas eu, sou do parecer de que devemos agir imediatamente, sem maiores delongas."

31. Otanes disse: "Filho de Histaspes, és nascido de um pai corajoso e provavelmente te mostrarás tão bravo quanto ele.

32. "Cuidado, porém, para não te precipitares com ímpeto neste assunto; não devemos nos apressar, e sim agir com cautela. Precisamos aumentar nosso número antes de desferir um golpe."

33. "Não", replicou Dario; "se seguirmos o conselho de Otanes, morreremos da maneira mais desgraçada.

34. "Alguém denunciará nossa conspiração aos magos. Devíeis ter guardado o assunto entre vós, bem como o plano;

35. "Mas, como introduzistes outros em vosso segredo, inclusive a mim, devemos empreender o atentado o mais breve possível, hoje mesmo.

36. "Podemos ter fácil entrada no palácio; posso dizer que acabo de chegar e trago uma mensagem de meu pai ao rei. É preciso dizer inverdades quando necessário."

37. Góbrias, concordando, disse: "Caros amigos, quando se apresentará uma ocasião mais propícia para recuperarmos o reino ou, se não tivermos força suficiente, pelo menos para morrermos tentando?

38. "Meu parecer é que façamos como aconselhou Dario: marchemos

diretamente ao palácio e ataquemos imediatamente o mago." Assim falou Góbrias e os demais concordaram.

Capítulo 31

1. Enquanto os sete deliberavam, ocorreu que os magos tinham se posto a pensar qual seria o melhor curso de ação e, por muitas razões, haviam decidido travar amizade com Prexaspes.

2. Sabiam como ele fora cruelmente ultrajado por Cambises, que lhe matara o filho com uma flechada;

3. Também sabiam que fora por suas mãos que caíra Esmérdis, o filho de Ciro, e que ele era a única pessoa ciente da morte do príncipe;

4. Ademais, sabiam como ele era tido na mais alta estima por todos os persas.

5. Assim, mandaram chamá-lo, mostraram-lhe amizade, obtiveram sua promessa de manter silêncio sobre a fraude que estavam praticando e lhe prometeram muitos presentes das mais variadas espécies.

6. Prexaspes concordou, e os magos, ao ver que o haviam persuadido até aquele ponto, prosseguiram com outra proposta,

7. E disseram que reuniriam os persas junto aos muros do palácio; Prexaspes subiria a uma das torres e de lá discursaria, assegurando-lhes que era Esmérdis, filho de Ciro, e não outro, que governava a terra.

8. Prexaspes declarou que estava disposto a lhes cumprir a vontade; assim, os magos reuniram o povo, colocaram Prexaspes no alto da torre e lhe disseram para discursar.

9. Prexaspes começou traçando as origens de Ciro e todos os serviços que o rei havia prestado aos persas;

10. Então, em homenagem à memória de Ciro e para o espanto e a cólera dos magos, passou a expor a verdade,

11. A qual havia ocultado até o momento, disse ele, pois não se sentia seguro em revelá-la:

12. Assim contou que, obrigado a tal ação por Cambises, havia tirado pessoalmente a vida de Esmérdis, filho de Ciro, de forma que agora a Pérsia era governada por magos usurpadores.

13. Por último, exortando os persas a recuperarem o reino e empreenderem vingança contra os magos, ele se atirou da torre ao abismo abaixo.

14. Tal foi o fim de Prexaspes, homem que durante toda a vida teve alta reputação entre os persas.

15. E então os sete nobres persas, tendo resolvido atacar os usurpadores sem demora, rumaram para o palácio, na

ignorância do que fizera Prexaspes.

16. A notícia sobre ele os alcançou a caminho, quando haviam coberto cerca de metade da distância.

17. Informados, interromperam a marcha e conferenciaram entre si. Otanes e seus seguidores disseram que deviam deixar de lado a questão e não proceder ao ataque enquanto os assuntos estivessem tão candentes.

18. Por outro lado, Dario e seus amigos foram contrários a qualquer mudança de planos e queriam seguir em frente, sem perder um instante.

19. Assim começaram a discutir, e logo os sete foram unânimes em torno da posição de Dario e se apressaram rumo ao palácio.

20. No portão, foram recebidos como previra Dario. Os guardas, sem qualquer suspeita de que estivessem ali com qualquer objetivo hostil e tendo grande respeito pelos eminentes persas, deixaram-nos passar sem dificuldade.

21. Mas, quando estavam no amplo pátio, depararam-se com alguns eunucos de palácio, que os detiveram e perguntaram o que queriam.

22. Os sete tentaram prosseguir, mas os eunucos não deixaram. Então os sete puxaram das adagas e, esfaqueando os que tentavam detê-los, correram para a ala dos homens.

23. Os dois irmãos magos estavam lá dentro, discutindo as revelações de Prexaspes à multidão.

24. Ao ouvir a balbúrdia e o vozerio dos eunucos, precipitaram-se para ver o que estava acontecendo.

25. Percebendo o perigo que corriam, ambos tomaram armas; foi o tempo para um pegar o arco e o outro a lança, e começou a peleja.

26. O armado com o arco viu que este não lhe era de nenhuma serventia; o inimigo estava perto demais e o embate demasiado próximo para poder usá-lo.

27. Mas o outro se defendeu vigorosamente com a lança, ferindo dois dos sete, Aspatines na perna e Intafernes no olho.

28. O ferimento não matou Intafernes, mas lhe custou a visão daquele olho.

29. O outro mago, ao ver que o arco era inútil, correu para um quarto que dava para os aposentos masculinos, tentando fechar as portas.

30. Mas dois dos sete, Dario e Góbrias, entraram no quarto com ele.

31. Góbrias agarrou o mago e ambos se atracaram, enquanto Dario ficava ali sem saber o que fazer; pois estava escuro, e temia desferir um golpe que pudesse matar Góbrias.

32. Então Góbrias, ao perceber que Dario estava parado sem fazer nada, perguntou-lhe por que sua mão estava inerte. "Receio te ferir", respondeu ele.

33. "Não temas", respondeu Góbrias, "golpeia, mesmo que atinjas a nós dois". Dario fez o que ele dizia, cravou sua adaga e matou o mago.

34. Assim foram mortos os magos; e os sete, decapitando ambos, saíram pelos portões com suas cabeças nas mãos, gritando num grande alarido.

35. Chamavam todos os persas que viam e lhes contavam o que acontecera, mostrando as cabeças dos magos,

36. Ao mesmo tempo matando todos os magos que lhes apareciam pela frente.

37. Então os persas, ao saber o que haviam feito os sete e entendendo a fraude dos magos, julgaram justo seguir o exemplo que lhes fora dado e,

38. Tomando seus punhais, matavam todos os magos que encontravam.

39. Era tamanha a fúria que, não tivesse caído a noite, não teria restado um único mago vivo.

40. Os persas comemoram unanimemente essa data e guardam o dia com observância mais rigorosa do que qualquer outra ocasião do ano.

41. É então que realizam a grande festa que chamam de Magofonia.

Nenhum mago pode aparecer em público no decorrer da comemoração; todos têm de permanecer em casa o dia inteiro.

Capítulo 32

1. Quando o tumulto se amainou, os conspiradores se reuniram para deliberar.

2. Otanes recomendou que a administração dos assuntos públicos fosse confiada a toda a nação.

3. Disse: "Parece-me aconselhável que não tenhamos mais apenas um homem a nos governar; o governo de um só não é bom nem agradável.

4. "Vede a que extremos chegou Cambises em sua tirania. Como é possível que a monarquia seja uma coisa bem equilibrada, se ela permite que um homem faça o que quiser sem prestar contas a ninguém?

5. "Tal licença é suficiente para corromper o mais íntegro dos homens.

6. "Dai esse poder a alguém, e logo seus muitos bens o encherão de orgulho, enquanto a inveja, que é tão natural aos homens, brotará inevitavelmente.

7. "O orgulho e a inveja em conjunto encerram toda a perversidade, ambos levando a atos de violência.

8. "É verdade que os reis, possuindo tudo o que o coração pode desejar, não deveriam sentir inveja; mas sua conduta mostra o contrário.

9. "Invejam os mais virtuosos súditos e desejam sua morte, enquanto se comprazem com os mais vis e mesquinhos, sempre prontos a ouvir as histórias dos caluniadores.

10. "Um rei, além disso, é o mais incoerente dos homens. Prestai--lhe tributo com moderação, e ele se zangará por não lhe mostrardes mais respeito;

11. "Mostrai-lhe profundo respeito, e ele se ofenderá também, dizendo que o adulais.

12. "Mas o pior de tudo é que ele passa por cima das leis da terra, condena os homens à morte sem julgamento, submete as mulheres à violência.

13. "Por outro lado, o governo da maioria tem, em primeiro lugar, o mais belo dos nomes, a saber, democracia.

14. "Além disso, está isento de todos os abusos que tão amiúde cometem os reis. Numa democracia, os cargos são distribuídos por sorteio, o magistrado responde pelo que faz e as medidas ficam a cargo do povo.

15. "Portanto, proponho que eliminemos a monarquia e conduzamos o povo ao poder.

Pois o povo consiste em todos por todos."

16. Tais eram os sentimentos de Otanes. Megabizo foi o próximo a falar e recomendou a constituição de uma oligarquia:

17. "Concordo plenamente com tudo o que disse Otanes para vos persuadir a derrubar a monarquia", observou ele;

18. "Mas sua recomendação de chamarmos o povo ao poder não me parece o melhor conselho.

19. "Pois não existe nada mais carente de entendimento, nada mais cheio de caprichos, do que a plebe de difícil controle.

20. "Seria intolerável insensatez que os homens, procurando escapar aos caprichos de um tirano, se entregassem aos caprichos de uma multidão rude e desenfreada.

21. "O tirano, em todos os seus atos, pelo menos sabe o que faz, mas uma multidão é totalmente vazia de conhecimento;

22. "Pois como haveria qualquer conhecimento numa plebe inculta, sem nenhum senso natural do que é certo e adequado?

23. "Ela se precipita cegamente nos assuntos de Estado, com toda a fúria de um rio na enchente de inverno, e confunde tudo.

24. "Que sejam os inimigos da Pérsia governados por democracias; mas, quanto a nós, escolhamos entre os

cidadãos um certo número dos mais dignos e coloquemos o governo em suas mãos.

25. "Pois assim, de um lado, nós mesmos estaremos entre os governantes e, por outro lado, sendo o poder confiado aos melhores, é provável que no Estado prevaleçam os melhores conselhos."

26. Depois que Megabizo falou, Dario avançou e disse: "Tudo o que Megabizo disse contra a democracia, a meu ver, foi bem dito; mas não falou acertadamente sobre a oligarquia;

27. "Pois tomai essas três formas de governo – democracia, oligarquia e monarquia –, cada qual em sua excelência: sustento que a monarquia ultrapassa em muito as outras duas.

28. "Qual governo poderia ser melhor do que o do homem mais excelente de todo o Estado? Os conselhos de tal homem são semelhantes a si próprio, e assim ele governa a massa do povo para o contentamento geral;

29. "Enquanto suas medidas contra os malfeitores são, ao mesmo tempo, mantidas em maior segredo do que em outros Estados.

30. "Já as oligarquias, onde os homens rivalizam entre si a serviço da coisa pública, são propícias ao surgimento de inimizades acirradas entre eles, cada qual

desejando liderar e levar a cabo suas próprias medidas;

31. "De onde surgem discórdias violentas, resultando em rixas abertas, muitas vezes terminando em sangue. Assim, é seguro seguir a monarquia; e isso também mostra a que ponto esse governo ultrapassa todos os outros.

32. "Numa democracia, é impossível não haver malversações, as quais, porém, levam não a inimizades e sim a íntimas amizades, que se formam entre os envolvidos naquelas práticas, que precisam se manter unidos para empreender suas vilezas.

33. "E assim as coisas prosseguem até que um homem se apresenta como defensor do povo e derruba os malfeitores.

34. "O autor de tão grande serviço é imediatamente admirado por todos, e da admiração logo vem sua indicação para ser rei; assim, aqui também fica evidente que a monarquia é o melhor governo.

35. "Por último, para resumir tudo numa só palavra, pergunto: de onde recebemos a liberdade que desfrutamos? Deu-no-la a democracia, a oligarquia ou um monarca?

36. "Como um só homem nos devolveu a liberdade, defendo que mantenhamos o governo de um só.

37. "Mesmo tirante isso, não devemos mudar as leis de nossos

antepassados quando funcionam bem, pois não é bom agir assim."

38. Tais foram as três opiniões apresentadas na reunião: os outros quatro persas votaram em favor da última.

39. Otanes, que queria dar a seus conterrâneos uma democracia, ao ver a decisão contrária a ele, ergueu-se uma segunda vez e disse:

40. "Irmãos conspiradores, é evidente que o rei a ser escolhido será um de nós.

41. "Ora, como não tenho índole para governar nem para ser governado, não entrarei na listagem para este fim.

42. "Retiro-me, mas com uma condição: nenhum de vós jamais pretenderá exercer domínio sobre mim ou meus descendentes." Os seis concordaram com esses termos e Otanes se retirou, mantendo-se alheio à disputa.

43. E até hoje a família de Otanes continua a ser a única família livre na Pérsia;

44. Seus integrantes se submetem ao governo do rei apenas quando assim o querem; mas são obrigados a observar as leis da terra como os outros persas.

Capítulo 33

1. Depois disso, os seis restantes deliberaram quanto à maneira mais justa de escolher um rei:

2. Primeiro, por respeito a Otanes, decidiram que todos eles teriam liberdade de entrar no palácio sempre que quisessem, sem ser anunciados, a menos que o rei estivesse em companhia de alguma de suas esposas;

3. E o rei só poderia se casar com alguém da família de um dos conspiradores.

4. Quanto à escolha do rei, decidiram o seguinte:

5. Na manhã seguinte, iriam juntos a cavalo até os subúrbios da cidade, e aquele cujo corcel fosse o primeiro a relinchar ficaria com o reino.

6. Ora, Dario tinha um cavalariço, um criado muito esperto chamado Ébares. Terminada a reunião, Dario mandou chamá-lo, contou--lhe como se daria a escolha do rei

7. E disse: "Se és dotado de alguma astúcia, monta um plano para que o prêmio caiba a mim."

8. "Certamente, senhor", respondeu Ébares, "se disso depende seres rei ou não, fica tranquilo e não temas nada; tenho um expediente que não falhará".

9. Ébares fez o seguinte: chegada a noite, pegou uma das éguas, a principal favorita do cavalo que Dario costumava montar,

10. Amarrou-a, conduziu-a pela corda ao subúrbio e levou o cavalo de seu senhor até lá;

11. Então, depois de fazê-lo rodear várias vezes a égua, em círculos sempre mais próximos, deixou que os dois cruzassem.

12. Ao amanhecer, conforme o combinado, os seis persas se encontraram a cavalo e cavalgaram até o subúrbio.

13. A certa altura, chegaram perto do local onde a égua estava amarrada e então o cavalo de Dario se empinou e relinchou.

14. Os outros cinco nobres desapearam imediatamente e se curvaram diante dele, reconhecendo-o como rei.

15. Assim Dario, filho de Histaspes, foi escolhido como rei e, à exceção dos árabes, toda a Ásia se submeteu a ele.

16. Os árabes nunca se sujeitaram aos persas, mas mantinham uma aliança de amizade com eles desde a época em que Cambises invadiu o Egito;

17. Pois, se tivessem sido hostis, os persas nunca teriam conseguido consumar a invasão.

18. Então Dario contraiu matrimônios do mais alto nível, segundo as noções dos persas:

19. A saber, com duas filhas de Ciro, Atossa e Artistona; entre elas, Atossa já fora casada duas vezes antes, uma vez com Cambises, seu irmão, e uma vez com o mago, enquanto a outra, Artistona, era virgem.

20. Ele desposou também Pármis, filha de Esmérdis, filho de Ciro; igualmente tomou como esposa a filha de Otanes, o homem que descobrira a identidade do mago.

21. E agora, estando o poder de Dario consolidado em todos os reinos, sua primeira medida foi erguer um monumento de pedra entalhada,

22. Que mostrava um homem montado a cavalo, com a seguinte inscrição:

23. "Dario, filho de Histaspes, com o auxílio de seu bom cavalo e de seu bom cavalariço Ébares, obteve o reino dos persas."

24. Dario organizou seu império em vinte satrapias, que iam desde o Egito até a Armênia,

25. Desde os gregos orientais submetidos até a Índia, sendo esta última a satrapia mais rica de todas; e grandes tesouros afluíam para seu reino.

26. E das nações que não pertenciam a seu império, mas estavam em suas fronteiras, ele recebeu presentes:

27. Dos etíopes, dois quênicos de ouro puro, duzentos troncos de ébano, cinco meninos e vinte presas de elefante.

28. Dos cólquidas e seus vizinhos ao norte, no Cáucaso, ele recebia a cada cinco anos cem meninos e cem donzelas.

264 HISTÓRIAS

29. Os árabes lhe davam mil talentos de olíbano por ano.

30. Tudo isso mostra a grandeza e a riqueza do império persa.

Capítulo 34

1. E assim chegamos ao período em que a grandeza da Pérsia estava no auge, tendo conquistado e submetido a Ásia e o Egito e espalhado seu domínio por todo o Oriente;

2. Época em que Dario voltou a atenção para o Ocidente, para as alegres terras dos gregos, e decidiu conquistar essas terras e todas as que se estendiam mais além,

3. E assim governar o mundo inteiro de acordo com os costumes persas.

4. A causa imediata que deu início a essa aventura, da qual veio a depender o futuro do mundo, foi, como acontece tantas vezes na história, um acaso.

5. Um dia, ao montar em seu cavalo, Dario perdeu o apoio e caiu, com uma lesão séria no tornozelo, pois destroncou o osso.

6. Os médicos egípcios da corte tentaram tratar o ferimento, mas a violência de seus métodos apenas piorou a lesão, deixando o rei com muitas dores, sem conseguir dormir por cinco dias.

7. Em seu sofrimento, Dario perguntou se não havia ninguém capaz de ajudá-lo, ao que um cortesão disse que, entre os prisioneiros do palácio, havia um grego tido como grande médico.

8. Era Democedes, que, levado à presença do rei em seus andrajos e grilhões, a princípio tentou negar suas habilidades, temendo que, se não curasse o rei, nunca voltaria a ver sua querida Grécia.

9. Mas Dario, desconfiando da trapaça, mandou trazer os instrumentos de tortura para verificar se Democedes dizia a verdade;

10. A isso, o grego confessou que tinha alguma experiência e tentaria ajudar Dario.

11. Saiu-se bem, primeiro dando ao rei uma beberagem que o ajudou a dormir,

12. E então, nas semanas seguintes, com as delicadas artes gregas de manusear e pôr os ossos no lugar, ele sanou o inchaço e a inflamação da junta e curou a luxação.

13. Dario já tinha perdido as esperanças de voltar a usar o pé e sentiu grande gratidão ao se recuperar.

14. Deu a Democedes dois jogos de grilhões de ouro, o que levou o grego a perguntar se a recompensa por tê-lo ajudado era ter redobradas as dores do cativeiro.

15. Dario gostou daquelas palavras e disse aos eunucos que levassem Democedes para ver suas esposas,

as quais deram ao grego outros presentes em ouro.

16. A partir de então, Democedes ficou morando em Susa, jantando diariamente à mesa do rei e tendo tudo o que queria, exceto a única coisa que mais desejava:

17. A saber, a liberdade, para poder voltar à sua Grécia natal, pela qual muito ansiava.

18. Ora, um dia Atossa, a filha de Ciro, outrora esposa de Cambises e do mago usurpador e agora de Dario, viu que estava com um furúnculo no seio.

19. No começo, ela manteve a chaga em segredo, mas, quando supurou e se espalhou, Atossa mandou chamar Democedes. Ele disse que a curaria se ela prometesse lhe dar o que pedisse,

20. Assegurando que não seria nada que a fizesse enrubescer.

21. Nessas condições, ele utilizou sua arte e logo curou o abcesso; então fez seu pedido a Atossa, que era lhe conseguir alguma maneira de voltar à Grécia.

22. Ela procurou cumprir a promessa dirigindo-se a Dario da seguinte maneira, na próxima vez em que foi chamada a passar a noite com ele:

23. "Meu senhor, parece estranho que, com o grande poder que tens, como o maior governante do mundo,

24. "Fiques ocioso e não faças novas conquistas nem aumentes o poder dos persas.

25. "Certamente alguém tão jovem e rico, com grandes exércitos, deveria empreender alguma nobre realização para mostrar que a Pérsia é governada por um varão.

26. "Além disso, seria bom que protegesses tua posição contra os inimigos internos, pois a indolência no Estado alimenta a revolta.

27. "Enquanto és jovem, deves realizar alguma grande façanha; pois, enquanto o corpo ganha força, a mente também amadurece; e quando o corpo envelhece, as capacidades mentais declinam, até que corpo e mente acabam, por fim, embotados demais para qualquer coisa."

28. Dario respondeu: "Cara senhora, deste voz aos pensamentos que me ocupam a mente.

29. "Proponho construir uma ponte que una nosso continente ao outro, a Ásia à Europa, e empreender uma guerra na Cítia. Logo farei o que sugeres."

30. Mas Atossa replicou: "Deixa a Cítia por ora; podes conquistar os citas a qualquer momento.

31. "Antes empreende guerra contra a Grécia, cujos estados são famosos pelo clima e pela boa vida.

32. "Anseio em ter como servas algumas daquelas jovens

266 HISTÓRIAS

lacedemônias de que tanto ouço falar. Também quero mulheres argivas, atenienses e coríntias.

33. "Tens aqui na corte Democedes, que te pode expor melhor do que qualquer outro tudo o que precisas saber sobre a Grécia e servir de guia."

34. "Visto ser teu desejo que provemos antes o valor dos gregos", disse Dario, "assim faremos.

35. "Enviarei imediatamente alguns persas para espionar a terra, na companhia de Democedes;

36. Quando tiverem visto tudo, poderão nos fornecer um conhecimento mais completo do povo e dos territórios.

37. "Então iniciarei a guerra."

Capítulo 35

1. Tendo dito, Dario não perdeu um instante entre as palavras e a ação; tão logo amanheceu, ele convocou quinze persas ilustres e lhes disse para tomarem Democedes como guia e explorarem as costas marítimas da Grécia.

2. Instruiu-os também que trouxessem Democedes de volta, não permitindo em hipótese nenhuma que ele escapasse.

3. Então chamou Democedes e lhe disse o que estava em andamento; ofereceu-lhe tesouros para ele mesmo

4. E um navio repleto de ouro e preciosidades como presentes para seu pai e irmãos na Grécia,

5. Sob a condição de que prometesse voltar à Pérsia após concluir o trabalho de levantamento.

6. Democedes considerou que Dario estava testando sua lealdade com tal oferta e respondeu que deixaria em Susa os tesouros presenteados a ele, para usufruí-los em seu retorno;

7. Mas que aceitaria as gentis dádivas para sua família.

8. Com isso, Dario enviou Democedes e os persas escolhidos para o litoral, para a cidade de Sídon na Fenícia,

9. Onde aparelharam duas trirremes e uma nau mercante carregada de mercadorias valiosas e partiram para a Grécia.

10. A pequena frota percorreu as costas gregas, os tripulantes anotando cuidadosamente tudo o que viam, e assim exploraram a maior parte do país até chegarem finalmente a Tarento, na Itália.

11. Lá Democedes contou sua história ao rei Aristofilides e o que estavam fazendo os navios persas;

12. Então o rei ordenou que se removessem os lemes das naus persas e se aprisionassem os tripulantes como espiões, e autorizou Democedes a seguir depressa para Crotona, sua cidade natal.

13. Depois que Democedes partiu, Aristofilides soltou os persas e lhes devolveu os timões.

14. Os persas zarparam imediatamente para Crotona em busca de Democedes; encontrando-o na praça do mercado, agarraram-no para arrastá-lo até os barcos.

15. Alguns crotonenses, que temiam muito o poderio dos persas, estavam dispostos a entregá-lo;

16. Mas outros resistiram, retiveram Democedes e até repeliram os persas a cajadadas.

17. Estes, por sua vez, exclamavam: "Homens de Crotona, cuidado com o que fazeis. É o escravo fugitivo do rei que estais protegendo.

18. "Pensais que Dario se submeterá docilmente a tais afrontas? Pensais que, se nos tirardes este homem, tudo ficará por isso mesmo?

19. "Pelo contrário, não sereis os primeiros que atacaremos? Vossa cidade será a primeira a incendiarmos e os habitantes serão reduzidos à escravidão."

20. Os crotonenses não deram ouvidos a tais advertências. Ao invés disso, resgataram Democedes e capturaram a nau mercante que os persas tinham trazido da Fenícia.

21. Assim roubados e tendo perdido seu guia, os persas desistiram de explorar o restante da Grécia e rumaram para a Ásia.

22. Foram retardados por um naufrágio na costa da Iapígia, mas acabaram chegando a Susa e narraram o acontecido a Dario.

23. Estes foram os primeiros persas a ir da Ásia até a Grécia, enviados para espionar a terra e preparar o caminho para a invasão persa.

Capítulo 36

1. Dario não tardou a reagir à deserção de Democedes e às afrontas dos crotonenses. Primeiro sitiou Samos, e a razão para atacá-la em primeiro lugar foi a seguinte.

2. Quando Cambises, filho de Ciro, marchou contra o Egito, um grande número de gregos acorreu na esteira de suas conquistas;

3. Alguns, como era de se esperar, para fazer comércio; outros, para servir em seu exército; outros ainda, apenas para ver as terras.

4. Entre estes últimos estava Síloson, filho de Eaces e irmão de Polícrates, que naquela época estava exilado de Samos, mas depois veio a governá-la.

5. Este Síloson, durante sua permanência no Egito, teve um grande golpe de sorte.

6. Um dia, ele pôs por acaso um manto escarlate e, assim vestido, foi para a praça do mercado de Mênfis,

7. Quando ninguém menos que Dario, o qual fazia parte do corpo de guarda de Cambises e, portanto, não era naquela época homem de grande importância,

8. Viu Síloson e, apreciando muito o manto, foi até ele e quis comprá-lo.

9. Síloson percebeu como Dario estava ansioso e respondeu numa feliz inspiração: "Não venderia meu manto por preço algum;

10. "Mas dou-o a ti, por ver que o aprecias muito." Dario agradeceu vivamente e aceitou a peça de vestuário.

11. O pobre Síloson sentiu na época que havia pura e simplesmente perdido o manto por tolice; mas depois, quando Dario se tornou rei,

12. Síloson soube que o homem a quem coubera a coroa era o mesmo que desejara seu manto no Egito e a quem o cedera gratuitamente.

13. Assim, ele foi até Susa e, colocando-se no portal do palácio real, anunciou que era um benfeitor do rei.

14. Então o guarda da entrada foi até Dario e contou o fato. Assombrado com a notícia, o rei disse consigo mesmo: "Que grego pode ter sido meu benfeitor ou a qual deles devo alguma coisa, tendo tomado o reino em data tão recente?

15. "Apenas um ou dois, se tanto, vieram aqui desde que subi ao trono. E tampouco lembro que esteja em dívida com qualquer grego.

16. "Em todo caso, traze-o aqui para eu saber o que ele quer dizer com tal jactância."

17. Assim, o guarda levou Síloson à sua presença e os intérpretes lhe perguntaram quem era ele e o que havia feito para se dizer benfeitor do rei.

18. Então Síloson narrou o episódio do manto e disse que fora ele a presentear Dario.

19. A isso Dario exclamou: "Ó, tu, o mais generoso dos homens, és de fato aquele que, quando eu não tinha poder algum, deu-me um presente, embora pequeno?

20. "De fato, o favor foi tão grande como seria hoje um grandioso presente.

21. "Portanto, em troca te darei ouro e prata irrestritamente, para que nunca te arrependas de ter prestado serviço a Dario, filho de Histaspes."

22. "Não me dês ouro e prata, ó rei", replicou Síloson, "mas devolve-me Samos, minha terra natal, e seja este teu presente a mim.

23. "Agora ela pertence a um escravo de minha família que, quando Oretes matou meu irmão Polícrates, tornou-se senhor da terra.

24. "Dá-me Samos, rogo-te; mas dá-ma incólume, sem derramamento de sangue e sem escravização de seus habitantes."

25. Ao ouvir isso, Dario enviou um exército comandado por Otanes, um dos sete, com ordens para cumprir tudo o que Síloson desejava. Otanes foi à costa e se preparou para a travessia.

26. O governo de Samos, nessa época, estava a cargo de Maiândrio, filho de Maiândrio, que Polícrates havia nomeado como seu regente.

27. Ele desejava se conduzir como o mais justo dos homens, mas não lhe foi dado agir assim. Ao receber a notícia da morte de Polícrates, ele reuniu todos os cidadãos e lhes falou da seguinte maneira:

28. "Sabeis que o cetro de Polícrates e todo o seu poder passaram para minhas mãos; se eu assim escolher, posso governá-los.

29. "Mas o que condeno em outrem quero evitar em mim, se o puder. Nunca aprovei a ambição de Polícrates de comandar homens de valor igual ao seu, nem vi com bons olhos quem procedia assim.

30. "Portanto, abro mão de meu cargo e proclamo direitos iguais.

31. "As únicas coisas que peço em troca são seis talentos do tesouro de Polícrates e uma vida tranquila para mim e todos os meus descendentes."

32. Um dos principais sâmios, de nome Telêsarco, ergueu-se e disse:

"Como se fosses capaz de nos governar, vil e tratante como és!

33. "Pensa antes em prestar contas do dinheiro que tens gastado desde que recebeste o poder."

34. Maiândrio, assim sentindo que, se abrisse mão do poder soberano, outro se tornaria tirano em seu lugar, abandonou a ideia de renunciar ao trono.

35. Retirando-se para a cidadela, mandou chamar os homens mais importantes, um a um, a pretexto de lhes mostrar as contas; quando chegaram, deteve-os e pô-los a ferros.

36. Logo depois, Maiândrio adoeceu: então um de seus irmãos, Licareto, julgando que ele ia morrer e querendo assegurar mais facilmente o trono para si, matou todos os prisioneiros. Ao que parece, os sâmios não queriam ser um povo livre.

37. Quando os persas incumbidos de restaurar Síloson chegaram a Samos, não houve um único homem a erguer a mão contra eles.

38. Maiândrio e seus partidários se declararam dispostos a deixar a ilha sob algumas condições, as quais foram aceitas por Otanes.

Capítulo 37

1. Depois de feito o tratado, os persas mais insignes mandaram

trazer seus tronos e se sentaram diante da cidadela.

2. Ora, Maiândrio tinha um irmão impetuoso, de nome Carilau, que mandara prender por alguma ofensa;

3. Esse homem soube do que estava se passando e, espiando por entre as grades, viu os persas sentados pacificamente,

4. Ao que ele exclamou em voz alta que precisava falar com Maiândrio.

5. Avisado, Maiândrio deu ordens para que tirassem Carilau da prisão e o trouxessem até ele.

6. Tão logo chegou, Carilau começou a descompor o irmão e procurou persuadi-lo a atacar os persas.

7. "Homem de espírito mesquinho", disse ele, "és capaz de manter teu irmão acorrentado num cárcere, mas, quando os persas te expulsam do poder, ficas apenas olhando docilmente, mesmo sendo tão fácil subjugá-los.

8. "Mas, se tens medo, empresta-me teus soldados e farei com que paguem alto preço por terem vindo aqui. Prometo também enviar-te antes em segurança para outro lugar fora da ilha."

9. Maiândrio consentiu, não porque fosse tolo a ponto de imaginar que suas forças pudessem derrotar os persas, mas porque estava com inveja de Síloson e não queria que ele recebesse tão facilmente uma cidade incólume.

10. Por isso quis despertar a ira dos persas contra Samos, para poder entregá-la a Síloson com seu poder debilitado ao máximo possível;

11. Pois sabia muito bem que, se os persas se deparassem com contratempos, ficariam furiosos com os sâmios,

12. Enquanto ele próprio podia se retirar em segurança a qualquer momento, pois dispunha de uma passagem subterrânea secreta, que levava da cidadela ao mar.

13. Assim, Maiândrio embarcou e partiu de Samos; Carilau, tendo armado todos os mercenários, escancarou os portões e arremeteu contra os persas.

14. Os persas não esperavam qualquer ameaça, pois imaginavam que tudo fora resolvido pacificamente pelo tratado.

15. Assim, à primeira investida, todos os persas mais insignes, homens acostumados a usar liteiras, foram massacrados pelos mercenários.

16. O restante do exército logo veio em socorro e derrotou os mercenários, que recuaram e voltaram para a cidadela.

17. Então o general Otanes, ao ver a calamidade que recaíra sobre os persas, decidiu esquecer as ordens de Dario,

18. Que haviam sido "não matar nem escravizar nenhum sâmio, mas entregar a ilha incólume a Síloson",

19. E mandou que seu exército matasse todos os sâmios, meninos e adultos, que encontrasse.

20. A esta ordem, alguns de seus soldados sitiaram a cidadela, enquanto outros deram início ao massacre, liquidando todos os que encontravam, fora e dentro das edificações.

21. Assim os persas subjugaram Samos e a entregaram a Síloson, esvaziada de homens.

22. Maiândrio fugiu de Samos para a Lacedemônia, levando todas as riquezas que reunira, e então procedeu da seguinte maneira.

23. Tendo colocado numa mesa todas as peças de ouro e prata que possuía, mandou que seus servos se pusessem a poli-las,

24. Ao passo que ele foi conversar com Cleomenes, filho de Anaxândridas, rei de Esparta, e, enquanto conversavam, trouxe-o à sua casa.

25. Lá Cleomenes, vendo a baixela, encheu-se de espanto e admiração;

26. Ao que o outro o convidou a levar as peças que quisesse.

27. Maiândrio repetiu a oferta duas ou três vezes; mas nisso Cleomenes demonstrou uma honestidade insuperável.

28. Recusou a dádiva e avaliou que, se Maiândrio fizesse as mesmas ofertas a outros, obteria o auxílio que procurava; assim, o rei espartano se dirigiu aos éforos e lhes disse que

29. "Seria melhor para Esparta que o estrangeiro sâmio fosse afastado do Peloponeso,

30. "Pois, do contrário, poderia persuadir a ele mesmo ou a outros espartanos a cometer vilezas."

31. Os éforos acataram seu conselho e mandaram um arauto avisar a Maiândrio que devia deixar a cidade.

Capítulo 38

1. Pouco tempo depois da derrota da rebelião sâmia, Otanes decidiu repovoar a cidade. Procedeu da seguinte maneira.

2. Quando o exército comandado por Otanes partiu para Samos, os babilônios se revoltaram, tendo feito todos os preparativos de defesa.

3. Na época em que Esmérdis, o mago, ocupou o trono e enquanto os sete conspiravam, os babilônios tinham aproveitado o período dos problemas

4. E se prepararam para um cerco, sem que ninguém percebesse o que faziam.

5. Por fim, chegado o momento de uma rebelião aberta, primeiro afastaram suas mães e depois cada

homem escolheu em casa apenas uma mulher, a que bem quisesse;

6. Apenas elas continuaram vivas, e todas as outras foram conduzidas a um mesmo local e estranguladas.

7. As mulheres escolhidas tiveram a vida poupada para cozinhar para os homens, enquanto as demais foram estranguladas para não desperdiçar alimentos.

8. Quando Dario foi informado dos acontecimentos, ele reuniu todas as suas forças e marchou diretamente contra a Babilônia, montando um cerco à cidade.

9. Os babilônios não se incomodaram com o cerco, pois estavam muito bem preparados. Subindo nas ameias, troçavam de Dario e de suas hostes poderosas.

10. Um chegou a lhes gritar: "Por que estais aí, persas? Por que não ides para casa? Só tomareis nossa cidade no dia em que a mula der cria."

11. Quem disse isso era um babilônio que acreditava que mulas jamais davam cria.

12. Passados dezenove meses, Dario e seu exército estavam esgotados, sem conseguir encontrar alguma maneira de tomar a cidade.

13. Tinham-se usado todos os artifícios e estratagemas, mesmo o meio pelo qual Ciro conquistara o local.

14. Por fim, no vigésimo mês, Zópiro, filho de Megabizo, que era um dos sete homens que tinham derrubado o mago,

15. Chegou a um plano radical e engenhoso para derrubar a Babilônia, depois de repassar todas as outras maneiras de capturar a cidade.

16. Seu plano consistia em mutilar a si mesmo e ir ao inimigo, fingindo que fora horrivelmente punido por Dario por uma contravenção e por isso se rebelava contra ele.

17. Então decepou o próprio nariz e as orelhas, raspou a cabeça e se flagelou com um açoite, indo depois à presença de Dario.

18. O rei ficou colérico à vista de um homem de alto nível como Zópiro naquelas condições;

19. Descendo do trono num salto, soltou uma exclamação e perguntou a Zópiro quem o havia desfigurado e o que fizera ele para ser tratado assim.

20. Zópiro respondeu: "Não há nenhum homem no mundo a não ser tu mesmo, ó rei, capaz de me reduzir a tal estado;

21. "Não foi a mão de nenhum estrangeiro a obrar isso, foi tão somente a minha. Mutilei a mim mesmo para ajudar a derrotarmos os assírios."

22. Dario replicou: "Certamente perdeste o juízo! Como teu desfiguramento faria o inimigo se render mais depressa?"

23. Zópiro respondeu: "Se eu te contasse o que planejava fazer, não terias permitido; assim, agi segundo meu parecer.

24. "Agora, portanto, tomaremos a Babilônia. Desertarei para o inimigo neste estado e, quando entrar na cidade, direi a eles que foste tu a me tratar assim.

25. "Penso que eles acreditarão em minhas palavras e me confiarão o comando de algumas tropas.

26. "De tua parte, deves esperar até o décimo dia após minha entrada na cidade,

27. "E então coloca junto aos portões de Semíramis um destacamento do exército, soldados que não te importes muito em perder, mil homens.

28. "Depois disso, aguarda mais sete dias e coloca outro destacamento, com dois mil homens, nos portões de Nínive;

29. "Então deixa passarem vinte dias e, decorrido esse período, posiciona um corpo de quatro mil homens junto aos portões caldeus.

30. "Estas tropas e as anteriores não devem portar nenhuma arma, a não ser suas espadas.

31. "Findos os vinte dias, ordena a todo o exército que ataque a cidade por todos os lados,

32. E coloca dois corpos de persas, um nos portões belianos, outro nos cissianos;

33. Pois espero que, graças a meus feitos, os babilônios venham a me confiar tudo, inclusive as chaves dos portões.

34. "Então caberá a mim e a nossos persas fazer o resto."

Capítulo 39

1. Combinado o plano, Zópiro correu para os portões da cidade olhando várias vezes para trás, para dar a impressão de que estava desertando.

2. Ao vê-lo, as sentinelas nas torres se apressaram em descer e, entreabrindo um dos portões,

3. Perguntaram-lhe quem era ele e o que fazia ali. Respondeu que era Zópiro, desertara dos persas e estava se passando para eles.

4. Ouvindo isso, os vigias o levaram prontamente aos magistrados. Apresentado à assembleia, ele começou a lamentar seus infortúnios,

5. Dizendo-lhes que Dario o maltratara da maneira como podiam ver, só porque aconselhara que levantassem o cerco, pois parecia não haver nenhuma esperança de tomar a cidade.

6. "E agora, babilônios", disse ele, "minha vinda aqui se revelará a maior vantagem que podereis receber, enquanto para Dario e os persas será a mais severa perda.

7. "Com efeito, aquele que assim me mutilou não escapará impune. E

conheço todos os meandros de suas deliberações."

8. Os babilônios, vendo um persa de nível tão elevado num estado tão lastimável, com o nariz e as orelhas decepados, o corpo vermelho de sangue e com as marcas do açoite,

9. Acreditaram plenamente que ele falava a verdade e viera realmente auxiliá-los. Assim se dispuseram a lhe conceder tudo o que pedia;

10. Solicitando um comando, confiaram-lhe um corpo de soldados e, com a ajuda deles, Zópiro prosseguiu nos planos que fizera com Dario.

11. No décimo dia após a deserção, ele saiu com seu destacamento, cercou os mil soldados que Dario havia mandado, conforme o combinado, e matou todos eles.

12. Então os babilônios, vendo que suas ações eram tão corajosas quanto suas palavras, ficaram indizivelmente satisfeitos e sentiram confiança irrestrita nele.

13. Mas Zópiro aguardou e, transcorrido o outro prazo combinado, saiu novamente com um grupo de homens escolhidos a dedo e derrotou os dois mil soldados dos persas.

14. Após essa segunda façanha, seu nome foi louvado por todos. Mais uma vez, porém, ele esperou passar o período combinado,

15. E então, levando as tropas onde estavam os quatro mil soldados, passou-os a fio da espada.

16. Esta última vitória foi o toque final para seu poder; os babilônios em júbilo lhe confiaram o comando de todo o exército e lhe entregaram as chaves da cidade.

17. Então Dario, ainda seguindo o plano armado, atacou os muros por todos os lados, ao que Zópiro pôs em prática o restante do estratagema.

18. Enquanto os babilônios, aglomerando-se junto aos muros, empenhavam-se ao máximo para resistir ao ataque persa, ele abriu os portões císsios e belianos, deixando entrarem as tropas persas.

19. Os babilônios que presenciaram a traição buscaram refúgio na cidadela; os demais, que não a viram, continuaram em seus postos até perceber tarde demais que haviam sido traídos.

20. Assim foi a Babilônia tomada pela segunda vez. Dario derrubou os muros e todos os portões, o que Ciro não fizera ao tomar a cidade.

21. Então escolheu três mil dos principais cidadãos e mandou crucificá-los, permitindo que os demais continuassem a residir na cidade.

22. Além disso, querendo evitar que a raça dos babilônios se extinguisse, providenciou-lhes esposas no

lugar daquelas que haviam estrangulado para economizar os víveres.

23. Para supri-las, determinou que as nações fronteiriças da Babilônia enviassem um determinado número de mulheres à cidade, e com isso foram entregues nada menos que cinquenta mil mulheres.

24. Foi dessas mulheres que nasceram os babilônios posteriores.

25. Quanto a Zópiro, pela grandiosidade de seus feitos, foi tido por Dario como o maior persa de todos os tempos,

26. Exceção feita a Ciro, ao qual jamais persa algum ousou se comparar. Consta que Dario disse várias vezes preferir que Zópiro não tivesse se mutilado a ser senhor de outras vinte Babilônias.

27. E prestou grandes honras a Zópiro; todos os anos, presenteava-o com todos os bens mais estimados entre os persas;

28. Concedeu-lhe também o governo vitalício da Babilônia, isenta de tributos, e ainda muitos outros favores.

Capítulo 40

1. Então Dario passou para a guerra contra os citas, que foi o primeiro passo em sua ambição de conquistar a Europa.

2. Enviou mensageiros por todo o império convocando soldados, navios e suprimentos e ordenando a construção de uma ponte sobre o Bósforo, para ligar a Ásia à Europa.

3. Enquanto assim procedia, seu irmão Artabano tentou persuadi-lo a não empreender essa expedição, em razão da grande dificuldade de atacar a Cítia.

4. Mas Dario estava decidido a continuar e, completados os preparativos, partiu de Susa em marcha com seu exército.

5. Um certo persa de nome Eobazo, pai de três filhos que acompanhariam o exército,

6. Chegou ao rei e suplicou que deixasse um de seus filhos com ele.

7. Dario, como se estivesse diante do pedido moderado de um amigo, respondeu que autorizaria a permanência dos três.

8. Eobazo ficou eufórico, pensando que todos os filhos seriam dispensados do serviço militar; mas o rei ordenou que seus intendentes pegassem e matassem os três filhos de Eobazo.

9. Assim os três permaneceram, como prometera o rei.

10. Quando Dario chegou ao território da Calcedônia, nas margens do Bósforo, onde fora construída a ponte, tomou um navio e rumou para as ilhas cianenses.

11. Escolheu um mirante alto e inspecionou o Ponto, que de fato é digno de nota.

12. Não existe mar mais maravilhoso: ele se estende por onze mil e cem estádios de comprimento e tem três mil e trezentos estádios de largura na parte mais ampla.

13. A foz tem apenas quatro estádios de largura, e esse estreito, chamado Bósforo, sobre o qual fora construída a ponte de Dario, conta com cento e vinte estádios de comprimento, indo do Euxino ao Proponte.

14. O Proponte tem quinhentos estádios de largura e mil e quatrocentos estádios de comprimento. Ele deságua no Helesponto, com extensão de quatrocentos estádios e apenas sete de largura.

15. O Helesponto deságua no vasto mar chamado Egeu.

16. Essas distâncias foram tomadas da seguinte maneira. Num longo dia, uma embarcação geralmente cobre cerca de setenta mil braças, e à noite sessenta mil.

17. Ora, da foz do Ponto ao rio Fásis, que é o trecho mais extenso desse mar, tem-se uma viagem de nove dias e oito noites, o que dá uma distância de onze mil e cem estádios.

18. De Síndica a Temiscira no rio Térmodon, onde fica o trecho mais largo do Ponto, tem-se uma viagem de três dias e duas noites,

19. O que dá três mil e trezentos estádios. Tal é o cálculo cuidadosamente usado para medir o Ponto, o Bósforo e o Helesponto.

20. Depois de terminar o levantamento, Dario voltou para a ponte, que fora construída por Mândrocles, um sâmio, sob suas ordens.

21. Inspecionou igualmente o Bósforo e mandou erguer a suas margens duas colunas de mármore branco, com os nomes inscritos de todas as nações que compunham seu exército, numa coluna em caracteres gregos, na outra em caracteres assírios.

22. Esse exército foi formado a partir de todas as nações sob o domínio de Dario; o número total, sem contar as forças navais, era de setecentos mil homens, incluída a cavalaria. A frota consistia em seiscentas naus.

23. Dario gostou tanto da ponte de Mândrocles que não só lhe deu todos os presentes habituais, como também dez de cada espécie.

24. Mândrocles retribuiu encomendando uma pintura que mostraria toda a ponte, com o rei Dario sentado num lugar de honra e todos os soldados a atravessá-la.

25. Então Dario passou para a Europa, tendo ordenado que os jônios entrassem no Ponto e

navegassem até a foz do Íster, mais tarde chamado de Danúbio.

26. Lá, ordenou que lançassem uma ponte sobre o rio e aguardassem sua chegada. Os jônios, os eólios e os helespontinos eram as nações que forneciam o maior número de suas forças navais.

27. Assim a frota, percorrendo as ilhas cianenses, seguiu diretamente para o Íster e, subindo o rio até o ponto onde se separam os canais, a uma distância de dois dias de viagem do mar, fechou a passagem.

28. Enquanto isso, Dario, que atravessara o Bósforo pela ponte, cruzou a Trácia e, chegando à nascente do rio Tearo, montou acampamento e ali permaneceu por três dias.

29. Este rio, famoso por suas propriedades terapêuticas, o encantou tanto que mandou erguerem uma coluna no local, com uma inscrição dizendo:

30. "As fontes do Tearo oferecem a melhor e mais bela água de todos os rios:

31. "Foram visitadas, em sua marcha à Cítia, pelo melhor e mais belo dos homens, Dario, filho de Histaspes, rei dos persas e de todo o continente da Ásia."

32. Prosseguindo, ele chegou a um segundo rio, o Artisco, que atravessa a terra dos odrísios.

33. Nesse ponto, ele escolheu um determinado local, onde todos os seus soldados deviam lançar uma pedra ao passar por ali.

34. Obedecidas suas ordens, Dario continuou a marcha, deixando atrás de si grandes montes com as pedras lançadas por suas tropas; era a maneira de guiá-los no caminho de volta.

35. Antes de chegar ao Íster, o primeiro povo que Dario submeteu foram os getas.

36. Os trácios de Salmidesso e os povos que moravam além das cidades de Apolônia e Mesambria, chamados cirmíades e nipseus, se entregaram a Dario sem esboçar qualquer reação;

37. Mas os getas se defenderam encarniçadamente e então foram escravizados, apesar de serem os mais nobres e os mais justos entre todos os trácios.

Capítulo 41

1. Quando as forças terrestres de Dario alcançaram e atravessaram o Íster, ele mandou que os jônios destruíssem a ponte e o seguissem com todas as forças navais em sua marcha por terra.

2. Estavam para obedecer à ordem quando o general dos mitilenos, Coes, filho de Erxandro, dirigiu--se respeitosamente a ele nos seguintes termos:

3. "Senhor, estás prestes a atacar uma terra totalmente inculta e onde não existe uma única cidade habitada.

4. "Conserva a ponte como está e deixa de guarda os que a construíram. Assim, se vencermos os citas, podemos voltar por esta rota;

5. "Mas, se não os encontrarmos, ainda teremos uma retirada segura.

6. "Pois, ainda que eu não tenha nenhuma dúvida de que venceremos os citas em batalha,

7. "Meu receio é não conseguirmos encontrá-los, pois irão se retirar e se esconder,

8. "E então sofreremos muitas perdas enquanto vaguearmos pelo território deles."

9. O conselho de Coes agradou muito a Dario, que respondeu: "Quando eu estiver em segurança de volta a meu palácio, vem à minha presença e com boas ações te recompensarei este bom conselho."

10. Tendo dito isso, o rei pegou uma correia de couro e deu sessenta nós nela; então reuniu os líderes jônios e disse:

11. "Minhas ordens anteriores sobre a ponte agora estão canceladas.

12. "Olhai esta correia: a partir do momento em que eu vos deixar para ir à Cítia, desatai um nó por dia.

13. "Se eu não voltar quando for desfeito o último nó, voltai para casa. Enquanto isso, deveis guardar a ponte com todo o cuidado."

Capítulo 42

1. Os citas, ao perceberem a aproximação de um exército tão poderoso sob o comando do famoso Dario, viram que, por si sós, não teriam forças suficientes para combatê-lo.

2. Assim, enviaram mensageiros às nações vizinhas e convocaram os reis dos tauros, dos agatirsos, dos neuros, dos andrófagos, dos melanqueus, dos gelonos, dos budinos e dos sauromatas.

3. Cada tribo tinha seus próprios costumes e histórias, os mais notáveis sendo os sauromatas.

4. Consta que, quando os gregos lutaram com as amazonas nos tempos de outrora, derrotando-as na batalha de Termodonte,

5. Pegaram todas as amazonas que tinham capturado e embarcaram com elas, pretendendo levá-las para a Grécia.

6. Mas essas guerreiras, que os citas chamam de "matadoras de homens", rebelaram-se e massacraram os tripulantes das naus.

7. Porém, como não conheciam nada de navegação, nem de remos, velas ou timões, as

amazonas ficaram à deriva, levadas pelo vento e pelas ondas,

8. Finalmente chegando às praias de Palus Maeotis, a terra dos citas livres.

9. Ali pisaram em terra firme e, depois de encontrar alguns cavalos, montaram e saíram em pilhagem do território.

10. Os citas não sabiam o que fazer com elas; as roupas, a língua, a própria nação das amazonas lhes eram totalmente desconhecidas;

11. E tampouco sabiam de onde tinham vindo. Imaginando que fossem rapazes, e todos da mesma idade, os citas investiram e lhes deram combate.

12. Alguns corpos caíram em suas mãos e assim descobriram a verdade.

13. Então deliberaram e decidiram que não matariam mais nenhuma delas, e enviariam um destacamento dos homens mais jovens, em número igual ao das amazonas,

14. Com ordens de acampar perto delas e imitá-las em tudo o que fizessem; não combateriam e recuariam quando elas atacassem; se mudassem de lugar, eles deviam segui-las.

15. Assim decidiram devido ao forte desejo de ter filhos com mulheres tão admiráveis.

16. As amazonas logo viram que os citas não vinham lhes fazer mal algum; então, de sua parte, deixaram de molestá-los.

17. Dia a dia, os acampamentos se faziam mais próximos; os dois grupos levavam a mesma vida,

18. Tendo apenas as armas e os cavalos, de forma que eram obrigados a caçar para o sustento.

19. Por fim, um incidente reuniu um cita e uma amazona; o homem ganhou facilmente as boas graças da mulher,

20. A qual lhe recomendou por meio de sinais (pois um não entendia a língua do outro) que trouxesse um amigo no dia seguinte, àquele local onde haviam se encontrado, prometendo de sua parte que traria outra mulher.

21. Ele assim fez, e a mulher manteve sua palavra. Quando os outros jovens souberam do acontecido, também procuraram e ganharam os favores das outras amazonas.

22. Então os dois acampamentos se uniram num só, as amazonas vivendo com os citas como suas esposas;

23. E os homens não conseguiram aprender a língua das mulheres, mas as mulheres logo aprenderam a língua dos homens.

24. Assim, quando passaram a se entender, os citas se dirigiram às amazonas da seguinte maneira:

25. "Temos pais e posses; deixemos este modo de vida e voltemos à nossa nação para viver com eles.

26. "Sereis nossas esposas lá como aqui, e prometemos que não teremos outras."

27. Mas as amazonas disseram: "Não podemos viver como vossas mulheres; nossos costumes são muito diferentes dos delas.

28. "Disparar o arco, caçar o javali, andar a cavalo, estas são nossas artes; nada conhecemos das atividades femininas.

29. "Vossas mulheres, pelo contrário, não fazem nenhuma dessas coisas; ficam em casa em suas carroças, ocupadas em tarefas femininas.

30. "E nunca saem para caçar nem para fazer nada. Nunca nos entenderíamos bem. Mas, se realmente quereis nos manter como esposas e vos conduzir com estrita justiça em relação a nós,

31. "Ide até vossos pais, pedi que vos deem vossa herança e então retornai a nós, e vivamos juntos por conta própria."

32. Os rapazes aprovaram e seguiram esse conselho. Foram e pegaram a parte dos bens que lhes cabia, voltaram e se reuniram às esposas,

33. Que então lhes disseram as seguintes palavras: "Estamos envergonhadas e receosas de viver na terra onde estamos agora.

34. "Não só vos roubamos a vossos pais, como também devastamos a Cítia com nossos ataques.

35. "Como nos quereis por esposas, concedei o que vos pedimos.

Deixemos juntos esta terra e vamos morar além do Tanais." Os jovens concordaram novamente.

36. Cruzando o Tanais, seguiram a leste a uma distância de três dias de caminhada daquele rio, e então mais três dias de caminhada a norte do Palus Maeotis.

37. Ali chegaram à terra onde vivem agora e lá tomaram residência.

38. As mulheres dos sauromatas continuam desde então até agora a observar seus costumes antigos,

39. Caçando a cavalo com os maridos, às vezes até desacompanhadas; na guerra, indo ao campo de batalha e usando as mesmas roupas dos homens.

40. Os sauromatas falam a língua da Cítia, mas nunca corretamente, porque as amazonas, de início, não aprenderam direito o idioma.

41. Suas leis matrimoniais estabelecem que nenhuma jovem se casará enquanto não tiver matado um homem em combate.

42. Às vezes ocorre que uma mulher morra solteira em idade avançada, por não ter sido capaz, em toda a sua vida, de atender a tal condição.

Capítulo 43

1. Os enviados dos citas, na assembleia dos reis das nações vizinhas, informaram que o poderoso rei persa,

2. Depois de submeter todo o continente asiático, construíra uma ponte sobre o estreito do Bósforo e cruzara até a Europa,

3. Onde dominara os trácios e agora estava fazendo uma ponte sobre o Íster, com o objetivo de estender seu domínio por todo o resto da Europa.

4. "Não vos abstenhais da grande luta iminente", disseram eles, "mas uni-vos a nós e juntos enfrentemos o inimigo.

5. "Se recusardes, teremos de nos render à pressão e abandonar nossa terra ou chegar a um acordo com os invasores. Pois o que mais nos restaria fazer, se não tivermos vossa ajuda?

6. "O golpe não será mais leve se não resistirdes. Os persas vos atacarão tal como a nós:

7. "E não se contentarão, depois de nos conquistar, em vos deixar em paz. Podemos apresentar provas sólidas do que expomos aqui.

8. "Se o chefe persa realmente tivesse vindo vingar os males que sofreu em nossas mãos quando escravizamos uma parte de seu povo e empreender guerra apenas contra nós,

9. "Teria marchado diretamente contra a Cítia, sem molestar nenhuma nação durante o percurso. Assim estaria claro a todos que apenas a Cítia era o alvo.

10. "Mas qual foi a conduta dele? Desde que entrou na Europa, tem subjugado sem exceção todas as nações que encontra pelo caminho.

11. "Todas as tribos dos trácios caíram sob seu domínio, e entre elas mesmo nossos vizinhos mais próximos, os getas."

12. Os príncipes reunidos, depois de ouvir os citas, deliberaram. Ao final, as opiniões estavam divididas: os reis dos gelonos, dos budinos e dos sauromatas concordaram e prometeram auxílio aos citas;

13. Mas os príncipes dos agatirsos e dos neurianos, junto com os soberanos dos andrófagos, dos melanqueus e dos táurios, responderam o seguinte:

14. "Se não tivésseis sido os primeiros a prejudicar os persas e iniciado a guerra, pensaríamos que vossa solicitação é justa; então atenderíamos a vossos desejos e uniríamos nossas armas às vossas.

15. "Agora, porém, a questão é a seguinte: vós, independentemente de nós, invadistes a terra dos persas e, enquanto pudestes, exercestes vosso domínio sobre eles;

16. "Agora que eles têm poder, vêm-vos fazer o mesmo que fizestes a eles.

17. "Nós, de nossa parte, não fizemos nenhum mal a eles na guerra

anterior e agora não seremos os primeiros a cometer desfeitas;

18. "Se eles invadirem nossa terra e iniciarem agressões contra nós, não toleraremos; mas, enquanto isso não acontecer, ficaremos onde estamos.

19. "Pois acreditamos que os persas não virão nos atacar, mas punir os culpados que os injuriaram inicialmente."

20. Ao ouvir essa resposta, os citas decidiram que não se arriscariam abertamente a nenhuma batalha encarniçada contra os persas,

21. Mas se retirariam, levando seus rebanhos, vedando e obstruindo todos os poços e nascentes durante a retirada e não deixando nenhuma forragem na região inteira.

22. Dividiram-se em três grupos, um dos quais, comandado por Escopásis, foi engrossado pelos sauromatas,

23. E planejaram que, se os persas avançassem na direção do Tanais, eles se retirariam pelas costas do Palus Maeotis até alcançar aquele rio; se os persas se retirassem, iriam ao mesmo tempo importuná-los e persegui-los.

24. As duas outras divisões, a principal delas sob o comando de Idantirso e a outra tendo Taxácis como rei, se uniriam numa só,

25. E, engrossadas pelos destacamentos dos gelonos e dos budinos, igualmente manteriam a distância de um dia de marcha dos persas, mantendo-se atrás enquanto avançavam e fazendo o mesmo que as demais.

26. Em primeiro lugar, tomariam o rumo das nações que lhes haviam recusado aliança e empreenderiam guerra contra elas:

27. De modo que, se não se engajassem na luta de livre vontade, seriam impelidas à batalha dessa maneira.

28. Depois, combinaram que se retirariam para suas próprias terras e, caso lhes parecesse conveniente, se uniriam em combate ao inimigo.

29. Quando decidiram tais medidas, os citas foram enfrentar o exército de Dario, mandando à frente, como batedores, seus cavaleiros mais velozes.

30. Suas carroças com esposas e filhos e todo o gado os precederam na retirada e partiram com ordens de se dirigir ao norte, sem nenhuma mudança de curso.

Capítulo 44

1. Os batedores dos citas encontraram a legião persa a três dias de marcha do Íster,

2. E imediatamente tomaram a frente deles mantendo uma distância de um dia de marcha, acampando de vez em quando e

destruindo tudo o que crescia no solo.

3. Os persas, tão logo viram os cavalos citas, puseram-se em perseguição enquanto o inimigo se retirava à frente deles.

4. A perseguição dos persas se concentrou apenas numa divisão do exército cita e, assim, tomaram o rumo leste, em direção ao Tanais.

5. Os citas atravessaram esse rio e os persas os perseguiram. Dessa maneira atravessaram a terra dos sauromatas e entraram na dos budinos.

6. Enquanto a marcha do exército persa se estendia pelas terras dos citas e dos sauromatas, não havia nada que pudessem destruir, pois a terra estava nua e deserta;

7. Mas, ao entrar nos territórios dos budinos, depararam-se com uma fortaleza de madeira, que fora abandonada por seus habitantes.

8. Os persas lhe atearam fogo e continuaram a perseguir os citas em retirada, até que, tendo atravessado todo o país dos budinos, chegaram ao deserto, que se estende por sete dias de caminhada além do território budino.

9. Quando Dario chegou ao deserto, parou e deteve o exército no Oarus. Aqui ele ergueu oito grandes fortes, a igual distância entre si, sessenta estádios.

10. Enquanto estava ocupado nisso, os citas que estivera perseguindo deram a volta pelas regiões mais altas e reentraram na Cítia.

11. Tendo eles desaparecido totalmente, Dario deixou os fortes inacabados e voltou para o oeste.

12. Imaginava que aqueles citas constituíam a nação inteira e que haviam fugido para aquela direção.

13. Então acelerou a marcha e, entrando na Cítia, deparou-se com as duas divisões somadas do exército cita e imediatamente pôs-se em perseguição a elas.

14. Os citas mantiveram o plano de se retirar diante dele mantendo a distância de um dia de marcha;

15. Assim conduziram a perseguição impetuosa de Dario até os territórios das nações que lhes haviam recusado a aliança, e em primeiro lugar o país dos melanqueus.

16. Grande perturbação aos melanqueus causou essa invasão primeiro dos citas e depois dos persas.

17. Então, depois de molestá-los dessa maneira, os citas seguiram para a terra dos andrófagos, com o mesmo resultado anterior;

18. A seguir avançaram até Nêuris, onde sua chegada também espalhou consternação entre os habitantes.

19. Ainda em retirada, aproximaram-se dos agatirsos; mas este povo, que presenciara a fuga e o terror dos vizinhos, não esperou pela invasão dos citas,

20. Mas enviou um mensageiro proibindo que atravessassem suas fronteiras e advertindo que, se tentassem, enfrentariam resistência armada.

21. Então os agatirsos avançaram até a fronteira, para defender seu país contra os invasores.

22. Quanto às outras nações, os melanqueus, os andrófagos e os nêurios, ao invés de se defender quando os citas e os persas invadiram suas terras, esqueceram suas ameaças e fugiram em debandada para os desertos ao norte.

23. Quando os agatirsos proibiram a entrada em suas terras, os citas se detiveram e reconduziram os persas da região nêuria de volta a suas próprias terras.

24. Aquilo se prolongara por tanto tempo e parecia tão interminável que, por fim, Dario enviou um cavaleiro a Idantirso, o rei cita, com a seguinte mensagem:

25. "Ó homem estranho, por que continuas a fugir à minha frente, quando há duas coisas que facilmente poderias fazer?

26. "Se pensas que podes resistir a minhas armas, cessa tuas andanças e vem, combatamos.

27. "Ou, se sabes que minha força é maior do que a tua, mesmo assim deves parar de fugir;

28. Basta que me reconheças como senhor trazendo-me terra e água, e vem conferenciar."

29. A esta mensagem, o rei cita Idantirso respondeu: "Tal é minha conduta, persa. Nunca temo homens nem fujo deles.

30. "Não agi assim no passado, nem agora fujo de ti. Não há nada de novo ou estranho no que faço; apenas sigo meu modo de vida habitual em anos de paz.

31. "Agora digo-te por que não me engajo em batalha imediata contigo. Nós, citas, não temos cidades nem lavouras que, por medo de serem tomadas ou destruídas, possam nos induzir a qualquer pressa em te combater.

32. "Se, porém, precisas entrar em luta imediatamente, olha então, há as sepulturas de nossos pais; procura onde estão e atreve-te a mexer nelas; aí verás se te combateremos ou não.

33. "Enquanto não o fizeres, não entraremos em batalha a não ser que assim queiramos. Quanto a senhores, reconheço apenas a mim mesmo.

34. "Terra e água, o tributo que exiges, não enviarei, mas logo receberás presentes mais adequados.

35. "Por último, por teres tentado te nomear meu senhor, digo eu a ti: 'Entrega-te ao pranto.'"

Capítulo 45

1. Quando os reis citas ouviram a palavra escravidão, encheram-se de cólera

2. E despacharam a divisão comandada por Escopásis à qual se haviam unido os sauromatas,

3. Com ordens de obter uma conferência com os jônios, que tinham sido deixados no Íster montando guarda à ponte.

4. Enquanto isso, os citas que haviam ficado para trás resolveram que não conduziriam mais os persas de um lado a outro do país,

5. Mas iriam atacá-los sempre que estivessem à refeição.

6. Assim, aguardaram tais ocasiões e agiram como haviam determinado.

7. Nesses combates, a cavalaria cita sempre punha em fuga a cavalaria persa;

8. Estes, porém, quando eram desbaratados, recorriam à infantaria, que nunca deixava de lhes dar apoio;

9. Ao passo que os citas, tão logo atacavam com a cavalaria, retiravam-se outra vez, receando a infantaria persa.

10. Os citas empreenderam muitos ataques semelhantes também à noite.

11. Uma coisa estranha, que dava uma grande vantagem aos persas e redundava em desvantagem correspondente aos citas em seus ataques, era o zurro dos asnos e a aparição dos mulos.

12. Pois na terra dos citas não havia asnos nem mulos, por causa do frio.

13. Assim, quando os asnos zurravam, assustavam os cavalos dos citas; e muitas vezes, no meio de um ataque, os cavalos, amedrontados com o barulho feito pelos asnos, davam meia-volta, empinando as orelhas e se assustando.

14. E assim por algum tempo manteve-se uma situação de empate, apesar dos desgastes sofridos pelas forças persas, por estarem numa terra estrangeira que fora devastada antes por seus próprios dirigentes.

15. Aos poucos, os persas ficaram mais preocupados com sua posição vulnerável e a diminuição dos suprimentos;

16. E começaram a deliberar entre si sobre o que deveriam fazer.

Capítulo 46

1. Os citas, ao perceber sinais de que os persas estavam se inquietando, tomaram providências para induzi-los a não deixar a Cítia,

2. Na esperança, caso ficassem, de lhes infligir maiores danos quando os suprimentos acabassem totalmente.

3. Para isso, deixavam algumas reses à vista, com os pastores, e se retiravam a uma pequena distância.

4. Os persas então pilhavam e capturavam os animais, ao que muito se entusiasmavam.

5. Fizeram isso várias vezes, até que Dario ficou sem saber o que pensar;

6. E então os príncipes citas, entendendo a situação, enviaram um mensageiro ao acampamento persa com presentes para o rei,

7. Que consistiam em oito coisas: um pássaro, um rato, uma rá e cinco flechas.

8. Os persas perguntaram ao portador o que significavam aqueles presentes, mas ele respondeu que tinha ordens apenas de entregá-los e voltar com toda rapidez.

9. Se os persas fossem sábios, acrescentou ele, descobririam o significado por si mesmos. Assim, ouvindo isso, eles reuniram um conselho para avaliar a questão.

10. Dario foi da opinião de que os citas tencionavam se render e entregar o país, tanto as terras quanto as águas, em suas mãos.

11. Foi como ele concebeu o significado dos presentes, porque o rato habita a terra e come o mesmo alimento do homem,

12. Ao passo que a rá passa a vida na água; o pássaro é veloz e orgulhoso como um cavalo e as flechas significariam a rendição de todo o seu poder.

13. Góbrias, um dos sete conspiradores contra o Mago, apresentou uma explicação diferente.

14. "Esses presentes dizem: 'Persas, a menos que possais se transformar em pássaros para voar aos céus, ou em ratos para se entocar sob o solo,

15. "Ou em rãs para se refugiar nos pântanos, jamais escapareis desta terra, mas morrereis trespassados por nossas flechas."

16. A divisão isolada dos citas, que na primeira parte da guerra fora designada para guardar o Palus Maeotis e agora fora enviada para conferenciar com os jônios estacionados no Íster, alcançou a ponte e se dirigiu a eles nestas palavras:

17. "Homens da Jônia, trazemos a liberdade a vós, se fizerdes como recomendamos.

18. "Dario, ao que entendemos, alistou-vos para manter guarda aqui nesta ponte por apenas sessenta dias; então, se ele não retornasse, voltaríeis a vossos lares.

19. "Assim, agi para que não vos recaia qualquer motivo de culpa, seja perante ele, seja perante nós.

20. "Permanecei aqui pelo tempo designado e ao término dele segui vosso caminho." Tendo dito isso e

recebido dos jônios a promessa de cumprir o que desejavam, os citas se apressaram em voltar.

21. Depois de enviar os presentes a Dario, o exército cita se pôs em formação de batalha contra os persas e pareciam prestes a entrar em combate.

22. Mas, enquanto permaneciam em formação de batalha, entre eles e os persas saltou uma lebre e se pôs a correr;

23. Imediatamente, todos os citas que a viram saíram em sua perseguição, numa grande desordem, entre exclamações e gritarias.

24. Dario, ouvindo o alarido, indagou a causa e foi informado que todos os citas estavam ocupados na caça à lebre.

25. A isso, ele disse: "De fato, esses homens nos desprezam profundamente: e agora vejo que Góbrias tinha razão quanto aos presentes citas.

26. "Portanto, como agora a opinião dele também é a minha, é hora de traçarmos um plano prudente que nos permita retornarmos em segurança a nossos lares."

27. Góbrias retomou: "Senhor, eu tinha certeza, antes de chegarmos aqui, de que era uma disputa inviável; desde nossa chegada, estou ainda mais convencido disso, sobretudo agora que os vejo troçando de nós.

28. "Assim, meu conselho é que, caindo a noite, acendamos nossas fogueiras como costumamos fazer outras vezes e,

29. "Sob algum pretexto deixando para trás aquela parte do exército mais fraca e incapaz de enfrentar dificuldades, e cuidando também de deixar nossos asnos amarrados,

30. "Retiremo-nos da Cítia antes que nossos inimigos marchem até o Íster e destruam a ponte, ou que os jônios tomem alguma decisão que possa levar à nossa ruína."

31. Chegada a noite, Dario seguiu o conselho de Góbrias e, abandonando os soldados doentes e aqueles cuja perda seria de menor importância, com os asnos também amarrados pelo acampamento, pôs-se em retirada.

32. Os asnos ficaram para que se ouvissem seus sons; os homens, na verdade por estarem doentes e serem inúteis,

33. Mas sob o pretexto de que Dario ia atacar os citas com a elite de suas tropas e, enquanto isso, deviam montar guarda ao acampamento.

34. Tendo assim anunciado seus planos aos homens que estava abandonando e acendendo-se as fogueiras, Dario partiu em marcha célere rumo ao Íster.

35. Os asnos, percebendo a partida da legião, zurraram mais alto do que nunca; os citas, ouvindo o barulho,

Capítulo 47

1. Ao amanhecer, os homens que foram deixados para trás, vendo que tinham sido traídos por Dario, recorreram aos citas e falaram como convinha ao transe em que estavam.

2. Tão logo souberam do acontecido, os citas prontamente reuniram suas forças num só exército e partiram em perseguição, direto para o Íster.

3. Como, porém, o exército persa era basicamente de infantaria e não conhecia as rotas, que não são demarcadas na Cítia,

4. Ao passo que todos os citas estavam a cavalo e conheciam muito bem os atalhos, o que aconteceu foi que os dois exércitos se desencontraram

5. E os citas, estando muito à frente dos adversários, chegaram antes à ponte.

6. Vendo que os persas ainda não haviam chegado, dirigiram-se aos jônios, que estavam a bordo de seus navios, nas seguintes palavras:

7. "Homens da Jônia, acabou-se o número de vossos dias e fazeis mal em permanecer. Sem dúvida foi o medo que vos reteve aqui até o momento:

8. "Mas agora podeis destruir a ponte em segurança e vos apressar de volta ao lar, regozijando-vos com vossa liberdade.

9. "Quanto a vosso antigo senhor, cuidaremos para que nunca volte a travar guerra contra ninguém."

10. Os jônios então se reuniram para deliberar. Milcíades, o ateniense, que era o rei dos quersonesitas do Helesponto e o comandante deles no Íster,

11. Recomendou aos outros generais que procedessem conforme queriam os citas e devolvessem a liberdade à Jônia. Mas Histieu, o mileto, se opôs a esse conselho, dizendo: "É por meio de Dario que gozamos de nossos tronos em nossos vários Estados.

12. "Se seu poder for derrubado, não poderei continuar como senhor de Mileto nem vós de vossas cidades. Pois nenhuma delas há de preferir um governo monárquico a uma democracia."

13. Então os demais comandantes que, antes do discurso de Histieu, estavam propensos a votar com Miltíades, mudaram de posição e se declararam favoráveis a Histieu.

14. Tendo resolvido que ficariam, os chefes gregos decidiram também que fingiriam diante dos citas que estavam fazendo alguma coisa, quando na verdade não fariam nada de maior importância.

15. Decidiram destruir a extremidade cita da ponte, à distância de uma flecha da margem;

16. E garantir aos citas, enquanto prosseguiam na demolição, que fariam tudo para agradar-lhes.

17. Tais foram os acréscimos feitos ao parecer de Histieu, o qual se dirigiu aos citas dizendo:

18. "Enquanto demolimos a ponte, por que não ides em busca de Dario para lhe infligir vossa vingança?"

19. Os citas acreditaram nas promessas dos chefes jônios e voltaram em seus passos, esperando encontrar os persas.

20. Mas erraram totalmente o caminho tomado pelo inimigo, por causa de suas próprias ações anteriores.

21. Se não tivessem devastado todas as pastagens daquela região e obstruído os poços, facilmente encontrariam os persas no momento em que quisessem.

22. Mas, no caso, as medidas que lhes haviam parecido tão bem planejadas foram exatamente a causa do fracasso.

23. Tomaram uma rota onde havia água e forragem para seus cavalos e procuraram os adversários nessa trilha,

24. Supondo que eles, na retirada, também passariam por regiões onde houvesse tais coisas.

25. Os persas, porém, se mantiveram rigorosamente na mesma rota da marcha anterior, sem se afastar dela nem por um instante;

26. Mesmo assim, só conseguiram chegar à ponte com dificuldade.

27. Já havia anoitecido quando chegaram e sentiram grande terror ao ver a ponte destruída, pois pensaram que os jônios haviam desertado.

28. Ora, havia no exército de Dario um egípcio que tinha a voz mais alta do que qualquer outro homem no mundo.

29. Dario disse a ele que ficasse na beira d'água e chamasse Histieu, o mileto.

30. Histieu, ouvindo-o aos primeiros chamados, trouxe a frota para consertar a ponte e conduzir o exército para o outro lado.

31. Foi assim que os persas escaparam da Cítia, enquanto os citas os procuravam em vão, perdendo novamente seus rastros.

32. E é por isso que os citas costumam dizer a respeito dos jônios, como crítica, que, se forem considerados livres,

33. São os indivíduos mais vis e covardes da humanidade; mas, na escravidão,

34. São os mais leais dos escravos e os mais profundamente ligados a seus senhores.

Capítulo 48

1. No entanto, esse empreendimento falhado de Dario na Europa suscitou reflexões em muitos,

2. Que viram aí um sinal de que o poder do grande rei não era ilimitado, como todos temiam;

3. E despertou a ambição e a emulação no íntimo de alguns, enquanto entre os persas aumentou o desejo de conquistar a Europa.

4. Foi então que realmente começou o capítulo principal da luta entre a Pérsia e a Grécia, entre o Oriente e o Ocidente, e o local onde teve início foi Mileto, submetido a Dario e governado por Histieu.

5. A este o rei concedeu uma recompensa por seus serviços na Cítia, que consistiu em enviar a Mileto o melhor arquiteto da época, para embelezar a cidade;

6. Mas, quando Dario viu que Histieu começara a erguer muralhas em torno de Mileto, refletiu

7. E decidiu convocá-lo para ser seu conselheiro em Susa, assim impedindo que se tornasse poderoso e insubordinado em sua própria cidade.

8. Histieu colocou como representante no governo de Mileto seu sobrinho Aristágoras,

9. Homem ambicioso que procurou de várias maneiras aumentar sua própria importância, inclusive com uma expedição malograda contra Naxos e os Cíclades, que não estavam sob o domínio persa.

10. Quando a expedição a Naxos falhou, Aristágoras, temendo o desagrado de Dario, decidiu procurar o auxílio dos gregos para uma rebelião de Mileto contra o domínio persa.

11. Foi primeiramente a Esparta e tentou convencer seu rei Cleomenes a participar da iniciativa,

12. Mostrando-lhe a gravura de um mapa do império persa e descrevendo as grandes riquezas que os espartanos adquiririam se conquistassem Dario.

13. E, enquanto falava, aumentava suas ofertas de dinheiro a Cleomenes para entrar no empreendimento;

14. Mas Gorgo, a filha de oito anos de Cleomenes, disse: "Pai, afasta-te antes que este homem corrompa a ti e a teu reino."

15. Então Aristágoras foi a Atenas, que, depois de Esparta, era o Estado grego mais poderoso,

16. E lá se demonstrou que é mais fácil persuadir uma multidão do que apenas um indivíduo;

17. Pois em Esparta tivera de tratar com Cleomenes, ao passo que aqui teria de tratar com o povo ateniense como um todo, tarefa que se revelou mais simples.

18. Para tanto, Aristágoras compareceu diante deles e, como havia feito em Esparta, descreveu-

-lhes as boas coisas que havia na Ásia e

19. O modo persa de lutar, dizendo--lhes que não usavam escudos nem espadas e eram muito fáceis de derrotar.

20. Insistiu em tudo isso e lhes lembrou também que Mileto era uma colônia derivada de Atenas e, portanto, deveria receber sua ajuda, já que eram tão poderosos;

21. E no empenho de seus rogos pouco se importava com o que prometia, até que por fim conseguiu convencê-los.

22. Os atenienses decidiram por votação que enviariam vinte navios para ajudar a Jônia, sob o comando de Melanto, homem de distinção sob todos os aspectos.

23. Esses navios foram o início dos males tanto para os gregos quanto para os bárbaros.

24. Quando a frota ateniense se reuniu a Aristágoras em Mileto, ele congregou os aliados para atacar Sárdis;

25. Mas não comandou pessoalmente o exército, e sim nomeou como comandantes Hermofanto e seu próprio irmão Carópino. Ele permaneceu em Mileto.

26. Os jônios navegaram até Éfeso e, deixando as embarcações em Coresso, recrutaram guias e avançaram pelo território numa grande legião.

27. Seguiram ao longo do rio Caistros e, atravessando o alto do Timolo, atacaram e tomaram Sárdis, sem enfrentar qualquer oposição;

28. A cidade inteira caiu, exceto a cidadela, que Artafernes defendeu pessoalmente com um grande número de homens.

29. Mas, embora tenham tomado a cidade, não conseguiram saqueá--la, pois, como as casas em Sárdis eram feitas de juncos

30. E mesmo as poucas feitas de tijolos eram cobertas de palha, bastou que uma delas fosse atingida por um soldado e as chamas se espalharam rapidamente de casa em casa.

31. Enquanto o fogo se alastrava, os lídios e os persas que moravam na cidade, cercados por todos os lados pelas chamas e vendo-se incapazes de sair,

32. Acorreram em multidão para a praça do mercado e se concentraram às margens do Pactolo.

33. Este rio, que desce do monte Timolo e traz aos sardianos uma grande quantidade de ouro em pó, atravessa diretamente a praça do mercado.

34. Assim os lídios e os persas aglomerados foram obrigados a se defender,

35. E os jônios, ao ver o inimigo resistindo e também afluindo em

densas multidões em sua direção, se atemorizaram

36. E, retirando-se para o alto do Timolo, voltaram a seus navios ao anoitecer.

37. Quando souberam do acontecido, todos os persas que estavam estacionados a oeste do Hális se reuniram e foram levar ajuda aos lídios.

38. Quando chegaram, vendo que os jônios já tinham se retirado, saíram em perseguição e os alcançaram em Éfeso.

39. Os jônios voltaram e lutaram, mas sofreram uma terrível derrota, com grande número de gregos massacrados pelos persas.

40. Depois disso, os atenienses abandonaram os jônios e, embora Aristágoras enviasse embaixadores rogando por mais auxílio, recusaram.

41. Ainda assim, os jônios prosseguiram no esforço de travar guerra contra Dario, o que agora se tornara inevitável em razão da conduta recente deles em relação ao rei persa.

42. Navegando até o Helesponto, trouxeram Bizâncio e todas as outras cidades naquela área para seu lado;

43. Foram a Cária e ganharam a maioria dos cários para sua causa, ao passo que Cauno, que antes se recusara à aliança, juntou-se a eles depois do incêndio de Sárdis.

44. Em Chipre também: todos os cipriotas, à exceção dos de Amato, se uniram à causa jônia.

Capítulo 49

1. Quando Dario soube do incêndio de Sárdis por obra dos atenienses e jônios,

2. E ao mesmo tempo soube que o criador da liga era Aristágoras de Mileto, logo entendeu o ocorrido;

3. Deixando de lado qualquer preocupação com os jônios, que tinha certeza de que pagariam caro pela rebelião, prontamente perguntou: "Quem são esses atenienses?"

4. Sendo informado, pediu seu arco e, ajustando uma flecha na corda, disparou para o céu, dizendo ao desferir a seta:

5. "Eis minha promessa: vingar-me dos atenienses!"

6. A seguir, ordenou a um de seus servos que, todos os dias, quando lhe servissem o jantar, repetisse três vezes: "Senhor, lembrai-vos dos atenienses."

7. Então Dario convocou Histieu de Mileto, que havia mantido em sua corte, e disse: "Teu representante, a quem incumbiste do governo de Mileto, armou uma rebelião.

8. "Trouxe homens da Europa para lutar comigo e, convencendo os jônios, cuja conduta saberei vingar, a se unir a suas forças, roubou-me Sárdis.

9. "Pode isso ter ocorrido sem teu conhecimento e conselho? Cuidado para que não se descubra que foste tu o responsável."

10. Histieu respondeu: "Se meu representante agiu como dizes, podes ter certeza de que foi por sua própria ambição.

11. "Mas não consigo acreditar que ele e os miletos fizeram isso! Mas, se realmente se rebelaram, vê como foi equivocado me remover da costa litorânea.

12. "Os jônios, ao que parece, esperaram que eu me ausentasse e então tentaram o que desejavam tentar desde longa data;

13. "Ao passo que, estivesse eu lá, não haveria agitação em nenhuma cidade.

14. "Permite-me, pois, ir à Jônia para restaurar a situação e prender Aristágoras, que causou todo o problema.

15. "Feito isso, prometo que não tirarei a túnica com que chegar à Jônia enquanto não fizer da Sardenha, a maior ilha do mundo, tua tributária."

16. Assim falou Histieu, querendo enganar o rei; e Dario, persuadido por suas palavras, autorizou-o a ir.

17. Enquanto se davam esses fatos, as coisas estavam em andamento em Chipre.

18. Artíbio, um general persa, planejava invadir Chipre com um grande exército de infantaria, e enquanto isso os fenícios atacariam Chipre com sua frota.

19. Onésilo, o maior príncipe de Chipre, enviou com urgência mensageiros a todas as partes da Jônia pedindo ajuda.

20. Ao mesmo tempo, os persas vieram da Cilícia de navio e avançaram por terra para atacar Salamina,

21. Enquanto os fenícios, com a frota, contornaram o promontório chamado "as Chaves de Chipre".

22. Onésilo reuniu os capitães dos jônios que tinham vindo em auxílio e disse:

23. "Homens da Jônia, nós, cipriotas, deixamos a vosso cargo escolher se lutareis contra os persas ou contra os fenícios.

24. "Se quiserdes experimentar vossa força em terra contra os persas, vinde à costa e preparai-vos para a batalha; tomaremos vossos navios e combateremos os fenícios.

25. "Se, por outro lado, preferirdes enfrentar os fenícios, assim fazei;

26. "Qualquer que seja vossa escolha, conduzi-vos de maneira que a Jônia e o Chipre possam preservar a liberdade."

27. Os jônios responderam: "A comunidade da Jônia nos enviou para cá para protegermos o mar, não para vos ceder nossos navios.

28. "Manteremos o que nos foi designado. De vossa parte, lembrai o que sofrestes quando

éreis escravos dos medas e conduzi-vos como guerreiros."

29. Os persas avançaram na planície diante de Salamina e os cipriotas se alinharam em ordem de batalha contra eles,

30. De maneira que os melhores soldados enfrentariam os persas e Onésilo, por iniciativa própria, tomou posição de ataque ao general Artíbio.

31. Ora, Artíbio montava um cavalo que fora treinado a se empinar contra a infantaria, atacando com as patas dianteiras e os dentes.

32. Onésilo, informado disso, mandou chamar seu escudeiro, que era um cário, corajoso e bem treinado para a guerra, e lhe perguntou o que se faria em relação ao cavalo de Artíbio.

33. "Não temais as artimanhas do cavalo", respondeu o cário. "Será a última vez que irá empregá-las."

34. Os dois exércitos então entraram em batalha, por mar e por terra. Os jônios, que naquele dia lutaram como nunca antes nem depois, derrotaram os fenícios.

35. Enquanto os dois exércitos estavam engajados numa luta acirrada em terra, Artíbio avançou com seu cavalo contra Onésilo;

36. O cavalo recuou e empinou os cascos, mas, ao fazê-lo, o cário o atingiu com uma lâmina curva, decepando-lhe as patas dianteiras.

37. O cavalo caiu ali mesmo e, quando Artíbio caiu junto com ele, Onésilo o matou.

38. No auge da batalha, Estesanor, tirano de Curium, que comandava um grande corpo de sodados, passou-se para os persas.

39. A isso, os cúrios também mudaram de lado, com o que a vitória coube aos persas.

40. O exército cipriota foi desbaratado, houve uma enorme quantidade de mortos, entre eles Onésilo e Aristocipro, rei dos sólios, filho de Filocipro, a quem Sólon, o ateniense, ao visitar o Chipre, enaltecera em seus poemas acima de todos os demais soberanos.

41. Assim, depois de gozar um breve período de liberdade, os cipriotas foram novamente escravizados.

42. Quanto aos jônios que haviam vencido o combate naval, ao saber que Onésilo fora derrotado, deixaram Chipre e se puseram de volta à casa.

43. Mas Daurises, que era casado com uma das filhas de Dario, junto com Himeia, Otanes e outros capitães persas, igualmente casados com filhas do rei,

44. Perseguiu a frota dos jônios, derrotou-os e, obrigando-os a dividir suas forças entre suas várias cidades, avançou de uma em uma para tomá-las e saqueá-las.

Capítulo 50

1. Quando as cidades caíram uma após a outra, Aristágoras, o mileto, na verdade homem de pouca coragem, começou a procurar maneiras de escapar.

2. Agora convencido de que era inútil combater Dario, chamou novamente seus companheiros e, juntos, traçaram um plano para conquistar a Trácia e lá montar um refúgio.

3. Partiram para executá-lo, mas foram mortos na tentativa. Assim terminou a vida de Aristágoras.

4. Enquanto isso, Histieu, tirano de Mileto, que recebera autorização de Dario para sair de Susa, chegou a Sárdis.

5. O sátrapa sardiano Artafernes lhe perguntou por que a Jônia havia se rebelado; ele respondeu que não sabia

6. E que ficara muito assombrado, fingindo ignorar totalmente o assunto.

7. Artafernes, porém, ao ver que ele estava sendo desonesto e na verdade tinha pleno conhecimento da revolta, disse-lhe:

8. "Histieu, este calçado é de tua confecção; Aristágoras apenas o usou."

9. Histieu, alarmado, fugiu para a costa tão logo anoiteceu.

10. Assim desonrou sua palavra a Dario e traiu sua impostura.

11. Chegando a Quios, lá foi preso pelos habitantes, que o acusaram de pretender lhes fazer algum mal em nome de Dario.

12. Mas, quando a verdade lhes foi exposta e descobriram que, de fato, Histieu era inimigo de Dario, libertaram-no.

13. No entanto, seus esforços não resultaram em nada. Foi repelido pelo povo de Mileto, que com a revolta provara o gosto da liberdade e não queria o retorno de um tirano.

14. Histieu, então, foi ao Helesponto e começou a reunir um exército e uma frota, sobretudo com homens de Lesbos,

15. Aos quais somou todos os que passavam por lá vindo do Euxino e caíam em suas mãos, recrutando-os à força.

16. Mas, embora Histieu tenha capturado Quios e ali montado seu quartel-general, e mesmo antes de encontrar a morte em batalha contra o general persa Hárpago, já era uma causa perdida,

17. Pois os jônios tinham sido novamente derrotados e escravizados pela Pérsia, depois de ter Dario enviado um grande exército e frota contra Mileto.

18. Na batalha para defender Mileto, os jônios reuniram uma frota de muitos navios de seus aliados, sob

o comando de um fócio chamado Dioniso.

19. Ele tentou treinar e exercitar os marinheiros para lhes dar eficiência no combate, mas estes reclamavam das tarefas que lhes eram impostas,

20. E quando os fenícios avançaram contra eles nos mares ao redor de Mileto, os sâmios em suas naus preferiram fugir a lutar, e os lesbos também, e depois deles a maior parte dos jônios.

21. Entre os que ficaram para combater, os mais atingidos foram os corajosos quianos, que perderam quase metade de seus cem navios.

22. Quando Dioniso viu que estava tudo perdido, também fugiu e se tornou pirata na Sicília, pilhando cartagineses e tirrenos.

23. Depois de derrotar os jônios no mar, os persas sitiaram Mileto, minando as bases das muralhas e usando todos os expedientes e estratagemas,

24. Até que a cidade caiu, seis anos depois da revolta que eclodira sob Aristágoras.

25. Todos os cidadãos foram escravizados; os que tiveram a vida poupada foram transferidos para a cidade de Ampe na foz do rio Tigre,

26. E os persas conservaram Mileto para si mesmos e o território montanhoso ali próximo foi dado os cários de Pedaso.

27. Quem mais deplorou a queda de Mileto foram os atenienses, pois tinham sido eles a fundar Mileto em tempos passados.

28. Mostraram sua aflição de muitas maneiras, entre elas o tratamento que deram ao poeta Frínico,

29. Pois, quando sua peça *A tomada de Mileto* foi encenada, todo o teatro rompeu em lágrimas

30. E o povo o condenou a uma multa de mil dracmas por ter relembrado aos atenienses os infortúnios de seus consanguíneos.

31. Os atenienses também aprovaram uma lei determinando que a peça jamais voltasse a ser encenada.

32. Samos também deixou de ser uma cidade grega, mas não porque os persas tivessem removido seus cidadãos;

33. Pelo contrário, foram os sâmios que preferiram deixar a cidade e começar uma vida nova na Sicília a se tornar escravos de Dario.

34. De início, pretendiam se instalar em Kale-Acte, mas surgiu uma oportunidade de capturar a bela cidade de Zancle, o que fizeram e, desde então, passaram a viver lá.

Capítulo 51

1. Tendo recapturado Mileto, os persas passaram a atacar as ilhas perto da costa, Quios, Lesbos e

Tênedos, que foram submetidas sem dificuldade.

2. Sempre que dominavam uma ilha, os bárbaros, a cada vez, armavam uma rede para capturar os habitantes.

3. Essa rede consiste no seguinte: os homens se dão as mãos e formam uma linha contínua da costa norte até a costa sul, e então percorrem a ilha de uma ponta a outra capturando todos os habitantes.

4. Os persas também tomaram todas as cidades jônias no continente.

5. E assim os generais persas cumpriram todas as ameaças que haviam feito aos jônios antes da batalha.

6. Pois, logo que se apoderavam das cidades, escolhiam os garotos mais dotados e os castravam como eunucos,

7. Enquanto arrancavam as jovens mais bonitas a seus lares e enviavam como presentes ao rei, ao mesmo tempo ateando fogo às cidades.

8. Depois os persas avançaram até o Helesponto e tomaram todas as cidades que ficavam à margem esquerda de quem entra nos estreitos,

9. Pois as cidades da margem direita já haviam sido dominadas pelas forças terrestres dos persas.

10. Os lugares que ocupam o Helesponto no lado europeu são Quersoneso, que reúne várias cidades,

11. Perinto, os fortes na Trácia, Selíbria e Bizâncio.

12. Desta vez, os bizantinos e seus vizinhos dianteiros, os calcedônios, em vez de aguardar a chegada dos fenícios,

13. Abandonaram suas terras e, navegando pelo Euxino, tomaram como residência a cidade de Mesambria.

14. Os fenícios, depois de incendiar todos os lugares acima mencionados, avançaram até Proconeso e Ártaca, que também incendiaram;

15. Feito isso, voltaram a Quersoneso, dispostos a subjugar aquelas cidades que não tinham devastado na passagem anterior.

16. Não atacaram Cízico, porque seus habitantes haviam negociado um acordo com Ébares, filho de Megabazo, o sátrapa de Dascileio, submetendo-se ao rei.

17. Em Quersoneso, os fenícios subjugaram todas as cidades, exceto a Cárdia.

18. E então Dario pôs em execução seu plano de capturar as cidades da Grécia, em particular Atenas, a mãe de Mileto, que fora o objeto de sua promessa ao desferir uma flecha aos céus.

19. Nomeou Mardônio, filho de Góbrias, um dos sete que haviam libertado a Pérsia do mago, para

comandar uma grande força de invasão por terra e por mar,

20. Que atravessaria o Helesponto e avançaria contra Erétria e Atenas. Mas foi uma expedição infeliz.

21. Primeiro, Mardônio capturou Tassos, pois os tassianos não ergueram sequer um dedo para se defender e foram rapidamente dominados pela força naval.

22. Em terra, o exército acrescentou os macedônios aos escravos do rei. De Tassos, a frota seguiu para o lado do continente e navegou ao longo da costa até Acanto, de onde tentaram dobrar o monte Atos.

23. Mas ali ergueu-se um vento norte de grande violência, a que nada podia resistir, despedaçando grande número das embarcações e levando-as a encalhar.

24. Quase trezentos navios foram destruídos e mais de vinte mil homens pereceram,

25. Alguns violentamente esmagados contra as rochas, outros morrendo de frio, a maioria por afogamento.

26. Enquanto a frota enfrentava tais vicissitudes, em terra o acampamento de Mardônio e seu exército foi atacado à noite pelos brígios, uma tribo dos trácios;

27. Um grande número de persas foi trucidado, e o próprio Mardônio foi ferido.

28. Os brígios, porém, não conseguiram manter a liberdade,

pois Mardônio não deixou a região enquanto não converteu todos eles em súditos da Pérsia.

29. Todavia, embora os tenha subjugado, o golpe que os brígios infligiram a seu exército e a destruição da frota o obrigaram à retirada;

30. E assim essa expedição, tendo malogrado, voltou à Ásia. Esta foi a segunda surtida falhada da Pérsia na Europa.

Capítulo 52

1. Depois disso, Dario decidiu se preparar melhor para conquistar os gregos,

2. E primeiramente investigou quais deles tenderiam a lhe resistir e quais tenderiam a se submeter.

3. Assim, enviou mensageiros por toda a Grécia, incumbidos de solicitar terra e água em todos os lugares, como sinais de submissão.

4. Ao mesmo tempo, enviou outros mensageiros às várias cidades litorâneas que lhe pagavam tributo e exigiu que fornecessem navios de guerra e de transporte de cavalos.

5. De acordo com isso, tais cidades iniciaram seus preparativos. Os mensageiros que tinham sido enviados à Grécia obtiveram de muitos estados o que o rei solicitara,

6. Bem como de todos os ilhéus que visitaram. Entre estes estavam os

eginenses, que, como os demais, aceitaram dar terra e água.

7. Quando os atenienses souberam o que os eginenses tinham feito, crendo que haviam se submetido a Dario por inimizade a eles,

8. E que os eginenses pretendiam se unir a Dario em seu ataque a Atenas, imediatamente tomaram o assunto em mãos.

9. Na verdade, alegraram-se por ter um pretexto tão bom e, de acordo com isso, enviaram embaixadas a Esparta, acusando os eginenses de terem provado, com sua conduta, que eram traidores da Grécia.

10. Assim, Cleomenes, filho de Anaxândridas, que então era um dos dois reis de Esparta, foi pessoalmente a Égina, na intenção de prender os maiores culpados.

11. Mas muitos eginenses resistiram, destacando-se um certo Crio, filho de Polícrito. Declarou a Cleomenes que não levaria um único eginense sem que lhe custasse muito caro, dizendo:

12. "Os atenienses subornaram Cleomenes para empreender este ataque, para o qual não tem nenhuma ordem de seu próprio governo, do contrário os dois reis espartanos teriam vindo juntos."

13. A isso, vendo que deveria deixar Égina, Cleomenes perguntou a Crio qual era seu nome; quando Crio lhe disse, ele falou:

14. "Reforça teus chifres com bronze o mais depressa possível, ó Crio! Pois logo terás de enfrentar grande perigo."

15. Enquanto isso, em Esparta, o outro rei, Demarato, filho de Aríston, fazia acusações contra Cleomenes,

16. Movido não tanto por amor aos eginenses, e sim por inveja e ódio a seu colega.

17. Portanto, quando Cleomenes voltou de Égina, logo se pôs a refletir como poderia destronar Demarato.

18. Recorreu a um antigo boato segundo o qual Demarato não era filho legítimo de seu pai, e por isso não tinha direito ao trono espartano;

19. Depois de persuadir os espartanos da verdade disso, Cleomenes pôde substituí-lo por Leotíquides e rebaixar Demarato ao nível de magistrado.

20. Então Cleomenes e Leotíquides atacaram os eginenses, que rapidamente se renderam; e os espartanos tomaram como reféns os dez homens mais ricos e nobres da cidade,

21. Entregando-os à guarda dos atenienses, pois os atenienses eram os principais inimigos de Égina.

22. Ora, pouco tempo depois Cleomenes enlouqueceu e teve de ser imobilizado, e quando estava preso suicidou-se;

23. Assim, os eginenses enviaram embaixadores a Esparta para se queixar dos reféns sob a guarda de Atenas;

24. Os lacedemônios reuniram um tribunal de justiça e proferiram uma sentença, dizendo que Leotíquides ofendera gravemente o povo de Égina

25. E devia ser entregue aos embaixadores, para ser levado em lugar dos homens que os atenienses mantinham como reféns.

26. Os embaixadores estavam prestes a levar Leotíquides, quando Teaxides, filho de Leoprepes, homem muito estimado em Esparta, interveio e disse:

27. "O que estais decididos a fazer, homens de Égina? Levar o rei dos espartanos, que seus conterrâneos entregaram em vossas mãos?

28. "Agora eles aprovaram essa sentença por raiva, mas, se fizerdes isso, chegará o momento em que eles vos punirão, destruindo vosso país."

29. Ao ouvir essas palavras, os eginenses mudaram de plano e, em vez de levarem Leotíquides cativo, concordaram que ele os acompanhasse a Atenas e recuperasse os reféns.

30. Os atenienses recusaram e mandaram embora Leotíquides e os eginenses. Como vingança, estes capturaram um navio ateniense e prenderam os jovens nobres que estavam a bordo;

31. A isso, os atenienses reuniram uma frota e atacaram Égina, derrotando-a numa batalha naval.

32. Essa discórdia entre os gregos encorajou Dario em seus planos.

33. Ainda diariamente um servo repetia três vezes: "Lembrai-vos dos atenienses",

34. E na corte havia muitos exilados gregos, entre eles os pisistrátidas, descendentes daquele Pisístrato que outrora fora tirano de Atenas,

35. Que tinham sido expulsos e estavam sempre acusando seus conterrâneos.

36. Dario então nomeou Dátis e Artafernes para comandar as forças armadas e lhes deu instruções de subjugarem Erétria e Atenas e trazerem a Susa seus cidadãos cativos e acorrentados.

Capítulo 53

1. Os novos comandantes levaram o exército a Cilícia para encontrar as naus de guerra e de transporte dos cavalos. Concluído o embarque, a frota, composta de seiscentas trirremes, zarpou para a Jônia.

2. Ao invés de avançar ao longo da costa até o Helesponto e a Trácia, a frota partiu de Samos e atravessou o mar Icário por entre as ilhas,

3. Sobretudo porque temiam o risco de dobrar o monte Atos, onde

seus antecessores haviam sofrido tantas desventuras no ano precedente.

4. Mas outra razão era o fracasso anterior em tomar Naxos, que agora pretendiam capturar.

5. Os náxios, vendo o perigo, fugiram para as colinas. Alguns foram capturados e mortos pelos persas, e a cidade foi saqueada e incendiada.

6. Feito isso, os persas navegaram rumo às outras ilhas. Quando chegaram a Delos, descobriram que, tal como os náxios, os cidadãos tinham fugido.

7. Dátis lhes enviou uma mensagem dizendo: "Por que fugistes? Por que nos julgais tão duramente?

8. "Tenho sensatez suficiente para vos poupar, mesmo que o rei já não me tivesse ordenado; retornai a vossas moradias em segurança."

9. Então rumou contra Erétria, levando jônios e eólios.

10. Depois que Dátis partiu, os délios voltaram a suas casas, pensando que os persas, afinal, não eram tão maus. Mal imaginavam os infortúnios que recairiam sobre eles.

11. Pois nas três gerações de Dario, Xerxes filho de Dario e Artaxerxes filho de Xerxes (Xerxes significa "Guerreiro" e Artaxerxes significa "Grande Guerreiro"), recaíram mais desgraças sobre a Grécia do que nas vinte gerações anteriores a Dario;

12. Desgraças causadas em parte pelos persas, mas em parte oriundas das disputas entre os próprios chefes gregos pelo poder supremo.

13. Depois de partir de Delos, os persas foram abordando outras ilhas, recrutando soldados em cada uma delas e levando muitas crianças como reféns.

14. Assim finalmente chegaram a Caristo; mas aqui os caristianos se negaram a entregar reféns e a levantar armas contra seus vizinhos, a saber, Atenas e Erétria.

15. Então os persas sitiaram Caristo e devastaram toda a região, até que os habitantes foram obrigados a se submeter.

16. Enquanto isso, os eretrianos, percebendo que as forças persas viriam atacá-los, pediram ajuda aos atenienses.

17. Atenas prontamente designou quatro mil homens, proprietários de terras aos quais tinham concedido os bens imóveis do calcídio Hipobatas.

18. Na Erétria, porém, as coisas não iam bem; pois, embora tivessem recebido auxílio de Atenas, não chegavam a um acordo sobre as ações que empreenderiam.

19. Alguns queriam deixar a cidade e se refugiar nas montanhas de Eubeia; outros, na esperança de

ganhar recompensa dos persas, estavam dispostos a trair seu país.

20. Quando essas coisas chegaram aos ouvidos de Ésquines, filho de Nóton, um dos homens mais insignes da Erétria,

21. Ele expôs toda a situação aos atenienses que já haviam chegado, aconselhando-os a retornar à sua terra para não perecerem com os eretrianos.

22. Os atenienses ouviram seu conselho e, atravessando o Oropus, escaparam ao perigo.

23. A frota persa agora estava próxima e ancorou na costa da Erétria.

24. Iniciaram o desembarque dos cavalos e se preparavam para atacar. Mas os eretrianos não se preocuparam em oferecer combate;

25. Seu único interesse, depois de decidirem que não abandonariam a cidade, era defender suas muralhas.

26. Então a fortaleza sofreu assaltos vigorosos e durante seis dias muitos morreram de ambos os lados.

27. Mas, no sétimo dia, dois dos cidadãos traíram a cidade em favor dos persas.

28. Estes entraram e imediatamente se puseram a saquear e incendiar tudo, levando todos os habitantes como escravos.

29. Os persas, tendo assim subjugado a Erétria, zarparam para a Ática,

pensando em tratar os atenienses como haviam tratado os eretrianos.

30. Como o lugar mais conveniente da Ática para seus cavalos era Maratona,

31. E, além disso, Maratona ficava bem próxima de Erétria, Hípias, filho de Pisístrato, levou-os para lá.

32. Quando a notícia chegou aos atenienses, eles foram com suas tropas a Maratona e lá armaram a defesa,

33. Tendo no comando dez generais, um dos quais era Milcíades.

Capítulo 54

1. Ora, o pai de Milcíades, Címon, filho de Esteságoras, fora banido de Atenas pelo tirano Pisístrato.

2. Durante seu desterro, ele vencera a corrida de quadrigas em Olímpia, e com isso recebeu a mesma honraria que antes fora conquistada por seu meio-irmão pelo lado materno, também chamado Milcíades.

3. Na Olimpíada seguinte, Címon ganhou novamente o prêmio com as mesmas éguas; ele fez com que Pisístrato fosse proclamado o vencedor,

4. Por ter chegado a um acordo com ele que, ao lhe ceder essa honraria, teria permissão de voltar à sua terra.

5. Depois, ainda com as mesmas éguas, ele ganhou o prêmio pela

O BOM LIVRO   303

terceira vez; com isso os filhos de Pisístrato, o qual já tinha morrido, resolveram matá-lo.

6. Puseram alguns homens de emboscada a Címon, de noite, e o assassinaram perto do palácio do governo.

7. Ele foi enterrado fora dos muros da cidade, além da chamada Estrada do Vale; logo em frente de sua sepultura foram enterradas as éguas que tinham conquistado os três prêmios.

8. Tal sucesso só fora atingido antes uma única vez, com as éguas de Evágoras, o lacedemônio.

9. Na época da morte de Címon, Esteságoras, o primogênito de seus dois filhos, estava em Quersoneso, onde morava com o tio Milcíades;

10. O mais novo, que se chamava Milcíades por causa do fundador da colônia quersonesense, estava com seu pai em Atenas.

11. Era este Milcíades que agora comandava os atenienses, tendo sido eleito general pela livre escolha do povo.

12. Antes de sair de Atenas, os generais enviaram um mensageiro a Esparta, de nome Fidípides, ateniense de nascimento e corredor experiente por profissão e prática.

13. Mantendo um passo de corrida constante, ele alcançou Esparta no dia seguinte à saída de Atenas:

uma célebre proeza de velocidade e resistência.

14. Ao chegar, apresentou-se aos dirigentes e disse: "Homens da Lacedemônia, os atenienses pedem que vos appresseis em seu auxílio e não permitais que aquele estado, o mais antigo de toda a Grécia, seja escravizado pelos bárbaros.

15. "A Erétria já caiu cativa, e a Grécia se vê enfraquecida pela perda de uma cidade nada insignificante."

16. Os espartanos queriam ajudar os atenienses, mas não podiam fazê-lo de imediato porque estavam no auge de um importante festejo cívico que precisava ser concluído, obrigando-os a aguardar vários dias antes de se pôr em marcha.

17. No momento em que os atenienses se dispunham em ordem de batalha, chegaram os plateus, que vieram em auxílio deles com todos os seus homens.

18. Em tempos anteriores, os plateus tinham se colocado voluntariamente sob o comando dos atenienses, os quais já haviam empreendido grandes lides em favor deles.

19. Os generais atenienses tinham opiniões divididas: alguns aconselhavam que não se arriscassem ao combate, por serem em número demasiado reduzido para enfrentar tal exército,

enquanto outros eram favoráveis a lutar imediatamente;

20. Entre estes últimos, estava Milcíades. Assim, ao ver que as opiniões estavam divididas e que parecia provável que prevalecesse o conselho menos digno, ele decidiu ir ao polemarca e conferenciar com ele.

21. Isso porque o homem a quem cabia a função de polemarca em Atenas tinha o direito de votar junto com os dez generais. O polemarca nessa ocasião era Calímaco de Afidnes.

22. Milcíades foi até ele e disse: "Depende de ti, Calímaco, conduzir Atenas à escravidão

23. "Ou, assegurando sua liberdade, legar a todas as gerações futuras uma memória que ultrapassará até mesmo Harmódio e Aristogitão.

24. "Pois os atenienses, desde que se constituíram num povo, nunca estiveram num perigo tão grande como agora.

25. "Se se submeterem à Pérsia, já estão decididos os males que sofrerão sob a vingança de Hípias;

26. "Se, por outro lado combaterem e vencerem, Atenas pode se tornar a principal cidade da Grécia.

27. "Ora, nós, generais, somos em dez e nossos votos estão divididos; metade quer entrar em batalha, metade quer evitar o combate.

28. "Se não lutarmos, prevejo um grande distúrbio em Atenas que abalará o ânimo dos homens e receio, neste caso, que escolham a rendição.

29. "Mas, se lutarmos antes que surja tal esmorecimento entre nossos cidadãos, poderemos vencer.

30. "De ti dependemos; soma teu voto a meu lado e nossa terra será livre e a principal cidade-estado da Grécia.

31. "Se votares com os outros, sucederá o contrário."

32. Milcíades persuadiu Calímaco e seu voto definiu a decisão pelo combate.

33. A isso, os outros generais favoráveis à batalha deram o comando pleno a Milcíades.

Capítulo 55

1. Na formação de batalha dos atenienses, Calímaco, o polemarca, encabeçou a ala direita;

2. Depois seguiam-se as tribos de acordo com seus números, numa linha ininterrupta; por último vinham os plateus, formando a ala esquerda.

3. Quando tomaram posição no campo de Maratona, para que a frente ateniense tivesse a mesma extensão da frente persa,

4. As fileiras do centro foram reduzidas e, assim, o centro se tornou a parte mais fraca da linha,

enquanto as duas alas se reforçaram com muitas fileiras em profundidade.

5. Quando o exército tomou sua formação, Milcíades deu a ordem e os atenienses se lançaram à carga investindo contra os bárbaros.

6. Ora, a distância entre os dois exércitos era de um pouco menos de oito estádios. Assim, ao ver os gregos se aproximando rapidamente, os persas se prepararam para recebê-los.

7. Mas ficaram com a impressão de que os atenienses haviam enlouquecido e procuravam a própria destruição,

8. Pois viram um mero punhado de homens correndo na direção deles, sem cavaleiros nem arqueiros.

9. Assim pensaram os bárbaros; mas os atenienses caíram sobre eles numa formação cerrada e lutaram de uma maneira digna de nota.

10. Foram os primeiros entre os gregos a introduzir o costume de correr no ataque ao inimigo,

11. E foram também os primeiros que ousaram enfrentar homens vestindo roupas persas.

12. Até então o simples nome dos persas fora um terror para os gregos.

13. Os dois exércitos combateram longamente na planície de Maratona;

14. E no meio da batalha, onde os persas e os sácios tinham suas posições, os bárbaros venceram;

15. Romperam as linhas e perseguiram os gregos até o interior do campo; mas, nas duas alas, os atenienses e os plateus derrotaram o inimigo.

16. Então permitiram que os bárbaros desbaratados fugissem à vontade e, unindo as duas alas numa só,

17. Atacaram os que haviam rompido o centro, combateram e venceram. Estes também fugiram,

18. E agora os atenienses perseguiram e abateram os fugitivos, caçando--os até a costa, onde se apoderaram dos navios e lhes atearam fogo.

19. Foi nesta luta que Calímaco, o polemarca, morreu depois de se distinguir com muito brilho;

20. Estesilau, filho de Trasilau, um dos generais, também foi morto;

21. E Cinégiro, filho de Eufórion, tendo se agarrado a uma nau inimiga por um ornamento da popa, teve a mão decepada por um golpe de machado e assim pereceu,

22. Como igualmente muitos outros atenienses de valor e renome.

23. Ainda assim, os atenienses capturaram sete naus, enquanto os bárbaros zarpavam nas demais,

24. E embarcando seus prisioneiros eretrianos na ilha onde os haviam deixado, dobraram o cabo Sunium, esperando alcançar

Atenas antes do retorno dos atenienses.

25. Os alcmênidas foram acusados por seus conterrâneos de lhes sugerir esse curso;

26. Segundo disseram, eles tinham uma combinação com os persas e lhes fizeram um sinal, erguendo um escudo, depois de ter embarcado em suas naus.

27. Assim os persas seguiram a rota por Sunium. Mas os atenienses voltaram com a maior rapidez possível para defender sua cidade;

28. Conseguiram chegar a Atenas antes do aparecimento dos bárbaros e acamparam em Cinosarges.

29. A frota bárbara chegou e ancorou em Falero, que naquela época era o porto de Atenas;

30. Mas, depois de descansar um pouco em seus remos, vendo que o exército ateniense chegara antes deles, os persas partiram e se afastaram rumo à Ásia.

31. Nessa batalha de Maratona, caíram cerca de seis mil e quatrocentos homens do lado dos persas. Os atenienses perderam cento e noventa e dois homens.

32. Logo após a partida dos persas, chegaram dois mil espartanos a Atenas, tendo marchado o mais depressa que conseguiram, para se unir à luta.

33. Estavam tão ansiosos que a marcha levou apenas três dias.

34. Embora fosse tarde demais para a batalha, eles queriam ver os persas e assim foram ao campo de Maratona para olhar o massacre.

35. Depois de elogiarem os atenienses pela proeza, voltaram para casa.

Capítulo 56

1. Quando a notícia da derrota em Maratona chegou a Dario, sua fúria contra os atenienses aumentou ainda mais e ele ficou mais disposto do que nunca a conquistar a Grécia.

2. Despachou imediatamente emissários por todo o império, para coletar novos tributos a uma proporção ainda maior do que antes, com navios, cavalos, homens e provisões em abundância ainda maior.

3. Durante três anos, toda a Ásia esteve em comoção, aprestando-se para a guerra; foram alistados os melhores e mais valorosos, e fizeram-se os preparativos correspondentes.

4. No quarto ano, houve uma revolta no Egito.

5. Encolerizado, Dario resolveu enviar um exército contra o Egito, bem como à Grécia, e decidiu comandá-lo em pessoa.

6. Surgiu imediatamente uma disputa entre seus filhos, porque era tradição na Pérsia que, se um rei fosse à guerra, devia designar um herdeiro.

7. Dario tinha três filhos da primeira esposa, filha de Góbrias.

8. De Atossa, filha de Ciro, ele tinha quatro filhos. Artabazanes era o primogênito do primeiro casamento; e Xerxes, o primogênito do segundo.

9. Artabazanes reivindicava a sucessão como o primeiro de todos os filhos, enquanto Xerxes ressaltava que era neto de Ciro, o primeiro libertador dos persas e fundador da dinastia real.

10. Antes que Dario se pronunciasse sobre a questão, aconteceu que o espartano Demarato, filho de Aríston, que fora destituído de sua coroa em Esparta

11. E depois seguira de vontade própria para o desterro, chegou a Susa e lá soube da discórdia entre os príncipes.

12. Ele foi a Xerxes e aconselhou a argumentar, além de tudo o que frisara antes, que Dario já era rei à data de seu nascimento,

13. Mas que, quando Artabazanes veio ao mundo, Dario era um mero particular.

14. Portanto, não seria justo nem adequado que a coroa coubesse a outro que não Xerxes.

15. "Pois em Esparta", disse Demarato, "a lei dispõe que, se um rei tem filhos antes de subir ao trono e depois lhe nasce outro filho, este último é o herdeiro do reino paterno".

16. Xerxes acatou o conselho e Dario, persuadido de que a justiça estava a seu lado, nomeou-o como herdeiro.

17. Muitos dizem que, mesmo sem isso, a coroa teria ido para Xerxes, pois sua mãe Atossa era muito poderosa.

18. Tendo nomeado seu herdeiro e terminado seus preparativos, Dario estava pronto para sair em conquista da Grécia e reconquista do Egito; mas sobreveio a morte, encerrando seus trinta e seis anos de reinado.

19. Xerxes subiu ao trono e, de início, foi indiferente à ideia de conquistar a Grécia, que parecia marginal e de pouca importância, enquanto a perda do Egito lhe causava preocupação muito maior.

20. Mas Mardônio, que tinha grande influência junto a ele, persuadiu-o dizendo:

21. "Senhor, não é conveniente deixar os atenienses passarem impunes depois de causarem ofensa tão grande à Pérsia.

22. "Submete o Egito, sim; mas depois comanda o exército contra Atenas. Assim impedirás ofensas e rebeliões futuras, mostrando que os persas nunca deixarão nenhuma delas passar impune."

23. Mardônio também disse: "A Europa é uma região maravilhosamente bela, rica em todas as espécies de árvores

cultivadas, e o solo é excelente: ninguém além de ti é digno de ser rei de tal terra."

24. Ele disse isso porque ansiava por novas aventuras e tinha a esperança de se tornar sátrapa da Grécia sob Xerxes.

25. Nisso ajudou-o a coincidência de que, na mesma época, os reis da Tessália convidaram Xerxes a entrar na Grécia,

26. Prometendo-lhe toda a sua assistência no empreendimento. Além disso, os pisistrátidas, que tinham ido para Susa, insistiam no mesmo e foram até mais persuasivos do que os tessalonicenses.

Capítulo 57

1. Assim, depois de submeter o Egito, Xerxes decidiu conquistar a Grécia.

2. Convocou uma assembleia dos persas de maior nobreza para ouvir suas opiniões, dizendo:

3. "Não preciso vos lembrar os feitos de Ciro, de Cambises e de meu próprio pai Dario, nem quantas nações eles conquistaram e acrescentaram a nossos domínios.

4. "Bem sabeis as coisas grandiosas que realizaram. Quanto a mim, direi que, desde o dia em que subi ao trono,

5. "Tenho pensado constantemente como poderei rivalizar com os que me precederam neste cargo de

honra e aumentar o poderio da Pérsia tanto quanto eles.

6. "Decidi por um modo de conquistar glória e, ao mesmo tempo, entrar na posse de uma terra que é extensa e rica como a nossa,

7. "Na verdade ainda mais variada em seus frutos, obtendo ao mesmo tempo satisfação e vingança.

8. "Minha intenção é erguer uma ponte sobre o Helesponto e marchar com um exército pela Europa contra a Grécia,

9. "Pois assim posso obter vingança dos atenienses pelos males que cometeram contra os persas e meu pai.

10. "Vistes com os próprios olhos os preparativos de Dario contra esses homens; mas a morte o arrebatou e liquidou com suas esperanças de vingança.

11. "Portanto, em nome dele e de todos os persas, empreenderei a guerra

12. "E me comprometo a não descansar enquanto não tiver incendiado Atenas, que ousou injuriar a mim e a meu pai.

13. "Vejo muitas outras vantagens nessa guerra. Depois que submetermos Atenas e aqueles seus vizinhos em Esparta,

14. "Estenderemos o território persa até onde alcança o horizonte. Então o sol não brilhará em

nenhuma terra fora de nossas fronteiras,

15. "Pois atravessarei a Europa de uma ponta à outra e, com vosso auxílio, unificarei todas as suas terras num país só.

16. "Pois assim não restará nenhuma cidade, nenhum país no mundo que resista a nossas armas.

17. "Por esse meio teremos toda a humanidade sob nosso domínio, tanto os culpados quanto os inocentes de males que nos foram feitos.

18. "De vossa parte, se quiserdes agradar a mim, fazei o seguinte: quando eu anunciar o momento para a reunião do exército, apressai-vos em atender à convocação de boa vontade.

19. "Ao homem que trouxer o destacamento mais valoroso, concederei as dádivas que nosso povo considera de maior honra.

20. "Mas, para mostrar que não sou obstinado nessa questão, apresento-vos o assunto e dou plena licença para vos manifestardes abertamente."

21. Então Mardônio disse: "Falaste com sinceridade, e o melhor de tudo é tua resolução.

22. "Seria de fato uma coisa monstruosa se, depois de conquistarmos e escravizarmos os sácios, os indianos, os etíopes, os assírios, os egípcios e muitas outras nações poderosas,

23. "Não por qualquer mal que nos tenham feito, mas somente para aumentar nosso império, agora fôssemos permitir que os gregos, que cometeram tão grande ofensa contra nós, escapassem à nossa vingança.

24. "O que tememos neles? Certamente não sua quantidade nem suas riquezas! Não as têm!

25. "Conhecemos como combatem; sabemos como é frágil o poder deles; já subjugamos seus descendentes que habitam em nosso país, os jônios, eólios e dórios.

26. "Eu mesmo tive contato com esses homens quando marchei contra eles por ordem de teu pai;

27. "E, embora eu tenha avançado até a Macedônia e pouco faltou para chegar à própria Atenas, nem uma única pessoa se arriscou a vir me enfrentar em batalha.

28. "No entanto, ao que dizem, esses mesmos gregos travam guerras entre si da maneira mais insensata.

29. "Pois, logo que declaram guerra, saem para o terreno mais plano e mais amplo, lá se reúnem e combatem;

30. "Disso resulta que mesmo os vencedores sofrem grandes perdas: nem falo dos derrotados, pois são totalmente dizimados.

31. "Ora, como todos falam a mesma língua, deveriam trocar

mensageiros e acertar suas diferenças sem recorrer à batalha;

32. "Ou, na pior das hipóteses, se precisam lutar, deveriam se posicionar da maneira mais sólida possível.

33. "Mas, a despeito de serem tão insensatos na guerra, esses gregos, quando conduzi meu exército contra eles até as fronteiras da Macedônia, não se empenharam muito em me oferecer resistência.

34. "Quem então ousará, ó rei!, enfrentar-te em armas, quando fores com todos os guerreiros e todos os navios da Ásia a te acompanhar?

35. "De minha parte, não creio que o povo grego se mostre tão imprudente.

36. "Admita-se, porém, que eu esteja errado e que eles sejam insensatos a ponto de nos combater;

37. "Neste caso, aprenderão que não existem soldados como nós em todo o mundo.

38. "Todavia, não poupemos esforços; pois nada surge sem dificuldades e tudo o que adquirem os homens demanda esforço."

Capítulo 58

1. Os outros persas ficaram em silêncio; todos temiam erguer a voz contra o plano de Xerxes.

2. Mas Artabano, o filho de Histaspes e tio de Xerxes,

confiando em seu parentesco, teve coragem de tomar a palavra.

3. "Ó rei!", disse ele, "quando se apresenta apenas uma opinião, é impossível escolher a melhor: o homem então se vê obrigado a seguir o conselho que lhe tenha sido dado;

4. "Mas, quando se apresentam declarações contrárias, então é possível exercer a escolha.

5. "Aconselhei teu pai, Dario, que era meu irmão, a não atacar os citas, povo que não tinha nenhuma cidade em todo o seu território.

6. "Porém ele pensou em subjugar aquelas tribos nômades e não me ouviu, mas marchou com um exército contra elas e perdeu muitos de seus guerreiros mais valorosos.

7. "Tu, ó rei!, estás prestes a atacar um povo muito superior aos citas, um povo que se sobressai dos outros na terra e no mar. Portanto, é conveniente que eu te exponha o risco em que incorres nisso.

8. "Dizes que atravessarás o Helesponto e conduzirás tuas tropas pela Europa para atacar a Grécia.

9. "Ora, supõe que te ocorra algum revés por terra, por mar ou ambos. Não é impossível, pois os homens têm fama de valentes.

10. "Com efeito, pode-se avaliar a coragem deles pelo que já fizeram;

11. "Pois, quando Dátis e Artafernes lideraram seu enorme exército contra a Ática, os atenienses sozinhos os derrotaram.

12. "Mas conceda-se que não tenham êxito em terra e mar. Ainda assim, se equiparem seus navios e, derrotando-nos em mar, navegarem até o Helesponto e lá destruírem nossa ponte: este, senhor, seria um revés terrível.

13. "Lembro como escapamos à calamidade por um fio, certa vez, quando teu pai, depois de lançar pontes sobre o Bósforo trácio e o Íster,

14. "Marchou contra os citas e eles procuraram por todos os meios induzir os jônios, que estavam incumbidos de guardar a ponte do Íster, a destruir a passagem.

15. "Naquele dia, se Histieu, rei de Mileto, tivesse se alinhado com os outros príncipes e não se opusesse a suas opiniões, o império dos persas teria chegado ao fim.

16. "Sem dúvida, é algo horrível sequer de se ouvir que os destinos do rei dependeram totalmente de um único homem.

17. "Assim, não penses mais em correr um perigo tão grande quando não há nenhuma necessidade premente, mas segue o conselho que te ofereço.

18. "Dissolve esta assembleia e, quando acabares de refletir pessoalmente sobre o assunto e decidires o que farás, dize-nos qual é tua decisão.

19. "Não conheço nada mais proveitoso no mundo do que um homem bem se aconselhar consigo mesmo.

20. "Além disso, a pressa sempre acarreta desastres, dos quais surgem sofrimentos enormes;

21. "Ao passo que no vagar há muitas vantagens, nem sempre claras à primeira vista, mas que no decorrer do tempo ficam visíveis a todos. Este é meu conselho, ó rei!

22. "E tu, Mardônio, filho de Góbrias, evita discorrer insensatamente sobre os gregos, que são homens que não devemos subestimar.

23. "Pois, insultando os gregos, encorajas o rei a conduzir suas tropas contra eles, e parece-me que o queres em interesse próprio.

24. "Se, porém, patentear-se que devemos entrar em guerra com esse povo, então pelo menos o rei permaneça na Pérsia

25. "E coloquemos em jogo nossos filhos. Se as coisas saírem bem para o rei, como dizes que sairão, que eu e meus filhos sejamos condenados à morte;

26. "Mas, se falharem como prevejo, que teus filhos sofram, e tu

também, caso chegues a retornar com vida.

27. "Se recusares essa aposta e ainda persistires na resolução de marchar contra a Grécia,

28. "Tenho certeza de que, mais cedo ou mais tarde, alguns dos que deixares aqui receberão as tristes notícias de que Mardônio trouxe uma grande calamidade ao povo persa,

29. "E que ele mesmo jaz como presa para cães e aves em algum lugar da terra dos atenienses ou dos espartanos;

30. "A menos, aliás, que pereças antes, sentindo em tua própria carne o poder daqueles contra os quais queres que o rei empreenda a guerra."

31. Xerxes disse enraivecido: "Artabano, és o irmão de meu pai; isto te salva da punição por tuas palavras estúpidas.

32. "Mas uma humilhação te imporei: não virás comigo conquistar os gregos, e permanecerás aqui com as mulheres.

33. "A partir de agora são os gregos ou os persas: um dos lados há de vencer; não existe meio-termo."

34. Assim falou Xerxes; mas, à noite, sentiu-se inquieto com o que Artabano havia dito, mudou de opinião e na manhã seguinte avisou os persas,

35. Ao que todos se regozijaram e lhe renderam gratas vênias.

36. Mas, na segunda noite, ele mudou de opinião novamente e os avisou; e desta vez, como conversara longamente com Artabano

37. E persuadira o tio a apoiá-lo em sua decisão, pôde dizer aos persas que Artabano finalmente concordara também; assim, ficou decidido que empreenderiam a expedição.

Capítulo 59

1. Contando a partir da reconquista do Egito, Xerxes passou quatro anos reunindo suas hostes e preparando tudo para a invasão da Grécia.

2. Foram tantas as nações que forneceram homens, navios e provisões que nunca se reuniu um exército tão grande para a guerra e jamais foram feitos preparativos tão cuidadosos.

3. Entre estes incluíam-se a edificação de depósitos em postos de parada, a construção de pontes e a escavação de um grande canal atravessando o istmo de Athos.

4. Enquanto isso, os sátrapas das províncias do império rivalizavam entre si equipando as forças recrutadas em magnífica formação de tropas.

5. Quando todos se reuniram num vasto exército, liderados por Xerxes, cruzaram o rio Hális e marcharam pela Frígia até a cidade de Celene.

6. Ali, Xerxes e seus homens foram suntuosamente recebidos por Fítio, um cidadão tão rico que, no tempo de Dario, enviara ao rei um plátano de ouro e era tido como o segundo homem mais rico, atrás apenas do próprio Xerxes.

7. Xerxes apreciou tanto a generosidade de Fítio que lhe prometeu amizade duradoura e acrescentou novos presentes a seu tesouro de riquezas.

8. Depois de atravessar o Meândrio, o exército passou pela cidade de Calatebo, onde os homens fazem mel e cultivam o trigo e a tamargueira.

9. Lá, Xerxes encontrou um sicômoro tão belo que lhe doou ornamentos de ouro e o colocou sob os cuidados de uma de suas guardas de confiança.

10. Chegando a Sárdis, capital da Lídia, Xerxes enviou mensageiros a toda a Grécia solicitando oferendas de terra e água como sinais de submissão e pedindo que preparassem banquetes e festejos para recebê-lo.

11. Apenas a duas cidades ele não enviou tais solicitações: Atenas e Esparta.

12. Então Xerxes seguiu para Ábidos, onde seus engenheiros tinham acabado de terminar a ponte sobre o Helesponto.

13. Era uma ponte dupla, metade dela construída pelos fenícios, a outra metade pelos egípcios.

14. Aqueles utilizaram cordas de linho branco; estes, cordas de papiro. São sete estádios de Ábidos até a costa europeia.

15. Era uma bela ponte de se ver, e estava pronta para o uso; mas, antes que Xerxes pudesse atravessá-la com seu exército, desencadeou-se um temporal violento que destroçou a ponte, destruiu todo o trabalho e afundou os restos nas águas bravias.

16. Xerxes foi tomado de extrema cólera a isso e ordenou que o Helesponto fosse castigado com trezentas chicotadas e que se atirasse um par de grilhões em suas águas.

17. Chega-se a dizer que ele ordenou a seus ferreiros que aquecessem seus ferros de marcar e marcassem o Helesponto.

18. O certo é que mandou que os encarregados de chicotear as águas repetissem durante o açoitamento as seguintes palavras:

19. "Ó tu, água cruel, teu senhor te castiga porque lhe causaste mal sem motivo. O rei Xerxes irá te atravessar, queiras ou não.

20. "Mereces este castigo como rio ruim e traiçoeiro que és."

21. Concluída essa tarefa absurda, Xerxes mandou trazer outros

construtores ao Helesponto, para fazer uma nova ponte.

22. Juntaram trirremes e pentecônteres, trezentos e sessenta para dar a sustentação da ponte no lado do Euxino e trezentos e catorze para o outro lado;

23. E os dispuseram em ângulo reto com o mar, na direção da corrente do Helesponto, assim diminuindo a tensão das cordas nas costas.

24. Depois de reunir as embarcações, usaram âncoras de grandes dimensões

25. Para que as naus voltadas para o Euxino pudessem resistir aos ventos que sopram dos estreitos

26. E as naus da ponte mais ocidental, de frente para o Egeu, pudessem resistir aos ventos sul e sudeste.

27. Deixou-se um espaço entre os pentecônteres em pelo menos três lugares, permitindo a passagem de embarcações leves que quisessem entrar ou sair do Euxino.

28. Feito tudo isso, retesaram as cordas da costa com o auxílio de cabrestantes de madeira.

29. Desta vez, em lugar de usar os dois materiais em separado, guarneceram cada ponte com seis cordas, duas de linho branco, quatro de papiro.

30. Os dois tipos de cordas eram do mesmo tamanho e qualidade, mas as de linho eram mais pesadas, com mais de um talento o cúbito.

31. Quando a ponte ficou pronta, serraram troncos de árvores em tábuas na largura dela,

32. Que foram ajustadas lado a lado sobre as cordas esticadas. Dispuseram macegas e galharias sobre as tábuas, cobriram com montes de terra e calcaram até se converter numa massa sólida.

33. Por fim ergueram dois baluartes, um de cada lado da passagem, com altura suficiente para impedir que os cavalos e as bestas de carga enxergassem por cima e se assustassem à vista da água.

Capítulo 60

1. Enquanto as hostes de Xerxes se aproximavam da ponte em Ábidos, o sol, que brilhava num céu límpido, de repente se eclipsou, causando pronta consternação ao próprio Xerxes e a todos os seus homens.

2. Mas o mais nervoso era Pítio, que havia recebido regiamente Xerxes ao chegar na Lídia;

3. Ele perguntou ao rei se, entre os cinco filhos que marchavam no exército, poderia poupar apenas um para ficar em casa e cuidar de sua velhice e suas riquezas.

4. Enraivecido, Xerxes disse: "Todos os meus familiares e súditos estão marchando comigo para esta guerra, e tu queres que um filho teu seja eximido do dever!

5. "Que esse filho perca a vida como punição a ti e teu pedido!" A isso, ele ordenou que o jovem fosse morto e dividido em dois,

6. Uma metade do corpo ficando num dos lados e a outra metade do outro lado da estrada por onde o exército marchava até o Helesponto.

7. Chegando a Ábidos, Xerxes mandou colocarem um trono de mármore branco no alto de uma colina, para que pudesse enxergar o Helesponto, a ponte, as grandes hostes de seu exército e sua frota nas águas, tendo uma visão completa ali de cima.

8. Mandou que fizessem uma corrida a vela entre as naus, que os fenícios venceram; e sentiu grande prazer com o espetáculo de armas e hostes tão poderosas.

9. Mas, enquanto fitava tantas embarcações, as planícies abarrotadas de homens até onde alcançava a vista, de repente se pôs a chorar.

10. Então seu tio Artabano perguntou: "Por que choras, tu que agora mesmo estavas a te regozijar à visão de um exército tão grandioso decidido a te assegurar o reinado sobre o mundo?"

11. Xerxes respondeu: "Veio-me uma súbita piedade, ao pensar na brevidade da vida humana, e ponderei que, dentre todas essas hostes, numerosas como são, não haverá ninguém vivo daqui a cem anos."

12. A isso Artabano disse: "Há, porém, coisas mais tristes do que isso. Por breve que seja nosso tempo, não existe ninguém, seja aqui entre essa multidão ou em qualquer outro lugar,

13. "Que seja tão feliz a ponto de não ter desejado – não digo uma vez, mas muitas vezes – estar morto ao invés de vivo.

14. "Sobre nós recaem calamidades; doenças nos incomodam e nos atormentam, tornando a vida penosa, por breve que seja.

15. "Assim, pelas desgraças de nossa vida, a morte é um dulcíssimo refúgio para nossa espécie."

16. "Dizes a verdade", falou Xerxes, "e então desviemos nossos pensamentos dela, pois a verdade é triste.

17. "E dize-me, tio, se a visão desse grande exército e marinha aqui diante de nós agrada a ti como agrada a mim."

18. Artabano respondeu: "Ninguém poderia sentir de outra maneira, estando do mesmo lado de tais hostes!

19. "Mas preocupam-me dois perigos que são especialmente difíceis de vencer."

20. "E há algum perigo que possa resistir a um exército e a uma

força naval tão grandes?", perguntou Xerxes, surpreso.

21. "Exatamente por serem tão grandes em número e extensão, esses perigos – pode-se dizer: esses teus inimigos – são ainda maiores", respondeu Artabano.

22. "São eles: a terra e o mar. Não existe nas costas marítimas nenhum porto com tamanho suficiente para tua frota;

23. "Se vier uma tempestade, não há como encontrar proteção para o conjunto da frota.

24. "E a terra: pela distância, aumentando à medida que te afastas do lar e logo tornando-se insuficiente para fornecer alimento e pastagem para exército tão imenso e todos os seus animais, ela tentará te derrotar."

25. Xerxes disse: "Há sensatez no que dizes. Mas não receies todas essas coisas nem contes todos os riscos.

26. "Se pensássemos apenas nas dificuldades, jamais arriscaríamos coisa alguma. Muito melhor ter um coração intrépido e aceitar a possibilidade dos males do que caminhar timidamente e não ir a nenhum lugar.

27. "O sucesso em geral vem aos que são ousados na ação, não aos que pesam tudo.

28. "Vês o ápice que atingiu o poder da Pérsia – nunca teria chegado a tal altura se os que ocuparam o trono antes de mim tivessem pensado como pensas ou dado ouvidos a conselheiros de tal parecer."

29. E Xerxes mandou Artabano voltar para Susa, cansado de sua cautela e de suas objeções.

Capítulo 61

1. No dia seguinte, ao amanhecer, Xerxes ordenou que as primeiras hostes atravessassem a ponte.

2. Bestas de carga, atendentes de campo e, à frente deles, os Dez Mil, força de escol do exército persa, seguidos por tropas de muitas outras nações, cruzaram a ponte.

3. No segundo dia, foi a vez da cavalaria, dos regimentos dos lanceiros e do próprio Xerxes, e o restante do exército.

4. Ao mesmo tempo, a frota zarpou para a outra costa. Quando Xerxes alcançou o lado europeu, deteve-se a contemplar o exército atravessando a ponte sob látego.

5. E a travessia se prolongou por sete dias e sete noites, sem pausa nem interrupção.

6. Dizem que então, depois que Xerxes fez a travessia, um helespontino exclamou:

7. "Por que toda a humanidade veio em destruição da Grécia? O que fez a Grécia para merecer tal vingança?"

8. Pois Xerxes trouxera um milhão e setecentos mil homens de muitas

nações da Ásia, Índia, Arábia e África, cada qual com seu tipo de arma e indumentária e suas habilidades guerreiras próprias.

9. Na frota, havia mil e duzentas trirremes, e cada embarcação levava uma companhia de soldados junto com os marinheiros.

10. Havia muitos homens de distinção e coragem nas forças terrestres e navais e muitos dirigentes de alta nobreza.

11. E havia apenas uma mulher, Artemísia, que governava os halicarnassos, os homens de Cos, de Nisiro e de Calidna;

12. Ela trouxe cinco trirremes para compor a frota persa e, depois das sidônias, eram as naus mais famosas da frota.

13. Também deu a Xerxes conselhos mais sensatos do que qualquer outro aliado.

14. Assim Xerxes iniciou sua marcha na Macedônia. Em todas as cidades por onde passava, somavam-se homens a seu exército, e as cidades costeiras lhe forneceram mais marinheiros para sua frota.

15. Todas as cidades, em resposta à solicitação que enviava previamente por seus emissários, preparavam comida e bebida para ele e seus homens.

16. Tão logo os mensageiros levavam a mensagem, os habitantes de todas as cidades dividiam suas provisões de cereais

17. E passavam a moer farinha de trigo e de cevada para muitos meses.

18. Compravam as melhores cabeças de gado e engordavam os animais; alimentavam aves domésticas e aquáticas para atender ao exército;

19. Ao mesmo tempo, preparavam jarras e taças de ouro e prata, e todas as outras coisas necessárias para o serviço de mesa.

20. Esses últimos preparativos eram feitos apenas para o rei e seus acompanhantes; para o restante do exército, providenciava-se uma alimentação simples.

21. À chegada dos persas, uma tenda armada expressamente para esse fim recebia Xerxes, que se recolhia para repousar, enquanto os soldados permaneciam a céu aberto.

22. Chegada a hora do jantar, era grande o trabalho dos encarregados de atender ao exército,

23. Enquanto os convidados se saciavam; então, depois de pernoitarem no local, desmontavam a tenda real na manhã seguinte e, embalando o conteúdo, todos partiam, sem deixar nada para trás.

24. Por fim, Xerxes chegou a Terma, para onde enviara sua frota,

25. E de lá pôde enxergar os montes da Tessália, o Olimpo e o Ossa, ambos de grande altura.

26. Tomou um barco para ver a foz do rio Peneu, que reúne todas as águas dos rios da Tessália, uma terra cercada de montanhas, e desemboca no mar.

Capítulo 62

1. Quando Xerxes voltou a Terma, encontrou à sua espera os mensageiros que enviara às cidades da Grécia solicitando terra e água; ficou a par de quem acatara e quem recusara.

2. Entre os que enviaram terra e água estavam os tessálios, os dolópios, os enianos, os perrebianos,

3. Os locrianos, os magnésios, os málios, os aqueus de Ftiótis, os tebanos e os beócios em geral, exceto os de Plateia e Téspia.

4. Nas cidades que se recusaram a obedecer, havia um grande alarme e ansiedade, pois as notícias do imenso exército dos persas haviam se espalhado por toda a Grécia.

5. Em Atenas, os cidadãos debateram se abandonariam a cidade e fugiriam ou se ficariam e lutariam.

6. Entre eles, um cidadão de alta condição, Temístocles, infundiu-lhes ânimo dizendo: "Somos defendidos pelo melhor circuito de muros de madeira que há;

7. "Refiro-me à nossa frota." Assim falou porque, antes, dera um excelente conselho a Atenas, que foi o seguinte.

8. As autoridades da cidade haviam acumulado grandes somas no erário e estavam prestes a dividi-las entre os cidadãos, que receberiam dez dracmas cada um,

9. Quando Temístocles as persuadiu a não dividir o dinheiro, e sim usá-lo para construir duzentos navios que os ajudariam na guerra contra os eginenses.

10. Foi, portanto, a guerra eginetana que se demonstrou a salvação da Grécia, pois por força dela Atenas foi obrigada a se tornar uma potência marítima.

11. Agora, avultando a ameaça de Xerxes, resolveram construir mais barcos e equipá-los bem.

12. Os gregos que eram leais à causa grega se reuniram num mesmo local, e lá deliberaram e trocaram compromissos mútuos.

13. Concordaram que, antes de se dar qualquer outro passo, era preciso aplacar as rixas e inimizades entre os diversos estados.

14. Eram muitas, mas uma delas se destacava entre as demais, a saber, a guerra ainda em andamento entre os atenienses e os eginenses.

15. Concluído este assunto, os gregos enviaram espiões à Ásia para acompanhar as atividades de Xerxes.

16. Ao mesmo tempo, resolveram enviar embaixadores aos argivos e firmar uma aliança com eles contra os persas;

17. Da mesma forma, despacharam mensageiros até os povos da Córcira e de Creta, exortando-os a enviar auxílio à Grécia.

18. A intenção deles era unir todos os de nome grego, e assim congregá--los no mesmo plano de defesa, pois os perigos que se avizinhavam ameaçavam a todos por igual.

19. E mandaram mensagem também a Gelo, o filho de Dinomenes, na Sicília.

20. Ora, o poder e a riqueza de Gelo, como rei de Siracusa, eram muito grandes, muito maiores do que os de qualquer outro Estado grego.

21. Os espiões que tinham ido a Sárdis, antes que Xerxes seguisse para o Helesponto, foram apanhados enquanto observavam as forças persas

22. E estavam para ser executados quando Xerxes os soltou, deu-lhes livre acesso a tudo em seu exército

23. E então os mandou de volta para casa, dizendo que preferia que os gregos conhecessem seu grande poderio, em vez de ficarem na ignorância.

24. Foi a mesma decisão que tomou quando, no Helesponto, algumas naus gregas transportando cereais do Euxino para o Peloponeso

foram detidas e capturadas pelos persas.

25. Mas Xerxes, ao saber o que estavam transportando e para onde iam, disse: "Também estamos indo para lá; deixemos que eles transportem os cereais para nós."

26. E os marinheiros, quando chegaram ao destino, puderam relatar o armamento maciço dos persas, instilando medo.

27. Entre os que decidiram não ajudar seus colegas gregos na oposição a Xerxes estavam os argivos.

28. Eles tinham recebido uma mensagem de Xerxes, quando planejara inicialmente a invasão, dizendo que os persas se consideravam descendentes de Perseu, também fundador de Argos e, portanto, eram consanguíneos;

29. E era errado que parentes guerreassem entre si ou que os argivos se unissem aos gregos contra Xerxes.

30. Tendo perdido muitos cidadãos em data recente na luta contra Esparta, os argivos ficaram muito satisfeitos em ter uma desculpa para se manter fora da guerra;

31. E usaram um estratagema para negar o auxílio pedido pelos colegas gregos. Consistiu em pedir igual comando do exército, o que sabiam que os espartanos, com seus dois reis, não iriam aceitar.

Capítulo 63

1. De maior relevo foi a embaixada a Gelo, que transformara Siracusa em cidade grande e importante.

2. Chegando a Siracusa, os emissários gregos disseram a Gelo: "Fomos enviados pelos lacedemônios e atenienses, com seus respectivos aliados, para te pedir auxílio contra o bárbaro.

3. "Certamente já ouviste falar de sua invasão, trazendo da Ásia todas as forças orientais, para empreender a guerra na Europa, alegando que pretende atacar somente Atenas, mas na verdade decidido a submeter todos os gregos.

4. "Ajuda-nos a manter a liberdade da Grécia; tens grande poder e, como senhor da Sicília, tens não pequena parte na Grécia.

5. "Se toda a Grécia se unir, seremos uma legião poderosa e páreo para nossos atacantes;

6. "Mas se alguns se tornarem traidores, outros recusarem auxílio e apenas uma pequena parte de todo o conjunto se mantiver firme, a Grécia toda pode perecer.

7. "Pois não julgues que, conquistando nossa terra, o persa se dará por satisfeito e não avançará contra os demais.

8. "Toma tuas providências de antemão e leva em conta que, se nos ajudares, estarás defendendo a ti mesmo."

9. Gelo respondeu: "Vós emissários tendes o desplante de pedi-lo, sendo que me recusastes auxílio contra os cartagineses.

10. "Mas, agora que sou poderoso, vindes a mim! Não vos tratarei, porém, como me haveis tratado.

11. "Estou disposto a ajudar e a fornecer como contribuição duzentas trirremes, vinte mil soldados, dois mil cavaleiros e igual número de arqueiros, fundeiros e cavalaria ligeira,

12. "Além de trigo para todo o exército grego enquanto durar a guerra.

13. "Tais préstimos, porém, prometo com uma condição: que me nomeeis comandante de todas as forças gregas durante a guerra contra o bárbaro.

14. "A menos que concordeis, não enviarei auxílio nem eu mesmo irei."

15. Tal condição os espartanos não aceitariam em relação às forças terrestres, nem os atenienses em relação às forças marítimas.

16. Disseram os emissários: "Viemos em busca de um exército, não de um general! Os espartanos são de excelência incontestante nas armas

17. "E os atenienses, a nação mais antiga na Grécia, os únicos gregos que jamais mudaram de domicílio,

18. "O povo que, nas palavras do poeta Homero, mandou a Troia o

homem mais capaz de todos os gregos para dispor e conduzir um exército – têm algo de que se podem gabar."

19. Gelo replicou: "Estrangeiros, pelo visto não tendes falta de comandantes, mas bem parece que tendes falta de homens para receber as ordens.

20. "Como estais decididos a pedir tudo e não dar nada, é melhor que vos apresseis a voltar à Grécia e dizei que ela perdeu suas melhores esperanças de auxílio."

21. Mesmo assim, Gelo continuou a observar com ansiedade o que se passava na Grécia, para ver como ficavam as coisas,

22. E estava disposto a enviar terra e água a Xerxes se, como receava, os gregos fossem derrotados.

Capítulo 64

1. Quanto aos córciros, que os emissários visitaram a caminho da Sicília e onde apresentaram a mesma mensagem entregue a Gelo,

2. Prontamente prometeram auxílio, declarando que a ruína da Grécia era algo a que não assistiriam passivamente,

3. Pois, se ela caísse, eles também teriam de se submeter à escravidão já no dia seguinte; assim, comprometeram-se a ajudar no máximo de suas capacidades.

4. Mas, apesar da resposta tão pronta, quando chegou o momento de enviarem auxílio, conduziram-se de maneira muito diferente.

5. Equiparam sessenta embarcações, mas demoraram longo tempo até se fazerem ao mar;

6. Quando partiram, não foram além do Peloponeso, onde se detiveram com sua frota ao longo da costa lacedemônia, na altura de Pilos e Taenarum.

7. Como Gelo, observavam os rumos que a guerra tomaria, pois não acreditavam que os gregos pudessem vencer e julgavam que os persas se tornariam senhores de toda a Grécia.

8. Agiram dessa maneira para poderem dizer a Xerxes: "Ó rei! Embora os gregos tentassem obter nossa ajuda na guerra contra ti,

9. "E embora tivéssemos uma força não pequena e pudéssemos ter fornecido um número de barcos maior do que o de qualquer Estado grego, exceto Atenas,

10. "Recusamos, visto que não lutaríamos contra tuas forças nem faríamos nada que te causasse incômodo."

11. Os córciros esperavam que tal discurso lhes valesse melhor tratamento dos persas do que o restante dos gregos.

12. Ao mesmo tempo, tinham uma desculpa pronta para dar a seus

conterrâneos, que usaram quando chegou o momento;

13. Pois, quando foram censurados, responderam que haviam preparado uma frota de sessenta trirremes, mas os ventos etésios não lhes permitiram dobrar o cabo Malea,

14. O que os impediu de alcançar Salamina – não fora por nenhum motivo vil que se ausentaram do combate naval.

15. Os tessálios, porém, não se submeteram à Pérsia enquanto não foram obrigados a isso; deram plenas provas de que preferiam se aliar a seus companheiros gregos.

16. Logo que souberam que Xerxes estava prestes a invadir a Europa, enviaram mensageiros a todos os Estados favoráveis à causa grega.

17. Esses emissários se dirigiram a seus conterrâneos da seguinte maneira: "Companheiros gregos, cabe a vós guardar a passagem do Olimpo;

18. "Pois assim a Tessália ficará em segurança, bem como o restante da Grécia. Estamos totalmente dispostos a assumir nossa parte nesta tarefa;

19. "Mas deveis nos enviar uma grande força: do contrário, teremos de fazer um acordo com os persas.

20. "Não deveis deixar que morramos em vossa defesa, sozinhos e sem auxílio, expostos como estamos à frente de toda a Grécia.

21. "Se não vos decidirdes a nos enviar ajuda, não podereis nos obrigar a resistir ao inimigo;

22. "Pois não há força maior do que a incapacidade. Portanto, faremos o melhor para garantir nossa própria segurança."

23. Vendo a força desse argumento, os gregos decidiram enviar por mar um corpo de infantaria à Tessália, para defender a passagem do Olimpo.

24. Assim foi reunida uma força de soldados, que passou o Euripo e desembarcou em Alus, na costa da Aqueia.

25. Ocuparam o desfiladeiro de Tempe, que vai da Baixa Macedônia até a Tessália ao longo do Peneu, tendo a cordilheira do Olimpo de um lado e Ossa do outro.

26. As forças gregas somavam dez mil homens muito bem armados, aos quais se juntou a cavalaria tessália.

27. Os comandantes eram Eveneto, filho de Careno, escolhido entre os polemarcas, do lado dos lacedemônios;

28. E, do lado dos atenienses, Temístocles, filho de Neocles.

29. Mas as forças se mantiverem apenas alguns dias naquela posição, pois chegaram alguns emissários de Alexandre, filho de Amintas, o macedônio,

30. Que os aconselharam a sair de Tempe, dizendo-lhes que, se ficassem na passagem, seriam esmagados pelo exército invasor,

31. Cujos números foram minuciosamente apresentados, e também pela grande quantidade de seus navios.

32. Da mesma forma alertaram que os persas poderiam entrar por outra passagem, que ia da Alta Macedônia à Tessália, passando pelo território dos perrebos e pela cidade de Gonnus,

33. Pela qual, de fato, o exército de Xerxes entrou logo depois. Assim, os gregos voltaram a seus navios e foram para o istmo de Corinto.

Capítulo 65

1. Na volta ao istmo, os gregos avaliaram onde deveriam tomar posição.

2. Foram da opinião predominante de que deviam guardar a passagem das Termópilas,

3. Pois as Termópilas eram mais estreitas do que o desfiladeiro tessálio e, ao mesmo tempo, ficavam mais perto.

4. Não conheciam a trilha secreta no alto da montanha, onde foram interceptados os gregos que caíram mais tarde nas Termópilas,

5. E somente souberam ao chegar, quando os traquínios lhes mostraram por onde ela passava.

6. Ao mesmo tempo, decidiu-se que a frota seguiria até Artemisium, na região de Histiaeótis,

7. Pois, como esses locais ficam próximos, seria fácil manter a comunicação entre as forças de terra e de mar.

8. Os gregos julgaram tais lugares adequados a seus propósitos, porque os bárbaros não poderiam se valer de suas numerosas forças nem de sua cavalaria naquela passagem estreita das Termópilas.

9. E quando lhes chegou a notícia de que os persas estavam na Pieria, saíram imediatamente do istmo

10. E seguiram a toda pressa, alguns a pé até as Termópilas, outros por mar até Artemisium.

11. A frota de Xerxes então partiu de Terma; dez das embarcações mais velozes se arriscaram a atravessar diretamente para Cíato,

12. Onde havia três navios gregos de vigia, um de Trezena, outro de Égina e o terceiro de Atenas.

13. Os marinheiros gregos, tão logo viram os bárbaros se aproximando a distância, lançaram-se às velas.

14. Os bárbaros foram imediatamente em sua perseguição e o barco dos trezenos, comandado por Prexino, caiu nas mãos deles.

15. A trirreme eginense, capitaneada por Asônides, deu muito trabalho aos persas,

16. Tendo um dos marinheiros, Pitas, filho de Ísquenos, se distinguido

entre todos os que combateram naquele dia.

17. Depois que o barco foi capturado, esse homem continuou a resistir e só abandonou a refrega quando caiu totalmente coberto de ferimentos.

18. Os persas que serviam de soldados na esquadra, vendo que ele ainda estava vivo e respirava,

19. Dispostos a lhe salvar a vida por ter se conduzido com tanta bravura, trataram os ferimentos com mirra e os enfaixaram com bandagens de algodão.

20. Então, quando retornaram a postos, apresentaram o prisioneiro a toda a legião para admirá-lo

21. E lhe demonstraram muita consideração; mas todos os demais tripulantes do navio eginense foram tratados como meros escravos.

22. A terceira embarcação, uma trirreme comandada por Formo de Atenas, fugiu e encalhou na foz do rio Peneu.

23. Os bárbaros se apoderaram do barco, mas não dos homens. Pois, tão logo a trirreme encalhou, os atenienses saltaram para a terra e tomaram o caminho de volta para Atenas, passando pela Tessália.

24. Quando os gregos estacionados em Artemisium ficaram sabendo do ocorrido por sinais de fogo e fumaça de Ciato,

25. Ficaram tão apavorados que, abandonando o local de ancoragem em Artemisium e deixando observadores para vigiar o inimigo nos montes da Eubeia,

26. Seguiram para Cálcis, pretendendo guardar o Euripo.

27. Enquanto isso, três dos dez navios enviados pelos persas avançaram até a rocha marinha chamada "A Formiga", entre Cíato e Magnésia, e lá ergueram um pilar de pedra levado expressamente para aquele fim.

28. Depois disso e agora estando o curso desimpedido, a frota principal dos persas zarpou de Terma, onze dias depois que o rei lá a deixara com o exército.

29. Após um dia de viagem ininterrupta, chegaram a Sépias na Magnésia e à faixa costeira que fica entre a cidade de Castaneia e o promontório de Sépias.

Capítulo 66

1. Até aquela altura, e em terra firme até as Termópilas, as forças de Xerxes não tinham sofrido nenhum revés;

2. Além disso, eram muito numerosas. Havia o complemento de mil duzentos e sete navios que vieram da Ásia com o rei,

3. E os contingentes das várias nações, se considerarmos duzentos homens por navio, chegavam a

duzentos e quarenta e um mil e quatrocentos homens.

4. Cada embarcação tinha a bordo, além dos soldados nativos, trinta combatentes que eram persas, medas ou sacos, o que dá um acréscimo de trinta e seis mil, duzentos e dez homens.

5. A esses números podemos somar as tripulações dos pentecônteres, que podem ser calculadas, uma pela outra, em oitenta homens cada.

6. Havia três mil dessas embarcações, levando a bordo, portanto, duzentos e quarenta mil homens. Tais eram as forças navais que o rei trouxe da Ásia, num total de quinhentos e dezessete mil, seiscentos e dez homens.

7. A infantaria somava um milhão e setecentos mil homens, a cavalaria oitenta mil;

8. A eles devem-se acrescentar os árabes que usavam camelos e os líbios que combatiam em carros, cerca de vinte mil.

9. O número total das forças de terra e de mar somava dois milhões, trezentos e dezessete mil, seiscentos e dez homens.

10. Estas eram as forças trazidas da Ásia, sem contar os atendentes de campo nem as tripulações dos navios com provisões.

11. A essa quantidade, ainda devemos acrescentar as forças arregimentadas na Europa.

12. Os gregos que moravam na Trácia e nas ilhas costeiras deram cento e vinte navios para a frota de Xerxes, com vinte e quatro mil homens a bordo.

13. Além deles, havia a infantaria que foi fornecida pelos trácios, peônios, eórdios, bócios, calcídeos,

14. Brígios, piérios, macedônios, perrebianos, enianianos, dolópios, magnésios, aqueus e por todos os habitantes da costa trácia;

15. As forças dessas nações chegavam a trezentos mil homens. O acréscimo desses números às forças vindas da Ásia eleva o total de combatentes de Xerxes a dois milhões, seiscentos e quarenta e um mil, seiscentos e dez homens.

16. Numa estimativa muito conservadora, a quantidade de atendentes de campo e de tripulantes dos navios de provisões e cargas seria a mesma, resultando num total de cinco milhões, duzentos e oitenta e três mil, duzentos e vinte homens trazidos por Xerxes, filho de Dario, até Sépias e as Termópilas.

17. E a isso ainda se deve acrescentar a grande quantidade de vivandeiras para moer o trigo, bem como as inúmeras concubinas e eunucos;

18. E nem é possível estimar o número de cavalos e bestas de carga, bem como os cães indianos

que seguiam o exército, que eram em quantidade incalculável.

19. Não surpreende que, em alguns casos, a água dos rios fosse escassa para o exército;

20. O que admira é que não faltassem provisões para números tão grandes.

21. Pois, se cada homem comesse apenas uma quênice de trigo por dia, o exército consumiria diariamente cento e dez mil, trezentos e quarenta mêdimnos,

22. Isso sem contar o que era consumido pelas mulheres, eunucos, cães e animais de carga.

23. Entre toda essa multidão, não havia um único homem que merecesse mais do que o próprio Xerxes exercer tão imenso poder.

Capítulo 67

1. Quando a frota de Xerxes alcançou a faixa costeira entre a cidade de Castaneia e o cabo Sépias, os navios da primeira fila atracaram em terra, enquanto os demais lançaram âncora mais atrás.

2. A praia era de pequena extensão, e por isso a maioria dos navios teve de ancorar, dispostos em oito filas.

3. Assim passaram a noite. Mas, ao amanhecer, o ar calmo e parado cedeu lugar a um mar bravio

4. E a uma tempestade violenta, trazida por uma forte ventania vinda do leste – vento que os

povos daquelas plagas chamam de Helespôntias.

5. Os que perceberam a chegada da ventania e estavam atracados, podendo resistir, evitaram a tempestade arrastando os navios para a faixa de praia, e assim salvaram a vida e as embarcações.

6. Mas os navios que foram apanhados no mar pelo temporal foram impelidos para terra firme, alguns perto do lugar chamado Ipnos, no sopé de Pélion, e outros para a própria praia;

7. Outros ainda foram arrastados para as pedras em torno do cabo Sépias, enquanto uma parte foi destroçada perto de Melibeia e Castaneia. Não havia como resistir à tempestade.

8. Nos registros com menor número de baixas da frota persa nesse temporal, consta que foram destruídos quatrocentos navios, com a morte de uma quantidade incalculável de homens e o desaparecimento de imensos tesouros no fundo das águas.

9. Para Amínocles, filho do magnésio Cretines, que tinha uma lavoura perto do cabo Sépias, o naufrágio dessas embarcações foi uma grande fonte de ganhos;

10. A arrebentação trouxe, tempos depois, muitos cálices de ouro e prata, que ele recolheu,

11. E também se apropriou de várias arcas de tesouros e incontáveis

artigos de ouro de todas as espécies.

12. Assim Amínocles adquiriu grandes riquezas, mas, em outros aspectos, as coisas não lhe saíram tão bem:

13. Tal como qualquer outro homem, teve seus sofrimentos pessoais – a calamidade de perder a progênie.

14. Quanto ao número de navios com provisões e outras embarcações mercantes que soçobraram, foi imensurável.

15. Tão grande foi a perda que os comandantes das forças marítimas, temendo que, naquelas condições depauperadas, os tessálios viessem atacá-los,

16. Ergueram uma alta barricada em torno de suas posições, usando os destroços dos navios lançados à praia.

17. O temporal durou três dias e, por fim, cessou no quarto dia.

18. Os observadores que os gregos haviam deixado nos montes de Eubeia se apressaram em descer de suas posições no segundo dia da tempestade,

19. E informaram seus conterrâneos sobre o que acontecera com a frota persa.

20. Tão logo ficaram a par do ocorrido, zarparam a toda velocidade de volta para Artemisium, na expectativa de que seria muito pequeno o

número restante de navios a enfrentar.

21. Enquanto isso, quando o vento amainou e o mar se acalmou, os persas puxaram os navios de volta para o mar e seguiram costeando o litoral.

22. Depois de contornar a ponta extrema da Magnésia, entraram direto na baía que leva a Pagasae.

23. Quinze dos navios persas que tinham ficado mais para trás, ao ver as embarcações gregas em Artemisium, acharam por engano que faziam parte de sua própria frota;

24. Seguiram até lá e caíram nas mãos dos inimigos. O comandante dessa infeliz esquadra era Sandoces, filho de Tamásio, governador de Cime, em Éolis.

25. Esse Sandoces era um dos juízes reais e, algum tempo antes, fora condenado à crucificação por Dario, acusado de receber suborno para emitir uma sentença injusta;

26. Mas, enquanto ainda estava na cruz, Dario lembrou que a quantidade de benefícios que Sandoces trouxera à casa real era maior do que a de malefícios;

27. Assim, dando-se conta de que agira mais com precipitação do que com sabedoria, ele mandou que descessem Sandoces da cruz e o libertassem.

28. Foi como Sandoces escapou à destruição pelas mãos de Dario e, daquela vez, preservou a vida;

29. Mas não estava destinado a se sair tão facilmente desse segundo transe, pois, logo que os gregos viram os navios persas se aproximando, adivinharam o engano e, fazendo-se ao mar, capturaram-nos sem maiores dificuldades.

30. Aridólis, tirano de Alabanda na Cária, estava a bordo de um dos navios e foi feito prisioneiro,

31. Bem como o general páfio, Pêntilo, filho de Domonos, que estava a bordo de outro.

32. Esse homem trouxera doze navios de Pafos e, depois de perder onze na tempestade em Sépias, foi capturado no remanescente, quando navegava para Artemisium.

33. Os gregos, depois de interrogar os prisioneiros sobre tudo o que queriam saber sobre as forças de Xerxes, mandaram-nos acorrentados para o istmo de Corinto.

Capítulo 68

1. Nesse meio-tempo, Xerxes avançara com as forças terrestres pela Tessália e Aqueia, e três dias antes havia entrado no território dos málios.

2. Na Tessália, realizou uma disputa entre seus cavalos e os dos tessálios, tidos como os melhores da Grécia, mas os cavalos gregos ficaram muito atrás na corrida.

3. Todos os rios na região tinham água suficiente para atender seu exército, exceto o Onocono;

4. Mas, na Aqueia, seu maior rio, o Apidano, mal deu para abastecê-los.

5. De lá, Xerxes foi para Mális, ao longo das costas de uma baía que tem marés diárias.

6. Ao lado dessa baía, há um trecho de terra plana, larga num dos lados, mas muito estreita no outro,

7. Em torno da qual corre uma cordilheira de montanhas, cercando Mális totalmente, que são chamadas de penedos traquínios, por causa da cidade adjacente de Tráquis. Foi ali que Xerxes montou acampamento.

8. Os gregos, por sua vez, ocuparam a passagem estreita a que dão o nome de Termópilas, isto é, "Os portões quentes";

9. Mas os nativos e os que moram nas redondezas dizem apenas Pilas, isto é, "Os portões".

10. Lá, então, os dois exércitos tomaram posição, o primeiro dominando toda a região a norte de Tráquis;

11. O outro, a área que se estendia a sul do local até o extremo do continente.

12. Os gregos que aguardavam a chegada de Xerxes naquele ponto eram os seguintes:

13. De Esparta, trezentos combatentes; da Arcádia, mil tegeus e mantineus, quinhentos de cada;

14. Cento e vinte orcomeus, do Orcomeno da Arcádia, e mil de outras cidades;

15. De Corinto, quatrocentos homens; de Plio, duzentos; de Micenas, oitenta.

16. Estes eram os números dos peloponeses. Também estavam presentes, da Beócia, setecentos téspios e quatrocentos tebanos.

17. Além desses soldados, os lócrios de Opus e os fócios haviam atendido ao chamado dos conterrâneos;

18. Os primeiros enviaram todas as forças que tinham, e os últimos enviaram mil homens.

19. Pois os gregos que estavam nas Termópilas tinham mandado mensageiros até os lócrios e os fócios, para lhes pedir auxílio e dizer

20. Que eram apenas a vanguarda do exército, enviados à frente do grosso das tropas, que estavam para chegar a qualquer momento e se unir a eles.

21. O lado do mar estava protegido, vigiado pelos atenienses, eginenses e a frota restante.

22. Não havia o que temer, pois, afinal, o invasor era apenas um mortal,

23. E nunca existira e jamais existiria um homem que não estivesse sujeito a infortúnios desde o dia de seu nascimento,

24. Infortúnios estes tanto maiores quanto maior sua grandeza. Portanto, o atacante, sendo um mero mortal, inevitavelmente cairia de sua glória.

25. Assim solicitados, os lócrios e os fócios tinham vindo com suas tropas a Tráquis.

Capítulo 69

1. As várias nações tinham, cada qual, seus próprios comandantes a que serviam;

2. Mas o que era especialmente respeitado e estava com o comando de todas as forças era o espartano Leônidas.

3. Ora, Leônidas era filho de Anaxandridas, que era filho de Leo, que era filho de Euricrátidas, que era filho de Anaxandro, que era filho de Eurícrates, que era filho de Polidoro, que era filho de Alcamenes, que era filho de Telecles, que era filho de Arquelau, que era filho de Agesilau, que era filho de Dorisso, que era filho de Labotas, que era filho de Equéstrato, que era filho de Ágis, que era filho de Eurístenes, que era filho de

Aristodemo, que era filho de Aristômaco, que era filho de Cleodeu, que era filho de Hilo, que era filho de Hércules.

4. Os soldados com Leônidas foram enviados pelos espartanos na dianteira do exército, para que, à visão deles, os aliados se encorajassem a lutar

5. E não se passassem para os persas, como provavelmente fariam se vissem que Esparta ficava na retaguarda.

6. De fato, pretendiam deixar uma guarnição em Esparta e logo depois iriam com todas as suas forças se reunir às tropas.

7. Os demais aliados também pretendiam agir assim; pois, por coincidência, o festival olímpico caía exatamente na mesma época.

8. Nenhum deles achava que a batalha nas Termópilas se decidiria tão rapidamente,

9. E por isso contentaram-se em enviar uma simples guarda avançada. As intenções dos aliados eram semelhantes.

10. As forças gregas nas Termópilas, quando o exército persa se aproximou da entrada do desfiladeiro, foram tomadas de medo;

11. E se reuniram em conselho para debater a hipótese de uma retirada. O desejo geral dos peloponeses era que o exército voltasse ao Peloponeso e lá protegesse o istmo.

12. Mas Leônidas, que viu a indignação com que os fócios e lócrios ouviram o plano, foi do parecer que deviam ficar onde estavam,

13. Enquanto enviavam mensageiros às diversas cidades para pedir auxílio, visto que eram em número reduzido demais para enfrentar o exército de Xerxes.

14. Enquanto prosseguia a discussão, Xerxes enviou um espião montado para observar os gregos e ver quantos eram e o que estavam fazendo.

15. Antes de sair da Tessália, ele ouvira dizer que havia alguns poucos homens reunidos naquele local, tendo à frente alguns lacedemônios sob o comando de Leônidas.

16. O cavaleiro subiu até o acampamento e olhou ao redor, mas não viu o exército inteiro,

17. Pois, como estava na ponta da muralha, que fora reconstruída e agora era ciosamente protegida, ele não conseguia enxergar,

18. Mas viu os que estavam do lado de fora, acampados na frente da fortificação.

19. Por acaso, naquele momento os espartanos estavam na guarda exterior e foram vistos pelo espião,

20. Alguns fazendo ginástica, outros penteando as longas cabeleiras.

21. O espião ficou muito admirado àquilo, mas contou os homens e, depois de ter registrado tudo com exatidão, foi embora calmamente,

22. Pois ninguém o perseguiu nem deu qualquer atenção à sua visita.

23. Ao ouvir o relatório, Xerxes, que não tinha como imaginar a verdade – a saber, que os espartanos estavam se preparando para vencer ou morrer virilmente –, achou engraçado que estivessem empenhados em tais atividades.

24. Mandou chamar o espartano Demarato, contou-lhe o que soubera e o interrogou a respeito, pois queria entender o significado do comportamento dos espartanos.

25. Demarato respondeu: "Falei-te antes, ó rei!, sobre esses homens, quando apenas iniciáramos nossa marcha sobre a Grécia;

26. "Riste a minhas palavras, mas esforcei-me em te dizer a verdade.

27. "Esses homens vieram nos disputar o desfiladeiro, e é para isso que estão se preparando agora.

28. "Têm como costume, quando estão prestes a arriscar a vida, adornar a cabeça com grande capricho.

29. "Mas podes ter certeza de que, se conseguires derrotar os homens que estão aqui e seus conterrâneos lacedemônios que permanecem em Esparta,

30. "Nenhuma outra nação no mundo se arriscará a erguer um dedo em sua defesa.

31. "Agora tens de enfrentar o principal reino e cidade da Grécia e seus homens mais valorosos."

Capítulo 70

1. Mas Xerxes não podia crer que uma força tão reduzida seria capaz de enfrentar suas hostes, ou sequer tentar;

2. Assim, aguardou quatro dias, esperando que os gregos fugissem.

3. No quinto dia, quando viu que continuavam lá, considerou que era mera desfaçatez e imprudência e muito se encolerizou;

4. Enviou contra eles os medas e císsios, com ordens de capturá-los vivos e trazê-los à sua presença.

5. Os medas investiram e atacaram os gregos, mas tombaram em grande quantidade; outros ocuparam o lugar dos caídos e não cederam, embora sofressem perdas terríveis.

6. Dessa maneira ficou evidente a todos, sobretudo ao rei, que, embora dispusesse de muitos combatentes, poucos eram guerreiros.

7. O combate, porém, prosseguiu pelo dia todo.

8. Os medas, diante de uma acolhida tão implacável, se retiraram da peleja; no lugar deles, entrou o grupo de persas comandados por

Hidarnes, que compunham a guarda especial do rei:

9. Julgava-se que eles logo encerrariam o assunto. Mas, quando entraram em luta com os gregos, não tiveram maior êxito;

10. A luta seguia como antes, os dois exércitos combatendo num espaço estreito,

11. Os bárbaros usando lanças mais curtas do que as dos gregos e sem tirar nenhum proveito de sua superioridade numérica.

12. Os lacedemônios combatiam de uma maneira notável e se mostravam muito mais habilidosos do que os adversários.

13. Muitas vezes davam as costas e fingiam se pôr em fuga, ao que os bárbaros arremetiam com grande alarido e gritaria;

14. Então os espartanos se viravam de chofre, ficando de frente com os perseguidores, e assim destruíam uma imensidade de inimigos.

15. Alguns espartanos tombaram nesses embates, mas foram poucos.

16. Por fim, vendo que seus esforços de nada valiam, os persas se retiraram para suas posições.

17. Dizem que Xerxes, assistindo à batalha, por três vezes saltou do trono em que estava sentado, de medo por seu exército.

18. No dia seguinte, retomaram o combate, mas sem melhor sucesso para os persas.

19. Os gregos eram em número tão reduzido que os bárbaros pensaram que, devido aos ferimentos, estariam sem condições de oferecer resistência; assim, atacaram novamente.

20. Mas os gregos foram distribuídos em destacamentos por cidade e enfrentaram por turnos o impacto da luta,

21. Todos eles, exceto os fócios, que tinham se posicionado na montanha para proteger a trilha.

22. Assim, como os persas não viram nenhuma diferença entre aquele dia e o dia anterior, retiraram-se mais uma vez.

Capítulo 71

1. Ora, como Xerxes estava num grande dilema e sem saber como lidar com a emergência,

2. Efialtes, filho de Euridemo, de Mális, foi até ele.

3. Movido pela esperança de ganhar uma grande recompensa das mãos do rei, foi-lhe contar sobre a trilha que passava pelo alto da montanha e levava à parte de trás das Termópilas;

4. Com essa revelação, ele acarretou a destruição do grupo de gregos que, até então, resistira aos bárbaros.

5. Esse Efialtes, mais tarde, fugiu para a Tessália, por medo dos lacedemônios;

6. Durante seu exílio, numa assembleia dos anfictiões realizada em Pilas, os pilagoros puseram sua cabeça a prêmio.

7. Transcorrido algum tempo, ele retornou do exílio e foi para Anticira, onde foi morto por Atenades, natural de Tráquis.

8. Atenades o matou não pela traição, mas por outro motivo:

9. Não obstante, os lacedemônios renderam homenagem a Atenades da mesma forma. Assim morreu Efialtes, muito tempo depois.

10. Xerxes ficou encantado com a informação de Efialtes e despachou imediatamente Hidarnes e a guarda de elite persa, para o seguirem até o caminho secreto.

11. Saíram logo quando se acendiam as luzes ao anoitecer e seguiram rápidos e silenciosos,

12. Começando pelo rio Asopo, onde ele corre pela fenda entre os montes,

13. Depois pela crista da montanha, que se chama Anopeia, como a trilha que passa por ela, e termina na cidade de Alpeno,

14. O primeiro povoado lócrio para quem vem de Mális; passando pela pedra chamada Melâmpigo e pela morada dos cercópios,

15. Aqui é onde a trilha fica mais estreita.

16. Os persas marcharam a noite toda, com as montanhas de Oeta à direita e as de Tráquis à esquerda. Ao amanhecer, estavam perto do topo.

17. Havia mil soldados fócios guardando o monte, postos ali para defender não só a trilha, mas também suas terras.

18. Tinham se apresentado como voluntários para esse serviço e haviam se comprometido com Leônidas a manter a posição.

19. Ora, durante toda a escalada dos persas, os gregos não tinham se apercebido deles.

20. Mas a montanha era coberta de bosques de carvalhos e, como o ar estava muito parado, o ruído das folhas, farfalhando por onde os persas passavam, era sonoro.

21. Ao ouvir, os fócios se ergueram de um salto e correram para suas armas.

22. Num instante os bárbaros surgiram no campo de visão e, ao ver os homens se armando, ficaram muito surpresos;

23. Pois haviam se deparado com um inimigo onde não esperavam nenhuma oposição.

24. Hodiarnes, alarmado à cena e temendo que os fócios fossem lacedemônios, perguntou a Efialtes a que nação pertenciam aqueles soldados.

25. Efialtes o informou, e então Hidarnes dispôs seus persas em ordem de batalha.

26. Os fócios, sob a chuva de flechas a que ficaram expostos, imaginando que eram objeto específico do ataque persa,

27. Correram às pressas até o topo da montanha e lá se prepararam para enfrentar a morte;

28. Mas, enquanto persistiam naquele engano, os persas consideraram que não valia a pena se atrasar por causa dos fócios e desceram as encostas à maior velocidade possível.

Capítulo 72

1. Os gregos nas Termópilas receberam o primeiro alerta da destruição que lhes trazia a aurora,

2. Ao ser informados por alguns desertores de que os persas estavam contornando os montes: ainda era noite quando esses homens chegaram.

3. Depois, quando o dia começava a romper, vieram vigias do alto dos montes, trazendo as mesmas notícias.

4. Então os gregos se reuniram em conselho para deliberar o que fariam. As opiniões estavam divididas: alguns eram contrários a abandonar o posto, enquanto outros defendiam o contrário.

5. Assim, quando a reunião terminou, uma parte das tropas partiu para voltar a seus vários estados;

6. Mas outra parte decidiu permanecer e ficar ao lado de Leônidas até o final.

7. Consta que foi o próprio Leônidas que dispensou as tropas que foram embora, por atenção à segurança delas,

8. Mas considerou impróprio que ele ou seus espartanos abandonassem o posto para cuja proteção tinham sido especialmente designados.

9. É provável que Leônidas tenha dado essas ordens por ter visto que os aliados estavam abatidos, sem ânimo para enfrentar o perigo que ele estava disposto a arrostar.

10. Portanto ordenou que se retirassem, mas disse que, pessoalmente, não poderia se retirar sem desonra, pois sabia que, se ficasse, caberia glória a si e aos espartanos.

11. Assim, quando Leônidas mandou que se retirassem, os aliados o obedeceram e partiram.

12. Apenas os téspios e os tebanos permaneceram; no caso dos tebanos, foi Leônidas que os reteve como reféns, contra a vontade deles.

13. Os téspios, pelo contrário, ficaram de livre vontade, recusando a retirada e declarando que não abandonariam Leônidas e seus seguidores.

14. Assim se mantiveram com os espartanos e com eles morreram.

Seu líder era Demófilo, filho de Diadromes.

15. Ao amanhecer, Xerxes fez seus preparativos e aguardou até a hora em que os fóruns da cidade começam a se encher de gente, antes de iniciar o ataque.

16. Foi a conselho de Efialtes, porque a descida pela montanha é muito mais rápida e a distância muito menor do que o caminho contornando os montes.

17. Assim os bárbaros comandados por Xerxes começaram a avançar; e os gregos sob Leônidas, como agora estavam decididos a morrer,

18. Avançaram muito mais do que nos dias anteriores, até chegarem à parte mais aberta do desfiladeiro.

19. Até então, eles tinham ficado dentro dos muros e de lá saíam para combater no ponto mais estreito da passagem.

20. Agora entraram em combate além do desfiladeiro e causaram grande mortandade entre os bárbaros, que caíam aos montes.

21. Atrás deles, os capitães dos esquadrões persas, armados de chicotes, pressionavam seus homens a avançar fustigando-os continuamente.

22. Muitos foram empurrados ao mar e lá morreram; um número ainda maior foi pisoteado até a morte por soldados de suas próprias companhias;

23. Ninguém socorreu os moribundos. Pois os gregos, intimoratos e sem se preocupar com a própria segurança,

24. Pois sabiam que a destruição seria inevitável se o inimigo transpusesse a montanha,

25. Arrojavam-se com a mais encarniçada bravura contra os bárbaros.

26. A essas alturas, as lanças da maioria dos gregos estavam despedaçadas, e usaram suas espadas para dizimar as fileiras dos persas;

27. E aqui, enquanto combatiam, Leônidas tombou lutando bravamente, junto com muitos outros espartanos famosos, cujos nomes são imorredouros devido ao grande valor que demonstraram, trezentos ao todo.

28. Ao mesmo tempo também caíram muitos persas famosos: entre eles, dois filhos de Dario, Abrocomes e Hiperantes, nascidos de Fratagune, filha de Artanes.

29. Então travou-se uma disputa feroz entre persas e lacedemônios pelo corpo de Leônidas, tendo os gregos repelido quatro vezes o inimigo e, por fim, com sua bravura conseguiram recolher o corpo.

30. Essa refrega mal terminara quando os persas se aproximaram, junto com Efialtes; os gregos, informados de que as tropas de

elite persas estavam chegando por trás, mudaram a maneira de lutar.

31. Recuando para a parte mais estreita do desfiladeiro e se retirando inclusive para trás dos muros, postaram-se num outeiro,

32. Onde se fecharam num corpo só, excetuados os tebanos.

33. Esse outeiro fica na entrada do desfiladeiro, onde agora está o leão de pedra que foi erguido em homenagem a Leônidas.

34. Ali os gregos se defenderam até o último deles, os que ainda tinham espadas lutando com elas, e os outros resistindo com unhas e dentes;

35. Até que os bárbaros, uma parte dos quais havia derrubado a muralha para atacá-los de frente e outra parte contornara por trás, cercaram-nos por todos os lados

36. E dizimaram os restantes sob uma chuva de projéteis.

Capítulo 73

1. Com tal nobreza conduziu-se todo o corpo de lacedemônios e téspios;

2. Mas consta que um homem se destacou entre os demais, a saber, o espartano Dieneces.

3. Permanece nos anais um discurso que ele fez antes que os gregos combatessem os persas.

4. Um dos traquínios lhe falou que o número de bárbaros era tão

grande que, quando disparassem suas flechas, esconderiam o sol.

5. Dieneces, sem se atemorizar a tais palavras, respondeu: "Excelente notícia nos traz nosso amigo traquínio.

6. "Se os bárbaros encobrirem o sol, lutaremos à sombra."

7. Depois de Dieneces, há dois irmãos espartanos que se destacaram: eram Alfeu e Maro, filhos de Orsifanto.

8. Houve também um téspio que conquistou glória maior do que qualquer outro conterrâneo: foi Ditirambo, filho de Harmátidas.

9. Os mortos foram enterrados no local onde caíram e, em homenagem a eles, bem como aos que caíram antes que Leônidas dispensasse os aliados, foi erguida uma inscrição, que dizia:

10. "Aqui, homens da terra de Pélopes, em quatro mil, bravamente enfrentaram trezentos mil." Esta era em honra a todos.

11. Outra foi dedicada apenas aos espartanos: "Vai, estrangeiro, apressa-te à Lacedemônia para contar/ que, obedecendo a suas ordens, aqui viemos a tombar."

12. Essas inscrições e os respectivos pilares foram erguidos pelos anfictiões.

13. Os tebanos sob o comando de Leontíades permaneceram com os gregos e só lutaram contra os

bárbaros enquanto foram obrigados pela necessidade.

14. Logo que viram a vitória pendendo para o lado persa e os gregos sob Leônidas correndo a toda velocidade para o outeiro,

15. Separaram-se dos companheiros e avançaram de braços erguidos até os bárbaros,

16. Exclamando, como era de fato verdade, que eles queriam bem aos persas e tinham sido dos primeiros a presentear o rei com terra e água;

17. Somente à força foram trazidos às Termópilas e não deviam ser responsabilizados pela mortandade que recaíra entre as forças do rei.

18. Tais palavras, de veracidade atestada pelos tessálios, foram suficientes para os tebanos terem a vida poupada.

19. Mas sua boa sorte não foi isenta de reveses, pois vários deles, na primeira aproximação, foram mortos pelos bárbaros,

20. E os demais, que compunham a maioria, foram ferreteados com a marca do rei, por ordem de Xerxes, e Leontíades, o capitão dos tebanos, foi o primeiro a ser marcado.

21. Assim combateram os gregos nas Termópilas. E Xerxes, terminado o combate, mandou chamar Demarato para interrogá-lo; eis como iniciou:

22. "Demarato, és um homem digno; prova disso é que falaste a verdade. Tudo se passou como avisaste. Então agora dize-me:

23. "Quantos lacedemônios restaram e, dos que restaram, quantos são guerreiros tão corajosos como estes? Ou todos são assim?"

24. Ele respondeu: "Ó rei! O número total dos lacedemônios é muito grande, e muitas são as cidades que habitam.

25. "Mas o que realmente precisas saber é que há uma cidade da Lacedemônia chamada Esparta, que contém cerca de oito mil homens adultos.

26. "Todos eles, sem exceção, são iguais aos que aqui combateram. Os outros lacedemônios são corajosos, mas não guerreiros com estes."

27. "Agora dize-me, Demarato", prosseguiu Xerxes, "como podemos subjugar esses espartanos com a menor perda possível para nós.

28. "Deves conhecer todos os meandros de suas opiniões, visto que outrora reinaste sobre eles". Demarato respondeu: "Meu conselho é o seguinte: envia trezentas embarcações de tua frota para atacar as costas da Lacônia.

29. "Naqueles lados, há uma ilha chamada Citera, não distante do litoral, sobre a qual Quílon, um

de nossos homens mais sábios, observou

30. "Que melhor seria para Esparta se ela se afundasse no fundo do mar, pois tão constantes eram seus receios de que a ilha propiciaria um projeto como o que te recomendo agora.

31. "Envia teus navios até lá, e os espartanos manterão suas tropas na cidade, temendo um ataque a seus próprios portões.

32. "Então não darão nenhum auxílio aos demais gregos. Assim poderás subjugar toda a Grécia, e Esparta, entregue a si mesma, será impotente.

33. "Mas, se não seguires este conselho, digo-te o que acontecerá. Quando alcançares o Peloponeso, encontrarás o istmo de Corinto, uma estreita língua de terra, onde todos os peloponeses se congregarão;

34. "E lá terás de travar batalhas mais sangrentas do que jamais presenciaste. Se adotares meu plano, o istmo e as cidades do Peloponeso se renderão a ti sem qualquer combate."

Capítulo 74

1. Aquemenes, irmão de Xerxes e comandante da frota, tomou prontamente a palavra, receando que Xerxes seguisse o conselho de Demarato.

2. "Demarato está errado e fala por despeito de teu êxito. Perdemos quatrocentos navios em naufrágio;

3. "Se enviarmos mais trezentos, nossos inimigos poderão nos enfrentar em igualdade.

4. "Mantenhamos toda a nossa frota unida e assim será perigoso para eles arriscarem-se a um ataque, pois certamente não serão páreo para nós.

5. "Além disso, se nossas forças terrestres e marítimas avançarem juntas, poderão se ajudar mutuamente; mas, se se dividirem, nenhuma poderá prestar auxílio à outra.

6. "Mantém todas as nossas forças unidas; se os lacedemônios saírem em combate aos persas, não conseguirão se recuperar da calamidade que lhes ocorreu aqui."

7. Xerxes respondeu: "Aquemenes, concordo contigo. Mas Demarato aconselhou o que pensou ser o melhor; simplesmente seu julgamento não é tão bom quanto o teu.

8. "Jamais acreditarei que ele não esteja ao lado de nossa causa, pois o desmentem seus conselhos anteriores, bem como as circunstâncias do caso.

9. "Um cidadão de fato pode invejar qualquer concidadão que tenha melhor fortuna, e muitas vezes nutre um ódio secreto por ele;

10. "Se tal homem for chamado a dar conselho, não apresentará suas melhores reflexões, a menos que seja realmente um homem de excelsa virtude, e estes são muito raros de encontrar.

11. "Mas um amigo de outro país se apraz com a boa fortuna de seu amigo anfitrião estrangeiro e, ao ser solicitado, dará o melhor conselho de que é capaz.

12. "Portanto, aviso a todos que não falem mal de Demarato, que é meu amigo unido pelos laços da hospedagem."

13. Então Xerxes foi percorrer o campo dos mortos, procurando o corpo de Leônidas, que sabia ter sido o líder lacedemônio.

14. Ao encontrá-lo, ordenou que fosse decapitado e o tronco e membros fossem crucificados.

15. Isso prova claramente que o rei Xerxes tinha por Leônidas, quando ainda estava em vida, um ódio maior do que por qualquer outro homem.

16. Do contrário não teria tratado seu corpo de maneira tão desonrosa. Pois os persas, acima de todas as outras nações, geralmente prestam grandes homenagens aos combatentes que mostram valor na batalha.

Capítulo 75

1. Enquanto isso, a frota grega estava em Artemisium, duzentas e setenta embarcações, sem contar os pentecônteres, sob o comando do espartano Euribíades, filho de Euríclides.

2. Havia sido um espartano a ficar à frente porque os aliados reconheceram que, se não fosse um lacedemônio a assumir o comando, a frota ficaria dividida, pois os espartanos jamais serviriam a um ateniense.

3. Desde o começo, antes mesmo que a embaixada fosse à Sicília propor uma aliança, havia a ideia de confiar o comando naval aos atenienses;

4. Mas os aliados foram contrários ao plano, de modo que os atenienses não insistiram, pois o que mais lhes importava era salvar a Grécia

5. E sabiam que, se fossem brigar entre si por causa do comando, a Grécia seria derrotada.

6. Nisso tinham razão, pois uma disputa interna é muito pior do que a guerra contra um povo unido, assim como a guerra é, ela mesma, pior do que a paz.

7. Quando a frota grega chegou a Artemisium e viu a quantidade de navios persas ancorados perto de Afeta,

8. Bem como o número de soldados de Xerxes por toda parte, ficaram alarmados com o que viram

9. E começaram a falar em se retirar de Artemisium e ir para o interior do país.

10. Quando os eubeus ouviram isso, foram até Euribíades e lhe pediram para esperar enquanto colocavam suas famílias em segurança.

11. Mas Euribíades não quis atendê-los, e então recorreram a Temístocles, o comandante ateniense, a quem subornaram com trinta talentos, pela promessa de que a frota ficaria e se arriscaria a um combate em defesa da Eubeia.

12. Temístocles conseguiu reter a frota oferecendo a Euribíades cinco dos trinta talentos, que deu como se fossem dele mesmo;

13. Tendo assim persuadido o comandante da frota, abordou Adimanto, filho de Ócito, o líder coríntio,

14. Que agora era o único recalcitrante e ainda ameaçava zarpar de Artemisium, sem esperar os outros capitães.

15. Temístocles lhe disse: "Vais nos abandonar? De maneira nenhuma! Pago-te mais para ficares do que os persas te pagariam para abandonares teus amigos",

16. E imediatamente enviou a bordo do navio de Adimanto três talentos de prata, de presente.

17. Assim, esses dois capitães foram conquistados por presentes e se passaram para o lado de Temístocles, que então pôde atender aos eubeus.

18. Ele mesmo lucrou com a ocasião, pois ficou com o resto do dinheiro, e ninguém soube do caso. Os comandantes que receberam os presentes acharam que o dinheiro fora fornecido por Atenas.

19. Foi assim que os gregos ficaram em Eubeia e lá deram combate ao inimigo. A batalha transcorreu da seguinte maneira.

20. Os bárbaros chegaram a Afeta no começo da tarde e viram, como antes lhes fora informado, que havia uma pequena frota de navios gregos em Artemisium.

21. Logo quiseram investir, temendo que os gregos fugissem e esperando capturá-los antes que conseguissem escapar.

22. Não julgaram prudente seguir direto para a posição dos gregos, pois, se os vissem se aproximando, os inimigos escapariam,

23. E neste caso poderia anoitecer antes que alcançassem os fugitivos; pois os persas estavam decididos a não deixar escapar um único homem.

24. Portanto, conceberam o plano de enviar duzentos navios circundando a Eubeia pelo Cafareu e pelo Geresto, assim alcançando o Euripo sem ser vistos, já que navegariam pelo outro lado da ilha de Ciato.

25. O objetivo era cercar os gregos por todos os lados; os navios destacados bloqueariam a rota de retirada dos gregos, enquanto a frota persa restante atacaria pela frente.

26. Ora, havia entre os persas um homem chamado Cílias, natural de Cione, o melhor mergulhador daquela época.

27. Quando houve o naufrágio diante do monte Pélion, ele havia recuperado para os persas uma grande parte de suas perdas, ao mesmo tempo cuidando de reservar para si uma boa parcela dos tesouros.

28. Fazia algum tempo que Cílias queria se passar para os gregos, mas até então não se apresentara nenhuma oportunidade propícia.

29. Assim ele escapuliu e, tão logo alcançou Artemisium, fez aos capitães gregos um relato completo dos danos causados pelo temporal;

30. Da mesma forma contou-lhes sobre os navios enviados para contornar a Eubeia.

31. Ao ouvir aquilo, os gregos se reuniram em conselho e decidiram executar um plano: ficariam atracados até a meia-
-noite, então se fariam ao mar e atacariam os navios que estavam contornando a ilha.

32. Mais tarde, no mesmo dia, ao verem que ninguém aparecia,

montaram novo plano, que consistia em aguardar até o final da tarde,

33. Quando então zarpariam contra a frota principal dos bárbaros, na intenção de conhecer o modo persa de lutar e sua destreza em manobrar as naus.

34. Quando os persas viram os gregos rumando audaciosamente até eles, em seus poucos navios, julgaram que tinham enlouquecido e saíram para enfrentá-los,

35. Supondo, como de fato parecia muito provável, que teriam a maior facilidade em capturar todas as embarcações.

36. Os jônios que eram favoráveis à causa grega, mas serviam a contragosto na frota persa, ao ver seus conterrâneos cercados, ficaram profundamente aflitos, pois tinham certeza de que nenhum escaparia.

37. Por outro lado, os que viam com satisfação o ataque à Grécia agora disputavam vivamente entre si quem seria o primeiro a capturar uma nau ateniense e, assim, garantir para si uma valiosa recompensa do rei.

38. Isso porque nas duas frotas a mais admirada era a ateniense.

39. Os gregos, a um sinal, juntaram as popas num pequeno círculo e viraram as proas em todas as direções voltadas para os bárbaros;

40. Depois disso, a um segundo sinal, embora encerrados num espaço estreito e pressionados pelo inimigo, bravamente puseram-se à obra

41. E capturaram trinta navios dos bárbaros, ao mesmo tempo aprisionando Filaonete, filho de Quérsis e irmão de Gorgo, rei de Salamina, homem de grande reputação na frota persa.

42. O primeiro a tomar uma nau persa foi Licomedes, filho de Escreias, um ateniense, que depois recebeu o prêmio pela bravura.

43. A vitória ainda estava indefinida quando desceu a noite e impôs uma interrupção ao combate. Os gregos singraram de volta para Artemisium

44. E os bárbaros retornaram a Afeta, grandemente surpresos com o resultado, que era muito diferente do que haviam esperado.

45. Nesta batalha, apenas um dos gregos que lutavam ao lado de Xerxes desertou e se reuniu aos conterrâneos.

46. Era Antídoro de Lemnos, cuja deserção os atenienses recompensaram com uma concessão de terras em Salamina.

Capítulo 76

1. Mal anoitecera e uma chuva forte – eram meados do verão – começou a cair e prosseguiu durante toda a noite, com relâmpagos e trovões terríveis vindos do monte Pélion.

2. Os cadáveres e destroços dos navios atingidos foram arrastados na direção de Afeta e ficaram boiando ao redor da proa dos navios persas, atrapalhando a atividade dos remos.

3. Os bárbaros ficaram extremamente desalentados com o temporal, na expectativa de morte certa, ao terem passado por tantos infortúnios.

4. Pois, antes que se recuperassem da tempestade e do naufrágio de suas embarcações perto do monte Pélion, tinham sido surpreendidos por uma batalha naval que lhes exaurira todas as forças;

5. Mal acabara a batalha naval e ali estavam expostos à chuva torrencial, à violência da correnteza das águas entrando no mar e a furiosas trovoadas.

6. Se os que estavam em Afeta passaram uma noite desconfortável, muito piores foram os sofrimentos dos que tinham sido enviados para contornar a Eubeia;

7. O temporal caiu sobre eles em mar aberto e o resultado foi calamitoso. Estavam navegando perto das Cavernas da Eubeia quando se levantou o vendaval e a chuva despencou:

8. Vencidos pela força da ventania, foram impelidos contra as rochas e totalmente destroçados.

9. Nos dias seguintes, os persas e os gregos combateram várias vezes perto de Artemisium, estes dizimando mais aqueles do que o contrário.

10. Mas então chegou à frota grega a notícia da derrota nas Termópilas; depois de discutir o que fariam, os capitães decidiram recuar descendo mais pela costa grega.

11. Quando a frota escapou à noite de seu ponto de ancoragem em Artemisium, Temístocles enviou alguns de seus barcos mais ligeiros para os locais de abastecimento de água ao longo da costa,

12. Instruindo os marinheiros a entalharem mensagens nas pedras para os jônios que estavam com a frota persa, dizendo:

13. "Homens da Jônia, errais em combater contra vossos pais e em ajudar a escravizarem a Grécia.

14. "Vinde, se possível, para nosso lado; se não puderdes, então afastai-vos da refrega e persuadi os cários a fazerem o mesmo.

15. "Se nenhuma dessas coisas for possível e estiverdes impedidos, por uma força demasiado grande, de arriscar a deserção,

16. "Ao menos, quando lutarmos, combatei relutantes, lembrando que nascestes de nós,

17. "E que foi por vossa causa, em primeiro lugar, que provocamos o ódio do bárbaro."

18. Temístocles tinha uma dupla intenção com esse plano: julgava que ou os jônios se persuadiriam com suas palavras ou Xerxes começaria a suspeitar da lealdade deles e os manteria fora das batalhas navais.

19. Quando os persas viram que os gregos tinham se retirado, avançaram para Artemisium e dali, seguindo a costa, para Hístia, que capturaram facilmente.

20. Lá souberam da vitória nas Termópilas e Xerxes convidou todos os que quisessem ver o campo de batalha a visitá-lo.

21. Inúmeros se apressaram em ir e lá viram os quatro mil gregos mortos e apenas mil persas mortos,

22. Pois Xerxes ordenara a escavação de uma trincheira, para enterrar a grande quantidade de seus soldados dizimados.

23. Ninguém se deixou enganar, mas, mesmo assim, foi grande o júbilo pela vitória.

24. Nessa altura, alguns desertores da Arcádia foram se unir aos persas, homens pobres que não tinham do que viver e precisavam de emprego.

25. Os persas os conduziram ao rei, que perguntou o que os gregos estavam fazendo. Os arcadianos responderam:

26. "Eles estão realizando os Jogos Olímpicos, assistindo aos esportes

de atletismo e às corridas de carros."

27. O rei indagou: "E qual é o prêmio que disputam?" Os outros responderam: "Uma coroa de folhas de oliveira."

28. Ao ouvir isso, Tritantecmes, filho de Artabano, disse: "O quê! Que homens são esses que viemos combater?

29. "Homens que disputam entre si, não por dinheiro, mas por honra!"

Capítulo 77

1. O exército de Xerxes então entrou na terra dos fócios e devastou a região a fogo e espada,

2. Saqueando e então incendiando as cidades de Drimo, Charadra, Éroco, Tetrônio, Anficeia, Néon, Pedíeis, Tríteis, Elateia, Hiâmpolis e Parapotâmio.

3. Os cidadãos tinham fugido para as montanhas e assim escaparam ao destino de seus lares;

4. Mas em Abes, antes de pilhar e atear fogo, os persas capturaram muitos moradores e mataram algumas de suas mulheres por violentá-las seguidamente.

5. Então Xerxes se pôs pessoalmente em marcha para Atenas, entrando na Beócia pela terra dos orcomenos.

6. Os beócios haviam abraçado unanimemente a causa dos persas, e suas cidades estavam ocupadas por guarnições macedônias,

7. Que Alexandre enviara para lá, para deixar evidente a Xerxes que os beócios estavam de seu lado.

8. Enquanto isso, a frota grega, que saíra de Artemisium, avançou para Salamina a pedido dos atenienses e lá lançou âncora.

9. Os atenienses lhes tinham pedido que tomassem essa posição para poderem retirar suas mulheres e filhos da Ática e planejarem o curso que tomariam depois.

10. Tinham esperança de ver os peloponeses resistirem com todas as forças ao inimigo na Beócia, mas isso não aconteceu;

11. Pelo contrário, souberam que os gregos daquelas paragens, preocupando-se apenas com a própria segurança, estavam construindo uma muralha no istmo,

12. Pretendendo proteger os peloponeses e deixar os demais gregos arriscarem a sorte.

13. Foi essa notícia que levou Atenas a solicitar que o conjunto da frota ancorasse em Salamina.

14. Assim, enquanto o resto da frota ficava perto da ilha, os atenienses ancorariam ao longo de sua própria costa.

15. Tão logo chegaram, foi feito o anúncio de que cada ateniense deveria proteger a família e a casa da melhor maneira possível;

16. A isso, alguns enviaram suas famílias para Égina, outros para

Salamina, mas a maioria para Trezena. Essa remoção foi feita a toda rapidez.

17. Então, o restante da força naval grega, ouvindo que a frota que estivera em Artemisium agora estava em Salamina,

18. De Trezena foi juntar-se a ela naquela ilha, com ordens prévias de que os navios se reunissem em Pógon, o porto dos trezenos.

19. As naus reunidas eram em número muito maior do que as que combateram em Artemisium, e foram supridas por um número maior de cidades.

20. O comandante geral era o mesmo de antes, a saber, o espartano Euribíades.

21. A cidade que enviou a maior quantidade de navios e os melhores marinheiros foi, de longe, Atenas. Havia ao todo trezentos e setenta e oito embarcações, na maioria trirremes.

Capítulo 78

1. Quando os capitães da frota discutiam a estratégia, alguns aconselhando que se retirassem para o istmo e assim, se fossem derrotados, poderiam voltar para suas casas,

2. Chegou a notícia de que os persas haviam entrado na Ática e estavam devastando e incendiando tudo.

3. Pois o exército sob Xerxes acabara de chegar a Atenas, após atravessar a Beócia, onde incendiara Téspia e Plateia,

4. Ambas abandonadas pelos moradores, que tinham fugido para o Peloponeso,

5. E agora estava destruindo todas as possessões dos atenienses.

6. Téspia e Plateia foram queimadas pelos persas porque sabiam, pelos tebanos, que nenhuma das duas tomara o lado deles.

7. Desde que os persas haviam atravessado o Helesponto e iniciado sua marcha sobre a Grécia, tinham decorrido quatro meses;

8. Um mês enquanto o exército fazia a travessia e se demorava na região do Helesponto; três meses enquanto seguiam de lá para a Ática, onde entraram durante o mandato de Calíades como arconte.

9. Encontraram Atenas vazia; apenas poucos homens tinham ficado na cidadela, como guardiões dos tesouros ou indivíduos mais pobres.

10. Tendo fortificado a cidadela com pranchas e tábuas, impediram a entrada do inimigo.

11. Os persas acamparam no monte na frente da cidade, que os atenienses chamam de Colina de Ares, e montaram cerco ao local,

12. Atacando os gregos com flechas a que prendiam mechas de estopa ardente.

13. Os que estavam dentro da cidadela se viram em graves apuros, pois foram traídos pela fortificação de madeira, que se incendiou; mas continuaram a resistir.

14. Em vão os pisistrátidas se apresentaram oferecendo os termos da rendição – os defensores recusaram energicamente qualquer negociação,

15. E entre suas outras maneiras de defesa, rolaram uma avalanche de pedras sobre os bárbaros que escalavam os portões:

16. A tal ponto que Xerxes ficou perplexo por longo tempo e não conseguia divisar qualquer modo de capturá-los.

17. Por fim, alguns persas descobriram um caminho secreto que subia por uma parte íngreme do penhasco atrás da cidadela e forçaram uma entrada.

18. Abriram os portões para o corpo principal do exército, que arremeteu e matou todos os que não tinham se atirado das muralhas.

19. Então pilharam a cidadela e atearam fogo. Xerxes, assim senhor absoluto de Atenas, enviou um cavaleiro a Susa com uma mensagem a Artabano, informando-o da vitória.

20. Enquanto isso, em Salamina, tanto logo souberam que a cidadela ateniense caíra,

21. Os atenienses ficaram tão alarmados que alguns dos capitães nem esperaram a votação do conselho,

22. Embarcaram às pressas e zarparam como se fossem levantar voo.

Capítulo 79

1. Os demais, que ficaram na reunião do conselho, votaram que a frota sairia de Salamina e combateria no istmo.

2. A noite caiu, e os capitães, dissolvendo a reunião, subiram a bordo de seus respectivos navios.

3. Temístocles, quando embarcou em sua nau, foi recebido por Mnesífilo, um ateniense, que lhe perguntou o que o conselho decidira fazer.

4. Ao saber que a ideia era ir ao istmo e lá combater pelo Peloponeso, Mnesífilo exclamou:

5. "Se esses homens saírem de Salamina, não terás batalha alguma em defesa de nossa terra unida;

6. "Eles se dispersarão e irão para seus lares, e nem Euribíades, nem ninguém mais conseguirá detê-los. A Grécia será arruinada por essa má decisão.

7. "Apressa-te e vê se há alguma maneira possível de persuadir

Euribíades a mudar de opinião e permanecer aqui."

8. Temístocles conseguiu persuadir Euribíades a convocar novamente o conselho de capitães;

9. Uma vez reunidos, ele começou a falar rápido e veemente, como os homens costumam fazer quando estão ansiosos.

10. O capitão coríntio, Adimanto, filho de Ócito, disse: "Temístocles, nos Jogos, quem começa cedo demais é punido."

11. "Verdade", respondeu Temístocles, "mas quem espera demais não vence".

12. Então, ao invés de apresentar os argumentos que expusera antes a Euribíades, sobre o risco que os aliados seguissem caminhos separados, visto que isso poderia ofender os presentes,

13. Ele utilizou outro argumento. Disse: "Euribíades, cabe a ti salvar a Grécia, se ouvires meu conselho.

14. "Se nos retirarmos para o istmo, ficaremos em desvantagem, tendo de combater em mar aberto contra o inimigo, que está em maior número.

15. "Além disso, assim já teremos perdido Salamina, Mégara e Égina. As forças de terra e mar dos persas avançarão juntas,

16. "E nossa retirada apenas irá atraí-los para o Peloponeso, lançando toda a Grécia em perigo.

17. "Se ficarmos aqui, combateremos num mar estreito, com poucos navios contra muitos, e isso nos trará uma grande vitória;

18. "O mar estreito é favorável a nós, o mar aberto é favorável a eles. Salamina, onde colocamos nossas mulheres e filhos, será preservada.

19. "E na verdade o próprio aspecto que mais nos importa, a saber, defender o Peloponeso, está igualmente assegurado de ambas as maneiras;

20. "Pois, lutemos aqui ou no istmo, atingiremos o mesmo fim."

21. Depois que Temístocles falou, Adimanto, o coríntio, atacou-o outra vez e lhe disse para ficar quieto, pois era homem sem cidade nem país,

22. Pois Atenas fora capturada e estava nas mãos dos bárbaros; e insistiu que Temístocles mostrasse de que estado vinha, antes de se manifestar.

23. Temístocles passou uma áspera censura em Adimanto e lembrou aos capitães que, com duzentos navios sob seu comando, todos plenamente equipados para a batalha,

24. Tinha cidade e território como eles, visto que não existia nenhum estado grego capaz de resistir a seus homens no mar.

25. Então virou-se para Euribíades e, tratando-o com franqueza e cordialidade ainda maior, disse:

26. "Se ficares aqui e te conduzires com bravura, tudo irá bem; do contrário, a Grécia irá à ruína. Pois a fortuna da guerra depende inteiramente de nossas naus.

27. "Mas, se minhas palavras não te persuadirem, nós atenienses embarcaremos nossas famílias e, tal como estamos, iremos a Síris, na Itália, que é nossa desde longa data.

28. "Então, quando tiveres perdido aliados como nós, lembrarás o que digo agora."

29. A tais palavras, Euribíades mudou de opinião, pois receava que, se retirasse a frota para o istmo, os atenienses partiriam,

30. E ele sabia que, sem os atenienses, os demais navios não seriam páreo para a frota inimiga.

31. Portanto, decidiu permanecer e combater em Salamina.

Capítulo 80

1. Os homens da frota de Xerxes, depois de verem os espartanos mortos nas Termópilas

2. E de atravessarem o canal de Tráquis para Hístia, lá aguardaram por três dias

3. E então desceram pelo Euripo, e em mais três dias chegaram a Falero.

4. As forças terrestres e navais dos persas, ao invadir a Ática, eram tão numerosas quanto na chegada a Sépias e às Termópilas,

5. Apesar das perdas no temporal e nas Termópilas, e mais uma vez nos combates navais em Artemisium.

6. Isso porque, desde então, várias nações tinham se juntado ao rei: os málios, os dórios, os lócrios e os beócios,

7. Todos eles servindo integralmente no exército persa, exceto os últimos, que não incluíam em suas fileiras os téspios e os plateus;

8. E junto com eles, os carístios, os ândrios, os tenianos e os outros povos das ilhas, que lutaram deste lado, exceto os cinco estados já mencionados.

9. Assim, conforme os persas avançavam no interior da Grécia, recebiam constantemente a adesão de novas nações.

10. Reforçados pelos contingentes de todos esses vários estados, os bárbaros alcançaram Atenas.

11. O restante das forças navais chegou em segurança a Falero, onde receberam a visita de Xerxes, que sentira vontade de ir a bordo e se pôr a par dos desejos da frota.

12. Assim, foi e ocupou um assento de honra, e os soberanos das nações e os capitães dos navios foram enviados à sua presença e,

13. Quando chegaram, tomaram assento de acordo com a posição que lhes foi designada pelo rei.

14. O primeiro assento foi ocupado pelo rei de Sídon; depois dele, o rei de Tiro; então os demais, em ordem.

15. Quando todos tinham tomado seus lugares, um depois do outro, e ficaram numa fileira ordenada, Xerxes, para testá-los, enviou Mardônio para perguntar a cada um se um combate naval seria ou não arriscado.

16. Todos responderam que os gregos deviam ser combatidos no mar; todos, exceto Artemísia, que disse: "Poupa os navios e não arrisques uma batalha marítima;

17. "Esses povos são muito superiores aos teus na arte naval. E, de todo modo, qual a necessidade de arriscar? És senhor de Atenas, e este é o propósito de tua invasão,

18. "E toda a Grécia está a teus pés. Se mantiveres a frota próxima de ti e marchares sobre o Peloponeso, facilmente realizarás todos os teus objetivos.

19. "Mas, se combateres no mar e perderes, tremo em pensar no perigo para teu exército terrestre."

20. Os amigos de Artemísia ficaram tementes por ela, caso suas palavras ofendessem o rei,

21. Ao passo que seus inimigos se alegraram, pois, tendo estado nas boas graças de Xerxes, agora poderia perder até a própria vida.

22. Mas ele se agradou sobremaneira da resposta de Artemísia; se antes sempre lhe tivera estima, agora teceu-lhe ainda mais louvores.

23. Mesmo assim, deu ordens para que se seguisse o parecer da maioria, pois pensava que a frota não havia dado o melhor de si em Eubeia, visto que não estivera lá pessoalmente para acompanhar as operações,

24. Enquanto desta vez ele decidira que iria presenciar o combate.

25. A frota persa recebeu ordens de avançar, os navios se dirigiram a Salamina e tomaram as posições designadas, sem nenhum obstáculo da parte dos gregos.

26. O dia, porém, estava muito adiantado para encetarem batalha, de modo que se prepararam para lutar no dia seguinte.

27. Enquanto isso, os gregos estavam em grande aflição e alarme, especialmente os do Peloponeso, preocupados por terem sido retidos em Salamina para lutar em defesa do território ateniense,

28. Temerosos que, se saíssem derrotados, ficariam sitiados numa ilha, enquanto seu próprio país estava desprotegido.

29. Na mesma noite, as forças terrestres dos bárbaros começaram a marcha para o Peloponeso, onde, porém, os gregos tinham feito todo o possível para impedir que o inimigo forçasse uma entrada por terra.

30. Logo que a notícia da morte de Leônidas e seus companheiros chegou ao Peloponeso, os habitantes acorreram das várias cidades

31. E montaram acampamento no istmo, sob o comando de Cleombroto, filho de Anaxândridas e irmão de Leônidas.

32. Ali, a primeira providência deles foi bloquear a Passagem Cirônia e depois decidiram erguer uma muralha no istmo.

33. Eram dezenas de milhares de homens reunidos, e não havia um que não se entregasse energicamente ao trabalho, transportando pedras, tijolos, madeira e cestos cheios de areia.

34. Não perderam um instante e, assim, o trabalho logo foi concluído.

Capítulo 81

1. Os gregos em Salamina, por outro lado, ao saber que Xerxes se encaminhava para o istmo, ficaram muito preocupados com o Peloponeso.

2. No começo murmuravam em voz baixa, cada qual com seu companheiro, em segredo, espantados com a insensatez demonstrada por Euribíades;

3. Mas então o sentimento reprimido aflorou e realizaram outra assembleia, retomando a discussão anterior,

4. Um lado mantendo que era melhor zarpar para o Peloponeso e arriscar a batalha lá, em vez de ficarem em Salamina e combater por uma terra já tomada pelo inimigo;

5. Enquanto o outro lado, composto pelos atenienses, eginenses e mégaros, insistia em ficar e lutar onde estavam.

6. Temístocles, ao ver que os peloponeses o derrotariam na votação,

7. Saiu furtivamente do conselho e, dando instruções a um certo homem, enviou-o a bordo de um navio mercante da frota persa.

8. Esse homem era Sicino, um dos escravos domésticos de Temístocles, que fora tutor de seus filhos;

9. Tempos depois, quando os téspios estavam admitindo novos cidadãos, Temístocles o fez téspio e o enriqueceu.

10. Chegando à frota persa, Sicino transmitiu a mensagem aos chefes nas seguintes palavras:

11. "O comandante ateniense me enviou secretamente à vossa presença, sem o conhecimento dos outros gregos.

12. "Ele é favorável à causa do rei e preferiria que o êxito coubesse a vós e não a seus conterrâneos;

13. "Por isso, pede-me que vos diga que o medo se apoderou dos gregos e estão pensando em fugir rapidamente.

14. "Assim, podereis derrotá-los em batalha se impedirdes que escapem.

15. "Não há mais acordo entre eles, e assim oporão pequena resistência – com efeito, é provável que encontreis uma luta já em curso entre eles, entre os favoráveis e os contrários à vossa causa."

16. Depois de se expressar dessa maneira, o mensageiro partiu e não foi mais visto.

17. Então os capitães persas, acreditando nas palavras do mensageiro, desembarcaram um grande destacamento de soldados na ilhota de Psitaleia, que fica entre Salamina e o continente;

18. Depois disso, por volta da meia-noite, seguiram com a ala ocidental na direção de Salamina, para cercar a frota grega.

19. Ao mesmo tempo, as forças estacionadas perto de Ceos e Cinosura avançaram e ocuparam com suas naus todo o estreito até Muníquia.

20. Esse avanço se destinava a impedir a fuga dos gregos, mantendo-os em Salamina, para a revanche das batalhas travadas perto de Artemisium.

21. As tropas persas desembarcaram na ilhota de Psitaleia porque,

quando a batalha começasse, o provável era que os homens e os destroços seguissem para aquele lado, pois a ilha ficava bem no caminho da refrega,

22. E assim poderiam resgatar seus homens e destruir os do inimigo.

23. Todas essas manobras foram feitas em silêncio, para que os gregos não percebessem; e se mantiveram ocupados a noite inteira, de modo que os homens não tiveram tempo de dormir.

24. Enquanto isso, entre os capitães gregos em Salamina, a disputa verbal se acalorava.

25. Ainda não sabiam que estavam cercados e imaginavam que os bárbaros continuavam nos mesmos locais do dia anterior.

26. No meio da discussão, chegou a Salamina o ateniense Aristides, filho de Lisímaco, que vinha de Égina.

27. Fora condenado ao ostracismo pela comunidade, embora não houvesse homem mais digno e justo em toda a Atenas.

28. Ele foi ao conselho e, ficando do lado de fora, chamou Temístocles.

29. Ora, Temístocles não era seu amigo; pelo contrário, era seu mais decidido inimigo. No entanto, sob a pressão dos grandes perigos iminentes, Aristides esqueceu as divergências

30. E chamou Temístocles fora da assembleia, pois queria confirmar

com ele a notícia que ouvira antes de chegar, sobre a impaciência dos peloponeses em se retirar com a frota para o istmo.

31. Assim, quando Temístocles apareceu, Aristides se dirigiu a ele nas seguintes palavras:

32. "Nossa rivalidade constante, sobretudo no momento atual, deve ser uma disputa para ver qual de nós trará mais benefícios a nosso país.

33. "Vi com meus próprios olhos o que informo agora: por mais que os coríntios ou o próprio Euribíades possam querer, agora não têm como se retirar,

34. "Pois estamos cercados pelo inimigo por todos os lados.

35. "Vai até eles para informá-los disso." Temístocles respondeu: "É uma boa notícia, e saibas que foi a minhas instâncias que os persas agiram assim;

36. "Como nossos homens não lutariam aqui por vontade própria, era preciso fazê-los lutar quisessem ou não.

37. "Mas vem; como trouxeste a notícia, entra e relata. Se for eu a falar, não acreditarão em mim."

38. Assim Aristides entrou na assembleia e falou aos capitães: contou que viera de Égina e por pouco escapara ao bloqueio das naus;

39. A frota grega estava totalmente cercada pelos navios de Xerxes, e aconselhou que se preparassem para lutar. Tendo dito isso, retirou-se.

40. Então iniciou-se outra discussão, pois a maioria dos capitães não acreditou na notícia.

41. Mas, enquanto ainda duvidavam, uma trirreme teniense, comandada por Panécio, filho de Sosímenes, desertou dos persas e se juntou aos gregos, trazendo informações completas.

42. Por essa razão, os tenienses foram incluídos nas inscrições dos monumentos fúnebres, entre aqueles que derrubaram os bárbaros.

43. Com essa nau que se passou para eles em Salamina e o navio lemniano que se unira antes em Artemisium, a frota grega chegou ao total de trezentos e oitenta embarcações.

Capítulo 82

1. Agora, dissipadas as dúvidas, os gregos se prepararam para o combate iminente.

2. Ao amanhecer, todos os soldados se reuniram e os comandantes fizeram seus discursos, entre os quais o melhor foi de Temístocles,

3. Que, em toda a sua fala, fez um contraste entre o nobre e o vil e exortou, em tudo o que estivesse no âmbito da natureza e da constituição humana, a que

sempre se escolhesse a parte mais nobre.

4. Então disse-lhes que embarcassem imediatamente, o que fizeram; e assim os gregos se puseram ao mar com toda a sua frota.

5. As naus mal tinham zarpado e foram atacadas pelos persas.

6. Imediatamente, os gregos começaram a voltar, em sua maioria, e estavam prestes a alcançar terra firme, quando Amínias de Palina, um dos capitães atenienses, rompeu a linha e arremeteu contra um navio inimigo.

7. As duas naus se atracaram e não podiam se separar, ao que o restante da frota grega avançou para socorrer Amínias e se engajou na luta contra os persas.

8. Contra os atenienses, que ocupavam a ponta ocidental da linha, na direção de Elêusis, colocaram-se os fenícios;

9. Contra os lacedemônios, cuja posição ficava a leste, na direção do Pireu, dispuseram-se os jônios.

10. Entre estes, apenas alguns seguiram a recomendação de Temístocles de mostrarem pouco empenho na luta; a maior parte, muito pelo contrário, combateu vigorosamente.

11. Entre os trierarcas que capturaram naus gregas estavam Teomestor, filho de Andrôdamas, e Fílaco, filho de Histieu, ambos sâmios.

12. Por esse serviço, Teomestor foi recompensado pelos persas tornando-se tirano de Samos, ao passo que Fílaco foi arrolado entre os benfeitores do rei e recebeu uma grande extensão de terras.

13. A grande maioria dos navios persas envolvidos nessa batalha que ficou incapacitada, foi por obra dos atenienses e dos eginenses.

14. Pois, como os gregos lutavam de maneira ordenada e mantinham suas linhas, ao passo que os bárbaros estavam em desordem e não seguiam nenhum plano no que faziam, o desfecho da batalha não poderia ser outro.

15. Os persas, porém, lutaram com bravura muito maior do que na Eubeia, de fato superando a si mesmos; todos se empenharam ao máximo por medo de Xerxes, pois pensavam que o rei observava cada um deles.

16. Artemísia foi quem mais se distinguiu entre todas as lideranças persas, e de tal forma que se elevou ainda mais na estima de Xerxes.

17. Depois que a confusão tomou conta da frota do rei, e o navio de Artemísia passou a ser perseguido de perto por uma trirreme ateniense,

18. Ela não tinha por onde escapar, pois à sua frente havia muitas naus amigas e era seu navio que

354 HISTÓRIAS

estava mais perto do inimigo; assim tomou uma medida que, na realidade, garantiu sua segurança.

19. Pressionada pela perseguição ateniense, Artemísia investiu diretamente contra um dos navios de seu próprio lado, um calíndio, que trazia a bordo o próprio rei calíndio, Damasítimo, e o afundou.

20. O comandante da trirreme ateniense, ao ver o ataque a uma nau da frota inimiga, logo pensou que a embarcação de Artemísia era grega

21. Ou que havia desertado dos persas e agora lutava ao lado dos gregos; portanto, ele cessou a perseguição e deu meia-volta para atacar outros barcos.

22. Assim ela salvou a vida e Xerxes observou: "Meus homens se conduzem como mulheres, minhas mulheres como homens!"

23. Na batalha caiu Ariabignes, um dos principais comandantes da frota persa, que era filho de Dario e irmão de Xerxes;

24. Com ele pereceu um grande número de homens de alta reputação, persas, medas e aliados.

25. Entre os gregos, poucos morreram; pois, como sabiam nadar, todos os que não foram abatidos pelo inimigo escaparam dos navios que afundavam e nadaram até Salamina.

26. Do lado dos bárbaros, a principal causa da morte foi por afogamento, pois não sabiam nadar.

27. A maior destruição se deu quando os primeiros navios a se engajar na batalha começaram a retirada;

28. Pois os posicionados na retaguarda, ansiosos em mostrar sua bravura ao rei, faziam de tudo para forçar o caminho em frente e assim se emaranharam com suas próprias forças em retirada.

29. Nessa confusão, alguns fenícios, que pertenciam a naus que tinham naufragado,

30. Foram ao rei e culparam os jônios pela derrota, dizendo que eram traidores e haviam destruído deliberadamente as embarcações.

31. Mas a consequência da reclamação foi que Xerxes condenou os fenícios, e não os jônios.

32. Pois no exato momento em que falavam, uma nau samotrácia investiu e afundou um navio ateniense, mas foi atacada e imediatamente destroçada por um navio da esquadra eginense.

33. Ora, os samotrácios eram excelentes na lança e tinham uma mira tão boa

34. Que simplesmente limparam todo o convés da nau que havia atacado a deles, saltaram a bordo e capturaram a embarcação.

35. Xerxes, vendo a proeza, virou-se colérico para os fenícios –

disposto, em sua extrema irritação, a encontrar defeito em qualquer um – e mandou que fossem decapitados,

36. Para impedir, disse ele, que lançassem a culpa de seus erros em homens mais valorosos.

Capítulo 83

1. Durante toda a batalha, Xerxes manteve assento ao sopé do monte chamado Egalos, perto de Salamina;

2. Sempre que via um de seus capitães realizar alguma proeza, informava-se sobre o homem e seus escribas anotavam o nome dele, bem como o do pai e da cidade a que pertencia.

3. Os gregos que conquistaram as maiores glórias na batalha de Salamina foram os eginenses e, depois deles, os atenienses.

4. Os indivíduos de maior destaque foram o eginense Polícrito e dois atenienses, Eumenes de Anágiro e Amênias de Palina, sendo este último o que perseguira Artemísia com tanta tenacidade.

5. Se ele soubesse que Artemísia estava no navio, nunca teria desistido da perseguição enquanto não a capturasse ou ele mesmo fosse capturado.

6. Pois fora oferecida a recompensa de dez mil dracmas a quem a fizesse prisioneira.

7. Os atenienses dizem que Adimanto, o comandante coríntio, no momento em que as duas frotas iniciaram a batalha, foi tomado de medo,

8. Abriu as velas e se apressou em fugir; a isso, os outros coríntios, vendo o navio do líder em fuga, foram atrás.

9. Não tinham avançado muito quando uma pequena barca se aproximou dos navios e os ocupantes gritaram:

10. "Adimanto, enquanto te comportas como traidor, retirando todos esses navios e fugindo à luta,

11. "Os gregos que desertaste, estão derrotando os adversários da maneira mais esmagadora que jamais imaginaram."

12. Adimanto não acreditou no que diziam os homens, ao que lhe responderam que ele podia tomá-los como reféns e executá--los se não constatasse a vitória dos gregos.

13. Então Adimanto mudou o rumo de seu navio e dos que o acompanhavam e juntou-se novamente à frota, quando a vitória já fora alcançada.

14. É o que contam os atenienses a respeito dos coríntios; mas estes rejeitam a veracidade dessa história.

15. Pelo contrário, afirmam que estiveram entre os mais insignes

356 HISTÓRIAS

na luta. E os demais gregos atestam a seu favor.

16. Mas essas disputas posteriores surgiram porque Salamina foi uma vitória importante, que salvou a Grécia e, com isso, a Europa e o futuro de sua civilização.

Capítulo 84

1. Xerxes, ao ver a extensão de sua derrota, começou a temer que os gregos seguissem diretamente para o Helesponto

2. E destruíssem as pontes de lá; neste caso, ele ficaria preso na Europa, com grande risco de perecer.

3. Por isso, decidiu fugir; mas, como queria ocultar suas intenções tanto aos gregos quanto a seu próprio povo,

4. Mandou que transportassem um monte de terra pelo canal até Salamina, ao mesmo tempo determinando que vários navios mercantes dos fenícios se ajuntassem, para servir de ponte e também de muralha de proteção.

5. Fez muitos outros preparativos bélicos, como se estivesse prestes a enfrentar novamente os gregos no mar.

6. Ora, vendo tais providências, todos ficaram plenamente persuadidos de que o rei estava decidido a ficar e pretendia

prosseguir energicamente com a guerra.

7. Mardônio, porém, não se deixou enganar, pois, conhecendo o rei de longa data, podia ler todos os seus pensamentos.

8. Enquanto isso, embora estivesse ocupado com essas medidas, Xerxes enviou um mensageiro à Pérsia levando a notícia do revés.

9. Os mensageiros persas eram muito rápidos. Todo o sistema é uma invenção persa, e o método é o seguinte:

10. Durante o itinerário, há postas de homens e cavalos, no mesmo número de dias que leva a viagem, assim dispondo de um homem a cavalo para cada dia.

11. Esses homens não permitem que nada os impeça de cobrir à maior velocidade possível a distância que devem percorrer, faça chuva, faça sol, caia neve ou seja noite escura.

12. O primeiro cavaleiro entrega a mensagem ao segundo, o segundo ao terceiro,

13. E assim sucessivamente ao longo de todo o percurso, como na corrida da tocha. Os persas dão a esse sistema o nome de *Angarum*.

14. Em Susa, quando chegou a primeira mensagem anunciando que Xerxes dominara Atenas, foi tão grande o júbilo dos persas que haviam ficado no país

15. Que espalharam ramos de mirto pelas ruas, queimaram incenso e

se entregaram a festejos e comemorações.

16. Quando chegou a segunda mensagem, a respeito de Salamina, foi tão grande o abatimento deles que rasgaram suas roupas, soltaram gritos de dor e se derramaram em lágrimas.

17. Puseram a culpa pela catástrofe em Mardônio; e o sentimento deles na ocasião não era tanto de pesar pelos danos causados aos navios, e sim de preocupação pela segurança do rei.

18. Seus receios só cessaram quando o próprio Xerxes, com sua chegada, pôs fim a eles.

19. Ora, Mardônio viu que, como fora ele a insistir com Xerxes na conquista da Grécia, seria responsabilizado pelo fracasso da expedição.

20. Assim disse a Xerxes: "Senhor, nosso destino não depende de algumas pranchas de madeira perdidas no mar, e sim de nosso grande exército de infantaria e cavalaria.

21. "Os gregos nunca os vencerão. Ataquemos o Peloponeso; ou, se estiveres decidido a voltar à Pérsia,

22. "Deixa-me trezentos mil dos melhores soldados e submeterei o Peloponeso em teu nome

23. "E te trarei as cabeças dos chefes espartanos e dos chefes das outras nações de lá, colocando-as todas sob teu domínio."

24. Xerxes muito apreciou essas palavras e convocou os outros principais persas para consultá-los sobre a proposta de Mardônio.

25. Ele dirigiu a consulta especialmente a Artemísia, que se demonstrara sábia conselheira e sabia o que seria melhor fazer.

26. Artemísia disse: "Tal como agora estão teus assuntos, parece-me que farias melhor voltando a teu país.

27. "Quanto a Mardônio, se preferir ficar e fazer o que disse, cede-lhe as tropas que pede.

28. "Se ele se sair bem, a conquista é tua, pois terão sido teus escravos a realizá-la.

29. "Se, por outro lado, ele falhar, não sofreremos grandes perdas, pois estás em segurança e tua casa não corre perigo.

30. "Enquanto estás vivo e tua casa prospera, os gregos precisam estar prontos para travar muitas batalhas pela liberdade;

31. "Ao passo que, se Mardônio cair, pouco importa; pequeno será o triunfo dos gregos, uma mera vitória sobre um de teus escravos!

32. "Lembra também que voltas a casa tendo alcançado o objetivo de tua expedição, pois incendiaste Atenas!"

33. Esse conselho de Artemísia agradou a Xerxes, pois expressava exatamente seus pensamentos.

Capítulo 85

1. Como sinal de distinção, Xerxes confiou a Artemísia o transporte de seus filhos naturais a Éfeso.

2. Enviou com eles um de seus principais eunucos, um homem chamado Hermotimo, um pedásio, cuja responsabilidade era ser o tutor desses filhos.

3. Hermotimo se vingou cruelmente de alguém que lhe causara dano.

4. Quando jovem, caíra prisioneiro de guerra e, quando seus captores o venderam, ele foi comprado por um certo Paniônio, natural de Quios, que tinha como ocupação um comércio muito nefando.

5. Sempre que conseguia garotos de beleza invulgar, Paniônio os castrava e levava a Sárdis ou a Éfeso, para vendê-los a alto preço.

6. Isso porque os bárbaros valorizam os eunucos sobre todos os demais, pois os consideram mais confiáveis.

7. Paniônio, que vivia dessa ocupação, assim procedeu com muitos escravos, entre eles Hermotimo.

8. No entanto, Hermotimo não deixou de ter sorte, pois, passado algum tempo, foi remetido, junto com outras dádivas, como presente ao rei,

9. E não demorou muito para ganhar a estima de Xerxes, que o apreciava mais do que todos os outros eunucos da corte.

10. Ora, quando o rei estava a caminho de Atenas com o exército persa e parou em Sárdis, Hermotimo fez uma viagem a negócios até Mísia;

11. Lá, num bairro que se chama Atarneu, mas pertence a Quios, ele se deparou com Paniônio.

12. Reconhecendo-o de pronto, travou uma conversa amigável com ele, relatando os numerosos benefícios de que gozava graças a Paniônio, que o convertera em cunuco,

13. E lhe prometeu todas as espécies de favores em troca, se transferisse domicílio para Sárdis e passasse a morar lá.

14. Paniônio ficou transbordante de alegria e, aceitando a proposta, transferiu-se com esposa e filhos.

15. Então, tendo agora Paniônio e toda a sua família em seu poder, Hermotimo se dirigiu a ele da seguinte maneira:

16. "Tu, que vives das ações mais sórdidas do que qualquer outro no mundo, que mal eu ou algum parente meu fez a ti ou aos teus, para me transformares na nulidade que agora sou?

17. "Ah! Certamente pensaste que nunca serias punido por teus crimes.

18. "Mas a justiça te entregou a minhas mãos, e não poderás reclamar da vingança a que estou decidido a te submeter."

19. Assim dizendo, Hermotimo ordenou que lhe trouxessem os quatro filhos de Paniônio e obrigou o pai a convertê-los em eunucos com suas próprias mãos.

20. Incapaz de resistir, ele fez o que Hermotimo exigiu, e então seus filhos foram obrigados a tratar o pai da mesma maneira.

21. Assim Hermotimo retribuiu na mesma moeda a Paniônio.

Capítulo 86

1. Xerxes mandou chamar Mardônio e lhe disse para escolher os homens que desejasse entre todo o seu exército e que cuidasse de cumprir o prometido.

2. Quando desceu a noite, ele ordenou que os capitães da frota restante rumassem o mais depressa possível para o Helesponto e protegessem as pontes para o retorno do rei.

3. Na travessia, passando por Zóster, onde algumas elevações de terra seguem mar adentro,

4. Eles tomaram os montes por navios e, alarmados, fugiram.

5. Mas, ao perceber o engano depois de algum tempo, reuniram-se outra vez e retomaram a travessia.

6. No dia seguinte, os gregos, vendo as forças terrestres dos bárbaros acampadas no mesmo lugar,

7. Pensaram que a frota ainda devia estar ali por perto e começaram a preparar novo ataque.

8. Logo, porém, chegou a notícia de que os navios persas tinham partido; a isso, decidiram imediatamente se pôr em perseguição.

9. Os gregos navegaram até Andros, mas, não vendo nenhum traço dos persas, pararam ali para deliberar.

10. Temístocles aconselhou que os gregos prosseguissem na perseguição e fossem a toda pressa para o Helesponto, a fim de derrubar as pontes.

11. Euribíades, porém, foi de opinião contrária. Disse: "Se derrubarmos as pontes, será a pior coisa que poderia acontecer à Grécia.

12. "O persa, julgando-se obrigado a permanecer na Europa, certamente nunca nos daria paz.

13. "Não poderia se permitir a inação, que arruinaria todos os seus assuntos e não lhe daria nenhuma oportunidade de voltar à Ásia;

14. "Com efeito, a inação até levaria seu exército a morrer de fome; ao passo que, se reagisse e procedesse com energia,

15. "O provável seria que toda a Europa viesse por fim a se submeter a ele;

16. "Visto que, gradualmente, as várias cidades e tribos ou cairiam sob suas armas ou concordariam em se submeter;

17. "Dessa maneira, suas tropas encontrariam alimento suficiente,

pois as colheitas gregas anuais seriam deles.

18. "Neste caso, porém, por ter perdido o combate marítimo, o persa evidentemente decidiu não ficar mais na Europa.

19. "Os gregos devem deixar que ele parta; depois que tiver ido embora, retornando a seu país,

20. "Haverá tempo para que os gregos disputem com ele a posse dos territórios."

21. Os outros capitães dos peloponeses concordaram com isso.

22. Vendo a maioria contra ele, Temístocles mudou de posição e se dirigiu aos atenienses,

23. Que, entre todos os aliados, eram os que estavam mais exasperados com a fuga do inimigo e ardorosamente dispostos, se os outros gregos não se mexessem, a ir por conta própria até o Helesponto para destruir as pontes, e disse:

24. "Já vi muitas vezes com meus próprios olhos, e também ouvi o mesmo de outras pessoas, que homens derrotados em batalha e levados ao desespero retomaram a luta e recuperaram as perdas anteriores.

25. "Acabamos de ter a grande sorte de salvar a nós e toda a Grécia, repelindo essa enorme nuvem de inimigos;

26. "Contentemo-nos com isso e não os pressionemos demais, agora que encetaram a retirada.

27. "No momento, está tudo bem para nosso lado – fiquemos na Grécia e cuidemos de nós mesmos e de nossas famílias.

28. "O bárbaro partiu, expulso por nós; vamos para casa e sememos nossa terra com diligência.

29. "Na primavera, embarcaremos e iremos até o Helesponto e a Jônia!"

30. Tudo o que Temístocles disse era fingimento, na esperança de ter algum pretexto junto a Xerxes;

31. Pois ele queria uma escapatória segura caso lhe recaísse algum infortúnio em Atenas – o que de fato veio a ocorrer mais tarde.

32. Mas, desta vez, seus conterrâneos atenienses estavam dispostos a seguir seus conselhos, pois sempre o tiveram na conta de homem sábio e prudente, e nos últimos tempos ele tinha demonstrado realmente um bom discernimento.

Capítulo 87

1. Reservadamente, Temístocles não perdeu tempo em enviar mensageiros a Xerxes, num pequeno barco,

2. Escolhendo para a tarefa homens em que podia confiar, mesmo se fossem submetidos a tortura.

3. Entre eles estava o escravo doméstico Sicino, o mesmo a que ele recorrera antes.

4. Quando os homens chegaram à Ática, todos os demais ficaram no barco, mas Sicino foi até o rei e disse:

5. "Envia-me Temístocles, filho de Neócles, líder dos atenienses, o mais sábio e mais valoroso entre os aliados.

6. "Ele te envia a mensagem: 'Temístocles, o ateniense, desejoso em te prestar um serviço, refreou os gregos,

7. "'Que estavam impacientes para perseguir teus navios e destruir as pontes no Helesponto. Agora, portanto, podes voltar em paz para casa.'"

8. Os gregos, tendo então decidido que não perseguiriam os bárbaros nem iriam ao Helesponto para destruir as pontes,

9. Montaram cerco a Andros, na intenção de tomar a cidade de assalto. Temístocles exigira que os ândrios pagassem uma certa quantia,

10. Mas eles haviam recusado, sendo os primeiros ilhéus a agirem assim.

11. À declaração de Temístocles de que deviam obrigatoriamente pagar, e tendo os atenienses levado em sua companhia dois guerreiros poderosos, a Persuasão e a Necessidade,

12. Os ândrios responderam que Atenas bem podia ser uma cidade grande e gloriosa, pois fora-lhe concedida tão excelente fortuna;

13. Mas que eles eram miseravelmente pobres, escassos de terras, amaldiçoados por dois governadores fracos, que sempre residiram com eles e jamais abandonariam a ilha, a saber, a Pobreza e a Falta de Recursos.

14. Assim, os ândrios não pagariam. Pois o poderio de Atenas não podia ser maior do que a incapacidade deles.

15. Essa resposta, junto com a negativa em pagar a quantia exigida, fez com que os gregos sitiassem a cidade.

16. Enquanto isso, Temístocles, sempre atrás de ganhos, enviou mensagens ameaçadoras aos outros ilhéus, exigindo diversas quantias,

17. Empregando os mesmos mensageiros e as mesmas palavras que usara com os ândrios.

18. Se, avisou Temístocles, não lhe enviassem a soma exigida, ele mandaria sua frota para sitiá-los, até capturar suas cidades.

19. Usando tais meios, ele coletou grandes somas entre os carístios e os pários, que, ao saber que Andros já estava sitiada

20. E que Temístocles era o capitão de mais alta estima, enviaram o dinheiro por medo.

21. Foi assim que Temístocles, durante sua estada em Andros, obteve dinheiro dos ilhéus, sem que os demais capitães soubessem.

Capítulo 88

1. Xerxes e seu exército aguardaram apenas alguns dias após o combate naval e se retiraram para a Beócia, tomando a mesma estrada que tinham usado para avançar.
2. Mardônio quis escoltar o rei durante uma parte do percurso; como a época do ano já não era propícia para a guerra,
3. Ele julgou melhor passar o inverno na Tessália e esperar a primavera, antes de atacar o Peloponeso.
4. Depois que o exército chegou à Tessália, Mardônio escolheu os soldados que ficariam com ele;
5. Em primeiro lugar, ficou com todo o destacamento chamado "Modelo", exceto seu chefe, Hidarnes, que não aceitou se separar do rei.
6. A seguir, escolheu os persas que usavam peitorais e os mil cavaleiros de elite;
7. E também os medas, os sacenses, os bactrianos e os indianos, tanto de infantaria quanto de cavalaria.
8. Essas nações, ele escolheu na íntegra; entre os outros aliados, selecionou apenas alguns homens,
9. Separando os de físico notável ou os que tinham realizado algum ato de bravura que fosse de seu conhecimento.
10. Os persas lhe forneceram o maior número de soldados, homens adornados com correntes e braceletes.
11. A seguir, vinham os medas, que em número se igualavam aos persas, mas não eram tão valorosos.
12. O total do exército, somando os cavaleiros, era de trezentos mil homens.
13. Na época em que Mardônio selecionava suas tropas e Xerxes ainda continuava na Tessália,
14. Os lacedemônios decidiram tirar satisfações de Xerxes pela morte de Leônidas e aceitar o que ele decidisse lhes dar.
15. Assim, os espartanos enviaram um arauto a toda pressa até a Tessália, o qual chegou enquanto todo o exército persa ainda estava lá.
16. Ele disse: "Rei dos persas, os lacedemônios e os heráclidas de Esparta exigem a satisfação devida pelo sangue derramado, pois mataste o rei deles, que caiu combatendo pela Grécia."
17. Xerxes riu e por um bom tempo não respondeu nada. Mas, por fim, apontou para Mardônio, que estava a seu lado, e disse:
18. "Mardônio, aqui, dará a Esparta a satisfação que merece." O arauto aceitou a resposta e partiu.

19. Depois disso, Xerxes deixou Mardônio na Tessália e partiu por conta própria, com toda rapidez, para o Helesponto.

20. Em quarenta e cinco dias chegou ao local de passagem, restando apenas uma pequena parcela de seu exército outrora imenso.

21. Durante toda a marcha e em todas as terras por onde passavam, seus soldados pegavam e devoravam qualquer cereal que encontrassem, pertencente aos moradores;

22. Se não encontrassem cereais, colhiam o capim que dava nos campos e arrancavam cascas e folhas das árvores, cultivadas ou silvestres, para se alimentarem.

23. Não deixaram restar nada em lugar nenhum, tão grande era a fome que os acossava. A peste e a disenteria atacaram os soldados ainda em marcha e reduziram em muito suas fileiras.

24. Inúmeros morreram; outros adoeceram e foram deixados nas várias cidades ao longo do percurso, com instruções estritas de Xerxes aos moradores para atendê-los e alimentá-los.

25. Entre eles, alguns ficaram na Tessália, outros em Síris de Peônia, outros ainda na Macedônia.

Capítulo 89

1. Os persas, tendo atravessado a Trácia e alcançado a passagem, encontraram as pontes rompidas e dispersadas pelas tempestades.

2. Assim, embarcaram nos navios da frota que estavam à espera e cruzaram o Helesponto, chegando a Ábidos.

3. Em Ábidos, as tropas pararam e, obtendo provisões mais fartas do que tinham conseguido durante o caminho, se entregaram a uma comilança sem freios;

4. Com isso, além da mudança na qualidade da água, uma grande quantidade de soldados que tinham sobrevivido até então veio a perecer.

5. Os restantes, junto com o próprio Xerxes, chegaram sãos e salvos a Sárdis.

6. Corre outra história sobre o retorno do rei. Consta que, saindo de Atenas e chegando a Íon no Estrímão, Xerxes desistiu de prosseguir por terra

7. E, incumbindo Hidarnes de conduzir as tropas até o Helesponto, embarcou num navio fenício e assim foi para a Ásia.

8. Durante a travessia, o navio teve de enfrentar uma forte ventania vinda da foz do Estrímão, que encapelou as águas do mar.

9. Quando o temporal aumentou e o navio começou a adernar muito, por causa da quantidade de persas que acompanhavam o rei e agora se apinhavam no convés,

10. Xerxes foi tomado de medo e chamou o piloto aos brados, perguntando se havia alguma maneira de escapar ao perigo.

11. "Nenhuma, senhor", respondeu o piloto, "a menos que possamos nos livrar do excesso de passageiros".

12. Dizem que Xerxes, ao ouvir isso, disse o seguinte aos persas: "Homens da Pérsia, agora é hora de mostrardes o amor que tendes por vosso rei.

13. "Ao que parece, minha segurança depende inteiramente de vossas pessoas." Assim falou o rei, e os persas obedeceram imediatamente, saltando ao mar.

14. Com isso diminuiu o peso do navio e Xerxes chegou em segurança à Ásia.

15. Tão logo chegou à costa, mandou chamar o piloto e lhe deu uma coroa de ouro por ter preservado a vida do rei;

16. Mas, como havia causado a morte de inúmeros persas, Xerxes mandou que o decapitassem.

17. Esta é a outra versão dada sobre o retorno de Xerxes; mas não parece fidedigna no que se refere aos persas, bem como em outros aspectos.

18. Pois, se o piloto tivesse feito tal discurso a Xerxes, não há um só homem entre dez mil que duvidaria que o rei teria procedido da seguinte maneira:

19. Mandaria que os homens no convés do navio, que eram não só persas, como também persas da mais alta posição, saíssem dali e descessem para tomar os remos,

20. Atirando ao mar a mesma quantidade de remadores, que eram fenícios.

21. Mas a verdade é que o rei voltou à Ásia por terra, pelo mesmo caminho tomado pelo exército restante.

22. Existe outra forte prova disso. É seguro que Xerxes passou por Abdera na volta da Grécia, e lá fez um acordo de amizade com os habitantes,

23. Presenteando-os com uma cimitarra dourada e uma tiara ornada de ouro.

24. Os abderenses, embora seja um tanto improvável, afirmam que, desde o momento em que saiu de Atenas, o rei não afrouxou suas rédeas por um único instante até chegar à cidade deles, pois somente então pôde se sentir em segurança.

25. Ora, Abdera está mais próxima do Helesponto do que Íon e o Estrímão, onde Xerxes, segundo a outra versão, tomou um navio.

Capítulo 90

1. Depois de dividirem os despojos de guerra e erguerem monumentos à sua vitória com os principais deles,

2. Os gregos zarparam para o istmo, onde seria concedido um prêmio de bravura àquele que tivesse mostrado maior mérito durante a guerra.

3. Quando todos os chefes chegaram, pegaram os votos para escolher o primeiro e o segundo em mérito.

4. Então cada um deu a si o primeiro voto, visto que cada qual se considerava o mais valoroso;

5. Mas a maioria dos segundos votos coube a Temístocles.

6. Dessa forma, enquanto os outros recebiam apenas um voto, Temístocles teve a grande maioria dos sufrágios no segundo lugar.

7. Porém, a inveja impediu que os chefes chegassem a uma decisão e todos voltaram para seus lares sem nenhum prêmio.

8. Apesar disso, Temístocles foi considerado por toda parte como o mais sábio de todos os gregos e o país inteiro ressoava com sua fama.

9. Como os chefes que lutaram em Salamina impediram que ele recebesse a honraria, apesar de ter direito ao prêmio,

10. Temístocles foi sem demora à Lacedemônia, na esperança de lá ser homenageado.

11. Os lacedemônios o receberam generosamente e lhe prestaram grandes respeitos.

12. O prêmio de bravura, que era uma coroa de folhas de oliveira, deram a Euribíades;

13. Mas Temístocles também recebeu uma coroa de folhas de oliveira, como prêmio de sabedoria e habilidade.

14. Foi igualmente presenteado com a mais bela carruagem que se podia encontrar em Esparta;

15. Depois de receber pródigos louvores, à partida foi escoltado até as fronteiras de Tegeia pelos trezentos espartanos de elite que são chamados de Cavaleiros.

16. Nunca se tivera notícia antes nem veio a se ter depois que os espartanos escoltassem um homem à saída da cidade.

Capítulo 91

1. Enquanto isso, prosseguiam as hostilidades no norte.

2. Artabazo, filho de Farnaces, homem que sempre esteve na alta estima dos persas, mas que, depois do caso de Plateia, subiu ainda mais na opinião deles,

3. Escoltou o rei Xerxes até o Helesponto, com sessenta mil dos soldados de elite de Mardônio.

4. Quando o rei se encontrou em segurança na Ásia, Artabazo se pôs de volta;

5. Aproximando-se de Palene e vendo que Mardônio se aquartelara na Tessália para passar o inverno, ademais não tendo

nenhuma pressa em voltar ao acampamento,

6. Ele considerou que, diante da recente revolta dos potideus, era seu dever tratar de reduzi-los à escravidão.

7. Isso porque, logo depois que o rei passara pelo território deles e a frota persa se retirara de Salamina, os potideus se ergueram em revolta aberta contra os bárbaros,

8. Tal como fizeram todos os outros habitantes daquela península.

9. Por conseguinte, Artabazo montou sítio a Potideia e, suspeitando que os olíntios igualmente se revoltariam em breve, também sitiou a cidade deles.

10. Ora, naquela época Olinto era ocupada pelos beócios, que tinham sido expulsos das cercanias do golfo Termaico pelos macedônios.

11. Artabazo capturou a cidade, levou os moradores a um pântano nas proximidades e lá exterminou todos eles.

12. Depois disso, entregou o local às mãos do povo chamado calcídio, tendo antes nomeado Critóbulo de Torona como governador.

13. Foi assim que os calcídios ficaram com Olinto.

14. Depois da queda de Olinto, Artabazo intensificou ainda mais o cerco de Potideia, com o auxílio de um Timoxeno, capitão dos cioneus, que entrou numa conspiração para trair a cidade e entregá-la a ele.

15. Quando Timoxeno queria enviar uma carta a Artabazo ou vice-versa, a mensagem era escrita numa tira de papel,

16. Que então era enrolada na ponta entalhada de uma flecha e encoberta sob suas plumas, e disparavam a flecha em algum lugar previamente combinado.

17. Mas, depois de algum tempo, a conspiração foi descoberta, da seguinte maneira: Artabazo disparou uma flecha, na intenção de enviá-la para o local costumeiro, mas, errando o alvo, atingiu o ombro de um potideus.

18. Reuniu-se uma multidão em torno do homem ferido, como acontece habitualmente nas guerras; ao tirarem a flecha, perceberam o papel

19. E o levaram direto aos capitães das várias cidades da península, que estavam lá presentes.

20. Os capitães leram a mensagem e, descobrindo quem era o traidor, mesmo assim decidiram, por consideração pela cidade de Cione, pois não queriam que os cionenses fossem marcados dali por diante com a pecha de traidores, que não ergueriam contra ele nenhuma acusação por traição.

21. Quando Artabazo prosseguira no cerco por três meses, ocorreu uma maré vazante fora do comum, que durou por muito tempo.

22. Quando os bárbaros viram que o que era mar agora não passava de um pântano, decidiram atravessar para Palene.

23. Quando as tropas já tinham atravessado dois quintos da passagem e ainda faltavam três quintos para alcançar Palete, a maré subiu numa inundação violenta.

24. Quem não sabia nadar morreu imediatamente; os outros foram mortos pelos potideus, que os atacaram em suas embarcações.

Capítulo 92

1. Quanto àquela parcela da frota persa que sobrevivera a Salamina e alcançara a costa da Ásia,

2. Depois de transportar o rei e seu exército pelo Helesponto até Ábidos, voltou para passar o inverno em Cime.

3. À primeira aproximação da primavera, houve uma concentração inicial dos navios em Samos, onde alguns deles tinham passado o inverno.

4. Os soldados que serviam a bordo eram, em sua maioria, persas ou medas,

5. E o comando da frota ficara a cargo de Mardontes, filho de Bageu, e de Artaíntes, filho de Artaqueu;

6. Havia também um terceiro comandante, Itamitres, sobrinho de Artaíntes, que o nomeara para o posto.

7. No entanto, não ousavam se arriscar mais a oeste de Samos, lembrando a derrota que haviam sofrido,

8. E não havia quem fosse capaz de obrigá-los a se aproximar da Grécia.

9. Portanto, ficaram em Samos e mantiveram vigilância sobre a Jônia, para impedir que eclodisse alguma revolta.

10. O número total de navios, incluídos os fornecidos pelos jônios, era de trezentos.

11. Não lhes ocorreu que os gregos fossem atacar a Jônia;

12. Pelo contrário, imaginavam que os gregos se dariam por satisfeitos com Salamina, ainda mais porque não haviam perseguido a frota persa, quando ela escapou à batalha.

13. Os marinheiros persas, porém, tinham desistido de qualquer êxito no mar, embora em terra julgassem que Mardônio estava certo da vitória.

14. Assim permaneceram em Samos e discutiam como poderiam importunar o inimigo, ao mesmo tempo que aguardavam ansiosos

as notícias sobre o desempenho de Mardônio.

15. Quanto aos gregos, atiçaram-se com a chegada da primavera e a notícia de que Mardônio estava na Tessália.

16. Suas forças terrestres ainda não haviam se reunido, mas a frota, com cento e dez naus, avançou para Égina, sob o comando de Leotíquides.

17. Esse Leotíquides, comandante de mar e de terra, era filho de Menares, filho de Agesilau, filho de Hipocrátides, filho de Leotíquides, filho de Anaxilau, filho de Arquídamo, filho de Anaxândrides, filho de Teopompo, filho de Nicandro, filho de Cárilo, filho de Eunomo, filho de Polidectes, filho de Prítanes, filho de Eurífão, filho de Prócles, filho de Aristodemo, filho de Aristômaco, filho de Cleodeu, filho de Hilo, filho de Hércules.

18. Pertencia ao ramo mais novo da casa real. Todos os seus antepassados, exceto os dois que se seguem a ele na lista acima, tinham sido reis de Esparta.

19. Os navios atenienses eram comandados por Xantipo, filho de Arífron.

20. Quando toda a frota estava reunida em Égina, chegaram embaixadores da Jônia à estação grega;

21. Acabavam de chegar de uma visita a Esparta, onde tentaram persuadir os lacedemônios a libertar sua terra natal.

22. Um dos embaixadores era Heródoto, filho de Basileides. Originalmente, eram em sete, e todos os sete tinham conspirado para matar Estrátis, o tirano de Quios;

23. Um dos envolvidos, porém, traiu o plano, e assim, descoberta a conspiração, Heródoto e os cinco restantes saíram de Quios

24. E foram diretamente a Esparta, de onde então seguiram para Égina, tendo como objetivo rogar aos gregos que libertassem a Jônia.

25. Não foi sem dificuldade, porém, que se dispuseram a ir sequer a Delos.

26. Para os gregos, todos os locais além daquela região pareciam repletos de perigos; eram-lhes totalmente desconhecidos e, em sua imaginação, fervilhavam de soldados persas;

27. Quanto a Samos, parecia-lhes tão distante quanto as Colunas de Hércules. Assim, ao mesmo tempo em que o medo tolhia os bárbaros de se arriscar mais a oeste de Samos,

28. As súplicas dos quios não conseguiram induzir os gregos a avançar mais a leste de Delos. O terror protegia a região do meio.

Capítulo 93

1. Mardônio, então, enviou um embaixador a Atenas para propor a paz e uma aliança contra o Peloponeso.

2. Ao saber disso, os espartanos não perderam tempo em mandar também seus enviados a Atenas; assim aconteceu que estes foram recebidos em audiência junto com o enviado de Mardônio:

3. Isso porque os atenienses haviam protelado e aguardado, pois tinham certeza de que os lacedemônios ficariam sabendo que chegara um embaixador dos persas.

4. Maquinaram aquela ocasião de propósito, para que os lacedemônios ouvissem o que eles tinham a dizer aos persas.

5. Os embaixadores espartanos disseram: "Fomos enviados aqui por toda a Lacedemônia para vos solicitar que não façais uma nova coisa na Grécia, nem concordeis com os termos que vos são oferecidos pelos bárbaros.

6. "Tal conduta por parte de qualquer grego seria igualmente injusta e desonrosa; mas, de vossa parte, seria ainda pior.

7. "Pois sem dúvida seria intolerável que os atenienses, que sempre foram conhecidos até agora como nação a que muitos devem sua liberdade,

8. "Viessem a se tornar o instrumento de reduzir todos os demais gregos à escravidão.

9. "Lamentamos, porém, as grandes calamidades que vos pressionam – a perda de vossas colheitas nestes dois últimos anos e a ruína em que estiveram vossos lares por tanto tempo.

10. "Assim, da parte dos lacedemônios e aliados, oferecemos sustento para vossas mulheres e membros de vossos lares que não participam da guerra, enquanto ela se prolongar.

11. "Não vos deixeis seduzir por Mardônio. Ele age como lhe é natural; sendo um tirano, promove a causa de um tirano.

12. "Vós, atenienses, sabeis que com bárbaros não há confiança nem verdade."

13. A isso, os atenienses se viraram para os embaixadores de Mardônio e disseram: "Sabemos, como sabeis também, que o poder persa é muitas vezes maior do que o nosso;

14. "Apesar disso, aferramo-nos tanto à liberdade que sempre ofereceremos toda a resistência que pudermos à tirania, e preferimos morrer a ser escravos.

15. "Não tenteis nos persuadir a fazer um acordo com Xerxes ou com seu servo Mardônio – dizei o que quiserdes, nunca tereis nosso assentimento.

16. "Voltai imediatamente e dizei a Mardônio que nossa resposta é a seguinte: 'Enquanto o sol mantiver seu curso, jamais entraremos em aliança com Xerxes.

17. "'Pelo contrário, iremos nos opor incessantemente e nunca nos renderemos.'"

18. Aos embaixadores espartanos, os atenienses disseram: "Sem dúvida, era natural que os lacedemônios temessem que pudéssemos entrar em acordo com os bárbaros;

19. "Mesmo assim, foi uma atitude baixa em homens que sabiam tão bem de que têmpera somos feitos.

20. "Nem todo o ouro que existe no mundo – nem a terra mais bela e mais fértil – nos compraria para que nos aliássemos aos persas e os ajudássemos a escravizar nossos conterrâneos.

21. "Mesmo que pudéssemos ser levados a isso, há muitos motivos poderosos que agora impediriam tal coisa.

22. "O principal deles é o incêndio e a destruição de nossa cidade, que nos obriga a não ter qualquer acordo com os destruidores,

23. "Levando-nos, pelo contrário, a persegui-los com o máximo de nossa indignação.

24. "Além disso, há nossa relação de irmandade com os gregos: a mesma língua, a mesma história, o mesmo caráter que temos;

25. "Não seria correto traí-los. Então sabei, se não sabíeis antes, que, enquanto existir um ateniense vivo, nunca faremos aliança com Xerxes.

26. "Em todo caso, agradecemos a vós pela consideração em nosso favor e por vossa disposição de dar sustento a nossas famílias, agora que a ruína nos sobreveio; é uma grande gentileza de vossa parte,

27. "Mas, quanto a nós, resistiremos como pudermos e não vos seremos um fardo. Esta é nossa decisão.

28. "Agora cuidai de liderar vossos soldados a toda pressa; pois, se estivermos certos, o bárbaro não esperará muito para invadir novamente nosso território, e investirá tão logo conheça nossa resposta.

29. "Então é hora de partirmos para a Beócia, antes que ele entre na Ática, e lhe darmos combate."

30. Tendo assim falado os atenienses, os embaixadores de Esparta retornaram de coração leve a seu país.

Capítulo 94

1. Quando Mardônio ouviu a resposta dos atenienses, imediatamente levantou acampamento e conduziu seu exército a toda velocidade da Tessália em direção a Atenas,

2. Obrigando as diversas nações por onde passou a lhe fornecer mais soldados.

3. Os dignitários da Tessália, longe de se arrepender do papel que tinham desempenhado na guerra até aquele momento, pressionaram os persas com vigor ainda maior.

4. Em especial Tórax de Larissa, que ajudara a escoltar Xerxes em sua fuga para a Ásia, agora encorajava abertamente a marcha de Mardônio rumo a Ática.

5. Quando o exército chegou à Beócia, os tebanos aconselharam que Mardônio parasse e,

6. Enviando presentes a vários dos grandes homens da Grécia, semeasse a cizânia entre eles, tornando mais fácil a conquista.

7. Mas o desejo de Mardônio em recapturar Atenas era demasiado forte,

8. Tanto mais porque poderia avisar a Xerxes em Sárdis, com sinais de fogo ao longo das ilhas, que se assenhoreara outra vez daquela cidade, dez meses depois de sua primeira derrota sob os persas.

9. Assim, ele prosseguiu; e os atenienses, transferindo como antes todos os seus parentes e pertences para Salamina, deixaram-lhe uma cidade deserta e ainda em ruínas.

10. Ao chegar à cidade, Mardônio enviou outra mensagem propondo os termos de um acordo com os atenienses, na esperança de que agora, vendo toda a Ática sob domínio persa, eles cederiam em sua obstinação.

11. Quando a mensagem de Mardônio foi transmitida aos atenienses em Salamina, um de seus conselheiros, Lícidas, opinou que a proposta deveria ser apresentada à assembleia do povo.

12. Ao ouvir isso, os outros conselheiros e o grupo de atenienses esperando do lado de fora ficaram extremamente zangados e de imediato cercaram Lícidas e o apedrejaram até a morte.

13. Quando as mulheres de Atenas souberam o que ele havia dito, correram à casa de sua esposa e filhos e também os apedrejaram até a morte.

14. Nesse ínterim, os atenienses tinham enviado mensageiros a Esparta,

15. Para censurar os lacedemônios pela demora em enviar soldados contra o avanço persa, pois assim os atenienses precisaram abandonar sua cidade pela segunda vez.

16. Ora, os lacedemônios tinham estado a celebrar um festival e a amear a muralha no istmo, e por isso ainda não haviam juntado suas forças para ir em auxílio a Atenas.

17. Os mensageiros disseram: "Xerxes propõe mais uma vez devolver nosso país, firmar uma aliança conosco em termos justos e igualitários e nos conceder qualquer outra terra que quisermos.

18. "Mas, ainda que tenhamos plena consciência de que é muito mais vantajoso para nós firmar paz com o persa do que continuar a combatê-lo, não aceitaremos de livre e espontânea vontade nenhum termo de paz.

19. "Assim, em todas as nossas tratativas com os gregos, evitamos baixezas e falsidades:

20. "Mas vós, que em data tão recente estáveis temerosos de que firmássemos acordo com o persa, quando vistes de que têmpera somos e vos assegurastes de que não seríamos traidores,

21. "E, ademais, tendo avançado na construção de vossa muralha no istmo, deixastes de lado qualquer preocupação a nosso respeito.

22. "Concordastes conosco que saíríeis para enfrentar o persa na Beócia; porém, chegada a hora, não cumpristes vossa palavra e ficastes a olhar enquanto as hostes bárbaras entravam na Ática.

23. "Assim, nós atenienses estamos aborrecidos convosco, e com justa razão, pois não fizestes o que é certo.

24. "Mas insistimos que vos apresseis a enviar vosso exército, para que ainda possamos enfrentar Mardônio na Ática.

25. "Agora que perdemos a Beócia, o melhor local para o combate dentro de nosso país será a planície de Tria."

26. Ainda que os éforos tenham demorado dez dias para dar uma resposta aos embaixadores atenienses,

27. Fosse por vergonha ou porque a muralha no istmo ainda não estava concluída, finalmente mandaram tropas.

28. Isso foi depois que Quileu, o tegeu, frisou que, se os atenienses fossem conquistados pelos persas, nenhuma muralha poderia salvar o Peloponeso, porque haveria acesso livre a uma invasão em todas as costas.

29. Assim, um destacamento de cinco mil espartanos, cada um acompanhado por sete hilotas, foi enviado sob o comando de Pausânias, filho de Cleombroto.

30. Nessa época, o poder soberano cabia de direito a Plistarco, filho de Leônidas; mas, como ainda era menino, seu primo Pausânias era o regente em seu lugar.

Capítulo 95

1. Quando Mardônio soube que os espartanos estavam em marcha,

não se preocupou mais em continuar na Ática.

2. Até então mantivera-se inativo, querendo ver o que fariam os atenienses e não devastara nem destruíra nada em seus territórios;

3. Pois continuava na esperança de que os atenienses aceitassem os termos de paz.

4. Quando, porém, concluiu que suas tentativas eram inúteis, decidiu se retirar da Ática antes que Pausânias alcançasse o istmo.

5. Mas antes incendiou Atenas e pôs por terra o que ainda restara dos muros e de outras construções.

6. A razão para se retirar era que a Ática não oferecia um terreno favorável à ação da cavalaria;

7. Além disso, se ele fosse derrotado numa batalha, não teria nenhuma via de escape, exceto pelos desfiladeiros das montanhas, onde um pequeno número de soldados conseguiria deter todo o seu exército.

8. Assim, ele decidiu se retirar para Tebas e combater os gregos nas cercanias de uma cidade amiga e em terreno propício à cavalaria.

9. Depois de sair da Ática, já estando em marcha, Mardônio soube que chegara a Megáris um destacamento de mil lacedemônios, separado do exército de Pausânias e enviado na vanguarda.

10. À notícia, Mardônio, querendo destruir primeiro esse destacamento, se possível, avaliou consigo mesmo como faria.

11. Com súbita mudança de rota, ele tomou o rumo da Mégara, enquanto sua cavalaria, forçando o avanço, invadiu e devastou Megáris.

12. Era o ponto mais ocidental da Europa a que chegara esse exército persa.

13. Então Mardônio recebeu outra mensagem, avisando que as forças dos gregos estavam reunidas no istmo,

14. Notícia que o fez recuar e sair da Ática rumo ao território dos tebanos.

15. E agora, embora os tebanos tivessem abraçado a causa persa, mesmo assim Mardônio derrubou todas as árvores no local,

16. Não por qualquer hostilidade em relação aos tebanos, mas por causa de sua necessidade urgente

17. Em erguer um baluarte que protegesse seu exército e um refúgio caso a batalha se virasse contra ele.

18. Dessa vez seu exército ficou no Asopo e se estendia de Eritres, ao longo do Hísias, até o território dos plateus.

19. Mas o baluarte não seguia por toda essa extensão, e formava um quadrado com cerca de dez estádios de cada lado.

20. Enquanto os bárbaros estavam ocupados nisso, um cidadão de Tebas, Atagino, filho de Frínon, deu um banquete e convidou Mardônio, junto com cinquenta dos persas mais insignes.

21. Cinquenta nobres tebanos também foram convidados; as duas nações não ficaram em separado, e cada coxim foi partilhado entre um tebano e um persa.

22. Terminado o banquete e iniciada a roda das bebidas, o persa que estava ao lado de Tersandro, em seu coxim, dirigiu-se a ele em grego

23. E perguntou de que cidade vinha.

24. Ele respondeu que era de Orcomeno, ao que o outro disse:

25. "Visto que comemos à mesma mesa e tomamos da mesma taça, dir-te-ei o que penso e talvez te seja uma advertência útil:

26. "Desses persas que vês aqui no banquete e no exército acampado nas proximidades, dificilmente algum sobreviverá."

27. Enquanto falava, o persa chorava, ao que o tebano disse: "Certamente deves revelar teu receio a Mardônio e aos persas mais insignes, não?"

28. Mas o outro respondeu: "Caro amigo, ninguém crê em advertências, por verdadeiras que sejam.

29. "Muitos de nós, os persas, sabemos do perigo, mas somos obrigados pela necessidade a agir como nosso líder determina.

30. "Na verdade, o pior dos sofrimentos humanos é ter muito conhecimento e nenhum poder de ação."

Capítulo 96

1. Quando Mardônio, um ano antes, mantivera seu acampamento na Beócia durante a primeira invasão da Grécia,

2. Todos os gregos daquelas paragens que eram amigos dos persas enviaram soldados para se juntar a seu exército, e esses soldados o acompanharam em seu ataque a Atenas.

3. Somente os fócios se abstiveram e não participaram da invasão;

4. Pois, ainda que tivessem abraçado a causa persa, foi a contragosto e apenas porque haviam sido obrigados a isso.

5. No entanto, poucos dias depois da chegada do exército persa a Tebas, nessa segunda ocasião,

6. Apareceram mil soldados fócios maciçamente armados, sob o comando de Harmocides, um de seus cidadãos mais ilustres.

7. Logo que essas tropas chegaram a Tebas, alguns cavaleiros enviados por Mardônio se aproximaram com ordens aos fócios para

tomarem posição na planície, separados do restante do exército.

8. Assim fizeram, e a seguir toda a cavalaria persa se acercou deles: a isso, correu o rumor entre as forças gregas acampadas com os persas de que Mardônio estava prestes a destruir os fócios.

9. A mesma convicção se espalhou entre os próprios soldados fócios, ao que o líder Harmocides lhes dirigiu palavras de encorajamento:

10. "Fócios, é evidente que os persas decidiram tirar nossas vidas,

11. "Talvez por causa das acusações dos tessálios ou por alguma outra traição.

12. "Ora, então é tempo de mostrardes vossa valentia. Melhor morrermos lutando e nos defendendo do que permitirmos mansamente que eles nos matem dessa maneira vergonhosa.

13. "Mostremos a eles que são bárbaros e que os homens cuja morte maquinam são gregos!"

14. Assim falou Harmocides; e a cavalaria persa, tendo circundado os fócios, carregou contra eles, como prestes a liquidá-los, com os arcos retesados e as flechas prontas para ser desferidas;

15. Aqui e ali, de fato alguns chegaram a desfechar suas armas.

16. Mas os fócios se mantiveram firmes, em formação conjunta e cerrando ao máximo suas fileiras:

17. Ao que a cavalaria deu meia-volta e partiu. Não se sabe ao certo se os persas, por solicitação dos tessálios, foram para destruir os fócios,

18. Mas, ao vê-los dispostos à defesa e temendo sofrer danos às mãos deles, os cavalarianos se retiraram às ordens de Mardônio.

19. Talvez fosse intenção de Mardônio testar a têmpera dos fócios e ver se tinham coragem.

20. Qualquer que tenha sido a razão, quando a cavalaria se retirou, Mardônio enviou um mensageiro aos fócios, dizendo:

21. "Não temais, fócios; mostrastes que sois homens valorosos, muito ao contrário do que eu ouvira a respeito.

22. "Agora, portanto, empenhai-vos na batalha que se aproxima. Não superareis facilmente o rei ou a mim mesmo em nossos serviços." Assim terminou o caso do fócios.

Capítulo 97

1. Chegando ao istmo, os lacedemônios ali acamparam,

2. E os outros peloponeses, vendo ou ouvindo a notícia de que estavam em marcha, juntaram-se a eles.

3. Todos saíram do istmo como um corpo só e alcançaram Elêusis.

4. Lá somaram-se a eles os atenienses, que tinham vindo de Salamina.

5. Alcançando Eritres na Beócia, souberam que os bárbaros estavam acampados no Asopo;

6. Diante disso, depois de ponderar como deveriam agir, eles dispuseram suas forças diante do inimigo, nas vertentes do monte Cíteron.

7. Quando Mardônio viu que os gregos não desceriam para a planície, enviou sua cavalaria, comandada por Masístio, para atacá-los.

8. Ora, Masístio era homem de grande reputação entre os persas e montava um cavalo niseio magnificamente ajaezado e com o bocado do freio feito de ouro.

9. Assim, a cavalaria avançou contra os gregos, atacando em divisões, causando grandes danos a cada carga e gritando-lhes insultos.

10. Aconteceu que os megarenses estavam na posição mais vulnerável, onde o solo era o mais propício para o avanço da cavalaria.

11. Vendo-se sob forte pressão, enviaram um mensageiro aos chefes gregos, dizendo:

12. "Irmãos de armas, não podemos continuar a resistir à cavalaria persa no lugar que ocupamos desde o começo se não recebermos auxílio.

13. "Até o momento, mesmo duramente atacados, temos resistido a eles.

14. "Agora, porém, teremos de abandonar nosso posto, a menos que envieis outros para ocupar nosso lugar."

15. Pausânias, ao receber a mensagem, indagou entre suas tropas se havia voluntários para atender aos megarenses.

16. Ninguém se dispôs a ir, de modo que os atenienses então se ofereceram;

17. E um corpo de trezentos homens seletos, comandados por Olimpiodoro, filho de Lampo, tomou a si a incumbência.

18. Escolhendo levar todo o corpo dos arqueiros, esses homens foram socorrer os megarenses.

19. A refrega prosseguiu por algum tempo e terminou da seguinte maneira.

20. Enquanto os bárbaros continuavam atacando em divisões, o cavalo de Masístio, que estava na dianteira dos demais, levou uma flechada no flanco; com a dor, o animal se empinou e lançou o cavaleiro ao chão.

21. Imediatamente os atenienses correram até Masístio, tomaram--lhe a montaria e, tendo ele resistido, mataram-no.

22. No começo, não conseguiram, devido à proteção da armadura. Ele usava um peitoral de escamas douradas, encoberto por uma túnica escarlate.

23. Assim, os golpes, que recaíam no peitoral, não surtiam efeito, até que um dos soldados, percebendo a razão, cravou sua arma no olho de Masístio e assim o matou.

24. Tudo isso se passou sem que nenhum dos outros cavaleiros se apercebesse: não tinham visto seu comandante cair do cavalo nem sua execução;

25. Pois ele caíra quando a cavalaria tinha dado meia-volta e se preparava para nova carga, de modo que ninguém sabia o que se passava.

26. No entanto, quando pararam e viram que não havia ninguém para comandar a linha, deram-se conta da ausência de Masístio;

27. Prontamente seus soldados, entendendo o que devia ter acontecido, atacaram os atenienses numa unidade só, aos altos brados, esperando recuperar o corpo.

28. Vendo os atenienses que agora, em vez de vir em esquadrões, a cavalaria inteira arremetia contra eles, gritaram aos outros soldados para que viessem em auxílio.

29. Enquanto a infantaria vinha em socorro, crescia uma luta encarniçada em torno do cadáver de Masístio.

30. Os trezentos, enquanto combateram por si sós, estiveram em enorme desvantagem e foram obrigados a se retirar e deixar o cadáver ao inimigo;

31. Mas, quando chegaram os reforços, a cavalaria persa não conseguiu manter posição e fugiu sem levar o corpo, tendo sofrido baixas ainda maiores ao tentar.

32. Recuaram cerca de dois estádios e debateram o que seria melhor fazer. Sem comando, consideraram mais adequado voltar a Mardônio.

33. Então Mardônio e todo o exército persa se entregaram a grandes lamentos por Masístio.

34. Rasparam a cabeça e cortaram as crinas dos cavalos de combate e das bestas de carga,

35. Enquanto expressavam sua dor em gritos tão altos que toda a Beócia ressoou com o clamor,

36. Pois tinham perdido o homem que, depois de Mardônio, era o mais estimado, tanto pelo rei quanto pelos persas em geral.

37. Assim os bárbaros, de acordo com seus costumes, renderam homenagens fúnebres a Masístio.

Capítulo 98

1. Os gregos, por seu lado, sentiram-se muito encorajados pelo que acontecera,

2. Vendo que não só tinham mantido posição contra as cargas da cavalaria, mas haviam forçado a retirada do inimigo.

3. Puseram o cadáver de Masístio numa carroça e desfilaram com ele entre as fileiras do exército.

4. Ora, era um corpo que realmente merecia ser contemplado, destacando-se pela beleza e pela estatura,

5. E foi para que os soldados deixassem de abandonar suas fileiras para ir contemplá-lo que resolveram desfilar com ele.

6. Depois disso, os gregos decidiram deixar as colinas e se aproximar de Plateia,

7. Pois a terra lá parecia muito mais adequada para acampar do que a área em torno de Eritres, com melhor suprimento de água.

8. Nesse local, e especialmente junto a uma nascente chamada Gargáfia, mais uma vez montaram acampamento pela ordem.

9. Foi então que, ao dispor a ordem das nações, surgiu uma discussão acalorada entre os atenienses e os tegeus, ambos reivindicando uma das alas.

10. Cada lado apresentou as proezas realizadas, fosse em tempos mais antigos ou mais recentes;

11. Mas, por fim, as façanhas dos atenienses em Maratona e Salamina ganharam a discussão, contra as pretensões antigas dos tegeus, em guerras do distante passado.

12. Quando foi definida a ordem de disposição do exército, ficou da seguinte maneira:

13. Dez mil soldados lacedemônios, sendo cinco mil espartanos, ocuparam a ala direita;

14. Esses cinco mil eram acompanhados por um corpo de trinta e cinco mil hilotas, com armas leves, sendo sete hilotas para cada espartano.

15. Os espartanos deram a posição contígua aos tegeus, por causa de sua coragem e pelo apreço que tinham por eles.

16. Estavam inteiramente armados e somavam mil e quinhentos homens.

17. A seguir ficaram os coríntios, em cinco mil; por solicitação deles, Pausânias havia incluído os trezentos vindos de Potideia em Palene.

18. Então vinham seiscentos arcadianos de Orcomeno; depois os siciônios, que eram três mil; os epidauros, oitocentos;

19. Então os trezenos, mil deles; os lepreatas, duzentos; os micênios e tiríntios, somando quatrocentos;

20. Os fliásios, mil; os hermíones, trezentos; os eritreus e estírios, seiscentos; os calcídios, quatrocentos; e os ambraciotas, quinhentos.

21. Depois vinham os leucádios e anactorianos, que somavam oitocentos; os palenenses de Cefalênia, duzentos;

22. Os eginenses, quinhentos; os megáricos, três mil; e os plateus, seiscentos.

23. Por último, mas os primeiros na extremidade da linha, ficaram os atenienses, que, somando oito mil, ocuparam a ala esquerda, sob o comando de Aristides, filho de Lisímaco.

24. Todos eles, exceto os hilotas, eram hoplitas, soldados maciçamente armados, num total de trinta e oito mil e setecentos homens.

25. Os soldados de armas leves eram os trinta e cinco mil hilotas, todos bem equipados para a guerra,

26. E mais trinta e quatro mil e quinhentos escravos pertencentes aos lacedemônios e aos outros gregos, na proporção aproximada de um soldado de tropa ligeira para um soldado de armamento pesado.

27. Assim, o número total das tropas ligeiras era de sessenta e nove mil e quinhentos homens.

28. O exército grego que se reuniu em Plateia, portanto, era de quase cento e dez mil homens, faltando apenas mil e oitocentos para esse número redondo,

29. Quantidade esta completada exatamente pelos téspios presentes no acampamento;

30. Pois mil e oitocentos téspios, que eram os que tinham restado, também estavam com o exército, mas não portavam armas.

31. Tal era o conjunto das tropas gregas, quando tomaram posição no Asopo.

Capítulo 99

1. Os bárbaros sob Mardônio, quando o luto por Marsístio chegou ao fim e souberam que os gregos estavam em Plateia, também se dirigiram ao rio Asopo.

2. Lá chegados, Mardônio organizou a disposição das tropas contra os gregos na seguinte ordem.

3. Contra os lacedemônios, ele dispôs os persas; como a quantidade de persas era muito maior, organizou fileiras mais longas do que o habitual

4. E estendeu a frente delas diante dos tegeus; aqui, ele teve o cuidado de selecionar os melhores soldados para enfrentar os espartanos,

5. Enquanto alinhou contra os tegeus os soldados com os quais não podia contar tanto.

6. Procedeu assim a conselho dos tebanos. Ao lado dos persas, colocou os medas, diante dos coríntios, potideus, orcomenos e siciônios;

7. A seguir, os bactrianos, de frente para os epidáurios, trezenos, lepreatas, tiríntios, micênios e fliásios;

8. Depois os indianos, defronte os hermionenses, eritreus, estírios e calcídios; mais adiante, os sacenses perante os ambraciotas, anactórios, leucádios, paleanos e eginenses;

9. Por último, enfrentando os atenienses, os plateus e os megarenses, Mardônio dispôs as tropas dos beócios, lócrios, málios e tessálios, e também os mil fócios.

10. Nem toda a nação fócia se unira aos medas;

11. Pelo contrário, havia alguns que tinham se reunido em grupos nas proximidades de Parnaso e de lá saíam em expedições,

12. Incomodando Mardônio e os gregos alinhados com ele, e assim prestavam um bom serviço à causa grega.

13. Além dos mencionados acima, Mardônio também dispôs contra os atenienses os macedônios e as tribos que moravam na região da Tessália.

14. Aqui foram nomeadas as principais nações comandadas por Mardônio nessa ocasião, todas de grande renome.

15. Entre elas havia homens de outros povos variados, como frígios, trácios, mísios, peônios e semelhantes;

16. Igualmente etíopes e egípcios, ambos das raças hermotíbias e calascírias, que usam como arma a espada e são os únicos guerreiros daquele país.

17. Os bárbaros somavam trezentos mil homens; não se sabe a quantidade de gregos que haviam se aliado a Mardônio, mas calcula-se que eram quase cinquenta mil.

18. As tropas assim ordenadas eram todas de infantaria. A cavalaria foi montada à parte.

Capítulo 100

1. Agora, cada lado aguardava o que lhe parecesse a melhor ocasião de dar início à batalha.

2. Como nenhum dos lados se sentia inteiramente pronto, os dois exércitos permaneceram em campos opostos durante dez dias;

3. Mas a cavalaria persa assediava e molestava os gregos e capturou algumas cargas de suprimentos quando vinham do Peloponeso.

4. Por fim, Mardônio, temendo ficar sem provisões e instado por alguns de seus conselheiros, visto que diariamente iam-se somar mais homens ao exército grego, resolveu entrar em combate.

5. Na noite anterior ao undécimo dia, Alexandre da Macedônia, cujos soldados estavam nas hostes persas,

6. Tomou seu cavalo, foi em segredo até as linhas gregas e mandou um recado aos generais, avisando que o ataque era iminente.

7. Ao ouvirem isso, os generais conferenciaram entre si e Pausânias disse aos atenienses:

8. "Lutastes contra os persas em Maratona e conheceis seu estilo de

combate; sugiro que ocupeis a ala direita diante deles,

9. "E nós espartanos tomaremos vosso lugar atual na ala esquerda, pois já lutamos antes contra os beócios e tessálios, e sabemos como eles combatem."

10. Os atenienses concordaram prontamente com a sugestão, tendo eles mesmos pensado que seria uma boa ideia.

11. Mas, quando Mardônio viu a troca de lugares, também mudou suas alas; e quando os gregos trocaram outra vez, ele fez a mesma coisa.

12. Então enviou uma mensagem sarcástica aos espartanos, dizendo: "Lacedemônios, os homens dizem que sois os homens mais corajosos do mundo,

13. "E vos têm admiração porque nunca vos pondes em fuga nem abandonais vossas fileiras, mas sempre mantendes a posição e ou morreis em vossos postos ou destruís vossos adversários.

14. "Mas em tudo o que falam sobre vós não há uma única palavra de verdade; pois acabamos de ver, antes de travar batalha ou de nossas hostes se enfrentarem, como corríeis e deixáveis vossos postos,

15. "Querendo que os atenienses fossem os primeiros a provar de nossas armas e tomando vossa posição contra nossos escravos."

16. Então Mardônio propôs um combate de iguais entre a guarda de elite persa e os espartanos; todavia, não recebendo qualquer resposta a seu desafio, ordenou que a cavalaria atacasse.

17. Ora, a cavalaria persa desferia flechas enquanto atacava e os soldados gregos se extenuavam muito, pois não conseguiam se aproximar para um combate direto.

18. Além disso, desta vez os persas obstruíram e estragaram a nascente do Gargáfia, onde todo o exército grego se abastecia de água.

19. Assim, os generais gregos se reuniram e traçaram um novo plano.

20. Se os persas não atacassem com todas as forças naquele dia, os gregos decidiram transferir o exército para uma nova posição, num lugar chamado "A Ilha",

21. Formada pelos braços divididos do rio Oeroe num trecho de terra na frente de Plateia, a cerca de dez estádios do rio Asopo e da fonte do Gargáfia.

22. Nesse local teria água em abundância e estariam menos vulneráveis à cavalaria persa, que ali não conseguiria molestá-los facilmente.

23. Tendo decidido que se mudariam no segundo turno da noite, para não ficarem tão visíveis, os gregos

continuaram a suportar pelo resto do dia as importunações da cavalaria persa.

24. Quando desceu a noite e cessaram os ataques, o exército começou a se preparar para a mudança.

25. Mas a maioria dos soldados não pretendia ocupar a nova área, e sim fugir para a cidade de Plateia e se esconder atrás de suas muralhas.

Capítulo 101

1. Nesse meio-tempo, um dos generais que não estivera na reunião, Amonfareto, agora não queria se retirar;

2. Enquanto os chefes espartanos Pausânias e Euríanax discutiam com ele, os atenienses, que haviam mantido sua posição, enviaram um cavaleiro para saber o que estava acontecendo,

3. Pois não confiavam nos lacedemônios, que muitas vezes diziam uma coisa e faziam outra.

4. No exato momento em que chegou o emissário ateniense, Amonfareto, ainda discutindo, ergueu com as duas mãos uma pedra enorme e depôs aos pés de Pausânias, dizendo:

5. "Com este seixo, dou meu voto de não fugir aos bárbaros."

6. Em resposta, Pausânias o chamou de tolo e louco e, virando-se para o mensageiro ateniense, instruiu-o que contasse a seus conterrâneos no que ele estava ocupado naquele momento

7. E dissesse para se aproximarem mais, e que se retirassem ou não conforme os movimentos dos espartanos.

8. O mensageiro voltou aos atenienses; os espartanos continuaram a discutir até o amanhecer.

9. Então Pausânias, que ainda não tinha se transferido dali, deu o sinal de retirada, esperando que Amonfareto, ao ver os demais lacedemônios em movimento, não quisesse ficar para trás.

10. Tão logo foi dado o sinal, todos os soldados, exceto os pitanates, puseram-se em marcha e se retiraram pela linha dos montes, acompanhados pelos tegeus.

11. Os atenienses também saíram em boa ordem, mas tomaram um caminho diferente do dos lacedemônios.

12. Pois, enquanto estes se mantiveram em terreno elevado e nas faldas do monte Citéron, pelo medo da cavalaria persa inimiga, aqueles desceram as encostas e marcharam pela planície.

13. Quanto a Amonfareto, de início não acreditou que Pausânias realmente ousaria deixá-lo para trás, e assim manteve seus homens em seus postos;

14. Porém, quando viu que agora Pausânias e seus homens já

estavam a alguma distância, Amonfareto, julgando-se de fato abandonado, ordenou a seus homens que tomassem armas e os conduziu ao exército principal.

15. Ora, os soldados do exército aguardavam por eles a uma distância aproximada de dez estádios, tendo parado às margens do rio Moleis, num local chamado Argiópio.

16. Haviam suspendido sua marcha ali para, caso Amonfareto e seu grupo realmente não abandonassem o local onde estavam, poderem voltar e lhes acorrer em auxílio.

17. Mas Amonfareto e seus homens se reintegraram ao corpo principal, enquanto ao mesmo tempo toda a cavalaria bárbara chegava e começava a atacá-los.

18. A cavalaria persa seguira seu costume habitual e subira até o acampamento grego, onde descobriu que estava deserto.

19. Então prosseguiu sem parar e, logo que os cavalarianos alcançaram os gregos, investiram maciçamente.

Capítulo 102

1. Quando Mardônio soube que os gregos tinham abandonado o local, convocou Tórax de Larissa e seus irmãos Eurípilo e Trasideu, e falou:

2. "Ó filhos de Aleuas! O que dizeis agora, ao ver vazio o acampamento grego?

3. "Dissestes-me que os lacedemônios nunca fugiam à batalha e eram mais valorosos do que todos os outros homens.

4. "No entanto, vistes que eles mudaram de lugar na linha; e agora, como todos podem ver, escaparam durante a noite.

5. "Na verdade, mostraram claramente que são homens sem valor; e, se se distinguem entre os gregos, então os gregos em geral têm ainda menos valor.

6. "Posso desculpar-vos facilmente, pois, não conhecendo nada sobre os persas, elogiastes aqueles homens pelo que sabíeis de algumas façanhas deles;

7. "Mas admira-me que Artabazo se sentisse atemorizado com os lacedemônios e assim tenha-nos dado um conselho tão ruim,

8. "Recomendando que voltássemos a Tebas e lá nos deixássemos sitiar pelos gregos.

9. "Mas agora não podemos permitir que nos escapem e tratemos de persegui-los até alcançá-los."

10. Depois de dizer tais palavras, ele atravessou imediatamente o Asopo e liderou a cavalgada dos persas, seguindo diretamente os rastros dos gregos, que acreditava estarem em fuga.

11. Não enxergava os atenienses, pois, como estes tinham rumado para a planície, os montes impediam a vista;

12. Portanto, ele liderou suas tropas apenas contra os lacedemônios e os tegeus.

13. Quando os comandantes das outras divisões bárbaras viram os persas perseguindo os gregos a tal velocidade, todos pegaram seus estandartes e correram atrás, em grande tumulto e confusão.

14. Avançaram a altos brados e num tropel desordenado, pensando que alcançariam os fugitivos.

15. Pausânias enviou um cavaleiro aos atenienses com uma mensagem dizendo:

16. "Homens de Atenas! Agora que chegou a grande luta, para decidir a liberdade ou a escravidão da Grécia,

17. "Nós de ambos os povos, lacedemônios e atenienses, fomos desertados por todos os outros aliados, que fugiram durante a noite.

18. "Mesmo assim, resolvemos o que fazer e estamos decididos; devemos nos empenhar ao máximo em nos defender e nos socorrer mutuamente.

19. "Vinde em nosso auxílio, nesse difícil transe em que estamos. Se estiverdes em situação tão apertada que não possais vir, enviai ao menos vossos arqueiros e estejais certos de ter nossa gratidão.

20. "Reconhecemos que, durante toda essa guerra, não houve ardor que se comparasse ao vosso; assim, não duvidamos de que nos prestareis tal serviço."

21. Os atenienses, tão logo receberam a mensagem, partiram prontamente em auxílio dos espartanos;

22. Mas, durante a marcha, foram atacados pelos gregos que haviam se aliado a Xerxes e tinham ocupado na linha de formação o lugar diante deles.

23. Assim, os lacedemônios, bem como os tegeus, os quais nada poderia induzir a abandonar os espartanos, tiveram de resistir sozinhos aos persas.

24. Muitos deles caíram e o número de feridos foi ainda maior, pois os persas haviam erguido uma proteção com seus broquéis de vime e, por detrás dela, desferiam nuvens de flechas tão cerradas que os espartanos ficaram em situação muito aflitiva.

25. Açulados pela saraivada de flechas, os tegeus arremeteram contra o inimigo, e a eles se seguiram os lacedemônios; os persas, por seu lado, deixaram de disparar seus arcos e se prepararam para enfrentá-los.

26. O combate se travou primeiramente junto à paliçada de

vime. Quando esta foi derrubada, seguiu-se uma peleja feroz, que se prolongou por muito tempo, e terminou num corpo a corpo.

27. Várias vezes os bárbaros agarraram e quebraram as lanças gregas, pois em arrojo e belicosidade não eram inferiores aos gregos;

28. Mas não usavam couraças, não tinham treino militar e sua destreza nas armas era muito inferior à do inimigo.

29. Às vezes sozinhos, às vezes em grupos de dez, ora em maior ou menor número, arremetiam contra as fileiras espartanas e pereciam.

30. Nos locais onde Mardônio combatia em pessoa, montado num cavalo branco e rodeado pela elite dos persas, a luta desfavorecia os gregos.

31. Enquanto Mardônio se manteve vivo, essa unidade resistiu a todos os ataques e, enquanto defendiam suas vidas, derrubaram muitos espartanos.

32. Mas, depois que Mardônio tombou e, com ele, os soldados que constituíam a grande força do exército persa, os restantes se renderam aos lacedemônios e fugiram às pressas, sem manter nenhuma ordem,

33. E se refugiaram em seu acampamento, por trás das proteções de madeira que tinham erguido no território tebano.

34. A indumentária leve e a ausência de couraças foram os motivos da derrocada: pois tinham de lutar contra homens maciçamente armados, enquanto eles mesmos não contavam com tais defesas.

35. Mardônio foi abatido por Eimnesto, homem famoso em Esparta; a morte que infligiu a Mardônio foi a vingança dos espartanos por causa da morte de Leônidas.

36. E assim Pausânias, filho de Cleombroto, neto de Anaxândridas, da mesma estirpe de Leônidas,

37. Conquistou uma vitória cuja glória ultrapassa todas as demais, até onde se estende o conhecimento das eras pregressas.

Capítulo 103

1. Artabazo, filho de Farnaces, que desde o princípio desaprovara que Xerxes deixasse Mardônio para trás,

2. E depois empreendera muitas tentativas de dissuadir Mardônio de arriscar uma batalha, ao saber que este se obstinava em agir ao contrário, fez o seguinte.

3. Ele dispunha de uma força sob seu comando, que chegava quase a quarenta mil homens. Sabendo qual seria o desfecho provável da batalha,

4. Logo no começo do combate liderou seus homens em boa

ordem, dizendo que lhe acompanhassem o ritmo.

5. Então fez como fosse se juntar à luta. Mas, adiantando-se a suas tropas, viu que os persas já estavam em debandada; e, em vez de manter a mesma ordem, deu meia-volta com seus homens e se pôs em retirada;

6. Porém não procurou abrigo entre os muros de Tebas, mas precipitou-se para Fócis, decidido a alcançar o Helesponto a toda velocidade.

7. Quanto aos gregos que estavam com as forças de Mardônio, a maioria se comportou com covardia deliberada, mas os beócios, pelo contrário, sustentaram longa peleja contra os atenienses.

8. Os tebanos que estavam associados aos persas foram os que mostraram maior ardor;

9. Longe de debandarem, lutaram com tal encarniçamento que trezentos de seus melhores e mais valorosos soldados foram mortos pelos atenienses.

10. Mas por fim também foram desbaratados e fugiram; não, porém, na mesma direção dos persas e da multidão de aliados,

11. Que, não tendo participado do combate, escaparam sem desferir um só golpe e foram para sua própria cidade, Tebas.

12. Isso mostra com clareza a que extremo grau os demais bárbaros dependiam das tropas persas,

13. Pois todos fugiram imediatamente, sem nem chegar a atacar o inimigo, apenas porque viram os persas em fuga.

Capítulo 104

1. Assim foi que todo o exército de Mardônio bateu em retirada, exceto apenas as cavalarias dos persas e dos beócios.

2. Elas prestaram bons serviços à infantaria em fuga, avançando sobre o inimigo e protegendo os fugitivos contra os gregos.

3. Os vencedores, porém, continuaram a pressionar, perseguindo e mantendo o restante do exército persa.

4. Nesse meio-tempo, enquanto prosseguia a fuga persa, chegou aos gregos reunidos em torno do Heraeum, os quais, portanto, estavam ausentes da batalha, a notícia de que Pausânias estava conquistando a vitória.

5. Ao ouvir isso, precipitaram-se sem nenhuma ordem, os coríntios tomando a estrada por cima, que atravessava as faldas de Citeron e os montes,

6. Ao passo que os megarenses e fliasianos seguiam pelo caminho da planície.

7. Estes já tinham quase chegado ao inimigo, quando a cavalaria persa os avistou;

8. Vendo a desordem em que estavam, ela despachou contra eles o destacamento liderado por Asopodoro, filho de Timandro.

9. A carga foi tão eficaz que deixou seiscentos mortos na planície,

10. E, perseguindo os demais, os cavalarianos os obrigaram a buscar refúgio em Citeron. Assim, esses homens morreram sem honra.

11. Os persas e toda a multidão de acompanhamento, que fugiram para a fortaleza de madeira, conseguiram subir nas torres antes que chegassem os lacedemônios.

12. Ali posicionados, reforçaram as defesas como puderam;

13. Quando os lacedemônios chegaram, travou-se uma luta acirrada no baluarte.

14. Enquanto os atenienses não estavam ali, os bárbaros conseguiram repelir os atacantes e levaram a melhor, porque os lacedemônios não tinham prática em atacar recintos murados;

15. Mas, à chegada dos atenienses, procedeu-se a uma investida mais ordeira.

16. Ao final, prevaleceu a bravura dos atenienses: ganharam o alto dos muros e, rompendo uma brecha, permitiram a entrada avassaladora dos gregos.

17. Os primeiros a entrar foram os tegeus e foram eles que saquearam a tenda de Mardônio,

18. Onde, entre outros butins, encontraram o cocho onde seus cavalos comiam, feito de bronze maciço.

19. Quando foi rompida a defesa do muro, os bárbaros deixaram de manter qualquer ordem,

20. E não restou um deles que pensasse ainda em oferecer resistência;

21. Na verdade, todos estavam semimortos de medo, por serem muitos milhares aglomerados num espaço tão restrito.

22. Submeteram-se a ser dizimados pelos gregos com tal docilidade que, dos trezentos mil que compunham o exército,

23. Omitindo os quarenta mil que acompanharam Artabazo na fuga, apenas três mil sobreviveram ao combate.

24. Mas, dos lacedemônios de Esparta, apenas noventa e um morreram nessa batalha; dos tegeus, dezesseis; dos atenienses, cinquenta e dois.

25. Do lado dos bárbaros, entre a infantaria, foram os persas que demonstraram maior coragem;

26. Na cavalaria, foram os sácios; como indivíduo, foi Mardônio quem mais se destacou.

27. Entre os gregos, os atenienses e os tegeus lutaram bem, mas a intrepidez dos lacedemônios superou a de todos os outros.

28. Naquele dia, o homem de maior bravura foi, de longe, Aristodemo, o mesmo que fora o único a escapar ao massacre dos trezentos nas Termópilas e, por causa disso, caíra em desgraça e sofrera censuras;

29. Seguiram-se a ele Possidônio, Filócion e Amonfareto, o espartano.

30. Todavia, os espartanos que participaram da luta, quando passaram a comentar quem teria se distinguido acima de todos os outros,

31. Julgaram que Aristodemo, o qual, devido à vergonha que recaíra sobre si, claramente cortejara a morte,

32. E por isso deixou seu lugar na formação e se comportou feito um louco, havia realizado feitos realmente admiráveis;

33. Mas que Possidônio, o qual, sem nenhum desejo de perder a vida, desempenhara-se com não menor bravura, era, por isso, muito mais valoroso do que ele.

34. Todavia, talvez fosse por inveja que falaram dessa maneira.

Capítulo 105

1. Assim, foram estes os mais insignes entre os combatentes em Plateia.

2. Quanto a Calícrates, o mais belo não só entre os espartanos, mas em todo o acampamento grego,

3. Não foi morto em combate, mas tombara antes, a uma flecha desferida pela cavalaria persa em suas surtidas.

4. Enquanto os companheiros avançavam para a refrega, ele foi retirado das fileiras, sem nenhuma disposição de ceder à morte, como mostrou nas palavras que dirigiu a Arimnesto, um dos plateus:

5. "Lamento não porque tenho de morrer por meu país, mas porque não ergui meu braço contra o inimigo,

6. "Nem cumpri nenhuma ação digna de mim, por mais que desejasse realizar alguma coisa."

7. O ateniense que mais se destacou, ao que consta, foi Sófanes, filho de Eutíquides, da região deceleia.

8. Correm duas histórias sobre ele: segundo uma delas, Sófanes usava uma âncora de ferro, presa por uma corrente de bronze ao cinto que segurava seu peitoral;

9. Quando se acercava do inimigo, ele prendia a âncora no chão de forma que, quando o adversário atacava,

10. Era impossível removê-lo de onde estava; mas, quando o inimigo fugia, ele tirava a âncora e saía em perseguição.

11. A outra história entra em contradição com a primeira, e conta que Sófanes, em vez de ter uma âncora presa no peitoral,

12. Usava uma âncora em cima do escudo, que fazia girar continuamente, sem parar.
13. Outra façanha gloriosa também foi realizada por esse mesmo Sófanes:
14. Na época em que os atenienses estavam sitiando Égina, ele aceitou o repto de Euríbates, o argivo, campeão de pentatlo, e o liquidou.

Capítulo 106

1. Pausânias fez o anúncio de que ninguém se apoderasse do butim e ordenou que os hilotas recolhessem tudo e levassem para um só local.
2. Assim, os hilotas percorreram o acampamento persa, onde encontraram muitas tendas ricamente adornadas com mobiliários de ouro e prata,
3. Sofás cobertos de pratos dos mesmos metais, taças, copos e outros recipientes dourados.
4. Nos carros havia sacos com caldeirões de ouro e prata;
5. Os cadáveres traziam braceletes, correntes e cimitarras com enfeites dourados,
6. Sem mencionar roupas bordadas, que ninguém chegou a contar.
7. Na ocasião, os hilotas roubaram muitas coisas de grande valor, que mais tarde venderam aos eginenses;
8. Mesmo assim, levaram em não pequena quantidade, principalmente coisas que não podiam esconder.
9. E este foi o começo da grande riqueza dos eginenses, que compraram o ouro dos hilotas como se fosse simples bronze.
10. Quando todo o butim foi reunido, fez-se uma divisão entre os soldados, cada um recebendo mais ou menos conforme seus méritos;
11. Dessa forma, foi feita a distribuição das concubinas, prata, ouro, animais de carga e todos os outros bens de valor dos persas.
12. Quanto a Pausânias, a parte que lhe foi reservada consistia em dez espécimes de cada coisa: mulheres, cavalos, talentos, camelos e tudo o mais que havia nos despojos.
13. Consta que, na época, ocorreu o seguinte.
14. Ao fugir da Grécia, Xerxes deixou sua tenda de guerra com Mardônio. Quando Pausânias viu a tenda com seus adornos de ouro e prata e suas cortinas e tapeçarias de várias cores,
15. Ordenou que os cozinheiros persas preparassem um banquete do tipo que faziam para Mardônio.
16. Então Pausânias, olhando os coxins de ouro e prata belamente

16. adornados com suas preciosas cobertas,

17. As mesas de ouro e prata e o próprio banquete preparado com toda a magnificência, ficou espantado com as coisas boas à sua frente.

18. Então ordenou que seus homens fizessem um jantar espartano.

19. Quando as duas ceias foram servidas e ficou evidente a enorme diferença entre elas, Pausânias riu

20. E disse a seus servos que chamassem os generais gregos. Ao chegarem, ele apontou para as duas mesas e disse:

21. "Chamei-vos, ó gregos, para vos mostrar a insensatez desse capitão persa, o qual, tendo tal passadio, precisa vir aqui para nos roubar em nossa penúria."

22. Tais foram, ao que consta, as palavras de Pausânias aos generais gregos.

23. Por muitos anos os plateus continuaram a encontrar tesouros de ouro, prata e outras preciosidades, escondidos no campo de batalha.

24. Mais recentemente, descobriram o seguinte: como a carne se desprendera dos cadáveres e os ossos foram reunidos num mesmo local,

25. Os plateus viram um crânio sem nenhuma junta, feito inteiramente de um osso só;

26. Como uma queixada, o osso superior e o inferior, e entre eles todos os dentes, da frente e de trás, eram unidos e feitos de um único osso;

27. Além disso, o esqueleto tinha não menos que cinco cúbitos de altura.

28. Os gregos, depois de dividir o butim no campo de Plateia, passaram a enterrar seus mortos, cada nação em separado da outra.

29. Os lacedemônios abriram três túmulos; num, enterraram seus jovens, entre os quais estavam Possidônio, Amonfareto, Filócion e Calícrates;

30. Em outro, os demais espartanos; no terceiro, os hilotas. Tal era seu costume ao sepultar os mortos.

31. Os tegeus enterraram todos os seus mortos na mesma sepultura; da mesma forma procederam os atenienses, bem como os megarenses e fliásios, com os tombados pela cavalaria persa.

Capítulo 107

1. Depois de enterrarem seus mortos em Plateia, os gregos se reuniram em conselho, onde decidiram atacar Tebas e exigir que lhes fossem entregues aqueles que haviam se unido aos persas.

2. Foram especialmente nomeados dois tebanos que lideraram a aliança com a Pérsia, a saber, Timagênidas e Atagino.

3. Se os tebanos não entregassem esses homens, eles sitiariam a cidade e não desistiriam enquanto ela não se rendesse.

4. Tomada a decisão, o exército marchou sobre Tebas; depois de exigirem os homens e ouvirem a recusa, montaram o cerco,

5. Devastando toda a área ao redor e atacando os muros em vários lugares.

6. Decorridos vinte dias, e como a violência dos gregos não se afrouxava, Timagênidas disse a seus conterrâneos:

7. "Homens de Tebas, como os gregos declararam que não desistirão enquanto não tomarem Tebas ou formos entregues a eles, não queremos que a terra da Beócia sofra mais danos por nossa causa.

8. "Se é dinheiro que querem, e a exigência de que entregueis é mero pretexto,

9. "Dai-lhes dinheiro dos cofres do Estado, pois foi o Estado, e não apenas nós, que abraçou a causa de Xerxes.

10. "Mas, se eles desejam realmente nossas pessoas, estamos prontos a ser entregues a eles e a enfrentar julgamento."

11. Os tebanos consideraram essa proposta muito correta e sensata; assim, enviaram um emissário a Pausânias com a mensagem de que estavam dispostos a entregar os homens.

12. Logo que se concluiu um acordo, Atagino fugiu da cidade, mas seus filhos foram entregues em seu lugar;

13. Pausânias, porém, não quis acusá-los, visto que, disse ele, tais crianças não podiam ter participado de tal ofensa.

14. Os demais que foram entregues pelos tebanos esperavam ter um julgamento, e nesse caso confiavam que se livrariam com subornos;

15. Mas Pausânias, receando exatamente isso, dispensou todo o exército de aliados e levou os homens a Corinto, onde matou todos eles.

16. Tais foram os fatos que ocorreram em Plateia e em Tebas.

Capítulo 108

1. O general persa Artabazo, filho de Farnaces, que fugira de Plateia com seus quarenta mil soldados, logo chegou à Tessália.

2. Os moradores foram hospitaleiros e indagaram sobre o restante do exército, pois ainda ignoravam o que se passara em Plateia.

3. Sabendo que, se contasse a verdade, correria o risco de perecer com todos os seus homens,

4. Pois, uma vez que ficassem cientes dos fatos, certamente todos iriam atacá-lo,

5. Artabazo manteve tudo em segredo e disse: "Apresso-me em ir à Trácia, pois fui enviado com esse destacamento numa incumbência especial por parte do exército principal.

6. "Mardônio e suas legiões vêm logo atrás e em breve podereis vê-los. Quando ele chegar, recebei a ele como recebestes a mim;

7. "Mostrai toda a gentileza. Se assim fizerdes, nunca tereis do que vos arrepender."

8. Então se pôs em partida e conduziu as tropas o mais depressa possível pela Tessália e Macedônia até a Trácia, seguindo pela rota interna, que era a mais curta.

9. Pessoalmente, Artabazo conseguiu alcançar Bizâncio, mas grande parte de seu exército pereceu no caminho,

10. Sendo que muitos foram despedaçados pelos trácios e outros morreram de fome e exaustão.

11. Em Bizâncio Artabazo se fez à vela e atravessou o estreito até a Ásia.

12. No mesmo dia em que sofreram o golpe em Plateia, os persas tiveram outra derrota em Mícale, na Jônia.

13. Quando a frota grega comandada por Leotíquides continuava inativa em Delos, chegou uma embaixada de Samos,

14. Composta por três homens, Lampônio, filho de Trásicles, Atenágoras, filho de Arquestrátidas, e Hegesístrato, filho de Aristágoras.

15. Os sâmios os haviam enviado em segredo, ocultando a missão tanto aos persas quanto ao tirano da cidade, Teoméstor, filho de Andrôdamas, que os persas haviam colocado no governo de Samos.

16. Quando os embaixadores se apresentaram aos capitães gregos, Hegesístrato tomou a palavra

17. E disse que bastaria que os jônios os vissem chegar para se revoltarem contra os persas, e que os persas não ficariam para lutar;

18. "Ou, se o fizessem, seria para lhes oferecer o melhor butim que poderiam esperar em qualquer lugar";

19. Ao mesmo tempo, instou que libertassem um povo grego da servidão e expulsassem os bárbaros.

20. Disse ele: "Poderíeis fazê-lo facilmente, pois as naus persas são fracas e não estão à altura de vossa frota";

21. Acrescentou ainda: "Se houver alguma suspeita de que os sâmios preparam alguma traição, estamos pessoalmente dispostos a ficar como reféns e retornar a bordo dos navios dos gregos para a Ásia."

22. Leotíquides aceitou, os sâmios empenharam sua palavra e firmaram aliança entre si.

23. Feito isso, dois dos embaixadores partiram imediatamente, enquanto Hegesístrato ficou com Leotíquides e a frota.

24. Os gregos se fizeram ao mar e foram de Delos a Samos. Chegando a Cálamos na costa sâmia, soltaram a âncora e se prepararam para o combate.

25. Os persas, porém, tão logo souberam da chegada dos gregos, zarparam para o continente depois de deixarem os navios fenícios.

26. Pois fora decidido em conselho que não se arriscariam a uma batalha, pois a frota persa não era páreo para os gregos.

27. Escaparam para o continente, para ficar sob a proteção de suas forças de terra, que agora estavam em Mícale e consistiam nas tropas que Xerxes deixara de guarda na Jônia.

28. Era um exército de sessenta mil homens, sob o comando de Tigranes, um persa de invulgar beleza e estatura.

29. Os capitães persas rumaram para Gaesonte e Escolópeis, que ficam no território de Mícale.

30. Ali arrastaram as naus até a praia e ergueram em torno delas uma proteção de pedras e troncos,

31. Para isso cortando todas as árvores frutíferas que cresciam por perto,

para o desgosto da população local,

32. E reforçando a barreira com estacas cravadas firmemente no chão.

33. Estavam preparados para combater ou enfrentar um cerco.

Capítulo 109

1. Os gregos, ao perceber que os bárbaros tinham escapado para o continente, ficaram aborrecidos:

2. A princípio, não conseguiam se decidir se voltariam ou avançariam até o Helesponto.

3. Por fim, não decidiram uma coisa nem outra, mas resolveram ir até o continente.

4. Assim se prepararam para um combate marítimo, com passarelas e escadas de abordagem e todas as outras coisas necessárias, e zarparam para Mícale.

5. Ora, quando chegaram ao acampamento persa, não viram ninguém vir enfrentá-los e observaram os navios atracados na areia, atrás da barreira,

6. E uma grande força terrestre disposta na praia em ordem de batalha.

7. Leotíquides, portanto, navegou ao longo da costa, mantendo-se o mais perto possível da terra firme e, pela voz de um arauto, dirigiu-se aos jônios:

8. "Homens da Jônia: os persas não me entenderão, pois não falam nossa língua, mas vós me ouvis.

9. "Quando entrarmos em batalha com eles, lembrai a Liberdade antes de qualquer outra coisa; a seguir, lembrai nossa senha."

10. Ao dizer tais palavras, Leotíquides estava usando o mesmo artifício que Temístocles utilizara em Artemisium:

11. Ou os bárbaros não saberiam o que ele dissera, e os jônios se persuadiriam a se revoltar contra eles;

12. Ou, se suas palavras fossem transmitidas aos bárbaros, eles desconfiariam de seus soldados gregos. A artimanha deu certo, como mostraram os acontecimentos posteriores.

13. Então os gregos levaram suas naus à terra, desembarcaram e se dispuseram em formação de combate.

14. Quando os persas viram que estavam se posicionando, a primeira providência foi desarmar os sâmios, desconfiando de sua cumplicidade com os inimigos.

15. Pois, algum tempo antes, vários atenienses que tinham sido aprisionados pelos soldados de Xerxes foram levados à Ásia a bordo da frota bárbara;

16. Todos esses homens foram resgatados pelos sâmios, que os reenviaram a Atenas, bem abastecidos para a viagem.

17. Por causa disso, bem como pelo ardil de Leotíquides, os sâmios eram suspeitos.

18. Depois de desarmá-los, os persas despacharam os milésimos para vigiar as trilhas que levavam ao alto de Mícale,

19. Porque (assim dizem) os milésimos conheciam bem aquela região; o verdadeiro objetivo dos persas, porém, era afastá-los do acampamento.

20. Dessa forma, eles procuraram se garantir contra aqueles jônios que julgavam propensos a se rebelar.

21. Então se puseram lado a lado, juntando os escudos e formando uma frente contra o inimigo.

Capítulo 110

1. Os gregos, terminando seus preparativos, agora avançaram contra eles.

2. Nisso correu entre as hostes persas a notícia de que os gregos haviam lutado e derrotado o exército de Mardônio na Beócia.

3. Antes que a notícia lhes chegasse, os gregos estavam numa grande ansiedade, não tanto por causa de si mesmos, e sim por seus conterrâneos e pela própria Grécia.

4. Mas, agora cientes, o medo desapareceu e eles investiram vigorosamente contra os inimigos.

5. O prêmio que estavam para disputar eram o Helesponto e as ilhas.

6. Os atenienses e as forças acompanhantes, que constituíam

metade do exército, marcharam ao longo da praia, onde o território era baixo e plano;

7. Mas o caminho tomado pelos lacedemônios e suas tropas atravessava os montes e passava por uma correnteza.

8. Assim, enquanto os lacedemônios faziam o contorno, os atenienses na outra ponta já haviam cercado o inimigo.

9. Enquanto suas proteções de vime resistiram, os persas se defenderam com vigor e nem estavam levando a pior;

10. Mas quando os atenienses e seus aliados, querendo reservar a vitória a si sem a dividir com os lacedemônios,

11. Trocaram gritos de encorajamento e atacaram com a máxima ferocidade, a situação finalmente mudou.

12. Pois, irrompendo pela linha de defesa e avançando num corpo unido, os gregos arremeteram contra os persas,

13. Que, mesmo enfrentando a carga e mantendo por bom tempo suas posições, ao final tentaram se refugiar em suas fortificações.

14. Aqui os próprios atenienses, junto com os povos que estavam na linha de batalha, os coríntios, sicionianos e trezenos,

15. Seguiram tão de perto os inimigos que entraram junto com eles na fortaleza.

16. E agora que a fortaleza fora tomada, os bárbaros deixaram de oferecer resistência e fugiram precipitados, todos à exceção dos persas.

17. Estes prosseguiram no combate em pequenos núcleos contra os gregos, que continuavam a afluir na fortificação.

18. E ali dois comandantes persas fugiram, ao passo que outros dois morreram: Artaintes e Itâmitres, que comandavam a frota, escaparam,

19. Enquanto Mardontes e o comandante das forças terrestres, Tigranes, morreram combatendo.

20. Os persas ainda resistiam quando os lacedemônios chegaram com suas divisões do exército e se uniram ao restante do combate.

21. A quantidade de gregos que tombou na luta não foi insignificante; os siciônios, em especial, perderam muitos homens, entre eles seu general Perilaus.

22. Os sâmios que serviam com os medas e, apesar de desarmados, continuam no acampamento,

23. Vendo desde o início da refrega que a vitória era duvidosa, fizeram tudo o que lhes estava ao alcance para ajudar os gregos.

24. Os outros jônios, seguindo o exemplo deles, revoltaram-se e atacaram os persas.

25. Quanto aos milésimos, que haviam recebido ordens de vigiar as trilhas das montanhas,

26. Guiaram os persas em fuga por caminhos errados, levando-os até o inimigo;

27. Até que, por fim, eles mesmos os atacaram e se mostraram os adversários mais ardorosos.

28. A Jônia, assim, neste dia revoltou-se pela segunda vez contra a Pérsia.

29. Nessa batalha, os gregos que se conduziram com maior bravura foram os atenienses;

30. E entre eles a palma coube a Hermólico, filho de Eutino, homem destacado no Pancratium, isto é, a luta livre.

31. Depois dos atenienses, os que mais se distinguiram no lado grego foram os coríntios, os trezenos e os sicionianos.

32. Os gregos, depois de matar a maioria dos bárbaros em batalha ou na debandada,

33. Atearam fogo às naus persas e à proteção em torno delas, primeiro retirando e transportando todo o butim para a praia.

34. Além de outros despojos, encontraram muitos baús de moedas.

Capítulo 111

1. Então os gregos zarparam para Samos e lá debateram o que fariam com os jônios.

2. Quanto à Jônia, propuseram abandoná-la aos bárbaros; a questão era em que parte de seus territórios na Grécia iriam assentar o povo jônio.

3. Pois parecia-lhes impossível manter guarda constante para proteger a Jônia; mas, de outra maneira, não havia esperança de que os jônios escapassem à vingança dos persas.

4. Os chefes peloponeses sugeriram tomar as cidades portuárias daqueles gregos que haviam se aliado a Xerxes e entregá-las aos jônios.

5. Os atenienses, por seu lado, não queriam nenhuma evacuação e não gostaram que os pelonoponeses dessem conselhos sobre seus colonos.

6. Assim, quando se manifestaram contra a mudança, os peloponeses cederam de bom grado.

7. Com isso, os sâmios, os quios, os lésbios e outros ilhéus que haviam ajudado os gregos nessa ocasião,

8. Foram recebidos na liga dos aliados e prometeram lealdade e fidelidade à causa comum.

9. A seguir, os gregos navegaram até o Helesponto, onde pretendiam destruir as pontes que supunham ainda estar lá, franqueando o estreito.

10. Os bárbaros que escaparam à batalha – um pequeno número de remanescentes – se refugiaram no

alto de Mícale, de onde providenciaram a retirada para Sárdis.

11. Durante a marcha até Sárdis, Masiste, filho de Dario e irmão de Xerxes, que estivera presente à catástrofe, discutiu com Artaintes, o general,

12. Despejando-lhe recriminações, e disse que não havia punição que não merecesse por trazer perda tão grave à casa real.

13. Artaintes suportou as recriminações por algum tempo, mas por fim se enfureceu e puxou da cimitarra para matar Masistes.

14. Um certo Halicarnasso chamado Xenágoras, filho de Praxilau, que no momento estava atrás de Artaintes, ao vê-lo proceder daquela maneira,

15. Agarrou-o e o lançou ao chão, o que deu tempo aos guardas de Masistes de virem em auxílio.

16. Dessa forma, Xenágoras ganhou o favor não só de Masistes, mas também do próprio Xerxes,

17. Pois salvara seu irmão da morte; foi recompensado recebendo a nomeação como governador da Cilícia.

18. Salvo esse incidente, não aconteceu mais nada durante o caminho e o restante do exército chegou a Sárdis em segurança.

19. Em Sárdis, encontraram Xerxes, que estava lá desde que escapara

para a Ásia, depois da derrota em Salamina.

Capítulo 112

1. Durante o período que permaneceu em Sárdis, Xerxes se apaixonou pela mulher de seu irmão Masistes.

2. Enviava-lhe mensagens, mas não conseguiu sua anuência; e não ousava empregar violência, por consideração a Masistes.

3. Disso a mulher bem sabia, e por tal razão tinha a ousadia de lhe resistir.

4. Então, não vendo outra maneira, Xerxes concebeu um casamento entre seu próprio filho Dario e uma filha daquela mulher, pensando que, dessa maneira, favoreceria seus propósitos.

5. Assim casou os dois e, depois das cerimônias usuais, foi para sua capital, a cidade de Susa.

6. Quando recebeu em seu palácio a nova nora, que se chamava Artainta, sobreveio-lhe uma transformação;

7. Perdeu todo o amor pela esposa de Masistes e sentiu grande paixão por Artainta, que logo correspondeu.

8. Depois de algum tempo, Améstris, a esposa de Xerxes, descobriu o romance.

9. Ela havia tecido um longo manto multicolorido, de feitura muito

original, como presente para o marido.

10. Xerxes apreciou muito, vestiu-o imediatamente e foi visitar Artainta.

11. Naquele dia, aconteceu que ela o agradou imensamente nos prazeres da cama, e assim Xerxes lhe disse que pedisse o que quisesse,

12. Prometendo que daria, fosse o que fosse. Então, com ousadia, ela pediu o manto.

13. Xerxes tentou se esquivar de todas as maneiras possíveis, não porque relutasse em dá-lo, mas porque temia Améstris,

14. A qual já suspeitava e agora, receava ele, descobriria o romance.

15. Assim, ofereceu a Artainta várias cidades e montes de ouro, bem como um exército que obedeceria apenas a ela. (Este último é um presente totalmente persa.)

16. Mas, como nada a fazia mudar de ideia, finalmente ele lhe cedeu o manto.

17. Artainta ficou muito contente, orgulhosa do manto que usava com frequência.

18. Mas logo chegou aos ouvidos de Améstris que Xerxes dera o traje a Artainta.

19. Não se zangou com ela, mas, considerando a mãe de Artainta, esposa de Masistes, como a causa do problema, decidiu matá-la.

20. Esperou o grande banquete real que seu marido deu para comemorar o aniversário, a festa chamada "Tykta".

21. Este é o único dia do ano em que o rei ensaboa a cabeça e distribui presentes aos persas.

22. Améstris aguardou o dia e, então, pediu a Xerxes que lhe desse de presente a esposa de Masistes.

23. Ele negou, pois parecia-lhe uma monstruosidade dar a outrem uma mulher que não só era a esposa de seu irmão,

24. Mas também totalmente inocente do que ocorrera – tanto mais porque sabia o que Améstris pretendia fazer.

25. Finalmente, porém, incomodado com as importunações da esposa

26. E obrigado pela lei do banquete, determinando que nenhuma solicitação feita à mesa do rei seria negada,

27. Ele cedeu, mas de má vontade, e entregou a mulher a seu poder.

28. Feito isso, o rei chamou o irmão e disse:

29. "Masistes, és meu irmão e um bom homem. Peço-te, não vivas mais com a esposa que tens agora.

30. "Eu te darei em casamento minha própria filha."

31. Masistes, muito espantado, respondeu: "Meu senhor, que estranho é este pedido!

32. "Dizes-me para deixar minha esposa, que me gerou três bons filhos, além de filhas,

33. "Uma das quais tomaste como esposa de teu filho – e me pedes para deixar essa mulher, que me agrada imensamente, e desposar uma filha tua!

34. "Em verdade, ó rei!, ser considerado digno de desposar tua filha é uma grande honra;

35. "Mas não tenho a menor disposição de me separar de minha mulher. Não me obrigues a isso."

36. Xerxes respondeu irritado: "Vou te dizer o que ganhaste com tais palavras.

37. "Não te darei minha filha, nem viverás mais com tua mulher. Assim aprenderás para o futuro a aceitar o que te é oferecido."

38. Masistes, ao ouvir isso, recuou, dizendo apenas: "Senhor, ainda não tiraste minha vida."

39. Enquanto Xerxes e o irmão trocavam essas palavras, Améstris mandou chamar os lanceiros da guarda real

40. E fez com que a esposa de Masistes fosse submetida a horríveis mutilações.

41. Os seios, o nariz, as orelhas e os lábios foram decepados e atirados aos cães; a língua foi arrancada pela raiz e, assim desfigurada, foi mandada de volta para casa.

42. Masistes, que ignorava totalmente o que ocorrera, mas receava alguma calamidade iminente, correu às pressas para casa.

43. Lá, encontrando sua esposa agredida de maneira tão selvagem, aconselhou-se com os filhos e, acompanhado por eles e alguns outros, partiu para a Báctria,

44. Na intenção de sublevar a província e na esperança de causar grandes danos a Xerxes;

45. O que teria conseguido, se tivesse alcançado os povos da Báctria e da Sácia, que muito o amavam,

46. Sendo, ademais, sátrapa da Báctria. Mas Xerxes, ficando a par de seus desígnios, enviou uma força armada em seu encalço,

47. Que o matou durante o percurso, com seus filhos e seguidores.

Capítulo 113

1. Nesse ínterim, os gregos, que haviam deixado Mícale e seguiam para o Helesponto,

2. Foram obrigados por ventos contrários a ancorar perto de Lectum, de onde partiram depois para Ábidos.

3. Lá chegando, descobriram que as pontes do Helesponto, que ainda julgavam de pé, tinham sido destruídas.

4. Leotíquides e os peloponeses sob seu comando estavam ansiosos em retornar a seus lares; mas os atenienses sob o comando de seu

capitão Xantipo, queriam ficar e tentar uma surtida em Quersoneso.

5. Assim, enquanto os peloponeses voltavam a suas terras, os atenienses foram de Ábidos a Quersoneso e ergueram cerco a Sestos.

6. Ora, como Sestos era a fortaleza mais sólida da região, tão logo espalhou-se a notícia de que os gregos estavam no Helesponto,

7. Grandes contingentes das cidades próximas acorreram em pânico a Sestos.

8. Entre eles estava um certo Eobazo, persa da cidade de Cárdia,

9. Onde guardara os cabos de amarração que haviam sido usados na construção das pontes.

10. Sestos era protegida por seus próprios moradores eólios, mas contava também com alguns persas e uma grande multidão de aliados.

11. A área toda era governada pelo sátrapa Artaictes, um persa, porém malvado e cruel.

12. Quando Xerxes estava marchando contra Atenas, Artaictes se apropriara astuciosamente dos tesouros pertencentes a Protesilau, filho de Íficlo, que estavam em Elaíso, em Quersoneso.

13. Pois naquele local fica a tumba de Protesilau, com muitas riquezas amealhadas, vasos de ouro e prata, peças de bronze, roupas finas e outros tesouros,

14. Dos quais Artaictes se apoderou, tendo recebido a autorização do rei ao lhe dizer:

15. "Senhor, nesta região há a casa de um grego que, quando atacou teu território, foi morto.

16. "Dá-me sua casa, para que, doravante, os homens receiem erguer armas contra ti."

17. Facilmente persuadiu o rei, pois Xerxes não tinha nenhuma suspeita em mente.

18. E, em certo sentido, Artaictes podia dizer que Protesilau erguera armas contra a terra do rei,

19. Porque os persas consideravam que toda a Ásia pertencia a eles e ao rei da época.

20. Assim, quando Xerxes atendeu à sua solicitação, Artaictes levou todos os tesouros de Elaíso para Sestos e converteu as terras confiscadas em pastagens e campos de trigo.

21. Era este Artaictes que, agora, fora cercado pelos atenienses.

22. Estava despreparado para a defesa, pois não fazia a menor ideia de que os gregos se aproximavam.

23. No final do outono, prosseguindo o cerco, os atenienses começaram a murmurar que estavam fora de casa tempo demais;

24. E, vendo que não conseguiam tomar o local, insistiram com Xantipo que os reconduzisse de volta à sua cidade.

25. Mas ele se recusou a sair dali até que a cidade se rendesse ou que o povo de Atenas lhe enviasse ordens de retornar. Assim, os soldados aguentaram com paciência.

26. Enquanto isso, os sitiados estavam reduzidos aos mais graves apertos, obrigados a ferver as próprias tiras de couro de seus leitos, para comer.

27. Por fim, quando as tiras também se acabaram, Artaictes e Eobazo, com os persas nativos, fugiram do local à noite,

28. Descendo pela muralha na parte de trás da cidade, onde o bloqueio era menor.

29. Amanhecendo o dia, os quersoneses fizeram sinal aos gregos do alto das muralhas, avisando o que acontecera e, ao mesmo tempo, abrindo os portões da cidade.

30. Alguns gregos entraram, enquanto um número maior saiu em perseguição do inimigo.

31. Ebazo fugiu para a Trácia, mas lá foi capturado e morto pelos trácios apsintianos.

32. Quanto a Artaictes e seus soldados, que tinham sido os últimos a deixar a cidade, foram alcançados pelos gregos não longe de Egospotames,

33. E se defenderam bravamente por algum tempo, mas por fim foram mortos ou aprisionados.

34. Os prisioneiros, entre eles Artaictes e seu filho, foram acorrentados e reconduzidos a Sestos.

35. Artaictes ofereceu muitas riquezas aos gregos se soltassem a ele e ao filho, mas não conseguiu persuadir Xantipo;

36. De todo modo, os homens de Elaíso queriam vingar Protesilau e pediram a Xantipo que condenasse Artaictes à morte,

37. Com o que o próprio Xantipo concordava. Assim, levaram Artaictes até a faixa de terra onde tinham sido fixadas as pontes de Xerxes e lá o crucificaram.

38. Quanto ao filho de Artaictes, apedrejaram-no até a morte diante dos olhos do pai, preso na cruz.

39. Feito isso, os atenienses voltaram à Grécia, transportando, além de outros tesouros e lembranças, os cabos de amarração das pontes de Xerxes.

Capítulo 114

1. Assim a Grécia expulsou os persas; assim o berço do Ocidente repeliu o Oriente, então mais poderoso e mais ambicioso,

2. O qual, se tivesse prevalecido, teria inaugurado uma história muito diferente do mundo.

3. Portanto, os gregos daqueles tempos merecem gratidão, pois salvaram as mais brilhantes esperanças da espécie humana,

que estavam em risco de morrer no nascedouro.

4. Nos antigos dias de Ciro, um antepassado de Artaictes, de nome Artembares, insistira com o rei para conquistar as terras mais férteis e verdejantes da Europa, dizendo:

5. "Quando teremos ocasião mais propícia para conquistá-las, agora que somos senhores de tantas nações e governamos toda a Ásia?"

6. Mas Ciro respondeu desdenhoso: "Se quiseres, podes tentar, mas não esperes continuar dominando se assim agires e prepara-te para ser dominado por outrem;

7. "Pois terras amenas geram homens amenos; nenhuma terra produz frutos saborosos e, ao mesmo tempo, homens belicosos."

8. Os persas daquela época consideraram sábias as palavras de Ciro e escolheram ficar em suas terras pobres e maninhas e manter o domínio, de preferência a cultivar planícies e ser escravos de outros povos.

9. Mas, nos dias de Xerxes, demonstrou-se que havia homens que escolheram não ser escravos e, ao mesmo tempo, cultivavam suas parreiras e oliveiras,

10. E refletiam em todas as coisas que existem sob o sol: a origem e a natureza do universo, o justo e o certo, a mente dos homens.

11. Estes foram os pais da civilização que deles nasceu; e, embora o Oriente nunca deixasse de tentar conquistá-los no corpo, na mente ou em ambos,

12. E às vezes tenha conseguido por longos períodos, o ideal sobreviveu e, no decorrer dos séculos, renasceu continuamente,

13. De modo que, seguindo o caminho do sol, encontram-se sucessores de Atenas, nenhum deles perfeito, como Atenas tampouco foi perfeita,

14. Mas ainda assim instilou no coração de seus melhores cidadãos a esperança de se aperfeiçoarem.

15. Pois recordam o que ouviram os herdeiros daqueles que derrotaram as hostes de Xerxes, que foram as seguintes palavras:

16. "Orgulhemo-nos do que somos e do que podemos vir a ser, se damos valor à nossa liberdade e à boa opinião dos pósteros.

17. "Somos livres, ou capazes de sê-lo, tanto no espírito quanto em nossas instituições.

18. "Essa liberdade foi duramente conquistada e pode ser facilmente perdida, mas não se formos vigilantes.

19. "E, em prol dessa vigilância, lembremos o que somos.

20. "Nossos assuntos estão nas mãos da maioria, não da minoria.

21. "Existe justiça igual para todos em suas disputas particulares, mas

também se reconhece o direito da excelência;

22. "E quando um cidadão se distingue de alguma maneira, ele é nomeado para o serviço público não como uma questão de privilégio, mas como recompensa pelo mérito.

23. "A pobreza não é impedimento, e um homem pode beneficiar seu país por mais modesta que seja sua condição.

24. "Não há exclusividade em nossa vida pública, e em nossos assuntos particulares não temos suspeitas mútuas, nem nos aborrece nosso próximo ao fazer como lhe apraz;

25. "Não o olhamos enviesado, o que, embora inofensivo, não é agradável, pois valorizamos a justiça e a tolerância em todas as coisas.

26. "Assim como não sofremos coação em nossa esfera privada, tenhamos também uma atitude nobre em nossas ações públicas,

27. "Onde somos impedidos de agir mal por respeito às leis, com especial consideração por aqueles incumbidos da proteção dos fracos e ofendidos,

28. "Bem como por aquelas leis não escritas que trazem a um transgressor a reprovação do sentimento geral.

29. "Tampouco deixamos de nos proporcionar muitos tipos de distração de nossa labuta; temos nossas recreações ao longo do ano;

30. "Nossas casas são seguras e confortáveis; o prazer que sentimos diariamente em todas essas coisas traz-nos alegria.

31. "Graças à grandeza de nossa civilização, os frutos de toda a terra se derramam sobre nós; assim, gozamos os bens de outros climas tal como do nosso próprio.

32. "Amemos o belo e o bom, e lembremos que nossa força consiste não só em nossos poderes de deliberação,

33. "Mas também no conhecimento que se obtém com a deliberação que antecede a ação.

34. "Pois temos o peculiar poder de pensar antes de agir e, também, de agir,

35. "Ao passo que outros homens são corajosos por ignorância, mas hesitam à reflexão.

36. "E certamente devem ser estimados como os mais bravos corações aqueles que, tendo a mais clara percepção das dores e dos prazeres da vida, não recuam diante dos desafios.

37. "Ao fazer o bem, somos diferentes dos outros; fazemos nossos amigos prestando, não recebendo favores.

38. "Aquele que concede um favor é o amigo mais sólido, porque guarda, por gentileza, viva lembrança da obrigação;

39. "Mas quem recebe o favor tem sentimentos mais frios, porque sabe que, ao retribuir a generosidade alheia, não estará ganhando gratidão, e sim apenas pagando uma dívida.

40. "Apenas nós praticamos o bem para com nossos próximos não por cálculo e interesse, mas na confiança da liberdade e com coração aberto e destemido.

41. "Que possa ter o indivíduo, em sua própria pessoa, o poder de se adaptar às mais variadas formas de ação com a máxima versatilidade e cortesia.

42. "Não são palavras vazias e fugazes, e sim um conselho de sabedoria, que se funda na posição à qual tais qualidades elevaram o estado da humanidade.

43. "Pois, na hora do julgamento, os melhores são sempre superiores ao que se diz deles.

44. "E o empenho dos melhores certamente não passará despercebido; existem grandes monumentos de suas realizações, que fazem deles a maravilha de todos os tempos.

45. "Quão raros são aqueles cujas ações, postas na balança, se revelaram iguais à sua fama!

46. "Pois mesmo aqueles que falharam em outros aspectos podem com justiça invocar o empenho que dedicaram ao bem; assim, com o êxito, apagam os fracassos.

47. "Assim procederam todos os que se dedicaram a realizar, desenvolver ou defender algo digno, de qualquer espécie;

48. "Mereceram o nome de ser humano e de amigo. Não há como expressar o valor disso em palavras.

49. "Qualquer um pode discursar sem fim sobre as vantagens da coragem e da determinação,

50. "Mas, ao invés de apenas ouvir discursos, mantenhamos diariamente nossos olhos postos no bem, até nos preenchermos de amor por ele.

51. "E então teremos ajudado a cumprir a promessa encerrada na vitória dos gregos sobre os persas:

52. "Sermos livres na honra e sábios na liberdade."

PROVÉRBIOS

Capítulo 1: Ação

1. A ação é fruto do conhecimento.
2. Grandes ações revelam grandes mentes.
3. Ações não precisam de trombetas.
4. Uma boa ação redime cem más ações.

Capítulo 2: Adulação

1. O adulador ou te despreza ou quer te enganar.
2. A adulação corrompe o adulador e o adulado.
3. O adulador está para o amigo como o lobo está para o cão.
4. Adulação é como perfume: aspira-se, não se engole.
5. A adulação é recebida de braços abertos, a franqueza é expulsa a pontapés.
6. Adoça de mel a boca quem nada tem no pote.
7. Bem merece o adulador quem gosta de ser adulado.
8. Amigo e adulador se excluem mutuamente.
9. Apanham-se mais moscas com uma gota de mel do que com um oceano de vinagre.
10. Mais fácil adular do que elogiar.
11. O adulador é um inimigo secreto.
12. Quem me adula pela frente fala mal de mim por trás.
13. Quem gosta de adulação mais tarde se arrepende.
14. A adulação é como visco para apanhar pássaros.
15. Deixa que te besuntem de mel e nunca te faltarão moscas.
16. Mais vale adular do que combater os tolos.

Capítulo 3: Adversidade

1. A adversidade é o primeiro caminho para a verdade.
2. O melhor mestre é a adversidade.
3. Pode não enriquecer, mas traz sabedoria a muitos.
4. Tem poucos amigos, mas comprovados.
5. A adversidade não adula ninguém: testa a coragem e põe a virtude à prova.

6. A prova do ouro é o fogo, a dos bravos é a adversidade.

Capítulo 4: Aflição
1. A aflição é como o martelo do ferreiro: forja ao golpear.
2. É fácil carregar as aflições alheias.

Capítulo 5: Ambição
1. Ambição cresce em toda parte.
2. A ambição só obedece a si mesma.
3. A ambição dissipa o que a avareza acumula.
4. Atira mais alto quem mira o sol do que quem mira a árvore.
5. Pouca ambição e sede de elogios: marcas dos indignos.
6. Ao subir uma escada, os degraus ficam para trás.
7. A ambição, quando começa, é humilde.
8. Não existe enguia que não queira ser baleia.

Capítulo 6: Amigos
1. A casa do amigo nunca é longe demais.
2. Mais vale um amigo judicioso do que um amigo ardoroso.
3. Nem toda palavra agradável é amiga.
4. Tem que vagar para escolher os amigos, e ainda mais vagar antes de trocá-los.
5. Melhor irritar do que adular um amigo.
6. Mais amigo é quem ajuda do que quem se compadece.

7. O melhor espelho é o velho amigo.
8. Serei amigo teu, não de teus vícios.
9. O falso amigo é como a sombra: só aparece nos dias de sol.
10. A promessa faz amigos, a prática os conserva.
11. A única maneira de ter um amigo é ser amigo também.
12. Os derrotados não têm amigos.
13. Sê teu próprio amigo, e os outros o serão também.
14. Família se tem, amigo se escolhe.
15. O amigo de todos não é amigo de ninguém.
16. A prosperidade faz amigos, a adversidade os põe à prova.
17. Onde há amigos há riqueza.
18. Quem tem mil amigos não tem nenhum de reserva.
19. A amizade até dispensa cerimônias, mas não a cortesia.
20. A amizade é uma troca entre iguais.
21. A amizade não se mede por vantagens materiais.

Capítulo 7: Amor
1. Com amor, todo lugar é bom.
2. Escolhemos começar a amar, mas não parar de amar.
3. O amor não conhece leis nem condições.
4. Melhor pão seco com amor do que capão gordo com medo.
5. Amor no coração é espora no flanco.

6. A esperança é o cajado do amante.

7. O amor não julga a beleza.

8. Nada falta quando há amor.

9. Leve é o trabalho quando o amor é a paga.

10. Amor e ambição não combinam.

11. Amor e orgulho levam a loucuras.

12. Amor e dor são gêmeos.

13. O amor baseado na beleza desaparece com a idade.

14. O amor com pressa é fogo de palha: arde rápido e logo se acaba.

15. Amor é mais do que riqueza.

16. O amor é senhor onde bem quer.

17. O amor é a mais nobre fraqueza do espírito.

18. Amor não tem idade.

19. O amor é o sal da vida.

20. O amor é jovem demais para saber o que é a consciência.

21. O amor não tem lei nem razão.

22. O amor aquece mais do que um manto.

23. O amor não conhece medida.

24. Escasso é o amor que pode ser contado.

25. O amor ri de trancas.

26. Rei é quem ama.

27. O amor dispensa instrução.

28. A piedade afasta o amor.

29. Já ama bastante quem não odeia.

30. Vêm os golpes, vai-se o amor.

31. O amor é lareira de fogos proibidos.

32. O amor é paixão loquaz.

33. O amor é egoísmo a dois.

34. O amor vence a morte.

35. O amor faz passar o tempo; o tempo faz passar o amor.

36. O amor nunca morre de fome, talvez de indigestão.

37. O amado sempre tem razão.

38. O amor diminui a delicadeza feminina e aumenta a masculina.

39. Briguinhas são o tempero do amor.

40. Os amantes encontram prazer no infortúnio.

41. O amor perdoa suas falhas.

42. O amor é cego, mas enxerga longe.

43. O amor ressuma mel e fel.

44. Todos são iguais no amor.

45. O amor é crédulo.

46. Quando o amor manda, melhor obedecer.

47. Muito ama o amante que chora.

48. O amor é filho da ilusão e pai da desilusão.

49. O juízo segue o que manda o afeto.

50. Quando o afeto fala, a verdade se cala.

Capítulo 8: Apetite

1. À mesa alheia é sempre grande o apetite.

2. Ao estômago cheio dá voltas até a mais fina iguaria.

3. Trabalhar desperta o apetite.

4. Estômago que não conhece fome despreza comida simples.

5. Onde manda a razão, o apetite obedece.

6. Aos pobres falta alimento para o estômago; aos ricos falta estômago para o alimento.

Capítulo 9: Arte

1. A arte tem um inimigo: chama-se ignorância.
2. A arte não é uma coisa, é uma maneira.
3. A arte erra, a natureza nunca.
4. A arte é expressão de si mesma.
5. A arte luta para ganhar forma e quer alcançar a beleza ou a verdade, ou ambas.
6. A grande arte é um instante de eternidade.
7. Todas as artes são irmãs.
8. Cada arte ilumina as outras.
9. A perfeição da arte consiste em ocultá-la.
10. O que surge por acaso não é arte.

Capítulo 10: Artistas

1. Um grande artista pode pintar um grande quadro numa pequena tela.
2. O artista é um sonhador que sonha a realidade.
3. Todo artista no começo foi amador.
4. A arte de todo artista é sua autobiografia.
5. Nada vem do artista que não esteja no ser humano.
6. Escava o artista e encontrarás uma criança.
7. Grandes artistas simplificam.

Capítulo 11: Aspiração

1. Quem fica no vale jamais transporá a montanha.
2. O que te define não é o que fazes, mas o que gostarias de fazer.
3. Só é completo o indivíduo que deseja ser mais.

Capítulo 12: Autocontrole

1. O forte conquista os outros, o poderoso conquista a si mesmo.
2. Poucos podem se confiar a si mesmos.

Capítulo 13: Avarentos

1. Para o avarento, o dinheiro substitui a sabedoria.
2. O avarento embolsa barriga e costas.
3. O avarento dá palha ao cão e ossos ao burro.
4. O avarento estraga o casaco poupando no tecido.
5. Pai sovina, filho esbanjador.
6. O avarento é sempre pobre.
7. Ao avaro, serve-lhe tanto o que tem quanto o que não tem.

Capítulo 14: Avareza

1. O ganancioso só faz bem ao morrer.
2. Avareza e felicidade moram em casas separadas.
3. A avareza é um aguilhão para o trabalho.
4. O que gera a avareza não é a escassez, é a fartura.

5. O ganancioso é sempre pobre.

6. À pobreza falta muito, à avareza falta tudo.

7. O avaro teme usar o que tem.

8. O avaro é um despossuído: tanto do que tem quanto do que não tem.

Capítulo 15: Barato

1. O barato não é bom; o bom não é barato.

2. O barato sai caro.

3. Quem paga pouco leva carne ruim.

4. Se queres comprar barato, compra do tolo necessitado.

Capítulo 16: Beleza

1. Tudo tem sua beleza, embora nem todos a enxerguem.

2. Todas as herdeiras são belas.

3. Beleza e tolice, velhas companheiras.

4. Beleza e honestidade raramente andam juntas.

5. A beleza traz seu dote na face.

6. A beleza é sua própria desculpa.

7. A beleza é uma superioridade natural.

8. A beleza atiça o ladrão mais do que o ouro.

9. Onde há beleza haverá amor.

10. Beleza é como dinheiro vivo.

11. A beleza abre portas.

12. As mulheres em geral preferem ser belas a ser boas.

13. A beleza é a eliminação do supérfluo.

14. Onde há bondade há beleza.

15. Rara é a união entre beleza e modéstia.

16. O reinado da beleza é efêmero.

17. A beleza é uma flor que fenece.

18. No escuro, todas as mulheres são belas; com dinheiro, todos os homens são bonitos.

Capítulo 17: Benefício

1. Favor é como flor: agrada quando é fresco.

2. No espírito maldoso, benefício vira veneno.

3. O último benefício é o mais lembrado.

4. Ao receberes um favor, lembra-te dele; ao fazê-lo, esquece-o.

5. Escreve a ofensa no pó, o benefício no mármore.

6. Quem dá, ama mais do que quem recebe.

7. Só aceita o favor que podes retribuir.

8. O favor é traçado na areia, a ofensa, no bronze.

9. Aceitar um favor é vender a liberdade.

10. Um benefício aos dignos é um benefício a todos.

Capítulo 18: Bondade

1. A pessoa de bem é um bem público.

2. A boa vontade é parte do pagamento.

3. Não servir ao bem é servir ao mal.

4. Nunca será bom quem não se obstina.

5. De nada serve o bem que chega tarde.
6. Poucas são as coisas que não servem para nada.
7. O bem e o mal podem ser vizinhos.
8. Não digas que nada é bom.
9. Que te digam que és bom, não afortunado.
10. O bom torna bom o outro.
11. Bondade nunca é demais.
12. Quem dá o bem pode tirá-lo.

Capítulo 19: Caráter

1. Mais fácil conservá-lo do que recuperá-lo.
2. O caráter se revela no escuro.
3. Ninguém ultrapassa o próprio caráter.
4. Grande é o território desconhecido dentro de nós.
5. Teu caráter se revela naquilo de que escarneces.
6. O caráter se forja na dificuldade.
7. Caráter é destino.
8. Caráter é o hábito longamente cultivado.
9. O caráter resulta da conduta.
10. Confia mais no caráter do que nas promessas.
11. De nada vale a boa doutrina para o mau caráter.
12. O caráter é o árbitro da fortuna.

Capítulo 20: Caridade

1. Quem dá à luz do dia não dará à noite.
2. Melhor alimentar dez zangões do que deixar uma abelha passar fome.
3. Mais vale dar um do que prometer dois.
4. Melhor não viver do que viver de caridade.
5. Dá em dobro quem logo dá.
6. Faze o bem sem olhar a quem.

Capítulo 21: Cegueira

1. O céu é azul, quer o vejas ou não.
2. Em terra de cego, quem tem um olho é rei.
3. Melhor ser cego do que enxergar mal.
4. Melhor meio cego do que cego inteiro.
5. O pior cego é o que não quer ver.
6. Cego é quem muito se engana.
7. Como um cego há de julgar as cores?
8. Estando longe o espírito, os olhos não veem.
9. Entre os cegos, fecha teus olhos.

Capítulo 22: Começo

1. No começo, tudo é difícil.
2. Toda glória vem da coragem de começar.
3. Melhor não começar do que não terminar.
4. Quem muito começa pouco termina.
5. O primeiro passo é meio caminho andado.
6. O que nasce estopa não termina seda.
7. O melhor das coisas é sempre o começo.
8. Todo começo é pequeno.

Capítulo 23: Comida

1. Come, mesmo ao pé da forca.
2. Melhor aguardar o cozinheiro do que o médico.
3. A comida mata mais do que curam os médicos.
4. Come, e sê bem-vindo; jejua, e sê muito bem-vindo.
5. Come o suficiente e serás sábio.
6. Quem se banqueteia todo dia desconhece a boa refeição.
7. Os mais preguiçosos não têm preguiça à mesa.
8. Alegra-te com a comida.
9. O mais sincero amor é o amor à comida.
10. Come menos e vive mais.
11. Não sacies todo teu apetite.
12. Problema à refeição, problema na digestão.
13. Ninguém se arrepende de comer pouco.
14. Para fazer uma omelete, é preciso quebrar os ovos.
15. O glutão não sabe comer.
16. Rico come o que quer, pobre o que puder.

Capítulo 24: Companhia

1. Multidão não é companhia.
2. Desgraça compartilhada é meia alegria.
3. A companhia evita o embrutecimento.
4. Má companhia é como cachorro, suja mais a quem mais ama.
5. A companhia faz a festa.
6. Diz-me com quem andas, dir-te-ei quem és.
7. Os semelhantes se atraem.
8. Quem com porcos anda, farelos come.
9. A boa companhia encurta a viagem.
10. Menor o grupo, melhor o banquete.

Capítulo 25: Confiança

1. A confiança é planta que cresce devagar.
2. Confiança não se impõe, conquista-se.
3. Habilidade e confiança, exército imbatível.
4. A confiança vem da cautela.

Capítulo 26: Conhecimento

1. Muito conhece quem conhece sua ignorância.
2. O homem é aquilo que sabe.
3. O conhecimento é o melhor investimento.
4. Repete muito quem pouco sabe.
5. O conhecimento vem, a sabedoria fica.
6. O conhecimento é uma arca de tesouros; sua chave é a prática.
7. Conhecimento é elegância, a única que existe.
8. O desejo de saber é insaciável.
9. Sabe bastante quem sabe aprender.
10. Abebera-se quem tem sede de saber.

11. Melhor saber um pouco de tudo do que tudo de um pouco.
12. Só existe um bem: o saber. Só existe um mal: a ignorância.
13. Quem nada sabe de nada duvida.
14. Quem mais sabe menos crê.
15. Quem mais sabe mais perdoa.
16. O culto é sempre rico.
17. Todos querem saber, mas ninguém quer pagar.

Capítulo 27: Consciência

1. Toda má ação tem uma testemunha.
2. A consciência pesada não precisa de carrasco.
3. A consciência limpa enfrenta qualquer problema.
4. Boa consciência, bons sonhos.
5. A consciência de culpa nunca se sente a salvo.
6. A consciência nos diz o que é a honra.
7. A consciência tranquila dorme sob tempestade.
8. Sem consciência, o homem não tem nada.
9. O grilo da consciência é amigo da coruja.
10. A consciência limpa é uma muralha de bronze.
11. O homem de má consciência carrega uma víbora no peito.

Capítulo 28: Conselho

1. Conselho: sábio não precisa, tolo não aceita.

2. Impossível ajudar a quem não ouve conselhos.
3. O mais necessário é o menos seguido.
4. Se for bom, não importa quem o deu.
5. Só age a conselho quem dele precisa.
6. Conselho depois do erro é como remédio depois da morte.
7. Dá conselhos, não garantias.
8. Menos conselho, mais ação.
9. Ao aconselhares o amigo, procura ajudar, não agradar.
10. Mau conselho é o que não pode ser alterado.
11. Com saúde é fácil aconselhar o doente.
12. Conselho de tolo não vale nada.
13. Não arrisques tua fortuna por conselho do pobre.
14. Conselho de intrigueiro não vale um figo seco.

Capítulo 29: Contentamento

1. O contente nunca se arruinará.
2. O espírito contente é um reino.
3. Mais vale pouco e contente do que muito e rixento.
4. Mais vivem os contentes numa cabana do que num castelo.
5. Contentamento é mais do que a riqueza.

Capítulo 30: Coragem

1. Para pegar os filhotes, tens de entrar na toca do tigre.

2. Coragem nunca sai de moda.

3. O bravo ri da morte a que não pode escapar.

4. Na coragem, não bastam as armas: é preciso enxergar.

5. Mais fácil usar uma arma do que mostrar coragem.

6. A prova da coragem é não desanimar à derrota.

7. A batalha se concentra onde está a coragem.

8. A coragem pode mais do que a cólera.

9. Não conheces tua coragem enquanto não provares o perigo.

10. Todos são valentes quando o inimigo foge.

11. De calcanhares precisa quem não tem coragem no peito.

12. A coragem no perigo é meia vitória.

13. A coragem defende o correto.

14. A verdadeira coragem combate o infortúnio.

15. A vitória cabe à coragem, não à arma.

16. Sempre há segurança na bravura.

Capítulo 31: Correção

1. O correto não faz mal a ninguém.

2. O maior direito é o direito de estar errado.

3. Não basta estarmos corretos se não provarmos que os outros estão errados.

4. Melhor agir correto sem gratidão do que agir errado sem punição.

Capítulo 32: Cortesia

1. Todas as portas se abrem à cortesia.

2. A cortesia é de graça.

3. Pouco dura a cortesia não correspondida.

4. Não manques diante do coxo.

5. O cortês aprende cortesia com o descortês.

Capítulo 33: Costume

1. O costume é a praga do sábio e o ídolo do tolo.

2. O costume nos recebe ao berço e só nos abandona na sepultura.

3. O homem se acostuma a tudo.

4. A tirania do costume escraviza a razão.

5. Pão e mau costume se partem.

6. O costume é mestre capcioso.

7. Cada terra, seu costume.

8. Mais vale um bom costume do que uma lei.

9. Escolhe o melhor; o costume te ajudará.

10. Incomoda-nos mais o que fere o costume do que o que fere a natureza.

Capítulo 34: Covardia

1. Covardia é ver o certo e não fazer.

2. O medo do covarde o faz valente.

3. Covardes são cruéis.

4. Muitas mortes morre o covarde.

5. O covarde de medalha passa por herói.

6. O covarde não mostra misericórdia.

7. Muitos seriam covardes se tivessem coragem suficiente.
8. Covardia não tem remédio.
9. Melhor covarde do que tolo.
10. Um covarde vale por dez.
11. O covarde só faz ameaças quando está em segurança.
12. Para o covarde de nada adianta a força.
13. Quem não bate no burro bate na sela.
14. O covarde se diz prudente, o avaro se diz próspero.

Capítulo 35: Crédito

1. Melhor oito à vista do que dez no fiado.
2. Quem perde o crédito morre para o mundo.
3. Paga caro quem pede fiado.
4. O único homem que perde o crédito é aquele que não o tem.
5. Pobre não tem crédito.
6. Perde tudo quem perde o crédito.

Capítulo 36: Crença

1. Não creias em tudo o que vês e nem na metade do que ouves.
2. Não tem crença aquele que não vive por ela.
3. Cada qual crê na verdade de sua crença.
4. Erra quem em tudo crê; erra quem não crê em nada.
5. Acreditamos no que gostaríamos que fosse verdade.
6. Não julgues para não seres julgado.

7. Não por ser útil é verdadeira a crença.
8. Arrepende-se tarde quem depressa acredita.
9. Menos crê quem muito sabe.

Capítulo 37: Criação

1. Melhor não nascer do que ser mal-criado.
2. O berço é muito, a criação é mais.
3. Não é bem-criado aquele que não tolera o malcriado.
4. De pequenino se torce o pepino.
5. Filho de peixe peixinho é.

Capítulo 38: Crianças

1. Filho querido, mil apelidos.
2. Crianças e bêbados falam a verdade.
3. A criança mimada jamais amará a mãe.
4. Melhor uma pequena repreensão do que uma grande decepção.
5. Felizes vivem as crianças e os tolos.
6. De facas mantenham distância tolos e crianças.
7. Criança é trabalho certo e consolo incerto.
8. A criança é a riqueza do pobre.
9. Criança ouve muito e fala demais.
10. Criança repete tudo o que ouve.
11. Os filhos sugam a mãe quando crianças e o pai quando adultos.
12. Filho criado, trabalho dobrado.
13. Filho pequeno, grande luto.
14. Criança mimada, criança estragada.

15. Felizes os felizes com seus filhos.
16. Quem não tem filhos não conhece o amor.
17. Melhor um arado do que dois berços.
18. Quando o rebento se verga, a árvore se inclina.
19. Filho temporão, órfão prematuro.
20. A criança só diz o que ouve em casa.
21. Para a criança, brincadeiras de criança.
22. Pais lenientes, filhos desobedientes.
23. Criança, se está quieta, é porque fez alguma.
24. Para a criança, mais vale o exemplo do que a crítica.
25. Melhor o filho chorar do que os pais.
26. Os filhos dos vizinhos são sempre os piores.
27. Os pais fiam, os filhos enrolam.
28. A criança tudo aceita se brincares com ela.
29. As crianças se iludem com doces e os adultos, com promessas.
30. Melhor conquistar a criança pelo respeito do que pelo medo.

Capítulo 39: Crime

1. Um crime pode ficar em segredo, mas jamais ficará em segurança.
2. Comete o terceiro crime quem defende o primeiro.
3. Quem faz o que quer, recebe o que não quer.
4. O crime é contagioso como a peste.
5. É fácil perdoarmos crimes que só nós conhecemos.
6. O crime não compensa.
7. O crime precisa de outro crime que o esconda.
8. Criminoso és se acobertas o crime do amigo.
9. Nenhum crime se funda na razão.
10. Pune-se o criminoso para corrigir os outros.
11. Não existe quem não tenha cometido um crime.
12. O crime perfeito se chama virtude.
13. Quem se contenta com um crime só?
14. Comete crime quem se aproveita de um crime.

Capítulo 40: Desejo

1. O desejo não conhece descanso.
2. Primeiro merece, depois deseja.
3. Começa a morrer quem deixa de desejar.
4. O desejo sobrevive à realização.
5. Quanto menos desejos, mais paz.
6. Vivemos no desejo, não na realização.
7. O homem é conduzido pelo desejo como um cavalo pelo cabresto.
8. Não se deseja o que não se conhece.
9. O que mais desejamos é o que não devemos ter.

Capítulo 41: Desespero

1. O desespero é mau conselheiro.

2. O desespero e a audácia expulsam o medo.

3. O desespero arruína alguns; a presunção arruína muitos.

4. Desesperar da vitória é garantir a derrota.

5. O desespero dobra as forças.

6. Não raro o desespero ganha a batalha.

Capítulo 42: Dificuldade

1. Quem acha tudo fácil terá muitas dificuldades.

2. Tudo é difícil antes de ser fácil.

3. A dificuldade é filha da preguiça.

4. A dificuldade é uma luz; a impossibilidade é o sol.

5. Muitas coisas difíceis de conceber são fáceis de fazer.

6. Nada é difícil demais para a vontade.

7. É a dificuldade que revela o homem.

8. O fácil fica difícil se feito com relutância.

9. Quanto maior a dificuldade, maior a glória.

Capítulo 43: Dinheiro

1. Mais força tem uma moeda do que duas verdades.

2. Homem sem dinheiro é arco sem flecha.

3. Onde há dinheiro, há amigos.

4. Todos regam o leitão gordo enquanto o magro queima.

5. Sem dinheiro, não te apresses.

6. O dinheiro abre todos os caminhos.

7. Dinheiro atrai dinheiro.

8. Dinheiro é o maior trunfo.

9. Não raro se perde dinheiro por querer mais dinheiro.

10. Para pescar um homem, a melhor isca é o dinheiro.

11. Mesmo de andrajos, o rico é acolhido.

12. O dinheiro nos desperta o riso.

13. O dinheiro dá domínio.

14. Com dinheiro a panela ferve.

15. Dinheiro faz e desfaz.

16. Dinheiro pronto é remédio rápido.

17. O amor pelo dinheiro e o amor pelo saber raramente se encontram.

18. O preço do dinheiro é a liberdade.

19. Dinheiro tem perfume em qualquer lugar.

20. Não há melhor companhia do que o dinheiro.

21. Ter dinheiro dá medo; não ter, dá dor.

22. Para bolso vazio, mel na língua.

23. O dinheiro tem asas.

24. Dinheiro é sempre bem-vindo.

25. Fala em dinheiro, o mundo se cala.

26. Quem tem cabeça e dinheiro sabe usá-lo bem.

27. O dinheiro é o esteio dos negócios.

28. Quanto mais se tem, mais se quer.

29. Gasta teu dinheiro se queres fazer dinheiro.

30. Quando o dinheiro fala, a verdade cala.

Capítulo 44: Discussão

1. A quem gosta de discutir nunca faltam palavras.
2. Quem grita mais sempre tem razão.
3. Se fosse se discutir tudo o que é discutível, as discussões jamais terminariam.
4. Pode-se convencer alguém contra sua vontade, mas não agradá-la.
5. Tratar teu adversário com respeito é lhe dar uma vantagem a que ele não tem direito.
6. Uma briga se dá aos gritos e socos, uma discussão se dá pela lógica.

Capítulo 45: Dívida

1. Viver endividado é viver enredado.
2. Um quilo de preocupação não paga um centavo da dívida.
3. Melhor dormir em jejum do que acordar endividado.
4. A dívida é a mãe da tolice e do crime.
5. Rico fica quem paga a dívida.
6. O trabalho paga as contas, o desespero aumenta as dívidas.
7. Dívidas e empréstimos trazem aflição e dor de cabeça.
8. Não gastes o que não tens.
9. Sem dívida, sem perigo.
10. Só fala de minhas dívidas se pretenderes pagá-las.
11. Dinheiro alheio em meu bolso é o mesmo que nada.
12. A dívida é o pior tipo de pobreza.
13. Rico é quem nada deve.
14. A dívida escraviza.
15. Dívida pequena traz credor; dívida grande traz inimigo.
16. Dívida e gratidão são coisas diferentes.
17. Penosa é a dívida para um homem honrado.
18. Até o doente dorme; o devedor vive insone.
19. Choro não paga dívida.

Capítulo 46: Doença

1. A doença é o tributo da dissipação.
2. A doença tem seu próprio curso.
3. A cada estação sua doença.
4. Quem nunca adoeceu, morre ao primeiro ataque.
5. A doença vem a cavalo, mas vai embora a pé.
6. Doença a gente sente, saúde não.
7. O pior doente é aquele que acha que está bem.
8. Ninguém está isento da dor e da doença.
9. Enfrenta a doença como ela é.
10. Esconder a doença mata.
11. O começo da saúde é conhecer a doença.

Capítulo 47: Dor

1. Pomos a mão onde dói.
2. Uma hora de dor é mais longa que um dia de prazer.

3. Muita dor para pouco proveito logo cansa.
4. Aprende com a dor.
5. A dor passa ao dar fruto.
6. Cada um sabe onde lhe doem os calos.
7. Prazer e dor, alguns se assemelham.
8. Toda ferida dói.
9. Nada vem sem dor, exceto unha suja e comprida.

Capítulo 48: Dúvida

1. O homem honesto não renuncia à dúvida honesta.
2. Nada sabe quem de nada duvida.
3. Os sábios tendem a duvidar.

Capítulo 49: Educação

1. É possível educar além da inteligência.
2. Mais vale construir escolas para crianças do que prisões para adultos.
3. Gênio sem educação é o mesmo que nada.
4. Nada mais digno do que a mente instruída.
5. O segredo da educação consiste no respeito pelo aluno.
6. O que a escultura é para o mármore, a educação é para o espírito.
7. A natureza fala mais alto do que a educação.
8. Educação demais pode ser um entrave.
9. A educação é um ornamento na prosperidade e um refúgio na adversidade.
10. A base da sociedade é a educação dos jovens.
11. Só os educados são livres.
12. A educação leva ao tesouro.
13. Só os ignorantes desprezam a educação.

Capítulo 50: Elogio

1. Quem se elogia se deprecia.
2. Cada um louva o que tem.
3. Falso elogio é ofensa.
4. Gostar de elogios é atrair tentações.
5. Louvada seja a ponte que se atravessa.
6. Elogio é paga.
7. O elogio melhora os bons e piora os maus.
8. Elogio imerecido é sátira.
9. Não merecemos elogios por fazermos o certo.
10. Um elogio só logo se esquece.
11. Aos mortos, todos os louvores.
12. Recusar elogio é pedir outro.

Capítulo 51: Embriaguez

1. Fala alto o álcool que sai da jarra.
2. A melhor cura da embriaguez é ver um ébrio.
3. O ébrio logo vira tolo.
4. Deixa em paz o ébrio: ele cairá sozinho.
5. A bebida entra, a verdade sai.
6. Embriaguez é loucura voluntária.

Capítulo 52: Emprestar

1. Queres um inimigo? Empresta a ele.
2. Melhor dar um dólar do que emprestar um centavo.
3. Empresta a um inimigo e ganharás um amigo; empresta a um amigo e ganharás um inimigo.
4. O que gastamos, temos; o que damos, recebemos em dobro; o que emprestamos, perdemos.
5. O empréstimo não volta risonho à casa; permanece hostil à distância.
6. Empresta apenas o que podes perder.
7. Se tens para emprestar, tens para dar, e ganhas mais com isso.

Capítulo 53: Engano

1. Engano chama engano.
2. Anunciam vinho e vendem vinagre.
3. Se o mundo quer ser enganado, por isso deve-se enganá-lo?
4. Pato é como gêmeo; não existe sozinho.
5. Os mais fáceis de enganar somos nós mesmos.
6. Há duplo prazer em trapacear o trapaceiro.
7. A desconfiança justifica o engano.
8. Uma pessoa pode ser mais esperta do que outra, mas não do que todas as outras.
9. A melhor maneira de atrair a trapaça é se achar mais esperto.
10. Muito nos engana o que amamos.

11. Para não ser enganado, mil olhos não bastam.

Capítulo 54: Ensino

1. Pior do que não ter ensino é ter um mau ensino.
2. Mal ensinam quem tudo ensina.
3. Ama-se o ensinamento pelo mestre.
4. Ensinar é aprender.

Capítulo 55: Erro

1. O erro do sábio é um erro sábio.
2. Pode-se crer tanto no erro a ponto de tomá-lo como verdade.
3. Só se defende um erro com outro erro.
4. O erro é planta que dá em qualquer solo.
5. O erro, como a palha, boia na superfície; a pérola jaz no fundo.
6. O erro honesto, lamenta-se, não se ridiculariza.
7. Rápido se prospera com os erros alheios.
8. Um erro gera vinte.
9. Ama a verdade e perdoa o erro.
10. Mesmo o mais sábio pode errar.

Capítulo 56: Espera

1. Melhor adiar do que falhar.
2. Vingança é um prato que se come frio.
3. Melhor atrasar do que errar.
4. A espera atiça o desejo.
5. A espera ensina a sabedoria.
6. O tempo não espera.

7. Para o prazer, qualquer espera é demais.
8. Quem espera sempre alcança.

Capítulo 57: Esperança

1. A esperança é a renda do pobre.
2. A esperança alimenta, mas não nutre.
3. Quem vive de esperança morre de fome.
4. A esperança é mau guia, mas boa companhia.
5. Sem esperança o ânimo esmorece.
6. Não troques o certo pelo esperado.
7. Nada está tão bem que não se espere ficar melhor.
8. Se perderes a esperança, mantém a paciência.
9. A esperança enriquece o tolo.
10. Sem esperança não há receio.
11. Grandes esperanças criam grandes homens.

Capítulo 58: Experiência

1. Conhece a água quem a atravessou.
2. Mais vale um grama de experiência adquirida do que um quilo de experiência ensinada.
3. Experiência é bom quando não sai caro demais.
4. A experiência é mãe do conhecimento e pai da sabedoria.
5. A experiência é uma escola cara, mas a única para os tolos.
6. Erras em culpar o mar se sobreviveste a dois naufrágios.

7. Sábio é quem aprende com a desgraça alheia.
8. A experiência ensina.
9. Para um rato velho, um gato velho.
10. Tristes experiências não deixam margem a dúvidas.
11. O sábio aprende com a desgraça alheia; o tolo, com a própria.
12. Pela minha panela sei como as outras fervem.
13. Gato escaldado tem medo de água fria.
14. A rã no poço nada sabe do mar.
15. Quem sofre lembra.

Capítulo 59: Falta

1. Negar o erro é repeti-lo.
2. Culpa dos tempos, dizemos de nossas faltas.
3. Ele é infalível em falhar.
4. Grandes são as faltas quando o amor é pequeno.
5. As faltas cometidas no escuro fazem enrubescer à luz do dia.
6. Errar é humano.
7. Toda falta tem um fundo de tolice.
8. Odiamos as faltas que não cometemos.
9. A maior falta é não se dar conta das próprias faltas.
10. Quem só procura defeito, só encontra defeito.
11. O corcunda só vê a corcunda do vizinho.
12. Se admitimos nossas faltas, é apenas por vaidade.
13. O defeito alheio ensina quem sabe ver.

14. O ótimo é inimigo do bom.
15. A semelhança com a virtude disfarça o defeito.

Capítulo 60: Fama

1. Toda fama é um perigo: a boa traz inveja; a má traz vergonha.
2. A fama é uma lente de aumento.
3. Fama é o que diz o povo.
4. A fama é prova da credulidade humana.
5. Só gosta de fama quem quer se inflar.
6. A fama é volúvel e parcial.
7. A fama, se vem, vem por si só.
8. A fama é efêmera como os famosos.

Capítulo 61: Fardo

1. Todo asno pensa que seu fardo é o maior.
2. A cada qual seu fardo.
3. Mesmo a carga leve pesa com o tempo.
4. Ninguém sabe quanto pesa o fardo alheio.
5. As costas se amoldam ao fardo.
6. Apenas o indigno se esquiva ao fardo.
7. Carregar bem o fardo diminui o peso.
8. Com vagar suporta-se melhor o fardo.
9. Leve é o fardo em costas alheias.

Capítulo 62: Fazer

1. O que é bem-feito agrada ao coração.
2. Melhor não fazer do que chorar depois de feito.
3. Somos feitos pelo que fazemos.
4. Às vezes agimos melhor do que pensamos.
5. A boa ação é sua própria recompensa.
6. Fazer é a resposta mais curta.
7. Sabemos melhor do que fazemos.
8. Nossa vida se mede em ações, não em anos.
9. Fazer exige mais vida do que viver.
10. O bom cala a boa ação.
11. Todos são filhos de suas ações.

Capítulo 63: Filantropia

1. A espécie humana não resulta do sentimento de humanidade.
2. Louvamos quem ama seus semelhantes humanos.
3. Não adies o bem que podes praticar.
4. O que fazes ao outro fazes a ti mesmo.
5. Apenas vive quem pratica o bem.

Capítulo 64: Filosofia

1. A filosofia é o doce leite da adversidade.
2. A clareza é a sinceridade dos filósofos.
3. Filosofia é dúvida.
4. Fique o filósofo com sua sabedoria.
5. A filosofia é o caminho; a meta é a sabedoria.
6. A filosofia é a mãe das artes.

7. O verdadeiro remédio do espírito é a filosofia.

8. Para gozares de liberdade, sê escravo da filosofia.

Capítulo 65: Fracasso

1. O fracasso ensina o sucesso.
2. Tenha coragem de lutar e perder.
3. Fracasso não faz parte do vocabulário do jovem.
4. Falhar numa imensa ambição é conhecer o mais atroz desespero.
5. Quanto mais alto, maior a queda.
6. Nem toda queda é um fracasso.
7. Quem sobe rápido, rápido cai.
8. Muito fracassa quem não se reergue.
9. Mais fácil falhar do que conseguir; mais fácil ainda nem tentar.
10. Quando uma árvore está para cair, todos gritam: "Abaixo com ela!".
11. Ousar é enfrentar a ideia de fracasso.
12. Nem tudo que vacila cai.

Capítulo 66: Gênio

1. O gênio precisa do ar da liberdade.
2. O gênio não tem pátria.
3. Gênio é sobretudo energia.
4. Gênio é a soma de trabalho e dedicação.
5. Gênio é paciência.
6. Gênio é a capacidade de trabalhar arduamente.
7. Gênio é a capacidade de evitar o trabalho árduo.
8. O gênio é inato, não se ensina.

9. Gênio sem uso enferruja.
10. A fome é criada do gênio.
11. Regras e modelos destroem o gênio.
12. O gênio é capaz de fazer o que o talento não faz.
13. A adversidade revela o gênio, a prosperidade o esconde.

Capítulo 67: Gentileza

1. A gentileza prende mais do que um empréstimo.
2. Gentileza nunca é desperdiçada.
3. Maior o parentesco, menor a gentileza.

Capítulo 68: Gratidão

1. Não cuspas no prato em que comes.
2. Agradece à ponte que te transportou.
3. De nada vale o agradecimento da boca para fora.
4. Muitos agradecem apenas na esperança de receber mais.
5. A gratidão logo envelhece e morre.

Capítulo 69: Guerra

1. Guerra gera guerra.
2. O primeiro golpe vale por dois.
3. Raro morre bem quem morre em batalha.
4. Não existe boa guerra ou má paz.
5. A guerra é o banquete da morte.
6. Vencer ou morrer, tais são os termos da guerra.

7. A guerra devora os bravos e poupa os covardes.
8. A guerra procura suas vítimas entre os jovens.
9. Pouca razão há nas armas.
10. A guerra só parece doce a quem não a provou.
11. Na guerra, silenciam as leis.
12. Depois da guerra, muitos se dizem heróis.

Capítulo 70: Gula
1. Barriga cheia é mãe do mal.
2. Barriga cheia, cabeça vazia.
3. O homem de estômago cheio não luta bem nem foge bem.
4. Um estômago vazio não ouve ninguém.
5. Quem não se importa com a barriga com pouco há de se importar.
6. Barrigas odeiam discursos compridos.
7. Barriga grande pesa nas costas.
8. O estômago pensa que costuraram a boca.
9. Barriga cheia, corpo em descanso.
10. Quando a barriga está cheia, a mente lava os pratos.
11. O estômago é o mais pontual dos relógios.
12. A fome é má conselheira.
13. Uma pança grande não refina o espírito.
14. É difícil discutir com o estômago: ele não tem ouvidos.
15. Estômago vazio não deixa dormir.

Capítulo 71: Hábito
1. A natureza das pessoas é a mesma; o que difere são os hábitos.
2. No começo, o hábito é um fio fino; depois, uma corda grossa.
3. O hábito é dez vezes mais forte do que a natureza.
4. É difícil quebrar um mau hábito.
5. Mais fácil prevenir do que remediar um mau hábito.
6. O homem é um animal de hábitos.
7. Os hábitos que não encontram resistência se tornam necessidades.
8. Muitas injustiças têm como causa o hábito.

Capítulo 72: Honestidade
1. O honesto não disputa a todo custo.
2. O honesto é cidadão do mundo.
3. O honesto não teme luz nem escuridão.
4. Mais vale ter mãos limpas do que mãos cheias.
5. Nunca é tarde demais para ser honesto.
6. A honestidade raramente leva à riqueza.

Capítulo 73: Humanidade
1. Ninguém é tão bom ou mau quanto parece.
2. O homem é um animal que negocia.
3. O homem é um animal que aposta.

4. O homem é uma substância envolta em sombras.

5. O homem não passa de um animal quando perde a vergonha.

6. O homem é o maior mal do homem.

7. Os seres humanos são os piores inimigos da humanidade.

8. Os costumes variam, mas a natureza humana é sempre a mesma.

9. A natureza é cíclica; a humanidade avança.

10. Ninguém nasce sabendo.

11. O ser humano é um simples caniço, mas um caniço pensante.

12. Para a humanidade, a única certeza é a morte.

13. Não existe glória ou desgraça maior do que a humanidade.

14. Palavras sábias muitas vezes vêm com ações tolas.

Capítulo 74: Idade

1. Cãs não seduzem donzelas.

2. Como o amor, é impossível esconder a idade.

3. O avanço da idade é irresistível.

4. Idosos pensam, jovens agem.

5. Bom seria viver sem envelhecer.

6. A idade traz sabedoria e tolice.

7. Belo é o outono da beleza.

8. Só contamos os anos quando não resta mais o que contar.

9. Muitos encanecem, mas não melhoram.

10. Poucos sabem envelhecer bem.

11. A idade traz mais rugas ao espírito do que ao rosto.

12. A velhice está no espírito.

13. A idade vem sem ser chamada.

14. Os velhos enxergam melhor à distância.

15. Muito ensinam a idade e o desgaste do tempo.

16. Mais vale a velhice da águia do que a juventude do pardal.

17. O que é o velho, além de voz e sombra?

18. A velhice é mais temível do que a morte.

Capítulo 75: Ignorância

1. O ignorante é como um sonâmbulo.

2. Não ter conhecimento é como estar morto.

3. O que encurta a vida não são os anos curtos, e sim o curto conhecimento.

4. A tragédia da ignorância é a complacência.

5. A única escravidão é a ignorância.

6. A doença da ignorância é ignorar a própria ignorância.

7. Melhor não nascer do que não aprender.

Capítulo 76: Inimigos

1. Todos têm inimigos.

2. A boca do inimigo raramente diz coisas agradáveis.

3. Mesmo de um inimigo pode-se aprender alguma coisa.

4. O sábio teme seus inimigos.

5. O mal que faz um inimigo é maior do que o bem de dez amigos.
6. Não existe pequeno inimigo.
7. Mesmo que teu inimigo seja um rato, encara-o como um leão.
8. Teus inimigos te fazem sábio.
9. A inimizade é raiva esperando vingança.
10. Ninguém chora a morte de um inimigo.
11. Melhor um bom inimigo do que um mau amigo.

Capítulo 77: Inveja

1. A inveja e a ira encurtam a vida.
2. Em casa vazia não entra inveja.
3. Inveja não enriquece ninguém.
4. Olhos ruins nunca enxergam bem.
5. O homem inveja o que mais tem.
6. Nada aguça a vista como a inveja.
7. Ao invejoso nunca faltarão desgostos.
8. Melhor ser objeto de inveja do que de piedade.
9. Inveja não tira férias.
10. Prefiro que meus inimigos me invejem a invejá-los eu.
11. O invejoso emagrece à prosperidade alheia.

Capítulo 78: Justiça

1. A demora da justiça é injustiça.
2. Não há justiça sem sabedoria.
3. Justiça ao extremo é injustiça.
4. Onde há justiça, há liberdade de obedecer.

5. Qualquer hora é hora certa para a justiça.

Capítulo 79: Juventude

1. Madeira verde queima rápido.
2. A juventude é a febre da razão.
3. Juventude é embriaguez sem vinho.
4. A imprudência na juventude traz arrependimento na velhice.
5. Se o jovem soubesse, se o velho pudesse.

Capítulo 80: Ladrões

1. O ladrão pensa que todos roubam.
2. O ladrão reconhece seus iguais.
3. Quando o roubo enriquece, o ladrão vira cavalheiro.
4. Chama alguém de ladrão, e ele roubará.
5. Quem rouba um tostão rouba um milhão.
6. Ladrão pequeno é enforcado, o grande se safa.
7. Para tornares honesto o ladrão, confia nele.

Capítulo 81: Lazer

1. Preguiça e lazer não se confundem.
2. Lazer demanda bom uso do tempo: quanto mais preguiçoso, menos lazer; quanto mais disciplinado, mais lazer.
3. Quem usa bem o tempo não tem lazer no lazer, pois usa o lazer para

aperfeiçoar o espírito e cultivar as amizades.

4. O lazer é a recompensa do trabalho, a mãe da filosofia, o dispensador de dádivas.

5. O lazer é o restauro da vida, consertando as fímbrias esgarçadas pela luta e pelo trabalho.

6. O lazer é o ventre da inovação, o irmão da arte, o companheiro do amor.

7. O lazer é o rio que completa o reservatório com água limpa e fresca.

Capítulo 82: Lei

1. Concorda, pois a lei é cara.
2. Recorrer à lei é como agarrar um lobo pelas orelhas.
3. Um patife rico é uma calúnia à lei.
4. Más leis fazem a pior tirania.
5. A melhor maneira de se livrar de más leis é aplicá-las com rigor.
6. O que a lei não consegue punir, não consegue persuadir.
7. Que a lei governe os homens se a razão governar a lei.
8. A lei é um poço sem fundo.
9. A lei é um punguista.
10. A lei deve servir, não comandar.
11. A lei é como teia de aranha: pega as moscas e a raposa atravessa.
12. Muita lei, pouca justiça.
13. Lei miúda, crimes graúdos.
14. A lei cria o crime, depois o pune.
15. Leis supérfluas são más leis.
16. Leis não têm uso para os puros; para os impuros, são desacatadas.

17. A tirania começa onde termina a lei.
18. O barulho das armas afoga a voz da lei.
19. Armas e leis não convivem.
20. Mais vale um mau acordo do que uma boa causa.
21. Mais leis, mais transgressores.
22. O príncipe não está acima da lei.
23. Teme o juiz, não a lei.

Capítulo 83: Liberdade

1. Melhor um pássaro livre do que um rei cativo.
2. Liberdade para o sábio é abster-se do mal.
3. Para ter liberdade, é preciso conquistá-la e preservá-la.
4. És livre no momento em que desejas a liberdade.
5. Os livres nunca envelhecem.
6. Perder a liberdade é perder tudo.
7. O mau jamais é livre.
8. Só é livre quem é dono de si.

Capítulo 84: Liberdade civil

1. Magra liberdade é melhor do que gorda escravidão.
2. Liberdade e licenciosidade são duas coisas diferentes.
3. O preço da liberdade é a eterna vigilância.
4. Melhor uma côdea de pão em liberdade do que iguarias na prisão.
5. A liberdade é o alento do progresso.
6. A liberdade é a terra dos livres.

Capítulo 85: Livros

1. Toda vez que se abre um livro aprende-se algo.
2. Um livro pode ser grandioso como uma batalha.
3. Os livros são navios que atravessam o oceano dos tempos.
4. Nem sempre o bom livro agrada a todos; nem todos alimentam o espírito.
5. O livro não traz sabedoria a quem já não a tem.
6. Melhor um quarto cheio de livros do que uma bolsa cheia de dinheiro.
7. Nada é tão velho quanto um livro novo.
8. Um bom livro é o melhor companheiro.
9. O livro de maior proveito é o que mais faz pensar.
10. A virtude dos livros é que podem ser lidos.
11. Não há nau que nos leve tão longe quanto um livro.
12. Usa teu casaco velho e compra o livro novo.
13. O que leio diz quem sou; quem sou diz o que leio.
14. Palavra por palavra são escritos os grandes livros.
15. É a imaginação do leitor que define o destino do livro.

Capítulo 86: Mães

1. Melhor que chore o filho do que suspire a mãe.
2. Muito agrado estraga a criança.
3. Mãe ligeira faz filha lerda.
4. A mãe faz o filho.
5. Menino mimado, herói covarde.
6. Coice de égua não fere o potro.
7. Amor de mãe nunca envelhece.
8. Elogia o filho e conquistarás a mãe.
9. Filho é a âncora que prende a mãe à vida.
10. Mãe trabalhadeira, filho mandrião.
11. O hálito da mãe é sempre doce.
12. Quem ama o feio, bonito lhe parece.
13. Raiva de mãe não dura uma noite.
14. A mãe entende o que diz o filho mudo.
15. Se o filho cai, a mãe chora; se a mãe cai, o filho ri.
16. Não é só a mãe que faz uma boa sopa.
17. Julga o filho não pelo que diz a mãe, mas pelo que dizem os vizinhos.

Capítulo 87: Mal

1. Os maus deixam sua marca por onde passam.
2. Toda carne podre tem o mesmo gosto.
3. Árvore ruim não dá bom fruto.
4. Má foice, mau ceifeiro.
5. O lobo perde o pelo, mas não perde o vício.
6. A má conduta é fonte de desgraça.
7. Melhor o bem longe do que o mal perto.

8. O mal se aprende depressa.
9. A forja do mal é a falta de coração e de cabeça.
10. O mal merece o mal que recebe.
11. A humanidade cria o mal que consegue suportar.
12. Só o vil se compraz na vileza.
13. Um mal gera mil.
14. O mal pode triunfar, mas jamais vencerá.
15. Dois males não fazem um bem.
16. Quanto maior o mal, mais calma tenhamos.
17. Ao maldoso, basta um segundo para fazer o mal.
18. Quem pratica um grande mal é quem melhor sabe removê-lo.
19. Uma vida de maldades é uma espécie de morte.

Capítulo 88: Maneiras

1. A boa educação é fruto do bom senso.
2. Fora como em casa.
3. A síntese das boas maneiras é "Depois de você".
4. Boas maneiras consistem em pequenos sacrifícios.
5. Os modos fazem o homem.
6. Boas maneiras são bons costumes.
7. Mudam-se os tempos, mudam-se os modos.
8. Más palavras corrompem as boas maneiras.
9. O poder corrompe a boa educação.

Capítulo 89: Medo

1. O medo é pai da coragem e mãe da segurança.
2. Quem teme tua presença odeia-te em tua ausência.
3. O medo gera crueldade.
4. O medo é mais forte do que o amor.
5. O medo nasce da ignorância.
6. O medo mata mais do que a doença.
7. Medo tolo, perigo dobrado.
8. Distribui tua coragem, guarda teu medo.
9. A maior temeridade é o medo.
10. A única coisa assustadora é o medo.
11. O intimorato é sua própria salvação.
12. Temer o pior pode curar o ruim.
13. O medo amansa leões.
14. Se a maioria te teme, teme a maioria.
15. O medo não observa o dever.
16. O medo faz crer no pior.
17. O que refreia os maus é o medo, não a clemência.
18. O medo é impiedoso diante do perigo extremo.
19. É um tormento temer o inevitável.
20. O terror cega e ensurdece.

Capítulo 90: Mente

1. A mente vazia ouve todas as sugestões, como a caverna ecoa todos os sons.

2. Corpo gordo, mente magra.
3. Mente que não semeia trigo colhe cardos.
4. Mesmo na escravidão, a mente é livre.
5. Ao final, a inteligência vence a espada.
6. Aguça tua mente contra outras mentes.
7. A nobreza é do espírito, não do sangue.
8. A mente nobre é para todos.
9. A mente leviana adora ninharias.
10. O sábio domina seu espírito, o tolo é dominado por ele.
11. O sofrimento mental é pior do que o físico.
12. Apenas o espírito não pode ser exilado.
13. A mente é o homem.
14. Relaxar a mente é perdê-la.
15. A mente comanda, o corpo obedece.

Capítulo 91: Mentiras

1. Meia verdade, grande mentira.
2. Quem muito ouve, ouve muitas mentiras.
3. Muitas vezes a mentira mais cruel é dita em silêncio.
4. As mentiras prosperam com a repetição.
5. Toda mentira tem um fundo de verdade.
6. Mentira tem pernas curtas.

Capítulo 92: Mentirosos

1. O mentiroso começa enganando os outros e termina enganando a si mesmo.
2. Velhos e viajantes mentem por diversão; advogados, por remuneração.
3. Por que se diz "Mostra-me um mentiroso e te mostrarei um ladrão"? Porque o mentiroso rouba a verdade.
4. Quando o mentiroso diz a verdade, quem acredita? Nem mesmo o honesto.
5. O mentiroso é rápido em jurar.
6. O mentiroso pode ir longe, mas não tem volta.
7. Quem sofre pela verdade é mais feliz do que o mentiroso.
8. Mentirosos não têm amigos de verdade.
9. O mentiroso não respeita os outros.
10. Os outros não respeitam o mentiroso.

Capítulo 93: Moderação

1. A moderação é um santo remédio.
2. As melhores coisas em excesso são nocivas.
3. Tudo tem medida.
4. Para o sábio, basta o suficiente.

Capítulo 94: Morte

1. Poucos têm sorte, todos têm morte.
2. Mortos não sentem frio.

3. O leito de morte revela o coração.

4. Para o moribundo, nada é fácil.

5. Uma boa morte traz honra a toda a vida.

6. A morte suave é o fim das preocupações.

7. São muitas as portas da morte.

8. A morte é apenas um incidente na vida.

9. A morte iguala a todos.

10. A morte põe fim a todas as dores.

11. À morte abre-se o portão da fama e fecha-se o da inveja.

12. A morte não aceita suborno.

13. A morte apanhará o médico também.

14. Feliz quem morre antes de chamar pela morte.

15. Quem teme a morte não vive.

16. Quem nasceu há de morrer.

17. Suave é a morte para o sofredor.

18. Nascer e morrer, ambos são naturais.

19. O terrível não é a morte, é morrer.

20. Paz, sono e descanso, é o que sabemos da morte.

21. Os mortos logo caem no esquecimento.

22. Os mortos têm poucos amigos.

23. As portas da morte estão sempre abertas.

24. Mais vale aceitar do que desejar a morte.

25. Não morre quem vive no coração dos vivos.

26. Choramos ao nascer, não ao morrer.

27. A morte quita todas as dívidas.

28. Só os mortos não voltam mais.

29. Não existe morte por procuração.

30. Morte rápida é um privilégio.

31. Todos são mais ricos ao nascer do que ao morrer.

32. O temível não é morrer, é ter morte desonrosa.

33. O sepulcro dos famosos é o mundo inteiro.

34. Morrer bem é parte importante da virtude.

35. São quatro vivos para carregar um morto.

36. A morte é o descanso da labuta e da infelicidade.

37. Às vezes a morte é uma dádiva.

38. A morte alcança qualquer fugitivo.

39. Foram se somar à maioria.

40. Não se sabe onde te aguarda a morte; então, espera-a em toda parte.

41. O medo da morte é pior do que a morte.

42. Os mortos vivem na memória dos vivos.

43. Leve é a terra para quem teve vida pesada.

44. Para tudo tem jeito, menos para a morte.

45. Uma boa morte é melhor do que uma má vida.

46. A morte revela a verdade.

47. Os jovens podem, os velhos devem.

Capítulo 95: Nascimento

1. Ninguém escolhe nascer.

2. Só acabamos de nascer depois de morrer.
3. Chorei ao nascer, e todo dia entendo por quê.
4. Ninguém nasce feito.
5. Ninguém nasce defendendo uma causa; escolhe-se depois.

Capítulo 96: Natureza

1. Para conhecer a natureza, consulte a natureza.
2. Se não passa pelos sentidos não pode ser natureza.
3. A verdadeira lei é a natureza.
4. A natureza obedece à necessidade.
5. A natureza não perdoa nenhum erro.
6. Para comandar a natureza, é preciso obedecê-la.
7. O volume da natureza é o livro do conhecimento.
8. A sabedoria e a natureza dizem as mesmas coisas.
9. A natureza sempre retorna.
10. A natureza não faz nada em vão.

Capítulo 97: Necessidade

1. A necessidade é mais forte do que o ferro.
2. A necessidade é o argumento dos tiranos e o credo dos escravos.
3. A necessidade faz do honesto um tratante.
4. A necessidade nunca faz um bom negócio.
5. Fazemos o que precisamos e lhe damos belos nomes.
6. A necessidade é mestra severa.

7. Todo ato de necessidade é desagradável.
8. O sábio nunca contraria a necessidade.
9. Para a necessidade não existe vergonha.

Capítulo 98: Negócios

1. Não abras uma loja se não sabes sorrir.
2. Lenha não se vende na mata, nem peixe no lago.
3. Dirige teu negócio ou ele te dirigirá.
4. Todos vivem de vender alguma coisa.
5. O barato sai caro.
6. Cuida de tua loja e ela cuidará de ti.
7. Bom produto vende fácil.
8. Não compres por ser barato.
9. Compra na feira, vende em casa.
10. Há mais tolos comprando do que vendendo.
11. Cem olhos na hora de comprar, nenhum na hora de vender.

Capítulo 99: Ociosidade

1. Tudo é fácil para o laborioso e difícil para o preguiçoso.
2. Cabeça ociosa é cabeça de vento.
3. Preguiça na juventude, necessidade na velhice.
4. Água parada é venenosa.
5. Cão ocioso, rebanho receoso.
6. Os ociosos têm menos lazer.
7. Os ociosos têm mais trabalho.

8. A ociosidade é mãe da pobreza e ama do vício.
9. A ociosidade destrói.
10. A ociosidade anda tão devagar que a pobreza logo a alcança.
11. Qualquer um pode não fazer nada.
12. Fazer nada é ser nada.
13. A preguiça é o sono da mente.
14. O ocioso respira, mas não vive.

Capítulo 100: Ódio
1. Não entendes a quem odeias.
2. O ódio não envelhece.
3. O ódio e a desconfiança nascem da cegueira.
4. Ódio é autopunição.
5. O ódio tem olhos aguçados.
6. Um verdadeiro homem não odeia ninguém.
7. O ódio rebaixa.
8. Ódio renovado é ódio redobrado.
9. Ódio anunciado, vingança perdida.
10. Odiamos a quem ferimos.
11. As pessoas odeiam a quem temem; a quem odeiam, desejam a morte.

Capítulo 101: Opinião
1. Apenas as mentes tacanhas se afastam por diferenças de opinião.
2. Opiniões errôneas podem ser toleradas onde a razão é livre para combatê-las.
3. A opinião em pessoas de bem é conhecimento em construção.
4. Cada cabeça, uma sentença.

5. Um homem que nunca muda de opinião é como água parada, onde proliferam os répteis.
6. A opinião é a rainha do mundo.
7. Quem nunca retira uma opinião ama mais a si do que à verdade.

Capítulo 102: Oportunidade
1. Agarra uma oportunidade e logo surgirão mais duas.
2. Iça as velas ao vento bom.
3. A oportunidade não avisa quando vai chegar.
4. Quem aproveita o momento certo é a pessoa certa para o momento.
5. Aproveita tua oportunidade.

Capítulo 103: Ousadia
1. À ousadia nunca falta uma arma.
2. O tratante ousado prospera sem um pingo de siso; o honesto passa fome por falta de desfaçatez.
3. A ousadia não guarda bem as promessas.
4. Não raro a grande ousadia é um pouco absurda.
5. Ousado é o rato que se aninha na orelha do gato.
6. A ousadia é um baluarte.
7. A ousadia leva ao ápice ou ao abismo.

Capítulo 104: Paciência
1. De grão em grão, a galinha enche o papo.
2. Quem espera tudo alcança.
3. Pobre é quem não tem paciência.

4. A paciência pode mais do que a força.
5. A paciência cura todas as feridas.
6. A paciência abre todas as portas.
7. A paciência vence todos os infortúnios.
8. Paciência imposta, fúria a postos.
9. Ama-te de paciência e embaralha as cartas.
10. Com tempo e paciência, da amoreira vem a túnica de seda.

Capítulo 105: Pais

1. O que o filho teme não é a cólera, é o silêncio do pai.
2. Louvando o filho, a si louva o pai.
3. Quem ama a árvore ama os ramos.
4. Ninguém é responsável por seu pai.
5. Um pai pode amparar dez filhos, mas dez filhos raramente amparam um pai.
6. Um pai ensina mais do que cem mestres.
7. Ama os filhos o pai que odeia suas faltas.
8. Estará a salvo no julgamento quem tem pai juiz.

Capítulo 106: Pão

1. Bolotas bastavam até inventarem o pão.
2. Pão e queijo protegem da morte.
3. Pão comido, pão esquecido.
4. Partilho teu pão, canto tua canção.
5. O pão do vizinho é mais gostoso.
6. Pão alheio sai caro.
7. Sei o que digo quando peço pão.
8. Para o pão logo se encontra uma faca.

Capítulo 107: Paz

1. A paz alimenta, a rixa devora.
2. Mais vale uma magra paz do que uma gorda vitória.
3. A sabedoria traz paz e abundância.
4. A paz começa onde termina a ambição.
5. A paz obtém maiores vitórias do que a guerra.
6. Se não tens paz interna, não encontrarás paz em lugar algum.

Capítulo 108: Pensamento

1. Um momento pensando vale como uma hora falando.
2. Um pensamento pode te aprisionar.
3. Se pensássemos mais, agiríamos menos.
4. Pensa hoje, fala amanhã.
5. Não há colheita do pensamento sem a sementeira do caráter.
6. Mesmo o homem bom pensa coisas ruins.
7. O homem é mero caniço, o mais frágil da natureza, mas é um caniço pensante.

Capítulo 109: Perdão

1. Bom perdoar, melhor esquecer.
2. Perdoa antes aos outros do que a ti.
3. O ofensor nunca perdoa.

4. O perdão fácil atrai novas ofensas.
5. Quem ama, perdoa.
6. Compreender é perdoar.
7. O perdão é melhor do que a vingança.

Capítulo 110: Perigo

1. Quem ama o perigo morre por ele.
2. O perigo nasce ao nascermos.
3. Perigo e prazer crescem juntos.
4. O perigo é vizinho da segurança.
5. Perigo cura perigo.
6. O perigo é o acicate das grandes mentes.
7. O risco atrai a oportunidade.
8. O perigo traz medo, o medo traz mais perigo.
9. Perigo previsto, perigo evitado.
10. Quem teme o perigo a tempo raramente estará em perigo.
11. Se não queres perigo, não te ponhas ao mar.
12. Se o perigo parece pequeno, é hora de cautela.
13. Não há quem não seja um perigo para outro alguém.
14. Sem perigo não há glória.
15. Desprezar o perigo é apressá-lo.
16. Feliz o que se acautela com o perigo alheio.
17. Vence o perigo quem o arrosta de saída.
18. Quanto mais próximo o perigo, menor o medo.
19. Sem perigo não há emoção.
20. Teme o touro de frente, o cavalo por trás e o homem por todo lado.
21. Não cutuques a onça com vara curta.

Capítulo 111: Pesar

1. Na dor, um minuto parece uma hora.
2. Divide teu pesar e terás um pouco de paz.
3. O sábio aprende com a dor.
4. O novo pesar redesperta o anterior.
5. A ação é o melhor remédio para a dor.
6. O pequeno pesar nos enternece, o grande pesar nos endurece.
7. De todos os males da humanidade, o maior é o pesar.
8. Quem esconde a dor não encontra remédio.
9. O leve pesar consegue falar; o grande pesar não tem palavras.
10. Não há dor que o tempo não alivie.
11. O maior dos pesares é a memória de tempos melhores.
12. Não acordes o sono da dor.
13. O mais longo pesar chega ao fim.
14. Notícia ruim chega rápido.

Capítulo 112: Pobreza

1. Quem se acusa de pobreza acha que é culpado.
2. Quem lambe a faca pouco tem para os outros.
3. Em porta baixa tens de te agachar.
4. Elogiar a pobreza é fácil; difícil é suportá-la.

5. A pobreza consente, não a vontade.
6. Pobreza não é vício, é inconveniência.
7. A pobreza é a mãe da saúde.
8. A pobreza é a pior guardiã da castidade.
9. Não há virtude que a pobreza não destrua.
10. A pobreza é a mãe do crime.
11. Calha melhor a riqueza após a pobreza do que o inverso.
12. Bolsa leve, coração pesado.
13. A pobreza é uma espécie de lepra.
14. Os pobres nunca são livres.
15. Quando a pobreza fala, mesmo sendo verdade, ninguém acredita.
16. Honrada é a condição da pobreza contente.
17. Poucos bens, poucos cuidados.
18. Para o pobre, é natural contar seu rebanho.
19. A fortuna vai devagar à pobreza.
20. Há muitas coisas que o roto não se atreve a dizer.
21. Não ter nada não é ser pobre.
22. A pobreza é um manto ardente.

Capítulo 113: Poder

1. Se queres poder, finge tê-lo.
2. Maior poder, maior riqueza.
3. O poder enfraquece os maus.
4. Maior o poder, pior o abuso.
5. O poder corrompe.
6. A amizade com o poder nunca é segura.
7. O poder mal adquirido nunca é usado para o bem.

Capítulo 114: Política

1. Todos os políticos morrem engasgados com suas mentiras.
2. Político honesto é aquele que se vende a um só.
3. Alguns políticos morrem, mas nenhum renuncia.
4. Políticos não amam nem odeiam.
5. Raposa velha usa experiência passada.
6. Partido é loucura da maioria para lucro da minoria.
7. Política é jogo de aposta.
8. Vã esperança, trazer felicidade ao povo pela política.
9. Quando findam as grandes questões, iniciam-se os pequenos partidos.
10. O cargo mostra a pessoa.

Capítulo 115: Povo

1. A plebe tem mil cabeças e nenhum cérebro.
2. O povo é ingrato.
3. A tirania da multidão é tirania multiplicada.
4. Cultuar o povo é ser cultuado.
5. Não confies na plebe de muitas opiniões.
6. Não existe nada mais incerto do que o julgamento da plebe.
7. É fácil se unir à multidão.

Capítulo 116: Prazer

1. Se queres prazer, trabalha para consegui-lo.
2. Depois da coceira gostosa vem a chaga dolorosa.

3. Evita o prazer que te morderá amanhã.
4. Busca o prazer e ele fugirá; foge do prazer e ele te buscará.
5. Por um prazer enfrentam-se mil dores.
6. O prazer encurta as horas.
7. O prazer é o maior incentivo ao vício.
8. O prazer raro é mais saboroso.
9. Não existe prazer puro sem mistura.

Capítulo 117: Pressa

1. O tolo corre à toa.
2. Quem tem pressa come cru.
3. A pressa anda sozinha.
4. Rápido é quem tem paciência.
5. Quem tem pressa nada pesca.
6. Correr demais cansa.
7. Devagar se vai mais longe
8. Apressado e vagaroso chegam juntos.
9. Grande pressa, muito erro.
10. A pressa é mãe do fracasso.
11. Pressa e prudência não se cruzam.
12. Derrama a água quem verte depressa.

Capítulo 118: Presunção

1. A presunção é o consolo dos pequenos.
2. Vazio é quem é cheio de si.
3. Quem se enamora de si não terá rival.
4. Quem arrota presunção pensa que seu arroto é ouro.

Capítulo 119: Prosperidade

1. A prosperidade revela o vício; a adversidade, a virtude.
2. A prosperidade é grande mestra; a adversidade, ainda maior.
3. A prosperidade afrouxa a rédea.
4. A prosperidade faz amigos, a adversidade os põe à prova.
5. O rico nunca sabe se é realmente amado.

Capítulo 120: Provérbios

1. O provérbio nasce da experiência.
2. O provérbio é a frase curta da longa experiência.
3. Não existe falso provérbio.
4. Muitas vezes um pequeno ditado guarda grande sabedoria.
5. O provérbio é dito de espírito de uma pessoa e dito de sabedoria de muitas.
6. Trata a dor com ditados.
7. Provérbio é o dito do tolo.
8. O sábio faz provérbios; o tolo os repete.

Capítulo 121: Prudência

1. A prudência raramente erra.
2. Louva o mar e fica em terra firme.
3. Quem anda descalço, que não pise em espinhos.
4. Um homem prevenido vale por dois.
5. Melhor prevenir do que remediar.
6. Sempre é tempo de prudência.
7. O acaso luta ao lado do prudente.

8. Prudência traz segurança, mas nem sempre felicidade.

Capítulo 122: Raiva

1. A raiva monta um cavalo louco.
2. A raiva atiça a valentia.
3. A raiva é má conselheira.
4. A raiva sempre tem alguma razão, mas raramente é boa.
5. A raiva afia a língua dos obtusos, mas continuam medíocres.
6. A raiva é seu próprio castigo.
7. Ao raivoso não faltam inimigos.
8. Cuidado quando um homem paciente perde a calma.
9. Cão que ladra não morde.
10. A raiva cega.
11. A raiva dá força à mão mais fraca.
12. Esconder a raiva faz mal.
13. Se esperares, a raiva passa.
14. A raiva é tola.

Capítulo 123: Razão

1. Ouve a razão ou ela se fará sentir.
2. A razão governa o sábio e esbordoa o tolo.
3. O que a razão faz a paixão desfaz.
4. Poucos têm a força de seguir sempre a razão.
5. A razão leva anos para chegar.
6. Nada dura se a razão não perdura.
7. A razão é a lâmpada da vida.
8. A razão é a alcoviteira da vontade.

Capítulo 124: Reputação

1. O bom nome reluz na escuridão.
2. Boa reputação, boa posição.
3. É difícil curar uma reputação ferida.
4. Melhor que calem do que falem mal de ti.

Capítulo 125: Resolução

1. Decide-te e a coisa está pronta.
2. Nunca antecipes tua resolução.
3. Respira fundo na subida.

Capítulo 126: Riquezas

1. Rico é o homem que de pouco precisa.
2. Não se presta à riqueza quem teme usá-la.
3. Onde se acumula a riqueza, decaem os homens.
4. Melhor viver rico do que morrer rico.
5. O rico não tem defeitos.
6. Riqueza consegue-se com esforço, conserva-se com cuidado, perde-se com dor.
7. A riqueza supérflua só pode comprar o supérfluo.
8. O orgulho do rico é a faina do pobre.
9. A riqueza é a maior inimiga da saúde.
10. A riqueza é boa criada e má patroa.
11. A riqueza sem um coração generoso é um mendigo horroroso.
12. O rico tem sua casa em todo lugar.
13. Freio de ouro não melhora o cavalo.

438 PROVÉRBIOS

14. Mais goza a riqueza quem dela menos precisa.
15. As tolices do rico passam por sabedoria.

Capítulo 127: Riso

1. O riso da donzela é meia conquista andada.
2. Tolo é quem ri imitando os outros.
3. O riso é um raio de sol na casa.
4. Tudo causa riso ou pranto.
5. O homem se revela por aquilo que o faz rir.
6. Triste é quem muito ri.
7. Perigoso é o riso fora de hora.
8. Existe coisa pior do que rirem de ti?

Capítulo 128: Rubor

1. Não é um bruto quem enrubesce.
2. As pessoas enrubescem mais por suas fraquezas do que por seus crimes.
3. Melhor ver o jovem corar do que empalidecer.
4. O rubor no culpado é sinal de que pode se emendar.
5. Melhor subir sangue ao rosto do que abandonar o corpo.

Capítulo 129: Sabedoria

1. Uma enxurrada de palavras não é prova de sabedoria.
2. As portas da sabedoria nunca se fecham.
3. Às vezes é sábio parecer tolo.
4. A sabedoria quer frutos, a tolice quer flores.
5. Nem sempre a sabedoria se mede por anos.
6. O sábio busca a sabedoria; o tolo a encontrou.
7. O sábio oculta sua sabedoria, o tolo ostenta sua tolice.
8. A maior sabedoria é conhecer as próprias fraquezas.
9. Rara é a sabedoria na juventude e na beleza.
10. Nada fere os sábios.
11. A casa do sábio é o mundo.
12. Já é sábio o suficiente quem tem inteligência para cuidar de seus afazeres.
13. Parecem sábios os que prosperam.
14. Somos mais sábios do que pensamos.
15. Ninguém é sábio o tempo todo.
16. Mais fácil ser sábio com os outros do que consigo mesmo.
17. O sábio é forte.
18. Muito aprende o sábio com seus inimigos.
19. Ninguém é sábio sozinho.
20. Ninguém é o único sábio.

Capítulo 130: Saúde

1. Cabeça fria e pés quentes, vida longa.
2. Jovem é quem tem saúde.
3. Triste é a vida de quem vive de remédios.
4. Melhor perder a saúde como um pródigo do que desperdiçá-la como um avarento.

5. Perde a saúde quem a protege demais.
6. Melhor perder uma refeição do que ter cem médicos.
7. Há saúde quando os pés fazem mais do que a boca.

Capítulo 131: Silêncio
1. A palavra é de prata, o silêncio é de ouro.
2. O silêncio pode ser eloquente.
3. Tolo não é quem sabe calar.
4. Em silêncio pega-se o peixe.
5. O sábio cala em tempos de perigo.
6. O silêncio do povo é um alerta ao rei.
7. Cuidado com o cão que não ladra e a água que não se move.
8. Silêncio é força.
9. O silencioso é perigoso.

Capítulo 132: Sonho
1. O homem de ação é um sonhador.
2. Tolos são os sonhos dos tolos.
3. Sonhos de amor raramente ganham realidade.
4. Nada dura muito nos sonhos mais felizes.
5. Quanto mais sonhas, menos crês.

Capítulo 133: Sorte
1. A sorte pode ganhar o que o azar perdeu.
2. Quem nada deixa ao acaso raramente age mal, mas raramente age.

3. Alguma coisa sempre precisa ser deixada ao acaso.
4. Não adianta chorar o leite derramado.
5. Quem depende da sorte nunca sabe quando vai jantar.
6. A sorte está sempre do lado dos prudentes.
7. Sorte e bravura se fundem.
8. O acaso é mais um senhor.
9. Sorte e justiça formam um par desigual.
10. São as probabilidades que guiam a conduta dos sábios.
11. O acaso dá, o acaso tira.
12. Se a oportunidade passa a teu lado, ela te encontrará.

Capítulo 134: Suborno
1. O suborno não precisa bater à porta.
2. Todos têm seu preço.
3. Suborno e roubo são primos-irmãos.
4. Raros têm virtude para resistir ao lance mais alto.
5. A honestidade fica à porta, o suborno entra.
6. A mão engraxada nada recusa.

Capítulo 135: Sucesso
1. A vida só começa com o sucesso.
2. Não há nada mais impudente do que o sucesso.
3. O sucesso muda as maneiras.
4. Do sucesso ninguém reclama.
5. O sucesso é filho da audácia.

6. Com sucesso, um tolo parece sábio.
7. Muitos fracassam onde um se sai bem.
8. O sucesso tem muitos amigos.

Capítulo 136: Tempo

1. O tempo vence tudo.
2. O ouro não compra o tempo.
3. Há o tempo de pescar e o tempo de secar as redes.
4. Basta um pequeno instante para tramar um grande crime.
5. Não ter tempo e não usar bem o tempo se equivalem.
6. Perder o momento presente é perder todo o tempo.
7. Não há como reencontrar o tempo perdido.
8. Silenciosos são os passos do tempo.
9. O tempo doma o touro bravo.
10. O tempo voa, mas deixa sua sombra.
11. A mão do tempo amansa.
12. O tempo cura todas as feridas.
13. O tempo é o cavaleiro que doma a juventude.
14. Tempo perdido é existência, tempo usado é vida.
15. Escolher a hora é poupar tempo.
16. Quem pior usa o tempo é quem mais reclama de sua brevidade.
17. O tempo é o mais sábio dos conselheiros.
18. O passado não volta mais.

Capítulo 137: Tentação

1. O cofre aberto tenta os honestos.
2. Cadeado quebrado é convite ao gatuno.
3. Caí na isca, diz o peixe.
4. É fácil guardar um castelo que nunca foi assaltado.
5. Não tentes o desesperado.
6. Menor a tentação, maior o crime.
7. Quem é pior, o tentador ou o tentado?

Capítulo 138: Tolice

1. A tolice tem asas de águia e olhos de coruja.
2. A tolice dispensa regador.
3. A tolice adoece de tolice.
4. Feliz quem aprende com suas tolices juvenis.
5. Se tolice fosse dor, haveria pranto em todos os lares.
6. Não tivessem os outros sido tolos, nós seríamos.
7. É tolice se afogar em terra seca.
8. É tolice querer comprar reputação.
9. É tolice repetir a canção aos surdos.
10. Tolice de um, sorte de outro.
11. Quem não comete tolices não é tão sábio quanto pensa.
12. A tolice é infortúnio infligido a si mesmo.
13. Melhor aconselhar do que punir a tolice.
14. A riqueza desculpa a tolice.
15. Vergonha não é a tolice, é não aprender com ela.

Capítulo 139: Tolos

1. A mente do tolo está sempre na ponta de sua língua.
2. Os tolos são como os outros, desde que fiquem calados.
3. Um tolo faz mais perguntas numa hora do que um sábio conseguiria responder em sete anos.
4. Os tolos às vezes têm razão.
5. O tolo e o sábio, olhando a mesma árvore, veem árvores diferentes.
6. O tolo tem língua tão comprida que se engasga com ela.
7. O tolo rico é o tesoureiro do sábio.
8. Todos são tolos às vezes; ninguém é tolo sempre.
9. De tolo, todos têm um pouco.
10. Tolo é quem lida com tolos.
11. Os tolos se atacam naquilo em que os sábios estão de acordo.
12. O tolo corta os dedos; o sábio, a língua.
13. O tolo gosta de ver o sábio tropeçar.
14. O tolo ata, o sábio desata.
15. Não é sábio quem nunca se faz de tolo.
16. Muitos tolos pensam que são apenas ignorantes.
17. Os tolos trocam elogios.
18. O tolo vagueia, o sábio viaja.
19. O sábio extrai maior proveito de seus inimigos do que o tolo de seus amigos.
20. Sempre há um tolo para elogiar outro tolo.
21. O cabeleireiro pode aprender seu ofício na cabeça de um tolo.
22. Se tolos não comessem pão, o trigo seria barato.
23. Com os tolos é sempre feriado.
24. Não fales de pedras ao tolo, para que ele não te apedreje.
25. O tolo diz o que sabe, o sábio sabe o que diz.
26. Melhor um tapa do sábio do que um beijo do tolo.
27. Melhor perder com um sábio do que ganhar com um tolo.

Capítulo 140: Tomar emprestado

1. Manto emprestado não esquenta.
2. Roupa emprestada nunca serve direito.
3. Melhor comprar do que pegar emprestado.
4. A memória do credor é melhor do que a do devedor.
5. Tendo um cavalo teu, podes tomar outro emprestado.
6. Quem pega emprestado devolve com vergonha ou prejuízo.
7. Triste préstimo é o empréstimo.
8. Se conheces o valor do dinheiro, tenta tomar um empréstimo.
9. Tomar emprestado só traz problemas.
10. Pedir emprestado dá certo apenas uma vez.

Capítulo 141: Verdade

1. A verdade muitas vezes é paradoxal.

2. Melhor sofrer por bem do que prosperar por mal.

3. Guardar a verdade é enterrar ouro.

4. Todas as grandes verdades começam como blasfêmias.

5. Todas as portas se fecham a quem diz a verdade.

6. A mentira dá a volta ao mundo enquanto a verdade ainda amarra os sapatos.

7. Nem toda verdade deve ser dita.

8. O artifício precisa de roupas, mas a verdade gosta de andar nua.

9. Frente a frente, a verdade vem à tona.

10. Uma meia verdade é muitas vezes uma grande mentira.

11. Encontrar uma verdade é acender uma tocha.

12. A verdade dá asas à força.

13. A verdade explica tudo.

14. Quando se briga demais, ninguém tem razão.

15. Para enganares o mundo, diz a verdade.

16. A verdade é dura; poucos conseguem enfrentá-la.

17. A verdade pode definhar, mas nunca morre.

Capítulo 142: Vergonha

1. A vergonha sobrevive à pobreza.

2. Onde há vergonha, com o tempo pode haver mérito.

3. Quem perde a vergonha perde tudo.

4. Quem não tem vergonha é dono do mundo.

5. Na terra dos nus, a roupa causa vergonha.

Capítulo 143: Vida

1. A vida é curta e cheia de bolhas.

2. Uma vida longa pode não ser boa, mas uma vida boa pode ser longa o que baste.

3. Viver bem é viver muito.

4. A vida está toda neste momento.

5. A vida é curta e o tempo é rápido.

6. Não vive mais quem vive mais tempo.

7. A vida é uma escola de probabilidades.

8. A vida é uma lição de humildade.

9. A vida é um tear, tecendo ilusões.

10. A vida é como um dia de inverno.

11. O segredo da vida não é fazeres o que gostas, é gostares do que fazes.

12. Muitos não vivem, apenas sobrevivem.

13. Não procures uma vida de ouro numa idade de ferro.

14. Enquanto estou vivo, que minha vida não seja em vão.

15. O mal não é a vida em si, é vivê-la mal.

16. Vive mal quem está sempre começando a viver.

17. Vivemos como podemos, não como queremos.

18. Enquanto vivermos, continuemos a aprender como viver.

Capítulo 144: Vingança

1. A vingança nunca é tardia demais.
2. Pensar na vingança mantém a ferida aberta.
3. Quem menos reclama é quem planeja a vingança.
4. É mais custoso vingar as ofensas do que suportá-las.
5. Viver bem é a melhor vingança.
6. A mais nobre vingança é o perdão.
7. A vingança pode demorar, mas, quando vem, vem pesada.
8. A vingança é um prato que se come frio.
9. A vingança é confissão de dor.

Capítulo 145: Virtude

1. Sem virtude não há liberdade.
2. Virtude não se herda.
3. A virtude nunca envelhece.
4. Sensatez e virtude são a mesma coisa.
5. Ao se justificar, a virtude se avilta.
6. Para a felicidade, basta a virtude.
7. Vence pela virtude.
8. A virtude ganha elogios e passa fome.
9. A virtude vence a inveja.
10. A pobreza não destrói a virtude, nem a prosperidade confere virtudes.

O LEGISLADOR

Capítulo 1

1. Ao ouvir a sabedoria dos que participavam dos conselhos dos reis e presenciavam o governo de muitas terras,

2. Vê-se que, se é possível governar as vidas e os corpos, não é tão fácil governar as mentes – mas tampouco é certo,

3. Pois a mente humana é, em si, um reino, e os dirigentes sábios sabem onde ficam as fronteiras de seus reinos.

4. Se fosse tão fácil controlar a mente como se controla a língua das pessoas, todo rei estaria em segurança em seu trono e o governo compulsório deixaria de existir;

5. Pois todos os súditos moldariam a vida de acordo com as intenções de seus governantes

6. E considerariam algo verdadeiro ou falso, bom ou mau, justo ou injusto, em obediência a seus ditames.

7. Mas nenhuma mente pode ficar sob o comando total de outrem,

8. Pois ninguém cede de boa vontade o direito natural à liberdade de pensamento e julgamento, mesmo compelido a isso.

9. Por tal razão, considera-se tirânico o governo que tenta controlar as mentes,

10. Um abuso da soberania e uma usurpação dos direitos dos súditos. É errado procurar prescrever o que deve ser aceito como verdade ou rejeitado como falsidade, ou estabelecer quais opiniões devem mover os homens.

11. Todas essas questões fazem parte do direito natural da pessoa, do qual ela não pode abdicar mesmo com consentimento,

12. Mesmo sob o látego da tirania recaindo sobre o corpo e a vida.

13. O julgamento pode ser tendencioso de muitas maneiras, às vezes a um grau extremo,

14. De forma que, embora isento de controle externo direto, pode a tal ponto depender de palavras alheias que bem se pode dizer que ele é governado por outrem;
15. É como procedem os proselitistas, demagogos e mestres dos jovens e dos crédulos,
16. Os quais usam sua autoridade para incutir nos outros suas próprias crenças e ideias;
17. Mas, embora essa influência possa ser grande, nunca chegou a ponto de invalidar a seguinte verdade:
18. Cada qual tem seu próprio entendimento e a mente varia como o palato.
19. Por vezes, os demagogos obtiveram tal domínio sobre o julgamento popular que foram considerados sobre-humanos,
20. Acreditando-se que falavam e agiam com autoridade especial;
21. Não obstante, mesmo os mais famosos não puderam escapar a murmúrios e interpretações maldosas.
22. Como, então, poderiam outros monarcas evitá-los?
23. No entanto, tal poder ilimitado, se existe, deve pertencer a um monarca
24. Ou, quando menos, a uma democracia onde todo o povo ou grande parte dele exerce coletivamente a autoridade.
25. Assim, por ilimitado que possa ser o poder do soberano, não pode

impedir que as pessoas formem julgamentos segundo seu próprio intelecto ou sob a influência de suas emoções.
26. Portanto, visto que ninguém pode abdicar da liberdade de julgamento e sentimento, visto que todos, por direito natural irrevogável, são os donos de seus próprios pensamentos,
27. Segue-se daí que as pessoas pensando de maneiras variadas e contraditórias não podem, sem que advenham consequências calamitosas, ser obrigadas a falar apenas de acordo com os ditames do poder supremo.
28. Nem mesmo os mais experientes, para não falar da multidão, sabem manter silêncio.
29. A meta suprema do governo não é comandar nem restringir pelo medo, nem extrair obediência,
30. E sim libertar todas as pessoas do medo, para que possam viver em segurança;
31. O que é fortalecer seu direito natural de existir e trabalhar sem dano a si ou a outrem.
32. Dessa forma, o objetivo do governo não é transformar as pessoas de seres racionais em animais ou marionetes,
33. E sim possibilitar que se desenvolvam em segurança e empreguem sua razão sem empecilhos;

446 O LEGISLADOR

34. Sem mostrarem ódio, raiva ou trapaça, nem ficarem sob os olhos da inveja e da injustiça.

35. Em suma, a verdadeira meta do governo é a liberdade civil.

Capítulo 2

1. Como é impossível preservar a paz a menos que os indivíduos transijam em seu direito de agir totalmente de acordo com o próprio julgamento,

2. Com justeza cedem o direito da liberdade de ação em casos necessários e apropriados, mas não o direito de livre pensamento e julgamento;

3. Pois as pessoas não podem agir contra as autoridades sem trazer risco para o Estado, mesmo que seus sentimentos e julgamentos possam divergir;

4. Podem até falar contra as autoridades, desde que o façam por convicção racional,

5. Não por fraude, raiva ou ódio, e desde que não tentem introduzir nenhuma mudança em sua autoridade privada.

6. Por exemplo, supondo que uma pessoa mostre que uma lei repugna à razão e deve ser rejeitada:

7. Se ela submeter sua opinião ao julgamento daqueles únicos que têm o direito de fazer e rejeitar leis,

8. E enquanto isso agir de maneira que não contrarie aquela lei, merece respeito do Estado e se conduz como cabe a um bom cidadão;

9. Mas, se acusa as autoridades de injustiça e instiga o povo contra elas,

10. Ou procura anular sediciosamente a lei sem seu consentimento, esse indivíduo é um mero agitador e rebelde.

11. Assim vemos como as pessoas podem expressar e ministrar aquilo em que acreditam, sem dano à autoridade de seus governantes nem à paz pública,

12. A saber, deixando em suas mãos o poder de legislar no que tange à ação

13. E não fazendo nada contra suas leis, embora muitas vezes sejam compelidas a agir em contradição com o que creem, e sentem claramente, ser melhor.

14. Esse curso pode ser adotado sem prejuízo à justiça e ao dever, ou melhor, é o único curso que uma pessoa justa e cumpridora adotaria.

15. Assim, enquanto as pessoas agirem em obediência às leis dos governantes, não contrariam de maneira nenhuma sua razão,

16. Pois em obediência à razão transferiram aos governantes o direito de controlar algumas de suas ações.

17. Da liberdade de pensamento e expressão às vezes podem surgir inconvenientes,

18. Mas qual questão foi algum dia resolvida de maneira tão sábia que fosse capaz de impedir qualquer eventual abuso?

19. Quem procura regular tudo pela lei, é mais provável que desperte vícios do que consiga reformá-los.

20. É melhor admitir o que não pode ser abolido, ainda que em si seja prejudicial.

21. Quantos males brotam da luxúria, da inveja, da avareza, da embriaguez e outros,

22. E ainda assim são tolerados – mesmo como vícios – por ser impossível impedi-los por disposições legais.

23. Assim, tanto mais deve ser admitida a liberdade de pensamento, por se ver que é em si mesma uma virtude e não pode ser esmagada!

Capítulo 3

1. Ademais, é possível refrear os maus resultados, sem dizer que tal liberdade é necessária para o avanço na ciência e nas artes liberais:

2. Pois as pessoas só podem fazê-las progredir se seu julgamento for totalmente livre e desimpedido.

3. Mas admita-se que a liberdade possa ser esmagada e as pessoas tão subjugadas que não ousem

sequer sussurrar, a não ser a mando dos governantes;

4. Ainda assim, isso nunca poderá chegar ao ponto de fazê-las pensar de acordo com a autoridade,

5. De modo que necessariamente decorreria que diariamente as pessoas pensariam uma coisa e diriam outra,

6. Em detrimento da confiança mútua, esse esteio do governo, e em fomento da adulação e da perfídia,

7. De onde surgem os estratagemas e a corrupção de toda boa arte.

Capítulo 4

1. É possível pela violência e ameaça de violência impor uniformidade ao discurso, mas não onde a liberdade vive;

2. Pois, quanto mais os governantes tentam tolher a liberdade de expressão, mais obstinada é a resistência a eles;

3. Não pelos avaros, aduladores e aqueles que pensam que o bem consiste em encher seus bolsos e estômagos,

4. Mas por aqueles que são mais livres graças à boa educação, à sólida moral e virtude.

5. As pessoas se ofendem se as opiniões que creem ser verdadeiras são qualificadas de criminosas

6. E aquilo que as inspira à moral é banido como iníquo;

7. Assim se dispõem a abjurar das leis e a conspirar contra as autoridades,

8. Julgando não vergonhoso e sim honroso instigar sedições e perpetrar qualquer crime com esse fim em vista.

9. Tal sendo a constituição da natureza humana, vemos que as leis dirigidas contra as opiniões afetam os de espírito generoso, mais do que os pérfidos,

10. E se prestam menos a coagir os criminosos do que a ofender os corretos;

11. De modo que não podem ser mantidas sem grande perigo para o Estado.

12. Além disso, tais leis são quase sempre inúteis, pois os que sustentam que as opiniões proscritas são corretas dificilmente obedeceriam à lei,

13. Enquanto os que já as repudiam como falsas aceitam a lei como uma espécie de privilégio,

14. E fazem tal alarde em torno dela que a autoridade fica impotente para rejeitá-la, mesmo que subsequentemente tal curso se mostre desejável.

15. E, por último, quantas divisões surgem da tentativa das autoridades de resolver por lei as complexidades da opinião!

16. Se as pessoas não fossem atraídas pela esperança de ter a lei e as autoridades a seu lado,

17. De triunfar sobre seus adversários à vista de uma multidão em aplausos

18. E de adquirir distinções honrosas, não se empenhariam tão maliciosamente nem tal fúria lhes dominaria a mente.

19. É o que não só a razão, mas também os exemplos diários nos ensinam,

20. Pois têm-se aprovado com frequência leis prescrevendo o que todos devem pensar e proibindo a cada um falar ou escrever algo em contrário,

21. Como concessões à raiva daqueles que não conseguem tolerar pessoas de esclarecimento e liberdade

22. E que, com tais decretos rígidos e deformados, facilmente podem converter a lealdade das massas em fúria e dirigi-la contra quem quiserem.

23. Quão melhor seria conter a ira popular, em vez de aprovar leis inúteis que só podem ser quebradas por aqueles que amam a virtude e as artes liberais,

24. Assim estreitando o Estado até se tornar demasiado pequeno para abrigar pessoas de talento.

25. Existe maior infortúnio para um Estado do que o exílio de pessoas honradas, desterradas como criminosas por sustentarem opiniões diversas, que não podem ocultar?

26. O que pode ser mais danoso do que tratar pessoas que não cometeram nenhum crime ou perversidade, mas porque são esclarecidas, como inimigas e condená-las à morte,

27. E que o cadafalso, terror dos malfeitores, se torne a arena onde os mais altos exemplos de tolerância e virtude são exibidos ao povo com todas as marcas da ignomínia que a autoridade consiga conceber?

28. Quem sabe que é correto não teme a morte de um criminoso e não recua a nenhuma punição;

29. Sua mente não é oprimida pelo remorso de nenhuma ação desonrosa:

30. Ele sustenta que a morte por uma boa causa não é punição e sim uma honra, e que a morte pela liberdade é glória.

31. A que serve, então, a morte de tais pessoas? Que exemplo se proclama?

32. A causa pela qual morrem é desconhecida aos tolos e indolentes, odiosa aos turbulentos, cara aos corretos.

33. A única lição que podemos extrair de tais cenas é adular o perseguidor ou imitar a vítima.

Capítulo 5

1. Se não se deve considerar o consentimento formal superior à convicção, e se os governos devem conservar a autoridade e não ser compelidos a se render aos agitadores,

2. É imperioso que se garanta a liberdade de julgamento, para que as pessoas possam conviver em harmonia,

3. Por mais diversas ou mesmo francamente contraditórias que possam ser suas opiniões.

4. Não podemos duvidar de que este é o melhor sistema de governo e menos suscetível a objeções,

5. Visto que é o que mais se harmoniza com a natureza humana.

6. Numa democracia, todos se submetem ao controle da autoridade sobre suas ações, mas não sobre seu julgamento e razão;

7. Isto é, vendo que nem todos pensam da mesma forma, a voz da maioria tem força de lei, sujeita a ser repelida se as circunstâncias trouxerem uma mudança de opinião.

8. Quanto mais tolhido é o poder de livre julgamento, mais nos afastamos da condição natural da humanidade e mais tirânico se torna o governo.

9. Leis que procuram resolver controvérsias de opiniões e perspectivas tendem mais a irritar do que a reformar, e assim podem originar uma extrema licenciosidade.

10. Ademais, viu-se que as divisões nascem não de um amor à verdade, que é fonte de cortesia e gentileza,

11. E sim de um desejo imoderado de supremacia.

12. De todas essas considerações, fica mais claro do que o sol ao meio-dia

13. Que os polemistas são os que condenam os escritos de terceiros e atiçam sediciosamente as massas rixentas contra seus autores, e não esses próprios autores,

14. Que geralmente escrevem apenas para os cultos e apelam exclusivamente à razão.

15. Assim, os verdadeiros perturbadores da paz são os que, num Estado livre, procuram tolher a liberdade de pensamento e expressão,

16. A qual são incapazes de sufocar tiranicamente, como podem fazer com as ações das pessoas.

Capítulo 6

1. Entre os que estudam os modos de governo e os governantes, há muita sabedoria prática,

2. Que se aplica tanto ao comando do que não é propriamente um Estado quanto aos próprios Estados.

3. Nada atrai mais estima pelos líderes do que realizar grandes empreendimentos e estabelecer um bom exemplo

4. Ou, de todo modo, um exemplo invulgar, conquistando a reputação de indivíduos notáveis.

5. Um líder também é respeitado quando é amigo leal ou inimigo severo;

6. Quando se declara, sem reservas, a favor de um partido contra o outro,

7. Curso este que será sempre mais vantajoso do que uma posição neutra,

8. Pois, se outros entrarem no conflito e forem de tal índole que há de se recear ou não o vencedor,

9. Sempre será mais vantajoso declarar seu lado e combater vigorosamente;

10. Pois os vencedores não querem amigos duvidosos e os perdedores não farão amizade com alguém que se manteve à parte enquanto lutavam.

11. Sempre ocorrerá que os que não são amigos da pessoa vão exigir sua neutralidade,

12. Enquanto seus amigos vão convidá-la a se alinhar com eles.

13. E líderes irresolutos, para evitar dificuldades no momento, geralmente seguem uma via neutra

14. E geralmente se arruínam com isso. Mas, quando um líder se declara valorosamente a favor de um dos lados e o partido ao qual está aliado vence,

15. Mesmo que o vencedor possa ser poderoso e tê-lo à sua mercê, ainda assim está em dívida para com ele e se estabelece um laço de amizade;

16. E as pessoas raramente são tão despudoradas a ponto de se tornarem mais tarde um monumento de ingratidão.

17. Afinal, nunca há vitória tão completa que o vencedor não precise mostrar alguma consideração, sobretudo pela justiça.

18. Mas, se perde o lado ao qual se aliou, ele pode dar abrigo ao perdedor e ajudá-lo no que puder, tornando-se companheiro de uma fortuna que pode voltar a prosperar.

19. No segundo caso, quando os adversários são de caráter tal que não é preciso se preocupar com quem possa vencer, tanto maior é a prudência em se aliar a um deles.

20. Mas note-se que um líder deve ter a precaução de jamais firmar aliança com alguém mais poderoso para lutar contra terceiros, a menos que a necessidade o obrigue a isso,

21. Pois, se o líder mais poderoso vencer, fica-se sob o arbítrio dele,

22. Sendo que qualquer líder deve evitar ao máximo possível ficar sob o arbítrio de quem quer que seja.

23. Que nunca governo algum imagine que pode escolher cursos de ação totalmente seguros.

24. Pelo contrário, que saiba que terá de tomar caminhos muito duvidosos, pois faz parte do curso das coisas que nunca se possa evitar um problema sem incorrer em outro;

25. Mas a prudência consiste em saber distinguir o caráter dos problemas e escolher o mal menor.

Capítulo 7

1. Um líder deve se mostrar um paladino da habilidade e honrar os proficientes em todas as artes.

2. Ao mesmo tempo, deve incentivar seus seguidores a se dedicar pacificamente a suas vocações

3. E lhes fazer saber que não há o menor risco de lhes ser negada ou tomada a recompensa por seus esforços,

4. E sim que receberão recompensa e poderão usufruir livremente dela.

5. Ademais, deve festejar seus seguidores nos momentos convenientes e se mostrar um exemplo de cortesia e liberalidade,

6. Porém sempre mantendo a relação correta com sua posição,

7. Pois a excessiva familiaridade afrouxa os laços entre líder e liderados e acaba por desfazê-los.

Capítulo 8

1. O líder deve avaliar como evitar o que lhe atraia desdém ou desapreço, para que não precise temer qualquer censura.
2. O que atrai maior desapreço é ser egoísta e ignorar os desejos e sentimentos de seus liderados.
3. Quando não se contesta a posição nem o orgulho dos seguidores, a maioria deles se dá por satisfeita
4. E o líder precisa apenas combater a ambição de uma minoria, à qual pode reagir facilmente de muitas maneiras.
5. O que atrai desdém é ser considerado volúvel, frívolo, mesquinho, indeciso e de tudo isso o líder deve se resguardar firmemente;
6. Deve se empenhar em mostrar coragem, fortaleza e magnanimidade;
7. Em seus contatos privados com os súditos, deve mostrar firmeza em seus julgamentos
8. E manter tal reputação, de modo que ninguém imagine que possa enganá-lo ou persuadi-lo a não fazer o que é certo.
9. É estimado o líder que transmite essa impressão de si, e não é fácil conspirar contra quem é estimado;
10. Pois, desde que se saiba claramente que é um homem excelente e reverenciado por seu povo, dificilmente poderá ser atacado.
11. Por essa razão, um líder deve ter dois receios, um interno, em relação a seus seguidores, o outro externo, em relação às circunstâncias exteriores.
12. Destas ele se defende estando bem preparado e tendo bons aliados.
13. Se estiver bem preparado, terá bons amigos e os assuntos sempre correrão em tranquilidade enquanto houver tranquilidade externa.
14. E mesmo que os assuntos externos sofram perturbações, se ele tiver empreendido seus preparativos e se conduzido de maneira honrada,
15. E desde que não desespere, resistirá a todas as dificuldades que puder superar com seus próprios recursos e capacidades.
16. Mas quanto a seus seguidores, quando os assuntos externos sofrem perturbações, tem a temer apenas que se voltem secretamente contra ele.
17. Disso o líder pode facilmente se proteger mantendo a lealdade dos seguidores, o que por sua vez se consegue mantendo-os devidamente satisfeitos com ele.
18. Por essa razão, o líder não precisa dar grande importância a desafetos se seus seguidores têm apreço por ele;
19. Mas, quando lhe são hostis e nutrem ódio por ele, o líder deve temer tudo e todos.

20. Assim, Estados em boa ordem e líderes sábios tomam todo o cuidado em não empurrar para a oposição os outros homens de importância e em manter o povo contente e satisfeito,

21. Pois este é um dos principais objetivos que um líder pode ter.

22. E não há organização melhor ou mais prudente ou maior fonte de segurança para um líder

23. Do que deixar as matérias de repreensão a cargo de terceiros e reservar para si as de clemência e benevolência.

24. Caiba a outros fazer recriminações, dar ordens malquistas, proceder a demissões e rebaixamentos;

25. O líder deve ser o único a louvar e recompensar.

Capítulo 9

1. A escolha de assistentes é da máxima importância para o líder, e o valor daqueles é proporcional à faculdade de discernimento deste.

2. Sua habilidade básica consiste em nomear bons assistentes para gerir seus assuntos.

3. Pois a primeira opinião que se forma a respeito de um líder e de sua capacidade de entendimento se forma observando quem está a seu redor;

4. Quando são capazes e leais, ele pode ser sempre considerado sábio, pois soube reconhecer os capazes e mantê-los leais;

5. Mas, quando não o são, não é possível formar uma boa opinião sobre o líder, pois seu erro primário foi escolhê-los.

6. Para que um líder possa formar uma opinião sobre seu assistente, há um teste que nunca falha:

7. Se vê o assistente pensando mais em seus próprios interesses do que nos de seu líder,

8. Procurando interiormente sua própria vantagem em tudo, com tal disposição jamais será um bom assistente e nunca será digno de confiança;

9. Pois quem tem em mãos o estado de outrem nunca deve pensar em si, mas sempre em seu superior,

10. E nunca dar qualquer atenção a assuntos que não se refiram ao líder.

11. Mas, para manter a lealdade do assistente, o líder deve estudá-lo, honrando-o, promovendo-o,

12. Fazendo-lhe gentilezas, recompensando-o bem e compartilhando seus planos e preocupações.

13. Ao mesmo tempo, deve fazê-lo ver que não se sustenta por si só,

14. De modo que os louvores e recompensas não o façam desejar mais e que as preocupações não o intimidem.

15. Assim, quando o líder e seus assistentes mantêm essa relação, podem ter mútua confiança,

16. Mas, se for de outra maneira, o resultado sempre será insatisfatório para um dos lados.

Capítulo 10

1. Para entenderes por que às vezes os líderes agem de maneira errada,

2. Ouve o que dizem os conselheiros que ensinam aos líderes que, por vezes, devem agir mal para liderar.

3. Eles dizem: "Todos reconhecem que é louvável que o líder mantenha a boa-fé e viva com integridade, não com artimanhas.

4. "Mas a história mostra que os líderes que fizeram grandes coisas pouca importância davam à boa-fé, e no final subjugaram os que confiaram em sua palavra.

5. "Há duas maneiras de resolver divergências, uma pelo acordo, a outra pela disputa; o primeiro método é próprio da humanidade, o segundo dos animais.

6. "Mas, como muitas vezes a primeira se revelou insuficiente, os homens recorrem com frequência à segunda.

7. "Por isso é necessário entender que os líderes podem se conduzir de uma ou outra maneira, conforme for apropriado.

8. "Um líder sábio não pode nem deve manter a boa-fé quando tal observância pode se voltar contra ele, e tampouco quando as razões que o fizeram dar sua palavra não existem mais.

9. "Se os homens fossem inteiramente bons, este preceito não caberia; mas, como não raro são maus e não manterão a boa-fé recíproca, ninguém está obrigado a manter sua boa-fé quando lhe é prejudicial.

10. "Da mesma forma, jamais faltarão a um líder razões legítimas para se escusar.

11. "Mas isso significa que é necessário saber como disfarçar tal característica e fingir quando necessário.

12. "Os homens são tão simples e tão sujeitos a necessidades do momento que aquele que quer enganar sempre encontrará alguém disposto a se deixar enganar.

13. "Assim, não é necessário que um líder tenha todas as boas qualidades admiradas pelos homens, mas é muito necessário que aparente tê-las.

14. "Ter e sempre praticar tais qualidades é ofensivo, mas aparentar tê-las é proveitoso;

15. "Parecer clemente, fidedigno, compassivo, correto, e assim ser; mas com a mente de tal molde que, quando assim te for necessário, possas mudar para o contrário.

16. "Um líder não pode cumprir tudo aquilo que traz apreço a um homem,

17. "Sendo muitas vezes obrigado, para manter sua situação, a agir contrariamente à lealdade, à amizade e à humanidade.

18. "Portanto, é-lhe necessário estar pronto para se adaptar quando os ventos e as variações da fortuna obrigarem a isso;

19. "Não se desviar do bem se puder evitar, mas, se forçado a tanto, deve saber como fazê-lo.

20. "Por tal razão, o líder deve cuidar para que nunca lhe escape dos lábios nada que não esteja repleto das qualidades acima citadas,

21. "Para que, aos que o veem e ouvem, pareça totalmente clemente, fidedigno, compassivo e correto.

22. "E o que é mais necessário aparentar é esta última qualidade, na medida em que os homens geralmente julgam mais pelos olhos do que pelas mãos,

23. "Pois todos podem nos ver, mas poucos podem entrar diretamente em contato conosco.

24. "Todos veem o que um homem aparenta ser, poucos realmente sabem como ele é, e esta minoria não se atreve a se opor à opinião da maioria.

25. "A história ensina que, quando um líder tem a fama de ganhar e conservar seu sucesso, seus meios sempre serão considerados honestos e todos o louvarão;

26. "Isso porque as pessoas comuns sempre acreditam no que uma coisa parece ser e no que dela provém;

27. "E no mundo só existem elas, pois a minoria só tem lugar nele quando a maioria não tem espaço."

28. Estarão certos esses conselheiros que ensinam a dissimulação para alcançar o sucesso, a aparência de virtude quando a própria virtude não pode triunfar a não ser substituída por seu contrário?

29. Pode-se dizer que têm a história a seu lado, mas não a filosofia.

Capítulo 11

1. Todo Estado é algum tipo de comunidade, e toda comunidade é estabelecida com vistas a algum bem,

2. Pois as pessoas sempre agem para obter o que pensam ser bom.

3. Mas, se todas as comunidades visam a um bem, o Estado ou comunidade política,

4. Que é a mais alta de todas e abrange todas as demais,

5. Visa ao bem em grau maior do que qualquer outra, e ao supremo bem.

6. Alguns pensam que as qualificações do estadista, do rei, do chefe da casa e do senhor são as mesmas

7. E que diferem, não em espécie, mas apenas no número de seus súditos.

8. Por exemplo, chama-se senhor quem governa um pequeno

número; chefe da casa, quem governa um número maior;

9. Estadista ou rei, quem governa um número ainda maior, como se não existisse nenhuma diferença entre uma casa grande e um Estado pequeno.

10. A distinção que se faz entre o rei e o estadista é que, quando o governo é pessoal, o governante é um rei;

11. Quando, de acordo com as regras da ciência política, os cidadãos sucessivamente governam e são governados, o governante se chama estadista.

12. Mas não é verdade que os governos se diferenciem apenas em grau; eles se diferenciam na espécie, como ficará evidente a quem examinar o assunto.

13. Como em outros setores da ciência, também em política o conjunto deve sempre ser dividido em seus elementos mais simples ou menores partes.

14. Portanto, devemos observar os elementos de que é composto o Estado,

15. Para podermos ver como as diversas espécies de governo se diferenciam entre si e tentar entender claramente cada uma delas.

16. Pois é evidente que o governo também é objeto de uma ciência, que deve considerar qual é o melhor e de que tipo deve ser,

17. Para melhor condizer com nossas aspirações, se não houvesse impedimento externo,

18. E também que espécie de governo é adequada a tal ou tal Estado. Pois o melhor muitas vezes é inalcançável,

19. De modo que o verdadeiro legislador e estadista deve conhecer não só o que é melhor em termos abstratos,

20. Mas também o que é melhor em relação às circunstâncias.

Capítulo 12

1. Devemos também examinar como se constitui um Estado em determinadas condições,

2. Tanto a maneira como é originalmente formado quanto a maneira de preservá-lo por mais tempo.

3. Devemos ainda examinar a forma de governo mais adequada aos Estados em geral,

4. Bem como considerar não só a melhor forma de governo, mas qual é possível e qual pode ser facilmente alcançada por todos.

5. Há alguns que querem apenas a mais perfeita; para isso, são necessárias muitas vantagens naturais.

6. Outros falam numa forma mais alcançável e, embora rejeitem a Constituição sob a qual vivem, enaltecem alguma em particular.

7. Qualquer mudança de governo que tenha de ser introduzida deve contar com a vontade e a capacidade dos homens em adotá-la, a partir de suas Constituições existentes,

8. Visto que é igualmente difícil reformar uma Constituição antiga ou estabelecer uma nova, tal como desaprender é tão difícil quanto aprender.

9. A mesma capacidade de discernimento político permitirá ao homem saber quais leis são as melhores e quais se ajustam a diferentes Constituições;

10. Pois as leis são, e devem ser, correspondentes à Constituição, e não o inverso.

11. Uma Constituição é a organização dos cargos num Estado e determina qual é o corpo governante e qual é o fim de cada comunidade.

12. Mas não se devem confundir as leis com os princípios da Constituição;

13. Elas são as regras segundo as quais os magistrados devem administrar o Estado e proceder contra os transgressores.

14. Portanto, devemos conhecer as variedades e a quantidade de variedades de cada forma de governo, mesmo que seja apenas com o propósito de instituir leis.

15. Pois as leis não se amoldam igualmente a todas as oligarquias ou a todas as democracias,

16. Visto que certamente existe mais do que uma forma, tanto de democracia quanto de oligarquia.

Capítulo 13

1. Podemos classificar os governos em três formas: monarquia, aristocracia e governo constitucional,

2. E reconhecer três formas correspondentes a que tende cada uma delas: a tirania, a oligarquia e a democracia.

3. É evidente qual delas é a pior. Se a monarquia for mais do que um mero nome, deve existir em virtude de alguma grande superioridade pessoal do rei;

4. Assim, a tirania, como o oposto de tal virtude, é o pior dos governos e, assim, é a que está mais distante de uma forma bem constituída.

5. A oligarquia é pouco melhor, pois está muito afastada da aristocracia, entendida como "governo dos melhores". Ela significa simplesmente o governo de um pequeno grupo, o único composto de homens livres.

6. Portanto, a democracia, apesar de todas as suas imperfeições, é a mais tolerável das três.

7. Qual é a melhor Constituição para a maioria dos Estados e a melhor vida para a maioria dos homens,

8. Sem presumir um padrão de virtude acima do comum nem

ideais que não passam de aspirações?

9. Devemos responder tomando em consideração a vida que a maioria pode compartilhar e a forma de governo que os Estados podem realisticamente alcançar;

10. Pois o fim da comunidade é a felicidade dos membros, e essa felicidade deve ser alcançável.

11. A vida feliz é a vida de acordo com a virtude vivida sem impedimentos, e essa virtude é uma média ou o caminho do meio.

12. Assim, a vida que é vivida numa média que todos podem alcançar deve ser a melhor.

13. E os mesmos princípios da virtude e do vício são característicos das cidades e das constituições;

14. Pois a Constituição é, por assim dizer, a vida da cidade.

15. Os que constituem o termo médio de uma sociedade não são nem ricos demais, nem pobres demais para se interessar pelo benefício de todos,

16. E sim os que desejam que o todo esteja em harmonia consigo mesmo. Este é o setor médio da sociedade.

17. O legislador deveria sempre incluir a classe média em seu governo:

18. Se faz leis oligárquicas, que vise à classe média; se faz leis democráticas, deve também tentar vincular esta classe ao Estado.

19. O governo só pode ser estável quando a classe média excede a outra ou as duas outras,

20. E neste caso não haverá receio de que os ricos se unam com os pobres contra o governo.

21. Pois nenhum deles estará sempre disposto a servir o outro,

22. E se procurarem alguma forma de governo mais adequada a ambos, não encontrarão nenhuma melhor do que esta,

23. Pois os ricos e os pobres nunca aceitaram governar alternadamente, porque nutrem desconfiança mútua.

24. O árbitro é sempre o único de confiança, e quem está no meio é um árbitro.

25. Quanto mais perfeita a mistura dos elementos políticos, mais estável e duradoura será a Constituição.

26. Muitos, mesmo entre aqueles que desejam formar governos aristocráticos, cometem um erro,

27. Não só por conferir demasiado poder aos ricos, mas por tentar burlar o povo.

28. Chega um momento em que do falso bem surge um verdadeiro mal,

29. Visto que os abusos dos ricos são mais danosos à Constituição do que os do povo.

Capítulo 14

1. Quem pretende investigar devidamente a melhor forma de um Estado deve, em primeiro lugar, determinar qual é a melhor espécie de vida para o povo;

2. Enquanto for incerta, a melhor forma do Estado também será incerta,

3. Pois, na ordem natural das coisas, pode-se esperar que os que levam a melhor vida são os governados da melhor maneira permitida pelas circunstâncias.

4. Portanto, devemos verificar qual é, de modo geral, a melhor espécie de vida

5. E se a mesma vida é ou não é a melhor tanto para o Estado quanto para os indivíduos.

6. O que é a melhor vida? Ninguém contestará a pertinência daquela classificação dos bens que os divide em três categorias,

7. A saber, os bens exteriores, os bens do corpo e os bens da mente; nem negará que o homem feliz deve ter os três.

8. Pois ninguém afirmaria que é feliz quem tem pouca coragem, pouca temperança, justiça ou prudência,

9. Quem se assusta a cada inseto que passa, quem é capaz de cometer qualquer crime, mesmo hediondo, para satisfazer a seus apetites,

10. Quem sacrifica seu mais caro amigo por uma ninharia, quem é falso e fraco de espírito como uma criança ou um louco.

11. Essas proposições são universalmente reconhecidas tão logo são enunciadas, mas os homens divergem quanto ao grau ou à relativa superioridade deste ou daquele bem.

12. Alguns pensam que uma quantidade moderada de virtude é suficiente e não colocam limites a seus desejos de riqueza, propriedade, poder e reputação.

13. A estes respondemos apelando aos fatos, que provam facilmente que as pessoas não adquirem nem preservam a virtude com o auxílio dos bens exteriores, e sim adquirem e preservam os bens exteriores com o auxílio da virtude;

14. E que a felicidade, quer consista no prazer ou na virtude ou em ambos,

15. Encontra-se com mais frequência entre aqueles com maior cultivo da mente e do caráter, e que têm apenas uma quantidade moderada de bens exteriores,

16. Do que entre os que possuem uma grande quantidade supérflua de bens exteriores, mas são carentes de qualidades mais elevadas.

17. Não é apenas uma questão de experiência, mas, se se refletir sobre ela, facilmente se

demonstrará em conformidade com a razão.

18. Pois, enquanto os bens exteriores têm limite, como qualquer outro instrumento,

19. E todas as coisas úteis são de tal natureza que, quando estão em excesso, prejudicarão ou de pouco proveito serão para seus possuidores,

20. Por outro lado, todos os bens da mente, quanto maiores forem, de maior uso serão.

21. É em favor da mente que os bens exteriores e os bens do corpo se fazem desejáveis,

22. E todos os sábios deveriam escolhê-los por causa da mente, e não a mente por causa deles.

23. Então, reconheçamos que cada um tem felicidade proporcional à sua virtude e sabedoria, e age de acordo com elas.

24. Aqui reside a diferença entre boa fortuna e felicidade;

25. Pois os bens exteriores vêm por si sós, e o acaso é que os cria,

26. Mas ninguém é justo ou moderado por acaso.

27. De modo análogo, pode-se mostrar que o Estado feliz é aquele que é o melhor e age com retidão;

28. E não pode agir com retidão sem praticar ações retas, e nenhum indivíduo ou Estado pode praticar ações retas sem virtude e sabedoria.

29. Assim, a coragem, a justiça e a sabedoria de um Estado têm a mesma forma e natureza dessas qualidades num indivíduo.

30. Portanto, esta é a primeira meta do legislador: exigir do Estado que seja digno de seus melhores cidadãos,

31. E de seus cidadãos que sejam justos, sábios e moderados.

Capítulo 15

1. Os filósofos que insistem que os outros aprendam com eles, mas não oferecem nenhum ensino ou conselho real, são como os que ajustam a mecha, mas não colocam óleo na lamparina.

2. Para entender a vida dedicada a assuntos do Estado, de sua prática e não simplesmente de sua teoria, é preciso apreender os preceitos da arte de governar.

3. A atividade política deve ter como sólidos alicerces o juízo e a razão,

4. Para que a escolha da linha de ação não surja do mero impulso de uma opinião vazia ou do gosto pelas disputas.

5. Alguns se dedicam aos assuntos públicos, mas depois se cansam ou se desgostam deles,

6. Porém não conseguem se retirar facilmente da vida pública;

7. Estão na mesma situação daquele que embarcou num navio para ser embalado pelas ondas,

8. E então seguiu para o mar aberto; volta os olhos para o horizonte, sofrendo de enjoos e com grandes perturbações, mas é obrigado a ficar onde está e a suportar os incômodos.

9. Tais pessoas, lamentando o curso tomado e sendo infelizes, lançam o maior descrédito à vida pública.

10. Alguns, depois de esperar glória, caem em desgraça ou, depois de esperar que o poder lhes traga o temor dos outros,

11. São levados a tratar de assuntos que envolvem perigos e distúrbios populares.

12. Mas a pessoa que ingressou na vida pública por convicção e reflexão, como a atividade mais honrada e mais adequada a si,

13. Não se atemoriza com nenhum desses fatos e tampouco sua convicção se abala.

14. Também não é correto ingressar na vida pública como atividade lucrativa, como faziam aqueles que costumavam se convidar reciprocamente para "a colheita de ouro", como chamavam a plataforma dos oradores.

15. Os que decidem entrar na concorrência política ou na corrida pela glória, como atores disputando o palco,

16. Necessariamente hão de lamentar sua ação, visto que servirão em vez de governar ou ofenderão àqueles que desejam agradar.

17. Os que entram de chofre na vida pública pelas razões erradas, como um homem que cai dentro de um poço, inevitavelmente lamentarão seu curso de ação,

18. Ao passo que os que entram com calma, como resultado de reflexão e preparação,

19. Serão moderados na condução dos assuntos e não se descomporão com coisa alguma,

20. Visto que têm apenas a honra como propósito exclusivo de suas ações.

21. Assim, depois de determinar suas escolhas de acordo com sua própria mente, os estadistas devem se dedicar a entender o caráter dos cidadãos,

22. O qual se mostra como um composto ao mais alto grau de todos os caráteres individuais, e é poderoso.

23. Pois nenhuma tentativa por parte do estadista de gerar por si mesmo uma mudança no caráter e na natureza do povo terá êxito fácil,

24. E tampouco é segura, sendo uma questão que requer muito tempo e grande poder.

25. Mas, assim como o vinho é de início controlado pelo caráter de quem o toma, mas aos poucos, conforme o aquece e se mistura a ele, passa a formar e a mudar o caráter de quem o toma,

26. Analogamente o estadista, até estabelecer sua liderança pela

reputação e confiança pública, deve se adaptar ao caráter do povo, tal como o encontra,

27. E tomá-lo como objeto de suas atenções, sabendo quais são as coisas que agradam naturalmente ao povo e permitem dirigi-lo.

28. A ignorância do caráter do povo leva a erros e fracassos;

29. O estadista que alcançou o poder e conquistou a confiança do povo pode, então, tentar treinar o caráter dos cidadãos,

30. Conduzindo-os brandamente para aquilo que é melhor e tratando-os com amenidade;

31. Pois é uma árdua tarefa mudar a multidão.

Capítulo 16

1. Mas quem deseja ser estadista, como precisa viver num palco aberto,

2. Deve educar seu caráter e lhe dar ordem; e, visto que não é fácil eliminar totalmente o mal do próprio caráter,

3. Ele deve pelo menos eliminar e reprimir aqueles defeitos mais acentuados e evidentes.

4. Por exemplo, Temístocles, quando estava pensando em ingressar na vida pública,

5. Afastou-se de festas e celebrações regadas a bebidas; mantinha-se acordado à noite, sóbrio e refletindo profundamente,

6. Explicando aos amigos que os exemplos dos grandes homens não o deixavam dormir.

7. E Péricles também alterou seus hábitos pessoais, de maneira que falava de maneira ponderada e cuidadosa,

8. Sempre mantinha a compostura e percorria apenas um caminho – o que o levou à assembleia e ao Senado.

9. Pois uma plebe não é coisa fácil e simples de submeter àquele controle que é salutar, por qualquer pessoa que seja;

10. Mas o indivíduo deve se dar por satisfeito se a multidão aceita a autoridade sem se esquivar, como animal desconfiado e caprichoso, à sua voz ou presença.

11. Assim, visto que o estadista não deve tratar nem mesmo essas questões com descuido, também não deve descurar das coisas que afetam sua vida e caráter,

12. Para mantê-los isentos de qualquer espécie de censura e comentários negativos.

13. Pois os estadistas não só são responsáveis por suas palavras e ações públicas,

14. Como também o povo sente curiosidade e espreita todos os seus assuntos,

15. Querendo saber sobre seus jantares, seus casos amorosos, casamentos, diversões e todos os interesses sérios.

16. Qual a necessidade de falar, por exemplo, de Alcebíades, que,

17. Embora fosse o mais ativo dos cidadãos nos assuntos públicos e invicto como general,

18. Foi arruinado por seus hábitos ousados e dissolutos na vida pessoal

19. E, por causa de sua extravagância e de seu descomedimento, privou o Estado do benefício de suas outras boas qualidades?

20. Ora, os atenienses censuraram Címon por seu amor ao vinho,

21. E os romanos, por não ter outra coisa a dizer, censuraram Cipião por dormir;

22. E os inimigos de Pompeu, o Grande, notando que ele coçava a cabeça com um dedo, criticaram-no por isso!

23. Pois, assim como uma verruga ou mancha no rosto é mais desagradável do que marcas a ferro, mutilações ou cicatrizes em outras partes do corpo,

24. Da mesma forma pequenos defeitos se afiguram grandes quando observados na vida de líderes e estadistas, em razão da opinião que a maioria tem sobre o cargo público do governo,

25. Considerando-o coisa de grande envergadura, que deveria ser isenta de qualquer erro e excentricidade.

26. Por boa razão, portanto, o tribuno Lívio Druso ganhou maior reputação porque,

27. Quando muitas partes de sua casa estavam expostas às vistas dos vizinhos e um artesão se ofereceu para encobri-las por apenas cinco moedas,

28. Ele respondeu: "Toma dez moedas e deixa toda a casa aberta às vistas, para que todos os cidadãos possam ver como vivo."

29. Pois era um homem de vida ordeira e moderada.

30. E talvez não tivesse necessidade daquela exposição às vistas públicas,

31. Pois o povo vê o que está por trás do caráter, da vida, dos conselhos e ações dos homens públicos, mesmo dos que parecem envoltos no mais grosso manto;

32. O povo ama e admira um homem, despreza e desdenha outro, não só por sua conduta pública, mas igualmente por sua conduta na vida pessoal.

33. "Mas", objetas, "os Estados não têm no governo homens com vida licenciosa e desregrada?".

34. Sim, mas é como a grávida que sente desejo por doces

35. E o homem que, com enjoo de mar, quer uma conserva salgada, e logo depois detestam e vomitam.

36. Da mesma forma o povo, por causa da luxúria da própria vida que leva, por simples maldade

37. Ou por falta de líderes melhores, utiliza os que aparecem, embora

não lhe agradem ou mesmo lhe despertem desprezo,

38. E então se compraz em ouvir críticas e difamações sobre eles.

39. Lembra como o povo romano, quando Carbo prometia alguma coisa, votava unanimemente expressando sua desconfiança.

40. E na Lacedemônia, quando um homem dissoluto chamado Demóstenes fez uma moção desejável, o povo a rejeitou,

41. Mas os éforos sortearam um dos anciãos e lhe disseram para fazer aquela mesma moção, para que fosse mais aceitável ao povo,

42. Transferindo, por assim dizer, a água de um recipiente sujo para um limpo.

Capítulo 17

1. Tudo o que foi dito acima mostra como é importante, num Estado livre, a confiança ou falta de confiança no caráter de um estadista.

2. Porém, não por isso devemos esquecer o encanto e o poder da eloquência e atribuir tudo à virtude,

3. Mas, considerando-se a oratória não a criadora da persuasão, mas certamente uma auxiliar, podemos retificar a ideia de Menandro de que "É a natureza do orador que persuade, não seu discurso",

4. Pois ambos, sua natureza e seu discurso, é que persuadem; a

menos, de fato, que se afirme que assim como o timoneiro, não o leme, conduz o barco,

5. E o cavaleiro, não a rédea, comanda o cavalo, da mesma forma a virtude política, utilizando não o discurso, e sim o caráter do orador como leme ou rédea, dirige um Estado,

6. Tomando seu controle e conduzindo-o, por assim dizer, da popa ou por trás, que é a maneira mais fácil de comandar um animal.

7. Grandes reis e imperadores do passado usavam mantos de púrpura, carregavam cetros, rodeavam-se de guardas e muita cerimônia,

8. Mas, embora cativassem multidões com tal espetáculo, como se fossem seres superiores,

9. Ainda desejavam ser oradores e não esqueciam o fascínio do discurso,

10. Tentando abrandar pela persuasão e vencendo pelo encanto o coração indômito do povo,

11. Sempre que não era aconselhável ou possível fazê-lo por ameaça ou à força.

12. Como, então, é possível que uma pessoa privada, de modos e trajes comuns, que deseja conduzir um Estado,

13. Possa conquistar poder e comandar a multidão, a não ser

que tenha capacidade de persuasão e discurso atraente?

14. Ora, os pilotos dos barcos empregam terceiros para dar ordens aos remadores,

15. Mas o estadista precisa ter em si mesmo o intelecto que pilota e o discurso que dá ordens,

16. Para que não precise da voz de outrem e seja obrigado a dizer,

17. Como disse Ifícrates quando foi derrotado pela eloquência dos oradores de Aristófão:

18. "O ator de meus adversários é melhor, mas minha peça é superior."

19. O orador que utiliza o discurso como seu único instrumento, moldando e adaptando algumas coisas,

20. Atenuando e eliminando outras que são obstáculos a seu trabalho,

21. Como se fossem nós na madeira ou falhas no ferro, é um ornamento para o Estado.

22. Por tal razão, o governo de Péricles, embora no nome fosse uma democracia, de fato era o comando do homem mais insigne, graças a seu poder oratório.

23. Pois Címon também era um bom homem, como Efialtes e Tucídides,

24. Mas, quando Arquidamo, rei dos espartanos, perguntou ao último quem era o melhor lutador, ele ou Péricles, sua resposta foi:

25. "Ninguém sabe dizer, pois, sempre que o derrubo na luta, ele diz que não foi derrubado e ganha persuadindo os espectadores."

26. E isso trouxe não só reputação a Péricles, mas também segurança ao Estado;

27. Pois, sob seu domínio, o Estado preservou a prosperidade existente e se absteve de complicações externas.

28. Mas Nícias, cuja política era a mesma, mas não dispunha dos poderes de persuasão, não conseguiu refrear nem controlar o povo,

29. E contra sua vontade combateu a Sicília instigado pela intemperança do povo e, juntos, sofreram um grande desastre.

Capítulo 18

1. Dizem que não há como segurar o lobo pelas orelhas, mas um povo ou um Estado deve ser conduzido pelos ouvidos,

2. Não, como fazem alguns que não têm prática no discurso e procuram sem arte nem cultura atrair o povo pela barriga,

3. Com banquetes, presentes em dinheiro, espetáculos de danças ou apresentações de gladiadores, com que querem agradar a ele.

4. Pois a liderança de um povo é a liderança daqueles que são persuadidos pelo discurso,

5. Mas atrair a plebe com tais meios é exatamente como apanhar e arrebanhar animais irracionais.

6. O discurso do estadista, porém, não deve ser teatral,

7. Como se discursasse num espetáculo e tecesse grinaldas de palavras como fim em si, em vez de tratar de assuntos sérios;

8. Por outro lado, o discurso não deve ressumar a óleo da lamparina, como disse Piteas a propósito de Demóstenes, mostrando o custoso esforço literário,

9. Com argumentos afiados e frases rigorosamente traçadas a régua e compasso.

10. Não; assim como os músicos querem que o toque nas cordas mostre sentimento e não apenas técnica,

11. Da mesma forma o discurso do político, do conselheiro e do governante não deve exibir astúcia ou sutileza,

12. E ele não deve ganhar fama pela fala fluente, artística ou distributiva;

13. Mas seu discurso deve mostrar um caráter sem afetações, um espírito elevado, uma franqueza paterna, capacidade de previdência e consideração pelos outros.

14. Seu discurso, numa boa causa, também deve ter um encanto que agrade e uma boa capacidade de persuasão;

15. Além da nobreza de propósitos, precisa ter uma elegância nascida de pensamentos apropriados e persuasivos.

16. E a oratória política, muito mais do que a oratória usada num tribunal, admite máximas, metáforas e exemplos históricos,

17. Por meio dos quais os oradores que os utilizam com parcimônia e no momento adequado exercem grande efeito nos ouvintes,

18. Como fez Fócion ao dizer, sobre a vitória de Leostenes,

19. Que a corrida de estádios da guerra era boa, mas que receava a corrida de longa distância.

20. E em geral a sobriedade e clareza de estilo são as mais adequadas no discurso político;

21. Torneios retóricos e frases grandiosas são especialmente impróprios em tempos de perigo ou guerra,

22. Pois, como se diz: "Não se falem tolices perto do aço."

23. Porém, o escárnio e o ridículo às vezes são apropriados ao discurso do estadista, quando utilizados não como insulto ou zombaria, mas como necessária reprimenda e menoscabo.

24. Tal tipo de coisa é louvável sobretudo em réplicas e respostas; mas, quando empregado de propósito e sem provocação, traz suspeita de malícia.

25. Porém, para quem emprega o engenho em defesa própria, a ocasião o torna desculpável e ao mesmo tempo agradável,

26. Como quando Demóstenes disse, respondendo a um homem suspeito de ladroagem que zombava dele por escrever à noite:

27. "Sei que te desagrado por manter uma luz acesa."

28. Também espirituosa foi a réplica de Xeneneto aos cidadãos que o criticaram por ter fugido, quando era general:

29. "Sim", disse ele, "foi para continuar a ter vossa companhia, meus caros".

30. Mas, ao gracejar, não se deve ir longe demais, ofendendo talvez por gracejar no momento errado ou humilhando o orador.

31. Polieucto disse que Demóstenes era o maior orador, mas que Fócion era o de discurso mais inteligente, pois sua fala trazia maior significado em menor número de palavras.

32. E Demóstenes, embora simulasse desprezar outros oradores, costumava dizer que, quando Fócion se levantava para falar: "Ergue-se o cutelo de meus discursos."

33. Em suma, portanto, o aspirante a estadista, ao discursar para o povo, deve procurar utilizar um discurso ponderado, que não seja vazio,

34. E empregar precaução, sabendo que mesmo o grande Péricles costumava preparar cuidadosamente seus discursos públicos,

35. Para que não surgisse nenhuma palavra estranha ao assunto em questão.

36. Mas o orador também deve manter um discurso ágil e em boa forma, para permitir réplicas apropriadas;

37. Pois rapidamente aparecem ocasiões que trazem desdobramentos inesperados nos assuntos públicos.

38. É por isso que Demóstenes era inferior a muitos, como dizem, porque recuava e hesitava quando a ocasião demandava o curso contrário.

39. Teofrasto nos conta que Alcebíades, como pretendia não só dizer a coisa certa, mas também dizê-la da maneira certa,

40. Muitas vezes, enquanto discursava, punha-se a procurar as palavras e a ordená-las em frases, assim causando hesitações e vacilações.

41. Mas o homem que se sente tão afetado pelos acontecimentos e oportunidades assim geradas que se exalta, é o que mais emociona e arrebata a multidão.

42. E o estadista deve trazer à luta política, uma luta que é

importante e demanda toda a sua combatividade,

43. Não só educação e ponderação, mas também vigor e energia, para não se cansar muito a ponto de ser derrotado por meras interrupções importunas.

44. Catão, quando não tinha esperanças de ganhar sua causa pela persuasão porque o Senado já estava previamente decidido, conquistado por favores e interesses,

45. Costumava se levantar e discursar o dia inteiro, assim destruindo a oportunidade de seus adversários e mostrando o valor da energia física.

Capítulo 19

1. Há duas portas de entrada na vida pública e dois caminhos levando a ela:

2. Um é o caminho rápido e brilhante até a reputação, que tem seus próprios riscos; o outro é mais lento e prosaico, porém mais seguro.

3. Pois alguns homens ingressam subitamente na vida política, com alguma ação ousada ou visivelmente grandiosa,

4. Como homens que zarpam de um promontório dando diretamente para o mar;

5. Eles julgam que Píndaro está certo ao dizer: "No começo de uma obra, devemos pôr um início que brilhe longe."

6. As pessoas se dispõem a aceitar um iniciante porque se enjoam daqueles a que estão acostumadas,

7. Assim como os espectadores de um espetáculo gostam de ver um novo ator; e a autoridade e o poder de crescimento rápido e brilhante tomam a inveja de surpresa.

8. Pois, como diz Aríston, o fogo não faz fumaça e a reputação não causa inveja quando ardem depressa logo no começo;

9. Mas os que crescem devagar e aos poucos são atacados de um lado e outro;

10. Por isso, muitos homens definham antes de atingir o pleno desenvolvimento como estadistas.

11. Lembra-te de Pompeu, que exigiu um Triunfo mesmo antes de ser admitido ao senado;

12. Quando Sula votou em contrário, disse-lhe Pompeu: "É mais bem-vindo o sol nascente do que o sol poente",

13. E Sula, ao ouvi-lo, retirou sua oposição.

14. Hoje, quando os assuntos de Estado não envolvem com tanta frequência o comando na guerra, a derrubada de tiranias, a formação de alianças,

15. Que acesso a uma carreira pública notória e brilhante um jovem poderia ter?

16. Restam os processos judiciais públicos e as embaixadas no exterior,

17. Que exigem um homem de temperamento ardente, também dotado de coragem e inteligência.

18. Mas há muitas linhas de conduta excelentes que não são adotadas em nossas cidades e que um homem poderia escolher,

19. E há também muitas práticas resultantes de maus costumes, que se insinuaram para a vergonha ou o prejuízo do Estado,

20. Que um homem poderia remover e, assim, convertê-las a seu favor.

21. De fato, em tempos passados, uma sentença justa obtida num grande processo,

22. Ou a boa-fé agindo como advogado de um cliente fraco contra um adversário poderoso,

23. Ou a ousadia no discurso em favor do certo contra um mau governante

24. Permitiu a alguns homens um ingresso glorioso na vida pública.

25. E não poucos também se engrandeceram, graças aos inimigos que fizeram ao atacar homens em posições que despertavam inveja ou impunham temor;

26. Pois, quando tal homem é derrubado, seu poder passa imediatamente, e com melhor reputação, para o homem que o derrotou.

27. Pois atacar por inveja um homem de bem que, por sua virtude, é líder do Estado,

28. Como Péricles foi atacado por Símias, Temístocles por Alcmeon, Pompeu por Clódio e Epaminondas pelo orador Menecleides,

29. Não leva a uma boa reputação nem traz vantagem em nenhum aspecto;

30. Pois, quando o povo comete um erro contra um homem de bem e depois se arrepende de sua raiva,

31. Julga que a maneira mais fácil de se desculpar por tal ofensa é a mais justa, a saber,

32. Destruir o homem que foi seu autor e persuadiu o povo a cometê-la.

33. Por outro lado, revoltar-se contra um homem mau que, por astúcia e audácia despudorada, sujeitou os assuntos de Estado a si mesmo,

34. Como Cléon e Cléofon em Atenas, derrubá-lo e humilhá-lo,

35. Oferece uma entrada gloriosa no palco da vida pública.

36. E não ignoro o fato de que alguns homens, reduzindo o poder de um Senado oligárquico e opressor,

37. Como fez Efialtes em Atenas e Fórmio em Élis,

38. Ganharam ao mesmo tempo poder e glória;

39. Mas, para alguém que está apenas ingressando na vida pública, há um grande risco nisso.

40. Portanto, foi melhor o início de Sólon, quando Atenas estava dividida em três facções, os diacrianos ("povo dos montes"), os pedianos ("povo das planícies") e os paralianos ("povo do litoral");

41. Pois não se envolveu com nenhum deles, mas agiu por todos em comum, e falou e fez de tudo para trazer a concórdia entre as facções,

42. De modo que foi escolhido como legislador para reconciliar suas diferenças e, desta forma, estabeleceu seu governo.

Capítulo 20

1. São muitos, portanto, os caminhos mais evidentes para ingressar numa carreira pública, e tais são suas várias maneiras.

2. Mas a maneira lenta e segura foi adotada por muitos homens famosos – Aristides, Fócio, Pamenes o tebano, Lúculo em Roma, Catão, Agesilau o lacedemônio.

3. Pois, assim como a hera cresce enrolando-se numa árvore forte, cada um deles, ligando-se quando jovem a um homem mais velho

4. E, embora ainda à sombra de um homem de reputação, erguendo-se sob a proteção de seu poder e crescendo junto com ele,

5. Firmou-se solidamente e se enraizou nos assuntos de Estado.

6. Pois Aristides se tornou grande graças a Clístenes, Fócio graças a Xábrias, Lúculo graças a Sula,

7. Catão graças a Máximo, enquanto Epaminondas ajudou Pamenes e Lisandro ajudou Agesilau.

8. Mas Agesilau, por ambição intempestiva e inveja da reputação de Lisandro, insultou e prontamente descartou o guia de suas ações,

9. Ao passo que os demais, com atitude nobre e digna de estadistas, louvaram e honraram seus mestres até o final,

10. Assim realçando com seu próprio brilho e iluminando, como os corpos celestes diante do sol, aquele que os fez brilhar.

11. Certamente os detratores de Cipião diziam que ele era apenas o ator e seu amigo Lélio o verdadeiro autor de suas ações;

12. Mas Lélio não se envaidecia com tais comentários e sempre continuou a enaltecer vivamente a virtude e o renome de Cipião.

13. E Afrânio, amigo de Pompeu, embora fosse de condição humilde,

14. Esperava ser eleito cônsul, mas, quando Pompeu preferiu outros candidatos, ele renunciou à sua ambição,

15. Dizendo que lhe seria mais problemático e penoso do que glorioso obter o consulado se fosse

contra a vontade de Pompeu e sem sua cooperação;

16. E assim, depois de esperar apenas um ano, ele ganhou o cargo e conservou a amizade.

17. Os que são levados ao renome pela mão de terceiros são bem vistos por muitos

18. E ao mesmo tempo, se acontece algo desagradável, não caem em tanto desagrado;

19. Foi por isso que Filipe aconselhou Alexandre a conquistar amizades enquanto era possível e outro homem ocupava o trono,

20. Tendo boas relações com os outros e mantendo laços amigáveis com eles.

21. Mas quem ingressa numa carreira pública deve escolher como guia um homem que seja não apenas poderoso e de reputação firmada,

22. Mas também que tenha verdadeiro valor. Pois, assim como nem toda árvore aceitará e sustentará a trepadeira que se enrosca nela, e algumas árvores a sufocam e impedem seu crescimento,

23. Da mesma forma, nos Estados, os homens que amam não a nobreza, mas apenas as honras e o cargo,

24. Não dão oportunidade aos jovens para exercer atividades públicas,

25. Mas os reprimem por inveja e, falando figuradamente, fazem-nos definhar ao privá-los de glória, que é seu alimento natural.

26. Assim Mário, depois de conquistar tantos êxitos na Líbia e na Gália com o auxílio de Sula, deixou de empregá-lo e o dispensou, irritado com o maior poder que ele adquirira.

27. Sula, porém, enaltecia Pompeu desde a época de sua juventude, levantando-se e descobrindo a cabeça quando ele se aproximava;

28. E também dando aos outros jovens oportunidades de comandar

29. E, insistindo mesmo a contragosto deles, instilou em seus exércitos grande disposição e ambição;

30. E ganhou poder sobre todos eles desejando ser, não só o único grande homem, mas o primeiro e o maior entre muitos grandes homens.

31. Assim, tais são os homens a que os jovens políticos devem se associar e se ligar intimamente,

32. Sem querer lhes usurpar a glória, como a carriça de Esopo, que fora alçada às costas da águia e então de súbito voou e tomou sua dianteira,

33. Mas recebendo-a deles com amizade e boa vontade, por saber que, como diz Platão, só poderá comandar bem quem antes aprendeu a obedecer corretamente.

Capítulo 21

1. A seguir vem a decisão que se deve tomar em relação aos amigos, e

aqui não concordamos com a ideia de Cléon nem de Temístocles.

2. Pois Cléon, quando decidiu seguir a vida política, reuniu os amigos e renunciou à amizade com eles,

3. Como algo que muitas vezes enfraquece e distorce a escolha reta e justa de uma linha de ação na vida política.

4. Mas ele teria feito melhor se tivesse eliminado de seu caráter a avareza e o gosto pelas disputas e se despido da inveja e da malícia;

5. Pois o Estado precisa, não de homens que não têm amigos ou camaradas, e sim de homens bons e dotados de autocontrole.

6. No caso, ele afastou os amigos e ficou rodeado por uma centena de execráveis aduladores a bajulá-lo,

7. E se submeteu às massas para granjear seus favores, tomando como associados os elementos mais baixos e falsos do povo, em vez dos melhores.

8. Mas Temístocles, por outro lado, quando alguém lhe disse que governaria bem se se mostrasse igualmente imparcial para com todos, respondeu:

9. "Que eu nunca ocupe um trono onde meus amigos não recebam de mim mais do que os que não são meus amigos!"

10. Ele também estava errado: pois subordinava o governo à amizade, colocando os assuntos da comunidade e do público abaixo dos interesses e favores particulares.

11. Todavia, quando Simonides solicitou algo que não era justo, Temístocles lhe respondeu:

12. "Não é bom poeta quem canta sem obedecer à métrica, nem é justo governante quem concede favores contrários à lei."

13. Pois o arquiteto escolhe subordinados e artesãos que não estraguem sua obra, e sim cooperem para aperfeiçoá-la.

14. O estadista que, como diz Píndaro, é o melhor dos artífices e o criador da legalidade e da justiça, deve escolher amigos de convicções semelhantes às suas,

15. Que o ajudarão e compartilharão seu entusiasmo pelo que é nobre;

16. E deve evitar os que sempre tentam desviá-lo por meios errados e violentos para vários outros usos.

17. Um político desse tipo não será melhor do que um construtor ou um carpinteiro que, por erro e ignorância, utiliza réguas, esquadros e níveis que certamente resultarão em coisas tortas.

18. Pois os amigos são os instrumentos vivos e pensantes do estadista, e ele não deve se deixar arrastar quando estão errados,

19. Mas deve se manter atento para que não se extraviem, mesmo na ignorância.

20. Foi isso que desgraçou Sólon e lhe trouxe descrédito entre os cidadãos;

21. Pois, quando decidiu aliviar os débitos e determinar o cancelamento das dívidas, contou aos amigos e estes fizeram uma coisa muito errada:

22. Em segredo, tomaram de empréstimo grandes somas de dinheiro antes que a lei fosse publicada,

23. E então, depois da publicação, descobriu-se que eles tinham comprado casas esplêndidas e muitas terras com os empréstimos que agora não precisariam mais pagar.

24. Sólon, que foi enganado por eles, mesmo assim foi acusado de participar do malfeito.

25. Pois os princípios que governam a conduta de um estadista não o obrigam a agir com severidade contra os erros moderados de seus amigos;

26. Pelo contrário, permitem-lhe, depois de atender com segurança aos principais interesses públicos,

27. Com seus abundantes recursos, assistir os amigos, tomar posição ao lado deles e ajudá-los a sair de seus problemas.

28. E há também favores que não despertam nenhuma má vontade, como ajudar um amigo a obter um cargo,

29. Oferecendo-lhe alguma função administrativa honrosa ou alguma missão amigável no estrangeiro,

30. Por exemplo, alguma que inclua homenagens a um governante ou negociações com um Estado em termos de amizade e concórdia;

31. E se alguma atividade pública é trabalhosa, mas importante e vistosa,

32. O estadista pode de início indicar a si mesmo para o cargo e então escolher um amigo como assistente,

33. Pois tal concessão aos amigos adorna tanto quem louva quanto quem é louvado.

34. Ademais, um homem deve oferecer aos amigos uma parte de seus gestos de bondade e cortesia;

35. Deve dizer aos que foram beneficiados que louvem e lhes mostrar afeição como originadores e conselheiros daqueles favores.

36. Mas os pedidos mesquinhos e absurdos ele deve rejeitar, não com rispidez, e sim com brandura,

37. Informando aos solicitantes, como forma de consolo, que os pedidos não estão à altura da excelência e reputação deles.

38. Epaminondas exemplifica de maneira admirável: depois de recusar o pedido de Pelópidas para tirar o mascate da prisão,

39. E, um pouco mais tarde, soltá-lo a pedido de sua amante, disse: "Tais

474 O LEGISLADOR

favores, Pelópidas, são compatíveis com cortesãs, não com generais."

40. Mas Catão agiu com rispidez e arbitrariedade quando era questor e ao censor Catulo, um de seus amigos mais próximos, que lhe pedira a absolvição de um homem em julgamento,

41. Assim respondeu: "É uma desgraça que tu, cujo dever é incutir em nossos jovens uma conduta honrada, tenhas de ser posto para fora por nossos servos."

42. Pois, ao recusar o favor de fato, poderia ter evitado a rispidez das palavras,

43. Dando a impressão de que o aspecto ofensivo de sua ação não se devia à sua vontade, mas lhe era imposto pela lei e pela justiça.

Capítulo 22

1. A administração dos assuntos públicos muitas vezes oferece ao homem na vida pública esse tipo de oportunidade para ajudar os amigos.

2. Entrega a um amigo um processo na justiça que resulte em bons honorários como advogado numa causa justa;

3. A outro, apresenta um homem de posses que precisa de proteção e supervisão jurídica; a outro ainda, ajuda a conseguir algum contrato ou financiamento vantajoso.

4. Epaminondas chegou a falar a um amigo que fosse a um homem rico

e lhe pedisse um talento, dizendo que era ele que ordenava que o desse;

5. Quando o homem assim solicitado veio e lhe perguntou a razão, ele respondeu:

6. "Porque é um homem bom e pobre, e tu és rico por teres te apropriado de muitas riquezas do Estado."

7. E Xenofonte diz que Agesilau se comprazia em enriquecer os amigos, mas pessoalmente estava acima do dinheiro.

8. Mas, para citar Simonides, como "toda cotovia tem crista" e toda carreira pública tem seu lote de inimizades e divergências, o homem público precisa dar atenção a tais assuntos.

9. Assim, muitos elogiam Temístocles e Aristides que, sempre que iam numa embaixada ou estavam no comando de um exército,

10. Deixavam as inimizades pessoais na fronteira, para retomá-las na volta.

11. E alguns apreciam imensamente a conduta de Cretinas da Magnésia.

12. Ele era adversário político de Hermeas, indivíduo que não era poderoso, mas tinha ambição e intelecto brilhante.

13. Quando a guerra dos Mitrídades eclodiu, vendo que o Estado estava em perigo,

14. Cretinas disse a Hermeas para assumir o comando e conduzir os assuntos públicos, enquanto ele mesmo se retiraria;

15. Ou, se Hermeas o quisesse como general, então que ele mesmo saísse,

16. Para que não viessem a destruir o Estado com disputas movidas pela ambição.

17. O desafio agradou a Hermeas, o qual, dizendo que Cretinas era mais versado em guerra do que ele, retirou-se com a esposa e os filhos.

18. Quando partia, Cretinas o escoltou, primeiro dando-lhe de seus próprios recursos coisas que eram mais úteis a exilados do que a sitiados numa cidade,

19. E depois, com seu excelente comando militar, salvou o Estado que estava à beira da destruição.

20. Pois, se há nobreza e é marca de distinção estar disposto a fazer as pazes com um inimigo pessoal, em favor daquelas coisas pelas quais devemos renunciar até a um amigo,

21. Sem dúvida Fócio, Catão e outros de atitude semelhante agiram muito melhor,

22. Pois não permitiam que nenhuma inimizade pessoal tivesse qualquer influência nas diferenças políticas,

23. Mas apenas nas contendas públicas eram inflexíveis e inexoráveis contra qualquer sacrifício do bem comum,

24. Ao passo que, em questões privadas, tratavam os adversários políticos sem raiva e com cortesia.

25. Pois o estadista não deve considerar inimigo nenhum concidadão.

26. A menos que apareça alguém como Aristion, Nabis ou Catilina, que seja uma chaga viva para o Estado.

27. Quanto aos que estão em dissonância de outras maneiras, ele deve harmonizá-los, como um hábil músico, afrouxando ou apertando suavemente as cordas de seu controle,

28. Sem atacar de modo raivoso e insultante os que erram, mas fazendo um apelo destinado a causar impressão moral.

29. Se os adversários dizem ou fazem algo de bom, o estadista não deve se irritar com as honras que recebem,

30. Nem poupar palavras elogiosas a suas boas ações;

31. Pois, se agirmos assim, nossa crítica, quando for necessária, será considerada justificada

32. E faremos com que abominem o mal, exaltando a virtude e mostrando por comparação que as boas ações são mais dignas e adequadas do que as outras.

Capítulo 23

1. Penso também que o estadista deve prestar testemunho em

causas justas mesmo para seus adversários,

2. Deve ajudá-los no tribunal contra litigantes maliciosos

3. E deve desacreditar calúnias contra eles, se tais acusações forem estranhas aos princípios que ele sabe professarem;

4. Tal como o infamante Nero, um pouco antes de condenar Traseas à morte, a quem odiava e temia profundamente,

5. Apesar disso, quando alguém o acusou de uma decisão ruim e injusta no tribunal, assim disse: "Gostaria que Traseas fosse tão bom amigo meu quanto é excelente juiz."

6. E não é um método ruim para confundir pessoas de outro tipo,

7. Homens naturalmente pérfidos e propensos a más condutas, mencionar-lhes algum inimigo deles que tenha melhor caráter,

8. Dizendo: "Ele não diria ou faria isso."

9. Catão, embora tivesse se oposto a Pompeu nas violentas medidas que ele e César aplicaram ao Estado,

10. Quando explodiu o conflito entre eles, aconselhou que o comando fosse entregue a Pompeu, dizendo:

11. "Os homens que podem causar grandes males também podem pôr fim a eles."

12. Pois a crítica que vem mesclada ao elogio e não contém nada de insultante, apenas a franqueza das palavras,

13. E desperta não raiva, e sim pontada na consciência e arrependimento,

14. Mostra-se gentil e balsâmica; mas a linguagem ofensiva não é de maneira nenhuma adequada ao estadista.

15. O escárnio e o impropério trazem desgraça mais a quem os utiliza do que a quem é objeto deles;

16. Além disso, trazem confusão à condução dos assuntos públicos e tumultuam concílios e assembleias.

17. Portanto, bem fez Fócio quando parou de falar e cedeu a palavra a um homem que o injuriava,

18. E então, quando por fim o indivíduo silenciou, retomou a palavra dizendo:

19. "Bem, sobre a cavalaria e a infantaria pesada, já ouvistes;

20. "Agora resta-me falar sobre a infantaria ligeira e os broqueleiros."

21. Como muitos acham difícil suportar esse tipo de coisa com calma, e muitas vezes os oradores ofensivos são obrigados a se calar, não sem proveito geral, por causa das réplicas que suscitam,

22. Mais vale que a resposta seja curta, sem mostrar cólera nem extremo rancor,

23. E sim com uma urbanidade mesclada de jocosidade e graça

que, de uma maneira ou outra, seja uma alfinetada.

24. Há homens que ingressam em qualquer espécie de serviço público, como fez Catão, alegando que o bom cidadão, até onde lhe for possível, não deve poupar nenhum trabalho ou diligência;

25. E louvam Epaminondas porque, quando os tebanos, por inveja e como insulto a ele, o designaram como supervisor da limpeza pública, não descuidou de seus deveres,

26. Mas, dizendo que não só o cargo dignifica o homem, mas também o homem dignifica o cargo,

27. Ele promoveu a função de supervisor dos garis a uma posição de grande respeito e dignidade,

28. Embora antes não passasse de uma espécie de supervisão das vielas para remover excrementos e drenar a água nas ruas.

29. Para tudo isso contribui o comentário de Antístenes, que fora transmitido e confiado à memória;

30. Pois, quando alguém manifestou surpresa por estar carregando pessoalmente um peixe seco na praça do mercado, ele disse: "Sim, mas é para mim mesmo",

31. Enquanto eu, por outro lado, digo aos que me criticam por parar e observar a medição das telhas ou a entrega de concreto ou pedras,

32. Que cuido dessas coisas, não para mim mesmo, mas para minha cidade natal.

33. Pois há muitas outras coisas em relação às quais seria mesquinho o homem que cuidasse delas por interesse próprio,

34. Mas, se o faz para o bem do público e do Estado, não é ignóbil;

35. Pelo contrário, sua atenção ao dever e seu zelo são tanto maiores quando aplicados a pequenas coisas.

Capítulo 24

1. Porém há outros que pensam que a conduta de Péricles foi mais digna e excelsa, como o peripatético Critolau,

2. Que afirma que, assim como o *Salaminia* e o *Paralus*, navios em Atenas, não eram enviados ao mar para qualquer serviço, mas apenas em missões importantes e necessárias,

3. Da mesma forma o estadista deve se resguardar para os assuntos mais importantes e momentosos.

4. Deve receber a estima do povo quando se apresenta e lhe despertar o desejo de revê-lo quando não está presente;

5. O que Cipião, o Africano, fez passando grande parte do tempo no país,

6. Com isso eliminando o peso da inveja e, ao mesmo tempo, dando respiro aos que se sentiam oprimidos por sua glória.

7. Timésias de Clazômenas era, em outros aspectos, um bom homem em seus serviços ao Estado, mas, fazendo tudo pessoalmente, havia despertado rancor;

8. No entanto, não tinha conhecimento disso até o momento em que ocorreu o seguinte episódio:

9. Alguns meninos estavam brincando de tirar ossinhos do buraco, enquanto ele passava por ali;

10. E o menino que acertou disse: "Bem que eu tiraria os miolos de Timésias como tirei o ossinho do buraco."

11. Timésias, ao ouvir o comentário e entendendo que a aversão a ele havia permeado todo o povo,

12. Voltou para casa e contou à esposa o que havia acontecido; dizendo-lhe que empacotasse as coisas e o seguisse, ele saiu imediatamente de casa e deixou a cidade.

13. Consta também que Temístocles, quando recebeu o mesmo tratamento dos atenienses, disse:

14. "Ora, meus caros, estais cansados de receber benefícios constantes?"

15. Alguns desses ditos estão bem postos, outros não.

16. Pois, no que se refere à boa vontade e à solicitude para com o bem-estar comum, um estadista não deve se manter acima de qualquer questão dos assuntos públicos, mas deve prestar atenção a todos eles e se informar sobre todos os detalhes;

17. Tampouco deve se manter afastado, aguardando os destinos e necessidades extremas do Estado;

18. Pelo contrário, deve cumprir outros deveres por meio de diversos instrumentos operados por diversos agentes,

19. Desse modo dando um ajuste nos instrumentos que operam separados; assim como o capitão de um navio utiliza marinheiros, gajeiros e contramestres,

20. Alguns dos quais ele chama à popa e lhe confia o leme,

21. Da mesma forma é adequado que o estadista confie o cargo a outros e os convide à tribuna dos oradores com gentileza e cortesia,

22. E não deve tentar administrar todos os assuntos do Estado com seus próprios discursos, decretos e ações,

23. Mas deve dispor de homens bons e dignos de confiança, empregando cada um num determinado serviço de acordo com sua capacidade.

24. Assim Péricles usou Menipo na posição de general,

25. Humilhou o Conselho do Areópago por meio de Efialtes,

26. Aprovou o decreto contra os megarenses através de Carino

27. E enviou Lampon como fundador dos túrios.

28. Pois, quando o poder parece distribuído entre muitos, não só o peso dos ódios e inimizades se torna menos problemático,

29. Como também há maior eficiência na condução dos assuntos.

30. Pois, assim como a divisão da mão em dedos lhe dá não fraqueza, e sim maior habilidade como instrumento de uso,

31. Da mesma forma o estadista que oferece a outros uma parte no governo torna a ação mais eficiente graças à cooperação.

32. Mas aquele que, por insaciável ganância de fama ou poder, toma a si mesmo todo o fardo do Estado

33. E se entrega até a tarefas para as quais não tem natureza ou formação adequada,

34. Como Cleon se pôs a liderar exércitos, Filopêmen a comandar navios e Aníbal a discursar para o povo – tal homem não tem nenhuma justificativa quando comete erros.

35. Assim, não sendo orador persuasivo, foste em embaixada,

36. Sendo descuidado, assumiste a administração,

37. Ignorando contabilidade, viraste tesoureiro,

38. Ou, velho e fraco, tomaste o comando de um exército.

39. Mas Péricles dividiu o poder com Címon para poder governar na cidade e Címon comandaria os navios e combateria os bárbaros,

40. Pois um deles era mais dotado para o governo civil e o outro para a guerra.

41. E o anaflistiano Eubulo também é louvado porque, mesmo que poucos gozassem de tanta confiança e poder como ele,

42. Ainda assim não administrou nenhum dos assuntos helênicos e não ocupou o posto de general,

43. Mas dedicou-se às finanças, aumentou as rendas e, com isso, fez grande bem ao Estado.

Capítulo 25

1. Visto que há em toda democracia uma tendência à malícia e às críticas contra os homens que estão na vida pública

2. E o povo suspeita que muitas medidas desejáveis, se não há partido de oposição nem expressão de discordância, são feitas por conspiração,

3. O que sujeita as ligações e amizades de um homem a calúnias,

4. Os estadistas não devem deixar que subsista qualquer inimizade ou divergência real contra eles.

5. Quando a plebe desconfia de alguma medida importante e salutar,

6. Os estadistas diante da assembleia não devem expressar todos a

mesma opinião, como se houvesse algum acordo prévio,

7. Mas dois ou três amigos deveriam divergir e falar calmamente no outro lado, e depois mudar de posição como se tivessem se convencido;

8. Pois assim trazem com eles o povo, visto que parecem ter sido influenciados apenas pela vantagem pública.

9. Em pequenas questões, porém, que não são de grande importância, não é ruim de todo deixar que os amigos realmente discordem,

10. Cada qual seguindo seu próprio raciocínio para que, em questões da maior importância, a concordância sobre a melhor política não pareça previamente arranjada.

11. Ora, o estadista é sempre, por natureza, o dirigente do Estado, como a abelha rainha na colmeia,

12. E tendo isso em mente, deve manter as questões públicas nas próprias mãos;

13. Mas não deve buscar com demasiada avidez ou frequência os cargos ditos de "autoridade", e que são eletivos, pois o gosto pelo cargo não é enobrecedor nem estimado pelo povo;

14. Porém não deve recusá-los, se o povo lhe oferecer e chamá-lo para ocupar tais cargos, de acordo com a lei,

15. E mesmo que sejam modestos demais para um homem com sua reputação, deve aceitá-los e exercê-los com zelo.

16. Pois é certo que os homens que são adornados com os mais altos cargos adornem, por sua vez, os cargos menores

17. E que os estadistas mostrem moderação, cedendo e entregando uma parte dos cargos de mais peso e acrescentando dignidade e grandeza aos cargos secundários,

18. Para que não sejamos desprezados quando ocupamos estes últimos, nem invejados por causa daqueles primeiros.

19. E, ao ingressar em qualquer cargo, é preciso não só lembrar aquelas considerações que Péricles relembrou ao aceitar o manto de general:

20. "Cuidado, Péricles; estás comandando homens livres, estás comandando gregos, cidadãos atenienses",

21. Mas também dizer a si mesmo: "Tu que governas és um súdito, governando um Estado controlado por procônsules, os agentes da paz;

22. "Não são os lanceiros da planície, nem é esta a antiga Sárdis, nem o afamado poder lídio."

23. Devem-se imitar os atores, os quais, embora coloquem sua paixão, caráter e reputação na interpretação,

24. Ainda assim ouvem o ponto e não ultrapassam o grau de liberdade no ritmo e na métrica que lhes é permitido pela autoridade acima deles.

25. Pois falhar em seu papel na vida pública não acarreta apenas vaias, assobios e pés batendo no chão.

26. Além do mais, quando vemos crianças brincando e tentando amarrar os calçados dos pais em seus pés ou experimentando as coroas na cabeça, apenas rimos,

27. Mas, os funcionários públicos nas cidades, quando insistem tolamente para que o povo imite as ações, proezas e ideais dos antepassados, por mais inadequados que sejam nos tempos e condições do presente, criam agitação nas pessoas comuns

28. E, embora seja risível o que fazem, o que é feito a eles não é de se dar risada, a menos que sejam meramente tratados com absoluto desprezo.

Capítulo 26

1. O estadista, ao introduzir em seu estado natal a pronta obediência às leis, não deve humilhá-lo mais,

2. Nem, depois de agrilhoadas as pernas, pôr o jugo no pescoço,

3. Como fazem alguns que, remetendo todas as coisas, grandes e pequenas, ao poder soberano,

4. Atraem para o país a pecha de escravidão ou, ainda, destroem

totalmente seu governo constitucional, tornando-o tímido e impotente em tudo.

5. Pois, tal como aqueles que se acostumaram a não jantar nem tomar banho, a não ser por ordens médicas, e não gozam sequer daquele grau de saúde que lhes concede a natureza,

6. Assim também os que pedem a decisão do governo em cada decreto, em cada reunião de um conselho, em cada concessão de um privilégio ou em cada medida administrativa,

7. Obrigam o governo ao papel de senhor mais do que gostaria.

8. E isso se deve, sobretudo, à ganância e ao espírito de rixa dos cidadãos mais ilustres;

9. Pois, nos casos em que ofendem seus inferiores, obrigam-nos a se exilar do Estado

10. Ou, em questões sobre as quais divergem entre si, pois não se dispõem a ocupar uma posição inferior entre seus concidadãos, recorrem aos mais poderosos;

11. Em decorrência disso, o Senado, a assembleia popular, os tribunais e todo o governo local perdem sua autoridade.

12. Mas o estadista deve agradar aos cidadãos comuns concedendo-lhes a igualdade e os poderosos fazendo-lhes concessões em troca,

13. Assim mantendo-os dentro dos limites do governo local e

resolvendo suas dificuldades como se fossem doenças, preparando, por assim dizer, uma espécie de remédio político;

14. Ele preferirá ser derrotado entre seus concidadãos a vencer ultrajando e destruindo os princípios de justiça em sua própria cidade.

15. E pedirá a todos que façam o mesmo e lhes ensinará o mal que é o espírito de rixa.

16. Mas, tal como é, não só não fazem acordos honrosos e benévolos com seus concidadãos e membros do clã em casa e com seus vizinhos e colegas no trabalho,

17. Mas levam suas dissensões para o plano externo e entregam-nas a advogados, para grande desgraça e dano próprio.

18. Pois, quando os médicos não conseguem erradicar totalmente as doenças, dirigem-se à superfície externa do corpo;

19. Mas o estadista, se não consegue manter o Estado inteiramente livre de problemas, tentará de todo modo sanar e controlar qualquer distúrbio,

20. Mantendo-o enquanto isso no interior do Estado, para que precise o mínimo possível de médicos e remédios trazidos do exterior.

21. Pois a política do estadista deve ser a de preservar a segurança e evitar o impulso insensato e tumultuoso da opinião vazia.

22. Pois não deve criar tempestades, mas, quando as tempestades recaem sobre o Estado, tampouco há de desertar;

23. Não deve agitar o Estado nem causar oscilações perigosas, mas, quando o Estado estiver oscilando e correndo perigo, deve vir em seu auxílio e utilizar como âncora a franqueza do discurso.

24. Não verás o verdadeiro estadista se acovardando de medo,

25. Nem o verás lançando a culpa em terceiros e pondo-se a salvo do perigo;

26. Mas sim indo em embaixadas, atravessando os mares

27. E, mesmo que não tenha participado nos malfeitos do povo, tomando os perigos a si em nome do povo.

28. Pois isso é nobre; além de ser nobre, a excelência e a sabedoria de um só homem, ao conquistar admiração,

29. Muitas vezes mitiga a cólera que foi despertada contra todo o povo e dissipa a ameaça de terror e rancor.

30. É algo assim que parece ter acontecido no caso de Pompeu em relação a Estênio;

31. Quando Pompeu ia punir os mamertinos por sua revolta, Estênio lhe disse que seria errado destruir muitos inocentes por causa de um homem só,

32. Pois, disse Estênio, tinha sido ele mesmo que fizera a cidade se

revoltar, persuadindo os amigos e compelindo os inimigos.

33. Isso impressionou tanto Pompeu que não puniu a cidade e também tratou Estênio bondosamente.

34. Mas o amigo e hóspede de Sula, agindo com o mesmo tipo de virtude, mas não com o mesmo tipo de homem, enfrentou um nobre fim.

35. Pois quando Sula, após a captura de Prenestes, ia dizimar todos os cidadãos restantes, mas pouparia apenas um homem, graças à sua amizade de hóspede,

36. Este último declarou que ficaria devendo sua vida ao assassino de sua terra natal;

37. Então misturou-se à multidão e foi executado com os demais.

Capítulo 27

1. Considerando todo cargo público algo grande e importante, devemos respeitar quem ocupa algum deles e entender a dificuldade no desempenho;

2. Mas a honra de um cargo reside na honestidade, na diligência e na concórdia com os colegas, muito mais do que nos títulos e uniformes ou num manto orlado de púrpura.

3. Mas os que consideram que servir juntos numa campanha ou na escola é o começo da amizade,

4. Porém veem o serviço em conjunto no cargo de general ou em outro cargo como causa de inimizade, não conseguiram evitar um dos três seguintes males;

5. Pois ou consideram seus colegas iguais e são facciosos; ou os invejam como superiores, ou os desprezam como inferiores.

6. Mas um homem deve se conciliar com seu superior, somar prestígio a seu inferior, honrar seu igual

7. E ser afável e amistoso com todos, considerando que todos foram igualmente escolhidos por voto do povo,

8. E que mostram boa vontade mútua como herança de seu país.

9. Cipião foi criticado em Roma porque, quando recebeu os amigos num dia de festa, não incluiu seu colega Múmio;

10. Pois, mesmo que geralmente os dois não se considerassem amigos,

11. Em tais ocasiões, julgava-se apropriado dar mostras recíprocas de honra e amizade por causa do cargo.

12. Em vista disso, portanto, quando a omissão de um gesto tão pequeno de cortesia trouxe a reputação de arrogância a Cipião, homem admirável em outros aspectos,

13. Como se pode considerar honrado e justo aquele que deprecia a dignidade de um colega no cargo

14. Ou dele escarnece maliciosamente com ações que revelam uma rivalidade ambiciosa,

15. Ou é tão voluntarioso que, em suma, tudo se arroga e toma a si, em detrimento do colega?

16. Lembro que, quando ainda era jovem, fui enviado com outro em missão ao procônsul;

17. Por alguma razão, o outro ficou para trás. Encontrei sozinho o procônsul e cumpri a missão.

18. Ora, quando voltei e ia fazer o relatório de nossa missão, meu pai deixou seu assento e me falou em particular para não dizer "eu fui", e sim "nós fomos",

19. Não "eu disse", e sim "nós dissemos", e associar meu colega de todas as outras maneiras num relatório conjunto.

20. Pois esse tipo de coisa não só é honrado e gentil, mas também remove o aguilhão de qualquer inveja de nossa reputação.

21. Muitas pessoas dizem e creem que o objetivo da doutrina política é tornar os homens bons súditos;

22. Pois, dizem elas, a classe dos dominados é, em todos os estados, maior do que a classe dominante;

23. E todo funcionário ocupa um cargo de direção apenas por breve tempo, mas é dirigido durante o tempo todo, se for cidadão de uma democracia;

24. De modo que é algo extremamente útil e de grande excelência aprender a obedecer a quem está em cargo de autoridade, mesmo que seja carente em poder e reputação.

25. Pois é absurdo que, numa tragédia, o ator principal faça sua entrada várias vezes depois de um mercenário que aceita papéis de terceira categoria

26. E se dirija a ele com humildade, só porque este último usa diadema e cetro,

27. Mas também é absurdo que, nos assuntos reais e no governo, o homem rico e famoso apequene e despreze o funcionário que é plebeu e pobre,

28. Usando sua alta posição para insultar e destruir aquela outra do Estado, em vez de realçá-la e somar ao cargo a estima e o poder que derivam dele mesmo.

29. Assim é que, em Esparta, os reis davam precedência aos éforos

30. E, se os outros espartanos eram convocados, os reis não caminhavam devagar atendendo à convocação,

31. Mas, correndo ansiosamente a toda velocidade pela praça, mostravam aos concidadãos seu entusiasmo em prestar homenagem ao Estado.

32. Não se conduziam como alguns incultos e mal-educados que, como que cambaleando sob o excesso de seu poder,

33. Insultam os árbitros nos jogos, descompõem o coro nos festejos e troçam dos generais e ginasiarcas,

34. Sem saber nem entender que, amiúde, é mais glorioso prestar honras do que recebê-las.

35. Pois, para um homem de grande poder no Estado, sua distinção aumenta ainda mais ao servir no corpo de guarda e na escolta de um funcionário do que ser servido e escoltado por ele,

36. Ou melhor, este segundo caso lhe traz inveja e aversão, mas o primeiro lhe traz verdadeira reputação, aquela que vem da boa vontade;

37. E sendo visto às vezes à porta do funcionário, cumprimentando-o em primeiro lugar e cedendo-lhe o lugar melhor ao andar a seu lado,

38. Um homem acrescenta lustro ao Estado sem tirar nada de si.

39. Às vezes, suportar a raiva e as más palavras de um homem em cargo também é um serviço ao povo,

40. Adiando a represália até o momento certo; pois então reagiremos a ele depois de terminado seu mandato no cargo

41. Ou, com o adiamento, a raiva passará e este será nosso ganho.

Capítulo 28

1. Porém deve-se sempre tratar todos os funcionários com zelo, cuidado pelo bem comum e sabedoria;

2. Se eles são dignos, voluntariamente sugerindo-lhes e apontando-lhes coisas a fazer e permitindo-lhes usar ideias bem refletidas, e assim serão tidos em alta estima como benfeitores da comunidade.

3. Mas, se houver neles alguma relutância, demora ou má vontade em executar tais sugestões,

4. Então deve-se vir à frente para falar com o povo,

5. E não descurar ou menosprezar os interesses públicos a pretexto de que, por ser outrem o incumbido, não lhe é apropriado se imiscuir na administração dos assuntos.

6. Pois a lei sempre confere o primeiro lugar no governo àquele que faz o certo e reconhece o proveitoso.

7. Por exemplo: havia no exército um homem de nome Xenofonte, que não era general nem capitão,

8. Mas, percebendo o que era necessário e ousando executá-lo, ele assumiu o comando e salvou os gregos.

9. Certamente é bom fazer inovações, não em assuntos pequenos ou triviais, mas em casos de necessidade ou por causas gloriosas,

10. Como Epaminondas fez quando, contrariamente à lei, acrescentou quatro meses à sua permanência no cargo, e neste tempo invadiu a Lacônia e aplicou suas medidas na Messênia;

11. Assim, se se levantar alguma acusação ou queixa contra nós a este respeito, podemos apresentar em nossa defesa a necessidade

12. Ou a grandeza e a glória da ação como compensação pelo risco.

13. Consta que Jasão, monarca da Tessália, dizia e sempre repetia quando adotava medidas de punição contra algum indivíduo:

14. "É inevitável que ajam injustamente em pequenas questões aqueles que querem agir com justiça nas grandes questões."

15. Reconhece-se imediatamente como frase de um déspota; um preceito muito mais próprio de um estadista é este:

16. "Ganha o favor do povo cedendo em pequenas coisas, a fim de que, em questões maiores, possas te opor energicamente e assim impedi-lo de cometer erros."

17. Pois um estadista que é sempre muito exato e exigente em tudo,

18. Nunca cedendo em nada, mas sempre inexorável,

19. Acostuma o povo a se lhe opor e se irritar com ele.

20. Mais vale que se reúna graciosamente ao povo, em jogos públicos e espetáculos teatrais, e por vezes finja não ver nem ouvir seus erros,

21. Assim como tratamos os erros dos jovens numa família, para que a força da reprimenda – como a de um remédio – não se esgote ou não perca o efeito, mas em assuntos de maior importância possa manter toda a sua força e crédito.

22. Com isso ele tem uma influência mais forte sobre o povo e persuade à obediência.

23. Mas o estadista não permitirá ao povo, até onde lhe seja possível, nenhuma conduta ultrajante em relação aos cidadãos,

24. Nenhum confisco da propriedade alheia nem a distribuição de recursos públicos, mas pela persuasão, com argumentos e pela lei irá se opor a tais desejos.

25. Pois foi nutrindo e aumentando tais desejos destrutivos que Cléon e seus partidários criaram no Estado, como diz Platão, "um enxame de zangões com ferrões".

Capítulo 29

1. Quando se está por realizar algo importante e útil, mas exigindo muito conflito e grande esforço,

2. Tenta escolher entre teus amigos os que são mais poderosos ou, entre os mais poderosos, os de mais fácil convívio;

3. Pois são os que menos provavelmente agirão contra ti e mais provavelmente colaborarão contigo, se tiverem sabedoria e não alimentarem rixas.

4. E, ademais, deves conhecer tua própria natureza, para que em qualquer propósito para o qual és naturalmente menos adequado do que outros, escolhas como colaboradores homens que sejam mais capazes do que ti,

5. Como Diomedes, prestes a sair numa expedição de reconhecimento, escolheu como

companhia homens de prudência de preferência a homens de coragem.

6. Pois assim as ações ficam mais igualmente equilibradas e não surgem disputas entre homens cujas ambições derivam de virtudes e capacidades diversas.

7. Assim, se não és bom orador, toma um orador como teu assistente num pleito judicial ou teu colega numa embaixada;

8. Se tua fala é demasiado elevada e não persuasiva ao se dirigir às massas, escolhe um homem que tenha oratória envolvente e conciliadora;

9. Se és fisicamente fraco e incapaz de trabalho pesado, escolhe um homem forte que goste da dura faina, como Nícias escolheu Lâmaco.

10. Assim os estadistas, para um só propósito unindo não só as pessoas e os bens dos homens,

11. Mas também suas virtudes e capacidades, se estiverem de acordo, podem ganhar maior reputação relativa à mesma ação do que por outros meios.

12. A ambição, embora seja palavra mais pretensiosa do que "cobiça", é não menos perniciosa no Estado;

13. Pois há maior ousadia nela; não se a encontra em indivíduos vis e desprezíveis, mas nos mais vigorosos e impetuosos,

14. E o ímpeto que brota das massas, elevando a ambição à crista da onda e avolumando-a com brados de louvor, muitas vezes torna-a desmedida e incontrolável.

15. Portanto, tal como Platão disse que os jovens devem aprender desde a infância que não é adequado ornamentar seus corpos,

16. Pois é por dentro que possuem virtude, coisa muito mais preciosa,

17. Assim moderemos a ambição, dizendo que dentro de nós temos a honra, ornamento incorrupto, impoluto e intocado pela inveja e pela crítica maliciosa,

18. Que aumenta com a reflexão e a previdência quanto a nossos atos e medidas públicas.

19. Portanto, não precisamos de honras pintadas, esculpidas ou fundidas em bronze, nas quais o que recebe admiração é, em verdade, o trabalho de outrem;

20. Pois quem tem uma estátua pública erguida em sua honra não é o principal objeto de admiração, e sim é ao escultor que se louva.

21. Quando Roma começou a ficar repleta de estátuas retratando indivíduos, Catão não permitiu que lhe fizessem uma, dizendo:

22. "Prefiro que, a perguntarem por que há uma estátua minha, pergunte-se por que não a há."

23. Tais honras despertam inveja e as pessoas pensam que estão sob obrigação alheia e elas mesmas não receberam honras,

24. Enquanto os que receberam tais honras são opressores do povo, sendo de fato homens que exigem pagamento por seus serviços.

25. Mas, se não é fácil rejeitar algum penhor oferecido pelo gentil sentimento do povo, quando está tão inclinado a isso, então que se aceite uma recompensa dignificada;

26. Basta uma simples inscrição, uma plaqueta, um decreto ou um ramo verde, como Epimênides recebeu da Acrópole após salvar a cidade.

27. Anágoras, renunciando às honras que lhe haviam sido concedidas, pediu que, no dia de sua morte, as crianças tivessem um dia de folga nas escolas.

28. E aos sete persas que mataram os Magos usurpadores, bem como a seus descendentes, concedeu-se o privilégio de usarem o barrete puxado para a testa, pois este era o sinal secreto entre eles quando empreenderam sua ação.

29. E na honra recebida por Pítaco há também algo que indica consideração pública;

30. Pois, quando lhe disseram para tomar toda a extensão que quisesse da terra que ganhara para os cidadãos,

31. Ele tomou apenas a distância que pôde cobrir atirando um dardo.

32. E o romano Cocles recebeu o tanto que pôde arar – e era coxo – no decorrer de um dia.

33. Pois a honra não deve ser um pagamento pela ação, mas um símbolo, para que possa durar por muito tempo, tal como duraram estes mencionados.

34. De todas as trezentas estátuas de Demétrio de Falero, porém, não restou uma só; todas foram destruídas enquanto ele ainda vivia; e as de Demades foram derretidas e fundidas em urinóis.

35. Têm ocorrido coisas similares a muitas honras, quando se tornam ofensivas não só porque o destinatário era indigno, mas também porque a dádiva concedida era demasiada.

36. E portanto a melhor maneira e mais segura de garantir a duração das honras é reduzir seu custo;

37. As que são grandes e pesadas logo são derrubadas, como estátuas mal proporcionadas.

38. O estadista não desprezará a verdadeira honra e o apreço fundados na boa vontade daqueles que lembrarem suas ações,

39. Nem desdenhará a reputação ou evitará "agradar a seus vizinhos", como recomendou Demócrito.

40. Pois nem mesmo a acolhida dos cães ou a afeição dos cavalos há de ser desdenhada pelo caçador ou pelo treinador,

41. Mas é proveitoso e agradável instilar nos animais que convivem conosco tal disposição em relação a nós, assim como é bem-vinda.

42. Controlamos cavalos desobedientes e cães fugitivos a força de freios e coleiras;

43. Mas nada torna um homem de bom grado tratável e gentil em relação a outro, a não ser a confiança em sua boa vontade e a crença em sua nobreza e justiça.

44. Portanto, Demóstenes está certo em declarar que a maior salvaguarda dos Estados contra os tiranos é a desconfiança;

45. Pois aquela parte da mente com que confiamos é a mais fácil de se tornar cativa.

Capítulo 30

1. A primeira e mais importante vantagem para a reputação dos estadistas é a confiança que lhes deu ingresso nos assuntos públicos;

2. A segunda é a boa vontade da multidão, que é uma arma de defesa para os bons contra os caluniadores e maus, afastando a inveja.

3. Na questão do poder, iguala o humilde ao nobre, o pobre ao rico e o cidadão privado aos ocupantes de cargos.

4. Quando a isso somam-se a verdade e a virtude, a boa vontade resultante será um vento propício e constante à retaguarda das iniciativas.

5. Entre todas as espécies de amor, o que é gerado nos povos e Estados por um indivíduo por causa de sua virtude é, ao mesmo tempo, o melhor e o mais forte;

6. Mas aquelas honras falsamente nomeadas e falsamente concedidas, advindas de conceder apresentações teatrais, fazer distribuições de dinheiro ou ofertar espetáculos de gladiadores, são como lisonjas de meretrizes,

7. Visto que as massas sempre sorriem àquele que lhes dá e presta favores, conferindo-lhe uma reputação efêmera e incerta.

8. E assim aquele que foi o primeiro a dizer que o povo é arruinado por quem compra seus favores sabia muito bem que a multidão perde sua força ao sucumbir a propinas;

9. Mas os que dão tais propinas devem ter em mente que estão destruindo a si mesmos ao comprarem sua reputação a alto preço,

10. Assim fazendo com que a multidão se faça forte e ousada, por pensar que tem o poder de dar e retirar algo importante.

11. Mas nem por isso devemos ser avaros quanto às contribuições públicas costumeiras, se estamos em circunstâncias de prosperidade;

12. Visto que as massas são mais hostis a um homem de posses que não lhes dá uma parte de seus bens pessoais do que a um pobre que rouba dos fundos públicos,

13. Pois creem que a conduta daquele se deve à sua arrogância e seu desprezo por elas, mas a deste à necessidade.

14. Assim, em primeiro lugar que os presentes sejam dados sem que se queira nada em troca, pois assim alegram mais plenamente seus beneficiados;

15. Em segundo, que sejam dados por uma razão digna ligada ao bem público, por exemplo a instrução;

16. Pois ao mesmo tempo brota no espírito das massas uma sólida disposição de associar a boa ação a um real benefício.

17. Tal como Platão queria retirar da instrução dos jovens a modalidade musical dos lídios e dos jônios,

18. Porque a dos primeiros desperta uma sensação de dor e tristeza e a dos segundos desperta sentimentos de prazer e lascívia,

19. Da mesma maneira deves remover do estado, se possível, todas aquelas exibições gratuitas que estimulam e alimentam os apetites brutais e mortíferos ou os obscenos e cobiçosos.

20. Ou, se isso não te for possível, evita-os e opõe-te às multidões quando os solicitarem.

21. Ao invés, sempre toma como objeto de teus gastos coisas úteis e moderadas, que tenham como propósito o que é bom ou necessário,

22. Ou, em todo caso, o que é ameno e agradável sem nada de prejudicial ou ultrajante em si.

23. Mas se tuas posses são moderadas e estritamente circunscritas a tuas necessidades,

24. Não é ignóbil nem humilhante, de forma alguma, confessar tua pobreza e te afastar daqueles que dispõem dos meios para gastos públicos,

25. Em vez de tomares dinheiro emprestado e te fazeres objeto ao mesmo tempo ridículo e patético na questão de tuas contribuições públicas;

26. Pois vê-se claramente que não têm recursos aqueles que ficam aborrecendo os amigos ou se sujeitando a agiotas;

27. De modo que não é reputação nem poder, mas vergonha e desprezo o que adquirem com tais gastos.

28. Portanto, em relação a tais coisas, é sempre desejável lembrar Lâmaco e Fócion;

29. Quanto a este, quando os atenienses o intimaram a contribuir e várias vezes ergueram clamor, disse:

30. "Eu me envergonharia se vos desse uma contribuição e não pagasse a Cálicles aqui presente o que lhe devo",

31. Apontando para seu credor. E Lâmaco, quando era general, sempre registrou em suas contas o

dinheiro para os calçados e um manto para si mesmo.

32. Não é ignóbil confessar pobreza, e os pobres, se em razão de sua virtude gozam de liberdade de expressão e da confiança pública,

33. Não têm menor influência em suas cidades do que os que oferecem espetáculos e divertimentos públicos.

34. Assim, o estadista deve se empenhar ao máximo para se controlar nesses assuntos e não deve enfrentar a pé o combate contra a cavalaria;

35. Se é pobre, não deve promover corridas, peças de teatro e banquetes concorrendo com os ricos para conquistar reputação e poder,

36. E sim rivalizar com os que sempre procuram comandar o Estado com a força da virtude e da sabedoria, somadas à razão,

37. Pois neles se encontram não só nobreza e dignidade, mas também o poder de ganhar e atrair o povo, coisa "mais desejável do que o ouro de Creso".

Capítulo 31

1. Pois o homem bom não é presunçoso nem ofensivo e o homem prudente não é demasiado rude em suas palavras,

2. Mas em primeiro lugar é afável, facilmente acessível e todos podem abordá-lo,

3. Mantendo a casa sempre aberta como porto seguro para os necessitados e mostrando solicitude e amizade,

4. Não só prestando solicitude, mas também dividindo as dores dos falhados e as alegrias dos exitosos;

5. E nunca é desagradável ou ofensivo por causa da quantidade de serviçais que o assistem no banho ou pelo número de assentos de que se apropria no teatro,

6. Nem se exibe com invejáveis ostentações de luxo e extravagância;

7. Mas está no mesmo nível dos outros em suas roupas e na vida diária,

8. Na criação dos filhos e em relação aos servos que atendem à sua esposa,

9. Como homem que quer viver como as massas e ser amistoso com elas.

10. E, ademais, mostra-se conselheiro bondoso, advogado que não aceita paga, conciliador de bom coração quando há discórdia entre marido e mulher ou entre amigos.

11. Dedica não pequena parte do dia aos assuntos públicos na tribuna do orador no Senado ou na assembleia,

12. E a partir daí recebe pelo resto da vida serviços e incumbências de todos os quadrantes.

13. Mas, como sempre dedica seus pensamentos ao bem-estar público e considera o cargo público seu trabalho e sua vida, e não, ao contrário da maioria, uma interrupção do lazer e uma despesa compulsória,

14. Por todas estas e outras qualidades semelhantes, ele atrai as pessoas do povo a si,

15. Pois veem que as lisonjas e agrados dos outros são espúrios e fingidos quando comparados a seu cuidado e consideração.

16. As multidões, mesmo que de início rejeitem um homem bom e sábio,

17. Depois, quando passam a conhecer sua integridade e caráter, apenas a ele consideram homem interessado no bem público, com espírito de estadista e governante,

18. Ao passo que aos demais, a um consideram e qualificam de fornecedor de coros, a outro doador de banquetes, a outro diretor de atletismo.

19. Assim como nos banquetes, embora seja Cálias ou Alcibíades a pagar a conta, é a Sócrates que ouvem e é para Sócrates que todos os olhares se voltam,

20. Da mesma forma nos estados de condições sólidas Ismênias faz contribuições, Licas oferece jantares e Nicerato providencia os coros,

21. Mas Epaminondas, Aristides e Lisandro é que são os governantes, homens públicos e generais.

22. Assim, observando tais coisas, não nos sintamos humilhados ou esmagados pela reputação que as massas ganharam em teatros, cozinhas e salões,

23. Lembrando que pouco tempo ela dura e acaba no minuto em que terminam os espetáculos de atores e gladiadores, visto que não há nada de honroso ou dignificado nisso.

Capítulo 32

1. Aqueles que são experientes em criar abelhas julgam que a colmeia que zumbe mais alto está próspera e em boa condição;

2. Mas quem está incumbido do enxame racional e político julgará sua felicidade principalmente por sua quietude e tranquilidade.

3. Ele aceitará e imitará com o máximo de sua capacidade os outros preceitos de Sólon,

4. Mas em grande perplexidade indagará por que aquele grande homem prescreveu que, em caso de distúrbios facciosos, quem não se unisse a nenhuma facção deveria ser privado dos direitos cívicos.

5. Pois num corpo afligido por uma enfermidade, o início da recuperação da saúde não provém das partes enfermas,

6. E sim ocorre quando a condição das partes saudáveis ganha força e expulsa o que contraria a natureza;

7. E num povo afligido pela facciosidade, se não for perigosa e destrutiva, mas está destinada a cessar em algum momento, é preciso que se ministre uma mistura forte e constante de saúde e solidez;

8. Pois para este elemento aflui dos homens de entendimento o que lhe é similar e então permeia a parte que está enferma;

9. Mas os Estados que caíram em desordem estão arruinados a menos que se deparem com algum corretivo e necessidade externa,

10. De modo que assim são forçosamente compelidos por suas desventuras a ser razoáveis.

11. Porém, em tempos de desordem certamente não cabe permanecer sem sentimento ou pesar,

12. Cantando louvores à tua própria impassibilidade e à vida inativa e afortunada e te regozijando com as tolices dos outros;

13. Pelo contrário, em tais tempos deves calçar o coturno de Terâmenes, conversando com ambas as partes sem se unir a nenhuma delas;

14. Pois te mostrarás, não um observador externo ao não te unires ao malfeito,

15. E sim um partidário comum de todos por acorreres em auxílio deles;

16. E a circunstância de não partilhares seus infortúnios não despertará inveja, se ficar claro que tuas simpatias estão com todos por igual.

17. Mas a melhor coisa é cuidares de antemão que nunca surja uma discórdia facciosa e tomares esta como a mais nobre função do que se pode chamar de arte de condução do Estado.

18. Pois observa que os maiores benefícios que os Estados podem usufruir – a paz, a liberdade, a fartura e a concórdia – não são os mais fáceis de manter por longos períodos; no entanto, são os mais desejáveis e produtivos.

19. Em tais épocas florescem as artes, os jovens são instruídos, o comércio cresce e com ele a prosperidade geral,

20. A saúde do povo e da terra aumenta e o estadista sábio que mantém o equilíbrio dentro do Estado e entre seus vizinhos é louvado por todos, enquanto possa o povo contar com seus benefícios;

21. Pois a longa continuidade de tais épocas faz com que o povo fique indolente, inquieto, comodista e ingrato.

22. Então, para o estadista, dentre aquelas atividades que recaem em

seu âmbito, resta apenas esta – que é igual a qualquer outra boa coisa:

23. Sempre instilar a concórdia entre os que vivem com ele e eliminar rixas, discórdias e todas as inimizades.

24. Ele falará antes, como no caso de brigas entre amigos, com os que se consideram mais atingidos

25. E se mostrará solidário com seus sentimentos de injustiça e raiva;

26. Depois tentará abrandá-los e lhes ensinar que aqueles que deixam passar os erros são superiores aos rixentos e procuram persuadir e superar os demais,

27. Não só em sensatez e caráter, mas também em sabedoria e generosidade,

28. E que cedendo em algo pequeno vencem nas questões melhores e mais importantes.

29. Também irá instruir seu povo, tanto os indivíduos quanto a coletividade, e chamará a atenção para a frágil condição dos assuntos públicos,

30. Na qual, para os sábios, é melhor aceitar apenas uma vantagem. Pois que domínio, que glória há para os vitoriosos?

31. Que tipo de poder é este que um pequeno édito de um procônsul pode anular ou transferir para outro homem e que, mesmo que dure, nada tem em si que seja realmente digno?

Capítulo 33

1. Pois assim como uma conflagração raramente se inicia em espaços públicos, mas alguma lamparina que ficou esquecida numa casa ou algum resto em brasa num quintal provoca uma grande labareda e causa destruição pública,

2. Da mesma forma, num Estado, nem sempre ela é desencadeada por divergências sobre questões públicas,

3. Mas com frequência discórdias nascidas de questões e ofensas privadas então passam para a vida pública e lançam todo o Estado em desordem.

4. Portanto, compete ao estadista, acima de tudo o mais, remediá-las ou impedi-las,

5. De modo que algumas delas nem nasçam, outras possam ser rapidamente extintas e outras ainda não venham a crescer e se estender aos interesses públicos,

6. Mas possam permanecer apenas entre as pessoas que estão em discórdia entre elas.

7. Deve ele tentar proceder a isso notando a si mesmo e assinalando aos outros que problemas particulares podem se tornar causa de problemas públicos e problemas pequenos de problemas grandes,

8. Se ficarem desatendidos e não receberem desde o começo

tratamento ou conselho que os mitigue.

9. Por exemplo, havia em Siracusa dois jovens, amigos íntimos,

10. Um dos quais, a quem seu amigo lhe confiou o amante para mantê-lo em segurança, seduziu-o enquanto o outro estava ausente;

11. Então o segundo, para retaliar a ofensa com outra ofensa, cometeu adultério com a mulher do ofensor.

12. A isso, um dos anciões se apresentou no Senado com a moção para que ambos fossem banidos antes que o Estado colhesse os frutos e se infectasse de inimizade por causa deles.

13. Sua moção, porém, não foi aprovada e deste início brotou a desordem que causou grande infortúnio e derrubou o mais excelente governo.

14. Assim, o estadista não deve desprezar tais ofensas, pois, como as doenças num indivíduo, elas podem se espalhar rapidamente,

15. E sim deve contê-las, suprimi-las e curá-las.

16. Pois por meio da atenção, como diz Catão, o grande se faz pequeno e o pequeno se reduz a nada.

17. E para isso não há recurso mais persuasivo do que mostrar-se o estadista brando e conciliador em suas diferenças particulares,

18. Persistindo sem ira em suas razões originais para a divergência e sem tratar ninguém com rispidez, ira ou qualquer outra paixão que injeta aspereza nas disputas.

19. Pois colocamos luvas macias nas mãos dos lutadores na escola de pugilismo, para que a disputa não tenha um resultado fatal, sendo os socos brandos e não dolorosos;

20. E nas ações judiciais contra os concidadãos, é melhor tratar as causas do desacordo de maneira pura e simples no pleito,

21. Em vez de, aguçando e envenenando as questões com más palavras, malícia e ameaças, torná-las irremediáveis, grandes e de importância pública.

22. Pois o homem que age com gentileza e consideração com quem tem discordâncias verá que outros também cedem a ele;

23. E, se as inimizades privadas forem eliminadas, as rivalidades nos interesses públicos passam a ter pequena importância e não causam nenhum dano sério ou irremediável.

ATOS

Capítulo 1

1. Bem se diz que devemos observar o que fizeram os grandes no passado, não só por curiosidade, mas para nos instruirmos para o presente.

2. A nobreza e a beleza moral exercem atração ativa e convidam toda a posteridade a viver com nobreza outra vez;

3. Não apenas por imitação, mas para estimular a reflexão sobre o viver, a partir da pura contemplação da vida que outrora alguns grandes tiveram.

4. Diz-se, e com razão: saber o que foi feito é saber melhor o que fazer agora.

5. Nada se presta melhor a interessar a mente reflexiva do que os relatos sobre a variedade de circunstâncias nos assuntos humanos,

6. Os quais, quer despertem admiração pelo que foi conquistado ou lamento pelo que se sofreu, sempre são instrutivos:

7. A recordação serena dos feitos do passado tem um encanto próprio para os que participaram,

8. Enquanto para os que não participaram, mas que os examinam com interesse e simpatia, há muito a se ganhar.

9. No entanto, os homens de grande nome nunca são perfeitos. A fama realça ou oculta os defeitos, e assim, em suas memórias, aparecem distorcidos como modelos ou párias.

10. Mas por que não é possível haver uma apreciação mais justa da mescla que é o homem, apesar da qual alguns se elevam aos anais permanentes da história,

11. Legando suas melhores realizações como exemplos para a posteridade, embora reconheçamos o metal vil ali mesclado?

12. As virtudes dos grandes nos servem como espelho, onde podemos ver como ajustar e adornar nossas vidas,

13. E suas falhas e fraquezas igualmente ensinam pelo exemplo, e o conjunto de todas elas nos serve como um manual de humanidade.

14. Pode-se comparar a contemplação das vidas ao convívio com estes que assim contemplamos;

15. Recebemos e entretemos em nosso exame cada convidado sucessivo, vemos suas qualidades e escolhemos entre suas ações tudo o que é mais nobre conhecer.

16. Pelo estudo da história e a familiaridade adquirida na escrita, habituamos nossa memória a receber e reter as imagens dos melhores e mais dignos.

17. Assim tornamo-nos capazes de elevar o pensamento acima das coisas vis a exemplos melhores de nossos ancestrais, famosos por seus êxitos,

18. Os quais não deixam dúvida se devem suas realizações à sorte ou a seu próprio caráter e comportamento.

19. Entre os muitos retratos que podemos pintar para tal fim, bastam apenas alguns,

20. Pois nos poucos podemos discernir os muitos.

Capítulo 2: Licurgo de Esparta

1. Licurgo, o legislador de Esparta, era o segundo filho do rei da cidade e irmão mais novo de Polidectes, que se tornou rei após a morte do pai.

2. O pai fora morto num tumulto, pois Esparta então estava atormentada pelo facciosismo, o povo desregrado e indisciplinado;

3. E o pai de Licurgo e Polidectes foi esfaqueado por um de seus súditos enquanto tentava impor ordem.

4. Logo depois, Polidectes também morreu, deixando o direito de sucessão a Licurgo, o qual de fato reinou até que se soube que a viúva de Polidectes estava grávida;

5. Ao que Licurgo imediatamente declarou que o reino pertencia à sua prole, se fosse homem, e que ele mesmo exercia a autoridade apenas como guardião da criança.

6. A rainha lhe enviou uma proposta secreta, dizendo que destruiria a criança desde que ele a desposasse ao receber a coroa.

7. Horrorizado com a crueldade da mulher, Licurgo fingiu não rejeitar a oferta,

8. Mas, dando mostras de concordância, despachou um mensageiro com agradecimentos.

9. E, para dissuadi-la de abortar pessoalmente, o que prejudicaria sua saúde ou mesmo colocaria sua vida em risco, ele mesmo, disse Licurgo, garantiria que a criança fosse liquidada tão logo nascesse.

10. Tendo com tais artifícios preservado a gravidez da mulher até a hora do nascimento, quando

soube que ela estava em trabalho de parto, Licurgo enviou pessoas para observarem tudo o que se passava,

11. Com ordens de que, se fosse menina, entregassem às mulheres, mas, se fosse menino, trouxessem-lhe onde quer que se encontrasse e o que quer que estivesse fazendo.

12. Ele estava ceando com os principais magistrados quando a rainha deu à luz um menino, que lhe foi levado imediatamente até a mesa;

13. Tomando-o nos braços, ele anunciou: "Homens de Esparta, este é nosso rei",

14. E colocou a criança no lugar do rei e lhe deu o nome de Carilau, isto é, alegria do povo;

15. Porque todos sentiram um transporte de alegria pelo nobre coração de Licurgo. Seu reinado durara apenas oito meses, mas foi honrado pelos cidadãos,

16. Que o obedeceram mais por causa de suas virtudes do que por ser o regente.

17. Alguns, porém, sentiram inveja e se opuseram à sua crescente influência, sobretudo os parentes da rainha, que simularam ter recebido tratamento injurioso.

18. O irmão dela, Leônidas, em acalorada discussão com Licurgo, disse ter certeza de que este logo seria rei,

19. Assim insinuando suspeitas e preparando o caminho para uma acusação contra ele.

20. Insinuações semelhantes foram espalhadas pela rainha e seus partidários seguidores.

21. Perturbado com isso e suspeitando do resultado, Licurgo considerou mais prudente evitar a inveja deles e partir em exílio voluntário,

22. Indo para o estrangeiro até que o sobrinho atingisse a idade de se casar e, tendo um filho, assegurasse a sucessão.

23. Pondo-se a velas, portanto, foi primeiramente a Creta, onde, depois de examinar os diversos governos da cidade

24. E de travar conhecimento com seus principais, resolveu usar em Esparta aquelas dentre suas leis que lhe causaram admiração, embora rejeitasse muitas como inúteis.

25. Entre os indivíduos ali renomados pela erudição e sabedoria em assuntos de Estado havia um Tales,

26. O qual, embora fosse poeta de profissão, era um dos legisladores mais hábeis do mundo.

27. Licurgo persuadiu Tales a ir a Esparta, onde suas canções, que eram exortações à disciplina e à concórdia,

28. A métrica e cadência dos versos transmitindo ordem e tranquilidade,

29. Tiveram tão grande influência nos ouvintes que insensivelmcntc se abrandaram e se civilizaram,

30. A tal ponto que renunciaram a suas rixas e animosidades privadas e se uniram numa virtude comum.

31. Assim é que se pode dizer realmente que Tales preparou o caminho para as reformas posteriores de Licurgo.

32. De Creta, Licurgo foi para a Ásia, na intenção, ao que consta, de examinar as diferenças entre as sociedades dos cretenses, que eram sóbrias e temperadas, e as dos jônios, povo de hábitos luxuosos.

33. Lá primeiramente leu as obras de Homero, na biblioteca da família de Creófilo;

34. Tendo observado que continham sábias lições de estado e moral, pôs-se com grande disposição a copiá-las e ordená-las, pensando que seriam de utilidade em seu país.

35. De fato, elas já haviam granjeado leve reputação entre os gregos e alguns indivíduos tinham em mãos algumas passagens, transmitidas ao acaso.

36. Mas Licurgo foi o primeiro a tornar as obras de Homero realmente conhecidas.

37. Os egípcios dizem que ele foi visitá-los e alguns autores gregos também registram isso.

38. Mas, quanto a suas viagens à Espanha, à África e às Índias, e suas conversas com os gimnosofistas de lá, há apenas escassos indícios.

39. Sentia-se grande falta de Licurgo em Esparta e muitas vezes foi chamado, "pois temos reis", diziam os espartanos, "com nome de realeza, mas, quanto a suas qualidades de espírito, não se distinguem de seus súditos",

40. Acrescentando que apenas nele encontrava-se o verdadeiro fundamento da soberania: uma natureza feita para governar e um temperamento feito para ganhar obediência.

41. Os reis também o desejavam de volta, pois viam sua presença como um baluarte contra o povo.

Capítulo 3

1. Assim Licurgo retornou e, encontrando as coisas em má situação, dedicou-se a uma reforma completa,

2. Resolvendo mudar toda a feição da república; pois do que valeriam apenas algumas novas leis e uma alteração parcial?

3. Decidiu agir como fazem os médicos no caso do paciente que sofre de várias complicações de saúde:

4. Controlá-lo e esgotá-lo à força de medicamentos, para mudar todo

o seu temperamento e colocá-lo num regime totalmente novo.

5. Tendo decidido que suas leis deviam ser as melhores e a república resultante a mais famosa do mundo,

6. Começou a fazer alianças com os principais espartanos, exortando-os a ajudá-lo em seu empreendimento.

7. Expôs seu plano primeiro aos amigos pessoais e depois, gradualmente, ganhou outros e a todos animou a se unirem a seus desígnios.

8. Quando tudo estava pronto para a ação, deu ordens a trinta de seus principais aliados para estarem a postos armados na praça ao amanhecer, a fim de esmagar o partido contrário.

9. Formando-se um tumulto, o rei Carilau, pensando que era uma conspiração contra sua pessoa, buscou refúgio;

10. Mas, sendo esclarecido logo depois e recebendo a promessa de sua lealdade, deixou o santuário e se uniu a eles.

11. Entre as diversas mudanças que agora fez Licurgo, a primeira e de maior importância foi a criação de um Senado,

12. Que, tendo poder igual ao do rei e, como diz Platão, reduzindo e limitando a força impetuosa do cargo real, dava firmeza e segurança à República.

13. Pois o Estado, que antes não tinha base sólida, mas se inclinava às vezes para a monarquia absoluta e às vezes para o governo da turba, encontrou no Senado um peso central, como o lastro num navio;

14. Os vinte e oito senadores dando apoio aos reis contra o povo, mas dando apoio ao povo contra o absolutismo real.

15. O Senado não dispunha de um edifício para se reunir. Licurgo considerou que o ornamento não auxiliaria e sim atrapalharia suas deliberações,

16. Por desviar a atenção dos assuntos ali apresentados para as estátuas e pinturas,

17. E os forros curiosamente enfeitados, que são os ornatos usuais desses lugares entre os outros gregos.

18. O povo se reunia ao ar livre e ouvia os reis e senadores.

19. Não era permitido a ninguém do povo que desse conselhos, mas apenas ratificasse ou rejeitasse o que era proposto pelo rei ou pelo Senado.

20. Mas, como depois ocorreu que o povo, acrescentando ou omitindo palavras, desvirtuasse o sentido das proposições,

21. Os reis inseriram na Rhetra, ou grande acordo, uma cláusula dizendo que, se o povo fizesse isso, seria lícito que os líderes recusassem a ratificação.

22. Embora Licurgo tenha usado todas as qualificações possíveis na constituição de sua República,

23. Mesmo assim seus sucessores consideraram que o elemento oligárquico ainda dominava demais,

24. E, para limitar sua índole altiva, criaram o cargo de éforo, cento e trinta anos após a morte de Licurgo.

25. Elato e seus colegas foram os primeiros a receber essa dignidade no reinado do rei Teopompo,

26. O qual, quando sua rainha o criticou um dia, dizendo que deixaria o poder real diminuído em relação ao que recebera de seus ancestrais, respondeu: "Não, será maior, pois durará mais."

27. Pois, de fato, estando assim reduzida a prerrogativa dos reis a limites razoáveis, ao mesmo tempo eles se livraram de invejas e de seus riscos,

28. E nunca conheceram as calamidades de seus vizinhos na Messênia e em Argos,

29. Os quais, mantendo a prerrogativa real demasiado estrita por não cederem nada à plebe, perderam tudo.

30. De fato, quem examinar a sedição e o mau governo nas nações vizinhas com as quais Esparta tinha relações próximas por sangue e situação, encontrará aí as melhores razões para admirar a sabedoria de Licurgo.

31. Pois esses três estados, no surgimento inicial, eram iguais ou, se havia alguma divergência, era do lado dos messenos e argivos,

32. Os quais considerava-se que, na primeira distribuição, tinham sido mais afortunados do que os espartanos; mesmo assim, a felicidade deles não durou,

33. Pois, devido em parte à índole tirânica de seus reis, em parte ao temperamento ingovernável do povo, sobrevieram-lhe tais distúrbios

34. Que mostraram claramente quão grandiosa fora a ventura que os espartanos tiveram com Licurgo.

35. Depois da eleição dos senadores, a tarefa seguinte de Licurgo, e de fato a mais arriscada, foi uma nova divisão das terras.

36. Pois havia uma extrema desigualdade entre o povo;

37. O Estado estava sobrecarregado de indigentes e necessitados, enquanto a riqueza total se concentrara em um número muito pequeno.

38. Para remover do Estado a arrogância e a inveja, o luxo e o crime,

39. E aquelas enfermidades ainda mais inveteradas da carência e da superfluidade,

40. Licurgo persuadiu igualmente ricos e pobres a renunciarem a suas propriedades

41. E a aceitarem uma nova divisão das terras, para que todos vivessem juntos em pé de igualdade,

42. O mérito fosse o único caminho para a eminência e a desonra pelo mal e o crédito pelas ações dignas fossem as únicas medidas da diferença entre um homem e outro.

43. Com o consentimento deles, Licurgo dividiu o país em trinta mil partes iguais e a área em torno da cidade de Esparta em nove mil; estas ele redistribuiu.

44. Cada parcela era suficiente para render anualmente setenta alqueires de cereal para cada homem e doze para a esposa, com uma proporção adequada de azeite e vinho.

45. Foi o que Licurgo considerou suficiente para lhes manter a saúde e a força física; quanto ao supérfluo, passariam melhor sem.

46. Consta que, ao retornar de uma viagem pouco tempo depois da redistribuição da terra e recém--colhida a safra, vendo todas as medas iguais, ele sorriu e disse:

47. "A Lacônia parece uma herdade familiar dividida entre um grupo de irmãos."

Capítulo 4

1. Não contente com isso, ele resolveu fazer uma divisão também dos bens móveis, para que não restasse nenhuma desigualdade ou distinção odiosa entre eles;

2. Mas, vendo que seria arriscado fazê-lo às claras, ele venceu a avareza dos espartanos com o seguinte estratagema:

3. Ordenou que fossem recolhidas todas as moedas de ouro e prata e que circulariam apenas moedas de ferro, que pouco valiam mesmo em grande peso e quantidade;

4. De forma que, para guardar 20 ou 30 *minae*, era necessário um grande armário e, para deslocá-los, nada menos que uma parelha de bois.

5. Com a difusão dessa moeda, inúmeros vícios foram imediatamente banidos;

6. Pois quem roubaria ou aceitaria como suborno algo que não era fácil esconder nem meritório ter?

7. A seguir, Licurgo proscreveu todas as artes supérfluas; mas aqui poderia ter se poupado ao trabalho, pois haviam desaparecido sozinhas, na esteira do ouro e da prata, não sendo a moeda que restara um pagamento tão adequado para obras singulares;

8. Pois, sendo de ferro, não era propriamente portátil e nem

podia ser usada para comprar coisas de outros gregos, que a ridicularizavam.

9. Assim, agora não havia como adquirir pequenos artigos e bens estrangeiros;

10. Os mercadores não enviavam navios aos portos laconianos; nenhum mestre de retórica, nenhum curandeiro itinerante, nenhum cafetão, nenhum ourives, gravador ou joalheiro punha os pés num país que não tinha dinheiro;

11. Dessa forma o luxo, aos poucos privado daquilo que o alimentava e fomentava, se extinguiu sozinho.

12. Pois os ricos aqui não tinham vantagens em relação aos pobres, já que suas caras posses ficavam trancadas em casa, sem servir para nada.

13. Destarte os espartanos se tornaram excelentes artífices em coisas comuns e necessárias:

14. Leitos, cadeiras, mesas e utensílios domésticos da família eram feitos de maneira admirável;

15. Em especial a taça tinha grande demanda e era avidamente comprada pelos soldados, como narra Crítias,

16. Pois sua cor impedia que se enxergasse a água, que era bebida por necessidade e desagradável de se ver;

17. E seu formato era tal que a lama se grudava nas laterais e assim apenas a parte mais limpa chegava à boca do usuário.

18. Isso também tinham de agradecer a seu legislador, que, liberando os artífices do trabalho de fazerem coisas inúteis,

19. Permitiu-lhes mostrarem sua habilidade em dar beleza a coisas de uso diário.

Capítulo 5

1. O terceiro e mais magistral lance deste grande legislador, com o qual ele desferiu um golpe ainda mais eficaz contra o luxo e o desejo de riquezas,

2. Foi a determinação de que todos comessem em comum, do mesmo pão e carne,

3. E não passassem a vida dentro de casa, reclinados em leitos dispendiosos a esplêndidas mesas,

4. Entregando-se às mãos de seus vendeiros e cozinheiros, para engordar como animais glutões

5. E arruinar não só a mente, mas também o corpo que, enfraquecido pelos prazeres, demandava muitas horas de sono, banhos quentes, ócio livre de trabalhar,

6. Em suma, tanto cuidado e assistência como se estivesse perpetuamente doente.

7. Sem dúvida foi extraordinário chegar a tal resultado,

8. Mas ainda mais extraordinário foi retirar da riqueza, como observa

Teofrasto, não só seu atributo de ser cobiçada, mas sua própria natureza de riqueza.

9. Pois os ricos, sendo obrigados a frequentar a mesma mesa dos pobres, não podiam utilizar sua abundância nem afagar a própria vaidade contemplando ou ostentando a fartura.

10. Essa determinação em especial da mesa comum exasperou os mais ricos.

11. Reuniram-se num grupo contra Licurgo e das más palavras passaram às pedras,

12. De modo que ele acabou por ser obrigado a fugir da praça do mercado e procurar refúgio para salvar a vida.

13. Conseguiu deixar todos para trás, exceto um certo Alcânder, jovem que, sob outros aspectos não era mal formado, mas tinha tendências impetuosas e violentas, que chegou tão perto dele

14. Que, quando Licurgo se virou para ver quem se aproximava, Alcânder lhe golpeou o rosto com um bastão e lhe arrancou um dos olhos.

15. Licurgo, longe de se intimidar com o ocorrido, parou de chofre e mostrou o rosto e os olhos desfigurados a seus conterrâneos;

16. Estes, envergonhados à visão, conduziram-no a salvo para casa e lhe entregaram Alcânder para ser punido.

17. Licurgo, depois de lhes agradecer, dispensou a todos, exceto Alcânder;

18. Entrando com ele em casa, não fez nem disse nada de severo, mas pediu a Alcânder que o servisse à mesa.

19. O rapaz, que era de índole cândida, sem murmurar fez o que lhe foi ordenado;

20. E, de tal maneira admitido à casa de Licurgo, teve oportunidade de observar, além de sua calma e gentileza, uma extraordinária sobriedade e infatigável diligência,

21. E, assim, de inimigo se converteu num de seus mais ardentes admiradores.

Capítulo 6

1. O repasto público de Esparta tinha vários nomes em grego; os cretenses chamavam de *andria*, pois apenas os homens participavam.

2. Os lacedemônios chamavam de *phiditia*, isto é, trocando o *l* para *d*, o mesmo que *philitia*, banquetes de amor, porque, comendo e bebendo juntos, tinham ocasião de fazer amigos.

3. Ou talvez de *phido*, parcimônia, pois eram autênticas escolas de sobriedade.

4. Ou talvez a primeira letra seja um acréscimo e inicialmente a palavra fosse *editia*, de *edode*, comer.

5. Reuniam-se em grupos de cerca de quinze, e cada um tinha obrigação de trazer mensalmente um alqueire de comida, oito galões de vinho, cinco libras de queijo, duas libras e meia de figos e uma pequena soma de dinheiro para a carne ou o peixe.

6. Além disso, quando algum deles caçava, doava uma parte do animal que abatera;

7. Pois tais ocasiões eram as únicas desculpas aceitas para comer em casa.

8. O costume de comerem juntos foi observado estritamente por muito tempo,

9. A tal ponto que o próprio rei Ágis, depois de conquistar os atenienses, preferindo jantar em casa porque queria ter uma refeição particular com sua rainha, recebeu uma negativa dos polemarcas; quando reclamou, impuseram-lhe uma multa.

10. Os espartanos enviavam os filhos a essas mesas como escolas de temperança;

11. Lá se instruíam sobre os assuntos de Estado, ouvindo estadistas experientes;

12. Lá aprendiam a conversar amenidades, a gracejar sem obscenidades e a ser arreliados sem levar a mal.

13. Os lacedemônios exceliam especialmente neste aspecto da boa educação, mas, se algum homem se sentisse incomodado, ao menor sinal ninguém lhe dizia mais nada.

14. Também era costumeiro que os mais velhos do grupo dissessem a cada um, conforme entrava: "Por ela" (apontando para a porta) "não sai nenhuma palavra".

15. Quando alguém desejava ser aceito num desses pequenos grupos, devia passar pela seguinte prova:

16. Cada homem do grupo pegava uma bolinha de pão macio, que devia atirar numa vasilha que um servente carregava na cabeça.

17. Os favoráveis ao candidato soltavam a bolinha na vasilha sem alterar o formato;

18. Os que não gostavam dele achatavam a bolinha entre os dedos, e isso significava um voto negativo.

19. Se houvesse uma única bolinha achatada na vasilha, o candidato era rejeitado, tamanho era o desejo de que todos os participantes do grupo fossem de mútuo agrado.

20. A travessa se chamava *caddichus*, e o candidato rejeitado recebia um nome derivado do termo.

21. O prato mais afamado na mesa comum era o caldo escuro, tão valorizado que os mais velhos só se alimentavam dele, deixando a carne para os mais jovens.

506 ATOS

22. Depois de beber com moderação, cada um ia para casa sem qualquer luz,

23. Pois seu uso era proibido, para que se acostumassem a andar sem temor na escuridão.

Capítulo 7

1. Licurgo nunca pôs suas leis por escrito; há uma Rhetra que o proíbe expressamente.

2. Pois ele pensava que os pontos mais importantes, sendo impressos no coração dos jovens por uma boa disciplina, certamente ficariam e ali encontrariam maior segurança.

3. Seu desígnio era que a educação realizasse todos os fins e objetivos da lei.

4. Quanto a coisas de menor importância, como contratos pecuniários e que tais, cujas formas têm de mudar de acordo com o que exige a ocasião,

5. Ele julgou melhor não prescrever nenhuma regra positiva, desejando que fossem alteráveis conforme as circunstâncias, tal como determinassem homens de juízo sólido.

6. Uma das Rhetras era que suas leis não deviam ser escritas;

7. Outra se dirigia particularmente contra o luxo, pois determinava que os tetos das casas deviam ser talhados apenas pelo machado e

suas portas e seus portões aplainados apenas pela serra.

8. Pode-se considerar que a famosa frase de Epaminondas sobre sua mesa – "A traição não combina com um jantar simples como este" – foi antecipada por Licurgo, pois luxo e casa simples não combinavam entre si.

9. Faltaria sensatez a quem mobiliasse aposentos simples com leitos de pés de prata, colchas de púrpura e pratos de ouro.

10. Sem dúvida, Licurgo tinha boas razões para pensar que iriam fazer camas proporcionais a suas casas, colchas proporcionais às camas e os demais bens e móveis proporcionais a elas.

11. Consta que o rei Leotiquides, o primeiro deste nome, estava tão pouco habituado à visão de qualquer espécie de trabalho ornamentado que,

12. Recebido em Corinto num aposento majestoso, ficou muito surpreso ao ver a madeira e o forro tão finamente entalhados e perguntou ao anfitrião se as árvores cresciam assim naquele país.

13. Uma terceira determinação da Rhetra era que não deviam guerrear com muita frequência nem por muito tempo contra os mesmos inimigos,

14. Para que não ficassem treinados e instruídos em coisas da guerra,

por se acostumarem a ter de se defender.

15. E foi isso o que se criticou em Agesilau muito tempo depois, por se considerar que, com suas incursões contínuas na Beócia, ele convertera os tebanos em páreo para os espartanos;

16. Assim Antalcidas, ao vê-lo ferido certo dia, disse que este era seu prêmio por ter transformado os tebanos em bons soldados, à sua revelia.

17. Para a boa educação dos jovens, que Licurgo julgava o trabalho mais nobre e importante de um legislador,

18. Chegou ao ponto de levar em consideração a própria concepção e nascimento deles, regulamentando os casamentos.

19. Aristóteles erra em dizer que Licurgo, depois de ter tentado de todas as maneiras conduzir as mulheres a maior modéstia e sobriedade, foi por fim obrigado a deixá-las como eram,

20. Pois na ausência dos maridos, que passavam grande parte da vida na guerra, as esposas, que tinham de deixar como donas absolutas da casa,

21. Tomavam grandes liberdades e assumiam posição de superioridade; eram tratadas com excesso de respeito e eram chamadas pelo título de damas ou rainhas.

22. A verdade é que Licurgo também tomou todo o cuidado que era possível no caso delas;

23. Ordenou que as virgens praticassem a luta corpo a corpo, a corrida, o lançamento de discos e o arremesso de dardos,

24. Para que o fruto que concebessem, com seus físicos fortes e saudáveis, pudesse lançar raízes mais firmes e ter melhor crescimento

25. E com esse maior vigor pudessem enfrentar melhor as dores do parto,

26. E, para eliminar a excessiva ternura e toda a feminilidade adquirida, ele ordenou que as donzelas andassem nuas nas procissões, bem como os jovens,

27. E também assim dançassem nas festas, cantando certas canções, enquanto os jovens ficavam em torno, vendo e ouvindo.

28. Nessas ocasiões, as virgens de vez em quando faziam um gracejo sobre rapazes que tivessem se conduzido mal nas guerras;

29. Depois cantavam encômios aos que haviam agido com bravura, e assim inspiravam aos mais jovens a vontade de emular sua glória.

30. Os que haviam recebido tais louvores saíam orgulhosos, exultantes e satisfeitos com a honra de que gozavam entre as donzelas,

31. Enquanto os que recebiam troças se sentiam tão atingidos como se

tivessem recebido uma reprimenda formal,

32. Tanto mais porque os reis e os anciões, além do resto da cidade, viam e ouviam tudo o que se passava.

33. Não havia nada de vergonhoso nessa nudez das moças; acompanhava-as o recato e estava excluída qualquer lascívia.

34. Ela lhes ensinava a simplicidade e o cuidado com a boa saúde e lhes dava uma amostra de sentimentos mais elevados, por serem admitidas ao campo da ação nobre e da glória.

35. Por isso era-lhes natural pensar e falar como, por exemplo, teria feito Gorgo, a mulher de Leônidas,

36. Quando uma dama estrangeira lhe disse que as mulheres da Lacedemônia eram as únicas do mundo capazes de comandar os homens;

37. "E com boa razão", respondeu Gorgo, "pois somos as únicas mulheres que geram homens".

38. Essas procissões públicas de donzelas e o fato de aparecerem nuas em seus exercícios e danças eram incentivos ao casamento,

39. Agindo sobre os jovens com o rigor e a certeza, como diz Platão, do amor, se não da matemática.

40. Mas, além de tudo isso, para promover o casamento de maneira ainda mais eficaz, os que continuavam solteiros eram parcialmente privados de seus direitos civis,

41. Pois eram excluídos das procissões públicas em que as donzelas e os jovens dançavam nus

42. E, no inverno, eram obrigados pelos funcionários do Estado a andarem nus em círculo na praça do mercado,

43. Entoando uma canção à própria desgraça de terem sofrido essa justa punição por desobedecer à lei de se casar e ter filhos.

44. Além disso, era-lhes negado o respeito que os mais jovens prestavam aos mais velhos;

45. Ninguém, por exemplo, encontrou motivo de reparo no que ouviu Dercilidas, embora comandante tão insigne,

46. Quando certo dia, à sua chegada, um jovem, ao invés de se levantar, conservou o assento e disse: "Nenhum filho teu cederá lugar a mim."

Capítulo 8

1. Ao se casar, as noivas nunca estavam em tenra idade, e sim na plena flor e amadurecimento dos anos.

2. Depois que a noiva era levada por seu homem, cortavam-lhe o cabelo curto, vestiam-na com roupas masculinas e deitavam-na numa esteira no escuro;

3. Então vinha o noivo, com as roupas do cotidiano, sóbrio e composto, tendo jantado à mesa comum;

4. Entrando reservadamente no aposento onde estava a noiva, ele lhe desatava o cinto virginal e a tomava para si;

5. Depois de ficarem juntos algum tempo, ele voltava calmamente para seus aposentos, dormindo, como costumeiro, com os outros jovens.

6. E assim continuava a fazer, passando os dias e as noites com os rapazes, visitando a noiva em segredo e com circunspecção,

7. Enquanto ela usava seu engenho para arranjar ocasiões propícias de se encontrarem, quando não houvesse outras pessoas.

8. Dessa maneira viviam muito tempo, e às vezes a esposa dava à luz antes mesmo de terem se visto à luz do dia.

9. Seus encontros, sendo raros e difíceis, não só serviam para um exercício constante de autocontrole,

10. Mas também uniam-nos em seus corpos sadios e vigorosos, e a afeição não era entorpecida nem saturada pelo acesso fácil e a longa permanência mútua;

11. Enquanto a separação era sempre precoce o suficiente para manter aceso em ambos algum ardor de desejo e prazer recíproco.

12. Depois de proteger o casamento com esse recato e reserva, Licurgo teve igual cuidado em banir o ciúme.

13. Para isso, e excluindo qualquer desordem licenciosa, ele tornou honroso que os homens concordassem em que suas mulheres se unissem a quem julgassem apropriado e assim pudessem gerar filhos seus;

14. Ridicularizando aqueles de opinião que tais favores são errados a ponto de resultar em guerras e derramamentos de sangue.

15. Licurgo autorizou que um homem avançado em anos e com esposa jovem recomendasse algum rapaz virtuoso e aprovado,

16. Para que ela tivesse um filho seu, o qual herdaria as boas qualidades do pai e seria como um filho para ele mesmo.

17. Por outro lado, um homem honesto que amasse uma mulher casada, em virtude de seu recato e aos bons dotes físicos de seus filhos,

18. Poderia, sem formalidades, pedir sua companhia ao marido, para que, por assim dizer, pudesse criar nesse terreno de solo fértil filhos dignos e de boas alianças para si mesmo.

19. De fato, Licurgo era da opinião de que os filhos, mais do que propriedade dos pais, eram de propriedade de toda a República,

20. E assim os cidadãos não seriam criados pelos primeiros a chegar, mas pelos melhores que se pudessem encontrar.

21. As leis de outras nações lhe pareciam absurdas e incoerentes, onde os homens eram tão solícitos com seus cães e cavalos a ponto de investir e pagar para obter uma boa linhagem,

22. Enquanto conservavam as esposas trancadas, para serem mães apenas de filhos deles mesmos, que podiam ser tolos, fracos ou doentes,

23. Como se não fosse evidente que os filhos de má linhagem demonstrariam suas más qualidades primeiramente naqueles que os criavam,

24. Da mesma forma como os filhos bem nascidos mostrariam suas boas qualidades.

25. Essas regulamentações, fundadas em razões naturais e sociais, estavam tão distantes daquela licenciosidade da qual as espartanas foram posteriormente acusadas,

26. Que nem sabiam o que significava a palavra "adultério".

Capítulo 9

1. Tampouco estava em poder do pai dispor de um recém-nascido se o considerasse impróprio;

2. Devia conduzi-lo à presença de avaliadores, cuja função era examinar cuidadosamente o nascituro;

3. Se o considerassem sadio e vigoroso, davam ordens para que fosse criado e lhe designavam um dos nove mil lotes de terra, para seu sustento;

4. Mas, se o considerassem reles e disforme, ordenavam que fosse levado à ravina chamada Apothetae,

5. Julgando que não seria bom nem para a criança, nem para o interesse público, vir a criá-la.

6. As mulheres não banhavam os recém-nascidos em água, como em outros países, mas em vinho, para provar a têmpera do corpo deles,

7. Segundo a noção de que as crianças fracas desfalecem a tal banho, ao passo que as fortes adquirem firmeza.

8. Muito cuidado e arte utilizavam as atendentes; as crianças não usavam faixas e cueiros,

9. Cresciam com os membros livres e desimpedidos, sem birra para comer,

10. Sem medo do escuro nem de ficar sozinhas, sem manhas nem choros.

11. Por causa disso, as atendentes espartanas eram valorizadas em outros países.

12. Licurgo não aceitava professores comprados no mercado de

escravos nem os que cobravam pagamento;

13. Tampouco os pais podiam educar os filhos conforme quisessem;

14. Mas, quando chegavam aos sete anos de idade, eram inscritos em grupos onde viviam sob a mesma ordem e disciplina, praticando os exercícios e brincando juntos.

15. Quem tivesse melhor desempenho era nomeado capitão; acompanhavam-no, obedeciam-no e aceitavam pacientemente sua disciplina,

16. De modo que toda a educação deles era um exercício constante de obediência pronta e completa.

17. Os homens mais velhos eram espectadores de seus desempenhos e muitas vezes atiçavam disputas entre eles,

18. Para descobrir suas diferentes índoles e ver quem seria valente, quem seria covarde em conflitos reais.

19. Ensinavam-nos a ler e a escrever apenas o suficiente para ser útil;

20. A preocupação principal era torná-los bons súditos e soldados e ensiná-los a suportar a dor e vencer na batalha.

21. Conforme cresciam, a disciplina aumentava proporcionalmente; os cabelos eram cortados rente, andavam descalços e brincavam nus.

22. A partir dos doze anos, eram proibidos de usar roupas de baixo e uma capa devia durar um ano.

23. Os corpos eram rijos e enxutos, pouco habituados a banhos e unguentos; tais prazeres só eram permitidos em determinados dias do ano.

24. Moravam juntos em pequenos grupos, dormindo em camas feitas com os caniços do rio Eurotas.

25. No inverno, misturavam lanugem de cardo aos juncos para aquecer.

26. Quando chegavam a essa idade, nenhum dos garotos mais promissores deixava de ter um amante para lhe fazer companhia.

27. Os velhos também os supervisionavam, indo frequentemente aos campos de treino para observá-los nas disputas de força e inteligência,

28. E isso com o mesmo interesse como se fossem seus pais, tutores ou magistrados;

29. Assim, sempre havia alguém presente para lhes lembrar suas obrigações e para puni-los se descurassem delas.

30. Um dos melhores homens da cidade era nomeado para tomá-los a seu encargo;

31. Dispunha-os em grupos e escolhia seus capitães entre os irenos mais temperados e audazes,

32. Os quais geralmente tinham vinte anos, dois além da idade dos integrantes do grupo.

Capítulo 10

1. Um jovem escolhido como ireno era o capitão dos meninos quando

lutavam e o patrão quando estavam em casa,

2. Usando-os para os serviços de casa, mandando os mais velhos buscarem lenha e os menos capazes colherem verduras;

3. Estas, deviam procurar mais além ou então furtar, o que faziam entrando ardilosamente nas hortas ou nas casas de repasto.

4. Se fossem apanhados, eram açoitados, não por roubar, mas por ter sido flagrados.

5. Roubavam todos os outros alimentos que podiam, espreitando todas as oportunidades em que as pessoas estivessem dormindo ou desatentas.

6. Se fossem apanhados, eram castigados não só com o açoite, mas também com a fome,

7. Reduzidos à sua ração comum, que era muito frugal,

8. E isso para induzi-los a se arranjarem sozinhos e exercitarem a astúcia e a energia.

9. Esse passadio duro e escasso, além do trabalho de consegui-lo, tinha outra finalidade:

10. Levava à beleza das formas, pois um corpo esguio e enxuto é melhor objeto para a configuração da natureza, à qual o gordo e o volumoso são pesados demais para se submeterem apropriadamente,

11. Tal como vemos que as mulheres que fazem exercícios durante a gravidez dão à luz crianças menores e mais miúdas, porém mais bonitas e bem formadas.

12. Tão seriamente os meninos espartanos se dedicavam ao furto

13. Que consta que um deles, tendo roubado uma jovem raposa que ocultou sob a capa,

14. Aguentou que ela lhe rasgasse as entranhas com as presas e as garras e preferiu morrer a se deixar descobrir.

15. O ireno costumava ficar com os meninos depois do jantar e a um pedia que cantasse, a outro fazia alguma pergunta exigindo uma resposta ponderada,

16. Por exemplo, quem era o melhor homem da cidade? O que pensava sobre tal ação de tal pessoa?

17. E assim desde cedo os meninos aprendiam a fazer juízos cuidadosos sobre coisas e pessoas, e a se manter informados.

18. Se não tinham resposta pronta, eram tidos como obtusos e desleixados, com pouco senso de honra;

19. Além disso, deviam apresentar uma boa razão para o que dissessem, e no menor número possível de palavras abrangentes.

20. A quem não conseguisse ou desse resposta descabida, o mestre lhe mordia o polegar.

21. Às vezes o ireno o fazia na presença dos mais velhos e dos magistrados, para que vissem se os

punia de modo justo e proporcional,

22. E quando falhava, não o censuravam na frente dos meninos, mas chamavam-no depois para explicar e corrigir.

Capítulo 11

1. Os amantes e protetores dos meninos também partilhavam de sua honra ou desgraça;

2. Diz uma história que um deles foi multado pelos magistrados porque o garoto a quem amava soltara um grito efeminado durante uma luta.

3. Embora esse tipo de amor fosse aprovado entre eles, não existiam rivalidades e,

4. Se as fantasias de vários homens recaíssem na mesma pessoa, era o início de uma amizade íntima,

5. Para a qual todos conspiravam em conjunto para tornar o objeto de seus afetos o mais aperfeiçoado possível.

6. Ensinavam-lhe também a falar com graça natural e airosa e a abarcar muita matéria de reflexão em poucas palavras.

7. Pois Licurgo desaprovava o discurso que não encerrasse seu assunto em poucas palavras.

8. As crianças em Esparta, pelo hábito do silêncio, aprendiam a dar respostas curtas, justas e sentenciosas.

9. O rei Ágis, quando um ateniense riu às espadas curtas dos espartanos e disse que os malabaristas no palco as engoliam facilmente, assim respondeu:

10. "Parecem-nos longas o suficiente para atingir nossos inimigos." Tal como suas espadas eram curtas e afiadas, assim também eram suas frases;

11. Chegam ao cerne e prendem a atenção dos ouvintes melhor do que qualquer outra.

12. Era como falava Licurgo, pelo que mostra sua resposta a alguém que queria montar uma democracia na Lacedemônia:

13. "Começa, amigo; monta-a em tua família", disse ele.

14. Quando um homem de nome Hecateu foi criticado por não ter dito uma única palavra durante todo o jantar, Arquidamidas respondeu em sua defesa:

15. "Quem sabe como falar, também sabe quando."

Capítulo 12

1. Quando os espartanos estavam em guerra, seus exercícios eram geralmente mais moderados, o passadio menos rigoroso e o comando das autoridades menos estrito,

2. De forma que eram o único povo do mundo a quem a guerra trazia descanso.

3. Quando o exército estava reunido para a batalha e o inimigo se encontrava próximo, os soldados adornavam a cabeça com grinaldas, os flautistas começavam a tocar e o rei entoava a peã da marcha.

4. Era uma cena ao mesmo tempo magnífica e terrível vê-los marchar ao som das flautas, sem qualquer desordem em suas fileiras,

5. Sem qualquer agitação no espírito ou alteração no semblante; mas avançando calmamente com a música rumo ao combate mortal.

6. Homens de tal têmpera dificilmente sentiriam medo ou fúria, sendo firmes na bravura e segurança.

7. Depois de desbaratar o inimigo, prosseguiam até ter assegurada a vitória

8. E então soava a retirada, pois julgavam indigno de gregos matar homens que haviam se rendido.

9. Essa maneira de lidar com os inimigos mostrava não só magnanimidade, mas também sagacidade,

10. Pois, sabendo os inimigos que eles matavam apenas quem resistisse e davam quartel aos demais,

11. Geralmente pensavam que a melhor saída era a rendição.

Capítulo 13

1. A disciplina dos espartanos continuava na idade adulta.

2. Não se permitia a ninguém viver de acordo com seus caprichos; a cidade era um acampamento, onde cada homem tinha sua parcela de provisões e obrigações,

3. E se considerava nascido para servir não a si, mas a seu país.

4. Portanto, se não tinham outros deveres, iam assistir ao exercício dos meninos, ensinar-lhes algo útil ou eles mesmos aprenderem mais.

5. De fato, um dos maiores benefícios que Licurgo concedeu ao povo foi a abundância de tempo livre, decorrente da proibição de se entregarem a qualquer ofício mecânico ou vil.

6. Do enriquecimento que depende de incômodos afazeres constantes, não tinham necessidade num Estado onde à riqueza não cabia nenhuma honra.

7. Os hilotas lhes aravam o solo e lhes pagavam anualmente a quantidade designada, sem qualquer problema para eles.

8. Com a proibição do ouro e da prata, todas as ações judiciais cessaram imediatamente,

9. Pois não havia usura nem pobreza entre eles, e sim igualdade, com que as necessidades de todos eram atendidas,

10. E independência, porque tais necessidades eram muito pequenas.

11. Ocupavam todo o tempo, exceto durante a guerra, com festas e danças corais,

12. Em caçadas e no comparecimento aos campos de exercícios e aos locais de conversas públicas.

13. Quem tivesse menos de trinta anos não podia ir à praça do mercado,

14. E as necessidades de sua família eram atendidas por seus parentes e amantes;

15. E tampouco era meritório que os mais velhos fossem vistos com demasiada assiduidade na praça do mercado;

16. Considerava-se mais adequado a eles que frequentassem os campos de exercícios e os locais de conversa, em vez de ganhar dinheiro e observar os preços do mercado.

17. Assim Licurgo criou seus cidadãos de tal maneira que não queriam nem podiam viver por si mesmos,

18. Mas deviam se tornar parte do bem público.

19. Para habituar os jovens à visão da morte, Licurgo permitiu que os cidadãos enterrassem seus mortos dentro da cidade,

20. Para que a juventude pudesse se acostumar a tais espetáculos e não temer a vista de um corpo morto,

21. Nem recear tocar num cadáver ou pisar numa sepultura. O tempo designado para o luto era de onze dias, e só.

22. Assim Licurgo eliminou todas as superfluidades, e nas coisas necessárias não havia nada tão trivial que não expressasse homenagem à virtude e desprezo ao vício.

23. Ele encheu a Lacedemônia de exemplos de boa conduta, a cuja visão constante as pessoas, desde a puberdade, dificilmente deixariam de se formar e avançar na virtude.

24. E foi por isso que ele proibiu que viajassem ao exterior e se familiarizassem com regras morais estrangeiras, com os hábitos de pessoas mal-educadas e concepções diferentes de governo.

25. E baniu da Lacedemônia todos os estrangeiros que não apresentassem boa razão para estar ali;

26. Não por recear que aprendessem algo vantajoso para si, mas para que não introduzissem coisas ruins pelo exemplo ou pelo ensino.

27. Com pessoas estranhas devem-se admitir palavras estranhas; tais novidades produzem novidades no pensamento,

28. E delas se seguem ideias e sentimentos cujo caráter discordante destrói a harmonia do Estado.

29. Licurgo, para salvar sua cidade da infecção de maus hábitos estrangeiros similares, teve o mesmo cuidado que os homens

geralmente têm para prevenir a introdução da peste.

Capítulo 14

1. Não vejo nenhum sinal de injustiça nas leis de Licurgo, embora alguns, mesmo reconhecendo que elas formam bons soldados, critiquem-nas por lhes faltar justiça.
2. Tanto Aristóteles quanto Platão eram dessa opinião sobre o legislador e seu governo,
3. Sobretudo quanto à determinação de que os magistrados enviassem secretamente alguns dos jovens mais capazes até o campo,
4. Levando apenas adagas e algumas provisões, onde se escondiam durante o dia, mas saíam à noite e matavam todos os hilotas que conseguissem encontrar;
5. E às vezes até matavam à luz do dia, enquanto trabalhavam nos campos.
6. Aristóteles, em particular, acrescenta que os éforos, logo que o cargo foi criado, costumavam declarar guerra contra os hilotas,
7. Para que fossem massacrados sem que se violasse a lei. Em todas as partes admite-se que os espartanos tratavam muito mal os hilotas,
8. Pois, além dos assassinatos e das crueldades perpetradas contra eles, acima descritas,
9. Era comum obrigá-los a beber em excesso e então levá-los a seus salões públicos para que as crianças pudessem saber o que é a visão de um homem embriagado;
10. Forçavam-nos a dançar danças vulgares e a cantar canções ridículas, proibindo expressamente que se misturassem com qualquer pessoa de melhor espécie.
11. E de acordo com isso, quando os tebanos invadiram a Lacônia e capturaram muitos hilotas, não conseguiram de maneira nenhuma persuadi-los a cantar os versos de Terpander, Alcman ou Spendon,
12. "Pois", diziam os hilotas, "os senhores não gostam disso". Como alguém observou com justeza, em Esparta quem era livre era-o ao máximo e quem lá era escravo era o maior escravo do mundo.
13. Penso que esses ultrajes aos hilotas começaram em época posterior, depois do grande terremoto, quando os hilotas se ergueram numa insurreição geral
14. E, unindo-se aos messênios, devastaram o país. Mas não consigo me persuadir de que Licurgo fosse tão bárbaro,
15. A julgar por sua propensão à justiça e à gentileza em outros aspectos.
16. Apesar disso, é esta terrível crueldade para com os escravos a única crítica que se pode apresentar?

17. Muitas outras críticas poderiam se fazer: que ninguém pertencia a si mesmo, mas apenas ao Estado, sem liberdade pessoal;

18. Que Esparta foi preservada em suas instituições e seus costumes por uma estrita limitação do conhecimento e uma austeridade empobrecida;

19. Que converter uma sociedade inteira num exército é como convertê-la num mero bando de formigas;

20. Que as artes da civilização e da filosofia eram excluídas justamente por aquilo por que, em outros lugares, eram valorizadas,

21. A saber, suas promessas de inovação e ampliação tanto do conhecimento quanto do caráter humano.

22. Em suma, que, embora Esparta tivesse a camaradagem e a disciplina do campo militar, pouco mais tinha.

23. E até se poderia dizer que tudo isso está em equilíbrio com o bom ordenamento do Estado, a saúde dos cidadãos,

24. A sensata liberalidade de seus costumes e a segurança contra a conquista e a escravização pelos estrangeiros.

25. Como poderia um Estado combinar tais benefícios sem as limitações e a severidade que fizeram de Esparta, de fato, um local de sítio imposto a si mesmo?

26. Pois quem agora consegue se imaginar como um espartano?

Capítulo 15

1. Quando Licurgo viu que suas instituições tinham criado raízes no espírito de seus conterrâneos, que haviam se tornado familiares devido ao costume e que agora sua república estava em condições de prosseguir sozinha,

2. Ele planejou torná-la duradoura e, até onde alcançasse a capacidade de previsão humana, entregá-la inalterável à posteridade.

3. Convocou uma assembleia do povo e declarou que, como pensava que agora tudo estava bem estabelecido,

4. Desejava que os cidadãos observassem as leis sem nenhuma mínima alteração até que ele retornasse de uma viagem que pretendia fazer.

5. Todos consentiram prontamente e lhe pediram que voltasse logo; prometeram manter a ordem estabelecida até seu retorno.

6. Tendo-se despedido dos amigos e da família, e para garantir que os espartanos nunca se liberassem da promessa que haviam feito, ele decidiu, por iniciativa própria, pôr fim à sua vida.

7. Estava então numa idade em que a vida ainda é tolerável, mas já pode ser abandonada sem pesar.

8. Foi o que fez jejuando, por pensar que é dever de um estadista tornar a própria morte, se possível, um ato de serviço ao Estado e, mesmo no final da vida, oferecer algum exemplo de virtude.

9. Ele não se enganou em sua expectativa de assegurar aos conterrâneos as vantagens que passara a vida conquistando para eles,

10. Pois Esparta continuou como a principal cidade da Grécia por quinhentos anos, em observância estrita das leis de Licurgo, durante o reinado de catorze reis até a época de Ágis, filho de Arquídamo.

11. E mesmo então a eleição dos éforos realizada nos tempos de Ágis estava tão longe de declinar que muito realçou o caráter equilibrado do governo,

12. E depois continuou como monumento de Licurgo, até a vitória de Pirro que foi sua derrota de Atenas naquela guerra posteriormente registrada por Tucídides.

Capítulo 16: Sólon de Atenas

1. Sólon, o legislador e mestre de Atenas, era filho de Execestides, homem de posses medianas e influência moderada na cidade, mas de linhagem nobre; sua mãe era prima da mãe de Pisístrato.

2. Ele e este último eram, de início, grandes amigos, em parte por serem parentes, em parte graças à beleza e às nobres qualidades de Pisístrato.

3. Dizem que Sólon o amava e por isso, quando mais tarde divergiram sobre o governo,

4. A inimizade entre eles nunca gerou nenhuma paixão violenta, pois recordavam suas antigas gentilezas e mantinham, embora em cinzas, o fogo outrora intenso de seu mútuo amor.

5. Como isso mostra, Sólon não era infenso à beleza nem lhe faltava coragem de assumir a paixão e vivê-la.

6. O pai de Sólon arruinou o patrimônio da família com seus benefícios e gentilezas aos outros,

7. De forma que Sólon se dedicou ao comércio, mesmo tendo amigos suficientes que se dispunham a ajudá-lo;

8. Mas, provindo de uma família acostumada mais a dar do que a receber gentilezas, ele preferiu a independência.

9. Há quem diga que ele viajou para ganhar experiência e conhecimento, e não dinheiro.

10. Mas em sua época, como diz Hesíodo, trabalhar não era vergonha para ninguém e o

comércio não era desrespeitado, e sim um ofício desejável,

11. Pois trazia ao país natal as boas coisas de que usufruíam as nações bárbaras, dava ocasião de travar amizade com seus reis e era grande fonte de experiência.

12. Alguns acrescentam que o filósofo Tales e o matemático Hipócrates eram comerciantes, e que Platão custeou suas viagens vendendo azeite no Egito.

13. A afabilidade e profusão de Sólon, o tom mais popular do que filosófico que adotava em seus poemas sobre o prazer, têm sido atribuídos à sua vida mercantil;

14. Pois, tendo enfrentado mil perigos, era natural que estes fossem recompensados com diversões;

15. Mas que se considerasse mais pobre do que rico é algo que fica evidente em seus versos:

16. "Há maus com fortunas e bons na miséria,/ Não trocaremos nossa virtude pela vil matéria; A virtude é coisa que ninguém pode levar,/ Enquanto dinheiro passa o dia todo a rodar."

17. Inicialmente, Sólon se dedicava à poesia sem qualquer finalidade séria, apenas para entreter suas horas ociosas;

18. Depois passou a introduzir pensamentos morais e políticos, o que fez não para registrá-los como um historiador,

19. E sim para justificar suas ações, corrigir, disciplinar e incitar os atenienses a atitudes nobres.

20. Dizem alguns que ele pretendia pôr suas leis em versos heroicos.

21. Em filosofia, como se dá com a maioria dos sábios, ele estimava sobretudo a parte política dos costumes; em física, era simples e empírico.

22. É provável que, naquela época, apenas Tales tenha elevado a filosofia da mera prática à especulação,

23. E os demais sábios eram assim chamados pela prudência em assuntos políticos.

24. Sólon era amigo tanto de Tales quanto de Anacarse.

25. Contam que este último, visitando Atenas, bateu à porta de Sólon e lhe falou que, sendo estrangeiro, queria ser seu hóspede e travar amizade com ele.

26. Quando Sólon disse: "É melhor fazer amigos em casa", Anacarse respondeu: "Bem, estás em casa; então, faze amizade comigo."

27. Sólon, gostando da réplica, recebeu-o bondosamente e o manteve em casa por algum tempo.

28. Contou a Anacarse sobre sua compilação de leis; quando Anacarse ouviu, riu de Sólon por imaginar que a desonestidade e a

ganância de seus conterrâneos pudessem ser restringidas por leis escritas,

29. As quais, disse ele, eram como teias de aranhas, que pegariam os fracos e os pobres, mas seriam facilmente rompidas pelos ricos e poderosos.

30. A isso Sólon retorquiu que os homens mantêm suas promessas quando nenhuma das partes há de obter coisa alguma ao quebrá-las;

31. E assim ele adequaria suas leis aos cidadãos de forma que todos entendessem que era preferível obedecê-las a rompê-las.

32. Mas foi Anacarse que se demonstrou mais correto no decurso dos tempos.

33. Anacarse, estando certa vez na assembleia, manifestou seu assombro perante o fato de que, na Grécia, os sábios falavam e os tolos decidiam.

Capítulo 17

1. Sólon, ao que dizem, foi até Tales em Mileto e perguntou por que ele não tinha mulher nem filhos.

2. Naquele momento, Tales não respondeu nada; mas, alguns dias depois, arranjou um estrangeiro que fingiria ter acabado de chegar de Atenas;

3. Tendo Sólon perguntado quais eram as novidades na cidade, o homem, seguindo as instruções que recebera, respondeu:

"Nenhuma, apenas o funeral de um jovem, a que toda a cidade compareceu;

4. "Pois era filho de um homem honrado, o mais virtuoso dos cidadãos, que não se encontrava lá, pois estava em viagem fazia muito tempo."

5. Sólon respondeu: "Pobre homem que perdeu o filho! Como ele se chamava?"

6. "Esqueci", disse o homem, "só sei que falavam muito de sua sabedoria e justiça".

7. Assim Sólon era impelido a prosseguir após cada resposta e seus receios aumentavam, até que, sentindo-se extremamente preocupado,

8. Ele mencionou seu próprio nome e perguntou ao estrangeiro se chamavam o jovem de filho de Sólon;

9. Tendo o estrangeiro assentido, Sólon começou a bater a cabeça e a fazer e dizer tudo o que fazem usualmente os homens em transportes de dor.

10. Mas Tales lhe tomou a mão e, com um sorriso, disse: "Essas coisas, Sólon, é que me afastam do casamento e dos filhos, pesadas demais mesmo para tua firmeza;

11. "Mas não te preocupes com a notícia, pois é inventada."

12. Não foi uma maneira gentil de ensinar. Além disso, é irracional e mesquinho não buscar coisas boas por medo de perdê-las,

13. Pois, seguindo o mesmo princípio, não deveríamos buscar glória, riqueza ou sabedoria, visto que podemos sentir receio de sermos privados de todas elas;

14. Aliás, até da própria virtude, que é o maior dos bens.

15. Ora, embora não fosse casado, Tales não podia estar livre de preocupações, a menos que não sentisse nenhum interesse pelos amigos, pelos parentes ou por seu país;

16. Com efeito, dizem-nos que ele adotou o filho de sua irmã. Pois o espírito do homem, tendo um princípio de bondade em si

17. E sendo nascido não só para perceber, pensar e lembrar, mas também para amar, precisa sentir uma ligação com alguém ou alguma coisa, mesmo que seja um cão ou um cavalo.

18. Não devemos nos guardar contra a perda da riqueza sendo pobres, contra a perda de amigos recusando-nos a ter amigos ou contra a perda dos filhos não tendo nenhum;

19. Pelo contrário, é pela moral e pela razão que devemos nos guardar contra a aflição que a perda de tais coisas nos traz.

Capítulo 18

1. Ora, quando os atenienses estavam cansados de uma guerra tediosa e difícil que travavam contra os megarenses pela ilha de Salámis

2. E criaram uma lei determinando a morte para qualquer homem que afirmasse, por escrito ou oralmente, que a cidade deveria recuperá-la,

3. Sólon, contrariado com a situação de desgraça e percebendo que milhares de jovens queriam que alguém se opusesse a tal decisão, concebeu um estratagema;

4. Fingiu-se de louco, então secretamente compôs alguns versos elegíacos e, decorando-os para que parecessem improvisados,

5. Entrou correndo na ágora com um barrete na cabeça e, reunindo-se o povo a seu redor, cantou aquela elegia que começa:

6. "Sou um arauto vindo de Salámis, a bela/ Minhas notícias de lá meus versos contarão."

7. O poema tem cem versos, escritos com grande elegância. Depois de recitado, seus amigos o elogiaram

8. E especialmente Pisístrato exortou os cidadãos a obedecer a seu chamado,

9. A tal ponto que revogaram a lei e renovaram a guerra sob comando de Sólon.

10. Com Pisístrato foi a Colias e, ao encontrar as mulheres celebrando uma festa de acordo com o costume do país,

11. Ele enviou um amigo de confiança a Salámis, o qual se passaria por renegado, para aconselhá-los, caso quisessem capturar as principais mulheres atenienses, a ir imediatamente a Colias.

12. Os megarenses logo enviaram seus homens junto com ele; e Sólon, vendo-os partir da ilha,

13. Mandou que alguns jovens imberbes, vestidos com roupas femininas e secretamente armados de punhais, fossem dançar e brincar junto à costa até o desembarque dos inimigos.

14. Os megarenses foram atraídos pelas aparências e, chegando à costa, saltaram do navio, cada qual ansioso em ser o primeiro a capturar um prêmio.

15. Nenhum deles escapou; e os atenienses se fizeram à vela para Salámis e tomaram a cidade.

16. Outros apresentam um relato diverso da captura da ilha.

17. Dizem que Sólon, navegando à noite com quinhentos voluntários atenienses em vários barcos pesquciros e uma embarcação de trinta remos,

18. Ancorou numa baía de Salámis que dá para Niseia;

19. E os megarenses que então estavam na ilha, ouvindo apenas um informe incerto, correram às armas e enviaram um barco para o reconhecimento.

20. Este barco Sólon capturou, equipou-o com atenienses e deu ordens para rodearem a ilha o mais discretamente possível;

21. Enquanto isso, ele e os demais soldados marcharam por terra contra os megarenses e, enquanto combatiam, os que foram por barco tomaram a cidade.

22. Por tais façanhas, Sólon ganhou fama e poder.

Capítulo 19

1. Logo depois, os atenienses recaíram nas velhas discussões sobre o governo,

2. Sendo tantos partidos quantas eram as diversidades no país.

3. O grupo da Montanha era favorável à democracia; a Planície, à oligarquia; os que viviam junto ao Litoral defendiam um governo misto,

4. E assim cada partido impedia que os demais prevalecessem.

5. A disparidade da fortuna entre ricos e pobres, naquela época, estava no auge;

6. Assim, a cidade parecia estar numa condição de verdadeiro perigo, e o poder despótico parecer ser o único meio possível para livrá-la dos distúrbios.

7. Todos os homens do povo deviam aos ricos; ou aravam a terra para os credores, pagando-lhes um sexto da produção,

8. Ou empenhavam o próprio corpo para pagar a dívida, e podiam ser tomados como escravos lá mesmo ou vendidos aos estrangeiros.

9. Alguns, pois nenhuma lei proibia, eram obrigados a vender os filhos ou fugir do país para evitar a crueldade dos credores.

10. Mas os mais corajosos entre eles começaram a se reunir e se encorajar mutuamente, para se manter firmes e escolher um líder,

11. Para libertar os devedores condenados, redistribuir a terra e mudar o governo.

12. Então os mais sábios entre os atenienses, vendo que Sólon era o único que não estava envolvido nos problemas,

13. Pois não se unira às extorsões dos ricos nem tinha as necessidades dos pobres,

14. Pressionaram-no a socorrer a República e dirimir as divergências.

15. O próprio Sólon diz que de início relutou em participar dos assuntos de Estado, receando o orgulho de um partido e a ganância do outro;

16. Mas aceitou o cargo de arconte e foi empossado como árbitro e legislador,

17. Os ricos consentindo porque ele era rico, os pobres porque era honesto.

18. Havia uma frase sua que corria antes da nomeação, dizendo

19. Que, quando as coisas são equitativas, nunca pode haver

guerra, e isso agradou a ambos os partidos,

20. Um entendendo que todos têm sua justa proporção, o outro que todos são absolutamente iguais.

21. Assim, os principais pressionaram Sólon a tomar o governo nas mãos e, uma vez na condução, a geri-lo livremente, de acordo com sua própria determinação.

22. A plebe, pensando que seria difícil mudar as coisas pela lei e pela razão, estava disposta a aceitar que um só homem, justo e sábio, cuidasse dos assuntos como rei.

23. Mas Sólon não quis ser nomeado como rei. Seus amigos próximos o repreenderam por se opor à monarquia, como se a virtude do governante não pudesse convertê-la numa forma legal.

24. Sólon respondeu aos amigos que de fato uma tirania era uma posição muito justa, mas não havia como recuar dela.

25. No entanto, embora recusasse o reinado, não foi demasiado brando no cargo.

26. Não se mostrou mesquinho e submisso aos poderosos nem fez suas leis para agradar aos que o escolheram.

27. Pois, onde as leis já eram boas, ele nada alterou,

28. Por recear que, mudando tudo e desorganizando o Estado, seria difícil recompô-lo numa condição aceitável;

29. Mas, o que julgou que poderia realizar pela persuasão dos maleáveis e pela força dos obstinados, isso ele fez.

30. E assim, quando depois lhe perguntaram se havia deixado aos atenienses as melhores leis que lhes podia dar, Sólon respondeu: "As melhores que eles podiam receber."

Capítulo 20

1. A maneira como os atenienses abrandam o lado negativo de uma coisa, com o engenho de lhe dar algum nome bonito e inocente,

2. Por exemplo, chamando as prostitutas de amantes, os tributos de costumes, a guarnição de guarda, a cadeia de câmara,

3. Parece ter sido originalmente uma ideia de Sólon, que chamou o cancelamento das dívidas de "alívio".

4. Pois a primeira coisa que ele determinou foi que todos os débitos existentes seriam perdoados

5. E nenhum homem, dali para a frente, empenharia o próprio corpo como garantia.

6. Alguns dizem que as dívidas não foram canceladas, mas apenas os juros reduzidos, o que já agradou o suficiente ao povo,

7. A par da valorização do dinheiro, pois fez com que uma *minae*, que

antes equivalia a setenta e três dracmas, passasse a valer cem;

8. De modo que, embora o número de unidades no pagamento fosse o mesmo, o valor era menor,

9. O que se revelou um benefício considerável para os que tinham grandes dívidas, sem perda para os credores.

10. Enquanto ele planejava as providências para alívio das dívidas, aconteceu algo extremamente vergonhoso;

11. Pois, quando resolveu cancelar as dívidas e estava avaliando a maneira adequada de proceder, Sólon disse a alguns de seus amigos, Cónon, Clínias e Hipônico,

12. Nos quais depositava grande confiança, que não mexeria nas terras, mas apenas absolveria as dívidas do povo;

13. A isso, utilizando as vantagens dessa informação, eles rapidamente tomaram grandes empréstimos em dinheiro e compraram várias e grandes extensões de terra;

14. Quando a lei foi decretada, eles ficaram com as posses e não devolveram o dinheiro;

15. O que fez recair suspeita e desagrado em Sólon, como se ele mesmo tivesse se envolvido na artimanha.

16. Mas logo deteve essa suspeita liberando seus devedores do

empréstimo de cinco talentos (pois ele mesmo emprestara esse tanto), segundo a lei;

17. Outros falam em quinze talentos. Seus amigos desleais, porém, desde então passaram a ser chamados de *Chreocopidae*, repudiadores.

18. Seu projeto para aliviar as dívidas não agradou a nenhuma das partes, pois os ricos se zangaram por causa do dinheiro e os pobres se zangaram por causa da terra, que não foi dividida por igual.

19. Era o que Licurgo havia feito, mas Sólon não tinha o mesmo poder para fazer tal coisa, sendo apenas um cidadão da classe média;

20. Apesar disso, agiu ao máximo de seu poder, não dispondo de nada além da boa vontade dos cidadãos em que pudesse se apoiar;

21. E o fato de ter ofendido a maioria, que esperava outro resultado, é sinal de que fora justo.

Capítulo 21

1. Sólon repeliu todas as leis de Drácon, exceto as referentes ao homicídio, porque eram rigorosas demais e as punições excessivas;

2. Pois na legislação draconiana a morte era a penalidade para quase todas as ofensas,

3. De modo que os condenados por vagabundagem ou por roubar um repolho ou uma maçã tinham de sofrer a mesma pena dos assassinos.

4. Como bem se disse, as leis de Drácon eram escritas não a tinta, e sim a sangue;

5. Quando lhe perguntaram por que havia adotado a morte como punição da maioria das ofensas, Drácon respondeu: "As pequenas merecem e não tenho uma maior para as maiores."

6. A seguir, desejando conservar as magistraturas nas mãos dos ricos e também acolher o povo na outra parte do governo,

7. Sólon fez um levantamento das propriedades dos cidadãos e dispôs as ordens de acordo com suas riquezas;

8. Embora os que possuíssem abaixo de certa renda não fossem admitidos em nenhum cargo do Estado, ainda assim podiam comparecer à assembleia e atuar como jurados;

9. O que, de início, parecia nada, mas depois revelou-se como enorme privilégio, visto que quase todos os assuntos em discussão lhes eram apresentados à decisão.

10. Mesmo nos casos que ele atribuiu à alçada dos arcontes, autorizou um recurso aos tribunais.

11. Além disso, dizem que Sólon foi propositalmente obscuro e ambíguo na formulação de suas leis, para acrescer a importância dos tribunais;

12. Pois, como não era possível acertar as diferenças pela letra, os cidadãos tinham de levar suas causas aos juízes, que assim se tornaram mestres das leis.

13. Ele menciona essa equiparação num de seus poemas: "Tal poder dei ao povo como podia,

14. "Não resumi as leis que tinham, mas novas fiz./ Os de grandes posses e altas posições,/ Com meu conselho também ficaram a salvo de desgraças./

15. "Perante plebe e nobreza ergui o escudo de meu poder/ E não permiti que uma afetasse o direito da outra."

16. Depois de constituir o Areópago com os que tinham sido arcontes anuais,

17. Onde ele mesmo participava, observando que o povo, agora livre de dívidas, estava inquieto e impetuoso,

18. Sólon formou outro conselho de quatrocentos, cem de cada uma das quatro tribos,

19. Que devia inspecionar todos os assuntos antes de ser apresentados ao povo

20. E cuidar para que nada, a não ser o que tivesse sido previamente examinado, fosse levado à assembleia geral.

21. O conselho superior, ou Areópago, ele converteu em inspetores e guardiões das leis,

22. Julgando que a República, mantida por esses dois conselhos, seria menos vulnerável a tumultos e o povo ficaria mais calmo.

23. Entre suas outras leis, uma é muito surpreendente, retirando os direitos de todos os que se mantêm neutros em controvérsias políticas;

24. Pois ele não queria que ninguém ficasse insensível ao bem público,

25. E que todos deviam se unir imediatamente ao bom partido e aos que estavam com a razão de seu lado,

26. Para auxiliá-los e se arriscar com eles, em vez de se afastar dos riscos e ficar observando quem levaria a melhor.

Capítulo 22

1. Em relação ao casamento, Sólon fez uma lei determinando que os noivos fiquem fechados num aposento para comer um marmelo juntos;

2. E que o marido de uma herdeira se consorcie com ela três vezes por mês;

3. Pois, embora não se gere um filho, é uma honra que um marido deve prestar a uma esposa virtuosa;

4. Pois elimina todas as pequenas diferenças e não permitirá que suas briguinhas se transformem em rompimento.

5. Em todos os outros casamentos, ele proibiu o uso de dotes;

6. A esposa devia ter três mudas de roupas, um pequeno enxoval doméstico e só;

7. Pois não queria que se contraíssem casamentos por interesse ou propriedades, mas apenas por amor, afeição e nascimento de filhos.

Capítulo 23

1. Outra lei louvável de Sólon é a que proíbe os homens de falarem mal dos mortos,

2. Pois é injusto denegrir os que se foram e adequado para impedir a perpetuação de discórdias.

3. Da mesma forma, proibiu que se falasse mal dos vivos nos tribunais de justiça, nos cargos públicos e nos jogos.

4. Quem o fizesse, incorria numa multa de três dracmas para a pessoa e duas para o erário público.

5. Pois não ser capaz de controlar as paixões mostra caráter fraco e falta de educação,

6. Ainda que moderá-las constantemente seja muito difícil e, para alguns, impossível.

7. Sólon também é muito elogiado por sua lei referente aos testamentos; pois, antes dele, não se podia fazer nenhum, e todas as riquezas e propriedades do falecido pertenciam à sua família.

8. Mas, com a introdução dos testamentos, ele permitiu que as pessoas sem filhos legassem seus bens a quem quisessem,

9. E mostrou que considerava a amizade um laço mais forte do que o parentesco

10. E a afeição um laço mais forte do que a necessidade; além disso, os bens de cada indivíduo passaram a ser realmente seus.

11. Mas Sólon permitiu apenas legados que não fossem extorquidos pelo frenesi de uma doença, prisão, força ou persuasão de uma esposa;

12. Com boas razões pensando que ser seduzido ao erro era tão ruim quanto ser forçado,

13. E que entre a trapaça e a necessidade, a lisonja e a compulsão, havia pouca diferença, visto que ambas podem suspender o exercício da razão.

14. Observando que Atenas se enchia de pessoas que acorriam de todas as partes à Ática em busca de segurança para viver,

15. E que a maior parte do país era estéril e infecunda,

16. E que os comerciantes marítimos não trazem nada para os que nada podem lhes dar em troca,

17. Ele converteu seus cidadãos ao comércio e criou uma lei que nenhum filho seria obrigado a sustentar o pai idoso, se este não o tivesse encaminhado para uma profissão.

18. É verdade que Licurgo, tendo uma cidade isenta de qualquer estrangeiro e terra suficiente para o dobro da população,

19. E sobretudo uma abundância de escravos em Esparta, fez bem em dispensar seus cidadãos de atividades trabalhosas e mecânicas e reservá-los apenas para a arte da guerra.

20. Mas Sólon, adequando suas leis ao estado das coisas e não fazendo as coisas se adequarem a suas leis,

21. E considerando o solo escasso de fertilidade suficiente apenas para manter os agricultores e totalmente incapaz de alimentar uma multidão desocupada e ociosa,

22. Trouxe crédito aos ofícios e ordenou que os areopagitas examinassem como cada indivíduo ganhava a vida e castigassem os ociosos.

23. De modo geral, as leis sobre as mulheres são as mais estranhas de Sólon; pois permitia que qualquer um matasse um adúltero flagrado no ato;

24. Mas, se alguém forçasse uma mulher livre, a multa era de cem dracmas; se a seduzisse, vinte;

25. Exceto as que se vendem livremente, isto é, meretrizes, que vão com quem lhes paga.

26. Tornou ilegal vender uma filha ou uma irmã, a menos que, sendo ainda solteira, fosse devassa.

27. Como a Ática tem poucos rios, lagos ou grandes nascentes, e muitos dependiam dos poços que cavavam,

28. Fez-se uma lei que, onde houvesse um poço público num raio de quatro estádios, todos deviam usá-lo;

29. Mas, a maior distância, deviam tentar abrir um poço próprio;

30. Se tivessem cavado dez braças de profundidade e não encontrassem água, tinham o direito de pegar um cântaro de quatro galões e meio por dia do poço dos vizinhos;

31. Pois ele julgou prudente dispor contra a escassez, mas sem fomentar a preguiça.

32. Permitiu que se exportasse apenas azeite, e os que exportassem qualquer outro fruto seriam solenemente multados pelo arconte em cem dracmas.

33. Ele fez uma lei referente às lesões e ferimentos causados por animais,

34. Pela qual determinou que o dono de qualquer cão que mordesse um homem o entregaria com um pau no pescoço, com um metro e meio de comprimento, um bom expediente para a segurança dos homens.

35. Determinou que os únicos estrangeiros a receber liberdade em Atenas seriam os que estivessem em exílio perpétuo de

seu país ou que viessem com toda a família para trabalhar.

36. Sólon fez isso não para desencorajar os estrangeiros, mas para convidá-los a ter uma participação permanente nos privilégios do governo;

37. Além disso, julgou que se mostrariam cidadãos mais leais aqueles que tivessem sido obrigados a deixar o próprio país ou que voluntariamente saíram.

38. Todas as suas leis, ele estabeleceu por cem anos e escreveu-as em tábuas de madeira; o conselho e o povo fizeram promessas solenes de obedecer-lhes.

Capítulo 24

1. Ora, quando tais leis entraram em vigor e diariamente iam a Sólon para louvá-las ou depreciá-las,

2. Para recomendar, se possível, excluir ou incluir alguma coisa,

3. E muitos criticavam e queriam que ele explicasse e dissesse o significado de tal ou tal passagem,

4. E sabendo ele que fazê-lo era inútil e não o fazer lhe traria má vontade,

5. Desejando se furtar a todos os apertos e escapar a todas as exceções e insatisfações,

6. E sendo difícil, como ele mesmo diz, "Em grandes assuntos satisfazer a todos os lados",

7. Decidiu viajar e, como desculpa, comprou uma embarcação

mercantil e, obtendo licença para uma ausência de dez anos,

8. Ele partiu, esperando que, naquele prazo, suas leis se tornassem mais familiares.

9. Sua primeira viagem foi ao Egito, e lá morou, como ele mesmo diz, "Perto da foz do Nilo, na bela costa do Canopo",

10. E passou algum tempo estudando com Psenófis de Heliópolis e Sonchis, o mais culto de todos os egípcios;

11. De quem ouviu a história de Atlântida. Sólon propôs vertê-la em poema e levá-la ao conhecimento dos gregos.

12. De lá foi para Chipre, onde foi festejado por Filocipro, um dos reis de lá,

13. Cuja cidade ficava numa posição sólida, mas incômoda, numa montanha.

14. Como havia uma bela planície abaixo, Sólon o persuadiu a construir ali uma cidade mais agradável e espaçosa.

15. E ajudou a reunir moradores e a adaptá-la tanto para a defesa quanto para a conveniência da vida,

16. E tanto que muitos acorreram a Filocipro e os outros reis imitaram o projeto; assim, em honra a Sólon, ele deu à cidade o nome de Soli.

17. O próprio Sólon, em suas Elegias, dirigindo-se a Filocipro, menciona

essa fundação da cidade nas seguintes palavras:

18. "Longa vida tenhas e ocupa o trono sólio/ E nele te sucedam teus filhos;/

19. "E de tua ilha venturosa, quando eu zarpar,/ Que Chipre me envie um vento propício."

Capítulo 25

1. Que Sólon tenha conversado com Creso nessas viagens, alguns julgam que não é compatível com a cronologia;

2. Mas não posso rejeitar uma narrativa tão famosa e bem atestada, e sobretudo tão digna da sabedoria e grandeza de espírito de Sólon.

3. Dizem, assim, que Sólon, estando em visita a Creso por convite dele, estava como um homem do interior que vê o mar pela primeira vez;

4. Pois, assim como ele imagina ser o oceano cada rio que encontra, Sólon também, enquanto percorria a corte

5. E via inúmeros nobres com ricos trajes, orgulhosamente acompanhados por uma multidão de guardas e lacaios, pensava que cada um deles era o rei,

6. Até ser conduzido ao próprio Creso, que estava enfeitado com todas as raridades e curiosidades possíveis,

7. Em ornamentos de joias, púrpura e ouro, que faziam dele um espetáculo magnífico e grandioso.

8. Ora, quando Sólon chegou diante dele e não demonstrou nenhuma surpresa nem apresentou a Creso os louvores que o rei esperava,

9. Mas se mostrou homem que desprezava o espalhafato e sua vil ostentação,

10. Creso mandou que os servos abrissem as casas com seus tesouros e levassem Sólon para ver os luxos e móveis suntuosos, embora não o quisesse;

11. Pois Sólon podia julgá-lo muito bem à sua primeira vista. Depois de ver tudo aquilo e voltar, Creso lhe perguntou se já conhecera antes um homem mais feliz do que ele.

12. Quando Sólon respondeu que conhecera um concidadão de nome Telo

13. E lhe disse que esse Telo tinha sido um homem honesto, com bons filhos, uma propriedade satisfatória, que morrera bravamente em combate por seu país,

14. Creso o tomou por mal-educado e tolo, por não medir a felicidade pela abundância de ouro e prata

15. E preferir a vida de um indivíduo privado em vez de tanto poderio e império.

16. Mas perguntou-lhe mais uma vez se, além de Telo, conhecia algum outro homem mais feliz.

17. Em resposta, disse Sólon: "Sim, Cleóbis e Bíton, que eram irmãos amorosos e extremamente devotados à mãe,

18. "Pois, quando os bois a atrasaram, eles mesmos se atrelaram à carroça e a levaram à festa,

19. "E todos os seus vizinhos a aclamaram como mãe feliz e ela mesma exultou; então, depois de festejarem, os irmãos foram descansar

20. "E nunca mais despertaram, mas tiveram morte indolor e tranquila cercados de honras."

21. "O quê?", exclamou Creso zangado. "E não me inclui entre os homens felizes?"

22. Sólon, sem querer lisonjeá-lo nem exasperá-lo ainda mais, respondeu:

23. "Os gregos, ó rei, têm todos os dons da natureza em grau moderado; e assim nossa sabedoria também é uma coisa simples;

24. "Isso, observando os numerosos infortúnios que afetam todas as condições, nos impede de ficarmos insolentes com nossos prazeres do momento

25. "Ou de admirarmos a felicidade de outrem que, com o passar do tempo, pode sofrer mudanças.

26. "Pois o futuro incerto ainda está por vir, com toda a variedade possível da fortuna;

27. "E só podemos dizer feliz aquele que vive de modo virtuoso e harmonioso até o fim;

28. "Julgamos que declarar feliz aquele que ainda está no meio da vida e das vicissitudes é tão incerto e inconclusivo como coroar e proclamar vitorioso o lutador que ainda está no ringue."

29. Depois disso, ele foi dispensado, tendo dado a Creso algum desconforto, mas nenhum ensinamento.

30. Esopo, o autor das fábulas, estando então em Sárdis a convite de Creso e sendo muito estimado,

31. Ficou aborrecido que Sólon tivesse sido tão mal recebido e lhe deu o seguinte conselho:

32. "Sólon, trava com reis conversas que sejam breves ou oportunas."

33. Respondeu Sólon: "Não, melhor breves ou sensatas."

34. Assim, desta vez Creso desprezou Sólon; mas, quando foi derrubado por Ciro,

35. Perdeu a cidade, foi aprisionado, condenado à fogueira e amarrado à pira diante de todos os persas e do próprio Ciro,

36. Bradou três vezes, o mais alto que pôde: "Ó Sólon!",

37. E Ciro, surpreendendo-se e perguntando o que ou quem era aquele Sólon, o único que ele invocava naquele transe,

38. Creso lhe contou toda a história, dizendo: "Era um dos sábios da Grécia, que mandei chamar,

39. "Não para ser instruído nem para aprender o que precisasse, mas para que ele visse e testemunhasse minha felicidade;

40. "E agora, ao que parece, a dor de perdê-la é maior do que foi o gozo em desfrutá-la,

41. "Pois, quando possuía tais riquezas, eram bens apenas na opinião, mas agora sua perda me trouxe males reais e intoleráveis.

42. "E ele, naquele momento prevendo o que agora se passa, disse-me para olhar o final de minha vida e não confiar nem me orgulhar de incertezas."

43. Ouvindo isso, Ciro, que era homem mais sábio do que Creso e viu no exemplo presente a confirmação da máxima de Sólon,

44. Não só absolveu Creso da punição, mas o honrou até o resto da vida;

45. E, com suas palavras, Sólon teve a glória de salvar um rei e instruir outro.

Capítulo 26

1. Enquanto Sólon estava fora, os cidadãos de Atenas começaram de novo a discutir entre si.

2. Um de nome Licurgo liderava a Planície; Mégacles, filho de Almeon, liderava o Litoral;

3. E Pisístrato liderava a Montanha, área dos homens mais pobres e maiores inimigos dos ricos;

4. Assim, embora a cidade ainda usasse as novas leis de Sólon, todos desejavam uma mudança de governo,

5. Esperando que uma mudança seria melhor para eles e os colocaria acima das outras facções.

6. Estando assim as coisas, Sólon voltou e foi reverenciado e honrado por todos;

7. Mas sua idade avançada não lhe permitia ser ativo como antes;

8. Porém, conferenciando em particular com os líderes das facções, ele se empenhou em compor as diferenças, Pisístrato se mostrando o mais tratável;

9. Pois era extremamente brando e envolvente em sua linguagem, grande amigo dos pobres e moderado em seus ressentimentos;

10. E o que não lhe dera a natureza, ele tinha a habilidade de imitar, de modo que ganhava mais confiança do que os outros,

11. Sendo considerado homem ordeiro e prudente, que amava a igualdade e seria inimigo de quem se movesse contra a ordem atual.

12. Assim Pisístrato iludiu a maioria do povo; mas Sólon conhecia seu caráter e entendia suas intenções melhor do que qualquer outro;

13. Mas não o odiou por isso e se empenhou em lhe domar a ambição, e muitas vezes disse a ele e a outros

14. Que, se alguém conseguisse curá-lo de seu desejo pelo poder absoluto, não haveria homem mais virtuoso ou cidadão mais excelente.

15. Téspis, na época, começava a encenar tragédias e, como era coisa nova, muito encantava a multidão.

16. Sólon, por natureza apreciando ouvir e aprender coisas novas,

17. E agora, na velhice, vivendo ocioso e se entretendo com música e vinho, foi assistir à apresentação de Téspis;

18. Terminada a peça, dirigiu-se a ele e perguntou se não sentia vergonha por contar tantas mentiras diante de tanta gente;

19. Respondendo Téspis que não havia mal em agir ou falar assim numa peça, Sólon bateu com veemência o cajado no chão e disse:

20. "Se honramos e louvamos uma peça assim, logo a veremos em nossos negócios." E logo assim foi, como mostrou uma peça pregada por Pisístrato.

21. Pois Pisístrato feriu a si próprio e foi levado numa carruagem à praça do mercado fingindo sofrer,

22. Na intenção de instigar o povo, como se tivesse sido tratado daquela maneira por seus adversários políticos. Muitos se enfureceram, mas Sólon, indo até ele, disse:

23. "Isso é uma cópia ruim do Ulisses de Homero; para enganar teus conterrâneos, fazes o que ele fez para enganar seus inimigos."

24. Depois disso, o povo ficou ansioso em proteger Pisístrato e se reuniu em assembleia, onde foi apresentada uma moção que autorizasse Pisístrato a ter cinquenta homens armados de bastões para proteger sua pessoa.

25. Sólon, sabendo que Pisístrato agira assim para ter um exército pessoal com o qual conseguisse tomar o governo, opôs-se à moção,

26. Mas, vendo que os pobres estavam em tumulto, dispostos a atender a Pisístrato, e os ricos se sentiam apreensivos e queriam evitar problemas,

27. Ele partiu, dizendo que era mais sábio do que uns e mais firme do que outros;

28. Mais sábio do que os que não entendiam o plano de Pisístrato,

29. Mais firme do que os que, embora o entendessem, temiam se opor a ele.

Capítulo 27

1. Ora, o povo, depois de aprovada a lei que concedia um corpo de guarda a Pisístrato, não viu quantos homens ele reuniu em torno de si, até o momento em que capturou a Acrópole.

2. Quando isso se deu e a cidade estava num tumulto, Mégacles fugiu imediatamente com toda a família;

3. Mas Sólon, embora estivesse muito velho e não contasse com ninguém para apoiá-lo, mesmo assim foi até a praça do mercado e fez um discurso aos cidadãos,

4. Em parte criticando sua inadvertência e timidez, em parte insistindo e exortando que não perdessem sua liberdade com tanta mansuetude;

5. E então disse, naquela frase memorável, que antes era tarefa mais fácil deter a tirania nascente,

6. Mas que agora, depois que se instaurara e ganhara força, a ação mais gloriosa e grandiosa era destruí-la.

7. Porém, como todos ficaram com medo de se alinhar com ele, Sólon voltou para casa e, pegando a espada e o escudo, levou-os até o pórtico de sua casa e ali os depôs, com estas palavras:

8. "Fiz minha parte para preservar meu país e minhas leis", e não se ocupou mais com isso.

9. Seus amigos o aconselharam a fugir, porém recusou; mas escreveu poemas censurando os atenienses por colocar um poder tirânico nas mãos de um homem só.

10. Muitos o advertiram que o tirano lhe tiraria a vida por causa disso e,

perguntando-lhe no que confiara ao se arriscar a falar com tamanha ousadia, ele respondeu: "Em minha velhice."

11. Mas Pisístrato tão extremosamente cortejou Sólon, tantas honras lhe prestou, tanto o obsequiou e mandou chamá-lo, que Sólon lhe deu conselhos e aprovou muitas de suas ações;

12. Pois o tirano conservou a maioria das leis de Sólon e determinou que seus amigos obedecessem.

13. E o próprio Pisístrato, embora já governante absoluto, ao ser acusado perante o Areópago de assassinato, apresentou-se calmamente para se explicar, mas seu acusador não apareceu.

14. E acrescentou outras leis, uma das quais determina que os mutilados na guerra fossem mantidos às expensas públicas;

15. Nisto Pisístrato seguiu o exemplo de Sólon, que assim decretara no caso de um soldado chamado Tersipo;

16. E Teofrasto afirma que foi Pisístrato e não Sólon quem criou a lei contra a indolência, que foi a razão pela qual o campo se tornou mais produtivo e a cidade mais tranquila.

17. Assim Sólon sobreviveu depois que Pisístrato tomou o governo; Heráclides Pôntico diz que Sólon viveu muitos anos após o início da tirania de Pisístrato,

18. Enquanto o erésio Fânias diz que não chegou a viver dois anos após seu início.

19. A história de que suas cinzas foram espalhadas por toda a ilha Salámis é estranha demais para que se creia facilmente nela,

20. Mas é narrada, entre outros bons autores, pelo filósofo Aristóteles.

Capítulo 28: Péricles de Atenas

1. O maior governante de Atenas em sua época mais grandiosa foi Péricles.

2. Foi o principal cidadão daquela cidade por cinquenta e cinco anos e neste prazo elevou-a à preeminência tanto na Grécia de seu tempo quanto na história do mundo.

3. Na Atenas de Péricles floresceram a filosofia e a poesia que dela fazem a capital da civilização assim nascida,

4. E com elas o próprio conjunto de edificações que até hoje são emuladas em todas as cidades notáveis do mundo,

5. Assim expressando admiração pelo gênio grego ao qual ele presidiu.

6. Péricles era do mais nobre nascimento tanto pelo lado paterno quanto pelo materno.

7. Seu pai Xantipo derrotou os generais do rei da Pérsia na batalha de Mícale.

8. Sua mãe Agariste era neta de Clístenes, o homem que expulsou os filhos tirânicos do déspota Pisístrato e nobremente pôs fim à usurpação;

9. E além disso criou um corpo de leis, instaurando um modelo de governo admiravelmente talhado para a harmonia e a segurança do povo ateniense.

10. Quando Péricles nasceu, suas formas eram perfeitas, exceto a cabeça, um pouco longa e desproporcional.

11. Em decorrência disso, ele aparece na maioria das imagens e estátuas usando um elmo. Os poetas de Atenas o chamavam de *Schinocephalos*, ou cabeça de cila, de *schinos*, cila ou cebola-do-mar.

12. Um dos poetas cômicos, Teleclides, descreve Péricles lutando com as dificuldades políticas como "desmaiando sob o peso da própria cabeça:

13. "E da imensa galeria de seu bestunto enviando problemas para o estado".

14. E outro autor cômico, Eupólis, na peça chamada *Os demos*, mostra Péricles ao final de uma linhagem de demagogos, com as palavras:

15. "E aqui, como resumo, nós reunimos, vede, em síntese, as cabeças de todos numa."

16. O mestre que lhe ensinou música foi Damon, que, sendo sofista, abrigava-se sob a profissão de

professor de música para ocultar ao povo seu talento em política e oratória, e sob tal disfarce ensinou Péricles.

17. A lira de Damon, porém, não se mostrou plenamente satisfatória como disfarce; foi banido do país em ostracismo por dez anos, como perigoso intrigante e defensor do poder arbitrário,

18. Assim dando aos comediantes ocasião de satirizá-lo. Assim, por exemplo, um poeta cômico apresenta um personagem que fala: "Dize-me, por favor, visto seres o homem que ensinou Péricles."

19. Péricles, também, foi aluno de Zenão de Eleia, que tratava da filosofia natural tal como Parmênides,

20. Mas também se aperfeiçoara numa arte própria de refutar e silenciar os adversários numa argumentação;

21. Como Timão de Flio descreve: "Também a língua bífida do poderoso Zenão, o qual, ao que quer que dissessem, podia argumentar que era falso."

Capítulo 29

1. Mas o principal mestre de Péricles em sua juventude, o homem que mais lhe propiciou grandeza e firmeza de siso, superior a todas as artes de popularidade,

2. E lhe deu em geral sua elevação e sublimidade dos propósitos e caráter, foi Anaxágoras de Clazomenae.

3. Esse filósofo era chamado pelos homens daquela época de *Nous*, isto é, mente ou intelecto,

4. Por admiração ao grande e extraordinário dom que mostrara pela ciência da natureza.

5. Péricles nutria grande estima por Anaxágoras e, embebendo-se de seu elevado pensamento,

6. Dele derivou não só a elevação dos propósitos e a dignidade da linguagem, alçada muito acima das bufonarias vis e desonestas da eloquência de massas,

7. Mas também a compostura do semblante e serenidade e calma em todos os seus movimentos, que nenhuma ocorrência conseguiria perturbar enquanto estivesse falando;

8. Com um tom regular e constante da voz e várias outras vantagens de espécie semelhante, que exerciam um profundo efeito em seus ouvintes.

9. Uma vez, após ser insultado o dia inteiro por um sujeito vil e abandonado na praça do mercado,

10. Quando estava ocupado com o despacho de algum assunto urgente, ele continuou em sua tarefa em pleno silêncio

11. E ao final do dia voltou para casa calmamente, o homem ainda se

encarniçando atrás dele e despejando todos os insultos e palavras sórdidas;

12. Quando Péricles entrou em casa, já estando escuro, mandou que um de seus servos pegasse uma luz e acompanhasse o homem até vê-lo chegar em casa a salvo.

13. Outra descrição de seu caráter dá-nos Íon, o poeta dramático, o qual disse que os modos de Péricles em sociedade eram um tanto pomposos;

14. E que em seu porte altivo havia uma boa dose de desdém e desprezo pelos outros.

15. Íon reservou seus elogios à desenvoltura e à graça natural de Címon em sociedade, sendo seu admirador, de modo que não podemos confiar totalmente em sua opinião.

16. Aos que pensavam que a gravidade de Péricles era afetação, Zenão costumava dizer que então eles também a afetassem,

17. Porque, de tanto simulá-la, com o tempo poderiam adquirir verdadeiro amor e conhecimento das qualidades nobres.

18. Não foram estas as únicas vantagens que Péricles teve de seu convívio com Anaxágoras;

19. Parece também ter se tornado, sob sua instrução, superior à loucura que se apossa da mente de pessoas pouco familiarizadas com a ciência,

20. Ávidas por explicações tolas e impressionáveis por causa da ignorância da natureza.

21. Péricles, quando ainda jovem, era visto com considerável apreensão,

22. Pois as pessoas o julgavam muito parecido com o tirano Pisístrato,

23. E os idosos observavam a doçura de sua voz e a eloquência e rapidez em sua fala,

24. E ficavam assombrados com a semelhança, nisso também, com Pisístrato.

25. Ademais, refletindo que era rico, proveniente de uma família nobre com amigos influentes,

26. Péricles pensou que tudo isso poderia levá-lo ao desterro, como indivíduo perigoso para a tranquilidade do Estado,

27. E por isso evitou os assuntos de Estado, dedicando-se intrepidamente ao serviço militar.

28. Mas, quando Aristides morreu, Temístocles fora expulso e Címon se mantinha a maior parte do tempo no exterior, em expedições militares fora da Grécia,

29. Péricles, vendo as coisas em tal situação, ingressou na vida pública, não do lado da minoria rica,

30. E sim da maioria pobre, contrariando sua inclinação natural, que estava longe de ser democrática.

31. No receio de que suspeitassem que ambicionava o poder

arbitrário e vendo Címon ao lado da aristocracia,

32. Muito amado pelos melhores e mais insignes, ele se uniu ao partido do povo, com vistas a se proteger e também se opor a Címon.

Capítulo 30

1. Péricles também ingressou imediatamente num novo curso de vida e uso de seu tempo.

2. Pois nunca era visto em qualquer rua que não fosse a que levava à praça e ao salão do conselho,

3. Evitava convites dos amigos para cear com eles e cessou qualquer convívio e visita de amizade;

4. Em todo o tempo em que esteve na vida pública, que não foi breve, jamais se soube que tenha ido jantar com algum amigo, exceto uma vez, no casamento de seu parente próximo Euriptolemo;

5. E então ficou apenas até servirem a bebida, quando se levantou imediatamente da mesa e foi para casa.

6. Pois essas reuniões amigáveis facilmente desfazem qualquer superioridade adotada, e é difícil manter um exterior grave numa familiaridade íntima.

7. De fato, reconhece-se melhor a verdadeira excelência quando mais às claras se a observa;

8. E nos homens realmente bons, de tudo o que veem os olhos de

observadores externos, nada merece tanto sua verdadeira admiração

9. Quanto a vida comum que levam no cotidiano merece a de seus amigos mais próximos.

10. Péricles, porém, para evitar qualquer sentimento de intimidade ou qualquer sensação de saciedade por parte do povo,

11. Apresentava-se apenas a intervalos, sem discorrer sobre todo e qualquer assunto nem comparecendo todas as vezes à assembleia,

12. Mas, como diz Critolau, reservando-se, como a galera de Salamina, para as grandes ocasiões,

13. Enquanto assuntos de menor importância eram despachados por amigos ou outros oradores sob sua direção.

14. Entre seus assistentes estava Efialtes, que rompeu o poder do conselho do Areópago,

15. Dando ao povo, segundo as palavras de Platão, uma dose tão forte e copiosa de liberdade que a plebe ficou rebelde e intratável como um cavalo indomável.

16. O estilo de falar que mais se adequava ao modo de vida de Péricles e à dignidade de suas posições tinha como ponto de partida o que Anaxágoras lhe ensinara.

17. Péricles aprofundava continuamente as cores da retórica com a tinta da ciência natural.
18. Pois, tendo somado a seu gênio natural um grande volume de conhecimentos com o estudo da filosofia, mostrava-se muito superior a todos os outros.
19. Por causa disso, dizem, Péricles recebeu o epíteto de "Olímpico";
20. Embora alguns sejam da opinião de que foi por causa dos edifícios públicos com que adornou a cidade;
21. E outros ainda graças a seu grande poder nos assuntos públicos, quer na guerra ou na paz.
22. No entanto, as comédias apresentadas na época, que, de bom espírito e por diversão, traziam muitas palavras duras contra ele,
23. Mostram claramente que recebeu tal designação sobretudo por sua maneira de falar;
24. Elas falam de seus "relâmpagos e trovoadas" quando discursava para o povo,
25. E que trazia na língua um terrível trovão.

Capítulo 31

1. Há também o registro do que disse Tucídides, filho de Melésias, gracejando a destreza de Péricles.
2. Tucídides era um dos cidadãos nobres e insignes e fora seu maior adversário;
3. Quando Arquídamo, rei dos lacedemônios, lhe perguntou quem era o melhor lutador, ele ou Péricles, Tucídides respondeu:
4. "Quando eu o derrubo e lhe dou uma queda justa, ele acaba ganhando por insistir que não houve queda nenhuma e os espectadores, apesar de terem visto com os próprios olhos, acreditam nele."
5. A verdade, porém, é que Péricles era tão cuidadoso com o que e como dizia que, sempre que subia à plataforma,
6. Preparava-se de antemão para que não lhe escapasse nenhuma palavra inadvertida que fosse inadequada ao tema ou à ocasião.
7. Péricles não deixou nada escrito, a não ser alguns decretos, e poucos ditos seus foram registrados.
8. Um deles é que, quando seu colega general Sófocles, estando a bordo com ele, louvou a beleza de um jovem que encontraram no caminho,
9. Péricles disse: "Sófocles, um general deve ter não só as mãos, mas também os olhos limpos."
10. E Estesimbroto nos conta que, em seu encômio aos caídos na batalha em Samos, disse que sempre seriam lembrados,
11. "Porque não vemos a eles mesmos, mas apenas pelas honras que lhes prestamos e pelos benefícios que eles nos fazem;

540 ATOS

12. "Tais atributos pertencem aos que morrem a serviço de seu país."

13. Visto que Tucídides descreve o governo de Péricles como uma aristocracia que passava pelo nome de democracia, mas na verdade era a supremacia de apenas um grande homem,

14. Ao passo que muitos outros, pelo contrário, dizem que foi graças a ele que o povo comum se sentiu inicialmente encorajado e levado a tais males como a apropriação de territórios submetidos, a autorização para frequentar teatros, pagamentos para cumprir deveres públicos,

15. E com tais maus hábitos, sob a influência das medidas públicas de Péricles, o povo, que era sóbrio e próspero e se sustentava com seu próprio trabalho, passou a ser

16. Amante da dissipação, da intemperança e da licenciosidade, examinaremos a causa dessa mudança olhando os fatos.

17. Primeiramente, como se disse, quando Péricles se opôs à grande autoridade de Címon, de fato cortejou o povo.

18. Vendo-se sem tanta riqueza quanto Címon, com a qual este podia agradar os pobres,

19. Todos os dias convidando alguns cidadãos necessitados para jantar, dando roupas aos idosos e derrubando as cercas ao redor de sua propriedade para que todos pudessem colher à vontade as frutas que quisessem,

20. Péricles, assim vencido nas artes populares, seguiu o conselho de um Damônides de Oea e fez uma distribuição das verbas públicas;

21. Tendo em pouco tempo comprado o povo com o dinheiro gasto em espetáculos e no pagamento pelo serviço no corpo de jurados e todas as outras formas de remuneração e prodigalidade,

22. Usou essas verbas contrariando o conselho do Areópago, do qual não fazia parte pois nunca fora nomeado arconte, legislador, rei ou capitão.

23. Pois desde os antigos tempos esses cargos eram conferidos por sorteio e os que haviam se desincumbido do exercício deles eram promovidos ao tribunal do Areópago.

Capítulo 32

1. E assim, tendo assegurado poder junto à plebe, Péricles dirigiu as ações de seu partido contra esse conselho com tal êxito

2. Que a maioria das causas e questões que lá eram habitualmente julgadas foi, por providências de Efialtes, removida de sua alçada de autoridade.

3. Címon também foi banido em ostracismo como favorecedor dos lacedemônios e contrário ao povo,

4. Embora por riqueza e nascimento estivesse entre os primeiros atenienses e tivesse conquistado muitas vitórias gloriosas sobre os bárbaros, trazendo muitas riquezas e despojos de guerra para cidade, como está registrado na história de sua vida.

5. Mas seu banimento prova a grande influência que Péricles obteve entre o povo.

6. O ostracismo era limitado por lei a dez anos; mas, tendo os lacedemônios nesse ínterim entrado com um grande exército no território de Tanagra, e indo os atenienses combatê-los,

7. Címon voltou do banimento antes de se esgotar o prazo, tomou armas, alinhou-se com os concidadãos que eram de sua tribo

8. E quis, com seus feitos, varrer a suspeita de que favorecera os lacedemônios, arriscando a própria pessoa com seus conterrâneos.

9. Mas os amigos de Péricles, reunindo num corpo, obrigaram--no a se retirar como homem banido.

10. Também por isso Péricles parece ter se empenhado mais nesta do que em qualquer outra batalha, expondo-se ao perigo claramente, para que todos vissem.

11. Todos os amigos de Címon, acusados por Péricles de também

terem tomado o partido dos lacedemônios, caíram juntos como um só homem.

12. Derrotados nessa batalha dentro de suas próprias fronteiras e esperando um novo e perigoso ataque com o retorno da primavera,

13. Os atenienses agora sentiam dor e pena pela perda de Címon e arrependimento por o terem expulsado.

14. Péricles, sendo sensível a suas emoções, não hesitou nem tardou em atender a elas e fez pessoalmente a moção para chamá-lo de volta à cidade.

15. Ao retornar, ele concluiu a paz entre as duas cidades;

16. Pois os lacedemônios alimentavam sentimentos amistosos em relação a ele, tal como nutriam os sentimentos inversos em relação a Péricles e os demais líderes populares.

17. Mas alguns dizem que Péricles só deu ordens para o retorno de Címon depois de terem se posto de acordo em alguns itens em caráter particular, por intermédio de Elpinice, irmã de Címon, a saber:

18. Címon sairia com uma frota de duzentos navios, como comandante-chefe no estrangeiro,

19. Com o desígnio de submeter os territórios do rei da Pérsia, enquanto Péricles ficaria com o poder na cidade.

542 ATOS

20. Essa Elpinice, ao que constava, antes disso havia obtido alguns favores para seu irmão Címon junto a Péricles,

21. E o induziu a ser mais relapso e brando ao apresentar a acusação, quando do julgamento capital de Címon;

22. Pois Péricles fazia parte do comitê nomeado pelos comuns para argumentar contra ele.

23. E quando Elpinice foi lhe falar em favor de seu irmão, ele respondeu com um sorriso:

24. "Ó Elpinice, és velha demais para empreenderes algo assim."

25. Mas, quando apareceu para o processo de impugnação, ele se ergueu apenas uma vez para falar, somente para se desincumbir de sua tarefa, e saiu do tribunal,

26. Tendo sido, entre os acusadores de Címon, quem menos dano lhe causou.

27. Como, então, alguém há de crer em Idomeneu, que acusa Péricles de ter providenciado à traição o assassinato de Efialtes, o político popular,

28. Homem que era seu amigo e de seu próprio partido durante toda a sua carreira política, por ciúme e inveja de sua grande reputação?

29. Esse historiador, tendo recolhido essas histórias não sei onde, com elas difama um homem que, embora não totalmente isento de falhas ou culpas,

30. Mesmo assim possuía um coração nobre e um espírito devotado à honra; e, onde existem tais qualidades, não pode haver paixões cruéis e brutais.

31. O que realmente aconteceu com Efialtes, como nos contou Aristóteles, foi o seguinte:

32. Tendo se tornado temível para o partido oligárquico, por ser um defensor intransigente dos direitos do povo ao exigir contas e processar quem procedesse mal contra o povo,

33. Foi assassinado por Aristodico, o tanagrense, em favor de seus inimigos.

Capítulo 33

1. Címon, como almirante, morreu em Chipre. E o partido aristocrático, vendo que Péricles já era o maior e mais destacado homem na cidade,

2. Mas mesmo assim querendo lhe opor alguém que amortecesse seu poder, para impedir que o governo se transformasse numa monarquia,

3. Colocou Tucídides de Alopeces, homem discreto e parente próximo de Címon, à frente da oposição contra ele;

4. O qual, de fato, embora menos experiente do que Címon em assuntos de guerra,

5. Era mais versado em assuntos políticos e na oratória, e em manter guarda da cidade.

6. Travando debates com Péricles na plataforma, em pouco tempo ele conduziu o governo a uma igualdade de partidos.

7. Pois não permitiu que os chamados "bons e honestos" (isto é, pessoas de valor e distinção) ficassem espalhados entre a plebe,

8. Como antes, diminuindo e obscurecendo sua superioridade entre as massas;

9. Mas, separando-os e unindo-os num mesmo corpo, ele pôde, graças a essa força somada, criar um contrapeso ao outro partido.

10. Pois, de fato, desde o começo havia uma divisão oculta entre as diferentes tendências populares e aristocráticas;

11. Mas a rivalidade aberta e a disputa entre esses dois adversários aprofundou a cisão

12. E separou a cidade entre os dois partidos, "o povo" e "os poucos".

13. Assim, naquela época, Péricles, mais do que qualquer outro, entregou as rédeas ao povo e tomou como linha de ação servir a seus interesses,

14. Empenhando-se constantemente em oferecer algum grande espetáculo ou solenidade pública, algum banquete ou alguma procissão na cidade para agradar ao povo,

15. Mimando seus conterrâneos como crianças com tais gostos e

prazeres, mas nem por isso menos edificantes.

16. Ademais, todos os anos ele enviava sessenta galeras com muitos cidadãos a bordo, que eram pagos para passar oito meses aprendendo e praticando a arte da navegação.

17. Enviou mil cidadãos para os quersonenses como agricultores, para sortearem as terras entre eles,

18. E mais quinhentos para a ilha de Naxos, a metade disso para Andros,

19. Mil para a Trácia, onde morariam entre os bisaltos, e outros para a Itália, durante o repovoamento da cidade de Síbaris, agora chamada de Thurii.

20. E tudo isso fez para aliviar e esvaziar a cidade de uma multidão de desocupados, os quais, justamente por falta de ocupação, se faziam importunos,

21. Ao mesmo tempo para atender às necessidades e remediar as fortunas dos moradores pobres,

22. E também para intimidar e impedir que seus aliados tentassem qualquer mudança, colocando tais guarnições, por assim dizer, no meio deles.

Capítulo 34

1. O que deu mais prazer e beleza a Atenas e despertou a maior admiração e mesmo assombro de todos os estrangeiros,

2. E que agora é a única prova da Grécia de que sua antiga riqueza e o poder de que se gaba não são fábulas ou histórias vazias,

3. Foi a construção dos grandes edifícios públicos determinada por Péricles.

4. Porém, eram estas as ações do governo que seus inimigos olhavam com maior desconfiança e cavilavam nas assembleias populares,

5. Bradando que a república de Atenas perdera sua reputação e era denegrida no exterior por trazer o tesouro comum dos gregos na ilha de Delos para sua própria custódia;

6. E, embora a desculpa para tal medida fora protegê-lo contra os bárbaros, Péricles agora o gastara;

7. E reclamavam que "a Grécia não pode senão se indignar com isso, como uma afronta intolerável, e se considerar explicitamente tiranizada,

8. "Ao ver o tesouro, para o qual contribuíra por necessidade por causa da guerra, licenciosamente desperdiçado por nós em nossa cidade,

9. "Para revesti-la de dourado, adorná-la e apresentá-la como se fosse uma mulher vaidosa, coberta de pedras preciosas e estátuas, que custam enormes fortunas."

10. Mas Péricles informou ao povo que não tinham nenhuma obrigação de dar qualquer satisfação de seu dinheiro aos aliados,

11. Desde que continuassem a defendê-los e a impedir que os bárbaros os atacassem;

12. Embora nesse meio-tempo não tivessem fornecido nenhum cavalo, homem ou navio, mas apenas levantado dinheiro para o serviço;

13. "Dinheiro este", disse ele, "que é não de quem deu, e sim de quem o recebeu,

14. "Desde que cumpra as condições pelas quais o recebeu."

15. E era uma boa razão, agora que a cidade estava suprida e abastecida com todas as coisas necessárias para a guerra,

16. Que eles convertessem o excedente de sua riqueza em tais empreendimentos que, quando concluídos, iriam lhe conferir honra eterna,

17. E, quanto ao presente, durante o andamento, forneceria pródiga abundância a todos os habitantes.

18. Com a variedade de trabalhos necessários e oportunidades de serviço, que requerem todas as artes e ofícios e exigem que se empreguem todos os braços em tais empreendimentos,

19. Eles colocam a cidade inteira, de certo modo, na folha de pagamento do Estado, enquanto

ao mesmo tempo a cidade se torna bela e se sustenta sozinha.

20. Pois, assim como os que têm idade e força para ir à guerra são atendidos e mantidos nas forças armadas no exterior com o soldo pago pelo erário público,

21. Da mesma forma, sendo intenção e desejo de Péricles que a multidão indisciplinada que ficava na cidade não passasse sem sua parte nos proventos públicos, e ao mesmo tempo não se mantivesse na inatividade,

22. Ele considerou adequado, com a aprovação do povo, introduzir esses projetos de edifícios e planos de trabalho,

23. Que teriam alguma continuidade até ficarem prontos e dariam emprego a numerosas artes e ofícios,

24. De maneira que a parcela do povo que vivia na cidade pudesse, tanto quanto os homens que estavam no mar, em guarnições ou em expedições,

25. Ter motivos justos e corretos para receber benefícios e participar das verbas públicas.

26. Os materiais eram pedra, bronze, marfim, ouro, ébano e pinho;

27. As artes e ofícios que forjavam e lhes davam forma eram ferreiros e carpinteiros, moldadores,

28. Fundidores e funileiros, cantoneiros, tingidores, ourives,

entalhadores de marfim, pintores, bordadores e torneadores;

29. E os que os transportavam para ser usados na cidade eram mercadores, marinheiros e mestres de navios por mar,

30. E por terra fabricantes de carroças, criadores de gado, carroceiros, cordoeiros, tecelões de linho, sapateiros, coureadores, fabricantes de rodas, mineiros.

31. E todos os ofícios de mesma natureza, tal como um capitão no exército tem sua companhia particular de soldados sob seu comando, tinha sua própria equipe contratada de diaristas e jornaleiros pertencentes àquele ofício, reunidos como numa formação, para serem o instrumento e corpo para a execução dos serviços.

32. Em suma, as ocasiões e os serviços dessas obras públicas distribuíam a riqueza entre todas as idades e condições sociais.

Capítulo 35

1. Conforme se erguiam os edifícios públicos, tão imponentes em tamanho quanto belos na forma,

2. Os trabalhadores se empenhavam para que a beleza de seus lavores rivalizasse e até superasse a qualidade do material e do projeto,

3. Mas a coisa mais maravilhosa de todas era a rapidez da execução.

4. Empreendimentos que seriam capazes de exigir, cada um deles, várias gerações e sucessões de homens para ser concluídos,

5. Foram todos eles realizados no auge e ápice da carreira política de um só homem.

6. Mas também dizem que Zêuxis, ouvindo certa vez o pintor Agatarco se vangloriar de executar seu trabalho com rapidez e facilidade, respondeu: "Levo muito tempo."

7. Pois a rapidez e a facilidade em fazer uma coisa não confere à obra uma solidez duradoura ou uma beleza precisa;

8. O dispêndio de tempo facultado às dificuldades prévias de um homem para a produção de alguma coisa é recompensado pela preservação, uma vez terminada.

9. E esta é a razão pela qual as obras de Péricles recebem especial admiração, tendo sido feitas com rapidez, e mesmo assim durando por tanto tempo.

10. Pois cada elemento de sua obra se tornou imediatamente um clássico, mesmo naquela época, por sua beleza e elegância;

11. E mesmo assim, em seu vigor e frescor, até hoje parece que acabou de ficar pronto.

12. Há uma espécie de apogeu de frescor nessas suas obras, preservando-as do desgaste do tempo,

13. Como se tivessem em sua composição uma essência perene e uma vitalidade imorredoura.

14. Fídias ficou encarregado de todas as obras como supervisor geral, embora tenham sido empregados outros grandes mestres e trabalhadores nas várias partes da execução.

15. Calícrates e Ictino construíram o Partenon;

16. O salão em Elêusis, onde se celebravam os festivais, foi iniciado por Corebo, que ergueu os pilares que se erguem do piso ou pavimento e os uniu às arquitraves;

17. Depois de sua morte, Metagenes de Xipete acrescentou o friso e a linha superior de colunas;

18. Xênocles de Colargo fez o teto ou abóbada da claraboia no alto do templo a Castor e Pólux,

19. E a longa parede, que Sócrates diz ter ouvido pessoalmente quando Péricles propôs ao povo, foi realizada por Calícrates.

20. O Odéon, ou salão musical, que tinha o interior repleto de assentos e filas de colunas,

21. E por fora tinha um teto inclinado, descendo de um único ponto no alto,

22. Foi construído à imitação do Pavilhão do rei da Pérsia, e também por ordem de Péricles,

23. De quem Crátino, em sua comédia *As trácias*, não perdeu ocasião de zombar:

24. "Assim, aqui vemos aparecer Péricles da cabeça comprida, desde a época do ostracismo, deixou de lado o bestunto e em seu lugar agora usa o novo Odéon."

25. Péricles, também ansioso em se distinguir, então obteve o decreto para um concurso de talentos musicais que se realizaria anualmente na Panathenaea,

26. E ele mesmo, escolhido como árbitro, determinou a ordem e o método como os concorrentes cantariam e tocariam flauta e harpa.

27. E tanto daquela vez quanto em outras vezes também, sentavam-se nessa sala de música para ver e ouvir todos esses concursos de talentos.

28. As propylaea ou entradas para a Acrópole foram terminadas em cinco anos, tendo Mnesicles como arquiteto principal.

29. Fídias ficou encarregado de toda a obra, junto com a supervisão de todos os artistas e trabalhadores, graças à amizade de Péricles por ele;

30. Isso, de fato, trouxe-lhe grande inveja dos outros e seu mecenas foi vergonhosamente caluniado com boatos,

31. Como se Fídias costumasse receber, para o desfrute de Péricles, mulheres livres de nascimento que iam visitar as obras.

32. Os escritores cômicos da cidade, quando se apoderaram dessa história, regalaram-se com ela e o difamaram com todas as obscenidades que conseguiram inventar,

33. Acusando-o falsamente com a esposa de Menipo, que era amigo seu e servira com ele nas guerras,

34. E com as aves criadas por Pirilampo, um conhecido de Péricles, que, inventaram eles, costumava presentear as amigas de Péricles com pavões.

35. Como alguém haveria de se admirar com tantas afirmações estranhas de homens que dedicavam a vida exclusivamente às zombarias,

36. E dispostos a qualquer momento a sacrificar a reputação de seus superiores ao despeito e à inveja vulgar,

37. Se até mesmo Estesimbroto, o trácio, ousara acusar Péricles de um crime monstruoso e fabuloso com a esposa de seu filho?

38. Assim, é muito difícil rastrear e descobrir a verdade de qualquer fato através dos relatos históricos,

39. Visto que, por um lado, os historiógrafos têm as vistas interceptadas pelo decurso de longos períodos de tempo,

40. Enquanto, por outro lado, os registros de época sobre quaisquer ações e vidas,

541. Em parte por inveja e má vontade, em parte por lisonja e adulação, deturpam e distorcem a verdade.

Capítulo 36

1. Quando os oradores que se alinhavam com Tucídides e seu partido estavam clamando contra Péricles,

2. Como dissipador do erário público e devastador das rendas do Estado,

3. Ele se ergueu na assembleia ao ar livre e perguntou ao povo se achava que ele tinha dispendido muito;

4. Respondendo o povo, "Muito, demais", Péricles respondeu: "Então, como é assim, os custos não recairão sobre vós,

5. "Mas sobre mim; e a inscrição nos edifícios ficará em meu nome."

6. Quando ouviram essas palavras, fosse por surpresa em ver sua grandeza de coração ou por emulação da glória pelas obras,

7. Bradaram alto, pedindo-lhe que continuasse a gastar e dispender do erário público o que julgasse adequado e não poupasse despesas, até estar tudo concluído.

8. Mais tarde, chegando a uma derradeira disputa com Tucídides, para ver qual dos dois baniria o outro do país,

9. E superando esse perigo, Péricles venceu o antagonista e rompeu a confederação que se organizara contra ele.

10. Assim findos todos os cismas e divisões, a cidade em situação de unidade e tranquilidade,

11. Ele concentrou em suas mãos toda a Atenas e todos os seus assuntos, os tributos, exércitos, frotas, ilhas, mares e seu extenso poder,

12. Em parte sobre outros gregos, em parte sobre os bárbaros,

13. E todo aquele império que possuíam, fundado e fortificado sobre nações submetidas, alianças e amizades entre reis.

14. Depois disso, Péricles já não era o homem que fora antes,

15. Nem brando, gentil e afável como fora antes com a plebe,

16. A ponto de ceder prontamente a seus prazeres e atender aos desejos da multidão, como um piloto que muda de acordo com os ventos.

17. Abandonando aquela corte informal, descuidada e, em alguns casos, licenciosa da vontade popular,

18. Ele passou dessas modulações suaves e floreadas para a austeridade do governo aristocrático e real;

19. Utilizando-o com rigor e integridade em prol dos melhores interesses do país,

20. Foi de modo geral capaz de conduzir o povo, de bom grado e com consentimento, usando a persuasão e lhes mostrando o que devia ser feito;

21. Às vezes, também, insistindo e pressionando com muita força contra a vontade deles.

22. Assim, quisessem ou não, Péricles fez com que se submetessem ao que lhes era mais vantajoso.

23. Nisso, para dizer a verdade, ele se conduziu como médico habilidoso, que, numa doença crônica complicada, e conforme vê ocasião,

24. Ora permite que o paciente faça um uso moderado das coisas que lhe agradam,

25. Ora inflige-lhe dores agudas e remédios amargos para ajudar na cura.

26. Pois como nasciam e cresciam todos os tipos de sentimentos destemperados entre um povo com tão vasto comando e domínio,

27. Ele por si só, como grande mestre, sabendo como manejar e lidar adequadamente com cada um deles,

28. Usando de especial maneira os temores e as esperanças como seus dois principais lemes,

29. Um para sofrear o avanço da confiança popular a qualquer momento,

30. Outro para erguer e animar o povo quando estivesse desencorajado,

31. Com isso mostrou claramente que a retórica, a arte de falar, é, como

diz Platão, o governo da mente dos homens

32. E seu principal objeto é tratar as afeições e paixões, que são as cordas e chaves da mente, e exigem um toque habilidoso que saiba tocá-las corretamente.

Capítulo 37

1. A fonte da ascendência de Péricles não era apenas seu poder de linguagem, mas, como nos assegura Tucídides, a reputação de sua vida e a confiança que se tinha em seu caráter,

2. Seu visível afastamento de qualquer espécie de corrupção e superioridade frente a todas as considerações de ordem monetária.

3. Apesar de ter tornado a cidade de Atenas, já grande por si mesma, ainda maior e rica o quanto se possa imaginar,

4. E embora ele mesmo fosse poderoso e influente como muitos reis e governantes absolutos,

5. Péricles não aumentou o patrimônio pessoal que lhe legara o pai em nem sequer uma moeda.

6. Tucídides, de fato, dá uma exposição clara da grandeza de seu poder;

7. E os poetas cômicos, à sua maneira malévola, mais do que o insinuam, apelidando seus amigos e companheiros de novos Pisistrátides

8. E invocando seu nome para abjurar qualquer intenção usurpadora,

9. Como homem de importância demasiada para ser compatível com uma democracia ou governo popular,

10. E Teléclides diz que os atenienses lhe haviam rendido "o tributo das cidades e, com ele, as próprias cidades, para fazer e desfazer com elas o que lhe aprouver;

11. "Erguer, se quiser, muralhas de pedra em torno de uma cidade; e depois, se assim o quiser, derrubá--las;

12. "Seus tratados e suas alianças, o poder, o império, a guerra e a paz, suas riquezas e sucessos para todo o sempre."

Capítulo 38

1. Não era apenas a sorte de alguma ocasião propícia, nem o mero fruto de uma política que floresceu apenas por uma estação;

2. Mas, mantendo por quarenta anos o primeiro lugar entre estadistas como Efialtes, Leócrates, Mironides, Címon, Tolmides e Tucídides;

3. E então, após a derrota e o banimento de Tucídides, ainda por mais quinze anos,

4. No exercício ininterrupto do comando contínuo no cargo de general, para o qual foi reeleito

todos os anos, ele preservou sua integridade imaculada;

5. Embora sob outros aspectos não tenha sido totalmente ocioso ou descuidado em procurar vantagens pecuniárias;

6. Assim ordenou que sua herança paterna, que de direito lhe pertencia, não fosse reduzida nem dissipada pela incúria,

7. E não lhe demandasse, sendo tão atarefado como era, muito tempo ou trabalho para cuidar dela,

8. E montou o tipo de administração do patrimônio que lhe pareceu o mais fácil para si mesmo e o mais exato.

9. Vendia todos os rendimentos e produtos anuais por atacado e depois abastecia todas as necessidades domésticas comprando tudo o que ele ou sua família quisessem no mercado.

10. Por causa disso, seus filhos, quando cresceram, não estavam satisfeitos com sua administração

11. E as mulheres que moravam com ele eram tratadas com poucas despesas e reclamavam de sua maneira de gerenciar a casa,

12. Onde tudo era encomendado e entregue dia a dia, dentro da mais rigorosa exatidão,

13. Visto que não restava nenhuma sobra, ao contrário do habitual em grandes famílias e propriedades ricas;

14. Pois tudo o que entrava ou saía, todas as despesas e todas as receitas pareciam em quantidade medida e exata.

15. Quem gerenciava tudo isso era apenas um servo, chamado Evangelus,

16. Homem que, por dote natural ou por instrução de Péricles, excelia a todos nessa arte da economia doméstica.

17. Tudo isso, a bem dizer, pouco se harmonizava com a sabedoria de Anaxágoras,

18. Se for verdade que, num impulso generoso e por grandeza de coração,

19. Ele saiu voluntariamente de sua casa e deixou suas terras sem cultivar, como pasto aos carneiros como numa área comunal.

20. Mas a vida de um filósofo contemplativo e a vida de um político ativo são coisas diferentes;

21. Pois aquele apenas emprega em bons e grandes objetos de pensamento uma inteligência que não precisa do auxílio de nenhum instrumento nem do recurso a materiais externos,

22. Ao passo que este, que tempera e aplica sua virtude a usos humanos, pode ter ocasião para riquezas,

23. Não como uma questão de necessidade, e sim como coisa nobre, tal como era o caso de Péricles, que socorria inúmeros cidadãos pobres.

24. No entanto, corre uma história de que o próprio Anaxágoras, quando Péricles estava envolvido nos assuntos públicos,

25. Ficou desassistido e, atingindo a velhice, embrulhou-se num manto na resolução de morrer, deixando-se matar de fome.

26. Quando Péricles soube disso, ficou horrorizado e correu imediatamente até Anaxágoras

27. E usou todos os argumentos e súplicas que pôde, lamentando não tanto o estado de Anaxágoras, e sim sua própria situação,

28. Caso perdesse o conselheiro que nele encontrara;

29. Dizem que a isso Anaxágoras abriu o manto e, mostrando os ossos desnutridos, respondeu:

30. "Péricles, mesmo os que precisam de uma lâmpada abastecem-na de óleo."

Capítulo 39

1. Os lacedemônios começaram a se mostrar inquietos com o crescimento do poderio ateniense,

2. E Péricles, por seu lado, para elevar ainda mais os sentimentos do povo e inspirá-lo ao pensamento de grandes ações,

3. Apresentou um decreto convocando todos os gregos, da Europa e da Ásia, de todas as cidades, grandes e pequenas,

4. Para enviarem seus representantes a Atenas para uma assembleia geral ou convenção,

5. Onde debateriam e deliberariam sobre as reformas nas cidades que tinham sido destruídas a fogo pelos bárbaros

6. E também sobre a navegação dos mares, para que pudessem trafegar e comerciar em segurança e mantendo a paz entre eles.

7. Para tal missão foram enviados vinte homens com mais de cinquenta anos de idade;

8. Cinco para convocar os jônios e dórios na Ásia e os ilhéus de Lesbos e Rodes;

9. Cinco para visitar todos os locais no Helesponto e na Trácia, até Bizâncio; e mais cinco para irem à Beócia, à Fócia e ao Peloponeso,

10. E de lá passarem pelos locrianos até o continente vizinho, chegando à Acarnânia e à Ambrácia;

11. Os cinco restantes iriam pela Euboea até os etaeanos e o golfo málio,

12. Chegando aos aqueus de Ftiótis e aos tessálios;

13. Todos tratariam com os povos por onde passassem

14. Para persuadi-los a ir a Atenas e participar nos debates para o estabelecimento da paz e regulamentar em conjunto os assuntos da Grécia.

15. Disso nada resultou e as cidades não enviaram representantes, como o desejado,

16. Porque os lacedemônios, suspeitando das intenções de Péricles, subverteram o plano ardilosamente.

17. De todo modo, o plano mostra a envergadura de Péricles e a grandeza de seus pensamentos.

18. Em sua conduta militar, ganhou grande reputação de prudência;

19. Não se engajava de vontade própria em nenhuma luta que fosse demasiado arriscada;

20. Não invejava a glória de generais cujas aventuras precipitadas ganhassem o favor da sorte com vitórias brilhantes, por mais que outros os admirassem;

21. Nem os julgava dignos de imitação, e sempre costumava dizer a seus cidadãos que, até onde ia seu poder, eles nunca morreriam.

22. Quando Péricles viu que Tolmides, filho de Tolmeu, confiante com seus êxitos anteriores e inflamado pela honra que lhe fora proporcionada por suas ações militares,

23. Estava fazendo preparativos para atacar os beócios em sua própria terra, a despeito de não haver nenhuma oportunidade propícia,

24. E vendo também que Tolmides convencera os jovens mais corajosos e mais empreendedores a se alistarem como voluntários no exército,

25. Empenhou-se em refreá-lo e tentou dissuadi-lo do intento na assembleia pública,

26. Dizendo-lhe, numa frase que se tornou memorável e ainda corre, que,

27. Se não quisesse seguir o conselho de Péricles, não faria mal se aguardasse e desse ouvidos ao tempo, o conselheiro mais sábio de todos.

28. Essa frase, naquele momento, não foi muito apreciada,

29. Mas, poucos dias depois, chegando a notícia de que Tolmides fora derrotado e morto em batalha perto de Coronea

30. E muitos cidadãos valorosos também tinham perecido, ela lhe valeu grande reputação e a boa vontade entre o povo,

31. Pela sabedoria e pelo amor por seus conterrâneos.

Capítulo 40

1. Entre todas as suas expedições, a dos quersoneses foi a que deu maior prazer e satisfação,

2. Por demonstrar a segurança dos gregos que moravam lá. Pois Péricles levou mil novos cidadãos de Atenas para infundir nova força e vigor nas cidades

3. E, fortificando a faixa de terra que une a península ao continente com baluartes e fortes de um lado e outro ao longo dela,

4. Ele pôs fim às incursões dos trácios, que ficavam em torno dos quersoneses,

5. E fechou as portas a nefandas guerras contínuas que vinham assediando o país fazia muito tempo,

6. Por estar exposto às invasões dos vizinhos bárbaros.

7. Péricles foi igualmente admirado e louvado no estrangeiro por ter navegado ao redor do Peloponeso,

8. Partindo de Pegae, ou As Fontes, porto de Mégara, com cem galeras.

9. Pois não só devastou a costa litorânea, como antes fizera Tolmides, mas também, entrando profundamente no continente com os soldados que tinha a bordo,

10. Obrigou muitos a se protegerem atrás de seus muros ao mero terror de seu aparecimento;

11. Em Nemeia, com o grosso de suas forças, desbaratou e venceu os sicionianos, que o haviam enfrentado.

12. Depois de embarcar uma força de soldados nas galeras em Acaia, então aliada de Atenas, cruzou com sua frota até o outro continente

13. E, seguindo pela foz do rio Aquelos, derrotou a Acarnânia e encerrou os eníades dentro dos muros da cidade;

14. Depois de saquear e destruir o país, levantou âncoras de volta ao lar com a dupla vantagem de se ter mostrado temível aos inimigos

15. E, ao mesmo tempo, enérgico e seguro a seus concidadãos;

16. Pois não havia a menor chance de ocorrer algum malogro ao longo de toda a viagem para quem estivesse a seu encargo.

17. Entrando também no mar Euxino com uma grande frota muito bem equipada, ele obteve para as cidades gregas todos os novos arranjos de que precisavam e entabulou relações amistosas com elas;

18. Para as nações bárbaras e seus respectivos reis e chefes, ele mostrou o grande poderio dos atenienses,

19. A perfeita habilidade e segurança em singrar por onde quisessem e pôr sob seu controle todos os mares.

20. Ele deixou aos sinópios treze vasos de guerra, com soldados sob o comando de Lâmaco, para ajudá-los contra o tirano Timesileu;

21. E quando esse tirano e seus cúmplices foram derrubados,

22. Ele obteve um decreto determinando que seiscentos atenienses, que assim quisessem, iriam a Sínope e se instalariam lá com os sinopenses,

23. Dividindo entre eles as casas e as terras antes ocupadas pelo tirano e seus partidários.

24. Mas em outras coisas não cedeu aos impulsos irrefletidos dos cidadãos nem deixou que suas resoluções pessoais se curvassem às fantasias deles,

25. Quando, entusiasmados à ideia de suas forças e grandes sucessos, quiseram interferir novamente no Egito

26. E criar distúrbios nos domínios marítimos do rei da Pérsia.

27. Com efeito, houve muitos que, mesmo então, estavam possuídos por aquela paixão profundamente insensata pela Sicília,

28. A qual depois se afogueou com os discursos feitos pelos oradores do partido de Alcibíades.

29. Havia alguns também que sonhavam em conquistar a Toscana e Cartago,

30. E não sem razão plausível graças ao grande domínio que tinham na época e o curso próspero de seus negócios.

31. Mas Péricles dobrou essa paixão pelas conquistas estrangeiras, aparou impiedosamente e atalhou rente suas fantasias sempre afoitas por uma infinidade de empreendimentos,

32. E direcionou as energias deles, em grande parte, para assegurar e consolidar o que já haviam conquistado,

33. Supondo que já seria mais do que suficiente se conseguissem manter os lacedemônios à distância,

34. Em relação aos quais sempre alimentara um sentimento de oposição, o qual, como em muitas outras ocasiões,

35. Ele demonstrou especialmente com o que fez na época da guerra délfica.

Capítulo 41

1. Tendo os lacedemônios ido com um exército a Delfos para recapturá-la aos fócios que a haviam tomado dos delfianos,

2. Péricles, imediatamente após a partida deles, foi com outro exército e restaurou os fócios.

3. Que agiu bem e sabiamente nisso, assim restringindo as ações dos atenienses ao âmbito da Grécia,

4. Os próprios acontecimentos posteriores se encarregaram de demonstrar.

5. Pois, em primeiro lugar, os eubeanos, que ele derrotara com suas forças, se revoltaram;

6. Então, logo depois, chegou a notícia de que os megarenses tinham se tornado inimigos,

7. E nas fronteiras da Ática estava um exército hostil sob a direção de Plistoanax, rei dos lacedemônios.

8. Assim, Péricles se apressou em voltar da Eubea com seu exército,

para enfrentar os invasores que ameaçavam em casa;

9. Não se arriscou a pôr em combate um exército valente e numeroso, ávido por batalha, mas sim, notando que Plistoanax era muito jovem,

10. Comandado sobretudo pelos conselhos e recomendações de Cleandrides, que lhe fora enviado pelos éforos como seu assistente e guardião,

11. Testou secretamente a integridade do rapaz e, em pouco tempo, depois de corrompê-lo com dinheiro, persuadiu o jovem comandante a retirar os peloponeses da Ática.

12. Quando o exército se retirou e se dispersou entre seus vários estados, os lacedemônios, furiosos, impuseram a seu rei uma multa de valor tão alto que, incapaz de pagá-la, ele abandonou a Lacedemônia,

13. Ao passo que Cleandrides fugiu e, em sua ausência, decretaram a pena de morte para ele.

14. Ele era o pai de Gilipo, que mais tarde venceu os atenienses na Sicília.

15. Parece que essa cobiça era uma doença hereditária transmitida de pai a filho,

16. Pois Gilipo, depois, também foi apanhado em atos sórdidos e, por causa disso, expulso de Esparta.

17. Quando Péricles foi prestar contas dessa expedição e apresentou um desembolso de dez talentos como despesa feita numa ocasião adequada,

18. O povo acatou de bom grado, sem fazer qualquer pergunta nem se incomodar em investigar o mistério.

19. E alguns historiadores, entre os quais se conta o filósofo Teofrasto,

20. Dão como verdade que, todos os anos, Péricles costumava enviar a Esparta dez talentos em caráter privado,

21. Com os quais fazia um agrado aos homens em cargos públicos, para evitar a guerra;

22. E isso para comprar não a paz, e sim tempo, para poder se preparar com calma e ter melhores condições de empreender guerra mais tarde.

Capítulo 42

1. Logo depois disso, voltando suas forças contra os rebeldes eubeanos com cinquenta navios e cinco mil homens,

2. Péricles submeteu suas cidades e expulsou os cidadãos dos calcidianos, chamados hipobotes, alimentadores de cavalos, os homens de maior riqueza e reputação entre eles;

3. Removendo todos os histianos do país, implantou no lugar deles uma colônia de atenienses,

4. Tomando-os como um exemplo único de rigor, pois haviam capturado um navio ático e matado todos a bordo.

5. A seguir, firmando uma trégua de trinta anos entre Atenas e Esparta,

6. Ele ordenou em decreto público a expedição contra a ilha de Samos,

7. Pelo fato de que a cidade, quando instada a cessar a guerra com os milésimos, não acatou.

8. E como há quem pense que Péricles tomou tais medidas contra os sâmios para agradar à sua amante Aspásia,

9. Uma boa questão seria examinar qual era sua arte ou seu encanto que lhe permitiu cativar, como o fez, o maior estadista de todos

10. E deu aos filósofos ocasião de muito discorrer sobre ela, e não de maneira depreciativa.

11. Sabe-se que era milésia de nascimento, filha de Axíoco.

12. E dizem que foi emulando Targélia, cortesã dos antigos tempos jônios, que ela se aproximou de homens de grande poder.

13. Targélia era uma grande beldade, extremamente encantadora e, ao mesmo tempo, de muita sagacidade;

14. Teve muitos pretendentes entre os gregos e dobrou todos os que tiveram relações com ela aos interesses persas,

15. E por meio deles, como eram homens da mais alta posição e poder, espalhou as sementes do faccionismo meda entre muitas cidades.

16. Aspásia, dizem alguns, foi cortejada e mantida por Péricles em virtude de seus conhecimentos e habilidades na política.

17. O próprio Sócrates foi visitá-la algumas vezes, e levou alguns conhecidos também;

18. E os que frequentavam sua companhia levavam junto as esposas para a ouvirem.

19. Sua casa era o lar de jovens cortesãs. Ésquino nos conta que Lísicles, comerciante de carneiros, homem de baixo nascimento e caráter,

20. Veio a se tornar importante em Atenas por ficar na companhia de Aspásia após a morte de Péricles.

21. E em *Menexeno* de Platão, embora não consideremos sua introdução muito séria, mas ainda assim muitas coisas pareçam ser históricas,

22. Consta que ela tinha a reputação de ser procurada por muitos atenienses em busca de instrução na arte da oratória.

23. Mas a inclinação de Péricles por ela, ao que parece, derivava da paixão do amor.

24. Ele tinha uma esposa que era sua parente próxima, que fora casada

antes com Hipônico, com quem teve Cálias, apelidado o Rico,

25. E também deu a Péricles, quando vivia com ele, dois filhos, Xantipo e Páralo.

26. Mais tarde, quando deixaram de se dar bem e não gostavam mais de morar juntos, ele se separou dela, com sua concordância, entregando-a a outro homem,

27. E para si mesmo tomou Aspásia, a quem amou com maravilhosa afeição;

28. Todos os dias, ao sair e voltar da praça do mercado, ele a cumprimentava e lhe dava um beijo.

29. Nas comédias, Aspásia é tratada de "a nova Ônfala" e "Dejanira".

30. Crátino, em termos muito francos, chama-a de meretriz: "Para lhe encontrar uma encarnação da lascívia trouxe aquela meretriz despudorada, de nome Aspásia."

31. Ao que parece, Péricles também teve um filho com ela.

32. Aspásia, ao que dizem, ganhou tanto renome e celebridade que Ciro, o qual também combateu Artaxerxes pela monarquia persa,

33. Deu à sua concubina preferida, que se chamava Milto, fócia de nascimento, o nome de Aspásia.

Capítulo 43

1. Péricles, porém, foi acusado especificamente de ter proposto à

assembleia a guerra contra os sâmios em favor dos milésimos, a rogo de Aspásia.

2. Pois os dois Estados estavam em guerra pela posse de Príene; e os sâmios, em vantagem,

3. Recusaram-se a depor as armas e permitir que a controvérsia entre eles fosse decidida por arbitragem dos atenienses.

4. Péricles, portanto, armou uma frota, partiu e derrotou o governo oligárquico em Samos;

5. Tomando como reféns cinquenta dos principais da cidade, bem como o mesmo número de filhos, enviou-os para a ilha de Lemnos,

6. Para ficar retidos lá, embora, dizem alguns, ele tivesse recebido a proposta de embolsar um talento por cada refém,

7. Além de muitos outros presentes da parte daqueles que não queriam ter uma democracia.

8. Além disso, o persa Pisutne, um dos representantes do rei, demonstrando boa vontade em relação aos sâmios,

9. Enviou-lhe dez mil peças de ouro para que perdoasse a cidade. Mas Péricles não aceitou nenhuma dessas ofertas;

10. Depois de ter tratado com os sâmios da maneira que lhe pareceu adequada e de estabelecer uma democracia entre eles, voltou com sua frota a Atenas.

11. Mas eles se revoltaram imediatamente, com a ajuda de Pisutne, que lhes levou secretamente os reféns

12. E lhes forneceu os meios para a guerra. Com isso, Péricles saiu mais uma vez em sua frota contra eles, que não estavam ociosos nem tentando se esquivar,

13. E sim virilmente decididos a disputar o domínio do mar.

14. O resultado foi que, após um intenso combate marítimo em volta da ilha de Trágia, Péricles obteve uma vitória decisiva,

15. Tendo com quarenta e quatro navios desbaratado setenta do inimigo, vinte dos quais transportavam soldados.

16. Com sua vitória e tendo se assenhoreado do porto, Péricles montou cerco

17. E bloqueou os sâmios, os quais, mesmo assim, de uma maneira ou outra, ainda se arriscaram a sair em ataque e lutar sob os muros da cidade.

18. Mas, depois que chegou outra frota maior de Atenas e os sâmios ficaram agora encerrados com um cerco muito fechado por todos os lados,

19. Péricles, levando sessenta galeras, saiu para o mar principal, pretendendo encontrar uma esquadra de navios fenícios que vinham em auxílio dos sâmios,

20. Para enfrentá-la à maior distância possível da ilha;

21. Foi, porém, um erro de cálculo. Pois, à sua partida, Melisso, filho de Itagenes, um filósofo,

22. Sendo na época o general em Samos, desdenhando o pequeno número de navios ali restantes ou fazendo pouco da inexperiência dos comandantes,

23. Persuadiu os cidadãos a atacar os atenienses. Os sâmios, ganhando a batalha,

24. Fizeram muitos prisioneiros, incapacitaram vários navios e se fizeram senhores do mar,

25. Levando ao porto todas as coisas necessárias para a guerra e de que antes não dispunham.

26. Aristóteles diz também que Péricles já tinha sido derrotado por esse mesmo Melisso num combate naval.

27. Os sâmios, que agora podiam se desforrar da afronta que lhes fora feita, marcaram a testa dos prisioneiros atenienses com a figura de uma coruja.

28. Isso porque os atenienses tinham marcado antes os sâmios com uma *samaena*, que é uma espécie de embarcação baixa e chata na proa, parecendo um nariz achatado,

29. Mas larga, ampla e bem distribuída no porão, o que lhe permite transportar cargas grandes e aproveitar bem o vento nas velas.

30. Tinha esse nome porque a primeira delas foi vista em Samos, construída por ordem do tirano Polícrates.

31. Essa marca na testa dos sâmios, dizem, faz alusão à passagem de Aristófanes que diz "Pois, oh, os sâmios são um povo letrado".

32. Péricles, tão logo soube da calamidade que recaíra sobre seu exército, voltou o mais depressa possível para socorrê-lo,

33. E, tendo derrotado Melisso, imediatamente conseguiu encurralá-los com uma muralha, decidido a dominá-los e tomar a cidade,

34. Preferindo ter alguns gastos e levar algum tempo, em vez de arriscar ferimentos e vicissitudes a seus comandados.

35. Mas, como era difícil refrear os atenienses, que estavam irritados com a demora

36. E ansiosos em lutar, ele dividiu toda a multidão em oito partes e determinou que a parte que, por sorteio, ficasse com o feijão branco receberia licença para se banquetear e descansar, enquanto as outras sete combatiam.

37. E, ao que consta, é por isso que as pessoas, quando se alegravam e se divertiam, diziam que era um dia branco, como referência a esse feijão branco.

38. No nono mês, os sâmios se renderam. Péricles derrubou os muros, capturou seus navios

39. E impôs uma multa de alto valor a eles, uma parte da qual pagaram imediatamente

40. E o restante combinaram de pagar num determinado prazo, entregando reféns como garantia.

41. O sâmio Dúris tem uma tragédia sobre esses acontecimentos, acusando Péricles e os atenienses de uma grande crueldade,

42. Provavelmente sem muita consideração pela verdade, pois nenhum outro historiador relata algo assim.

43. Dúris pode ter exagerado as calamidades que recaíram em seu país para criar ódio contra os atenienses.

44. Quando voltou a Atenas, Péricles providenciou que os mortos em guerra fossem enterrados entre honras

45. E fez um discurso fúnebre, como manda o costume, em louvor junto a suas sepulturas, pelo que granjeou grande admiração.

46. Quando desceu do palanque onde discursara, as mulheres se aproximaram e o elogiaram, tomando-o pelo mão e coroando-o com guirlandas e fitas, como um atleta vitorioso nos jogos;

47. Mas Elpinice se acercou e disse: "Bravas ações fizeste, Péricles, e merecem nossas grinaldas,

48. "Por nos ter feito perder muitos cidadãos de valor, não numa guerra contra fenícios ou medas, como meu irmão Címon, mas na derrubada de uma cidade com a qual tínhamos aliança e parentesco."

49. Quando Elpinice disse tais palavras, Péricles, sorrindo calmamente, respondeu com este verso: "Velhas não deviam tentar se perfumar."

50. Íon diz que Péricles alimentava uma ideia muito alta e orgulhosa de si mesmo por ter conquistado os sâmios,

51. Pois enquanto Agamênon levava dez anos para tomar uma cidade bárbara, ele vencera e tomara em nove meses a cidade mais poderosa e grandiosa dos jônios.

52. E de fato não foi sem razão que ele tomou essa glória a si, pois, a bem da verdade, havia muita incerteza e extremo risco nessa grande guerra,

53. Se, como nos conta Tucídides, o estado sâmio estava a um passo de arrebatar das mãos dos atenienses todo o poderio e domínio do mar.

Capítulo 44

1. Depois disso, e quando a guerra peloponesa começou a irromper com todo vigor, Péricles aconselhou o povo a ajudar os córciros, que estavam sob ataque dos coríntios,

2. E assim os atenienses assegurariam para si uma ilha dotada de

grandes recursos navais, visto que os peloponesos já estavam praticamente em hostilidades concretas contra Atenas.

3. O povo consentiu de pronto e Péricles enviou Lacedemônio, filho de Címon, com dez navios, como que na intenção de lhe fazer uma afronta,

4. Visto que havia grande gentileza e amizade entre a família de Címon e os lacedemônios;

5. Assim, para que Lacedemônio ficasse mais vulnerável a acusações ou, pelo menos, a suspeitas de favorecer os lacedemônios e de fazer jogo duplo,

6. Caso não obtivesse algum resultado considerável nessa incumbência, Péricles lhe designou um pequeno número de navios e o enviou contra a vontade dele;

7. De fato, ele se empenhou em certa medida em impedir que os filhos de Címon ascendessem no Estado,

8. Declarando que, pelo próprio nome que tinham, não deviam ser vistos como atenienses nativos e autênticos,

9. E sim como estranhos e estrangeiros, pois um se chamava Lacedemônio, outro Tessálio e o terceiro Eleu,

10. Os três nascidos de uma mulher arcadiana, ao que se pensava.

11. Mas, criticado por causa dessas dez galeras, por ter concedido tão pequeno suprimento ao povo que estava em necessidade

12. E oferecido uma grande vantagem aos que poderiam reclamar da intervenção,

13. Mais tarde Péricles enviou uma força maior à Córcira, que chegou depois do final da luta.

14. E então os coríntios, furiosos e indignados com os atenienses, acusaram-nos publicamente na Lacedemônia

15. E os megarenses se somaram a eles, reclamando que, ao contrário do direito comum e dos artigos de paz tratados entre os gregos,

16. Tinham sido afastados e expulsos de todos os mercados e portos sob o controle dos atenienses.

17. Os eginetenses também se disseram prejudicados e, em solicitações privadas aos lacedemônios, pediram desagravo,

18. Mas sem ousar questionar abertamente os atenienses. Enquanto isso, também, a Potideia, que estava sob domínio ateniense, mas era uma colônia anterior dos coríntios,

19. Havia se revoltado e estava assediada por um cerco formal, o que foi mais um motivo a precipitar a guerra.

20. Apesar de tudo isso, com embaixadas enviadas a Atenas e as

tentativas de Arquídamo, rei dos espartanos,

21. Em conduzir a maioria das disputas a uma solução justa e em pacificar os ânimos dos aliados,

22. É provável que não sobreviria a guerra contra os atenienses, se tivessem se persuadido a repelir o decreto contra os megarenses.

23. Por causa disso, como Péricles foi quem mais se opôs a repelir o decreto

24. E atiçou as paixões dos atenienses, para persistirem no conflito com os megarenses, foi visto como a causa exclusiva da guerra.

25. Ademais, dizem que os embaixadores foram de Esparta a Atenas a respeito desse assunto

26. E, quando Péricles insistiu numa certa lei que proibia retirar ou anular a tábua do decreto, um dos embaixadores, de nome Polialces, disse:

27. "Bem, então não retire, só vire; não há lei, imagino, que o proíba."

28. Embora dito com graça, não alterou a posição de Péricles, pois ele alimentava grande animosidade contra os megarenses.

29. Apesar disso, propôs um decreto determinando que se enviasse um arauto a eles e também aos lacedemônios, com a acusação contra os megarenses,

30. Ordem que certamente mostra um procedimento bastante amistoso e equitativo.

31. O arauto que foi enviado, de nome Antemócrito, morreu na viagem de volta e julgaram que foi morto pelos megarenses.

32. Então Carino propôs um decreto contra eles, segundo o qual haveria a partir daquele momento uma inimizade implacável e irreconciliável entre as duas cidades;

33. E que, se algum megarense pusesse o pé na Ática, morreria;

34. E que os comandantes, quando prestassem o juramento de praxe, deveriam jurar, acima de tudo,

35. Que duas vezes por ano fariam uma incursão no território megarense;

36. E que Antemócrito seria enterrado junto aos Portões Trácios, agora chamados Dipylon ou Portão Duplo.

Capítulo 45

1. Por outro lado, os megarenses, negando totalmente o assassinato de Antemócrito,

2. Atribuíram toda a questão a Aspásia e Péricles, valendo-se dos famosos versos nos Acarnianos:

3. "A Mégara alguns estouvados acorreram/ E lá roubaram Simeta, a cortesã.

4. "Para superar a proeza, vieram os megarenses/ À casa de Aspásia e levaram dois."

5. Não é fácil apontar a verdadeira causa do conflito. Mas todos acusam Péricles, por ter se recusado a anular o decreto.

6. Alguns dizem que ele respondeu com uma negativa categórica, por sentimento de orgulho e com vistas aos melhores interesses do Estado,

7. Na crença de que a solicitação dos embaixadores era um teste para verificar a vontade de Atenas e que uma concessão seria entendida como fraqueza;

8. Enquanto outros dizem que foi por arrogância e belicosidade, para mostrar a própria força, que ele desdenhou os lacedemônios.

9. O pior motivo de todos, confirmado por inúmeras testemunhas, é o seguinte: Fídias, o escultor, estava encarregado de fazer uma estátua.

10. Ora, sendo grande amigo de Péricles, ele tinha muitos inimigos por causa disso, invejosos maledicentes,

11. Os quais o acusaram de ter roubado ouro que devia ser usado na execução da estátua.

12. Embora o ouro fosse pesado diariamente e não faltasse nada, mesmo assim Fídias foi condenado à prisão e lá morreu,

13. Segundo alguns envenenado, com veneno ministrado por inimigos de Péricles, para criar a calúnia ou,

pelo menos, a suspeita de que fora ele a fornecê-lo.

14. Na mesma época, Aspásia foi acusada de receber em casa mulheres livres de nascimento para o uso de Péricles.

15. Então Diópites propôs um decreto de que as pessoas que desprezassem qualquer visão de mundo que não fosse a ciência deveriam ser denunciadas publicamente,

16. Dirigindo as suspeitas, por intermédio de Anaxágoras, contra o próprio Péricles.

17. Depois de receber e aceitar essas queixas e acusações, o povo finalmente veio a emitir um decreto, por moção de Dracontides,

18. Para que Péricles apresentasse contas do dinheiro que gastara e entregasse aos pritanos;

19. E que os juízes, transferindo a votação da Acrópole, examinassem e determinassem a questão na cidade.

20. Esta última cláusula Hágnon retirou do decreto e propôs que as causas fossem julgadas perante mil e quinhentos jurados,

21. Para determinar se seriam definidas como processos por roubo, suborno ou qualquer espécie de malversação.

22. Péricles pleiteou a liberação de Aspásia, derramando, diz Ésquino, muitas lágrimas durante

o julgamento e suplicando pessoalmente aos jurados.

23. Mas, receoso por Anaxágoras, mandou-o para fora da cidade. E vendo que, no caso de Fídias, ele perdera a confiança do povo,

24. E querendo evitar o processo, atiçou a guerra contra Esparta, que até então vinha em fogo lento, e avivou em labaredas,

25. Na esperança de assim dispersar e dissolver aquelas queixas e acusações;

26. Pois, quando surgiam emergências, grandes questões e perigos públicos, a cidade geralmente recorria apenas a ele, confiando somente em sua conduta, graças à autoridade e influência que tinha.

27. Tais são as várias razões alegadas que levaram Péricles a não permitir que o povo de Atenas cedesse às propostas dos lacedemônios; mas a verdade delas é incerta.

Capítulo 46

1. Os lacedemônios, por seu lado, na convicção de que, se conseguissem remover Péricles, poderiam impor os termos que quisessem aos atenienses,

2. Enviaram-lhes a mensagem de que eliminariam a "mácula" com que Péricles estava conspurcado pelo lado materno, como nos conta Tucídides, pela parte que

seus ancestrais desempenharam na expulsão dos filhos de Pisístrato;

3. Mas a questão teve consequências totalmente contrárias ao que esperavam; ao invés de recair sob suspeitas,

4. Péricles se elevou ainda mais no crédito e estima dos cidadãos, como homem a quem seus inimigos mais odiavam e temiam.

5. Da mesma maneira, também, antes que Arquídamo, que estava à frente dos peloponeses, conduzisse a invasão da Ática,

6. Péricles falou de antemão aos atenienses que, se Arquídamo devastasse o resto do país, mas poupasse seu patrimônio, fosse em razão da amizade ou direito de hospitalidade que havia entre eles,

7. Ou com o objetivo de dar a seus inimigos uma ocasião de difamá-lo, ele entregaria espontaneamente ao Estado todas as suas terras e construções para uso público.

8. Assim, os lacedemônios e seus aliados invadiram os territórios atenienses com um grande exército comandado pelo rei Arquídamo e, destruindo a área, chegaram a Acarne

9. E lá montaram acampamento, presumindo que os atenienses jamais admitiriam aquilo,

10. Mas viriam combatê-los para defender sua honra e seu país.

11. Porém Péricles considerou perigoso, ao risco da própria

cidade, enfrentar sessenta mil peloponeses e beócios, pois era este o número dos invasores,

12. E se empenhou em acalmar os que queriam combater, dizendo que "as árvores, quando são podadas e cortadas, logo crescem de novo, mas os homens, depois de abatidos, não se recuperam facilmente".

13. Ele não convocou uma assembleia do povo, pelo receio de que o obrigassem a agir contrariamente a seu juízo;

14. Mas, tal como o hábil timoneiro que, aproximando-se uma súbita borrasca no mar, faz todos os seus preparativos, confere que tudo esteja bem firme

15. E então segue o que lhe dita sua habilidade, sem levar em conta as lágrimas e súplicas dos passageiros assustados,

16. Assim ele, mandando fechar os portões da cidade e pondo guardas como proteção, seguiu seu próprio juízo,

17. Pouco considerando os que clamavam contra ele, embora muitos de seus amigos o pressionassem e muitos de seus inimigos o acusassem e ameaçassem,

18. E muitos fizessem canções e sátiras sobre ele, recitadas pela cidade em seu demérito,

19. Recriminando-o pela covardia no exercício de seu cargo de general e

pela entrega passiva de tudo às mãos do inimigo.

20. Cléon já estava entre seus críticos, utilizando os sentimentos contra Péricles como trampolim para a liderança do povo, como aparece nos versos de Hermipo:

21. "Rei sátiro, em vez de espadas,/ Brandirás sempre palavras?/ Mostram-se muito corajosas,/ mas por trás delas espreita um Teles.

22. "Mas a rilhar os dentes és visto,/ Quando o pequeno punhal mordente,/ De gume diariamente aguçado,/ Do afiado Cléon encosta em ti."

23. Péricles, porém, não se deixou abalar por tais ataques, mas aceitou-os todos com paciência e se submeteu em silêncio à desgraça que lançavam sobre si e à má vontade que lhe traziam;

24. Enviando uma frota de cem galeras até o Peloponeso, não a acompanhou em pessoa,

25. Mas ficou para trás, para poder observar em casa e manter a cidade sob seu controle, até que os peloponeses deixassem o acampamento e fossem embora.

26. Todavia, para atender à plebe, esfalfada e esgotada pela guerra, Péricles procedeu a uma distribuição de verbas públicas

27. E determinou novas divisões das terras submetidas. Pois, tendo expulsado todo o povo de Égina,

ele dividiu a ilha entre os atenienses, por sorteio.

28. Algum consolo e alívio em suas dificuldades também puderam receber com o que infligiram aos inimigos.

29. Pois a frota, percorrendo o Peloponeso, devastou grande parte do país, pilhou e saqueou as cidades e povoados menores,

30. E por terra ele mesmo entrou com um exército no território megarense e devastou todo ele.

Capítulo 47

1. Com isso fica claro que os peloponeses, embora tivessem causado muitos danos aos atenienses por terra,

2. Mas, por causa dos ataques atenienses, sofrendo na mesma proporção por mar, não teriam prolongado tanto a guerra,

3. Mas logo preferiam dá-la por terminada, como Péricles inicialmente previra, se o acaso não tivesse intervindo no quadro.

4. Em primeiro lugar, a peste se apoderou da cidade e devorou toda a flor e o apogeu de sua juventude e forças.

5. Os cidadãos do povo, sofrendo no corpo e também na mente, voltaram-se como loucos furiosos contra Péricles

6. E, como enfermos entregues ao delírio, tentaram agredir

violentamente o próprio médico ou, por assim dizer, o pai.

7. Eles tinham sido persuadidos pelos inimigos de Péricles de que a peste se devia à aglomeração dos camponeses na cidade,

8. Obrigando todos, no auge do verão, a se amontoar em pequenos cortiços e choças sufocantes,

9. Ficando na inatividade entre quatro paredes, enquanto antes viviam ao ar livre.

10. O autor de tudo aquilo, diziam, é aquele que, por causa da guerra, despejou uma multidão de gente em cima de nós, entre os muros de nossa cidade,

11. E não usa nenhum desses homens que trouxe aqui para qualquer emprego ou serviço, mas mantém todos eles fechados como gado,

12. Para sucumbir à infecção que um transmite ao outro, sem lhes permitir nenhuma transferência de local ou assistência.

13. Com o propósito de remediar esses males e causar algum inconveniente ao inimigo, Péricles mandou aprestar cento e cinquenta galeras,

14. E, depois de embarcar muitos soldados experientes, tanto da infantaria quanto da cavalaria,

15. Estava prestes a zarpar, dando grande esperança a seus cidadãos e não menor alarme a seus inimigos, à vista de uma força tão poderosa.

16. Quando os barcos estavam com seus soldados e Péricles embarcara em sua própria galera,

17. Ocorreu um eclipse do sol e de repente o dia ficou escuro, para o pavor de todos, pois os ignorantes não entendiam a causa.

18. Péricles, portanto, vendo seu piloto tomado de medo, pegou seu manto e pôs na frente do rosto do homem, tampando-lhe a vista para que não conseguisse enxergar,

19. E perguntou se ele achava que havia algum grande mal nisso. O piloto respondeu "Não", ao que disse Péricles:

20. "Em que e por que aquilo é diferente disso, a não ser porque o que causou aquela escuridão é maior do que um manto?"

21. É uma história que os filósofos contam a seus discípulos. Péricles, porém, depois de se fazer ao mar, parece não ter feito mais nada em relação a esses preparativos,

22. E quando montou cerco a Epidauro, o que lhe deu alguma esperança de rendição, foi frustrado em seu desígnio por causa da peste.

23. Pois a peste atacou não só os atenienses, mas também todos os outros que tinham algum tipo de comunicação com o exército.

24. Vendo os atenienses de má disposição em relação a ele, depois disso, Péricles tentou tudo o que

pôde para lhes reinfundir coragem.

25. Mas não conseguiu persuadi-los nem lhes aplacar a fúria, até que fizeram uma votação e retomaram o poder,

26. Retirando-lhe o comando e aplicando-lhe uma multa em dinheiro,

27. Que foi de quinze talentos, nos relatos que dão o menor valor, enquanto outros falam em cinquenta talentos.

28. O nome que veio assinando a acusação foi o de Cléon, segundo Idomeneu nos conta; Simmias, segundo Teofrasto, enquanto Heráclides Pôntico cita Lacrátidas.

29. Depois disso, os problemas públicos logo deixaram de molestá-lo; o povo descarregou sua raiva contra ele neste único ataque e deixaram seus ferrões na ferida.

30. Mas seus assuntos pessoais estavam em condição lastimável, tendo perdido muitos amigos e conhecidos na época da peste,

31. E suas relações familiares estavam em desordem fazia muito tempo, com os parentes numa espécie de motim contra ele.

32. Pois o primogênito de seus filhos legítimos, de nome Xantipo, perdulário por natureza e casado com uma jovem esposa muito gastadora,

568 ATOS

33. Ficou extremamente ofendido com a parcimônia do pai, que lhe dava uma pequena mesada, um pouco por vez.

34. Assim, ele tomou emprestado algum dinheiro em nome do pai, fingindo ser por ordem dele.

35. Quando o credor veio cobrar a dívida mais tarde, Péricles não só se mostrou refratário a pagá-la como ingressou com uma ação contra o filho.

36. A isso, o jovem Xantipo se considerou tão maltratado e desobrigado que insultou abertamente o pai,

37. Primeiro contando histórias para ridicularizá-lo, sobre as conversas em casa e as palestras que mantinha com os sofistas e eruditos que iam visitá-lo.

38. Uma delas, por exemplo, era o caso de um praticante dos cinco jogos de habilidade

39. Que, sem querer, lançara um dardo ou uma lança que atingiu e matou Epitimo, o farsálio,

40. E seu pai passou um dia inteiro mergulhado numa séria discussão com Protágoras, debatendo quem – o homem – ou o quê – a lança – que atirou

41. Ou os mestres dos jogos que determinavam esses esportes, deviam ser, segundo a melhor e mais estrita razão, considerado causa daquele infortúnio.

42. Além disso, Estesimbroto nos conta que foi Xantipo quem espalhou a história infame sobre sua própria esposa, nora de Péricles,

43. Pela qual ele teria se apaixonado; e de modo geral essa discórdia entre o jovem e o pai,

44. Bem como o rompimento entre eles, nunca veio a se sanar ou se resolver até sua morte, pois Xantipo morreu na epidemia de peste.

Capítulo 48

1. Na peste, Péricles também perdeu sua irmã e a maioria de seus parentes, amigos

2. E todos os que lhe tinham sido mais úteis e prestativos ao administrar os assuntos de Estado.

3. Todavia, ele não recuou nem cedeu a essas ocasiões, não traiu nem degradou seu caráter e sua grandeza mental sob tais infortúnios;

4. Não o viram chorar nem se lamentar, e nem mesmo comparecer ao enterro de nenhum amigo ou parente, até que finalmente perdeu o único filho legítimo que lhe restara.

5. Subjugado por este golpe, mas ainda se esforçando ao máximo para manter a grandeza de espírito,

6. Quando foi realizar a cerimônia de depor uma grinalda de flores

na cabeça do morto, foi vencido pela emoção

7. E prorrompeu em exclamações e derramou lágrimas copiosas, nunca tendo feito antes nada de parecido em sua vida.

8. A cidade experimentou colocar outros generais para conduzir a guerra e outros políticos para os assuntos de Estado,

9. Mas, vendo que não havia ninguém de envergadura suficiente a quem se pudesse confiar tão grande comando,

10. O povo lamentou ter perdido Péricles e convidou-o para aconselhá-lo novamente e reassumir o posto de general.

11. Ele estava deitado em casa, de luto e acabrunhado; mas Alcibíades e outros amigos seus o persuadiram a sair e se mostrar ao povo,

12. O qual, quando ele apareceu, prestou seus agradecimentos e apresentou suas desculpas pela maneira como fora tratado.

13. Assim Péricles retomou mais uma vez os assuntos públicos; e, nomeado general,

14. Solicitou que o estatuto referente a filhos de baixo nascimento, que ele mesmo antes fizera aprovar, fosse revogado,

15. De forma que o nome e a linhagem de sua família não viessem a se perder e a se extinguir, por falta de um herdeiro legítimo para a sucessão.

16. O caso do estatuto foi o seguinte: Péricles, muito tempo antes, no auge de seu poder no Estado,

17. E tendo filhos gerados legitimamente, propôs uma lei segundo a qual só seriam considerados verdadeiros cidadãos de Atenas os nascidos de genitores atenienses.

18. Algum tempo depois, o rei do Egito enviou como presente quarenta mil alqueires de trigo, para serem distribuídos entre os cidadãos.

19. Seguiram-se muitas ações e processos sobre a legitimidade, por causa daquele decreto, em causas judiciais que até então nunca haviam ocorrido;

20. E várias pessoas sofreram falsas acusações.

21. Quase cinco mil foram condenados como não cidadãos e vendidos como escravos;

22. Os que, passando pelo exame, provaram ser verdadeiros atenienses somaram na contagem um total de catorze mil e quarenta pessoas.

23. Parecia estranho que uma lei que fora executada tão rigorosamente contra tanta gente fosse agora anulada pelo mesmo homem que a fizera;

24. Mas o atual sofrimento pelo qual passava Péricles em sua família venceu todas as objeções

25. E convenceu os atenienses a se compadecerem dele, como homem cujos infortúnios já o haviam punido o suficiente por sua arrogância anterior.

26. Julgaram que os sofrimentos dele mereciam sua piedade e mesmo indignação,

27. E sua solicitação exigia hombridade para ser feita e hombridade para ser atendida; assim deram-lhe permissão de inscrever o filho no registro de sua tribo, dando-lhe seu próprio nome.

28. Este filho, mais tarde, depois de derrotar os peloponeses em Arginusae, foi condenado à morte pelo povo, junto com seus generais.

29. Na época em que seu filho foi registrado, a impressão era que a peste acometera Péricles, não em acessos agudos e violentos, como em outros, mas com uma indisposição apática e prolongada,

30. Acompanhada de várias mudanças e alterações, aos poucos consumindo suas forças físicas e desgastando suas nobres faculdades mentais.

31. E isso a tal ponto que Teofrasto, em *O caráter*, ao debater se o caráter dos homens muda com as circunstâncias

32. E seus hábitos morais, perturbados por enfermidades do corpo, se afastam das regras da virtude, deixou registrado que Péricles, quando estava doente,

33. Mostrou a um de seus amigos que foi visitá-lo um amuleto que as mulheres lhe haviam posto no pescoço,

34. Como maneira de dizer que, de fato, ele devia estar muito doente por ter admitido aquela tolice.

Capítulo 49

1. Quando seu fim se aproximava, os melhores cidadãos e os amigos que ainda continuavam vivos, sentados junto a ele,

2. Estavam falando de seus grandes méritos e enumerando suas proezas e vitórias,

3. Pois tinham sido nada menos que nove troféus que, como comandante deles e vencedor de seus inimigos, conquistara para a honra da cidade.

4. Assim conversavam entre si, como se ele não fosse capaz de entender ou se importar com o que diziam.

5. Mas Péricles ouviu tudo e então falou, dizendo-se surpreso por louvarem coisas que se deviam mais à sorte do que a qualquer outra coisa,

6. E que haviam ocorrido com muitos outros comandantes, mas ao mesmo tempo não mencionassem o que havia de melhor e mais excelente.

7. "Pois", disse ele, "nenhum ateniense, por intermédio meu, jamais usou luto".
8. De fato, ele foi um caráter que merece nossa maior admiração, não só por seu gênio ameno e equitativo que, nos múltiplos assuntos de sua vida
9. E entre as grandes animosidades que enfrentou, manteve constantemente,
10. Mas também pelo sentimento elevado que o fazia considerar sua mais nobre honra
11. O fato de, no exercício de poder tão imenso, nunca ter procurado satisfazer à própria inveja ou paixão.
12. E parece-me que esta única coisa confere um sentido conveniente e adequado ao título de "Olímpico", que, não fosse isso, seria pueril e arrogante;
13. Um temperamento tão desapaixonado, uma vida tão ilibada em posição tão alta e de tanto poder, pode mesmo ser qualificado de olímpico,
14. Não como os poetas o representam, confundindo-nos com suas fantasias ignorantes, mas no sentido da metáfora como um homem de verdadeira grandeza.
15. O curso dos assuntos públicos após a morte de Péricles logo gerou a clara percepção de sua perda para Atenas.
16. Os que tinham sentido indignação porque ele os eclipsava, depois de experimentarem a vida sob outros líderes,
17. Prontamente reconheceram que nunca existiu uma disposição mais moderada e sensata do que a dele, no auge do poder que detinha,
18. Ou mais profunda e marcante na brandura com que o exercia.

Capítulo 50: Catão, o Censor

1. Catão era conhecido como o Censor por causa do rigor inflexível e da severidade de seu comando moral quando ocupou o cargo de censor em Roma.
2. É, portanto, um exemplo a ser admirado ou evitado: a história de sua vida dirá.
3. Também era conhecido como Catão, o Jovem, pois tinha um bisavô, lembrado como Catão, o Velho, que prestou serviços militares notáveis a Roma.
4. Esse Catão anterior ganhara vários prêmios militares e, tendo perdido cinco cavalos em batalha, recebeu por sua bravura o valor dos animais do erário público.
5. A família, porém, não era patrícia e o próprio Catão mais jovem preferia trabalhar em sua herdade do que discursar no fórum em Roma.
6. Nasceu em Tusculum, mas, até a data em que passou a se dedicar

aos assuntos civis e militares, viveu na terra dos sabinos, onde havia herdado uma área modesta de seu pai.

7. Desde cedo criou bons hábitos físicos com o trabalho no campo, a vida austera e o serviço militar, e parecia ter saúde e força em proporções iguais.

8. Desde cedo praticou a eloquência em todos os povoados de sua região,

9. Considerando a eloquência necessária a qualquer pessoa que pretendesse mais do que uma vida humilde e inativa.

10. Nunca se recusava a prestar conselho aos que precisassem e logo foi visto como bom advogado e orador competente.

11. Tampouco recusava honorários por seus serviços legais, mas não atribuía grande valor à honra derivada na vitória em ações judiciais,

12. Tendo muito mais vontade de se distinguir nas ações militares.

13. Ainda jovem recebeu no peito cicatrizes de combate, e tinha apenas dezessete anos quando entrou em sua primeira campanha.

14. Foi quando Aníbal, no auge de seus êxitos militares, estava incendiando e pilhando toda a Itália.

15. Em batalha, Catão atacava com vigor, sem recuar, mantinha sua posição firme, mostrava aos inimigos um semblante feroz e lhes bradava com voz ríspida e ameaçadora,

16. Assim mostrando aos outros que às vezes a rudeza do comportamento aterroriza o inimigo, mais do que a própria espada.

17. Quando estava em marcha, carregava pessoalmente suas armas, seguido por um só servo levando as provisões.

18. Diz-se que ele nunca se zangava ou se impacientava com os servos e, quando se desincumbia de seus deveres, ia ajudá-los em suas tarefas.

19. Quando estava no exército, costumava tomar apenas água, exceto em casos de sede extrema, quando podia acrescentar um pouco de vinagre ou, se sentisse lhe faltar a força, um pouco de vinho.

20. A pequena casa de campo de Mânio Cúrio, a quem Roma agraciara com três Triunfos, por acaso ficava perto da herdade de Catão;

21. Assim, indo até lá muitas vezes e contemplando a modéstia e a simplicidade do lugar,

22. Ele formou uma ideia do espírito de Mânio, o qual, sendo um dos maiores romanos e tendo subjugado as nações mais belicosas,

23. Contentava-se em cavar um terreno tão pequeno e morar numa cabana tão simples.
24. Foi lá que os embaixadores dos samnitas, encontrando Mânio a cozinhar nabos no canto da chaminé, lhe ofereceram ouro de presente,
25. Mas ele os mandou embora, dizendo que estava contente com aquele jantar e não precisava de ouro;
26. Ademais, que achava mais honroso conquistar os que possuíam ouro do que possuir o próprio ouro.
27. Catão, depois de refletir sobre tais questões, costumava voltar para casa
28. E, reexaminando sua própria herdade, os servos e a administração doméstica, aumentava seu próprio trabalho e reduzia ainda mais as despesas.
29. Quando Fábio Máximo tomou Terentum, Catão, apenas rapaz naquela época, era soldado sob seu comando;
30. Estava alojado com um certo Nearco, um pitagórico, e quis entender algo da doutrina.
31. Ao tomar conhecimento das doutrinas de Platão – que o prazer é a principal isca do mal e o corpo é a principal calamidade da mente,
32. E que os pensamentos que mais afastam e distanciam a mente dos

apetites do corpo são os que mais a libertam e purificam,
33. Ele se apaixonou ainda mais pela frugalidade e pela temperança.
34. Salvo essa exceção, consta que Catão não estudou grego senão na velhice adiantada,
35. E que retórica aprendeu um pouco em Tucídides e mais em Demóstenes.
36. Seus escritos, porém, são bastante adornados com histórias e máximas gregas;
37. Muitas delas, traduzidas palavra por palavra, figuram entre seus próprios aforismos.

Capítulo 51

1. Havia um homem do nível mais elevado e de grande influência entre os romanos, chamado Valério Flaco,
2. Que era especialmente habilidoso em perceber a excelência nos jovens e disposto a nutri-la e desenvolvê-la.
3. Ele tinha terras limítrofes com as de Catão, e só pôde admirá-lo quando, pelos servos de Catão, soube a maneira como ele vivia,
4. Que lavrava a terra com as próprias mãos, logo cedo ia a pé até os tribunais para ajudar os que precisavam de seu auxílio;
5. Que, voltando para casa, se fosse inverno, punha nos ombros um manto frouxo,

6. E no verão ia trabalhar entre os serviçais, sentava-se com eles, comia do mesmo pão e bebia do mesmo vinho.

7. Quando lhe falaram de seu trato afável, de sua moderação e palavras sábias, Valério conseguiu que o convidassem para jantar;

8. Assim, assegurando-se pessoalmente do caráter superior de Catão,

9. O qual, como uma planta, parecia demandar apenas cultivo e melhor condição,

10. Valério o persuadiu a se dedicar aos assuntos de Estado em Roma.

11. A Roma, portanto, dirigiu-se Catão e com seu trabalho nos tribunais logo ganhou muitos amigos e admiradores;

12. Mas, contando sobretudo com a assistência de Valério para promovê-lo, Catão foi nomeado inicialmente tribuno no exército e, depois, seu tesoureiro.

13. E agora, tornando-se importante e conhecido, ele passou, junto com o próprio Valério, por todos os maiores cargos, sendo seu colega primeiro como cônsul e depois como censor.

14. Mas, entre todos os senadores antigos, foi a Fábio Máximo a quem ele mais se ligou,

15. Não tanto pela honra de sua pessoa e grandeza de seu poder, mas para poder ter diante de si os hábitos e o modo de vida de Fábio, como os melhores exemplos a seguir:

16. E assim não hesitou em se opor a Cipião, o Grande, que, sendo na época apenas um jovem,

17. Havia se levantado contra o poder de Fábio, e em sofrer seu despeito.

18. Pois, enviado como tesoureiro ao exército na Sicília que tinha Cipião como comandante,

19. Catão, ao vê-lo despender, como lhe era habitual, grandes somas e distribuir pródigas recompensas entre os soldados,

20. Disse-lhe sem rodeios que a despesa em si não era o principal a se considerar,

21. E sim que ele, Cipião, estava corrompendo a antiga frugalidade dos soldados, dando-lhes meios para se entregarem a luxos e prazeres desnecessários.

22. Cipião respondeu que ele não tinha necessidade de um tesoureiro tão meticuloso

23. E devia ao povo a prestação de contas de suas ações, não do dinheiro que gastava.

24. A isso, Catão voltou da Sicília e, junto com Fábio,

25. Deu queixa no Senado sobre a extravagância de Cipião e como desperdiçava o tempo em jogos de lutas e comédias,

26. Como se estivesse lá não em guerra, mas em férias; com isso, conseguiu que os tribunos

mandassem chamar Cipião para vir responder às acusações.

27. Mas Cipião convenceu os tribunos mostrando seus preparativos para uma vitória vindoura

28. E, como considerou-se que ele estava apenas se entretendo com os amigos quando não havia outra coisa a fazer, sem descuidar de nada que fosse importante,

29. Ele foi autorizado a retornar para a guerra, sem impedimento.

Capítulo 52

1. Catão se fez cada vez mais poderoso com sua eloquência, a ponto de ser popularmente chamado de Demóstenes romano;

2. Mas seu modo de vida era ainda mais famoso e comentado. Pois a habilidade na oratória, como atividade, era algo que todos os jovens estudavam e praticavam;

3. Porém raro era aquele que cultivava os hábitos do trabalho físico ou preferia uma ceia leve

4. E um desjejum que dispensava qualquer cozimento; ou que gostava de roupas pobres e de uma moradia simples;

5. Ou que tinha como propósito dispensar luxos, em vez de possuí-los.

6. Pois agora o Estado, incapaz de manter a pureza porque se tornara muito grande e populoso,

7. Com tantos assuntos a tratar e povos de todas as partes do mundo sob seu governo,

8. Estava ranqueado a muitos costumes mistos e novos exemplos de vida.

9. Portanto, era com razão que todos admiravam Catão, ao ver outros sucumbindo ao trabalho braçal e ficando efeminados pela entrega ao prazer,

10. Enquanto ele não se deixava dominar por nenhum dos dois;

11. E isso não apenas quando era jovem e aspirava à honra,

12. Mas também velho e grisalho, após um Consulado e um Triunfo;

13. Como algum famoso campeão dos jogos, que persevera nos exercícios e mantém o caráter até o final.

14. Ele mesmo diz que nunca usou uma roupa que custasse mais de cem dracmas;

15. E que, quando era general e cônsul, bebia do mesmo vinho de seus subordinados;

16. E que a carne ou peixe que se comprava no mercado para seu jantar não custava mais de trinta *asses*.

17. Tudo isso era em favor da República, para que seu corpo fosse mais resistente na guerra.

18. Quando lhe deixaram uma tapeçaria babilônia bordada, ele vendeu,

19. Porque nenhuma de suas casas rurais era sequer rebocada.

20. E nunca comprou um escravo por mais de mil e quinhentos dracmas,

21. Assim como não procurava escravos belos e efeminados, mas sim trabalhadores, vaqueiros e cavalariços robustos e capazes:

22. E estes, ele achava que deviam ser revendidos ao envelhecer, para não ficar como servos inúteis comendo em sua casa.

23. Em suma, nada que fosse supérfluo lhe parecia um bom negócio;

24. Qualquer coisa desnecessária lhe parecia cara demais, mesmo a meio tostão furado.

25. Era favorável à compra de terras para pasto e plantio, não para jardins.

26. Alguns imputavam essas coisas a uma avareza mesquinha, mas outros o aprovavam,

27. Como se apenas se negasse mais rigorosamente para dar um exemplo aos outros.

Capítulo 53

1. Merece Catão aplausos por essa austeridade e economia em todas as coisas?

2. Certamente é sinal de uma índole demasiado rígida extrair o trabalho dos servos como se fossem animais,

3. E depois dispensá-los e vendê-los na velhice, julgando que não deve haver nenhum intercâmbio entre homens a não ser aquele que gere algum lucro.

4. Vemos que a bondade ou humanidade se exerce num campo mais amplo do que a nua e simples justiça;

5. Pela natureza das coisas, só podemos empregar a lei e a justiça em relação aos homens;

6. Mas podemos estender nossa bondade e caridade mesmo a criaturas irracionais;

7. E tais gestos decorrem de uma natureza gentil, como a água de uma fonte abundante.

8. Sem dúvida, faz parte da natureza de um homem bondoso conservar mesmo cães e cavalos cansados,

9. E cuidar deles não apenas quando são jovens, mas também quando ficam velhos.

10. Os atenienses soltavam suas mulas para se alimentar à vontade, depois de feito o trabalho mais pesado.

11. Ainda se podem ver os túmulos dos cavalos de Címon, que ganharam três vezes as corridas olímpicas, ao lado do monumento dele.

12. O velho Xantipo também fez uma tumba para seu cão, que nadou atrás de sua galera até Salámis.

13. Não tratamos as criaturas vivas como pratos ou calçados velhos,

que jogamos fora quando se gastam;

14. Quando menos para estudar e praticar a humanidade, um homem deve sempre se acostumar a ser bondoso nessas coisas.

15. Quanto a mim, eu não venderia meu boi de tração por causa de sua idade,

16. E muito menos um pobre velho a troco de algumas moedas, expulsando-o de onde ele morou por muito tempo

17. E tirando-lhe o modo de viver a que está acostumado; e ainda mais porque seria tão inútil para o comprador quanto o é para o vendedor.

18. No entanto, a despeito de tudo, Catão se vangloriava de ter deixado na Espanha o próprio cavalo que usou nas guerras quando era cônsul,

19. Só porque não ia expor o público às despesas de transportá-lo para casa.

20. Se tais atos devem ser atribuídos à grandeza ou à mesquinharia de seu espírito, que cada um argumente como lhe aprouver.

Capítulo 54

1. Apesar disso, por seu autocontrole e temperança geral, Catão certamente merece a mais alta admiração.

2. Pois, quando comandava o exército, nunca tomou para si nem

para nenhum subordinado mais de três alqueires de trigo por mês

3. E um pouco menos de um alqueire e meio de cevada por dia para os animais de carga.

4. E quando se tornou governador da Sardenha, onde seus predecessores estavam acostumados a requisitar tendas, roupas de cama e vestuário dos fundos públicos

5. E a impor ao Estado grandes despesas com provisões e entretenimentos para um grande séquito de servos e amigos,

6. A diferença que ele mostrou com sua parcimônia foi extraordinária.

7. Não houve praticamente nada que ele tenha cobrado do erário público.

8. Visitava as cidades a pé, sem carruagem, acompanhado apenas por um funcionário comum da cidade.

9. Mas, embora fosse afável e econômico com todos os que estavam sob sua autoridade,

10. Mostrava o mais inflexível rigor em tudo o que se relacionava com a justiça pública e era severo e preciso no que se referia às leis;

11. De modo que o governo romano nunca se afigurou mais terrível nem mais brando do que sob sua administração.

12. Sua própria maneira de falar parecia trazer em si essa ideia, pois era cortês e no entanto impositiva;

13. Agradável, mas imperiosa; jocosa, porém austera; sentenciosa, mas veemente:

14. Como Sócrates, na descrição de Platão, que parecia ser um sujeito simples, obtuso, a quem estava perto dele,

15. Enquanto na verdade era dotado de tanto conteúdo e intensidade que podia despertar lágrimas e tocar o coração dos ouvintes.

16. Uma vez, querendo dissuadir a plebe de Roma em seu clamor impetuoso e intempestivo para doações e distribuições de trigo, Catão disse:

17. "É difícil, ó cidadãos, discursar para a barriga, que não tem ouvidos."

18. Censurando também seus hábitos suntuosos, disse que era difícil preservar uma cidade onde um peixe era mais caro do que um boi.

19. Ele tinha uma frase que dizia que o povo romano era como os carneiros: quando sozinhos, não obedecem, mas, quando estão reunidos em rebanho, seguem o líder;

20. "Assim vocês, quando se reúnem num corpo, deixam-se guiar por aqueles que, se estivessem sozinhos, jamais pensariam em seguir."

21. Discursando sobre o poder das mulheres, ele retomava uma frase de Temístocles,

22. O qual disse, quando seu filho estava lhe pedindo coisas demais por intermédio da mãe:

23. "Ó mulher, os atenienses governam os gregos; eu governo os atenienses, mas tu governas a mim e teu filho governa a ti; então deixa que ele use seu poder com parcimônia, já que, sozinho, consegue mais do que todos os gregos juntos."

24. Outro dito de Catão era que o povo romano fixava não só o valor de tal ou tal tinta púrpura, mas também o de tal ou tal hábito de vida:

25. "Pois, assim como os tintureiros usam principalmente cores que consideram mais agradáveis, os jovens também afetam zelosamente o que cai em vossa preferência."

26. Dizia que os homens que desejavam constantemente ocupar algum cargo que pareciam não saber andar em Roma,

27. Visto que não conseguiam andar sem um bedel a guiá-los pelas ruas.

28. Também criticava os cidadãos por escolherem sempre os mesmos homens como magistrados:

29. "Pois", dizia ele, "pareceis ou não dar muito valor ao governo ou pensar que poucos são dignos de ocupá-lo".

30. Indicando um homem que vendera uma propriedade herdada

que ficava no litoral, simulou sua surpresa que o homem fosse mais forte do que o próprio mar,

31. Pois o que o mar lavava com tanto esforço ele bebia com tanta facilidade.

32. Quando o Senado recebeu o rei Eumenes com grande pompa em sua visita a Roma

33. E os principais cidadãos disputaram o assento mais próximo ao rei, Catão mostrou seu desapreço por ele;

34. E quando alguém lhe disse que Eumenes era um bom príncipe e amigo de Roma, Catão respondeu:

35. "Pode ser, mas por natureza este mesmo rei é uma espécie de animal carnívoro."

36. E acrescentou que nunca houve rei que se comparasse a Epaminondas, Péricles, Temístocles, Mânio Cúrio ou Hamílcar Barca.

Capítulo 55

1. Catão costumava dizer que seus inimigos se sentiam despeitados porque ele se levantava todos os dias antes do amanhecer e desatendia a seus assuntos pessoais para servir aos assuntos públicos.

2. Também dizia que preferiria não receber nenhuma recompensa por fazer o bem do que não sofrer nenhum castigo por proceder mal;

3. E que podia perdoar todos os ofensores, menos a si mesmo.

4. Quando os romanos enviaram três embaixadores à Bitínia, um dos quais tinha gota, o outro o crânio trepanado e o terceiro não parecia muito melhor do que um tolo,

5. Catão riu e disse que os romanos tinham enviado uma embaixada sem pé nem cabeça nem coração.

6. Costumava afirmar que os sábios tinham mais proveito com os tolos do que os tolos com os sábios,

7. Pois os sábios evitavam os erros dos tolos, enquanto os tolos não imitavam o exemplo dos sábios.

8. Afirmava também que preferia os jovens que corassem aos que empalidecessem;

9. E que nunca quis ter um soldado que movimentasse demais as mãos ao marchar e demais os pés ao lutar, ou cujos roncos fossem mais sonoros do que seus brados.

10. Ridicularizando um homem muito gordo, disse: "Que uso pode dar o Estado ao corpo de um homem, quando todo o espaço entre a garganta e a virilha está tomado pela barriga?"

11. Um homem que era muito dado aos prazeres queria sua amizade, ao que Catão se desculpou, dizendo que não podia ser amigo de alguém cujo palato era mais sensível do que o coração.

12. Dizia também que o coração de um amante morava no corpo de outrem;

13. E que em toda a sua vida arrependia-se de três coisas em especial:

14. Uma delas era ter confiado um segredo a uma mulher;

15. A outra, ter ido por água quando podia ter ido por terra;

16. A terceira, ter ficado um dia inteiro sem fazer nenhuma tarefa importante.

17. Dirigindo-se a um velho que se entregava a algum vício, disse:

18. "Amigo, a velhice por si só já tem falhas suficientes; não somes a elas a deformidade do vício."

19. Falando a um tribuno que tinha fama de ser um envenenador e estava muito ansioso em aprovar uma determinada lei,

20. Ele bradou: "Jovem! Não sei o que seria melhor, tomar tuas beberagens ou aprovar o que apresentas como lei."

21. Criticado por um indivíduo que levava uma vida devassa e desregrada, ele respondeu:

22. "Uma disputa entre nós seria desigual, pois ouves e proferes más palavras com a mesma facilidade,

23. "Enquanto para mim é desagradável dizê-las e incomum ouvi-las."

24. Tal era a maneira como Catão se expressava, em frases que são memoráveis.

Capítulo 56

1. Nomeado cônsul junto com seu amigo Valério Flaco, Catão recebeu o cargo de governador daquela parte da Espanha que os romanos chamam de Espanha de Cá.

2. Quando estava empenhado em pacificar algumas das tribos à força e em negociar com outras, ele foi atacado por um grande exército de bárbaros,

3. De modo que havia o perigo de ser fragorosamente expulso daqueles territórios.

4. Portanto, Catão convocou o auxílio de seus vizinhos, os celtibéricos.

5. Estes exigiram duzentos talentos e todos julgaram inaceitável que os romanos pagassem a ajuda de bárbaros;

6. Mas Catão disse que não havia nenhum demérito nisso, pois, se vencessem, os bárbaros seriam pagos com os recursos do inimigo;

7. Mas, se perdessem, não sobraria ninguém para exigir ou pagar a recompensa.

8. No entanto, ele obteve uma vitória expressiva e todos os seus assuntos posteriores correram bem.

9. A ordens suas, os muros de todas as cidades a leste do rio Bétis foram demolidos num único dia;

10. Inúmeras delas estavam cheias de homens valentes e belicosos.

11. O próprio Catão diz que o número de cidades que tomou – quatrocentas – foi maior do que o número de dias que ficou na Espanha.

12. E, embora os soldados tivessem capturado muitos butins nos combates, mesmo assim ele deu uma *minae* de prata a cada um deles,

13. Dizendo que era melhor que muitos romanos voltassem com prata do que poucos com ouro.

14. Para si mesmo, diz Catão que não pegou nada, além do que comeu e bebeu.

15. "Não critico os que procuram butins", disse, "mas prefiro competir em bravura com os mais valorosos do que em riqueza com os mais ricos ou os mais cobiçosos no amor pelo dinheiro".

16. Além de se abster, impediu também que seus servos capturassem butins.

17. Um deles, chamado Paccus, comprou três meninos entre os prisioneiros.

18. Quando Paccus soube que Catão fora informado disso, preferiu se enforcar a enfrentar a cólera de Catão.

19. Catão vendeu os meninos e entregou o dinheiro ao tesouro público.

Capítulo 57

1. Cipião, o Grande, era inimigo de Catão e, querendo restringir suas atividades e tomar a si os assuntos espanhóis,

2. Conseguiu que nomeassem seu sucessor para o cargo; e a toda pressa pôs fim à autoridade de Catão.

3. Mas Catão, levando uma escolta de cinco coortes de infantaria e quinhentos cavaleiros para acompanhá-lo de volta a Roma,

4. No percurso venceu os lacetânios e, descobrindo seiscentos desertores romanos escondidos entre eles, mandou decapitá-los todos;

5. Cipião afetou indignação diante do ocorrido, mas Catão disse, como se depreciasse a si próprio:

6. "Roma se tornaria realmente grande se homens de nascimento mais elevado nunca permitissem que os de nascimento inferior [referindo-se a ele mesmo] promovessem a honra da cidade."

7. O Senado votou e determinou que não se mudaria nada do que fora estabelecido por Catão na Espanha,

8. De modo que o governo espanhol passou para Cipião à toa e sem maiores finalidades, diminuindo antes seu mérito do que o mérito de Catão.

9. E tampouco, ao receber um Triunfo do Senado, Catão afrouxou as rédeas da virtude, como muitos fazem,

10. Os quais, lutando mais pela vanglória do que pela honra, depois de alcançar as honrarias máximas, passam o resto da vida no ócio, abandonando os assuntos públicos.

11. Mas ele, como se estivesse ingressando pela primeira vez na vida pública e ansioso em realizar grandes coisas,

12. Empenhou-se ainda mais e não deixou o serviço militar nem o serviço civil.

13. Esteve como assistente de Tibério Semprônio, quando este foi à Trácia e ao Danúbio;

14. No papel de tribuno, foi com Mânio Acílio à Grécia, para enfrentar Antíoco, o Grande,

15. O qual, depois de Aníbal, era quem mais infundia terror nos romanos.

16. Pois, tendo reduzido mais uma vez quase a totalidade da Ásia a um único comando

17. E subjugado muitas nações bárbaras beligerantes, Antíoco desejava conquistar Roma,

18. Como se fosse o único inimigo digno de enfrentar e derrotar.

19. Assim, entrou na Grécia a pretexto de libertá-la de Roma.

20. Mânio enviou embaixadores às diversas cidades gregas,

21. E Tito Flamínio aplacou sem maiores dificuldades a maioria das cidades que apoiavam Antíoco e que poderiam criar problemas.

22. Da mesma forma, Catão persuadiu Corinto, Patrae e Aegium e passou muito tempo em Atenas.

23. Alega-se que ele fez um discurso em grego, manifestando sua admiração pelos antigos atenienses

24. E indicando que viera para ter o prazer de ver a beleza e a grandeza da cidade.

25. Mas isso é invenção, pois ele falou aos atenienses por meio de um intérprete, embora soubesse falar grego;

26. Mas queria observar o costume de seu país e ria daqueles que admiravam apenas o que fosse grego.

27. Dizia crer que as palavras dos gregos vinham apenas da boca, enquanto as dos romanos vinham do coração.

Capítulo 58

1. Antíoco ocupou as passagens estreitas das Termópilas, acrescentou paliçadas e muros às fortificações naturais do lugar

2. E lá montou acampamento, julgando que fizera o suficiente para afastar a guerra;

3. Os romanos, de fato, pareciam ter desistido totalmente de forçar a passagem.

4. Mas Catão, lembrando a volta que os persas tinham dado para atacar aquele local, saiu à noite para se somar ao exército.

5. Enquanto escalavam, o guia se perdeu e, errando por trilhas íngremes e impraticáveis, os soldados se encheram de preocupação.

6. Catão, percebendo o perigo, mandou que os demais parassem e, fazendo-se acompanhar por um certo Lúcio Mânlio, montanhista experiente,

7. Avançou com grande esforço e perigo, no escuro, sem luar, entre oliveiras silvestres e penhascos escarpados,

8. Tendo diante dos olhos apenas trevas e precipícios, até que encontraram uma pequena passagem que julgaram que levaria ao acampamento inimigo.

9. Fizeram marcas em algumas pedras e voltaram para pegar o exército.

10. O caminho ainda era difícil, mas ao amanhecer finalmente viram as trincheiras inimigas no sopé do rochedo.

11. Ali Catão deteve os soldados e ordenou que as tropas mais confiáveis, as dos firmanos, ficassem a seu lado, dizendo:

12. "Quero pegar um dos inimigos vivo, para descobrir o número, a disciplina, a ordem e a preparação deles;

13. "Mas precisa ser uma ação de muita audácia e rapidez, como a de um leão quando se lança sobre um animal medroso."

14. Os firmanos desceram correndo a montanha e dispersaram os guardas inimigos, capturando um deles.

15. Com este, Catão logo se informou que o restante das forças estava na passagem estreita em torno do rei,

16. E que os que estavam guardando o topo dos rochedos eram seiscentos etólios de escol.

17. Animado com o pequeno número e o descuido das forças inimigas, Catão puxou da espada e arremeteu contra elas com grande clamor de brados e trombetas.

18. O inimigo, vendo-se sob o ataque vindo do alto dos precipícios, fugiu para o corpo principal do exército, tumultuando tudo por lá.

19. Enquanto Mânio forçava as defesas embaixo, lançando suas forças nas passagens estreitas,

20. Antíoco foi atingido na boca por uma pedra que lhe arrancou os dentes, causando-lhe tanta dor que deu meia-volta ao cavalo e partiu;

21. Nenhuma parte de seu exército enfrentou a investida dos romanos.

22. Mas parecia não haver nenhuma esperança de fuga plausível, ali onde todos os caminhos eram tão difíceis e tortuosos, entre pântanos fundos e rochedos íngremes.

23. Os fugitivos se apinhavam e se comprimiam nas trilhas estreitas,
24. Destruindo-se entre eles, aterrorizados pelas espadas romanas.
25. Catão nunca foi de poupar elogios a si mesmo e raramente deixava de se gabar de suas proezas;
26. Qualidade esta que parecia julgar um acompanhamento natural das grandes ações.
27. Nessas façanhas específicas contra Antíoco ele encontrava especial prazer.
28. Escreveu que os que o viram naquele dia, perseguindo e dizimando os inimigos,
29. Prontamente asseverariam que era o público que devia a Catão, mais do que Catão ao público;
30. Acrescenta que Mânio, o cônsul, saindo afogueado do combate, deu-lhe um demorado abraço, ambos banhados de suor,
31. E gritou de alegria que nem ele, nem todos os romanos juntos, poderiam recompensá-lo à altura.
32. Depois do combate, Catão foi enviado a Roma como mensageiro do ocorrido,
33. E a notícia da vitória encheu de alegria e celebração toda a cidade,
34. E imbuiu o povo da crença de que eram invencíveis em todos os mares e terras.

Capítulo 59

1. Tais são todas as ações importantes de Catão nos assuntos militares. Nos assuntos civis, seus principais interesses eram a lei e a ordem.
2. Processou muita gente e colaborou em outros processos, e até tentou processar Cipião;
3. Mas sem êxito, por causa da linhagem nobre da família de Cipião e da verdadeira grandeza de seu espírito, que lhe permitia resistir a todas as calúnias.
4. Mas, unindo-se aos acusadores de Lúcio, irmão de Cipião, conseguiu obter uma sentença contra ele,
5. Condenando-o ao pagamento de uma multa vultosa, embora depois Lúcio tenha se salvado graças à intervenção dos tribunos do povo.
6. O próprio Catão não passava impune, pois, se desse aos inimigos a menor chance, estaria em risco constante de ser processado.
7. Consta que ele escapou a pelo menos cinquenta indiciamentos; um, aos oitenta e seis anos de idade, arrancou-lhe a frase de que era difícil para ele,
8. Que servira a uma geração inteira de homens, ter de se defender perante outra.
9. Aliás, não foi esta sua última ação judicial,
10. Pois, quatro anos mais tarde, aos noventa anos de idade, ele acusou Servílio Galba,

11. De modo que sua vida e suas ações se estenderam, por assim dizer, como as de Nestor, por mais de três gerações normais.
12. Pois, tendo enfrentado muitas disputas com Cipião, o Grande, em relação a assuntos de Estado,
13. Prosseguiu com elas até Cipião, o Jovem, que era o neto adotivo daquele.

Capítulo 60

1. Dez anos depois de seu consulado, Catão se candidatou ao cargo de Censor, que era o ápice de todas as honras e o grau mais alto nos assuntos civis;
2. Pois, além de todos os outros poderes, tinha também o de uma inquisição da vida e dos costumes de todos.
3. Visto que os romanos consideravam que nenhum casamento, nenhuma criação dos filhos, nenhum banquete ou comemoração por capricho pessoal deveria ser permitido
4. Sem ser examinado; a concepção deles era que o caráter de um homem se revela muito melhor em tais coisas do que naquilo que faz publicamente.
5. Assim, escolhiam dois indivíduos, um entre os patrícios, o outro entre os plebeus, que deviam observar, corrigir e punir,
6. Caso alguém transgredisse demais os usos e costumes do país, e eram chamados de Censores.

7. Os Censores tinham o poder de apreender bens ou de expulsar do Senado quem vivesse na intemperança.
8. Competia-lhes também fazer uma estimativa do que valia cada um
9. E anotar nos registros o nascimento e a condição de todos, além de muitas outras prerrogativas.
10. Os principais nobres foram contrários às pretensões de Catão ao cargo.
11. Eram movidos pelo despeito, por acharem que seria uma nódoa à nobreza de todos
12. Se um homem de nascimento plebeu subisse ao cargo mais alto;
13. Enquanto outros, cientes de suas práticas questionáveis e suas violações das leis e dos costumes de Roma,
14. Temiam a austeridade de Catão, o qual, num cargo de tamanho poder, provavelmente se mostraria severo e inflexível.
15. E assim apresentaram sete candidatos em oposição a ele,
16. Que se aplicaram com toda a diligência a angariar os favores do povo com belas promessas,
17. Como se o desejado fosse um governo brando e indulgente.
18. Catão, pelo contrário, não prometeu brandura, e sim, ameaçando diretamente os de má vida,

19. Manifestou-se com toda a clareza no palanque, defendendo que a cidade precisava de um expurgo completo.

20. Instigou o povo a escolher, se fosse sábio, não o mais gentil, e sim o mais duro dos médicos;

21. Assim era ele, disse Catão, e entre os patrícios assim o era Valério Flaco;

22. Juntos, não tinha dúvidas de que realizariam algo digno de nota.

23. Acrescentou que seus adversários queriam o cargo com más intenções,

24. Porque temiam, com razão, os que o exercessem corretamente.

25. Ao que parece, o povo romano não se atemorizava com a fisionomia severa de Catão,

26. Pois, rejeitando as doces promessas dos outros dispostos a qualquer coisa para se insinuarem, votou nele,

27. Junto com Flaco, acatando suas recomendações como se ele já detivesse o poder efetivo da censura.

28. Catão nomeou seu colega Flaco como líder do Senado e expulsou Lúcio Quinto, entre muitos outros, pela seguinte razão.

29. Parece que Lúcio era acompanhado em todas as suas incumbências por um jovem que mantinha como amante fazia muito tempo

30. E a quem prestava tanto respeito e conferia tanto poder quanto aos principais amigos e parentes.

31. Ora, um dia, quando Lúcio era governador consular de uma província, aconteceu que o jovem lhe disse, embriagado,

32. Que o amava tanto que, "mesmo que houvesse um espetáculo de gladiadores em Roma, a que nunca assisti, e embora tenha muita vontade em ver matarem um homem, mesmo assim eu viria encontrar-te aqui, a toda pressa".

33. Retribuindo o afeto, Lúcio respondeu: "Posso remediar isso."

34. Ordenando que lhe trouxessem um prisioneiro condenado, junto com o carrasco e seu machado, Lúcio mandou que lhe cortasse a cabeça.

35. Catão afirmou que o próprio Lúcio desempenhou o papel de algoz, com as próprias mãos.

36. Depois disso, quando havia um espetáculo no teatro, Lúcio passava pelos assentos onde se sentavam os ex-cônsules

37. E ia se sentar a uma grande distância, o que despertou a compaixão dos plebeus,

38. Que então, num grande clamor, fizeram-no avançar e tentaram ao máximo possível mitigar o que acontecera.

39. Manílio, que nas expectativas públicas seria o próximo cônsul,

também foi expulso do Senado por Catão,

40. Porque havia beijado a esposa na presença de sua filha e à luz do dia.

41. Catão disse que, de sua parte, a esposa nunca ia a seus braços, exceto quando havia uma grande trovoada, razão pela qual ele gostava de temporais.

42. O tratamento que deu a Lúcio, irmão de Cipião, o qual fora homenageado com um Triunfo, despertou algum ódio contra Catão,

43. Pois tirou-lhe o cavalo e o povo considerou que fizera aquilo na intenção de fazer uma afronta a Cipião Africano, agora morto.

Capítulo 61

1. Mas causou máximo aborrecimento refreando o luxo do povo, porque a maioria dos jovens já estava corrompida pelo gosto do luxo.

2. Como parecia impossível removê--lo diretamente, Catão procedeu por vias indiretas.

3. Fez com que todas as indumentárias, carruagens, ornamentos femininos e mobiliários domésticos de preço superior a mil e quinhentos dracmas

4. Fossem estimados ao décuplo do valor, assim aumentando a base de cálculo para os impostos.

5. Também determinou que, para cada mil *asses* de bens desse gênero,

6. Fossem pagos três mil *asses*, de modo que as pessoas, sobrecarregadas com essas tarifas adicionais, abrissem mão de sua prodigalidade,

7. Ao ver que outros, embora tivessem patrimônio equivalente, pagavam menos à fazenda pública por serem mais frugais.

8. Assim, por um lado, havia não só os que detestavam Catão, por terem de arcar com os impostos por causa de seus luxos,

9. Mas também os que, por outro lado, deixavam o luxo por recearem os impostos.

10. Pois as pessoas em geral pensam que a ordem de não ostentar suas riquezas equivale a lhes tirar as riquezas,

11. Visto que as riquezas são para exibir e se veem muito mais nas coisas supérfluas do que nas coisas necessárias.

12. Era isso que espantava Áriston, o filósofo: que consideremos os possuidores de coisas supérfluas mais felizes do que os que têm abundância do útil e necessário.

13. Mas quando um amigo pediu ao rico tessálio Escopa que lhe desse algo de pouca utilidade,

14. Ele respondeu: "Na verdade, são exatamente essas coisas inúteis e

desnecessárias que constituem minha riqueza e felicidade."

15. Assim, o desejo de riquezas não deriva de uma paixão natural dentro de nós, mas provém da opinião vulgar dos outros.

16. Catão, sem se importar com os que vociferavam contra ele, aumentou sua austeridade.

17. Cortou as tubulações pelas quais algumas pessoas levavam a água pública para suas casas particulares

18. E demoliu todos os edifícios que avançavam nas ruas de uso coletivo.

19. Abaixou o preço dos contratos para as obras públicas e aumentou os impostos dos contratos agrícolas ao valor máximo,

20. Providências estas que lhe granjearam uma grande antipatia.

Capítulo 62

1. No entanto, por mais que os patrícios reclamassem, os plebeus apreciavam muito a censura de Catão;

2. Ergueram-lhe uma estátua nos jardins públicos e puseram uma inscrição,

3. Não por seu histórico na guerra, mas dizendo que este era Catão, o Censor, que, por meio da boa disciplina e de sábios dispositivos,

4. Recuperou a república romana quando estava decaindo no vício.

5. Antes que lhe prestassem tal homenagem, ele costumava rir dos que gostavam de honras e estátuas,

6. Dizendo que não viam que o objeto de seu orgulho era o trabalho dos fundidores e pintores,

7. Enquanto os cidadãos carregavam a melhor imagem de Catão dentro do peito,

8. E quando alguém se surpreendia por não ter uma estátua, ele respondia:

9. "Prefiro que me perguntem por que não tenho uma estátua, e não por que tenho."

10. Em suma, não admitia que nenhum cidadão honesto aceitasse elogios, exceto se isso se mostrasse vantajoso para a coletividade.

11. Mas, apesar disso, ele fazia o máximo elogio a si mesmo,

12. Pois, conta-nos ele, quem era criticado por fazer algo de errado costumava responder que não merecia censuras, já que não era nenhum Catão.

13. Também acrescenta que aqueles que imitavam canhestramente alguma de suas ações eram chamados de Catões canhotos;

14. E que o Senado em épocas de perigo recorria a ele, como a um piloto num navio,

15. E que muitas vezes, quando não estava presente no Senado, adiavam os assuntos de maior importância até que ele chegasse.

16. Grande parte disso é verdade, pois Catão gozava de grande autoridade na cidade, tanto por sua vida quanto pela eloquência e pela idade.

17. Foi também um bom pai, um excelente marido para a esposa e extraordinário econômo.

18. E como não conduzia tais tipos de assuntos descuidadamente ou como coisas de pouca importância, devo discorrer um pouco mais sobre o que havia de louvável nele nesses aspectos.

19. Catão desposou uma mulher que tinha mais nobreza do que riqueza, sendo da opinião de que ricos e bem-nascidos são igualmente altivos e orgulhosos,

20. Mas que os de sangue nobre se envergonham mais de coisas sórdidas.

21. Um homem que batia na esposa ou no filho, dizia ele, usava de violência contra o que havia de mais precioso,

22. E considerava que um bom marido era merecedor de mais louvores do que um grande senador.

23. Admirava o antigo Sócrates sobretudo por ter vivido contente com uma esposa que era uma megera e filhos que eram idiotas.

24. Quando nascia um filho, apenas os assuntos públicos o afastariam do lado da esposa, enquanto ela dava banho e vestia a criança.

25. Ela amamentava o filho pessoalmente, e muitas vezes oferecia o seio aos filhos dos servos, para gerar uma espécie de amor natural entre eles e seu filho.

26. Quando o menino atingia a idade da razão, o próprio Catão o ensinava a ler,

27. Embora tivesse como servo um ótimo gramático chamado Quilo, que ensinava muitos outros meninos;

28. Mas Catão não julgava adequado, como ele mesmo dizia, que seu filho sofresse reprimendas de um escravo,

29. Nem faria com que ele viesse a dever a um servo o obséquio de algo tão importante como a instrução.

30. Assim, ele próprio lhe ensinou a gramática, as leis e os exercícios de ginástica.

31. Além de lhe mostrar como arremessar uma lança, combater de armadura e montar a cavalo,

32. Ensinou a lutar, a suportar o calor e o frio e a nadar pelos rios mais velozes e indômitos.

33. Conta também que escrevia pessoalmente histórias, em letras grandes,

34. Para que o filho aprendesse sobre seus conterrâneos e antepassados.

35. Dessa maneira Catão formou e moldou o filho para a virtude; e nunca encontrou qualquer defeito em sua presteza e docilidade;

36. Mas, quando o menino mostrou uma constituição frágil demais para enfrentar os rigores, Catão não insistiu em lhe exigir um modo de vida austero.

37. Todavia, apesar da saúde delicada, o filho de Catão se mostrou rijo em combate e se conduziu com bravura quando Paulo Emílio lutou contra Perseu;

38. Pois, quando sua espada lhe foi arrancada por um golpe, ficou tão indignado em perdê-la

39. Que se virou para alguns amigos ao redor e, retomando o ataque junto com eles, avançou contra o inimigo;

40. Depois de árdua refrega, abriu-se uma clareira no local e finalmente ele encontrou sua espada entre uma profusão de armas amontoadas

41. E pilhas de cadáveres de amigos e de inimigos.

42. Paulo, seu general, fez grandes elogios ao jovem pela iniciativa; e existe uma carta de Catão ao filho, onde ele louva sua ânsia de recuperar a espada, movido pela honra.

43. Depois, o filho de Catão se casou com Tércia, filha de Emílio Paulo e irmã de Cipião,

44. E foi recebido nessa família não só pelo valor de seu pai, mas igualmente por seu próprio valor.

45. Assim, os cuidados de Catão com a educação do filho tiveram um resultado muito adequado.

Capítulo 63

1. Catão comprava muitos escravos entre os prisioneiros feitos em guerra, mas adquiria principalmente os jovens, que podiam ser treinados como cachorrinhos e potros.

2. Nenhum deles jamais entrou na casa de outro homem, exceto se fosse enviado pelo próprio Catão ou por sua mulher.

3. Se perguntassem a algum deles o que fazia Catão, tinham instruções de responder que não sabiam.

4. Quando o servo estava em casa, era obrigado a trabalhar ou a dormir,

5. Pois Catão dava grande preferência aos que dormiam muito, julgando-os mais dóceis do que os despertos, e mais alertas quando renovados pelo sono.

6. Sendo também da opinião de que a grande causa do mau comportamento entre escravos era a busca de prazeres,

7. Ele estabeleceu um determinado preço que pagariam pela permissão entre eles mesmos, mas não admitia nenhuma ligação fora de casa.

8. No começo, quando não passava de um soldado pobre, Catão não

se incomodava com o que comia, mas considerava lamentável brigar com um servo por causa do estômago.

9. Mas depois, quando enriqueceu e oferecia banquetes aos amigos, tão logo terminava a ceia, ele costumava pegar uma correia de couro e ia castigar os que tinham sido descuidados ao cozinhar ou servir.

10. Sempre fazia com que os servos tivessem atritos mútuos, por desconfiança de qualquer entendimento entre eles.

11. Se algum servo cometia algo que merecesse a morte, Catão o punia se os outros servos o julgassem culpado.

12. Muito cobiçoso, empenhava-se atentamente em investir seu dinheiro com segurança;

13. Comprava lagoas, águas termais, áreas ricas em greda de pisoeiro, terras, pastagens e matas rentáveis,

14. E de tudo isso extraía grande retorno.

15. Também era afeito à forma de usura considerada mais odiosa no comércio marítimo, a saber:

16. Quando investia numa pessoa, ela devia ter vários parceiros;

17. Quando o número deles e dos navios chegasse a cinquenta, ele entrava com uma parte por intermédio de Quíntio, um liberto seu, que então seguia em viagem com os demais

18. E participava em todas as suas operações; assim, não havia nenhum risco de perder toda a sua carga, mas apenas uma pequena parte, e isso com perspectiva de grandes lucros.

19. Da mesma forma, ele emprestava dinheiro aos escravos que quisessem um empréstimo, que com esse dinheiro compravam outros jovens,

20. Os quais, depois de sustentá-los e ensiná-los por conta de Catão, revendiam no final do ano;

21. Alguns deles, Catão reservava para si, pagando por eles o mesmo que outrem tivesse oferecido.

22. Mas o sinal mais forte da tendência avarenta de Catão se mostrou quando ele teve a ousadia de afirmar que era um homem extremamente admirável, que deixava atrás de si mais do que havia recebido.

Capítulo 64

1. Ele já envelhecera quando dois filósofos famosos, Carnéades, o Acadêmico, e Diógenes, o Estoico, foram a Roma como representantes de Atenas,

2. Para tentar a anulação de uma multa de quinhentos talentos imposta aos atenienses,

3. Num processo ao qual não compareceram, tendo os oropianos como reclamantes e sicônios como juízes.

4. Todos os jovens mais estudiosos foram imediatamente visitá-los e iam assistir a seus discursos com assiduidade e admiração.

5. Mas a elegância da oratória de Carnéades, que era dotado de uma habilidade realmente notável,

6. E de reputação que a igualava, atraía grandes públicos favoráveis a ele.

7. Assim, logo começou a correr que um grego, cuja fama chegava à admiração, ganhando e arrebatando todos os que lhe apareciam pela frente,

8. Havia despertado um amor tão estranho nos jovens

9. Que, abandonando todos os seus prazeres e passatempos, ficaram doidos pela filosofia,

10. O que, na verdade, muito agradou aos romanos em geral;

11. Viam com muito gosto a juventude acolher tão bem a literatura grega e frequentar a companhia de homens cultivados.

12. Mas Catão, vendo essa paixão pelas palavras tomar conta da cidade,

13. Sentiu antipatia por aquilo, receando que os jovens se desviassem

14. E viessem a preferir a filosofia, em lugar das armas e das proezas militares.

15. E quando aumentou a fama dos filósofos na cidade,

16. E Caio Acílio, homem de distinção, se ofereceu para ser o intérprete deles perante o Senado, em sua primeira audiência,

17. Catão decidiu que, sob algum pretexto especioso, todos os filósofos seriam removidos da cidade;

18. Indo ao Senado, ele criticou os magistrados por deixarem aqueles representantes ficarem tanto tempo em Roma sem serem despachados,

19. Embora fossem capazes de persuadir facilmente o povo daquilo que quisessem;

20. E que portanto era preciso determinar a toda pressa alguma coisa sobre a petição deles,

21. Para que pudessem voltar para casa e deixar que os jovens romanos continuassem a ser obedientes, como até então, a suas leis e governantes.

22. Ele procedeu assim não por qualquer hostilidade a Carnéades, como pensam alguns;

23. Mas porque desprezava totalmente a filosofia e, por uma espécie de orgulho, escarnecia da literatura e dos estudos gregos;

24. Dizia, por exemplo, que Sócrates era um sedicioso tagarela, que se empenhou ao máximo em tiranizar o país,

25. Em corroer os costumes antigos e em atrair os cidadãos a opiniões contrárias às leis.

26. Ridicularizando a escola de Isócrates, acrescentou que seus estudantes envelheciam antes que conseguissem terminar o aprendizado,

27. E, para assustar e afastar o filho de qualquer coisa grega, num tom mais veemente do que cabia a alguém de sua idade,

28. Declarou que os romanos certamente seriam destruídos na hora em que começassem a se infectar com literatura grega;

29. Mas o tempo de fato mostrou que suas profecias eram vazias,

30. Pois a cidade de Roma alcançou sua suprema fortuna enquanto se aplicava ao estudo dos gregos.

Capítulo 65

1. Ele sentia aversão não só pelos filósofos, mas também pelos médicos gregos;

2. Pois, ao que parece, ele ouviu dizer que Hipócrates, quando foi chamado pelo rei da Pérsia que lhe oferecia imensos honorários,

3. Respondeu que nunca atenderia a inimigos dos gregos,

4. E declarou que era um juramento usual prestado por todos os médicos gregos e ordenou ao filho que os evitasse.

5. O próprio Catão havia escrito um pequeno livro com prescrições para os doentes de sua família:

6. Nunca receitou o jejum, mas recomendava que comessem vegetais ou carne de pato, pombo ou lebracho,

7. Pois era um tipo de dieta de fácil digestão, adequada a pessoas doentes, que apenas fazia as pessoas sonharem demais.

8. Porém, apesar de se orgulhar de conhecer medicina, Catão perdeu a esposa e o filho,

9. Ainda que pessoalmente, graças à sua constituição forte e robusta, tenha tido uma vida longa e saudável,

10. E mesmo na velhice frequentemente levava mulheres para a cama.

11. Já tendo passado da idade de amante, ele desposou uma jovem ao seguinte pretexto:

12. Como perdera a esposa, uma jovem cortesã vinha visitá-lo em caráter privado;

13. Mas, como a casa era pequena e lá morava também sua nora, essa prática logo foi descoberta;

14. Pois, quando um dia a moça atravessou a casa com ousadia um pouco excessiva,

15. O filho dele não disse nada, mas pareceu olhá-la com certa indignação.

16. O velho percebeu e entendeu o que o desagradara,

17. E assim, como de costume, foi com seus companheiros habituais até o mercado;

18. Entre os demais, ele chamou em voz alta um certo Salônio, que havia sido seu escriturário,

19. E lhe perguntou se já casara a filha.

20. Salônio respondeu que não e nem o faria sem o consultar antes.

21. Catão disse: "Então descobri um bom genro para ti, se ele não te desagradar por causa da idade";

22. A seguir, sem maiores rodeios, Catão lhe disse que queria ficar com a donzela.

23. Tais palavras, como bem se pode imaginar, de início espantaram o homem,

24. Pensando que Catão estava tão longe da idade de se casar quanto ele da possibilidade de se unir à família de um homem que fora cônsul e recebera um Triunfo;

25. Mas, percebendo que ele falava a sério, concordou de bom grado.

26. Quando seu filho morreu, Catão enfrentou a perda como um filósofo e não descuidou dos assuntos de Estado;

27. De modo que não se tornou lânguido na velhice, como se o ofício público fosse uma obrigação a ser cumprida e então posta de lado;

28. Nem, como fez Cipião Africano quando a inveja o atingiu no auge da glória, se afastou da vida pública,

29. Mudou e passou o resto da vida sem fazer nada;

30. Pois Catão julgava a velhice mais honrosa se se ocupasse com os assuntos públicos.

31. Embora de vez em quando, tendo tempo, ele se entretivesse a jardinar e a escrever.

32. Compôs vários livros e histórias; na juventude, habituou-se ao trabalho agrícola para ter lucro,

33. Pois costumava dizer que dispunha de apenas duas maneiras de obter dinheiro, a saber, a agricultura e a parcimônia;

34. E agora na velhice, a primeira delas lhe oferecia ocupação e também objeto de estudos.

35. Ele escreveu um livro sobre temas rurais, onde chegava a tratar de receitas de bolos e conservas de frutas,

36. Em seu intento de ser curioso e singular em todas as coisas.

Capítulo 66

1. Alguns dizem que a derrubada de Cartago foi a última ação de Estado de Catão,

2. Pois, embora tenha sido Cipião, o Jovem, a lhe desferir o último golpe, a guerra foi empreendida sobretudo a conselho e recomendação de Catão.

3. Ele fora enviado aos cartaginenses e a Masinissa, rei da Numídia,

4. Que estavam em guerra entre si, para se informar sobre a causa do conflito.

5. Ao encontrar Cartago, não abatida e em má condição (como pensavam os romanos),

6. Mas bem aparelhada, com muitas riquezas e todos os tipos de armas e munições, e os cartagineses com moral alto,

7. Ele refletiu que não era a ocasião para que os romanos acertassem as diferenças entre eles e Masinissa,

8. E sim que a própria Roma correria perigo, a menos que encontrasse maneiras para refrear essa rápida retomada de crescimento da antiga inimiga irreconciliável de Roma.

9. Assim, voltando depressa a Roma, informou ao Senado

10. Que as derrotas anteriores dos cartagineses, mais que lhes diminuir as forças, haviam aumentado suas ambições;

11. Tinham se tornado, não mais fracos, e sim mais experientes na guerra,

12. E que estavam apenas em escaramuças com os numídios para se exercitarem melhor para enfrentar os romanos;

13. E que o tratado dos cartagineses com Roma era apenas uma suspensão da guerra, aguardando uma oportunidade mais propícia para a retomarem.

14. Então Catão sacudiu sua túnica, deixando cair alguns figos africanos perante o Senado.

15. Enquanto os senadores admiravam o tamanho e a beleza dos frutos, ele acrescentou que a área onde cresciam ficava à distância de apenas três dias de navio de Roma.

16. Depois disso calou sua opinião, mas no final com certeza teria dito, "Assim Cartago deve absolutamente ser destruída",

17. Mas Públio Cipião Naásica sempre daria sua opinião contrária, nestas palavras: "Parece-me indispensável que Cartago ainda permaneça."

18. Pois, vendo seus conterrâneos com ânimo temerário e insolente, e o povo, graças à sua prosperidade, obstinado e desobediente ao senado,

19. Ele queria manter vivo o temor a Cartago, como um freio à contumácia da multidão,

20. Pois considerava os cartagineses fracos demais para derrotar os romanos e grandes demais para ser menosprezados por eles.

21. Por outro lado, Catão julgava perigoso que uma cidade que sempre fora grande,

22. E agora se tornara sóbria e ponderada por causa de suas calamidades anteriores,

23. Estivesse ainda aguardando até que Roma se fizesse vulnerável em razão das loucuras e dos excessos dos romanos.

24. Assim, ele considerou que o curso mais sábio era remover todos os perigos externos, quando Roma tinha tantos perigos internos a enfrentar.

25. Então, dizem, Catão insuflou a terceira e última guerra contra os cartagineses; mas, tão logo se iniciou a guerra, ele morreu.
26. Catão viveu até idade muito avançada, mais de noventa anos, e deixou uma reputação que desperta uma aprovação ambígua: severo, íntegro, rigoroso, de sólidos princípios,
27. Mas mesquinho e avaro, em alguns aspectos frio e duro,
28. Avesso a grande parte dos requintes da civilização, mas amante de seu país e infatigável a seu serviço.
29. Houve homens de grande probidade nos dias da República romana em sua glória inicial,
30. Mas poucos tão inflexíveis e rigorosos como ele.

Capítulo 67: Cícero

1. Cícero foi um jurista, orador, filósofo, juiz, estadista, defensor da República de Roma e,
2. Não menos importante, dono de um refinado estilo em prosa latina que o converteu num modelo para os escritores por muitos séculos após sua morte.
3. Ele viveu na época em que a república romana caiu e se tornou uma monarquia,
4. Para seu grande pesar e a despeito de seus melhores esforços. Tinha seus defeitos, mas foi um grande romano.
5. Quando jovem, Cícero ansiava por toda espécie de aprendizado,
6. E se distinguiu tanto por seus talentos que os pais de outros meninos visitavam com frequência sua escola, para presenciar a famosa rapidez com que ele aprendia.
7. Depois da escola, Cícero estudou com Filo, o Acadêmico, de eloquência admirada pelos romanos, acima de todos os outros discípulos de Clitômaco, e também amado por seu caráter.
8. Cícero procurou igualmente a companhia dos Múcios, políticos ilustres e líderes do Senado, e com eles adquiriu o conhecimento das leis.
9. Serviu por algum tempo no exército sob o comando de Sila, na guerra marsiana.
10. Mas, vendo Roma assediada por facções e sabendo que a tendência da facciosidade é gerar a monarquia absoluta,
11. Ele optou por uma vida retirada, conversando com gregos eruditos e se dedicando aos estudos,
12. Até que Sila tomou o poder em Roma e, com sua ditadura, sufocou por algum tempo os tumultos da cidade.
13. Nessa época, um certo Crisógono, que era um escravo emancipado de Sila, fez uma aquisição fraudulenta de uma propriedade por apenas dois mil dracmas.

14. Essa propriedade pertencera a um homem que fora condenado à morte, e Crisógono espalhara a notícia.

15. Quando Róscio, o herdeiro do executado, reclamou que a propriedade valia muito mais do que fora pago,

16. Sila abriu um processo para silenciá-lo, ficando o próprio Crisógono incumbido das provas.

17. Nenhum advogado, temendo Sila, se atreveu a defender Róscio.

18. O jovem recorreu a Cícero, para ajudá-lo. Os amigos de Cícero lhe deram incentivo, dizendo que nunca mais teria uma oportunidade mais honrosa de ingressar na vida pública.

19. Assim ele assumiu a defesa, ganhou e, com isso, deu seu primeiro passo rumo à fama.

20. Mas, receando Sila, saiu em viagem para a Grécia, alegando razões de saúde.

21. E de fato era magro e miúdo, com um estômago tão fraco que só podia se alimentar de maneira muito frugal, comendo uma vez por dia depois de anoitecer.

22. Em Atenas, ele assistiu às preleções de Antíoco de Ascalão, impressionando-se com sua fluência e elegância, embora não concordasse com suas doutrinas.

23. Pois Antíoco se inclinava para o estoicismo, enquanto Cícero era adepto da Nova Academia.

24. Planejava passar calmamente a vida estudando filosofia, caso não se desse bem na vida pública.

25. Ao receber a notícia da morte de Sila, junto com cartas dos amigos em Roma instando vivamente para que voltasse aos assuntos públicos,

26. Cícero começou a praticar retórica, assistindo diligentemente aos retóricos mais celebrados da época, para se preparar para o retorno a Roma.

27. De Atenas foi à Ásia e a Rodes. Entre os mestres asiáticos, ele conversou com Xênocles de Adramítio, Dioniso da Magnésia e Menipo da Cária;

28. Em Rodes, estudou oratória com Apolônio, filho de Mólon, e filosofia com Possidônio.

29. Apolônio, ao que consta, não entendia latim e pediu a Cícero que declamasse em grego.

30. Ele acedeu de boa vontade, pensando que assim poderia corrigir melhor seus erros.

31. Quando terminou, todos os demais ouvintes estavam assombrados, disputando quem lhe faria os maiores elogios, mas Apolônio ficou calado, meditativo, por muito tempo.

32. E quando Cícero se sentiu desconcertado com aquilo, Apolônio disse:

598   ATOS

33. "Tens meu louvor e minha admiração, Cícero, e a Grécia tem minha piedade e comiseração,

34. "Porque aquelas artes e aquela eloquência que são as únicas glórias que lhe restam agora transferirás para Roma."

Capítulo 68

1. De volta a Roma, de início Cícero se manteve cauteloso e por isso, durante algum tempo, foi tido em pouco apreço, tratado depreciativamente como "Grego" e "Estudioso".

2. Mas, quando começou a atuar seriamente nos tribunais de justiça, ultrapassou em muito todos os demais advogados.

3. Era eloquente, persuasivo, espirituoso e propenso ao sarcasmo, o que ofendia a alguns,

4. De modo que, entre seus inimigos, ele ganhou a reputação de malévolo.

5. Foi nomeado questor durante uma escassez de trigo e ficou incumbido da Sicília,

6. Onde, no começo, desagradou a muitos moradores por obrigá-los a enviar suas provisões para Roma.

7. Mas, quando notaram seu zelo, justiça e clemência, honraram mais a ele do que a qualquer governador anterior.

8. Alguns jovens romanos de família nobre, acusados de mau comportamento no serviço militar, foram conduzidos à presença do pretor na Sicília.

9. Cícero assumiu a defesa deles, que conduziu de maneira admirável, e conseguiu a absolvição.

10. Voltou a Roma com uma alta opinião sobre si mesmo, por tais fatos.

11. Ao encontrar um amigo, perguntou o que os romanos pensavam a seu respeito, como se toda a cidade tivesse se enchido de admiração por sua questura na Sicília.

12. O amigo respondeu perguntando: "Por onde estiveste, Cícero?"

13. Ele ficou profundamente mortificado ao ver que as notícias sobre seu desempenho tinham desaparecido na cidade de Roma como num oceano, sem nenhuma consequência visível para sua reputação.

14. Com isso fez-se menos ambicioso, embora até o final continuasse fervoroso apreciador de elogios e estima, o que muitas vezes o impedia de pôr em prática suas decisões mais sábias.

15. Quando começou a dedicar suas energias aos assuntos públicos, Cícero resolveu agir como agiam todos os trabalhadores, que sabem o nome e a finalidade de todas as suas ferramentas;

16. Para o político, suas ferramentas são os homens; assim, ele

começou a estudar os indivíduos com quem tinha de tratar:

17. Seus nomes, seus patrimônios, amigos e caráter. Percorrendo qualquer parte da Itália, ele podia discorrer sobre todas as propriedades por onde passava e seus respectivos donos.

18. Como pessoalmente tinha apenas uma pequena propriedade, embora suficiente para suas despesas, imaginavam que ele não cobrava honorários nem recebia presentes de seus clientes,

19. E sobretudo quando empreendeu um processo contra um certo Verres,

20. Que fora acusado pelos sicilianos de muitas práticas erradas durante seu pretorado na província.

21. Cícero conseguiu que Verres fosse condenado, e isso não discursando, mas, por assim dizer, refreando a língua.

22. Pois, quando chegou a hora do julgamento, os pretores romanos, favoráveis a Verres, prolongaram o processo com vários adiamentos até o último dia,

23. Quando não havia mais tempo suficiente para ouvir os defensores e decidir a causa.

24. Cícero, portanto, veio à frente e falou que não era preciso dizer nada;

25. Depois de apresentar e examinar as testemunhas, pediu aos juízes

que passassem à sentença. Verres foi condenado.

26. Os sicilianos, como prova de gratidão, trouxeram-lhe presentes quando era edil,

27. Os quais não usou em proveito próprio, mas empregou a generosidade deles para reduzir o preço público dos alimentos.

28. Cícero tinha uma casa agradável em Arpi e terras perto de Nápoles e Pompeia, nenhuma de grande valor.

29. Mantinha um estilo de vida liberal, mas moderado, em seu convívio com os gregos e romanos cultos que eram seus amigos mais próximos.

30. Era cuidadoso com a saúde, mantendo regime alimentar, massagens e caminhadas diárias.

31. Com isso veio a ter saúde mais resistente, capaz de suportar muitas fadigas e grandes esforços.

32. Deu a casa de seu pai na cidade ao irmão Quinto e, pessoalmente, morava perto do Monte Palatino, para que pudessem consultá-lo com facilidade.

33. E, de fato, diariamente aparecia à sua porta uma quantidade de pessoas não inferior aos que iam à casa de Crasso por causa de suas riquezas

34. Ou à de Pompeu por causa de sua influência nas nomeações militares, os dois homens mais

poderosos de Roma naquela época.

35. O próprio Pompeu costumava render cortesias a Cícero

36. E as ações públicas de Cícero em muito contribuíram para firmar a autoridade e a reputação de Pompeu no Estado.

Capítulo 69

1. Muitos concorrentes insignes disputaram o cargo de pretor com Cícero,

2. Mas ele foi escolhido de preferência a todos os demais e administrou os tribunais com justiça e integridade;

3. Acima de tudo, ganhou a admiração da plebe por seus procedimentos justos e honestos.

4. Ainda assim, quando Cícero foi nomeado para o consulado, os nobres aplaudiram tanto quanto a plebe,

5. Todos concordando que era para o bem da cidade, e os dois partidos auxiliaram sua promoção em conjunto.

6. Isso foi porque as mudanças no governo feitas pelo ditador Sila de início pareciam arbitrárias,

7. Mas com o tempo e o uso passaram a ter aceitação geral; apesar disso, havia alguns que queriam subverter seus dispositivos,

8. Não por bons motivos, mas por interesses pessoais; e como

Pompeu estava fora, nas guerras no Ponto e na Armênia, não havia forças suficientes em Roma para sufocar uma revolução.

9. À frente daqueles insatisfeitos estava um homem ousado, audacioso e incansável, Lúcio Catilina, homem de berço nobre e grande fortuna, mas de índole perversa e dissoluta.

10. Desde jovem encontrava prazer em comoções civis, derramamentos de sangue, roubos e sedições, e em tais cenários passara seus primeiros anos.

11. Catilina era capaz de enfrentar a fome, o frio e a privação de sono a um grau espantoso.

12. Tinha uma inteligência arrojada, sutil e versátil, capaz de fingir ou dissimular o que quisesse.

13. Cobiçava os bens alheios e era pródigo com os seus. Abundava em eloquência, mas carecia de prudência.

14. Suas metas consistiam sempre em objetos extravagantes, românticos e inatingíveis.

15. E, desde a época da ditadura de Sila, tinha enorme desejo de tomar o governo,

16. Sem se importar com os meios, desde que conseguisse assegurá-lo.

17. Diariamente, seu gênio violento o arrastava cada vez mais ao crime, aumentando sempre as dívidas e a culpa na consciência.

18. Os costumes corruptos do Estado, que se depravara totalmente com sua extravagância e seu egoísmo, vícios perniciosos e rivais, também lhe forneciam estímulos adicionais à ação.

19. Este homem foi escolhido como líder pelos cidadãos mais desregrados, e ele corrompeu uma grande parte dos jovens da cidade,

20. Distribuindo a todos bebidas e mulheres e financiando prodigamente suas devassidões.

21. Numa cidade tão populosa e corrupta, Catilina podia facilmente se cercar de multidões dessa gente desregrada e sem princípios, como se fosse um corpo de guarda.

22. Pois todos aqueles devassos que haviam dissipado o patrimônio em apostas, luxos e sensualidade;

23. Todos aqueles que haviam contraído dívidas pesadas para comprar a imunidade por seus crimes ou delitos;

24. Todos aqueles assassinos ou desordeiros de todos os cantos, condenados ou temendo a condenação por seus malfeitos;

25. Todos aqueles, também, que viviam de palavras perjuras e de mãos manchadas de sangue;

26. Todos aqueles, em suma, que se debatiam na maldade, na pobreza ou sob a consciência pesada,

27. Eram os associados e amigos íntimos de Catilina, e com eles Catilina planejou a revolução.

Capítulo 70

1. Além dos perigos e das desordens internas de Roma, também havia problemas fora da cidade,

2. Pois naquela época a região da Etrúria fora incentivada à revolta, além de uma grande parte da Gália Cisalpina.

3. Querendo uma plataforma para executar seus desígnios, Catilina concorreu ao consulado, com grandes esperanças de sucesso,

4. Pensando que o outro cônsul seria Caio Antônio, homem incapaz de liderar qualquer causa, boa ou má, mas que poderia ser útil como seu vice.

5. Para evitar Catilina, a parcela honesta do corpo de cidadãos persuadiu Cícero a concorrer à eleição; Cícero ganhou, ao lado de Caio Antônio,

6. E foi o único entre os candidatos que vinha da ordem equestre e não senatorial.

7. Embora os desígnios de Catilina ainda não fossem conhecidos ao público, o consulado de Cícero enfrentou muitas dificuldades desde o começo, entre as quais se destacam as seguintes.

8. Aqueles que, pelas leis de Sila, não eram qualificados para ocupar cargos formavam grande número

602   ATOS

e tinham considerável poder, e se manifestaram contra essas leis.

9. Estavam com a razão a seu lado, mas agiam em momento intempestivo porque o Estado estava num turbilhão.

10. Os tribunos do povo também pressionavam por mudanças.

11. Queriam instituir uma comissão de dez pessoas com amplos poderes, inclusive os direitos de vender terras públicas na Itália, na Síria e nos novos territórios conquistados por Pompeu,

12. De julgar e banir quem quisessem, de fundar colônias, de utilizar dinheiro público e recrutar soldados.

13. Vários nobres também eram favoráveis à criação dessa comissão, entre eles o colega de Cícero no consulado, Caio Antônio, que esperava ser um dos Dez.

14. Mas o que mais preocupava os nobres era que Antônio estivesse em aliança com Catilina,

15. A cujos planos dava apoio, pois o livrariam de suas enormes dívidas.

16. Mas Cícero assegurou o apoio de Antônio atribuindo-lhe a província da Macedônia e declinando pessoalmente da da Gália.

17. A partir daí, Antônio sempre esteve pronto a apoiar qualquer coisa que Cícero fizesse.

18. Agora Cícero podia atacar os conspiradores com mais coragem.

19. No Senado, ele argumentou contra a proposta da comissão dos dez, e o Senado a rejeitou.

20. Quando os proponentes da comissão tentaram mais uma vez, convocando os cônsules perante a assembleia do povo, Cícero não só obteve mais uma vez a rejeição da proposta,

21. Como também sobrepujou os tribunos com sua oratória a tal ponto que abandonaram qualquer ideia de dar andamento a seus outros projetos.

22. Pois Cícero era o único homem acima de todos os demais cuja eloquência transmitia aos romanos o sentimento de que a justiça era invencível,

23. E com seu poder de defesa libertava o certo e útil de tudo o que poderia ser prejudicial.

24. Durante o consulado de Cícero, aconteceu um episódio no teatro que mostrou do que sua oratória era capaz.

25. Antigamente, os cavaleiros de Roma se misturavam aos plebeus no teatro, mas o pretor Marco Oto lhes designou uma área própria.

26. Os plebeus tomaram isso como um insulto, de modo que, quando Oto apareceu no teatro, eles o vaiaram, enquanto os cavaleiros, pelo contrário, o aplaudiram.

27. O povo aumentou as vaias; os cavaleiros, os aplausos; então os dois setores passaram a trocar insultos e o teatro virou um grande tumulto.

28. Cícero foi chamado e repreendeu a todos com tanta eficácia que a multidão passou a aplaudir Oto,

29. Os plebeus disputando com os cavaleiros quem lhe prestaria as maiores demonstrações de honra e respeito.

Capítulo 71

1. Catilina e seus asseclas conspiradores, de início desalentados, logo recobraram a coragem.

2. Em reuniões secretas, exortavam-se mutuamente a tomar o governo antes que o exército de Pompeu voltasse das guerras orientais.

3. Os veteranos do exército de Sila eram os principais instigadores de Catilina.

4. Tinham sido dispensados e estavam dispersos pela Itália,

5. Mas os mais numerosos e mais aguerridos moravam nas cidades da Etrúria, onde estavam inquietos e descontentes.

6. Estes, com a liderança de um certo Mânlio, que servira com distinção nas guerras sob o comando de Sila, uniram-se a Catilina

7. E foram a Roma para lhe dar seus votos na eleição consular, visto

que decidira concorrer outra vez ao cargo,

8. Além de ter decidido assassinar Cícero durante o tumulto nos palanques.

9. Cícero, desconfiando do plano, adiou o dia da eleição e convocou Catilina ao Senado, onde o interrogou sobre as acusações contra ele.

10. Catilina julgava que havia muitos membros no Senado com posições semelhantes às suas;

11. No fito de obter o apoio deles mostrando sua têmpera, deu uma resposta audaciosa:

12. "Que mal há se vejo dois corpos, um magro e definhado com cabeça,

13. "O outro sem cabeça, mas forte e robusto, se eu puser uma cabeça no corpo desprovido dela?"

14. Essa representação do Senado e do povo aumentou ainda mais as apreensões de Cícero.

15. Vestiu uma armadura e foi acompanhado desde sua casa por muitos cidadãos, dispostos a protegê-lo.

16. Deixando a túnica escorregar parcialmente dos ombros,

17. Mostrou a armadura por baixo dela, assim revelando aos espectadores o perigo que corria;

18. Estes, muito comovidos àquela visão, juntaram-se em torno dele para defendê-lo; e Catilina

604 ATOS

19. novamente perdeu a eleição para o consulado.

19. Depois disso, os soldados de Catilina na Etrúria começaram a se organizar em companhias, pois aproximava-se o dia marcado para a revolução.

20. Uma noite, a altas horas, Cícero foi despertado por um grupo dos principais cidadãos de Roma,

21. Entre eles Marco Crasso, Marco Marcello e Cipião Metelo.

22. Naquela noite, um desconhecido havia entregado secretamente a Crasso um maço de cartas. Eram dirigidas a vários senadores,

23. Entre eles o próprio Crasso. Não havia nome do remetente.

24. Leu a mensagem, que o aconselhava a deixar a cidade porque Catilina pretendia fazer uma grande chacina.

25. Ele não abriu as outras cartas, mas levou-as imediatamente a Cícero,

26. Apreensivo com o perigo, e para se livrar de qualquer suspeita de estar em aliança com Catilina.

27. Cícero convocou uma reunião do Senado ao amanhecer. Levou as cartas e entregou aos destinatários,

28. Para que lessem em voz alta; todas traziam a notícia da conspiração.

29. Quando Quinto Árrio, homem de dignidade pretoriana, informou que os soldados estavam se reunindo em companhias na Etrúria,

30. E que Mânlio estava em movimento com uma grande força perto daquelas cidades,

31. Aguardando ordens de Roma, o Senado fez um decreto concedendo poderes excepcionais aos cônsules, para tentarem ao máximo salvar o Estado.

32. Depois de receber esses poderes, Cícero confiou todos os assuntos fora de Roma a Quinto Metelo, mas conservou a administração da cidade.

33. A quantidade de pessoas a protegê-lo diariamente era tão grande que a praça do mercado ficava repleta quando ele entrava com seus seguidores.

Capítulo 72

1. Catilina, impaciente com as delongas, decidiu sair de Roma e ir falar com Mânlio;

2. Mas ordenou que Márcio e Cetego pegassem suas espadas

3. E fossem de manhã cedo aos portões de Cícero, fingindo que iam saudá-lo, porém para matá-lo ali mesmo.

4. Todavia, Cícero foi alertado desse plano. Cetego e Márcio chegaram ao amanhecer,

5. Mas a entrada lhes foi negada e armaram uma gritaria junto aos portões, o que despertou suspeitas ainda maiores.

6. Cícero convocou o Senado e, quando Catilina chegou com seus

seguidores, na intenção de se defender,

7. Nenhum dos senadores se sentou perto dele e todos saíram do banco onde estava;

8. E, quando Catilina começou a falar, todos apartearam.

9. Então Cícero se levantou e ordenou que ele deixasse a cidade,

10. Visto que, como ele queria governar a República com palavras e o outro com armas,

11. Era necessário que houvesse um muro entre eles.

Capítulo 73

1. Catilina saiu imediatamente de Roma, com trezentos homens armados;

2. E adotando, como se fosse um magistrado, os bastões, as machadinhas e as insígnias militares, foi a Mânlio

3. E, reunindo um corpo de vinte mil homens, marchou por várias cidades, tentando instigar a revolta.

4. Agora que a situação chegara a uma guerra civil aberta, Antônio foi enviado com um exército para combatê-lo.

5. Os demais conspiradores de Catilina em Roma se mantiveram unidos e incentivados por Cornélio Lêntulo.

6. Embora fosse de família nobre, Lêntulo era um indivíduo

dissoluto, que por sua devassidão fora excluído do Senado

7. E agora ocupava o cargo de pretor pela segunda vez,

8. Como é o costume para os que querem recuperar a dignidade de senador.

9. Este homem, ruim de natureza e agora inflamado por Catilina,

10. Resolveu matar todos os senadores e o maior número de cidadãos que conseguisse,

11. E atear fogo à cidade, sem poupar ninguém, exceto os filhos de Pompeu,

12. Na intenção de mantê-los como garantia para se reconciliar com Pompeu, que ainda estava nas guerras orientais.

13. A noite marcada para tal plano caiu numa data de festa.

14. Esconderam espadas, linho e enxofre na casa de Cetego;

15. Cem homens foram destacados para iniciar o fogo em vários pontos da cidade ao mesmo tempo, para que tudo se incendiasse de uma vez só.

16. Outros foram destacados para bloquear os aquedutos e matar os que tentassem levar água para apagar o fogo.

17. Acontece que, enquanto se faziam os preparativos para esses planos, havia dois embaixadores dos alobrógios hospedados em Roma,

18. Nação que naquela época estava numa situação aflitiva, e se sentia

606 ATOS

descontente sob o governo romano.

19. Lêntulo e seu grupo julgaram que esses homens seriam instrumentos úteis para instigar a revolta na Gália,

20. E assim incluíram-nos na conspiração e lhes entregaram cartas dirigidas a seus chefes e cartas a Catilina.

21. Nas primeiras, eles prometiam liberdade; nas segundas, exortavam Catilina a libertar todos os escravos e trazê-los para Roma.

22. Enviaram um homem chamado Tito, natural de Cróton, para acompanhar os embaixadores e entregar as cartas a Catilina.

23. Cícero seguia de perto as maquinações dos conspiradores, com espiões no local que observavam tudo o que se fazia e dizia,

24. E mantinha correspondência secreta com muitos que fingiam participar da conspiração, inclusive aqueles embaixadores dos alobrógios.

25. Assim, ele estava a par de todas as conversas que se davam entre eles e os estrangeiros;

26. E, pondo-se à espera naquela noite, prendeu Tito de Cróton com as cartas;

27. Na manhã seguinte, convocou o Senado, onde leu as cartas em voz alta e interrogou os informantes.

28. Em seu testemunho, Júnio Silano depôs que Cetego dissera que três cônsules e quatro pretores deviam ser assassinados. Piso depôs sobre outros assuntos de mesma natureza;

29. Caio Sulpício, um dos pretores, foi enviado à casa de Cetego e encontrou um esconderijo com lanças e armaduras,

30. E uma quantidade ainda maior de espadas e adagas, todas recém--amoladas.

31. O Senado concedeu imunidade a Tito de Cróton em troca de sua confissão.

32. Lêntulo foi condenado, renunciou a seu cargo de pretor e despiu o manto orlado de púrpura de senador.

33. Então ele e os demais conspiradores foram entregues à guarda dos pretores.

Capítulo 74

1. Depois de dar detalhes da conspiração e das detenções à multidão que aguardava do lado de fora,

2. Cícero se retirou para avaliar a punição que os conspiradores deveriam receber.

3. Relutava em aplicar a pena de morte, em parte por clemência,

4. Mas também porque seria considerado rigoroso demais por executar homens do mais alto nascimento e com as amizades mais poderosas na cidade;

5. Porém, se usasse de brandura, o perigo da parte deles apenas aumentaria.
6. Pois não havia nenhuma probabilidade, se escapassem à morte, de que se reconciliassem,
7. Mas, pelo contrário, somando-se à sua perversidade uma nova cólera, eles se lançariam a todos os tipos de audácias.
8. Cícero também se preocupava que, como tinha uma reputação de brandura entre o povo,
9. Facilmente julgariam que era timorato e covarde se não aplicasse rigorosamente a lei.
10. No dia seguinte, no Senado, Silano argumentou que os conspiradores deveriam receber a penalidade máxima.
11. Todos concordaram, um após o outro, até chegar a vez de Júlio César.
12. Era então jovem, no início de sua carreira,
13. Mas já se pusera no curso que levou à transformação de Roma em monarquia.
14. Ninguém mais previa aquilo, exceto Cícero, que tinha um vislumbre das ambições e capacidades de César.
15. Mas poucos suspeitavam que César fosse simpático às posições de Catilina,
16. E alguns acreditavam que Cícero desconsiderou deliberadamente as provas contra ele, por medo de seu poder e de suas amizades;
17. Pois era evidente para todos que, se César fosse acusado junto com os conspiradores,
18. Era mais provável que eles fossem absolvidos junto com César, do que César punido junto com eles.
19. Assim, quando a palavra coube a César, ele foi contrário à execução
20. E, em vez dela, sugeriu que se confiscassem as propriedades dos conspiradores
21. E que ficassem confinados a cidades da Itália que Cícero aprovasse.
22. Essa sentença, por ser moderada e exposta por um orador poderoso,
23. Recebeu o devido peso de Cícero, quando este se levantou para falar.
24. Disse que as duas propostas tinham mérito e deixou a questão tão equilibrada
25. Que Silano mudou de ideia e retirou sua moção para a pena capital.
26. O primeiro a rejeitar a moção de César foi Catulo Lutácio.
27. Catão foi o próximo, e em seu discurso insistiu com tanta veemência na suspeita do envolvimento do próprio César com Catilina,
28. E instilou no Senado tanta cólera e determinação
29. Que aprovaram um decreto para a execução imediata dos conspiradores.

608   ATOS

30. Mas César se opôs ao confisco de seus bens,
31. Não considerando justo que os que haviam rejeitado a parte mais branda de sua sentença se valessem da parte mais severa.
32. E quando muitos insistiram no confisco, ele recorreu aos tribunais, mas não fariam nada
33. Enquanto Cícero não cedesse e suspendesse aquela parte da sentença.

Capítulo 75

1. Então Cícero foi ao local onde os pretores mantinham os conspiradores
2. E conduziu um por um à prisão, onde foram estrangulados, um por vez.
3. Enquanto os escoltava atravessando o fórum, ele foi cercado por uma grande multidão ansiosa,
4. Que observava silenciosa e atemorizada os procedimentos.
5. Mas naquela noite, quando voltava do fórum para casa,
6. Os cidadãos o acolheram no caminho com aplausos e aclamações,
7. Saudando Cícero como salvador e fundador do país.
8. Uma luz viva brilhava entre as ruas, vinda das lamparinas e tochas acesas às portas
9. E as mulheres erguiam luzes no alto das casas para homenagear Cícero

10. E vê-lo voltar a casa acompanhado por um magnífico séquito dos principais cidadãos,
11. Entre os quais estavam muitos que haviam comandado grandes guerras, celebrado Triunfos
12. E aumentado as possessões do império romano, por terra e por mar.
13. Estes, enquanto passavam junto com Cícero, admitiam entre si que,
14. Embora o povo romano devesse muitas riquezas, despojos e poder a diversos oficiais e comandantes daquela época,
15. Era apenas a Cícero que deviam a segurança e estabilidade de tudo aquilo, por ter livrado o povo de perigo tão grande e iminente.
16. Pois, ainda que não parecesse grande coisa impedir uma conspiração e punir os conspiradores,
17. O realmente extraordinário era derrotar a maior de todas as conspirações com tão poucos distúrbios e comoções.
18. Pois os que tinham se unido a Catilina, tão logo souberam do destino dos companheiros de conspiração, em sua maioria o abandonaram
19. E ele mesmo, com as forças remanescentes, foi morto em combate, durante a batalha com o exército liderado por Antônio.

Capítulo 76

1. Apesar de tudo, ainda havia alguns dispostos a falar mal de Cícero e a tentar se desforrar de suas ações;

2. Tinham como líderes alguns dos magistrados do ano seguinte,

3. Entre eles Júlio César, que era um dos pretores, e os tribunos Metelo e Béstia.

4. Esses homens, que iniciaram o mandato no cargo alguns dias antes do término do consulado de Cícero, não queriam permitir que ele discursasse ao povo.

5. Mas uma vantagem para Cícero foi que Catão era, na época, um dos tribunos

6. E, tendo o mesmo poder e maior reputação do que os demais, pôde se opor a seus desígnios.

7. Numa oração ao povo, Catão enalteceu tanto o consulado de Cícero que se decretou que lhe prestassem as honras máximas,

8. E Cícero foi publicamente declarado Pai do País, o primeiro homem a receber tal título.

9. Agora, portanto, a autoridade de Cícero era muito grande na cidade.

10. Mas ofendeu muitos e despertou ressentimento, não por qualquer malfeito, mas porque vivia sempre elogiando a si mesmo.

11. Falava interminavelmente de sua vitória sobre Catilina e Lêntulo

12. E enchia seus escritos com o grande papel que teve na queda deles, excedendo-se tanto que seus textos ficavam maçantes,

13. Embora, como prosa, fossem de uma beleza excepcional.

14. Também era muito dado a zombar e fazer críticas incisivas aos oponentes,

15. Coisa que, numa argumentação judicial, podia ser admissível como recurso retórico;

16. Mas ele despertava muito mal--estar com sua rapidez em atacar qualquer um apenas para efeito cômico.

17. Esse estilo e sua propensão ao elogio de si mesmo agarraram-se a ele como uma doença.

18. Mas, embora tivesse um orgulho desmesurado por sua glória pessoal, não invejava os outros;

19. Pelo contrário, era prodigamente generoso em elogiar tanto os antigos quanto seus contemporâneos.

20. E muitos desses louvores ainda são lembrados, por exemplo quando disse que Aristóteles era um rio de ouro líquido,

21. E que a linguagem dos *Diálogos* de Platão era transcendente.

22. Costumava dizer que Teofrasto era seu luxo especial.

23. E, quando lhe perguntaram qual a oração de Demóstenes era sua preferida, ele respondeu: "A mais longa."

24. Quanto aos homens insignes de sua época, fosse pela eloquência ou em filosofia,

25. Não houve nenhum que Cícero, escrevendo ou falando favoravelmente, não tenha tornado ainda mais ilustre.

26. Obteve de César, quando estava no poder, a cidadania romana para Crátipo, o Peripatético,

27. E conseguiu que o tribunal do Areópago solicitasse por decreto público sua estadia em Atenas,

28. Para a instrução dos jovens e a honra da cidade.

Capítulo 77

1. O começo do declínio de Cícero se deveu a um certo Clódio, que, durante a conspiração de Catilina, fora um dos mais firmes aliados de Cícero.

2. Clódio era um jovem audaz de família nobre, que se apaixonou por Pompeia, esposa de César.

3. Ele ainda era imberbe e por isso achou que poderia ingressar secretamente na casa de Pompeia, vestido como uma jovem música.

4. Mas, entrando na ampla casa à noite, ele se perdeu nos corredores

5. E uma serva pertencente à mãe de César, vendo-o vaguear por ali, perguntou seu nome.

6. Obrigado a falar, ele disse que estava procurando uma das criadas de Pompeia;

7. E ela, percebendo que era um homem, soltou um grito

8. E chamou as outra servas, que fecharam os portões e revistaram por toda parte, até encontrarem Clódio escondido num quarto.

9. Em decorrência disso, César se divorciou de Pompeia e Clódio foi processado.

10. Embora Cícero e Clódio tivessem sido aliados, no julgamento Cícero se recusou a mentir sobre o paradeiro de Clódio na noite da invasão, como este queria que ele fizesse.

11. Muitos outros cidadãos também apresentaram provas contra ele, por perjúrios, desordens, subornos e devassidões com mulheres.

12. A despeito de todas as provas contra o caráter de Clódio, os juízes ficaram atemorizados com o clamor da plebe,

13. Que se uniu contra os acusadores e testemunhas do processo, de tal modo que foi preciso colocar uma guarda para proteção dos juízes;

14. E estes, em sua maioria, escreveram suas sentenças nas tábuas de uma maneira que não fosse possível ler direito.

15. Apesar disso, decidiu-se que a maioria votara pela absolvição, e correu a voz de que houvera suborno,

16. E foi em referência a isso que Catulo comentou, na próxima vez em que encontrou os juízes:

17. "Tivestes muita razão em pedir uma guarda, para impedir que vos tirassem vosso dinheiro."

18. E quando Clódio criticou Cícero dizendo que os juízes não haviam acreditado em seu testemunho,

19. Ele respondeu: "Sim, vinte e cinco deles confiaram em mim e te condenaram,

20. "E os outros trinta não confiaram em ti, pois não te absolveram enquanto não receberam teu dinheiro."

21. César, embora citado, não depôs contra Clódio e declarou que não estava convencido do adultério da esposa,

22. Mas que a afastara porque o correto era que a casa de César ficasse isenta não só de qualquer malfeito, mas também do mero rumor a respeito.

Capítulo 78

1. Clódio, tendo escapado a esse perigo e sendo eleito como um dos tribunos, imediatamente se pôs a atacar Cícero, incitando o povo contra ele.

2. A plebe ele conquistou com leis populares;

3. A cada cônsul designou grandes províncias: para Piso a Macedônia, para Gabínio a Síria;

4. Montou um sólido apoio entre os cidadãos pobres para apoiá-lo em suas iniciativas e sempre mantinha em torno de si uma guarda de escravos armados.

5. Dos três homens de maior poder naquelas alturas, Crasso era franco inimigo de Cícero, Pompeu dialogava indiferentemente com ambos e César estava de partida com um exército para a Gália.

6. Foi então a César, embora não fosse seu amigo porque o ocorrido na época da conspiração havia criado desconfianças mútuas,

7. Que Cícero se dirigiu, solicitando que ele o indicasse como um de seus assistentes a província.

8. César aceitou, e Clódio, percebendo que assim Cícero escaparia à sua autoridade de tribuno, declarou que estava propenso a uma reconciliação.

9. Com tal artifício, ele desfez os temores de Cícero de tal maneira que este renunciou à indicação de César e retomou seu envolvimento político.

10. César se exasperou com isso e se uniu a Clódio contra Cícero

11. E afastou totalmente Pompeu dele; também declarou, numa assembleia pública do povo,

12. Que não considerava justo que Lêntulo e Cetego tivessem sido condenados à morte sem passar por julgamento.

13. De fato, foi este o crime imputado a Cícero e a denúncia que foi intimado a responder.

14. Assim, como acusado e arriscando-se a um resultado incerto, ele mudou de roupa

15. E, com os cabelos sem aparar e vestido como suplicante, foi pedir apoio ao povo.

16. Mas Clódio o parava a cada esquina, com um bando de sujeitos ofensivos e valentões,

17. Que ridicularizavam Cícero pelas roupas e pela humilhação.

18. E várias vezes, atirando-lhe pedras e imundícies, interrompiam suas palavras ao povo.

19. Mas quase toda a ordem equestre também mudou de roupa, como ele,

20. E nada menos que vinte mil jovens distintos o acompanharam com os cabelos desataviados, suplicando ao povo juntamente com Cícero.

21. E então o Senado se reuniu para aprovar um decreto de que todo o povo trocasse de roupa, como em época de luto público.

22. Mas os cônsules foram contrários e Clódio, com homens armados, sitiou o edifício do Senado,

23. Ao que muitos senadores saíram correndo, gritando e rasgando seus trajes.

24. Tal cena, porém, não despertou vergonha nem piedade; Cícero teria de fugir ou decidir a questão com Clódio na base da espada.

25. Ele rogou auxílio a Pompeu, o qual saíra da cidade

deliberadamente e estava em sua casa campestre nos montes Albanos;

26. Primeiro Cícero enviou seu genro Piso para interceder junto a ele, e depois foi pessoalmente.

27. Mas, quando Pompeu foi informado da vinda de Cícero, não ficou para recebê-lo,

28. Sentindo-se envergonhado à lembrança das inúmeras vezes em que Cícero agira em seu favor

29. E como Cícero orientara em seu favor grande parte de sua linha de ação política.

30. Agora Pompeu pôs de lado qualquer cortesia anterior e, escapulindo por outra porta, escapou à entrevista.

31. Assim abandonado por Pompeu e ficando entregue a si mesmo, Cícero recorreu aos cônsules.

32. Gabínio foi rude com ele, como de costume, mas Piso se mostrou mais cortês, aconselhando-o a ceder, dar espaço por algum tempo à fúria de Clódio,

33. Aguardar que os tempos mudassem e mais tarde voltar a ser, como antes, o salvador do país ao libertá-lo dos perigos que Clódio estava criando.

Capítulo 79

1. Cícero, ao receber essa resposta, consultou seus amigos. Lúculo o aconselhou a ficar em Roma, na certeza de acabar prevalecendo;

2. Outros lhe recomendaram que fugisse, pois o povo logo iria querê-lo de volta, quando se fartasse da cólera e da insanidade de Clódio.

3. Isso Cícero aprovou. Tendo uma escolta de amigos, ele deixou a cidade no meio da noite e foi por terra pela Lucânia, pretendendo chegar à Sicília.

4. Mas, logo que veio a público que ele saíra de Roma, Clódio propôs ao povo um decreto de exílio.

5. E por suas próprias ordens interditou o acesso a água e fogo, proibindo a qualquer pessoa num raio de oitocentos quilômetros na Itália que o recebesse em casa.

6. Por respeito a Cícero, porém, a maioria das pessoas não deu qualquer atenção a esse édito, prestando a ele toda consideração e lhe fazendo escolta no percurso.

7. Mas em Hipônio, uma cidade da Lucânia, um siciliano a quem Cícero, quando cônsul, nomeara chefe dos engenheiros de Estado e dera muitas outras demonstrações de amizade,

8. Não o quis receber em sua casa, mandando-lhe o recado de que indicaria um lugar no campo que o acolheria.

9. Caio Virgílio, o pretor da Sicília, que estivera nos termos mais íntimos com Cícero, escreveu a ele para que não fosse à Sicília.

10. Perante tudo isso, desalentado, Cícero foi para Brundísio

11. E zarpou para Dirráquio, onde chegou no exato momento em que ocorria um terremoto e o mar se convulsionava.

12. Muitos iam até lá fazer-lhe visitas de respeito e as cidades da Grécia disputavam qual lhe prestaria maiores honras,

13. Mas mesmo assim ele continuava desalentado e desconsolado, como um amante infeliz, sempre voltando o olhar para a Itália;

14. Cícero, com efeito, ficou deprimido com suas desventuras a um grau que ninguém teria esperado num homem que dedicara tão grande parte da vida ao estudo e à erudição;

15. E apesar disso muitas vezes queria que os amigos o chamassem não de orador, e sim de filósofo,

16. Pois havia feito da filosofia sua atividade e usara a retórica apenas como instrumento na vida pública.

17. Porém, o desejo de glória tem grande poder em remover as tinturas de filosofia da mente dos homens

18. E em imprimir em seu lugar as paixões dos indivíduos comuns, por costume e conversa, na mente dos que participam do governo,

19. A menos que o político seja muito cauteloso em se interessar somente

pelos assuntos públicos em si, e não pelas paixões que os cercam.

Capítulo 80

1. Depois de afastar Cícero por tais meios, Clódio incendiou suas herdades e casas de campo, e então sua casa na cidade, e ergueu no lugar um monumento à Liberdade.

2. O restante de seu patrimônio Clódio pôs à venda, mas ninguém comprou.

3. Por essas vias Clódio passou a ser temível para os cidadãos nobres e, tendo o apoio dos plebeus,

4. A quem enchera de insolência e licenciosidade, ele começou a testar sua força contra Pompeu,

5. Criticando-o pelos arranjos que deixou nos territórios que havia conquistado.

6. A essa ignomínia, Pompeu se censurou pela covardia que demonstrara ao desertar Cícero.

7. Então mudando de ideia, pôs-se a defender, com seus amigos, o retorno de Cícero.

8. Quando Clódio se opôs, o Senado deliberou que nenhuma medida pública seria ratificada ou aprovada por eles enquanto Cícero não fosse chamado de volta.

9. Mas, quando Lêntulo era cônsul, as comoções aumentaram tanto por causa disso

10. Que os tribunos ficaram feridos em tumultos no fórum e Quinto, irmão de Cícero, foi dado por morto e ficou entre os dizimados.

11. O sentimento da plebe começou a mudar, e Ânio Milo, um dos tribunos do povo, foi o primeiro que ousou intimar Clódio a julgamento por atos de violência.

12. Muitos plebeus das cidades vizinhas formaram um partido com Pompeu,

13. O qual, auxiliado por eles, expeliu Clódio do fórum e convocou o povo a votar pelo retorno de Cícero.

14. E dizem que nunca houve maior unanimidade do povo do que nesta votação.

15. O Senado, tentando prevalecer sobre o povo, enviou cartas de agradecimentos às cidades que haviam recebido Cícero no exílio

16. E decretou que sua casa e suas propriedades, que Clódio tinha destruído, fossem reconstruídas às expensas públicas.

17. Assim Cícero voltou após dezesseis meses de exílio,

18. E as cidades ficaram tão contentes e o povo tão entusiasmado em revê-lo

19. Que a frase com que ele se jactou depois, a saber, que a Itália o trouxera de volta a Roma carregando-o nos ombros, não foi exagero.

20. O próprio Crasso, que antes do exílio era seu inimigo, saiu para encontrá-lo voluntariamente

21. E se reconciliou com ele para agradar ao filho Públio, segundo disse, que era admirador afeiçoado de Cícero.

22. Não fazia muito tempo que Cícero estava em Roma, quando, aproveitando a ausência de Clódio, foi ao capitólio com numerosa companhia

23. E lá derrubou as tábuas dos tribunos, que registravam as medidas aprovadas no mandato de Clódio.

24. E quando Clódio o chamou para interrogar a respeito, Cícero respondeu que ele, sendo do patriciado,

25. Obtivera o cargo de tribuno contra a lei e, portanto, nada feito por ele tinha validade.

26. O fato desagradou a Catão, que se opôs a Cícero, não por defender Clódio,

27. Mas argumentando que era irregular que o Senado votasse a ilegalidade de tantos decretos,

28. Inclusive os seus próprios quando estava no governo de Chipre e Bizâncio.

29. Isso gerou um afastamento entre Catão e Cícero que, mesmo não chegando a uma inimizade aberta, tornou a amizade entre ambos mais reservada.

30. Depois, Milo matou Clódio e, sendo indiciado pelo assassinato, pediu a Cícero que fosse seu advogado.

31. O Senado, receando que o interrogatório de um cidadão tão eminente como Milo poderia perturbar a paz da cidade, confiou a superintendência do julgamento a Pompeu,

32. Para que ele mantivesse a segurança não só dos tribunais de justiça, mas também da cidade.

33. Assim, Pompeu saiu à noite, ocupou os terrenos elevados ao redor do fórum e o cercou de soldados.

34. Milo, temendo que Cícero se perturbasse a uma cena tão inusual e não desempenhasse tão bem seu papel de defensor,

35. Persuadiu-o a ir ao fórum numa liteira e ali aguardasse enquanto os juízes se assentavam e o tribunal se enchia.

36. Desta vez ele não se saiu bem. Deixando a liteira, ele enxergou Pompeu com suas tropas no alto e, vendo as armas cintilando ao redor do fórum,

37. Ficou tão confuso que mal conseguiu iniciar seu discurso, de tanto que tremia;

38. Ao passo que Milo estava intrépido, desdenhando usar luto ou deixar o cabelo solto.

39. E esta, de fato, parece ter sido uma das razões principais de sua

condenação, pois ele perdeu no julgamento.

Capítulo 81

1. Logo depois, Cícero foi sorteado para cuidar da província da Cilícia

2. E zarpou para lá com doze mil soldados da infantaria e dois mil e seiscentos da cavalaria.

3. Tinha ordens de recuperar a Capadócia para a aliança com o rei Ariobarzanes, o que cumpriu plenamente sem qualquer recurso às armas.

4. Percebendo que os cilícios estavam dispostos à revolta, por causa das grandes perdas que os romanos sofreram na Pártia e das turbulências na Síria,

5. Cícero os aplacou e recuperou a lealdade deles conduzindo o governo com brandura.

6. Não aceitou nenhum dos presentes que os reis lhe ofereceram;

7. Suspendeu os impostos dos entretenimentos públicos e diariamente recebia em casa as pessoas cultas da província, não com luxo, mas com prodigalidade.

8. Sua casa não tinha porteiro, e desde manhã cedo ele ficava à porta ou andando na frente dela, para receber os que iam cumprimentá-lo.

9. Dizem que nunca mandou fustigar ninguém sob seu comando, nem rasgar suas roupas.

10. Nunca empregou linguagem insolente quando se encolerizava nem infligiu castigos acrescentando reprimendas.

11. Ele notou malversação de um grande volume do dinheiro público

12. E assim aliviou as cidades de sua carga tributária, ao mesmo tempo permitindo que os que restituíssem o dinheiro conservassem seus direitos de cidadão sem outras penalidades.

13. Na guerra, empenhou-se em derrotar os bandidos que infestavam o monte Amano, e com isso foi saudado como imperador pelo exército que comandava.

14. Ao orador Cecílio, que lhe pediu que enviasse algumas panteras da Cilícia para serem exibidas no teatro em Roma,

15. Cícero respondeu, em louvor a suas próprias ações, que não existiam panteras na Cilícia,

16. Pois todas elas tinham fugido para a Cária, de raiva porque numa paz tão geral tinham se convertido nos únicos alvos de ataques.

17. Ao deixar a província, parou em Rodes e se demorou algum tempo em Atenas, querendo retomar seus antigos estudos.

18. Lá visitou os eruditos mais ilustres e reviu os velhos amigos e companheiros;

19. Depois de receber as honras que lhe eram devidas, voltou a Roma,

20. Que estava precisamente naquele momento estourando numa guerra civil, em razão da rixa entre Pompeu e César.

21. Quando o Senado propôs agraciar Cícero com um Triunfo, ele respondeu que preferiria, se fosse possível dirimir os conflitos, seguir o carro triunfal de César.

22. Em caráter particular, ele aconselhou os dois, escrevendo muitas cartas a César e conversando pessoalmente com Pompeu, e tentou ao máximo amainar a situação e reconduzir ambos à razão.

23. Mas, quando as coisas se mostraram insolúveis e logo César chegaria a Roma, Pompeu não se atreveu a ficar e deixou a cidade, com muitos cidadãos honestos,

24. Mas Cícero não o acompanhou na fuga e foi tido como seguidor de César.

25. E é muito evidente que ele estava mentalmente dividido e oscilava penosamente entre os dois, pois escreve em suas epístolas:

26. "Para que lado devo me virar? Pompeu tem em seu favor a conduta justa e honrosa em guerra;

27. "César, por outro lado, conduz melhor seus assuntos e é mais capaz de dar segurança a si e a seus amigos,

28. "De modo que sei de quem, mas não para quem devo fugir."

29. Mas quando Trebácio, um dos amigos de César, avisou por carta a Cícero que César o queria do seu lado,

30. Porém acrescentando que, se ele se sentisse velho demais para o conflito, deveria se retirar para a Grécia e se manter serenamente afastado dos dois partidos,

31. Cícero, supondo que não fora César a redigir pessoalmente a mensagem, respondeu irado que não faria nada incompatível com sua vida anterior.

32. Mas, logo que César marchou para a Espanha, Cícero partiu imediatamente para se unir a Pompeu.

33. Foi bem acolhido por todos, exceto Catão, o qual, em conversa reservada, repreendeu-o por vir procurar Pompeu.

34. Quanto a ele mesmo, disse Catão, teria sido indecoroso se esquivar àquela parte da República que ele havia escolhido desde o início;

35. Mas Cícero poderia ter sido mais útil para o país se tivesse mantido a neutralidade e utilizado sua influência para obter um resultado mais moderado,

36. Ao invés de se transformar a partir de agora, sem razão nem necessidade, em inimigo de César e companheiro em tão grandes perigos.

37. Em parte por causa de tais palavras, os sentimentos de Cícero se alteraram, mas em parte também porque Pompeu não viu grande utilidade nele,

38. Embora, na verdade, ele próprio tenha sido a causa disso, pois não negou que lamentava ter vindo,

39. Depreciava os recursos de Pompeu, criticava por trás suas decisões

40. E se entregava continuamente a galhofas e comentários sarcásticos sobre os outros soldados.

Capítulo 82

1. Após a derrota de Pompeu na batalha de Farsália, em que não esteve presente por razões de saúde,

2. Cícero recebeu de Catão, que tinha um exército considerável e uma grande frota em Dirráquio,

3. O convite para ser o comandante chefe, segundo a lei e a precedência que lhe cabia na dignidade consular.

4. Cícero declinou e não quis mais nenhuma participação nos planos para a continuação da guerra.

5. Com isso ficou em grande risco de ser assassinado, pois o jovem Pompeu e seus amigos o chamaram de traidor e puxaram as espadas;

6. Mas Catão interveio e o retirou do acampamento.

7. A seguir, Cícero ficou em Brundísio à espera de César, que se retardara com seus afazeres na Ásia e no Egito.

8. Quando chegou a notícia de que César chegara a Taranto e se dirigia por terra a Brundísio,

9. Ele partiu para encontrá-lo, com certa expectativa quanto à recepção que teria.

10. Mas não teve necessidade de falar nem de dizer nada indigno de si mesmo,

11. Pois César, tão logo o viu em grande dianteira dos demais,

12. Foi a seu encontro, saudou-o e, tomando a frente, conversou com ele a sós durante alguns estádios.

13. Desde então, César continuou a tratá-lo com honra e respeito, de modo que, quando Cícero escreveu uma oração em louvor a Catão,

14. César, escrevendo uma resposta, aproveitou a ocasião para enaltecer a vida e a eloquência de Cícero,

15. Comparando-o a Péricles e Terâmenes. A oração de Cícero se chamava Catão; a de César, Contra Catão.

16. E consta também que, quando Quinto Ligário foi processado por ter levantado armas contra César

17. E Cícero se encarregou de sua defesa, César disse a seus amigos:

18. "Ligúrio é, incontestavelmente, um homem cruel e um inimigo,

mas por que não podemos ter mais uma vez o prazer de ouvir um discurso de Cícero?"

19. Mas Cícero, quando começou a falar, comoveu profundamente César

20. E prosseguiu em seu discurso com uma emotividade tão rica e uma linguagem tão fascinante que as cores no rosto de César variavam continuamente

21. E ficou evidente que todas as paixões em seu coração estavam em tumulto.

22. No decorrer da fala, quando Cícero mencionou a batalha de Farsália, César se sentiu tão afetado que seu corpo estremeceu

23. E alguns dos papéis lhe caíram das mãos. E assim foi subjugado e absolveu Ligário.

Capítulo 83

1. Depois disso, tendo a república se transformado em monarquia, Cícero se retirou dos assuntos públicos

2. E empregou seu tempo livre no ensino da filosofia aos jovens;

3. Por meio desse contato próximo que assim mantinha com alguns dos mais nobres e de nível mais alto, ele começou a reconquistar grande influência na cidade.

4. O trabalho a que se dedicou, foi escrever e traduzir diálogos filosóficos

5. E verter termos filosóficos gregos para o latim, tornando-os inteligíveis e expressivos para os romanos.

6. Passava a maior parte do tempo em sua casa de campo perto de Túsculo, raramente indo à cidade, exceto para visitar César.

7. Normalmente era o primeiro a votar em favor de honras a César e procurava novos termos elogiosos para suas ações,

8. Como, por exemplo, quando disse a propósito das estátuas de Pompeu, que tinham sido derrubadas e depois foram reerguidas por ordens de César,

9. Que, por este gesto de humanidade, César não só erguera as estátuas de Pompeu, mas colocara e sedimentara a sua própria.

10. Cícero queria escrever uma história de seu país, somando a da Grécia

11. E incorporando todos os relatos do passado que havia reunido.

12. Mas suas intenções sofreram a interferência de várias desventuras públicas e privadas que, em sua maioria, ocorreram por culpa dele mesmo.

13. Pois, em primeiro lugar, Cícero deixou a esposa Terência, que havia descuidado dele na época da guerra, indo destituído das coisas necessárias para a viagem;

14. E ela não se mostrou gentil quando o marido voltou à Itália, pois não foi se reunir a ele em Brundísio, onde ficou por longo tempo,

15. Nem autorizou que a filha levasse servos adequados ou fizesse as despesas necessárias quando empreendeu uma longa viagem para encontrar o pai.

16. Ela também lhe deixou uma casa nua e vazia, além de tê-lo envolvido em muitas dívidas de grande monta.

17. Tais foram as justíssimas razões alegadas para o divórcio.

18. Mas Terência, que negou todas elas, teve a defesa mais inequívoca por parte do próprio marido,

19. Pois, pouco tempo depois, ele se casou com uma jovem por causa de sua beleza e de suas riquezas, para quitar suas dívidas.

20. Pois a jovem era muito rica e Cícero estava com a guarda de seu patrimônio, como depositário fiel;

21. Como estava muito endividado, os amigos o persuadiram a desposá-la, apesar da grande diferença de idades.

22. Marco Antônio, que cita o casamento em sua resposta às Filípicas de Cícero, que são seus discursos contra Antônio,

23. Recrimina-o por abandonar uma mulher com quem vivera muitos anos, acrescentando toques de sarcasmo aos hábitos de estudioso de Cícero.

24. Não muito tempo depois do casamento, Túlia, a filha de Cícero, morreu ao dar à luz na casa de Lêntulo,

25. Com quem se casara após a morte de Piso, seu ex-marido.

26. Filósofos de todas as partes vieram consolar Cícero,

27. Pois sua dor era tão grande que repeliu sua recente esposa, porque esta parecia estar satisfeita com a morte de Túlia.

Capítulo 84

1. Cícero não teve nenhuma participação no plano que agora se formava contra César,

2. Embora, de modo geral, fosse o principal confidente de Bruto, além de ser o maior prejudicado na situação presente e o mais saudoso do estado anterior dos assuntos públicos.

3. Depois que Bruto e Cássio assassinaram César, e os amigos de César tinham se reunido, o medo era que a cidade recaísse na guerra civil.

4. Marco Antônio, como cônsul, convocou o Senado e fez um breve discurso conclamando à concórdia.

5. A seguir falou Cícero, procurando persuadir o Senado a imitar os atenienses

6. E decretar anistia pelo que havia sido feito e conceder províncias a Bruto e a Cássio.

7. Nenhum desses argumentos, porém, teve efeito. Pois, quando a plebe viu o corpo de César, sendo conduzido na praça do mercado,

8. Enquanto Antônio mostrava as roupas ensanguentadas de César, perfuradas a punhal por todas as partes, ela foi tomada de uma raiva frenética

9. E saiu em busca dos assassinos, levando ferros em brasa para atear fogo a suas casas.

10. Os assassinos, porém, foram alertados e escaparam ao perigo fugindo da cidade.

11. Antônio ficou muito contente com isso e todos se sentiram alarmados à perspectiva de que ele se faria o único governante, e Cícero mais do que todos.

12. Pois Antônio, ao ver que Cícero recuperava sua influência na República e sabendo como eram próximas suas ligações com Bruto, sentiu desagrado ao tê-lo ali por perto.

13. Cícero, apreensivo quanto às intenções de Antônio, pretendia ir como assistente de Dolabela para a Síria.

14. Mas Hírtio e Pansa, cônsules eleitos como sucessores de Antônio, homens bons e admiradores de Cícero,

15. Pediram-lhe que não partisse, comprometendo-se a depor Antônio se Cícero ficasse em Roma.

16. Ainda em dúvida sobre o que faria, Cícero deixou que Dolabela fosse sem ele,

17. Prometendo a Hírtio que passaria o verão em Atenas e voltaria quando começassem os novos mandatos consulares.

18. Assim Cícero se pôs em viagem; mas, durante o percurso, chegou de Roma a notícia de que Antônio dera uma guinada surpreendente e estava administrando os assuntos públicos de acordo com a vontade do Senado,

19. E que a única coisa que estava faltando para que tudo chegasse a um feliz desfecho era a presença de Cícero.

20. Com isso, reprendendo-se por sua covardia, Cícero voltou a Roma e, de início, tudo parecia promissor,

21. Pois eram tão grandes as multidões que acorreram para encontrá-lo que as saudações e cortesias que lhe foram prestadas aos portões e em sua entrada na cidade levaram quase um dia inteiro.

Capítulo 85

1. No dia seguinte, Antônio reuniu o Senado e chamou Cícero para comparecer.

2. Cícero não foi, alegando mal-estar por causa da viagem;

3. Mas a verdadeira razão era a desconfiança de alguma maquinação de Antônio contra ele.

4. Antônio ficou extremamente ofendido e mandou seus soldados com ordens de trazer Cícero ou lhe incendiar a casa;

5. Mas, como muitos intercederam em favor de Cícero, ele se contentou em aceitar suas palavras tranquilizadoras.

6. Depois disso, sempre que se encontravam, os dois se cruzavam em silêncio e se mantinham em guarda,

7. Até que Otávio César, futuro Augusto, vindo da Apolônia, entrou na posse da herança do primeiro César, como seu filho adotivo,

8. E se envolveu numa disputa com Antônio a respeito de duas mil e quinhentas miríades de dinheiro, que Antônio reteve do espólio de César.

9. A isso, Filipo, que se casara com a mãe de Otávio César, e Marcelo, que se casara com a irmã dele,

10. Foram com o jovem pedir a Cícero o auxílio de sua eloquência e influência política junto ao Senado e ao povo, e Cícero concordou.

11. Fez isso em parte por oposição a Antônio, mas principalmente porque viu que poderia influir na política pública por meio do jovem Otávio César, que chegara ao ponto de chamá-lo de pai.

12. Embora Bruto sentisse um grande desagrado por essa deferência de Otaviano a Cícero, ele concedeu ao filho de Cícero, que então estudava filosofia em Atenas, um posto de comando em seu exército e o utilizou de várias maneiras, com bom resultado.

13. O poder do próprio Cícero na cidade estava em seu auge, naquela época, e ele fazia tudo a seu bel-prazer;

14. Expulsou Antônio e enviou os dois cônsules, Hírtio e Pansa, com um exército para submetê-lo;

15. Por outro lado, persuadiu o Senado a dar a Otávio César os lictores e insígnias de pretor, como se fosse defensor do país.

16. Depois que Antônio foi derrotado em batalha e os cônsules foram mortos, os exércitos se uniram e se alinharam com Otávio César.

17. O Senado, por temor ao jovem, tentou diminuir a lealdade das forças armadas e reduzir o poder dele, distribuindo honras entre o exército,

18. Declarando que não havia mais necessidade de armas, agora que Antônio fora posto em fuga.

19. Isso causou tal preocupação em Otávio César que, secretamente, enviou alguns amigos a Cícero,

para persuadi-lo a obter a dignidade consular para ambos em conjunto,

20. Dizendo que Cícero geriria os assuntos como bem quisesse, com plenos poderes, pois o jovem Otávio desejava apenas o título e a glória de cônsul.

21. Ademais, Otávio César admitiu pessoalmente que, temendo a ruína e em risco de ser desertado, havia se aproveitado da ambição de Cícero.

22. E agora, apesar da idade, Cícero se deixou iludir, mais do que em qualquer outro momento, pela persuasão de um jovem.

23. Uniu-se a Otávio César para angariar votos e obteve a boa vontade do Senado,

24. Não sem censuras da parte de seus amigos, que adivinhavam o que estava por vir;

25. E logo ele também viu que se havia arruinado e traído a liberdade de seu país.

26. Pois Otávio César, depois de se estabelecer como cônsul, dispensou Cícero

27. E, reconciliando-se com Antônio e Lépido, somou seu poder ao deles e dividiu o governo entre os três, como se fosse um bem imóvel.

28. Assim unidos, fizeram uma lista com mais de duzentas pessoas que deviam ser condenadas à morte.

29. Mas o maior ponto de discussão em seus debates se concentrou em Cícero.

30. Antônio não aceitaria nenhuma condição, a menos que Cícero fosse o primeiro a ser executado.

31. Lépido concordava com Antônio e Otávio César se opunha a ambos.

32. Reuniram-se secretamente durante três dias nas proximidades de Bonônia. O local não ficava longe do acampamento do exército, cercado por um rio.

33. Otávio César, ao que consta, durante dois dias defendeu Cícero energicamente; mas, no terceiro dia, cedeu.

34. Os termos das mútuas concessões foram os seguintes: César desertaria Cícero; Lépido desertaria seu irmão Paulo; Antônio, seu tio materno Lúcio César.

35. Assim permitiram eles que a raiva lhes eliminasse o senso de humanidade e demonstraram que não existe animal mais selvagem do que o homem dotado de poder equivalente à sua fúria.

36. Enquanto se passavam tais coisas, Cícero estava com seu irmão em sua casa perto de Túsculo.

37. Ao saber das deliberações, eles decidiram ir para Astura, uma casa de veraneio de Cícero no litoral, e lá tomariam um navio

624   ATOS

para a Macedônia, onde estavam as forças de Bruto.

38. Viajaram juntos em liteiras separadas, acabrunhados de dor,

39. Parando frequentemente no caminho para as liteiras se emparelharem, quando então se compadeciam mutuamente.

40. Mas era Quinto quem estava mais abatido, pois não tinha nenhum recurso para a viagem, pois não trouxera nada de casa, e o próprio Cícero dispunha apenas de magras provisões.

41. Assim decidiram que Cícero prosseguiria na fuga, enquanto Quinto voltava a casa para providenciar o necessário;

42. Trocaram abraços e se despediram entre muitas lágrimas.

43. Poucos dias depois, Quinto foi traído por seus servos e foi morto junto com o filho pequeno.

Capítulo 86

1. Cícero chegou a Astura, onde tomou um navio e, graças ao vento propício, chegou até Circeu;

2. Mas, quando os pilotos decidiram prosseguir imediatamente, Cícero ficou em terra firme, seja por medo do mar ou por esperança de que Otávio César ainda o salvasse;

3. E seguiu cem estádios por terra, como se voltasse a Roma.

4. Mas, mudando outra vez de opinião, retornou à costa e lá passou a noite entre pensamentos perplexos e temerosos.

5. Por fim, decidiu ir por mar a Capitie, onde tinha uma casa, um retiro agradável no calor do verão, quando as brisas etesianas eram um refresco.

6. Desembarcou mais uma vez e, entrando em casa, deitou-se para descansar. Seus servos, preocupados com sua segurança e imaginando que havia assassinos à sua procura,

7. Em parte a rogo, em parte a força, pegaram-no e o carregaram em sua liteira para levá-lo à costa.

8. Mas nesse meio-tempo, acompanhados por um grupo de soldados, os assassinos se aproximavam:

9. Eram Herênio, um centurião, e Popílio, um tribuno, o qual fora outrora defendido por Cícero num processo pelo assassinato do pai.

10. Encontrando as portas fechadas, eles arrombaram. Os que estavam na casa disseram que não sabiam onde estava Cícero,

11. Mas um jovem chamado Filólogo, que fora instruído por Cícero nas ciências e artes liberais

12. E era um escravo emancipado de seu irmão Quinto, traiu Cícero,

13. Informando ao tribuno que a liteira estava a caminho do mar pelas sendas estreitas e sombreadas.

14. O tribuno, levando alguns homens, saiu em perseguição. E Cícero, percebendo a aproximação de Herênio, ordenou aos servos que depusessem a liteira;

15. Afagando o queixo com a mão esquerda, como costumava fazer, com o corpo coberto de pó, a barba e o cabelo sem aparar,

16. Com aflição visível no rosto, ele encarou seus assassinos com olhar firme.

17. Era uma visão tão confrangedora que a maioria dos circunstantes encobriu a face enquanto Herênio o matava.

18. E assim ele foi assassinado, projetando o pescoço fora da liteira para receber o golpe. Estava com sessenta e quatro anos.

19. Herênio o decapitou e, por ordem de Marco Antônio, também lhe decepou as mãos, aquelas que tinham escrito as Filípicas,

20. Pois tal foi o nome que Cícero deu àquelas orações que redigira contra Antônio e assim são chamadas até hoje.

21. Quando a cabeça e as mãos de Cícero foram levadas a Roma,

22. Antônio realizava uma assembleia para a escolha dos ocupantes dos cargos públicos;

23. Ao saber da notícia e ao vê-las, exclamou: "Agora é o fim de nossas proscrições."

24. Ordenou que a cabeça e as mãos fossem penduradas no alto da rostra, onde falavam os oradores,

25. Visão que provocava calafrios no povo romano, que julgava ver ali, não o rosto de Cícero, mas a imagem da mente do próprio Antônio.

26. Muito tempo depois, Otávio César, em visita a um dos filhos de sua filha, encontrou-o com um livro de Cícero nas mãos.

27. O menino tentou, de medo, escondê-lo sob a túnica, mas Otávio César percebeu e lhe tirou o livro;

28. Depois de folhear uma grande parte dele, devolveu-o dizendo: "Meu menino, este foi um homem culto e amante de seu país."

29. E, logo depois de derrotar Marco Antônio, e então sendo cônsul, ele tomou o filho de Cícero como colega no cargo;

30. Sob aquele consulado, o Senado removeu todas as estátuas de Antônio, revogou todas as outras honras que lhe haviam sido concedidas

31. E decretou que, a partir daquela data, nenhum membro da família poderia receber o nome de Marco;

32. E assim foi que os atos finais de punição de Antônio foram executados pela família de Cícero.

EPÍSTOLAS

Epístola I

1. Caro filho: deves começar por ter uma avaliação verdadeira de nossa espécie humana,

2. Antes de poderes começar a formular como avançarás para ser um de seus melhores espécimes.

3. Tal será a finalidade dessas cartas a ti, enquanto empreendes tua jornada entre povos e lugares,

4. Para que possas somar a experiência delas à experiência que te ofereço.

5. Há aqueles que exalçam a espécie humana aos céus e apresentam o homem como modelo exemplar,

6. E há aqueles que insistem no pior da natureza humana, e não conseguem enxergar nada além de vaidade e insensatez no homem, tornando-o não melhor do que outros animais.

7. Um delicado senso de decoro é capaz de despertar asco pelo mundo e fazer com que se veja o curso comum dos assuntos humanos com indignação e desagrado.

8. De minha parte, penso que aqueles que têm uma visão favorável e compreensiva da humanidade contribuem mais para promover a virtude do que aqueles que mantêm uma baixa opinião sobre a natureza humana.

9. Quando um homem tem sua condição moral em alto conceito, naturalmente se empenhará em viver à sua altura e desdenhará fazer algo vil ou sórdido, que poderia rebaixá-lo em relação à imagem que faz de si mesmo.

10. Assim, vemos que todos os melhores moralistas se concentram na ideia de que o vício, além de ser odioso em si mesmo, é indigno de nós.

11. Em disputas envolvendo a dignidade ou a vileza da natureza humana, é correto começar aceitando que existe uma diferença natural entre mérito e

demérito, virtude e vício, sabedoria e insensatez.

12. No entanto é evidente que, ao dar aprovação ou fazer censura, em geral somos mais influenciados pela comparação do que por algum critério fixo na natureza das coisas.

13. Quando dizemos que um animal é grande ou pequeno, sempre o fazemos na base da comparação daquele animal com outros da mesma espécie,

14. E é essa comparação que regula nosso julgamento em relação a seu tamanho.

15. Suponhamos que este cão e aquele cavalo sejam do mesmo tamanho; ficaremos admirados com o cão por ser grande e com o cavalo por ser pequeno.

16. Quando ouço qualquer discussão, sempre me pergunto se é uma questão de comparação que está em pauta;

17. E, caso o seja, se os debatedores estão comparando os mesmos objetos ou falam de coisas que são muito diferentes.

18. Ao formar nossas noções de natureza humana, somos capazes de comparar homens e animais, as únicas criaturas dotadas de pensamento que recaem sob nossos sentidos.

19. Certamente, essa comparação é favorável à humanidade. No homem, vemos uma criatura cujos

pensamentos não estão presos por limites estreitos de lugar ou de tempo;

20. Que leva suas investigações às regiões mais distantes deste globo e, além deste globo, às estrelas;

21. Que olha para trás para examinar a história da espécie humana;

22. Que lança o olhar à frente para ver a influência de suas ações na posteridade

23. E o julgamento que se fará de seu caráter daqui a cem ou a mil anos;

24. Vemos uma criatura que traça causas e efeitos a uma longa extensão e complexidade,

25. Extrai princípios gerais de aparecimentos particulares,

26. Aperfeiçoa suas descobertas, corrige seus enganos e aproveita seus erros.

27. Do outro lado vemos um animal – um ser que é o próprio inverso disso, limitado em suas observações e raciocínios a alguns poucos objetos que o cercam;

28. Sem curiosidade, sem antevisão; cegamente conduzido pelo instinto e alcançando em curto tempo sua máxima perfeição, além da qual ele é incapaz de avançar um único passo.

29. Assim vemos que grande diferença existe entre os humanos e os outros animais!

30. E, portanto, que elevada noção devemos ter dos primeiros em comparação aos últimos!

31. Porém, há dois meios usualmente empregados para destruir tal conclusão:

32. Primeiro, fazendo uma apresentação injusta do caso e insistindo apenas na debilidade da natureza humana;

33. Segundo, estabelecendo uma comparação entre o homem e seres imaginários da mais perfeita sabedoria.

34. Entre as outras excelências do homem, uma delas é que ele pode formar uma ideia de perfeição muito além do que experimenta em si mesmo;

35. Portanto, não está limitado em sua concepção de sabedoria e virtude, mas pode imaginar ambas ao mais alto grau.

36. Pode facilmente engrandecer suas noções e conceber uma extensão do conhecimento que, em comparação, fará seu próprio conhecimento se mostrar muito desprezível

37. E levará a diferença entre a sagacidade humana e a dos animais quase ao ponto de desaparecer.

38. Visto que o mundo inteiro concorda que o entendimento humano fica infinitamente aquém da sabedoria perfeita,

39. É conveniente sabermos quando ocorre tal comparação, para que não precisemos discutir quando

não existe nenhuma diferença real em nossos sentimentos.

40. O homem fica muito mais aquém da sabedoria perfeita, e mesmo de suas próprias ideias de sabedoria perfeita, do que os animais em relação ao homem;

41. No entanto, esta última diferença é tão grande que somente uma comparação com aquela primeira é capaz de fazê-la parecer de pouca monta.

42. Também é usual comparar uma e outra pessoa; vendo que são muito raras as que podemos chamar de sábias ou virtuosas, tendemos a alimentar uma noção depreciativa das pessoas em geral.

43. Para ver a falácia desse modo de raciocinar, podemos observar que as designações honrosas de sábio e virtuoso não estão ligadas a nenhum grau particular daquelas qualidades de sabedoria e virtude,

44. Mas surgem apenas da comparação que fazemos entre uma pessoa e outra. Quando encontramos um homem que atinge um grau incomum de sabedoria, declaramos que é sábio:

45. Assim, dizer que são raros os sábios no mundo é, na verdade, não dizer nada, visto que é apenas por sua escassez que eles merecem tal designação.

46. Mesmo que os mais ínfimos de nossa espécie fossem tão sábios quanto os maiores existentes na

história, ainda assim teríamos razão em dizer que são raros os sábios.

47. Pois, neste caso, elevaríamos ainda mais nossas noções de sabedoria

48. E não prestaríamos uma honra singular a alguém que não tivesse se distinguido singularmente por seus talentos.

Epístola 2

1. Assim como é usual comparar o homem e as outras espécies acima ou abaixo dele, ou comparar os indivíduos da espécie entre si,

2. Da mesma forma comparamos amiúde os diferentes motivos da natureza humana, para regular nosso julgamento em relação a ela.

3. E de fato este é o único tipo de comparação que merece nossa atenção ou tem algum peso para decidir a presente questão.

4. Se nossos princípios egoístas e sórdidos fossem muito mais dominantes do que nossos princípios sociais e virtuosos, sem dúvida teríamos de alimentar uma noção depreciativa da natureza humana.

5. Mas há muito nessa controvérsia que não passa de mera discussão sobre as palavras. Quando um homem nega a sinceridade do espírito público ou da afeição por um país e comunidade, fico sem saber o que pensar a seu respeito.

6. Talvez ele nunca tenha sentido essa emoção de maneira tão clara e distinta que lhe removesse todas as dúvidas sobre sua realidade.

7. Mas, quando ele prossegue e rejeita toda amizade pessoal se nela não se mesclar algum egoísmo ou interesse próprio, tenho certeza de que está abusando dos termos e não entende bem as ideias que eles denotam;

8. Pois é impossível que alguém seja tão egoísta ou estúpido a ponto de não enxergar nenhuma diferença entre um homem e outro e de não dar preferência a qualidades que despertam sua aprovação e apreço.

9. Será ele também tão insensível à cólera quanto aparenta ser em relação à amizade? E a injúria e a ofensa não o afetam mais do que a gentileza ou os favores?

10. Impossível: ele não se conhece; esqueceu os movimentos de seu coração;

11. Ou melhor, utiliza uma linguagem diferente da de seus conterrâneos e não chama as coisas por seus devidos nomes.

12. O que diz ele sobre a afeição natural? É também uma espécie de amor de si?

13. "Sim", diz ele: "tudo é amor a si mesmo. Meus filhos só são amados porque são meus,

14. "Meu amigo por uma razão semelhante, e meu país só me

envolve na medida em que tem uma ligação comigo".

15. Assim, se a ideia de si fosse removida, nada o afetaria! Ele seria totalmente inerte e insensível;

16. Ou, se chegasse a fazer algum movimento, seria apenas por vaidade e um desejo de fama e reputação para seu próprio eu.

17. Respondo que estou disposto a aceitar sua interpretação das ações humanas, desde que ele admita os seguintes fatos:

18. Que o amor de si que se manifesta em bondade para com os outros tem uma grande influência nas ações humanas,

19. E ainda maior, em muitas ocasiões, do que aquilo que permanece em sua forma e feitio original.

20. Pois quão raros são aqueles que, tendo família, filhos e relações, não gastam mais em sua manutenção e educação do que em seus próprios prazeres?

21. Isso, de fato, observa ele com justeza, pode derivar de seu amor a si mesmo, visto que a prosperidade de sua família e amigos é não só sua principal honra, mas também um de seus prazeres.

22. Mas, se ele é um desses homens egoístas, ainda assim contará com a boa opinião e a boa vontade de todos, porque cuida de sua família dessa maneira;

23. Ou, para não ferir seus ouvidos com essas expressões, o amor de si de todos, inclusive o meu, então nos inclinará a obsequiá-lo e a falar bem dele.

24. Em minha opinião, existem duas coisas que fazem se extraviar aqueles que tanto insistem no egoísmo do homem.

25. Em primeiro lugar, eles viram que todo gesto de virtude ou de amizade era acompanhado por um prazer secreto, de onde concluíram que a amizade e a virtude não podiam ser desinteressadas.

26. Mas a falácia disso é evidente. O sentimento virtuoso causa o prazer, não nasce dele.

27. Sinto prazer em fazer o bem a meu amigo porque o amo; mas não o amo por causa daquele prazer.

28. Em segundo lugar, sempre se viu que os virtuosos estão longe de ser indiferentes ao elogio;

29. Por isso, têm sido apresentados como um bando de gente jactanciosa que só tinha em vista o aplauso dos outros.

30. Mas isso também é uma falácia. É muito injusto apontar um laivo de vaidade numa ação louvável e, por causa disso, depreciá-la ou atribuí-la inteiramente àquele motivo.

31. Já com outras paixões, o caso é diferente.

32. Quando a avareza ou a vingança está presente em alguma ação aparentemente virtuosa, é-nos difícil determinar até que ponto ela está presente e é natural supor que seja o único princípio atuante.

33. Mas a vaidade está tão intimamente ligada à virtude e o amor pela fama das ações louváveis está tão próximo do amor pelas ações louváveis em si mesmas,

34. Que essas paixões são mais suscetíveis de mescla do que qualquer outro tipo de afeição;

35. E é quase impossível ter aquela última sem ter algum grau da primeira.

36. Assim, em geral, o amor à glória das ações virtuosas é prova segura do amor à própria virtude.

Epístola 3

1. E agora, caro filho, vamos a teus progressos no amor à virtude!

2. Não te negarei nem regatearei qualquer dinheiro que possa ser necessário para teu aprimoramento ou para teus prazeres;

3. Refiro-me aos prazeres de um ser racional. Sob o título de aprimoramento, refiro-me a bons livros, ensino e alojamento;

4. Por prazeres racionais, refiro-me a doações, presentes, diversões e outras demandas eventuais da boa companhia.

5. Os únicos dois itens que jamais pagarei, são o desregramento vulgar e o ocioso excesso de desleixo e indolência.

6. O tolo dissipa, sem mérito nem vantagem para si, mais do que um homem sensato gasta em ambos.

7. Este emprega seu dinheiro enquanto ocupa o tempo e nunca gasta um tostão de um, nem um minuto do outro, a não ser em coisas que sejam úteis ou racionalmente agradáveis para si ou para os outros.

8. Mas o tolo compra coisas de que não precisa e não paga pelo que precisa.

9. Não consegue resistir aos encantos dos ouropéis espalhafatosos e dos prazeres vulgares; outros conspiram com seu deleite pessoal apenas para trapaceá-lo;

10. Em pouquíssimo tempo, fica perplexo, em meio a superfluidades ridículas, ao se ver privado dos verdadeiros confortos e necessidades da vida.

11. Sem método nem cuidado, nem a maior das fortunas atenderá a todas as despesas necessárias e quase nem sequer à menor das vontades.

12. Sempre que puderes, paga tudo à vista e evita comprar a crédito.

13. Entrega pessoalmente esse dinheiro e não pelas mãos de outrem, que sempre exige sua parte.

14. Quando tiveres de comprar a crédito, paga regularmente todos os meses e de tua própria mão.

15. Nunca, por alguma economia equivocada, compres algo de que não precisas, por ser barato; nem por orgulho, por ser caro.

16. Mantém um livro de registros do que recebes e do que pagas;

17. Pois nenhum homem a par do que paga e recebe jamais fica sem nada.

18. Na economia, tal como no resto da vida, dá a atenção adequada aos objetos adequados e o desdém adequado aos ínfimos.

19. A mente sólida vê as coisas em suas verdadeiras proporções; a fraca enxerga por uma lente de aumento que,

20. Como o microscópio, converte uma pulga num elefante: amplia os objetos pequenos, mas nos cega aos grandes.

21. A característica segura de uma mente sólida e equilibrada é ver em tudo os limites adequados das coisas.

22. Nas maneiras, essa linha é a boa educação; além dela, é cerimoniosidade canhestra; aquém, é desatenção e displicência inconveniente.

23. Na moral, ela divide o puritanismo e o vício: em suma,

cada virtude e seu vício ou fraqueza afim.

Epístola 4

1. Muitos jovens são tão levianos, tão dissipados e descuidosos que mal se pode dizer que veem o que veem ou ouvem o que ouvem.

2. Isto é, ouvem de maneira tão superficial e desatenta que seria o mesmo se não vissem ou ouvissem nada.

3. Por exemplo, se veem um edifício público, como uma faculdade, um hospital, um arsenal, contentam- -se com o primeiro olhar

4. E não se dão ao tempo nem ao incômodo de se informar sobre suas partes materiais,

5. Que são a constituição, as normas, a ordem e a economia no interior.

6. Tu te aprofundarás mais, espero, e entrarás na substância das coisas.

7. Agora chegaste a uma idade capaz de reflexão, e espero que faças o que poucas pessoas de tua idade fazem: irás utilizá-la por ti mesmo em busca da verdade e do conhecimento sólido.

8. Confessarei, pois não reluto em revelar meus segredos a ti, que não faz muitos anos que presumo refletir por mim mesmo.

9. Até os dezesseis ou dezessete, não tinha nenhuma reflexão; e, por muitos anos depois, não usei a que tinha.

10. Adotei as noções dos livros que li ou dos companheiros que tive, sem examinar se eram justas ou não;

11. Preferi correr o risco do erro fácil a empregar tempo e trabalho para investigar a verdade.

12. Assim, em parte por preguiça, em parte por dissipação e em parte por pensar que estava rejeitando noções em voga,

13. Fui impelido por preconceitos, ao invés de ser guiado pela razão, e acalentei calmamente o erro, em vez de buscar a verdade.

14. Mas, desde que me dei ao incômodo de raciocinar por mim mesmo, não podes imaginar o quanto se alteraram minhas noções das coisas e quão diferente é a luz a que as vejo agora.

15. Mas, sem dúvida, ainda conservo muitos erros, os quais, pelo longo hábito, infelizmente se converteram em opiniões reais.

16. Sem nenhum esforço excepcional da inteligência, descobri que a natureza era igual há três mil anos ao que é no presente;

17. Que os homens eram homens então como agora; que os usos e costumes variam com frequência, mas que a natureza humana é sempre a mesma.

18. Tampouco posso supor que os homens fossem melhores, mais bravos ou mais sábios mil e quinhentos ou três mil anos atrás.

19. Da mesma forma como não posso supor que os animais ou vegetais eram melhores então do que o são agora,

20. Usa e afirma tua própria razão; reflete, examina e analisa tudo, a fim de formar um julgamento sólido e maduro;

21. Não permitas que nenhuma autoridade se imponha a teu entendimento, desoriente tuas ações ou dite tua conversação.

22. Sê logo o que, se não fores, desejarás tarde demais ter sido.

23. Consulta em tempo tua razão: não digo que ela sempre se demonstrará um guia certeiro, pois a razão humana não é infalível; mas se demonstrará o guia menos errôneo que podes seguir.

24. Livros e conversas podem auxiliá-la; mas não os adotes às cegas nem implicitamente; testa-os por aquele melhor dos guias, a razão.

25. De todos os incômodos, não evites, como muitos fazem, o incômodo de pensar: este é o melhor e mais útil incômodo do mundo.

26. Dificilmente pode-se dizer que o rebanho da espécie humana pense; suas noções são quase todas adotadas; e, de modo geral, acredito que é melhor que assim seja,

27. Pois tais preconceitos comuns contribuem mais para a ordem e a

tranquilidade do que fariam os raciocínios avulsos individuais, incultos e imperfeitos como são.

Epístola 5

1. O dia, quando bem empregado, é suficientemente longo para tudo.
2. Metade dele, aplicada a teus estudos e exercícios, dará acabamento a tua mente e a teu corpo;
3. A parte restante, passada em boa companhia, formará tuas maneiras e completará teu caráter.
4. O que não daria eu para que lesses criticamente Demóstenes de manhã e o entendesses melhor do que qualquer outro;
5. Que de tarde te comportasses melhor do que qualquer outro na corte;
6. E à noite te divertisses de maneira mais agradável do que qualquer outro em companhia mista!
7. Tudo isso, se quiseres, podes fazer: tens os meios, tens as oportunidades.
8. Emprega-os enquanto podes e torna-te aquele homem plenamente realizado que eu gostaria que fosses.

Epístola 6

1. A fim de julgar o interior dos outros, estuda o teu, pois os homens em geral são muito semelhantes;
2. Embora um tenha uma paixão predominante e outro tenha outra, suas operações são basicamente as mesmas;
3. E aquilo que te atrai ou te repele, te agrada ou te ofende, em ti irá atrair, repelir, agradar ou ofender os outros.
4. Observa com a máxima atenção todas as operações de tua mente, a natureza de tuas paixões e os motivos variados que determinam tua vontade,
5. E poderás conhecer em alto grau toda a humanidade.
6. Por exemplo, sentes-te ferido e mortificado quando outrem te faz sentir sua superioridade e tua própria inferioridade, em conhecimento, físico, nível ou fortuna?
7. Certamente tomarás grande cuidado para que uma pessoa cuja boa vontade, boa opinião, interesse, estima ou amizade desejas granjear não sinta tal superioridade em ti, se a tiveres.
8. Se insinuações desagradáveis, palavras sarcásticas ou frequentes objeções te irritam e aborrecem, irias usá-las quando queres atrair e agradar?
9. Certamente não, e espero que queiras atrair e agradar quase universalmente.
10. A tentação de dizer alguma coisa inteligente e espirituosa, com o aplauso malicioso com que

geralmente é recebida, tem feito mais inimigos para aqueles capazes de dizê-las

11. E, com frequência ainda maior, para aqueles que se julgam capazes, mas não o são, e ainda assim tentam;

12. Não só faz inimigos, mas inimigos implacáveis, e é o caminho para a inimizade mais seguro do que qualquer outra coisa que conheço.

13. Se tais coisas vierem a ser ditas a tuas expensas, reflete seriamente sobre os sentimentos de cólera e indignação que te despertam,

14. E avalia se há de ser prudente despertar nos outros, pelos mesmos meios, os mesmos sentimentos contra ti.

15. É rematada insensatez perder um amigo por causa de um gracejo; mas, a meu ver, é igual insensatez converter uma pessoa neutra e indiferente em inimiga pelo gosto de uma facécia.

16. Quando tais coisas são ditas a teu respeito, a maneira mais prudente é parecer não supor que elas se refiram a ti,

17. E disfarçar e ocultar qualquer grau de irritação que possas sentir por dentro;

18. Mas, se forem tão diretas que não se possa esperar que ignores seu significado,

19. Junta-te às risadas dos outros contra ti mesmo; reconhece que a alfinetada foi justa, que a piada foi boa e deixa de lado com aparente bom humor;

20. Mas de maneira nenhuma devolvas na mesma moeda, o que só mostrará que te sentes ferido e anunciará a vitória que podias ter ocultado.

21. Se a coisa dita realmente ofender tua honra ou teu caráter moral, só existe uma resposta apropriada, a qual espero que jamais tenhas ocasião de dar.

Epístola 7

1. Considera, portanto, como te é precioso agora cada instante de tempo.

2. Quanto mais te dedicas a teus afazeres, mais provarás teus prazeres.

3. O exercício da mente de manhã estimula o apetite para os prazeres da noite,

4. Assim como o exercício do corpo estimula o apetite para o jantar.

5. Afazeres e prazeres, entendidos de maneira correta, se auxiliam mutuamente, ao invés de ser inimigos, como muitas vezes pensam os tolos ou obtusos.

6. Ninguém saboreia realmente o prazer se não for fruto do prévio afazer;

7. E os que se dedicam apenas a seus afazeres raramente os cumprem bem.

8. Assim, o trabalho e o prazer são amigos e assistentes mútuos, e um alivia e adoça o outro.

9. Lembra que, quando falo em prazeres, refiro-me sempre aos prazeres de um ser racional e não aos brutais de um porco.

10. Refiro-me à boa comida, não à glutoneria; ao bom vinho, muito antes da embriaguez;

11. Aos jogos agradáveis, sem sequer uma mínima aposta; à galanteria, sem devassidão.

12. Em todas essas coisas há uma linha à qual os homens sensatos, para maior segurança, prestam grande atenção para se manter no lado certo dela,

13. Pois logo do outro lado dessa linha estão a doença, o sofrimento, o desprezo e a infâmia.

14. Homens de siso e mérito, em todos os outros aspectos, podem ter incorrido em algumas dessas falhas;

15. Mas aqueles poucos exemplos, ao invés de nos incentivar a imitá-los, devem apenas nos acautelar ainda mais contra as fraquezas.

Epístola 8

1. Refletir sobre as pessoas, sua natureza, seu caráter, suas maneiras, te ajudará não só a conhecer os outros, mas também a formar a ti mesmo.

2. É como se ninguém se incumbisse de transmitir tal conhecimento aos jovens.

3. Os mestres lhes ensinam línguas ou ciências, mas geralmente são incapazes de lhes ensinar o mundo;

4. Os pais também parecem incapazes ou pelo menos descuidam de fazê-lo,

5. Seja por indiferença, por serem ocupados demais ou pela opinião de que a melhor maneira de lhes ensinar o mundo é simplesmente atirá-los nele.

6. Esta última noção é, em grande medida, verdadeira; sem dúvida, nunca se poderá conhecer bem o mundo pela teoria, e a prática é absolutamente necessária;

7. Mas certamente é de grande uso aos jovens, antes de partirem para aquela terra cheia de labirintos, meandros e curvas,

8. Ter pelo menos um mapa geral, feito por algum viajante experimentado.

Epístola 9

1. É absolutamente necessário ter alguma dignidade nas maneiras para que mesmo o caráter de maior valor seja respeitado ou respeitável.

2. Gracejos pesados, travessuras, risadas altas e frequentes, trotes, peças e familiaridade indiscriminada farão descambar o mérito e o conhecimento para um certo nível de desdém.

3. Tais modos formam no máximo um pândego, e pândegos jamais foram homens respeitáveis.

4. A familiaridade indiscriminada ou ofende teus superiores ou te torna dependente e seguidor deles.

5. Dá a teus inferiores pretensões de igualdade que são justas, mas incômodas e impróprias.

6. O brincalhão é parente próximo do bufão, e nenhum dos dois tem qualquer parentesco com a inteligência.

7. Aquele que é aceito ou convidado por qualquer outro motivo que não sejam seus méritos e maneiras nunca é respeitado,

8. Mas apenas usado: "Teremos fulano", dirão, "pois canta bem; convidaremos beltrano para o baile, pois dança bem;

9. "Teremos sicrano à ceia, pois está sempre rindo e brincando; chamaremos aquele outro, porque bebe muito".

10. Todas estas são distinções aviltantes, preferências mortificantes e excluem qualquer noção de apreço e consideração.

11. Quem é convidado a um grupo apenas por uma única coisa se reduz unicamente a esta coisa e nunca será visto a nenhuma outra luz;

12. Consequentemente, nunca é respeitado por ele mesmo, quaisquer que sejam seus méritos.

13. Essa dignidade das maneiras, que te recomendo tão vivamente, não é orgulho, longe disso.

14. Não só difere do orgulho como a verdadeira coragem difere da fanfarronada

15. Ou a verdadeira espirituosidade difere da facécia, como também é absolutamente incompatível com ele, pois nada avilta e degrada mais do que o orgulho.

16. As pretensões do orgulhoso geralmente são tratadas mais com desdém do que com indignação,

17. Tal como quando oferecemos um valor ridiculamente baixo a um comerciante que pede um preço ridiculamente alto por seus artigos;

18. Ao passo que não regateamos com quem pede apenas um preço justo e razoável.

19. A adulação servil e a concordância indiscriminada degradam tanto quanto a objeção indiscriminada e o desagrado pela divergência.

20. Mas a afirmação modesta da própria opinião e a concordância amável com as dos outros preservam a dignidade.

21. Expressões vulgares e movimentos desajeitados atraem desapreço, pois indicam propensões mentais rudes, educação reles e companhia grosseira.

22. A curiosidade frívola em relação a ninharias e a atenção concentrada em miudezas que não requerem

nem merecem um momento sequer de pensamento diminuem um homem, o qual, por essas coisas, é considerado incapaz de assuntos maiores.

23. Um homem, muito sagazmente, concluiu que outro tinha espírito tacanho no momento em que este lhe disse que usava a mesma pena fazia três anos e ela ainda estava boa.

Epístola 10

1. Meu filho, certo grau de seriedade externa na aparência e nos movimentos confere dignidade,

2. Sem excluir a espirituosidade e uma jovialidade decorosa, que sempre são sérias em si mesmas.

3. Um constante sorriso afetado no rosto e o corpo em contínua agitação são fortes sinais de futilidade.

4. Quem vive afobado mostra que a coisa que está para fazer ultrapassa suas capacidades. Pressa e afobação são coisas muito diferentes.

5. Mencionei apenas algumas daquelas coisas que podem e de fato diminuem e degradam o caráter, sob outros aspectos bastante meritório;

6. Mas não comentei aquelas que afetam e degradam o caráter moral. São suficientemente óbvias.

7. Um homem que se resigna a ser pisoteado pode simular coragem tanto quanto um homem arruinado por vícios e crimes pode fingir algum tipo de dignidade.

8. Mas, mantendo o decoro externo e as maneiras dignas, mesmo um homem desses levará mais tempo para se degradar do que se não os mantivesse.

9. Peço-te que leias com frequência e com a máxima atenção, e até memorizes, aquele incomparável capítulo de *Dos deveres*, de Cícero, sobre o decoro. Contém tudo o que é necessário para a dignidade das maneiras.

10. Um modo comum e vulgar de pensar, agir ou falar supõe uma educação reles e o hábito de companhias grosseiras.

11. Os jovens o contraem na escola ou na rua, se estão demasiado acostumados a conversar lá;

12. Mas, se devem frequentar boas companhias, eles precisam de muita atenção e observação para abandonar os maus hábitos;

13. E, de fato, se não o fizerem, o mais provável é que as boas companhias os abandonem.

14. São infinitos os vários tipos de vulgaridades; algumas amostras podem ajudar a vislumbrar as demais.

15. Um homem vulgar é capcioso e invejoso, sôfrego e impetuoso a propósito de ninharias.

16. Suspeita que fazem pouco de si e pensa que tudo o que dizem se refere a ele:

17. Se os companheiros riem, crê que riem dele;

18. Zanga-se, irrita-se, diz algo muito impertinente e por si só cria problemas,

19. Mostrando o que gosta de chamar de caráter forte e afirmando a si mesmo.

20. Um homem sensato, pelo contrário, não se imagina como o único ou principal objeto dos pensamentos, olhares ou palavras de sua companhia,

21. E nunca suspeita que ela ria ou faça pouco dele, a menos que saiba que o merece.

22. E se, coisa muito rara de acontecer, sua companhia é suficientemente absurda ou mal-educada para fazer algo assim, ele não se incomoda,

23. A menos que o insulto seja tão grosseiro e direto a ponto de exigir satisfação de outra espécie.

24. Como ele está acima de ninharias, nunca é veemente nem afoito em relação a elas; e, no que lhes concerne, prefere concordar a discutir.

25. A conversa de um homem vulgar sempre guarda um forte sabor da vileza de sua educação e companhia.

26. Ela gira principalmente em torno de seus assuntos domésticos, do trabalho diário, da excelente ordem que ele mantém dentro da própria família e de pequenas anedotas sobre a vizinhança;

27. Tudo isso contado com ênfase, como se fossem assuntos interessantes. É o homem dos mexericos.

28. A vulgaridade da linguagem é a próxima característica distintiva da má companhia e da má educação.

29. A coisa que o homem reflexivo evita com maior cuidado é a banalidade.

30. Os provérbios e frases batidas são as flores retóricas do homem vulgar.

31. Se quiser dizer que os gostos das pessoas variam, ele sustentará e adornará essa opinião com o bom e velho ditado, como diz respeitosamente, de que "o gosto de um é veneno de outro".

32. Se alguém tentar "se fazer de esperto", como diz ele, "vai levar na mesma moeda" – sim, deveras.

33. Sempre tem alguma palavra favorita no momento, da qual, para poder usá-la bastante, geralmente abusa,

34. Como uma "vasta" raiva, uma "vasta" gentileza, uma "vasta" beleza e uma "vasta" feiura.

35. Às vezes, para enfeitar a frase, exibe palavras difíceis, as quais sempre estropia.

36. Um homem educado nunca recorre a provérbios e aforismos vulgares; não tem palavras preferidas nem usa palavras difíceis;

37. Toma cuidado em usar bem o instrumento da linguagem.

38. A graça das maneiras e da linguagem é necessária para adornar e apresentar o mérito intrínseco da pessoa, tal como o polimento para o diamante,

39. O qual, sem polir, nunca seria usado, por maior que fosse seu peso.

Epístola 11

1. Muitas vezes afirmei, meu filho, que a mais profunda erudição e as mais polidas maneiras não eram de forma nenhuma incompatíveis, embora raramente se encontrassem na mesma pessoa.

2. Tenho por certo que todo ser racional se coloca algum objetivo mais importante do que a mera respiração e a obscura existência animal.

3. Ele deseja se distinguir entre seus semelhantes. Plínio deixa à humanidade apenas esta alternativa:

4. Fazer o que mereça ser escrito ou escrever o que mereça ser lido.

5. Estou convencido de que tens um ou ambos desses objetivos em vista; mas precisas conhecer e utilizar os meios necessários, ou tua busca será em vão.

6. Nos dois casos, o conhecimento é o princípio e a base, mas de maneira nenhuma é suficiente.

7. Tal conhecimento precisa ser adornado, deve ter peso, mas também lustro, ou será tomado mais amiúde por chumbo do que por ouro.

8. Conhecimentos tens e terás: quanto a isso, estou tranquilo. Mas o que me cabe, como teu amigo, não é te elogiar pelo que tens, mas te dizer o que te falta;

9. E devo te dizer claramente que, afora o conhecimento, receio faltar-te tudo.

10. E com isso, caro filho, quero dizer que o que precisas adquirir agora são as maneiras.

11. Bem se disse que a pessoa é virtuosa por si, mesmo que ninguém saiba, assim como é asseada por si, mesmo sem ninguém ao lado.

12. Portanto, desde que obtiveste o uso de tua razão, nunca te escrevi a respeito do vício:

13. Ele fala por si só; e agora seria tão cabível te advertir para não caíres em desonra quanto te dizer para não caíres na lama ou dentro do fogo.

14. Mas o requisito que se segue aos bons costumes são as boas maneiras, tão necessárias quão desejáveis.

15. As boas maneiras são, para as sociedades específicas, o que os bons costumes são para a sociedade em geral: seu cimento e segurança.

16. E assim como se instituem leis para que vigorem os bons costumes ou, pelo menos, para prevenir os efeitos daninhos dos maus,

17. Da mesma forma existem certas regras de civilidade, universalmente implícitas e transmitidas, para que vigorem as boas maneiras e os maus modos sejam punidos.

18. E, de fato, parece-me ser menor a diferença entre costumes e maneiras, e entre os crimes e castigos correspondentes, do que se imaginaria à primeira vista.

19. O homem imoral, que invade a propriedade de outrem, é justamente punido por isso; e o homem mal-educado que, com seus maus modos, invade e perturba a tranquilidade e o conforto da vida privada, também é, por consenso geral, justamente punido com o banimento da sociedade.

20. Mútuas concessões, atenções e sacrifícios de pequenas conveniências são um pacto natural implícito entre pessoas civilizadas, tal como a proteção e a obediência entre um estado e seus cidadãos;

21. Quem viola esse pacto, em ambos os casos, com justiça perde as vantagens derivadas dele.

22. De minha parte, realmente penso que, depois da consciência de fazer uma boa ação, a de fazer uma ação cívica é a mais agradável;

23. E a descrição que eu mais ambicionaria, depois da de ser honesto e verdadeiro, é a de ser bem-educado.

24. De acordo com isso, poderíamos formular esses axiomas: que a mais profunda erudição, sem uma boa educação, é pedantismo cansativo e indesejado,

25. E, como não tem utilidade nenhuma a não ser no próprio estudo daquele homem, por conseguinte tem pouca ou nenhuma utilidade em geral;

26. Que um homem que não é bem-educado é impróprio como boa companhia e indesejado entre os de boa companhia;

27. Por conseguinte, logo se desgostará da companhia e então renunciará a ela, ou ela renunciará a ele,

28. E assim ficará reduzido à solidão ou, o que é pior, a más e baixas companhias.

29. E, por fim, que um homem que não é bem-educado é igualmente impróprio para os negócios, tal como o é como companhia.

30. Portanto, faz da boa educação um objeto de estudo. Pouco sucesso terás em tuas negociações se não granjeares e atraíres previamente, com tuas maneiras, as afeições daqueles com quem negocias.

31. Poderás algum dia manter boas relações com os outros, se não tiveres aquelas maneiras agradáveis que são as únicas capazes de estabelecê-las?

32. Não exagero quando digo que as boas maneiras e o trato gentil são essenciais para a vida boa.

33. Pois teu conhecimento pouquíssima influência terá no espírito dos outros se tuas maneiras predispuserem o ânimo deles contra ti;

34. Mas, por outro lado, quão facilmente atrairás o entendimento quando, antes, atraíste o coração?

Epístola 12

1. Caro filho, aqueles que supõem que os homens em geral agem racionalmente, porque são chamados de criaturas racionais, muito pouco conhecem do mundo,

2. E, se eles mesmos agem a partir dessa suposição, em nove entre dez casos verão que se enganaram redondamente.

3. Assim, o pedante especulativo, enclausurado em sua cela solitária,

forma sistemas de coisas como deveriam ser, e não como são;

4. Escreve da mesma maneira incisiva e absurda sobre a guerra, a política, as maneiras e o caráter, como falava aquele pedante que foi tão solícito em instruir Aníbal sobre a arte da guerra.

5. Esses políticos de gabinete nunca deixam de atribuir os mais profundos motivos às mais miúdas ações,

6. Em vez de atribuir mais amiúde as maiores ações às mais miúdas causas, no que muito mais raramente se equivocariam.

7. Eles leem e escrevem sobre reis, heróis e estadistas como se nunca fizessem nada a não ser baseados nos mais profundos princípios de uma política sólida.

8. Mas os que veem e observam reis, heróis e estadistas sabem que eles têm dores de cabeça, indigestões, humores e paixões, tal como todos os outros,

9. Coisas estas que, por sua vez, determinam a vontade desafiando a razão.

10. Se lêssemos na *Vida de Alexandre* apenas que ele incendiou Persépolis, certamente o fato seria explicado como algo derivado de uma profunda linha de ação política;

11. Diriam que sua nova conquista não teria sido possível sem a destruição daquela capital,

12. Que era sede constante de cabalas, conspirações e revoltas.

13. Mas, felizmente, somos ao mesmo tempo informados de que esse herói, esse modelo exemplar, tinha se embriagado desmedidamente com uma cortesã,

14. E por farra destruiu uma das mais belas cidades do mundo.

15. Assim, lê os homens não nos livros, mas na natureza. Não adotes sistemas, mas estuda-os pessoalmente.

16. Observa suas fraquezas, suas paixões e humores, que em nove entre dez vezes lhes toldam a mente racional.

17. Então verás que esta é conquistada, influenciada ou guiada muito mais amiúde por pequenas coisas do que por grandes questões;

18. E, consequentemente, deixarás de considerar pequenas aquelas coisas que tendem a tão grandes propósitos.

19. O conhecimento da humanidade é um conhecimento muito útil para todos, mas especialmente necessário para quem deseje ter uma vida pública ativa.

20. Terás de lidar com todas as espécies de caráter; deves, portanto, conhecê-los a fundo, para conduzi-los habilmente.

21. Esse conhecimento não se adquire por meio de sistemas; deves adquiri-lo pessoalmente, com tua própria observação e sagacidade;

22. Embora possas te beneficiar com o estudo dos filósofos, os quais podem ter oferecer sugestões que sejam úteis.

23. Muitas vezes disse-te que, em relação à humanidade, não devemos extrair conclusões gerais a partir de alguns princípios particulares, embora sejam em geral verdadeiros.

24. Não devemos supor que, por ser o homem um animal racional, por isso sempre agirá racionalmente;

25. Ou que, por ter tal ou tal paixão predominante, em decorrência disso sempre agirá invariavelmente segundo ela.

26. Não. Somos máquinas complicadas: e, embora tenhamos apenas uma mola mestra que imprime movimento ao conjunto, temos uma infinidade de pequenas engrenagens que,

27. Girando, retardam, precipitam e por vezes detêm aquele movimento.

Epístola 13

1. Darei alguns exemplos. Suponhamos que a ambição é, como de fato costuma ser, a paixão dominante de um determinado político;

2. Suporei também que esse político é hábil. Assim sendo, ele irá buscar invariavelmente os

objetivos de sua paixão predominante?

3. Posso ter certeza de que fará tal e tal coisa, porque assim deveria? Não! A doença ou a melancolia podem turvar aquela paixão;

4. O mau humor e a impaciência podem prevalecer sobre ela; às vezes, paixões inferiores podem tomá-la de surpresa e vencê-la.

5. Esse político ambicioso é um apaixonado? Confidências indiscretas, feitas em momentos de ternura à esposa ou à amante, podem prejudicar todos os seus planos.

6. É avarento? Algum grande objeto lucrativo, apresentando-se inesperadamente, pode desfazer todo o trabalho em favor de sua ambição.

7. Tem emoções fortes? Objeções e provocações, às vezes feitas ardilosamente para irritá-lo, podem despertar expressões ríspidas e impensadas ou levar a ações prejudiciais a seu principal objetivo.

8. É vaidoso e suscetível a adulações? Algum hábil adulador pode induzi-lo ao engano;

9. E mesmo a preguiça, em alguns momentos, pode levá-lo a desconsiderar ou omitir os passos necessários para atingir suas aspirações.

10. Assim, primeiro procura a paixão predominante do caráter que

desejas atrair e influenciar, e dirige-te a ela;

11. Mas sem desafiar nem desprezar as paixões inferiores; leva-as em conta também, pois vez por outra elas predominarão.

12. Em muitos casos, não estará em teu poder contribuir para a satisfação da paixão dominante;

13. Então toma em teu auxílio a que vem logo a seguir. Há muitas vias de acesso a todo homem.

14. E quando não consegues chegar a ele pela via principal, tenta as tortuosas e por fim chegarás.

15. Existem duas paixões incompatíveis, que amiúde andam juntas, como marido e esposa,

16. E que, também como marido e esposa, operam como entraves mútuos. Refiro-me à ambição e à avareza.

17. Muitas vezes esta é a verdadeira causa daquela, e portanto é ela a paixão predominante.

18. Embora todos os homens tenham a mesma composição, os diversos ingredientes entram nos indivíduos em proporções tão diferentes que não existem dois exatamente iguais; e nenhum é sempre igual o tempo todo.

19. O homem mais capaz às vezes fará coisas medíocres; o mais orgulhoso, coisas mesquinhas;

20. O mais honesto, coisas ruins; o mais perverso, coisas boas.

21. Portanto, estuda os indivíduos; se traçares, como deves fazer, um perfil geral a partir de suas paixões predominantes,

22. Suspende teus últimos toques de acabamento até observares e descobrires as operações de seus apetites, humores e paixões inferiores.

23. O caráter geral de um homem pode ser o do mais honesto do mundo: não o questiones; poderiam te considerar invejoso ou de má índole;

24. Mas, ao mesmo tempo, não deponhas em tal probidade uma confiança a ponto de entregar tua vida, tua fortuna ou reputação ao poder dele.

25. Esse homem honesto pode eventualmente ser teu rival em poder, interesse ou amor: três paixões que muitas vezes submetem a honestidade às mais rigorosas provas, nas quais ela é reprovada com excessiva frequência;

26. Mas primeiro analisa pessoalmente este homem honesto; e somente então serás capaz de julgar até que ponto podes ou não podes confiar seguramente nele.

Epístola 14

1. Meu filho, acautela-te contra aqueles que, ao conhecimento mais superficial, impõem a ti uma amizade e uma confiança que não foram merecidas nem solicitadas;

2. Pois provavelmente te empanturram com sua presença apenas para se alimentarem a si mesmos;

3. Ao mesmo tempo, porém, não os rejeites rispidamente apenas por tal suposição.

4. Examina melhor e vê se essas propostas inesperadas brotam de um coração afetuoso e uma cabeça oca,

5. Ou de uma cabeça calculista e um coração frio; pois a patifaria e a tolice muitas vezes apresentam os mesmos sintomas.

6. No primeiro caso, não há perigo em aceitá-las; no segundo caso, pode ser útil dar a parecer que aceitas e, artificiosamente, virares a bateria contra aquele que a levantou.

7. Existe uma incontinência na amizade entre jovens que se associam apenas por seus mútuos prazeres,

8. A qual, muitas vezes, traz consequências ruins. Em grupo, pessoas de corações afetuosos e cabeças inexperientes, aquecidas pela alegria do convívio

9. E provavelmente por algum excesso de vinho, juram, e no momento são sinceras, eterna amizade mútua

10. E, indiscretas, abrem totalmente o coração, sem a menor reserva.

11. Essas confidências são repelidas com a mesma indiscrição com que foram feitas;

12. Pois novos prazeres e novos lugares logo dissolvem essa relação mal cimentada; e então faz-se péssimo uso dessas confidências precipitadas.

13. Participa, porém, da companhia de jovens; e até sobressai-te, se puderes, em toda a alegria e festividade social e de convívio que se adequa à juventude.

14. Confia-lhes teus casos amorosos, se quiseres; mas conserva em segredo tuas posições sérias.

15. Estas, confia apenas a algum amigo comprovado, mais experiente do que ti,

16. E que, tendo outro modo de vida, dificilmente se tornaria um rival teu;

17. Pois não te aconselho a confiares tanto na virtude heroica da humanidade a ponto de esperares ou creres que teu concorrente sempre se manterá amigo teu em tais assuntos.

18. São reservas e cautelas que é muito necessário ter, mas muito imprudente mostrar.

Epístola 15

1. Se tens grandes talentos e grandes virtudes, meu filho, eles te granjearão o respeito e a admiração da humanidade;

2. Mas são os talentos menores que te devem granjear seu amor e afeição.

3. Aqueles, sem o acompanhamento e o adorno destes, despertarão louvor, mas, ao mesmo tempo, provocarão medo e inveja;

4. E esses dois sentimentos são absolutamente incompatíveis com o amor e a afeição.

5. César tinha todos os grandes vícios, e Catão todas as grandes virtudes, que os homens podem ter.

6. Mas César tinha as virtudes menores que faltavam a Catão e, por isso, César era amado por muitos,

7. Até por seus inimigos, e ganhava o coração dos homens, a despeito da razão;

8. Ao passo que Catão não era amado sequer por seus amigos, apesar da estima e respeito que não podiam negar a suas virtudes.

9. Inclino-me a pensar que, faltassem a César e tivesse Catão essas virtudes menores,

10. Aquele não poderia ter usurpado e este poderia ter protegido as liberdades de Roma.

11. Como diz um dramaturgo sobre César, e com verdade: "Amaldiçoai suas virtudes, elas destruíram seu país."

12. Ele se refere àquelas virtudes menores, mas envolventes, da

gentileza, da afabilidade, da cortesia e do bom humor.

13. O saber de um erudito, a coragem de um herói e a virtude de um estoico são objetos de admiração;

14. Mas, se o saber vem acompanhado de arrogância, a coragem de ferocidade e a virtude de severidade inflexível, o homem nunca será amado.

15. Todos nós somos de tal feitio que nosso entendimento é geralmente enganado por nosso coração, isto é, por nossas emoções;

16. E o caminho mais seguro até aquele passa por este, bastando que se sinta atraído pelas virtudes menores e pela maneira de praticá-las.

17. A civilidade insolente de um homem orgulhoso é, se possível, mais chocante do que sua rudeza;

18. Pois assim ele te mostra que a considera mera condescendência de sua parte;

19. E que é apenas por bondade que te oferece algo que não tens nenhum direito de esperar.

20. Ele indica que te concede sua proteção, não sua amizade, assentindo graciosamente com a cabeça, ao invés da vênia usual;

21. E expressa mais um consentimento do que um convite para te sentares, andares, comeres ou beberes com ele.

22. A mesquinha liberalidade de um homem orgulhoso de suas posses é um insulto às dificuldades que por vezes ela vem aliviar;

23. Ele se empenha em que sintas tuas desventuras e a diferença entre tua situação e a dele,

24. E insinua que ambas são justamente merecidas; a tua, por tua insensatez, a dele, por sua sabedoria.

25. O pedante arrogante não transmite, e sim promulga seu conhecimento. Ele não to dá, impinge-o a ti;

26. E deseja ainda mais, se possível, mostrar-te tua própria ignorância do que seu saber.

27. Tais maneiras ferem e revoltam aquele pequeno orgulho e vaidade que todo homem traz em seu coração;

28. E apagam em nós a obrigação pelo favor concedido, por nos lembrar o motivo que o gerou e a maneira que o acompanhou.

29. Esses defeitos apontam as perfeições contrárias e teu próprio bom senso, meu filho, irá naturalmente sugeri-las a ti.

30. Mas, além dessas virtudes menores, há o que se pode chamar de talentos ou realizações menores, que são de uso valioso para adornar e exalçar todas as realizações maiores;

31. E tanto mais é assim porque todos são juízes das menores, e apenas poucos das maiores.

32. Todos são sensíveis à impressão que um tratamento envolvente, uma maneira agradável de falar e uma cortesia espontânea lhes causam;

33. E dessa forma prepara-se o caminho para uma acolhida favorável e uma disposição amigável.

Epístola 16

1. Tão necessário quanto o conhecimento dos antigos ou modernos, portanto, é o conhecimento do mundo, das maneiras, da polidez e do traquejo social.

2. Desse ponto de vista, manter convívio e aprender bem o trato social são partes importantes da educação.

3. Ter boas maneiras sem cerimoniosidade, ser afável sem desleixo,

4. Firme e intrépido com modéstia, gentil sem afetação,

5. Alegre sem alarde, franco sem indiscrição, capaz de guardar confidências;

6. Conhecer o lugar e o momento certo para tudo o que dizes ou fazes, e agir de acordo;

7. Tudo isso não se aprende com tanta facilidade ou rapidez como imaginam as pessoas, mas demanda tempo e observação.

8. O mundo é um volume imenso, que requer atenção para ser lido e entendido como se deve;

9. Ainda não leste sequer quatro ou cinco páginas dele, meu filho, e mal terás tempo para mergulhar de vez em quando em outros livros menos importantes.

10. Gostaria que não só adotes, mas também rivalizes com os melhores modos e costumes do lugar onde estiveres, sejam eles quais forem;

11. Esta é a versatilidade das maneiras que tão útil é no curso do mundo.

12. Escolhe bem teus modelos, então rivaliza com eles dentro de seus próprios moldes.

13. Torna-te mestre da boa e cuidadosa observância,

14. E a tal grau, caro filho, que teus anfitriões te elogiem e te recebam bem;

15. E depois, quanto estiveres em outros lugares, faz a mesma coisa, em conformidade com os usos e as maneiras do local.

16. Deve-se querer agradar, em qualquer lugar; e nada é mais inocentemente lisonjeiro do que a aprovação e a emulação das pessoas com quem se conversam.

17. Mas sê sempre gentil, no sentido do gentil-homem. É algo que é mais fácil sentir do que descrever.

18. É a composição resultante de várias coisas: uma cordialidade serena, uma flexibilidade, mas não servilidade, das maneiras;

19. Um ar agradável na fisionomia, nos gestos e nas expressões,

20. Seja concordando ou divergindo da pessoa com quem conversas.

21. Observa cuidadosamente aqueles que têm essas boas maneiras que agradam nos outros;

22. E teu próprio bom senso logo te permitirá descobrir os diversos ingredientes de que são compostas.

23. Deves dar especial atenção a isso, sempre que fores obrigado a recusar o que te é pedido ou tiveres de dizer algo que, em si, não será muito agradável àqueles a quem o dizes.

24. É, portanto, o necessário douramento da pílula. Ser amigável consiste em mil dessas coisinhas somadas.

25. São estas as maneiras apropriadas que tantas vezes tenho recomendado a ti.

Epístola 17

1. Como não tens muito tempo para ler, deves empregá-lo em ler o que é mais necessário,

2. Ou seja, os conhecimentos históricos, geográficos, cronológicos, sociológicos e políticos modernos do mundo,

3. A ciência e as pesquisas dos estudiosos, tal como são dadas ao público, e os debates de literatura e filosofia.

4. Muitos que são tidos como bons eruditos, embora conheçam com grande exatidão a história e a cultura de Atenas e Roma,

5. São totalmente ignorantes da história e da cultura de qualquer país da atualidade, mesmo do próprio país deles.

6. Desenvolve teu conhecimento clássico, que te será um ornamento na juventude e um conforto na velhice.

7. Mas desenvolve ainda mais o conhecimento útil, que é o conhecimento moderno.

8. É isso que te deve capacitar para o trabalho e a vida, e é a isso, portanto, que deves em especial dirigir tua atenção.

Epístola 18

1. A consciência do mérito torna o homem sensato mais modesto, embora também mais firme.

2. Terás notado, filho meu, que um homem que ostenta o próprio mérito é um pretensioso e um homem que não conhece o próprio mérito é um tolo.

3. Um homem sensato o conhece, exerce-o, vale-se dele, mas nunca se vangloria dele;

4. E sempre parece mais subestimá-lo do que superestimá-lo, ainda que, na verdade, dê-lhe o correto valor.

5. Um homem que é realmente tímido, acanhado e encabulado, sejam quais forem seus méritos,

nunca conseguirá avançar no mundo;

6. Sua insegurança o leva à inércia, e as pessoas que avançam, afobadas ou petulantes, sempre levarão a melhor.

7. As maneiras fazem toda a diferença. O que seria impudência em alguém é apenas segurança própria e decorosa em outro alguém.

8. Um homem de siso e conhecimento no mundo afirmará seus direitos e perseguirá seus objetivos com a firmeza e a intrepidez do maior dos impudentes, e geralmente até mais;

9. Porém, tem siso suficiente para conservar um ar de modéstia no exterior em tudo o que faz.

10. Isso envolve e prevalece, enquanto as mesmas coisas chocam e não dão certo, somente por causa da maneira impositiva ou impudente de fazê-las.

11. Pois existem algumas pessoas com grandes qualidades que, mesmo elogiando, é impossível amar.

12. Quantas vezes, no decorrer de minha vida, eu me vi nessa situação, diante de muitos conhecidos meus,

13. A quem prestava minhas honras e respeitos, sem conseguir gostar deles.

14. Na época eu não sabia a razão, pois, quando somos jovens, não nos damos ao incômodo,

15. Nem nos concedemos tempo, de analisar os próprios sentimentos e de rastreá-los até sua fonte.

16. Mas a observação e a reflexão posterior me ensinaram a razão.

17. Há um homem cujo caráter moral, seu profundo conhecimento e dotes superiores reconheço, admiro e respeito;

18. Mas que me é tão impossível estimar que quase fico febril quando estou em sua companhia.

19. Sua figura, embora não seja disforme, parece feita para ridicularizar ou rebaixar a compleição usual do corpo humano.

20. Seus braços e suas pernas nunca estão como deveriam estar naquela posição do corpo,

21. Mas são usados constantemente para cometer atos de hostilidade contra os bons modos.

22. Sempre que quer beber algum líquido, mexe a garganta para qualquer lado, menos para baixo, e apenas trucida o que pretende trinchar.

23. Desatento a todas as considerações da vida social, erra o tempo e o lugar de tudo.

24. Discute de modo acalorado e indiscriminado, sem considerar o nível, o caráter e a condição daqueles com quem discute;

25. Ignorando totalmente as várias gradações de familiaridade ou respeito, comporta-se da mesma

maneira com superiores, iguais e inferiores;

26. E assim, como consequência inevitável, é absurdo em dois dos três casos.

27. É possível estimar alguém assim? Não. O máximo que posso fazer por ele é considerá-lo um selvagem respeitável.

Epístola 19

1. Mencionei-te algum tempo atrás uma frase que gostaria sinceramente que sempre tivesses em mente e observasses em tua conduta.

2. É *suaviter in modo, fortiter in re,* "suavidade nos modos, firmeza nas coisas" ou "maneiras gentis, espírito firme".

3. Não conheço nenhuma outra regra tão incondicionalmente útil e necessária em todos os aspectos da vida.

4. Vou tomá-la, portanto, para meu texto de hoje; como os velhos gostam de pregar e tenho algum direito a te fazer preleções, aqui te apresento meu discurso sobre tais palavras.

5. Então, para seguir com método, primeiro te mostrarei a ligação necessária entre as duas partes de meu texto.

6. A seguir, exporei as vantagens e utilidades resultantes de uma observância estrita do preceito contido em meu texto

7. E concluirei com uma aplicação do conjunto. As "maneiras gentis", por si sós, degenerariam numa passividade e complacência tímida e mesquinha,

8. Se não vierem apoiadas e fortalecidas pela "firmeza de espírito", a qual, por sua vez, degeneraria em impetuosidade e brutalidade, se não fosse temperada e abrandada pelas "maneiras gentis":

9. Todavia, essas duas qualidades raramente aparecem juntas no mundo.

10. O homem esquentado e colérico, com apetites animais fortes, despreza a "gentileza das maneiras"

11. E julga atropelar tudo diante de si pela "firmeza de espírito". De vez em quando até pode conseguir, quando encontra apenas pessoas fracas e tímidas para lidar;

12. Mas seu destino geral será chocar, ofender, causar desagrado e fracassar.

13. Por outro lado, o homem esperto e habilidoso julga que alcançará todos os seus fins apenas com a "gentileza de maneiras";

14. Torna-se tudo para todos; parece não ter opinião própria e adota servilmente a opinião da pessoa ali presente;

15. Insinua-se na estima dos tolos, mas logo é percebido e certamente desprezado por todos os demais.

16. O sábio, que se diferencia igualmente do astucioso e do colérico, é o único que associa a "gentileza de maneiras" e a "firmeza de espírito".

17. Agora, as vantagens decorrentes da observância estrita de tal preceito.

18. Se ocupas cargo de autoridade e tens poder de mando, tuas ordens feitas de maneira gentil serão obedecidas de boa vontade, com disposição e eficiência;

19. Ao passo que, se forem dadas apenas com firmeza, é mais provável que sejam interrompidas, em vez de executadas.

20. De minha parte, se eu pedir ao atendente que me traga uma taça de vinho de maneira ríspida e insultante, devo esperar que, ao me obedecer, ele tente derramar um pouco em cima de mim:

21. E certamente mereço. Uma resolução serena, sólida mostrará que, quando tens o direito de mandar, serás obedecido.

22. Mas, ao mesmo tempo, a gentileza nas maneiras ao impor obediência deve trazer uma boa disposição a tal obediência e atenuar ao máximo possível a consciência mortificante de inferioridade.

23. Se vais pedir um favor ou mesmo solicitar o que te é devido, deves fazê-lo com gentileza,

24. Do contrário darás aos que pretendem se recusar um pretexto para tanto, por se desgostarem de tuas maneiras.

25. Mas, por outro lado, também deves mostrar firmeza de espírito, por meio de uma perseverança constante e uma tenacidade adequada.

26. Os motivos corretos raramente são os verdadeiros motivos das ações humanas, especialmente das pessoas em posição de autoridade,

27. Que muitas vezes dão à inconveniência e ao medo aquilo que recusariam à justiça ou ao mérito. Com maneiras gentis, envolve o coração das pessoas, se puderes;

28. Ao menos evita uma aparência ofensiva, mas cuida de mostrares firmeza de espírito suficiente para obteres do comodismo ou do medo delas o que seria inútil esperar de sua boa natureza ou senso de justiça.

29. Os homens em alta posição social são empedernidos diante das necessidades e aflições da humanidade, como cirurgiões perante a dor física;

30. Veem e ouvem tais dificuldades durante o dia todo, e tantas delas são fingidas que eles não sabem quais são e quais não são reais.

31. Portanto, devem-se aplicar outros sentimentos que não os da mera justiça e humanidade; o favor deles deve ser conquistado com maneiras gentis;

32. Seu gosto pela tranquilidade deve ser perturbado pela incansável importunação; seus medos, trabalhados por uma respeitosa sugestão de serena e implacável indignação: esta é a verdadeira firmeza de espírito.

33. Tal preceito é a única maneira que conheço no mundo de ser amado sem ser desprezado, de ser temido sem ser odiado.

34. Ele constitui a dignidade de caráter que todo homem sábio deve se empenhar em manter.

Epístola 20

1. Meu filho, se vires que há impaciência em teu temperamento, a qual desavisadamente irrompe em surtidas indiscretas ou expressões bruscas,

2. Seja para com teus superiores, teus iguais ou teus inferiores,

3. Vigia-a estreitamente, controla-a cuidadosamente e invoca em teu auxílio a gentileza de maneiras:

4. Ao primeiro impulso passional, mantém-te em silêncio até conseguires ser brando.

5. Esforça-te para ter tal domínio de tua fisionomia que seja impossível ler tais emoções nela; é uma vantagem indizível nos negócios!

6. Por outro lado, não permitas que, de tua parte, nenhuma complacência, nenhuma brandura do temperamento, nenhum desejo pusilânime de agradar,

7. Nem, da parte dos outros, nenhuma tentativa de embair, de lisonjear e de adular

8. Te faça recuar um milímetro daquele ponto que a razão e a prudência te dizem que deves manter;

9. Mas volta à carga, insiste, persevera e verás que é possível alcançar a maioria das coisas.

10. Uma mansidão tímida e dócil é sempre objeto de insultos e abusos dos injustos e insensíveis;

11. Mas, quando é sustentada pela firmeza de espírito, é sempre respeitada e geralmente exitosa.

12. Tal regra é de especial proveito não só em tuas inimizades, mas também em tuas amizades e ligações.

13. Permite que tua firmeza e vigor atraiam e preservem ligações,

14. Mas, ao mesmo tempo, com tuas maneiras impede que os inimigos de teus amigos e dependentes se tornem inimigos teus também;

15. Desarma teus inimigos com a gentileza de tuas maneiras, mas faze sentirem ao mesmo tempo a solidez de teu justo ressentimento;

16. Pois existe uma grande diferença entre a aceitação da malícia, que é sempre pouco generosa, e uma decidida defesa pessoal, que é sempre prudente e justificável.

17. Nas negociações, lembra a "firmeza de espírito"; não cedas em ponto algum, não aceites nenhum expediente, a não ser que uma extrema necessidade te obrigue a isso,

18. E mesmo então disputa cada centímetro de terreno; mas aí, enquanto lutas com firmeza de espírito,

19. Lembra-te de conquistar teu adversário com a gentileza de tuas maneiras.

20. Se envolves seu coração, tens uma boa chance de lhe ganhar o espírito também.

21. Dize-lhe, com polidez e franqueza, que tuas disputas não diminuem tua consideração pessoal por seus méritos;

22. E sim, pelo contrário que o zelo e habilidade dele a serviço de sua causa apenas a aumentam;

23. E que, acima de tudo, desejas a boa amizade de tão bom indivíduo.

24. Por tais meios, podes e muito frequentemente serás vencedor, jamais perdedor.

25. Há indivíduos que não conseguem se controlar e ser afáveis e corteses com seus rivais, concorrentes ou adversários,

26. Ainda que, afora essas circunstâncias acidentais, pudessem estimá-los e apreciá-los. Traem uma timidez e uma falta de traquejo no convívio,

27. E tomam qualquer coisinha como algo que irá atingi-los; assim, convertem adversários passageiros e apenas ocasionais em inimigos pessoais.

28. Isso é extremamente prejudicial e pusilânime, como o são, na verdade, todas as oscilações de humor nos negócios;

29. Que só podem ser conduzidos com sucesso por um bom senso inalterado e um raciocínio correto.

30. Em tais situações, eu seria mais especialmente cortês, afável e franco com o homem cujos planos atravessei:

31. Isso é generosidade e magnanimidade, mas também, na verdade, prudência e bom senso.

32. As maneiras muitas vezes são tão importantes quanto os assuntos, e às vezes ainda mais;

33. Um favor pode criar um inimigo e um insulto pode criar um amigo, dependendo das diversas maneiras com que são feitos.

34. A atitude, o tratamento, as palavras, a enunciação, os bons modos,

35. Tudo isso soma grande eficácia às maneiras gentis e grande dignidade ao espírito firme,

36. E portanto merecem a máxima atenção.

37. Do que foi dito, concluo com a seguinte observação:

38. A gentileza das maneiras e a firmeza de espírito são a breve síntese da perfeição humana.

Epístola 21

1. Meu caro filho, que período feliz de tua vida!
2. O prazer é, e deve ser, teu afazer agora que estás entre a escola e a vida.
3. Quando eras mais novo, o objeto de teus esforços eram áridas regras, fatos e exames.
4. À medida que tua idade avança, a preocupação, os aborrecimentos e decepções inseparáveis dos afazeres públicos exigirão a maior parte de teu tempo e atenção;
5. Teus prazeres podem, de fato, levar a teus afazeres, e teus afazeres apressarão teus prazeres; mas ainda assim teu tempo precisa pelo menos ser dividido:
6. Ao passo que, agora, ele é inteiramente teu e não há nada em que possas melhor empregá-lo do que nos prazeres de um cavalheiro.
7. O mundo agora é teu livro, um livro necessário que só pode ser lido em companhia, em locais públicos, em jantares, no teatro, em jogos.
8. Deves te associar aos prazeres da boa companhia, a fim de aprenderes as maneiras da boa companhia.
9. Em afazeres formais ou premeditados, as pessoas ocultam, ou pelo menos tentam ocultar, seu caráter,
10. Ao passo que os prazeres lhes revelam o caráter e o coração atravessa as defesas do entendimento.
11. Amiúde são momentos propícios para formar amizades e ligações;
12. E o conhecimento do caráter assim adquirido é útil nos meandros e labirintos do mundo.
13. A capacidade de discernimento, a flexibilidade, versatilidade e firmeza do espírito, junto com a gentileza das maneiras, são para a mente aquilo que a roupa asseada é para o corpo.
14. A simples verdade nua, a sensatez e o conhecimento são grandes bens, mas, no mundo dos negócios, são insuficientes;
15. A arte e o ornamento devem lhes vir em auxílio, para ganhar e envolver o coração.
16. A humanidade, como tantas vezes te disse, é regida mais pelas aparências do que pela realidade;
17. E, quanto à opinião, as pessoas julgam melhor ser muito duras sob a aparência de brandura do que o contrário.
18. Sabem que poucos têm perspicácia suficiente para descobrir, atenção suficiente para observar ou mesmo interesse

suficiente para examinar além das aparências;

19. Tomam suas noções da superfície e não se aprofundam; elogiam como o homem mais gentil e mais bondoso do mundo

20. Aquele que, externamente, tem as maneiras mais envolventes, ainda que talvez tenham estado em sua companhia apenas uma vez.

21. Um ar, um tom de voz, uma fisionomia suave e amena, coisas fáceis de adquirir, incumbem-se de tudo:

22. E sem maiores exames, e talvez tendo as qualidades contrárias, esse homem é tido como o ser mais gentil e bondoso do mundo.

23. Feliz aquele que, com alguns dotes e conhecimento, cedo se familiariza com o mundo, a tempo de tomá-lo como sua propriedade numa idade em que a maioria das pessoas é propriedade do mundo!

24. Pois este é o caso usual com os jovens. Ganham sabedoria quando é tarde demais;

25. Envergonhados e humilhados por terem pertencido ao mundo por tanto tempo, demasiadas vezes acabam por se tornar tratantes.

26. Portanto, não confies nas aparências e no exterior da conduta deles;

27. Podes ter certeza de que nove em dez pessoas fazem isso, e sempre confiarão neles.

Epístola 22

1. Meu filho, bem sei que teu coração é bom, teu siso é sólido e teu conhecimento é amplo. O que, então, ainda te resta fazer?

2. Nada, a não ser adornar essas qualificações fundamentais com maneiras tão envolventes que te façam apreciado por aqueles capazes de julgar teus verdadeiros méritos,

3. E que sempre sejam reconhecidos com aqueles que não são capazes de julgar.

4. Os misantropos que perorem o quanto quiserem contra os vícios, a simulação e a dissimulação do mundo;

5. Tais invectivas resultam sempre da ignorância, do mau humor ou da inveja.

6. Mostrem eles uma cabana onde não existam os mesmos vícios de que acusam as cortes;

7. Com a única diferença de que, numa cabana, eles se mostram em sua deformidade congênita, ao passo que, na corte, as maneiras e a boa educação os fazem menos chocantes.

8. Não! Podes ter certeza de que as maneiras são sólidos bens; impedem muitos danos reais;

9. Criam, adornam e fortalecem amizades; põem limites ao ódio;

10. Promovem o bom humor e a boa vontade nas famílias, onde a falta de boa educação e gentileza de

maneiras é, geralmente, a causa original das discórdias.

11. Assim, antes que seja tarde, adota o hábito das pequenas virtudes, além das grandes;

12. Pratica-as para que te possam ser sempre fáceis e familiares; e atravessa a vida com sucesso, que te permite praticar mais o bem no mundo em geral.

Epístola 23

1. É claro que nenhum homem pode levar uma vida feliz ou mesmo suportável sem o estudo da sabedoria.

2. Sabes também que se alcança uma vida feliz quando nossa sabedoria se completa,

3. Mas que a vida é ao menos tolerável quando nossa busca da sabedoria tem início.

4. Tal ideia, porém, por clara que seja, deve ser fortalecida e enraizada sempre mais fundo pela reflexão diária;

5. É mais importante conservares as resoluções que já tomaste do que continuar a tomar outras.

6. Deves perseverar, deves desenvolver novas forças pela reflexão contínua, até que aquilo que, de início, é apenas uma inclinação se torne um propósito estabelecido.

7. Tenho grandes esperanças para ti, meu filho, e confiança de que muito realizarás; mas não gostaria

que afrouxasses o empenho constante em se aprimorar.

8. Examina a ti mesmo; escrutina e observa a ti mesmo de diversas maneiras; mas, antes de qualquer outra coisa, verifica se tens feito progressos não só na vida, mas também na filosofia.

9. A filosofia não é um truque para prender a atenção do público; não se destina a espetáculos. É uma questão não de palavras, mas de raciocínios.

10. Não é uma ocupação para entreter as horas do dia nem para diminuir o tédio do tempo livre. É muito mais importante:

11. Ela molda e constrói a mente; ordena nossa vida, guia nossa conduta, mostra-nos o que devemos e o que não devemos fazer;

12. Está ao leme e dirige nosso curso enquanto oscilamos entre incertezas.

13. Sem ela, não é possível ver sem temor ou com paz de espírito.

14. A cada hora acontecem inúmeras coisas que requerem conselho; tal conselho é de se buscar na filosofia.

15. Não permitas que teu coração se enfraqueça e se torne indiferente. Atém-te com firmeza à tua resolução e estabelece-a solidamente, para que a resolução de agora possa se tornar um hábito da mente.

16. Se bem te conheço, meu filho, já vens tentando descobrir, desde o início dessas cartas, a essência do que elas te trazem.

17. Esquadrinha novamente as cartas e irás encontrá-la. Grande parte provém da sabedoria de terceiros, pois cabe a nós tomar e conservar tudo o que outros bem disseram.

Epístola 24

1. Lembras o que escreveu Epicuro: "Se vives de acordo com a natureza, nunca serás pobre; se vives de acordo com a opinião, nunca serás rico."

2. As necessidades da natureza são pequenas; as exigências da opinião são desmedidas.

3. Supõe que se acumulem em tua posse os bens de muitos milionários. Supõe que o destino te leve muito além dos limites de uma renda pessoal

4. E que amealhes muitos tesouros; o que aprenderás com tais coisas será apenas desejar ainda mais.

5. Os desejos naturais são limitados; mas os que nascem da falsa opinião geralmente não conhecem um termo final.

6. O falso não tem limites. Quando percorres uma estrada, há de haver um fim; mas, quando te extravias, as andanças são infindáveis.

7. Redireciona teus passos, portanto, afasta-te das coisas ociosas e, quando quiseres saber se tua meta se baseia num desejo fundado ou num desejo enganoso, examina se ele se detém em algum ponto preciso.

8. Se descobrires, depois de muito avançar pela estrada, se sempre há outra meta mais distante, estarás certo em concluir que estás no caminho errado.

Epístola 25

1. Empenha-te, meu filho, em conhecer a alegria. A mente que é feliz e confiante, capaz de se erguer acima das circunstâncias adversas,

2. Que é ponderada e igualmente constante, justa e temperada em relação aos outros,

3. É uma mente contente; mas não se trata de um contentamento superficial, obtido à toa. Ele deriva de entenderes corretamente a ti e ao mundo dos homens.

4. O conteúdo das minas pobres fica na superfície; os minérios das minas ricas ficam no subsolo e dão um retorno mais abundante aos que cavam em profundidade.

5. Recomendo-te, meu filho, fazeres a única coisa que mais certamente te trará felicidade:

6. Sê cético em relação a coisas que reluzem por fora, são fáceis e baratas de obter, e te distraem de um claro entendimento do que é certo ser e fazer;

7. Procura o verdadeiro bem e confia no que deriva de teu estudo e reflexão, de tua observação da vida e da melhor parte de tua pessoa.
8. O senso do bem deriva de uma consciência sólida, de intenções honradas, de ações corretas, do desprezo pelas dádivas da sorte de uma abordagem racional das possibilidades oferecidas pela vida.
9. Pois como os indivíduos que saltam de um propósito a outro, ou nem sequer saltam, mas são arrastados pelo acaso, podem esperar que alcançarão um bem firme e duradouro?
10. Pouquíssimos são aqueles que conduzem a si mesmos e a seus afazeres segundo um propósito que escolheram pessoalmente;
11. Os demais não avançam, são meramente arrastados, como destroços num rio.
12. Entre estes, alguns são retidos por águas morosas e seguem numa lenta deriva;
13. Outros são arrebatados por uma corrente mais violenta, incapazes de parar;
14. Outros ainda, mais próximos à margem, são largados ali, imóveis, quando a corrente se abranda;
15. Outros mais são levados ao mar pelo avanço súbito das águas, e se perdem.
16. Nenhuma dessas existências é boa de se viver como a vida avaliada, escolhida, enriquecida pelo entendimento e moldada pelos propósitos.
17. Lembras, meu filho, outra frase de Epicuro: "Vivem mal os que estão sempre começando a viver."
18. De fato, alguns homens só começam a viver quando lhes chega a hora de deixar de viver; alguns homens deixam de viver antes mesmo de começar.
19. Viver, em suma, é viver bem: este é o tema central de tudo o que escrevi a ti,
20. Pois devemos viver não só no mundo, mas também no mundo da humanidade; é nele que florescemos ou falhamos,
21. É nele que podemos contribuir não só para nosso próprio bem, mas para o bem de nossos semelhantes e justificar nosso lugar entre eles.
22. Gentil nas maneiras, firme na mente, bom proponente das qualidades e realizações menores, tal como das maiores que nelas se apoiam:
23. Assim gostaria que fosses, meu filho, e te confio essas recomendações para teu maior benefício e felicidade.

O BEM

Capítulo I

1. Há uma época em que não se diz nem se pensa nada; apenas sente-se e prova-se: a época em que o objeto de felicidade é a própria felicidade.

2. Levantamo-nos com o sol e somos felizes, andamos e somos felizes, vemos nossa família e somos felizes.

3. Andamos pelas matas, pelos campos e colinas e somos felizes; lemos ou descansamos ao sol e somos felizes;

4. Colhemos o fruto ou regamos os canteiros de flores e somos felizes; e a felicidade nos segue por todas as partes.

5. Que época é esta? Na segurança da infância numa terra de abundância e paz,

6. Com saúde e ócio, pais que nos amam, noites de sono sereno;

7. Quando afastamos tudo o que nos incomoda ou assusta, há tranquilidade e liberdade.

8. Então vem uma alegria imensa que perdura, vem a harmonia da mente com a nobreza e a benevolência, pois apenas da fraqueza é que nasce o mal.

9. E no entanto o homem inquieto verá estas palavras e dirá: "Aqui falas apenas do idílio de uma criança irrefletida. A infância é curta e poucos lugares têm plena segurança;

10. "A vida é muito diferente do quadro pintado por tal idealismo. Suas verdades são duras e inevitáveis:

11. "E essas verdades são que sofremos, nossa sina é perder e lamentar e, por fim, passar pela dor de morrer antes que a morte venha nos libertar.

12. "O que devemos aprender é suportar, aceitar, manter nossa dignidade apesar dos ataques do infortúnio, da fragilidade e da malícia do homem."

13. Sim, infelizmente: de fato há sofrimento, fragilidade e malícia;

e há ainda as vicissitudes do acaso que trazem ou intensificam os três. Mas, mesmo assim, o bem é possível.

14. O primeiro passo para a vida boa é procurar a sabedoria e abandonar o medo.

15. A sabedoria ensina o que é válido e o que é ilusório.

16. Ela traz senso de proporção e medida, dispensa o falso brilho criado pela vaidade e cupidez humanas, pela moda, pela falsidade, pela ignorância e insensatez.

17. O medo que tolhe a vida é o medo da perda, sobretudo a perda suprema que é a morte.

18. A morte tem duas faces: nossa própria morte e a morte de nossos entes queridos. A sabedoria olha nos olhos de cada um e vê o que deve.

19. O que é morrer? É voltar aos elementos, é continuar a ser parte do todo, mas de outra maneira.

20. Agora somos uma unidade viva, depois nós nos transformaremos em algo difuso e orgânico, parte da natureza tanto quanto agora e não menos do que sempre fomos antes de nossa forma atual.

21. Assim, os componentes de nossa substância existem perpetuamente, coevos com o universo, feitos nas estrelas e numa dança infindável com outros elementos, constituídos e reconstituídos ao longo de todos os tempos pelas leis da natureza.

22. Cessamos o que somos agora, mas o que somos nunca cessa. Somos parte do todo, desde sempre e para sempre.

23. A história não pode nos remover dos anais, assim como a natureza não pode eliminar as partículas de nosso ser de seu esquema.

24. Somos parte perpétua, e indelével, do que está escrito nos registros da natureza e da história humana, seja qual for nosso papel ou lugar.

25. Por ora, temos essa forma e a consciência de possuí-la, sejamos então dignos dela.

Capítulo 2

1. É com a morte de outrem que vem nosso mais profundo pesar, nossa maior perda.

2. Do ponto de vista de nossas vidas breves e localizadas, não vemos a perda apenas como mudança ou retorno; ela nos fere com o ferro da dor.

3. Viver é ter um contrato com a perda. O passado nos escapa e leva o que valorizávamos;

4. Alguns dos entes que amamos certamente morrerão antes de nós e os prantearemos.

5. Para isso é preciso termos coragem; a necessidade é dura e devemos aceitar e suportar o que é inevitável e inescapável.

6. Até aqui o homem inquieto tem razão e as verdades que reitera realmente são verdades.
7. Mas mesmo a dor cede e aqueles que pranteamos, se pudessem falar, diriam que não querem que pranteemos para sempre,
8. Mas gostariam que lembrássemos o melhor deles e voltássemos nossos pensamentos para a vida e para o bem. E a vida é o empenho no bem.
9. Mais lhes prestamos homenagem e acalentamos sua memória ao obedecer à injunção de viver e buscar o bem que permanece.

Capítulo 3

1. É isso que dá valor a relembrarmos o melhor de nossos tempos, pois assim conhecemos a face do bem.
2. Na juventude, antes que a perdêssemos de vista, estávamos plenamente vivos e vivíamos nossas horas com satisfação indizível,
3. E assim o cansaço era tão agradável quanto a restauração.
4. A terra era uma orquestra gloriosa e nós a plateia, vibrando com o canto das aves e a sinfonia das brisas;
5. Como lembramos nosso assombro diante dos êxtases que sua música nos revelava!
6. Às vezes recapturamos a alegria de saborear nosso ser, não o mero prazer material de comer e beber,

7. De ver coisas belas ou ouvir sons agradáveis, de falar ou descansar;
8. Mas uma outra felicidade, delicada, maior, de sermos parte do grande todo,
9. De formarmos uma unidade com nossa própria vida, nossas impressões e pensamentos.
10. É uma coisa grandiosa e maravilhosa sermos nós mesmos e partes do todo, termos a dignidade da capacidade de pensar.
11. E assim é que, quando danço, danço; quando durmo, durmo; e sim, quando ando sozinho num pomar à luz do verão,
12. Se meus pensamentos estavam em outro lugar, eles voltam e se detêm no bem daquele momento;
13. Voltam ao pomar e à luz, à doçura da solidão e a mim.
14. Descobrir e viver essas experiências é não só a mais fundamental, como também a mais ilustre de nossas ocupações; sem elas, não vivemos.
15. Em verdade, nossa grande e gloriosa obra-prima é viver apropriadamente.

Capítulo 4

1. O bem são duas liberdades: liberdade em relação a certos impedimentos e sofrimentos, liberdade de escolher e agir.
2. A primeira é ser livre da ignorância, do medo, da solidão,

da insensatez e da incapacidade de dominar as próprias emoções;

3. A segunda é ser livre para desenvolver as melhores capacidades e talentos que temos e usá-los para o melhor.

4. O bem é o que está no alcance de nossos talentos para o bem, o que significa que existem tantos bens quanto são tais talentos.

5. Não existe uma espécie única de bem que caiba e se ajuste a todos; existem tantas vidas boas quantas são as pessoas a vivê-las.

6. É falso que exista apenas uma maneira certa de viver e uma maneira certa de ser,

7. E que, para descobri-la, devamos obedecer àqueles que alegam ter o segredo da "única via certa" e o "único verdadeiro bem".

8. Se existem guias para o bem, ao cabo teremos de deixá-los para trás e procurar o bem de nossa escolha e que se adapte a nossos talentos.

9. Esta é a responsabilidade suprema: escolher e cultivar os talentos para a escolha feita.

10. Mas, ainda que existam muitos bens e muitas boas maneiras de viver, estas compartilham duas características notáveis:

11. A primeira é que quem busca a boa maneira de viver honrará a afeição, a beleza, a criatividade, a paz, a paciência, a fortaleza, a coragem;

12. Honrará o autocontrole, a sabedoria, a lealdade, a justiça, a compassividade e a gentileza;

13. Honrará o conhecimento, a verdade, a probidade e a própria honra.

14. E o que mais honrará, será a afeição: do amigo pelo amigo, do genitor pelo filho, entre os amantes, entre os camaradas;

15. Pois a afeição atrai as outras virtudes e as ensina, e este é o motivo da continuidade de nossa espécie.

16. A segunda é que serão tidas por boas as vidas que prestam honra a tais virtudes, tanto por quem assim vive quanto pelos que são afetados por elas.

17. Procurar a vida boa é empenho de toda uma vida.

18. A pessoa pode se aprimorar, cultivar e encorajar a si mesma, aprender com as falhas, e até o último dia ainda pode estar em busca.

Capítulo 5

1. Em verdade, a vida é curta: precisa ser bem usada.

2. O passar do tempo é irreprimivelmente veloz, como vê claramente aquele que olha para trás.

3. Pois, quando nós nos concentramos no presente, não notamos que ele se esvai, tão rápida e invisível é sua passagem.

4. Perguntas a razão disso? Todo o tempo passado está no mesmo lugar; todo ele nos apresenta o mesmo aspecto e jaz como uma unidade; tudo corre para o mesmo abismo.

5. O tempo que passamos em vida é apenas um ponto; na verdade, ainda menos que um ponto;

6. Mas a esse ponto temporal, infinitesimal como é, a natureza se divertiu em dar a aparência exterior de uma maior duração.

7. Ela pegou uma parte dele e fez a primeira infância, outra parte e fez a meninice, outra parte e fez a juventude,

8. Mais uma e fez a transição gradual da juventude para a velhice, e a própria velhice também é uma parte dele.

9. Quantos passos para uma escalada tão curta! Foi apenas um momento atrás que vi um amigo partir em viagem;

10. E no entanto esse "momento atrás" compõe uma grande parcela de minha existência, que é tão breve.

11. Reflitamos, portanto, que ela logo terminará totalmente.

12. Em outros anos, o tempo não parecia passar tão rápido; agora, parece incrivelmente veloz, talvez porque eu sinta que a linha final está se aproximando

13. Ou finalmente eu tenha começado a me aperceber dele e a contar meus ganhos e perdas.

14. Por essa razão, admira-me que algumas pessoas concedam a maior parte de seu tempo a coisas supérfluas,

15. Tempo que, por mais cuidadosamente que se o poupe, não basta sequer para as coisas necessárias.

16. Mesmo que dobrasse o número de meus dias, ainda não teria tempo para ler todos os poetas.

17. Quando um soldado está despreocupado, caminhando à vontade, pode ir atrás de ninharias;

18. Mas, quando o inimigo se aproxima e vem a ordem de acelerar o passo,

19. A necessidade o obriga a se desfazer de tudo o que colheu nos momentos de paz e lazer.

Capítulo 6

1. Olha, então, os clãs que se reúnem, os portões aferrolhados, as armas afiadas e prontas para a guerra!

2. Preciso de um coração robusto para ouvir sem sobressaltos o alarido da batalha do tempo que ressoa a meu redor.

3. E com razão todos me julgariam louco se, enquanto velhos e mulheres estavam empilhando pedras para as fortificações,

4. Quando os jovens de armadura dentro dos portões aguardavam

ou mesmo exigiam ordens de sair numa investida,

5. Quando as lanças do inimigo trepidavam em nossos portões e o próprio solo se abalava com minas e passagens subterrâneas,

6. Digo, com razão todos me julgariam louco se eu ficasse sentado ocioso, perdendo tempo em coisas miúdas e supérfluas.

7. E ainda bem posso parecer a teus olhos igualmente louco se gastar minhas energias em trivialidades; pois encontro-me neste instante em estado de sítio.

8. E no entanto, no primeiro caso, seria apenas um perigo do exterior a me ameaçar,

9. Com uma muralha que me separava do inimigo; mas agora os perigos de lidar com a morte estão em minha presença.

10. Não tenho tempo para tais tolices; em minhas mãos está um grande empreendimento: a súmula e o valor de minha vida.

11. É quando os homens dizem: "O que fazer? A morte está em meus rastros e a vida foge;

12. "Ensina-me algo com que eu possa encarar essas inevitabilidades.

13. "Faz algo para que eu deixe de tentar escapar à morte e assim a vida deixe de escapar de mim.

14. "Dá-me coragem para enfrentar as dificuldades; tranquiliza-me diante do inevitável. Afrouxa os

limites apertados do tempo que me é concedido.

15. "Mostra-me que o bem na vida não depende de sua duração, e sim do uso que dela fazemos;

16. "E também que é possível ou, melhor, usual que a longa vida de um homem seja curta demais.

17. "Diz-me que estou errado ao pensar que apenas numa viagem pelo oceano há pequeníssimo espaço entre a vida e a morte.

18. "Não, a distância é igualmente pequena em toda parte. Não é em toda parte que a morte se mostra tão próxima, mas está próxima em toda parte.

19. "Liberta-me desses terrores sombrios; então mais facilmente poderás me dar a instrução para a qual me preparei.

20. "Ao nascimento, a natureza nos fez capazes de aprender e nos deu a razão, não perfeita, mas capaz de se aperfeiçoar.

21. "Expõe-me a justiça, o dever, a frugalidade e a virtude. Se te abstiveres de me conduzir por trilhas pouco frequentadas, atingirei com maior facilidade a meta a que aspiro. Pois a linguagem da verdade é simples."

Capítulo 7

1. Se cultivamos apenas uma vida de luxo e indolência, a vida do degenerado que pensa que o trabalho é o pior dos males e que

estar livre da faina é o auge da felicidade,

2. Então virá o dia, e logo, em que seremos indignos de nós mesmos,

3. E com a perda da honra virá a perda de tudo o que prezamos.

4. Ter sido valoroso uma vez não basta; ninguém pode preservar seu valor a menos que vele por ele até o final.

5. Assim como as artes decaem por desleixo, da mesma forma o corpo, antes saudável e alerta, torna-se fraco com a preguiça e a indolência,

6. E mesmo os poderes da mente, a temperança, o autocontrole e a coragem, se relaxarmos o exercício deles, voltarão à inutilidade.

7. Devemos nos observar; não podemos nos render às tentações da frouxidão que vão muito do ócio ou do prazer.

8. É um grande trabalho realizar uma vida que seja boa para nós e nossos semelhantes, mas muito maior trabalho é mantê-la boa.

9. Realizar uma vida boa exige dedicação, mas mantê-la boa é impossível sem autodomínio, autocontrole e conscienciosidade.

10. Não podemos esquecê-lo; devemos aprender a lição de que nosso desfrute de boas coisas é proporcional às dificuldades que enfrentamos por elas.

11. A labuta é o tempero do deleite; sem desejo e vontade, nenhuma iguaria, por mais requintada, será doce.

12. Portanto, retesemos todos os nossos nervos para vencer e manter a nobreza de espírito.

13. Pois que desculpa poderíamos dar se nos tornássemos indignos de nós mesmos, se nosso próprio êxito em alcançar o bem assim nos fez?

14. Serão a ociosidade, a irreflexão, a covardia, então, as acompanhantes da felicidade? Não: observemos a nós mesmos e conservemos o bem que alcançamos;

15. Encorajemo-nos na busca e preservação de tudo o que é belo e valoroso.

16. E ademais eduquemos nossos filhos de acordo com esses preceitos, se filhos tivermos,

17. Pois não poderemos nos tornar senão melhores se lutarmos para dar o melhor exemplo possível a nossos filhos,

18. E nossos filhos dificilmente se tornarão indignos, mesmo que o quisessem,

19. Se não veem nada degradante diante de si e não ouvem nada vergonhoso,

20. Mas vivem na prática de tudo o que é belo e bom.

Capítulo 8

1. Perguntaremos por quais mandamentos devemos viver?

2. Ou não seria melhor perguntar, cada um de nós:

3. Que tipo de pessoa devo ser?

4. A primeira pergunta supõe que existe apenas uma resposta certa.

5. A segunda supõe que existem muitas respostas certas.

6. Se pedirmos resposta à segunda pergunta, ela virá em forma de outras perguntas:

7. O que deves fazer ao ver outrem sofrendo, ou passando necessidade, medo ou fome?

8. Quais as causas dignas, com que mundo sonhas, onde teu filho brinque em segurança na rua?

9. Existem muitas perguntas como estas, algumas já trazendo sua própria resposta, outras irrespondíveis.

10. Mas, quando se somam todas as respostas a todas as perguntas, nunca será menos do que isso:

11. Ama bem, procura o bem em todas as coisas, não faças mal aos outros, pensa por ti mesmo, assume responsabilidades, respeita a natureza, dá o máximo de ti, sê educado, sê gentil, sê corajoso: pelo menos, tenta sinceramente.

12. A essas dez injunções acrescenta esta: Ó amigos, sejamos sempre verdadeiros a nós mesmos e ao melhor nas coisas, para que possamos ser sempre verdadeiros entre nós.

Capítulo 9

1. Procura sempre o bem que perdura. Não pode existir nenhum bem a menos que a mente o encontre dentro de si mesma;

2. Somente a sabedoria concede alegria duradoura e pacífica, pois então, mesmo que surja algum obstáculo,

3. É apenas como uma nuvem que se interpõe, pairando diante do sol, mas que nunca prevalece sobre ele.

4. Quando alcançarás tal alegria? Ela começa quando pensas por ti mesmo,

5. Quando realmente assumes responsabilidade por tua própria vida,

6. Quando te unes a todos os que se ergueram como indivíduos livres e disseram:

7. "Somos daqueles que procuram o verdadeiro e o certo e vivem de acordo com isso;

8. "Em nosso mundo humano, no breve tempo que temos,

9. "Temos como nosso dever realizar e encontrar algo bom para nós e nossos companheiros em nossa condição humana."

10. Assim, ajudemos uns aos outros; construamos juntos a cidade

11. Onde possa habitar o melhor futuro e finalmente possa se cumprir a verdadeira promessa de humanidade.

O bom livro foi feito com base em mais de mil textos, de várias centenas de autores, e também coleções e tradições anônimas, dentre os mais usados:

Albulfazl, Ésquilo, Anacreonte, Antístenes, antologia grega, Aristóteles, Aurélio, Bacon, Baudelaire, Bayle, Bantham, Beyle, Boyle, Buonarotti, Carvaka, Catão, Catulo, Chaucer, Chesterfield, Cícero, Clemens, Condillac, Condorcet, Confúcio, Constant, Chowley, Cowper, Cui Hao, d'Alembert, Darwin, Demóstenes, d'Holbach, Diderot, Dryden, Du Fu, Emerson, Epiteto, Epicuro, Eurípides, folclore, Gellius, Godwin, Goethe, Grayling, Hafiz, Harrington, Hazlitt, Heródoto, Herrick, Hobbes, Homero, Horácio, Hume, Huxley, Jefferson, Jonson, Juvenal, Kant, Kautilya, Lao Zi, lendas, Libai, Liu Yuxi, Locke, Lovelace, Lucrécio, Lysias, Maquiavel, Marmontel, Marcial, Menandro, Mêncio, Mill, Milton, Montaigne, Montesquieu, Mozi, Névio, Nerval, Newton, Nietzsche, Ovídio, Paine, Pater, Petrarco, Platão, Plínio, Plutarco, Políbio, Propércio, Rimbaud, Rousseau, Rumi, Sainte-Beuve, Salústio, Safo, Schiller, Schopenhauer, Sêneca, Shaftesbury, Shangguan Yi, Shi Jing, Sófocles, Spinoza, Suetônio, Sully-Prudhomme, Sun Tzu, Swift, Tácito, Terêncio, Thomson, tradições, Tucídides, Tibulo, Turgot, Valery, Vergílio, Verlaine, Voltaire, Walpole, Wang Bo, Wang Wei, Xenofonte, Zhu Xi.

Conheça mais sobre nossos livros e autores no site
www.objetiva.com.br
Disque-Objetiva: (21) 2233-1388

Este livro foi impresso na
LIS GRÁFICA E EDITORA LTDA.
Rua Felício Antônio Alves, 370 – Bonsucesso
CEP 07175-450 – Guarulhos – SP
Fone: (11) 3382-0777 – Fax: (11) 3382-0778
lisgrafica@lisgrafica.com.br – www.lisgrafica.com.br